Introducing

Python

처음 시작하는 파이썬 2판

| 표지 설명 |

표지 동물은 비단뱀(*python*)이다. 뱀목 비단뱀과에 속하는 뱀들의 총칭이다. 독이 없으며 열대 지방에 서식한다. 비단뱀은 종과 성별에 따라 길이가 약 0.9m(공비단뱀)에서 6m(그물무늬비단뱀)까지 다양하다. 역삼각형의 머리 형태와 뾰족한 이빨을 가지고 있으며 불규칙한 다이아몬드 형태를 띠고 있다. 이 뱀은 눈에 띄는 외관과 온순함 때문에 애완동물로 점점 인기를 얻고 있지만 행동을 예측할 수 없어서 항상 주의해야 한다. 애완으로 기르는 비단뱀은 대부분 뚱뚱하다. 하지만 야생의 비단뱀은 더 가늘며 주변 환경과 조화를 이루며 살아가고 있다.

오라일리 표지에 등장하는 동물은 대부분 멸종 위기종이다. 이 동물들은 모두 소중한 존재다. 표지 그림은 『Johnson's Natural History』의 흑백 판화에 기초해서 호세 마르잔Jose Marzan이 그렸다.

처음 시작하는 파이썬(2판)

파이썬 패키지를 활용한 모던 컴퓨팅 입문

초판 1쇄 발행 2015년 12월 10일
2판 1쇄 발행 2020년 8월 24일
2판 3쇄 발행 2022년 3월 18일

지은이 빌 루바노빅 / **옮긴이** 최길우 / **펴낸이** 김태헌
펴낸곳 한빛미디어(주) / **주소** 서울시 서대문구 연희로2길 62 한빛미디어(주) IT출판부
전화 02-325-5544 / **팩스** 02-336-7124
등록 1999년 6월 24일 제25100-2017-000058호 / **ISBN** 979-11-6224-333-6   93000

총괄 전정아 / **책임편집** 박민아 / **기획 · 편집** 김지은
디자인 표지 이아란 내지 김연정 / **전산편집** 백지선
영업 김형진, 김진불, 조유미, 김선아 / **마케팅** 박상용, 송경석, 한종진, 이행은, 고광일, 성화정 / **제작** 박성우, 김정우

이 책에 대한 의견이나 오탈자 및 잘못된 내용에 대한 수정 정보는 한빛미디어(주)의 홈페이지나 아래 이메일로 알려주십시오. 잘못된 책은 구입하신 서점에서 교환해드립니다. 책값은 뒤표지에 표시되어 있습니다.
한빛미디어 홈페이지 www.hanbit.co.kr / **이메일** ask@hanbit.co.kr

지금 하지 않으면 할 수 없는 일이 있습니다.
책으로 펴내고 싶은 아이디어나 원고를 메일(writer@hanbit.co.kr)로 보내주세요.
한빛미디어(주)는 여러분의 소중한 경험과 지식을 기다리고 있습니다.

Introducing
Python

처음 시작하는 파이썬 2판

O'REILLY® 한빛미디어
Hanbit Media, Inc.

지은이·옮긴이 소개

지은이 **빌 루바노빅** Bill Lubanovic

1977년부터 유닉스, 1981년부터 GUI, 1990년부터 데이터베이스, 1993년부터 웹과 함께 소프트웨어를 개발했다. 1982년대에는 Intran에서 최초의 상용 그래픽 워크스테이션에 GUI 프로그램 MetaForm을 개발했다. 1990년대에는 노스웨스트 항공에서 수백만 달러의 수익을 낸 수익 관리 시스템을 개발했고, 최초의 인터넷 마케팅 테스트도 작성했다. 1999년에 웹 개발사 Mad Scheme을 공동 설립했고, 오라일리에서 리눅스 도서를 집필했다. 2010년부터 2013년까지 Keep에서 웹 프런트엔드와 데이터베이스 백엔드 간에 코어 서비스를 설계하고 구축했다. 2015년 웨이백 머신의 API와 파이썬 버전 개발에 참여했고, 2016년부터 2018년까지 보안 기술 회사 크라우드스트라이크에서 일별 수십억 개 보안 이벤트를 처리하는 파이썬 기반 서비스를 관리했다. 현재는 의료영상용 웹 데이터베이스 서비스를 개발하고 있다. 집필한 책으로『처음 시작하는 파이썬(1판)』(한빛미디어, 2015), 『Linux System Administration』(O'reilly, 2007), 『Linux Server Security』(O'reilly, 2005) 등이 있다. 아내 메리, 아들 톰과 딸 카린, 세 마리의 고양이 잉가, 체스터, 루시와 함께 미네소타에서 행복한 인생을 보내고 있다.

옮긴이 **최길우** asciineo@gmail.com

웹, 미디어, 보안 클라우드 솔루션을 제공하는 아카마이에서 솔루션즈 아키텍트로 근무했다. 현재는 채팅 API 및 SDK를 제공하는 센드버드에서 솔루션즈 엔지니어로 근무하며, 아시아 지역 고객의 기술 지원을 담당한다. 한빛미디어에서『고전 컴퓨터 알고리즘 인 파이썬』(2019), 『파이썬 자료구조와 알고리즘』(2019), 『우아한 사이파이』(2018), 『처음 시작하는 파이썬(1판)』(2015), 『Head First C#(3판)』(2015)을 우리말로 옮겼다.

옮긴이의 말

이 책은 파이썬 기초 문법과 여러 응용 분야를 포함한다. 1부는 파이썬 기초를 다루고, 2부는 풀스택full-stack 파이썬 개발을 위한 여러 가지 응용 패키지를 소개한다. 이 책의 장점은 다양한 분야의 파이썬 외부 패키지를 넓게 소개하면서 많은 링크를 제공한다는 점이다. 어떤 특정 분야에 관심이 있다면 책으로 기본 개념을 익힌 후, 여기서 제공하는 링크와 인터넷 검색으로 그 분야에 뛰어드는 것을 추천한다. 프로그래밍 경험이 있다면, 이 책을 쉽게 따라 하며 읽을 수 있다.

원서 코드는 파이썬 3.7이었지만, 번역하면서 파이썬 3.8로 모두 테스트를 진행했다. 파이썬에 관심이 있거나 최신 트렌드를 알고 싶다면 한국에서 1년에 한 번 열리는 파이콘에 참여하는 걸 추천한다(*https://www.pycon.kr/*). 자, 그럼 이제 파이써니스타Pythonista가 될 준비가 되었는가?

마지막으로, 이 책이 도움이 되었다면 저자와 편집자님의 공이다. 이 책을 열심히 편집해준 김지은 편집자님께 감사의 말을 전한다. 항상 열정적으로 일하는 현재 스타트업 회사 동료들에게 감사의 말을 전한다. 항상 삶의 큰 자극이 되어준 친구들과 본 적은 없지만 좋은 정보와 글을 공유해주는 모든 분께 감사의 말을 전한다. 끝으로 항상 멀리서 응원해주는 부모님께 사랑한다는 말을 전하고 싶다.

최길우

이 책에 대하여

이 책은 세계에서 가장 유명한 프로그래밍 언어 중 하나인 파이썬을 다룬다. 다른 프로그래밍 언어를 이미 알고 있지만 파이썬을 추가로 배우려는 숙련자뿐만 아니라 초보자를 대상으로 한다.

사람의 언어보다 컴퓨터 언어를 배우기가 더 쉽다. 머릿속에 간직해야 할 모호함과 예외가 더 적기 때문이다. 그중에서도 파이썬은 가장 일관성 있고 명확한 언어다. 학습성, 사용성, 표현성 모두 균형을 이룬다.

컴퓨터 언어는 **데이터**data (예: 언어의 명사noun), **명령어**instruction, **코드**code (예: 언어의 동사verb)로 구성된다. 이 책은 파이썬의 자료구조와 기본 코드를 배우고, 이를 결합하여 고급 코드까지 다룬다.

파이썬을 배우기만 할 뿐만 아니라 이를 어떻게 활용해야 하는지도 배운다. '배터리가 포함된' 파이썬의 표준 라이브러리만으로 부족한 독자를 위해 이외에도 알아두면 좋은 외부 패키지를 소개한다. 10년 이상 파이썬 개발 경험이 있는 필자가 비주류나 복잡한 주제보다 실제로 유용하다고 생각한 사항에 중점을 두고 집필했다.

이 책은 파이썬을 소개하지만, 일부 고급 주제도 다룬다. 데이터베이스와 웹과 같은 영역의 기술이 빠르게 변하고 있으며, 이제는 파이썬 개발자가 클라우드 컴퓨팅, 머신러닝, 이벤트 스트리밍에 대해 알고 있어야 한다. 따라서 파이썬 개발자가 알아야 할 모든 것을 이 책에 포함했다.

파이썬은 다른 언어에서 제공하는 스타일보다 더 멋지고 특별한 기능이 있다. 예를 들어, 일부 카운터 변수를 수동으로 증가시키지 않고 for 문과 **이터레이터**iterator로 만드는 더 직접적인 방법이 있다.

새로운 것을 배울 때는 무엇이 중요한지 구분하기가 어렵다. 이를 깨닫기 위해 많은 노력이 필요하다. 이 책은 그러한 노력을 최소화하고자 구체적인 의미나 중요한 용어를 강조한다. 그렇다고 한 번에 너무 많은 내용을 강조하지는 않을 것이다. 1장부터 파이썬 코드가 등장하지만, 간단한 개념이니 겁먹지 않길 바란다.

파이썬은 완벽하지 않다. 이 책은 파이썬에서 이상하게 보이거나 피해야 할 것을 보여주고, 그대신 사용할 수 있는 대안을 제시한다.

일부 주제(객체 상속 또는 웹을 위한 MVC 및 REST 디자인)에 대한 이 책의 견해는 일반적인 부분과 조금 다를 수 있다. 판단은 독자 여러분의 몫이다.

대상 독자

이전에 어떤 프로그래밍을 배웠는지에 상관없이 세상에서 가장 인기 있는 컴퓨터 언어를 배우고 싶어하는 모든 사람을 위한 책이다.

2판에서 추가된 내용

1판과 무엇이 다른가?

- 고양이 사진을 포함하여 약 100쪽을 추가했다.
- 총 장이 두 배로 늘어났고, 각 장은 좀 더 짧아졌다.
- 데이터 타입, 변수, 이름에 대한 부분을 추가했다.
- **f-문자열**과 같은 새로운 표준 파이썬 기능을 추가했다.
- 외부 패키지에 대한 내용을 개선하거나 추가했다.
- 새로운 예제 코드를 추가했다.

- 초보 개발자를 위해 기본 하드웨어와 소프트웨어에 대한 부록을 추가했다.
- 중급 개발자를 위해 **비동기**(asyncio) 부록을 추가했다.
- 컨테이너, 클라우드, 데이터 과학 및 머신러닝을 새롭게 추가했다(새로운 **기술 스택**tech stack).
- 파이썬 개발 직업에 대한 내용을 추가했다.

무엇이 변경되지 않았는가? 예제 코드에서 시와 오리를 사용한다. 이들은 마치 시들지 않는 상록수와 같다.

책의 구성

1부(1~11장)는 파이썬 기본을 다룬다. 1부는 순서대로 읽어야 한다. 좀 더 상세하고 현실적인 프로그램을 구축하기 위해 간단한 데이터와 코드로 문제를 풀어볼 것이다. 2부(12~22장)는 웹, 데이터베이스, 네트워크 등과 같은 특정 분야에서 파이썬이 어떻게 활용되는지 보여준다. 2부는 원하는 순서대로 읽어도 된다.

각 장과 부록의 요약은 다음과 같다.

1장

컴퓨터 프로그램은 일상에서 일어나는 일과 크게 다르지 않다. 작은 파이썬 프로그램은 현업에서 사용하는 언어의 외형, 기능, 용도를 엿볼 수 있다. **대화식 인터프리터**interactive interpreter(또는 **셸**shell)또는 컴퓨터에 있는 텍스트 **파일**의 파이썬 프로그램을 실행한다.

2장

컴퓨터 언어는 데이터와 명령으로 이루어져 있다. 데이터 **타입**type은 컴퓨터에 따라 다르게 저장되고 처리된다. 그리고 데이터 타입의 값은 변경이 **가능**mutable하거나 **불변**immutable한다. 파이썬 프로그램에서 데이터는 **리터럴**literal(78과 같은 숫자, '와플'과 같은 텍스트 문자열)이거나 명명된 변수로 표시할 수 있다. 파이썬은 변수를 다른 많은 언어와는 다른 이름처럼 취급하며, 이는 몇 가지 중요한 결과를 초래한다.

3장
불리언, 정수, 부동소수점 숫자, 텍스트 문자열에 대한 간단한 데이터 타입이나 기초 수학 연산에 대해 살펴본다. 예제는 계산기와 같은 파이썬 대화식 인터프리터를 사용한다.

4장
책 몇 장에 걸쳐서 명사(데이터 타입)와 동사(프로그램 구조)를 설명할 것이다. 일반적으로 파이썬 코드는 프로그램 시작부터 끝까지 한 번에 한 줄씩 실행한다. if 문을 사용한다면 데이터를 비교하여 다른 코드줄을 실행할 수 있다.

5장
명사(데이터 타입)와 텍스트 **문자열**string로 돌아가보자. 문자열 출력, 결합, 변경, 검색, 출력하는 방법을 살펴본다.

6장
동사(프로그램 구조) 부분이다. **반복문**을 만드는 두 가지 방법(while 문, for 문)을 살펴본다. 파이썬 핵심 개념인 **이터레이터**iterator도 살펴본다.

7장
파이썬에 내장된 고수준high-level 자료구조, 리스트와 튜플을 살펴본다. 이들은 복잡한 자료구조를 구축하기 위한 레고와 같은 일련의 값으로 구성된다. **이터레이터**를 사용하여 값을 읽고, **컴프리헨션**comprehension을 사용하여 빠르게 리스트를 구현한다.

8장
딕셔너리dictionary(일명 **dict**)와 **셋**을 사용하면 인덱스가 아닌 값으로 데이터를 저장할 수 있다.

이것은 파이썬에서 매우 편리한 기능 중 하나다.

9장

이전 장에서 배운 데이터와 코드 구조를 사용하여 비교, 선택, 반복한다. **함수**function로 코드를 패키징하고, 예상되는 오류를 **예외**exception 처리한다.

10장

객체object라는 단어는 약간 모호하지만, 파이썬을 포함한 많은 컴퓨터 언어에서 중요한 단어다. 다른 언어의 **객체 지향 프로그래밍**object-oriented programming과 비교했을 때 파이썬은 조금 더 느슨하다. 객체와 클래스를 사용하는 방법과 이에 대한 대안을 사용하는 것이 더 좋은지에 대해 설명한다.

11장

모듈module, **패키지**package, **프로그램**program과 같은 더 큰 코드 구조로 확장하는 방법을 보여준다. 코드와 데이터를 넣을 위치, 데이터를 가져오고 내보내는 방법, 옵션 처리 및 파이썬 표준 라이브러리와 그 외 내용에 대해서 간단히 살펴본다.

12장

데이터를 프로처럼 관리(또는 맹글링mangling)하는 방법을 배운다. 이 장은 텍스트 및 이진 데이터, 유니코드 문자를 사용한 이모지, 정규표현식에 관한 내용이다. 텍스트 문자 대신 원시 이진값의 문자열에 대응하는 바이트 및 바이트 배열 데이터 타입을 소개한다.

13장

날짜와 시간을 다루기가 까다롭다. 이에 대한 일반적인 문제와 유용한 해결책을 보여준다.

14장

기본 데이터 스토리지는 **파일**과 **디렉터리**를 사용한다. 이들을 만들고 사용하는 방법을 보여준다.

15장

이 장에서 첫 번째로 하드-코어 시스템을 다룬다. **시간과 데이터**^{data in time}에 대한 내용이다. **프로그램, 프로세스, 스레드**를 사용하여 한 번에 더 많은 작업을 수행하는 방법(**동시성**^{concurrency})을 살펴본다. 파이썬의 **비동기**^{async}에 대한 내용은 부록 C에 있다.

16장

파일 시스템 내의 기본 파일 및 디렉터리를 사용하여 데이터를 저장하고 검색한다. CSV, JSON, XML과 같은 일반적인 텍스트 형식을 살펴본다. 데이터가 점점 복잡해짐에 따라 기존 **관계형** 데이터베이스 또는 **NoSQL** 데이터 저장소와 같은 데이터베이스 서비스가 필요하다.

17장

서비스, 프로토콜 및 API가 있는 **네트워크** 공간을 통해 코드와 데이터를 보낸다. 저수준의 TCP **소켓**에서 **메시징** 라이브러리 및 큐 시스템, **클라우드** 배포에 이르는 다양한 예제가 있다.

18장

클라이언트, 서버, API, 프레임워크를 살펴본다. **웹사이트**를 크롤링하고, 요청 매개변수와 템플릿을 이용하여 실제 웹사이트를 구축한다.

19장

파이썬 개발자를 위한 팁을 소개한다. `pip`을 사용한 설치, `virtualenv`, 통합 개발 환경 Integrated Development Environment (IDE), 테스트, 디버깅, 로깅, 소스 컨트롤 및 문서에 대해 살펴본다. 유용한 외부 패키지를 찾아서 설치하고, 직접 구현한 코드를 재사용할 수 있도록 패키징한다. 그 외 자세한 정보를 어디에서 찾을 수 있는지도 살펴본다.

20장

많은 파이써니스타가 예술, 그래픽, 음악, 애니메이션, 게임 분야에서 파이썬으로 멋진 일을 하고 있다.

21장

파이썬은 데이터 시각화(플롯, 그래프, 맵), 보안, 규정과 같은 특정 비즈니스 애플리케이션이 있다.

22장

파이썬은 지난 몇 년 동안 수학과 통계, 물리 및 생명 과학, 의학과 같은 과학 분야에서 최고의 언어로 자리매김해왔다. 특히 **데이터 과학**과 **머신러닝** 분야에서 큰 성상을 보여줬다. 이 징에서 는 NumPy, SciPy 및 Pandas에 대해 설명한다.

부록 A

하드웨어와 소프트웨어에 대한 몇 가지 용어와 어떻게 동작하는지 살펴본다.

부록 B

윈도우, macOS, 리눅스 또는 기타 유닉스 운영체제에서 파이썬 3을 어떻게 설치하는지 살펴 본다.

부록 C

파이썬은 다른 버전에 비동기 기능을 추가했으며, 이를 이해하기 어렵다. 이 책 여러 장에 걸쳐 비동기를 언급하지만, 비동기에 대한 자세한 내용은 부록을 먼저 참고하길 바란다.

부록 D

연습문제에 대한 정답이 있다. 문제를 풀기 전에 먼저 정답을 보지 않는 걸 추천한다.

부록 F

어떤 파이썬의 기능에 대해 생각이 안 나거나 필요할 때 빨리 참조할 수 있는 커닝페이퍼^{cheat sheet}가 있다.

파이썬 버전과 소스 코드

컴퓨터 언어는 개발자가 기능을 추가하고 오류를 수정하면서 시간이 지남에 따라 발전하고 있다. 이 책에 쓰인 예제들은 파이썬 버전 3.7에서 작성하고 테스트했다. 파이썬 최신 안정화 버전이 3.7일 때 이 책을 편집했으며 이 버전의 주요 추가 사항도 살펴본다. 파이썬 3.8은 2019년 10월에 릴리즈됐다. 파이썬에 새롭게 추가된 내용을 알고 싶다면 파이썬 문서(*https://docs.python.org/3/whatsnew*)를 살펴보길 바란다. 파이썬 공부를 막 시작한 사람에게는 조금 부담스럽지만 나중에 다른 컴퓨터에서 파이썬 코드를 실행해야 할 때 참조하면 매우 유용할 것이다.

이 책의 예제 코드는 저자의 깃허브 *https://github.com/madscheme/introducing-python*에서 내려받을 수 있다.

CONTENTS

Part I 파이썬 기초

CHAPTER 1 파이(Py) 맛보기

CHAPTER 2 데이터: 타입, 값, 변수, 이름

CHAPTER 3 숫자

CONTENTS

CHAPTER **4** 선택하기: if

CHAPTER **5** 텍스트 문자열

CHAPTER **6** 반복문: while과 for 문

CONTENTS

CHAPTER **8 딕셔너리와 셋**

CONTENTS

CONTENTS

CHAPTER **10** 객체와 클래스

CHAPTER **11 모듈과 패키지**

CONTENTS

Part II 파이썬 실전

CHAPTER 12 데이터 길들이기

CHAPTER 13 날짜와 시간

CHAPTER 14 파일과 디렉터리

CONTENTS

CHAPTER **15 프로세스와 동시성**

CONTENTS

CHAPTER **17** 네트워크

CONTENTS

CONTENTS

CHAPTER **19 파이써니스타 되기**

CONTENTS

CHAPTER 22 파이 과학

CONTENTS

APPENDIX **부록**

Part **I**

파이썬 기초

Part I

파이썬 기초

파이(Py) 맛보기

못생긴 언어만 인기를 얻는다. 파이썬은 예외다.

– 도널드 커누스

1.1 미스터리

먼저 간단한 문제를 한번 풀어보자. 아래 두 줄이 의미하는 것은 무엇일까?

```
(Row 1): (RS) K18,ssk,k1,turn work.
(Row 2): (WS) Sl 1 pwise,p5,p2tog,p1,turn.
```

마치 컴퓨터 프로그램의 일부처럼 보이겠지만, 이는 **뜨개질 패턴**knitting pattern이다. 각 단어는 뜨개질 용어로, [그림 1-1]의 양말 뒤꿈치를 어떻게 뜨개질해야 하는지를 보여주고 있다.

그림 1-1 뜨개질한 양말

뜨개질을 모르는 사람에게는 생소해 보일지 몰라도, 뜨개질해본 사람이라면 위 두 줄을 완벽하게 이해할 것이다.

또 다른 예를 들어보자. 무엇을 만드는지 알 수 없지만, 어떻게 해야 하는지는 알 수 있다.

1/2 c. 버터 혹은 마가린
1/2 c. 크림
2 1/2 c. 밀가루
1 t. 소금
1 T. 설탕
4 c. 으깬 감자

밀가루로 반죽하기 전에 모든 재료가 차가워야 한다.
모든 재료를 섞는다.
반죽을 충분히 한다.
공 모양 20개를 만든다.
다음 단계를 실행하기 전에 이들을 냉장 보관한다.
반죽한 공들은 다음 과정을 거친다.
　　천을 펼쳐놓고 밀가루를 뿌린다.
　　홈이 있는 롤링핀으로 공을 납작한 원으로 만든다.
　　프라이팬에 납작해진 원을 올리고 갈색점이 보일 때까지 잘 굽는다.
　　뒤집어서 다른 면도 굽는다.

요리를 못하더라도 식재료 목록과 **요리법**^{recipe}이라는 것을 알 수 있다. 그렇다면 무슨 음식을 만들기 위한 요리법일까? 토르티야^{ortilla}와 비슷한 노르웨이 음식인 레프세[1]다.

버터와 잼 등 좋아하는 무엇이든 듬뿍 바르고 돌돌 말아서 먹을 수 있다.

그림 1-2 레프세

1　감자, 우유, 크림, 밀가루로 석쇠에 구운 평평한 모양의 노르웨이 전통 빵

뜨개질 패턴과 요리법의 공통점은 다음과 같다.

- 규칙적인 **어휘**^{vocabulary}(단어, 약어, 기호) 사용. 누군가에겐 익숙하지만 다른 누군가에겐 생소할 수 있다.

- 어디서, 무엇이, 어떻게 사용될 수 있다는 규칙(**구문**^{syntax})

- **작업**^{operation}의 시퀀스가 순차적으로 수행된다.

- 레프세를 구울 때처럼 어떤 동작이 반복(**루프**^{loop})될 수 있다.

- 다른 작업의 시퀀스(**함수**^{function})를 참조할 수 있다. 예를 들면 으깬 감자 조리법이 있다(레시피 경우).

- 상황에 대한 **지식**이 있다고 가정한다. 레시피에서는 물 끓이는 방법을 알고 있다고 가정한다. 뜨개질에서는 자신의 손가락을 찌르지 않을 정도로 뜨개질을 할 수 있다고 가정한다.

- **데이터** 일부(실과 감자)가 사용되거나 생성 또는 수정될 수 있다.

- 데이터 작업에 사용되는 **도구**(실과 바늘, 냄비, 믹서, 오븐)가 있다.

- **결과**를 예측할 수 있다. 예를 들어 사람의 발을 위한 물건(양말)과 사람의 배를 채울 음식(레프세)이란 결과를 예측할 수 있다.

위 예제에서 관용구, 전문 용어, 작은 언어 등은 어디에서나 볼 수 있다. 이러한 용어를 아는 사람들은 시간을 절약하는 반면, 모르는 사람은 이해하기 어렵다. 예를 들어 독자 여러분의 전공과 전혀 무관한 분야의 논문을 읽는다고 생각해보자. 논문 첫 페이지를 펼친 순간 머릿속이 하얘질 것이다.

1.2 작은 프로그램

컴퓨터 프로그램에서도 이러한 개념을 볼 수 있다. 프로그래밍을 이해하는 건 어렵지 않다는 것을 보여주기 위해 비프로그래밍(뜨개질 패턴, 요리법) 예제를 사용했다. 프로그래밍은 단지 올바른 단어와 규칙을 학습하는 것이다.

실제 파이썬 프로그램 예제를 살펴보자. 어떻게 동작할까?

예제 1-1 countdown.py

```
for countdown in 5, 4, 3, 2, 1, "hey!":
    print(countdown)
```

다음 결과를 출력하는 파이썬 프로그램이라는 것을 알 수 있다.

```
5
4
3
2
1
hey!
```

파이썬은 요리법이나 뜨개질보다 더 쉽게 배울 수 있다. 뜨거운 물과 뾰족한 바늘의 위험에서 벗어나, 책상 앞에 앉아서 편안하게 파이썬 코드를 작성하면 된다.

파이썬 프로그램에는 for, in, print, , (콤마), : (콜론), ( ) (괄호) 등 몇 가지 특별한 단어와 기호가 있다. 이것은 언어의 **구문**에서 중요한 부분을 차지한다. 파이썬은 다른 언어보다 간결하고 깔끔한 구문을 가지고 있다. 외울 것도 많이 없고, 요리법을 보고 쉽게 요리할 수 있는 것처럼 자연스럽게 코딩할 수 있다.

[예제 1-2]는 또 다른 작은 파이썬 프로그램이다. 파이썬 **리스트**^{list}에서 하나의 해리포터 주문을 선택하여 출력한다.

예제 1-2 spells.py

```
spells = [
    "Riddikulus!",
    "Wingardium Leviosa!",
    "Avada Kedavra!",
    "Expecto Patronum!",
    "Nox!",
    "Lumos!",
    ]
print(spells[3])
```

리스트의 개별 단어들은 파이썬 **문자열**이다(따옴표로 묶인 텍스트 문자의 시퀀스). 파이썬 **리스트**는 대괄호([ ])를 사용하며, 항목을 쉼표로 구분한다. spells는 리스트에 부여한 **변수** 이름이다. 위 코드는 4번째 주문을 출력한다.

```
Expecto Patronum!
```

3번째 값을 원했는데, 왜 4번째 값으로 나올까? 변수 **spells**와 같은 파이썬 리스트는 값이 연속적으로 들어 있다(시퀀스). 리스트의 맨 처음부터 **오프셋**offset으로 접근할 수 있다. 1번째 값은 오프셋 0이고, 4번째 값은 오프셋 3이다.

> **NOTE_** 사람들은 대부분 숫자를 1부터 센다. 0부터 세는 것이 이상해 보일 수도 있지만, 위치 대신 오프셋의 관점에서 생각하면 이해할 수 있다. 이것은 우리가 사용하는 언어와 컴퓨터 언어에서 다른 점의 한 예다.

파이썬에서 리스트는 매우 일반적인 자료구조이며, 7장에서 사용법을 배운다.

[예제 1-3]은 세 인용문 중 하나를 출력한다. 리스트의 오프셋이 아닌, 사람 이름으로 인용문에 접근한다.

예제 **1-3** quotes.py

```python
quotes = {
    "Moe": "A wise guy, huh?",
    "Larry": "Ow!",
    "Curly": "Nyuk nyuk!",
    }
stooge = "Curly"
print(stooge, "says:", quotes[stooge])
```

결과는 다음과 같다.

```
Curly says: Nyuk nyuk!
```

변수 **quotes**는 파이썬 **딕셔너리**dictionary다. 딕셔너리는 유일한 **키**의 모임collection(이 예제에서는 변수 **stooge**의 이름)과 키에 해당하는 **값**(변수 **stooge**에 해당하는 인용문)으로 이루어져 있다. 딕셔너리에 이름과 인용문을 저장하고, 이름에 해당하는 값을 쉽게 찾을 수 있다. 딕셔너리는 리스트의 대안으로 유용하게 사용된다.

[예제 1-2]에서는 리스트를 만들기 위해 대괄호([ ])를 사용했다. [예제 1-3]에서는 딕셔너리를 만들기 위해 중괄호({ })를 사용했다. 또한 콜론(:)은 딕셔너리의 키를 해당 값과 연관시키는 데 사용된다. 딕셔너리에 대한 내용은 8장에서 자세히 다룬다.

한 번에 너무 많은 구문을 살펴봤다. 다음 장부터 이 작은 규칙들을 하나씩 자세히 살펴볼 것이다.

1.3 조금 더 큰 프로그램

조금 더 복잡한 작업을 수행하는 파이썬 프로그램 [예제 1-4]를 살펴보자. 이 프로그램이 어떻게 돌아가는지 이해하지 않아도 된다. 그냥 파이썬 프로그램의 모양과 느낌을 소개하기 위해 잠시 살펴보는 것이다. 다른 프로그래밍 언어를 알고 있다면 파이썬 코드와 한번 비교해보자. 파이썬을 아직 모르는 상태라면 코드 설명을 보기 전에 각 줄의 기능을 대략적으로 알 수 있는 가? 위에서 본 파이썬 리스트와 딕셔너리와 추가된 몇 가지 기능이 있다.

이 책의 1판 예제는 유튜브 웹사이트에 연결해서 '찰리가 또 내 손가락을 물었어(Charlie Bit My Finger)'와 같은 높은 순위의 비디오를 검색했다. 출판 후 구글이 유튜브 API 서비스를 수정하는 바람에 예제 프로그램이 작동하지 않게 됐다.[2] 새로운 [예제 1-4]는 이전 예제와 달리 시간이 지나도 실행될 것이다. 20년 동안 수십억 개의 웹 페이지(영화, TV쇼, 음악, 게임, 기타 디지털 창작물)를 저장한 무료 서비스, **웨이백 머신**Wayback Machine의 인터넷 아카이브를 사용한다(*http://archive.org*). 18장에서 **웹 API**에 대한 더 많은 예제를 볼 수 있다.

예제 프로그램에 URL과 날짜를 입력하면 웨이백 머신에 해당 날짜의 웹사이트 복사본이 있는지 묻는다. 복사본을 찾으면 프로그램에 해당 정보를 반환한다. 그리고 URL을 출력하고 이를 웹 브라우저에 표시한다. 예제의 요점은 파이썬이 다양한 작업을 처리하는 것을 보여준다. 데이터를 입력 받아서 인터넷을 통해 웹사이트와 통신하여, 일부 내용을 가져와서 URL을 추출하고 웹 브라우저가 해당 URL을 표시하도록 명령한다.

일반적인 HTML 형식의 웹 페이지를 가져와서 표시하는 방법을 알아야 한다. 이러한 복잡한 작업은 웹 브라우저에게 맡긴다. 웹 페이지에서 원하는 부분을 추출할 수도 있다(18장 참조). 이러한 추출 작업은 프로그램이 커지면서 많은 일을 요구한다. 대신 웨이백 머신은 JSON 형식으로 데이터를 반환한다. **JSON**JavaScript Object Notation은 사람이 읽을 수 있는 텍스트 형식으로 되어 있다. JSON은 데이터 타입과 값, 순서를 기술하는 작은 언어처럼 되어 있다. 그리고 다른 컴퓨터 언어와 시스템에서 데이터를 교환하는 인기 있는 방식이다. 12장에서 JSON에 대해 좀

---

2 옮긴이_ 그당시 1판 번역 과정에서 해당 예제가 실행되지 않는 것을 확인하고 깃허브 예제로 변경했다.

더 자세히 살펴본다.

파이썬 프로그램은 JSON 텍스트를 파이썬 **자료구조**로 변환할 수 있다. 다음 장에서 살펴본다. 예제 프로그램은 단 하나의 결과(인터넷 아카이브 웹사이트에서 오래된 페이지의 URL)를 선택한다. 또한 예제 코드를 짧게 유지하기 위해 약간의 오류 검사만 포함했다. 줄 번호는 설명을 위해 포함되었으며, 코드의 일부가 아니다.

예제 1-4 archive.py

```
 1 import webbrowser
 2 import json
 3 from urllib.request import urlopen
 4
 5 print("Let's find an old website.")
 6 site = input("Type a website URL: ")
 7 era = input("Type a year, month, and day, like 20150613: ")
 8 url = "http://archive.org/wayback/available?url=%s&timestamp=%s" % (site, era)
 9 response = urlopen(url)
10 contents = response.read()
11 text = contents.decode("utf-8")
12 data = json.loads(text)
13 try:
14     old_site = data["archived_snapshots"]["closest"]["url"]
15     print("Found this copy: ", old_site)
16     print("It should appear in your browser now.")
17     webbrowser.open(old_site)
18 except:
19     print("Sorry, no luck finding", site)
```

이 작은 파이썬 프로그램은 꽤 많은 일을 처리한다. 코드 내용은 다시 다룰 것이라서 아직 자세히 알고 있을 필요는 없다. 각 줄에서 진행하는 작업은 다음과 같다.

1. 파이썬 **표준 라이브러리**인 webbrowser 모듈을 **임포트**import한다(프로그램에서 사용할 수 있도록 설정).

2. 파이썬 표준 라이브러리인 json 모듈을 임포트한다.

3. 표준 라이브러리 urllib.request 모듈에서 urlopen 함수만 임포트한다.

4. import 문과의 구분을 위한 빈 줄

5. 텍스트를 출력한다.

6. URL 입력 내용을 출력하고, 사용자에게 URL 입력을 받아서 site **변수**에 저장한다.

7. 년, 월, 일에 대한 입력 내용을 출력하고, 사용자에게 날짜 입력을 받아서 era 변수에 저장한다.

8. 입력한 사이트와 날짜를 토대로 문자열 변수 url을 구성한다.

9. 해당 URL의 웹서버에 연결하여 **웹서비스**를 요청한다.

10. 응답 데이터를 가져와서 contents 변수에 할당한다.

11. 내용을 JSON 형식의 텍스트 문자로 **디코딩**하여 text 변수에 할당한다.

12. 텍스트를 데이터(파이썬 자료구조)로 변환한다.

13. 오류를 확인한다. 오류가 없다면 다음 네 줄을 실행하고, 실패하면 코드의 마지막 줄(except 문 다음 줄)을 실행한다.

14. 입력한 사이트와 날짜에 일치하는 항목이 있으면 세 단계의 딕셔너리에서 값을 추출한다. 다음 try 문에 해당하는 코드를 들여쓰기한다.

15. 찾은 URL을 출력한다.

16. URL이 브라우저에 표시될 것이라고 알린다.

17. 찾은 URL을 웹 브라우저에 표시한다.

18. 앞의 네 줄 중에서 오류가 발생하면 이 줄로 점프한다.

19. 사이트 찾기에 실패했다면 텍스트 메시지와 찾으려고 했던 URL을 출력한다. 앞의 try 문에서 예외가 발생할 때 except 문을 실행하므로 들여쓰기한다.

터미널에서 코드를 실행하고, 사이트 URL과 날짜를 입력하면 다음과 같은 결과를 얻는다.

```
$ python archive.py
Let's find an old website.
Type a website URL: lolcats.com
Type a year, month, and day, like 20150613: 20151022
Found this copy: http://web.archive.org/web/20151102055938/http://www.lolcats.com/
It should appear in your browser now.
```

[그림 1-3]은 브라우저에 표시된 내용을 보여준다.

그림 1-3 웨이백 머신의 결과

위 예제는 파이썬 **표준 라이브러리**standard library 모듈(파이썬을 설치할 때 포함된 프로그램) 중 일부를 사용했다. 또한 파이썬에는 멋진 외부 라이브러리 모듈이 있다. [예제 1-5]는 requests라는 외부 라이브러리 모듈을 사용하여 인터넷 아카이브 웹사이트에 접근하는 코드다.

예제 1-5 archive2.py

```
 1 import webbrowser
 2 import requests
 3
 4 print("Let's find an old website.")
 5 site = input("Type a website URL: ")
 6 era = input("Type a year, month, and day, like 20150613: ")
 7 url = "http://archive.org/wayback/available?url=%s&timestamp=%s" % (site, era)
 8 response = requests.get(url)
 9 data = response.json()
10 try:
11     old_site = data["archived_snapshots"]["closest"]["url"]
12     print("Found this copy: ", old_site)
13     print("It should appear in your browser now.")
14     webbrowser.open(old_site)
15 except:
16     print("Sorry, no luck finding", site)
```

새롭게 작성한 코드는 이전 코드보다 더 짧고 읽기 쉽다. 18장에서 requests 모듈과 11장에서는 일반적으로 사용하는 외부 라이브러리를 살펴본다.

1.4 파이썬 활용

시간과 노력을 들여서 파이썬을 배워야 하는가? 파이썬은 요즘 유행하는 언어인가? 파이썬은 1991년부터 존재했으며(자바보다 나이가 많고, C보다 어리다), 가장 인기 있는 컴퓨팅 언어 5위 안에 꾸준히 들고 있다. 구글, 유튜브, 드롭박스, 넷플릭스, 훌루 등 많은 회사에서 파이썬을 쓰고 있다. 필자는 파이썬으로 이메일 검색 애플리케이션과 전자상거래 웹사이트 등 다양한 상용 프로그램을 만들었다. 파이썬으로 빠르고 쉽게 개발할 수 있어서 생산성이 뛰어난 언어로 유명하다.

다음과 같이 많은 컴퓨팅 환경에서 파이썬을 활용할 수 있다.

- 터미널 창의 커맨드 라인
- 웹을 포함한 GUIGraphical User Interface
- 서버/클라이언트 웹
- 대용량 데이터 처리를 지원하는 백엔드 서버
- **클라우드**(서드 파티에 의해 관리되는 서버)
- 모바일 디바이스
- 임베디드 디바이스

파이썬 프로그램은 이번 장에서 본 짧은 일회성 **스크립트**script에서 백만 줄로 짠 프로그램까지 그 범위가 다양하다.

'2018 파이썬 개발자 설문조사(*https://oreil.ly/8vK7y*)'는 컴퓨팅 업계에서 파이썬의 현재 위치에 대한 통계자료를 보여준다.

이 책의 부록에서 예술, 과학, 비즈니스에서 사용하는 파이썬의 특정 용도에 대해서도 살펴본다.

1.5 파이썬과 다른 언어

파이썬을 다른 언어와 어떻게 비교할 수 있을까? 상황에 따라 수많은 언어 중 하나를 어떻게 선택할 수 있을까? 다른 언어의 예제 코드를 살펴보고 무엇이 다른지 비교해보자. 컴퓨터 언어에 익숙하지 않다면 이런 코드를 이해하는 것이 어려울 수도 있다. 하지만 파이썬의 최종 코드를 봤을 때 확실히 다른 언어보다 간단하다고 느낄 것이다.

각 프로그램은 숫자와 언어에 대한 짧은 한 문장을 출력한다.

터미널이나 터미널 창을 사용하면 여러분이 입력한 문자를 읽고 실행하여 그 결과를 보여준다. 이것을 **셸**^{shell} 프로그램이라고 부른다. 윈도우의 셸은 cmd(명령^{command}의 줄임말)라고 부른다(*https://en.wikipedia.org/wiki/Cmd.exe*). 이는 .bat 확장자의 **배치**^{batch} 파일을 실행한다. 리눅스와 macOS를 포함한 다른 유닉스 계열의 시스템은 다양한 셸 프로그램이 있다. 그중에서 bash 또는 sh(셸의 줄임말)가 가장 인기 있다(*https://www.gnu.org/software/bash*). 셸은 단순한 로직과 파일 이름에 *와 같은 와일드카드^{wildcard} 문자를 사용할 수 있는 간단한 기능이 있다. 파일에 명령어를 저장할 수 있는데, 이것을 **셸 스크립트**^{shell script}라고 한다. 그리고 이것은 나중에 실행할 수 있다. 컴퓨터를 시작할 때 여러분이 첫 번째로 마주치는 프로그램이 셸 스크립트다. 셸 스크립트의 문제점은 몇백 줄의 긴 코드일 때 확장성이 떨어진다는 것이다. 그리고 다른 언어와 비교했을 때 훨씬 느리다. 다음 셸 프로그램을 살펴보자.

```
#!/bin/sh
    language=0
    echo "Language $language: I am the shell. So there."
```

이 코드를 test.sh 파일로 저장하고, sh test.sh로 실행하면 결과는 다음과 같다.

```
Language 0: I am the shell. So there.
```

오랫동안 많은 사랑을 받아온 C(*https://oreil.ly/7QKsf*)와 C++(*https://oreil.ly/iOJPN*)은 프로그램의 속도를 가장 우선시할 때 사용하는 저수준^{low-level} 언어다. 파이썬을 포함한 운영체제의 많은 프로그램은 대부분 C나 C++로 작성한다.

두 언어는 학습과 유지보수가 어렵다. **메모리 관리**^{memory management} 등과 같이 많은 세부 사항을 고려해야 한다. 따라서 프로그램 중돌 및 진단하기 어려운 문제가 빌생할 수 있다. C 프로그램 예제를 살펴보자.

```c
#include <stdio.h>
    int main(int argc, char *argv[]) {
        int language = 1;
        printf("Language %d: I am C! See? Si!\n", language);
        return 0;
    }
```

C++은 C와 비슷하지만 C와 구분되는 특징이 있다.

```cpp
#include <iostream>
    using namespace std;
    int main() {
        int language = 2;
        cout << "Language " << language << \
            ": I am C++!  Pay no attention to my little brother!" << \
            endl;
        return(0);
    }
```

자바(https://www.java.com)와 C#(https://oreil.ly/1wo5A)은 C와 C++의 몇 가지 문제, 특히 메모리 관리 문제를 피하고자 만들어진 후발 주자다. 코드는 다소 장황하다. 아래의 자바 프로그램 일부를 살펴보자.

```java
public class Anecdote {
    public static void main (String[] args) {
        int language = 3;
        System.out.format("Language %d: I am Java! So there!\n", language);
    }
}
```

이러한 언어로 코드를 작성한 경험이 없다면 이게 무엇인지 궁금할 것이다. 위에서는 간단한 문자열을 출력했다. 일부 언어는 상당한 구문을 가지고 있다. 구문에 대한 내용은 2장에서 살펴본다.

C, C++, 자바는 **정적 언어**static language다. 데이터 타입과 같은 저수준의 세부 정보를 지정한다. 부록 A는 정수와 같은 데이터 타입이 컴퓨터에서 특정 비트 수를 가지며 정수 타입만 다루는 부분을 설명한다. 반대로 **동적 언어**dynamic language(**스크립트 언어**라고 부르기도 함)는 변수 타입을 사용하기 전에 선언하지 않아도 된다.

개발자는 다년간 범용 동적 언어로 **펄**Perl(*http://www.perl.org*)을 사용했다. 펄은 매우 강력하며 광범위한 라이브러리가 있다. 그러나 펄 구문을 어색하게 느끼는 사람이 있어서 몇 년 동안 파이썬과 루비의 인기에 많이 가려졌다. 간단한 펄의 문자열을 출력해보자.

```
my $language = 4;
print "Language $language: I am Perl, the camel of languages.\n";
```

루비Ruby(*http://www.ruby-lang.org*)는 펄의 특징을 조금 빌린 최신 언어다. 루비는 **루비 온 레일즈**Ruby on Rails라는 웹 프레임워크 때문에 큰 인기를 얻었다. 루비는 파이썬과 같은 분야에서 많이 사용된다. 이 두 언어는 사용할 수 있는 라이브러리와 프로그래밍 취향에 따라 선택해서 사용되고 있다. 다음은 루비 예제다.

```
language = 5
puts "Language #{language}: I am Ruby, ready and aglow."
```

PHP(*http://www.php.net*)는 HTML과 쉽게 결합할 수 있어서 웹 개발에서 인기가 아주 많다. 많은 사람이 PHP 언어를 알고 있지만, 웹 이외의 일반 언어로는 인식하지 않는다. 다음은 PHP 코드다.

```
<?PHP
$language = 6;
echo "Language $language: I am PHP, a language and palindrome.\n";
?>
```

Go(*https://golang.org*)는 효율성과 친근함을 시도하는 최신 언어다.

```
package main
import "fmt"
func main() {
```

```
language := 7
fmt.Printf("Language %d: Hey, ho, let's Go!\n", language)
}
```

C와 C++의 현대적인 대안으로 **러스트**[Rust] (*https://doc.rust-lang.org*)를 사용할 수 있다.

```
fn main() {
println!("Language {}: Rust here!", 8)
```

마지막으로 **파이썬**(*https://python.org*)이다.

```
language = 9
print(f"Language {language}: I am Python. What's for supper?")
```

1.6 왜 파이썬인가?

가장 중요한 것은 아니지만 한 가지 이유는 바로 인기다. 파이썬은 여러 분야에서 높게 평가받고
있다.

- 가장 빠르게 성장하는 주요 프로그래밍 언어(*https://oreil.ly/YHqqD*)

- 파이썬은 2019년 6월, 프로그래밍 언어별 인기도를 나타내는 티오베(*https://www.tiobe.com/tiobe-index*)에서 8.5%로 다시 최고치에 도달. 이 속도를 유지한다면 3~4년 안에 C와 Java를 대체하는 세계에서 가장 인기 있는 언어가 될 것이다.

- 2018년 올해의 프로그래밍 언어(티오베), 전기전자 기술자 협회[IEEE] 스펙트럼(*https://oreil.ly/saRgb*) 및 PyPL(*http://pypl.github.io/PYPL.html*)에서 선정한 최고의 프로그래밍 언어

- 미국 명문 대학 컴퓨터 과학 과정에서 가장 많이 사용하는 언어(*http://bit.ly/popular-py*)

- 프랑스 고등학교 공식 교육 언어

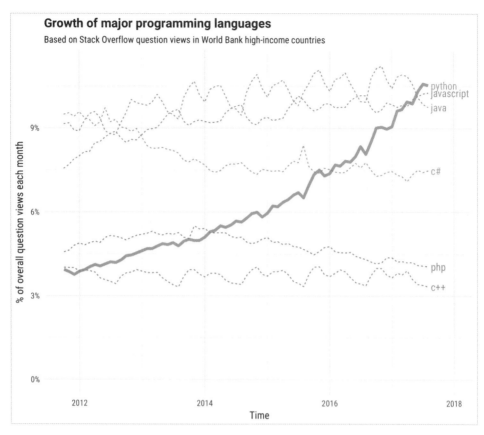

그림 1-4 주요 프로그래밍 언어 성장에서 선두로 달리는 파이썬

최근 데이터 과학 및 머신러닝 분야에서 파이썬의 인기가 높아졌다. 관심 있는 분야에서 높은 연봉을 주는 직업을 찾는다면, 파이썬은 좋은 선택이 될 것이다. 또한 채용 시장에서는 숙련된 파이썬 개발자 구인이 늘어나고 있다. 왜 파이썬은 인기가 많을까?

파이썬은 범용적으로 사용하는 고수준 언어이며, 읽기 쉽게 설계됐다. 이는 파이썬의 매우 중요한 요소다. 모든 컴퓨터 프로그램은 한 번 작성하지만, 많은 사람이 코드를 읽고 여러 번 수정한다. **읽기 쉽다는 것**은 기억하고 배우기 쉽다는 뜻이다. 즉, 코드를 **작성하기도 쉽다**. 다른 인기 있는 언어들과 비교했을 때, 파이썬은 금방 실무에 적용할 수 있는 아주 좋은 학습 곡선이 있어서 생산성이 높다. 또한 코드로 어떤 분야의 전문지식을 쉽게 습득하며 탐구할 수 있다.

같은 동작을 수행하는 프로그램을 정적 언어로 작성했을 때보다 파이썬으로 작성하면 코드가 상대적으로 훨씬 더 간결해진다. 어떤 연구 결과에 따르면 개발자는 언어에 상관없이 하루에 비슷한 라인의 코드를 생산하는 경향이 있다고 한다. 따라서 코드를 적게 작성하는 파이썬을 사용하면 그만큼 생산성이 높아질 것이다. 파이썬은 이것이 중요하다고 여기는 많은 회사에 잘 알려진 무기다.

파이썬은 맥주를 마시거나 연설을 들을 때처럼 자유롭게 사용할 수도 있다. 그리고 다른 사람이 작성한 파이썬 코드를 사용한 다음 그 코드에 대한 의견을 보낼 수 있다.

파이썬은 거의 모든 곳에서 실행된다. 그리고 배터리 포함batteries included이라는 철학이 있어서, 많은 사람이 기여한 유용한 라이브러리들을 함께 제공한다. 또한 이 책은 표준 라이브러리뿐만 아니라 많은 유용한 외부 라이브러리 예제 코드를 제공한다.

파이썬을 사용하는 가장 큰 이유는 사람들이 파이썬을 좋아하기 때문이다. 이들은 단순히 도구를 써서 작업을 끝내야 하는 사명감에 사로잡혀 있기보다는 실제로 프로그래밍을 즐기는 사람들이다. 이들은 종종 다른 언어로 작업할 때 파이썬에 있는 몇 가지 기능을 그리워한다. 이것이 다른 언어와 구별되는 파이썬의 독특한 특징이다.

1.7 상황에 따른 파이썬

파이썬은 모든 상황에서 가장 적합한 언어는 아니다.

파이썬은 기본적으로 모든 컴퓨터에 설치되어 있지 않다(파이썬 설치는 부록 B 참조).

파이썬은 애플리케이션 대부분에서 충분히 빠르지만 그렇지 않은 경우도 있다. 프로그램이 계산 작업을 많이 한다면 이에 해당할 것이다(이것을 **CPU 바운드**CPU-bound라고 하며, 수행하는 계산 작업은 CPU의 속도에 의해 결정된다). 일반적으로 C, C++, 자바로 작성한 프로그램은 파이썬으로 작성한 프로그램보다 빠르다(항상 그런 것은 아니다). 다음 몇 가지 솔루션이 있다.

- 때로는 파이썬 **알고리즘**을 단계적으로 개선해나가는 것이 C의 비효율적인 알고리즘을 그냥 사용하는 것보다 나을 수도 있다. 파이썬은 생산성이 뛰어나므로 여러 가지 대안을 실험하며 개선해나갈 수 있다.

- 많은 애플리케이션(특히 웹)에서 프로그램은 어떤 서버로부터 응답을 기다리는 동안 아무것도 하지 않는다. 이때 중앙 처리 장치central processing unit(CPU)는 전혀 개입하지 않는다. 결과적으로 정적 프로그램과 동적 프로그램의 종단간 전송시간 차이가 좁아진다.

- 파이썬의 표준 인터프리터는 C로 작성되었고 C로 확장할 수 있다. 19장에서 간단히 살펴본다.

- 파이썬 인터프리터는 점점 빨라지고 있다. 초창기 자바는 엄청 느렸지만, 수많은 연구와 돈을 투자해서 빠르게 개선됐다. 파이썬은 기업의 소유가 아니라서 점진적으로 개선되고 있다. 19.10.4절에서 **PyPy** 프로젝트와 그 영향에 대해 살펴본다.

- 매우 까다로운 애플리케이션을 만든다고 가정하자. 무엇을 어떻게 하든 파이썬이 사용자의 요구를 충족하지 못한다고 가정한다. 이 경우 일반적인 대안으로 C, C++, 자바가 될 수 있다. 또한 파이썬처럼 느껴지지만 C처럼 동작하는 Go(*http://golang.org*)와 러스트를 고려해볼 수도 있다.

1.8 파이썬 2와 파이썬 3

여러분이 직면하게 될 가장 큰 문제는 파이썬의 두 버전 중에서 하나를 선택하는 것이다. 리눅스나 macOS는 기본으로 파이썬 2가 설치되어 있어서, 어디에서나 쉽게 파이썬 2를 접할 수 있다. 파이썬 2는 매우 훌륭한 언어지만 아직 완벽하지 않다. 다른 분야와 마찬가지로 컴퓨터 언어에서의 어떤 실수는 표면적이거나 고치기 쉬운 반면, 어떤 것은 그렇지 않다. 고치기 어려운 것은 서로 **호환**되지 않는다. 즉, 파이썬 3에서 작성한 코드는 파이썬 2에서 동작하지 않는다. 또한 파이썬 2에서 작성한 코드는 파이썬 3에서 동작하지 않는다.

파이썬 창시자 귀도 반 로섬(*https://www.python.org/~guido*)과 그의 동료들은 고치기 힘든 것들을 함께 개선해나가기로 결정하고 이것을 파이썬 3이라 부르기로 했다. 파이썬 2는 과거고, 파이썬 3은 미래다. 파이썬 2의 최종 버전은 2.7이며, 이에 대한 지원은 얼마 남지 않아 곧 끝난다. 파이썬 2.8은 없을 것이다. 파이썬 2의 지원은 2020년 1월에 끝난다. 보안 및 기타 수정은 더 이상 이루어지지 않으며, 많은 유명한 파이썬 패키지는 그 이후 파이썬 2에 대한 지원(*https://python3statement.org*)을 중단한다.

운영체제는 곧 파이썬 2를 삭제하거나 파이썬 3을 새 기본 설치로 만들 것이다. 파이썬 2를 파이썬 3으로 전환하는 작업은 점진적으로 이뤄졌지만 이제는 그 전환점을 훨씬 뛰어 넘은 상태다. 모든 새로운 개발은 파이썬 3에서 이루어진다.

이 책은 파이썬 3을 사용한다. 파이썬 2와 거의 비슷하다. 가장 눈에 띄는 변화는 파이썬 3의 print() 함수다. 인수와 함께 괄호로 출력해야 한다. 가장 중요한 변경 사항은 12장에서 다루는 **유니코드**Unicode 문자 처리다. 다른 주요 차이점도 다룬다.

1.9 파이썬 설치하기

파이썬 3이 설치되어 있지 않거나, 확실하지 않으면 부록 B에서 무엇을 해야 하는지 참고하면 된다. 처음에 한 번만 설정하면 된다.

1.10 파이썬 실행하기

파이썬 3을 설치한 후에는 이 책의 파이썬 코드뿐만 아니라 여러분이 만든 코드도 직접 실행할 수 있다. 파이썬 프로그램을 실행하는 두 가지 방법이 있다.

- 파이썬의 **대화식 인터프리터**interactive interpreter는 작은 프로그램을 테스트하기 쉬운 환경을 제공한다. 커 맨드 라인에 코드를 입력하고 결과를 바로 볼 수 있어서 테스트를 빠르게 할 수 있다. 파이썬의 기능을 보여주기 위해 이 책에서는 대화식 인터프리터를 사용한다. 책에서 소개한 코드를 독자들의 파이썬 환경 에서 그대로 입력하여 실행할 수 있다.
- 다른 실행 방법은 파이썬 프로그램을 텍스트 파일로 저장하여 실행하는 것이다. 보통 .py 확장자를 사용 한다. 커맨드 창에서 python 뒤에 파일 이름을 입력하여 실행할 수 있다.

이 두 가지 방법에 대해 자세히 알아보자.

1.10.1 대화식 인터프리터 사용하기

이 책에서 소개하는 예제 코드 대부분은 대화식 인터프리터를 사용한다. 책의 예제를 입력하여 책과 같은 결과를 얻으면 예제를 똑바로 입력한 것이다.

커맨드 창에서 python, python3 혹은 여러분이 설정한 파이썬 이름을 입력하여 인터프리터를 실행한다. 책에서는 이 실행 명령을 python이라고 가정한다. 여러분이 사용하는 파이썬 실행 이름이 다르다면 예제 코드 실행에서 python을 볼 때마다 그 이름을 입력한다.

대화식 인터프리터에서 값을 입력할 때 자동으로 출력되는 부분을 제외하고는 파일로 파이썬을 실행하는 것과 대부분 똑같이 동작한다. 이것은 파이썬 언어의 일부가 아니며, 항상 print() 함 수를 입력하지 않아도 된다. 예를 들어 파이썬 인터프리터에 27을 입력하면 터미널에 27이 출력된다(예를 들어 파이썬 파일의 어느 한 행에 27이 있으면 아무 일도 일어나지 않는다).

```
$ python
Python 3.8.0 (v3.8.0:fa919fdf25, Oct 14 2019, 10:23:27)
[Clang 6.0 (clang-600.0.57)] on darwin
Type "help", "copyright", "credits" or "license" for more information.
>>> 27
27
```

NOTE_ 위 예에서 $는 터미널 창에 python과 같은 명령을 입력하기 위한 시스템 **프롬프트**prompt다. 프롬프트가 다를 수 있지만, 이 책 예제에서는 $를 사용한다.

인터프리터에서 print() 함수를 입력해도 원하는 값을 출력할 수 있다.

```
>>> print(27)
27
```

위 예제는 대화식 인터프리터를 실행하여 아주 작은 파이썬 코드를 실행한 것이다. 다음 몇 장에서는 한 줄 코드부터 긴 코드까지 다양한 파이썬 프로그램을 살펴본다.

1.10.2 파이썬 파일 사용하기

파일에 27을 입력하여 파일을 실행하면, 실행은 되지만 아무것도 출력하지 않는다. 보통 비대화식 파이썬 프로그램에서는 다음과 같이 print() 함수를 호출해서 출력해야 한다.

```
print(27)
```

다음과 같이 파이썬 프로그램 파일을 만들어서 실행해보자.

1. 텍스트 편집기를 연다.

2. 위 예제처럼 print(27)을 입력한다.

3. 이 파일을 27.py로 저장한다. RTFRich Text Format 또는 워드와 같은 리치 형식의 파일 형태로 저장하지 말고, 일반 텍스트 형태로 저장한다. 파이썬 프로그램 파일 이름 끝에 .py를 붙인다(안 붙여도 실행되지만, 나중에 파일 이름을 쉽게 기억하고 구분할 수 있다).

4. GUI를 사용한다면(거의 대부분의 경우) 터미널 창[3]을 연다.

5. 다음과 같이 입력한 다음 프로그램을 실행한다.

```
$ python test.py
```

다음과 같이 한 줄의 결과가 출력된다.

27

제대로 동작하는가? 첫 번째 파이썬 프로그램 실행에 성공한 것을 축하한다!

1.10.3 그다음은?

파이썬 코드를 입력하기 위해서는 파이썬 문법을 따라야 한다. 파이썬 문법을 한 번에 습득하지 않고, 다음 몇 장에 걸쳐 이를 살펴본다.

파이썬 프로그램을 개발하는 기본적인 방법은 일반적인 텍스트 편집기와 터미널 창을 사용하는 것이다. 이 책에서는 일반적인 텍스트 형태로 코드를 보여준다. 그리고 가끔 대화식 터미널 세션과 파이썬 파일의 일부를 보여준다. 또한 파이썬을 위한 많은 **통합 개발 환경**integrated development environment(IDE)이 있다. 이것은 고급 텍스트 편집 기능과 도움말을 보여주는 GUI를 갖추고 있다. IDE는 19장을 참고하길 바란다.

1.11 파이썬 철학

프로그래밍 언어는 각각 저마다의 스타일이 있다. 서문에서 **파이써닉**Pythonic하다는 표현을 사용했다. 파이썬 철학Zen of Python을 간결하게 표현한 자유시가 파이썬에 있다(저자에게 파이썬은 부활절 달걀과 같은 유일한 언어다). 대화식 인터프리터에 import this를 입력하고 엔터키를 누르면 다음과 같이 파이썬 철학을 볼 수 있다.

---

3 이것이 무엇을 의미하는지 잘 모른다면 부록 B의 다양한 운영체제에서의 파이썬 설치 및 실행을 참고한다.

```
>>> import this
The Zen of Python, by Tim Peters
```
(파이썬 철학, 팀 피터스)

```
Beautiful is better than ugly.
```
(아름다운 것이 추한 것보다 낫다.)
```
Explicit is better than implicit.
```
(명확한 것이 함축적인 것보다 낫다.)
```
Simple is better than complex.
```
(단순한 것이 복잡한 것보다 낫다.)
```
Complex is better than complicated.
```
(복잡한 것이 난해한 것보다 낫다.)
```
Flat is better than nested.
```
(단조로운 것이 뒤엉킨 것보다 낫다.)
```
Sparse is better than dense.
```
(분포되어 있는 것이 빽빽한 것보다 낫다.)
```
Readability counts.
```
(가독성은 중요하다.)
```
Special cases aren't special enough to break the rules.
```
(특별한 경우라 하더라도 규칙을 어길 수 있을 만큼 특별하지 않다.)
```
Although practicality beats purity.
```
(비록 실용성이 순수함을 앞선다 할지라도.)
```
Errors should never pass silently.
```
(오류를 절대로 조용히 넘기면 안 된다.)
```
Unless explicitly silenced.
```
(분명하게 조용하지 않는 한.)
```
In the face of ambiguity, refuse the temptation to guess.
```
(모호한 상황에서도 추측하려는 유혹을 떨쳐내야 한다.)
```
There should be one--and preferably only one--obvious way to do it.
```
(그것을 할 수 있는 분명한 한 가지 방법이 있어야 한다. 그 방법이 유일하다면 더 좋다.)
```
Although that way may not be obvious at first unless you're Dutch.
```
(네덜란드 사람(파이썬 창시자)이 아니라면, 처음에 그 방법이 분명하지 않을 수도 있다.)
```
Now is better than never.
```
(지금 하는 것이 하지 않는 것보다 낫다.)
```
Although never is often better than *right* now.
```
(비록 하지 않는 것이 종종 지금 *당장*하는 것보다 나을지라도.)
```
If the implementation is hard to explain, it's a bad idea.
```
(구현한 것이 설명하기 어렵다면, 그것은 나쁜 아이디어다.)
```
If the implementation is easy to explain, it may be a good idea.
```
(구현한 것이 설명하기 쉽다면, 그것은 좋은 아이디어일 것이다.)
```
Namespaces are one honking great idea--let's do more of those!
```
(네임스페이스는 정말 좋은 아이디어다. 더 많이 사용하자!)

이러한 감성적인 철학을 이 책에 담았다.

1.12 다음 장에서는

파이썬 데이터 타입과 변수에 대해 설명한다. 1장은 파이썬 데이터 타입과 코드 구조를 자세히 살펴보기 위한 첫 장이었다.

1.13 연습문제

이번 장에서는 파이썬이 무엇이고 어떻게, 어디에 쓰는지 소개했다. 각 장의 끝에서는 배운 것을 복습하고 연습하기 위한 연습문제가 주어질 것이다.

1.1 컴퓨터에 파이썬 3이 설치되어 있지 않다면 부록 B를 참조하여 컴퓨터 시스템에 맞는 파이썬을 설치해보자.

1.2 파이썬 3 대화식 인터프리터를 실행해보자(부록 B 참조). 인터프리터는 처음 몇 라인을 출력하고 >>>로 시작하는 한 라인을 볼 수 있다. 이것은 파이썬 명령을 입력하기 위한 프롬프트다.

1.3 대화식 인터프리터에 익숙해지자. 인터프리터를 계산기처럼 사용해보자. 8 * 9를 입력하고 엔터키를 눌러보자. 72가 출력되었는가?

1.4 숫자 47을 입력하고 엔터키를 눌러보자. 47이 출력되었는가?

1.5 print(47)을 입력하고 엔터키를 눌러보자. 역시 47이 출력되었는가?

CHAPTER 2

데이터: 타입, 값, 변수, 이름

많은 재물(화려한 것)보다 명예(이름)를 택할 것이오.   – 잠언 22:1

컴퓨터의 모든 동작은 비트 시퀀스(일련의 비트)를 통해 이루어진다(부록 A 참조). 컴퓨터는 다양한 크기와 타입(숫자, 텍스트 문자) 또는 컴퓨터 코드 자체로 원하는 방식으로 비트를 해석할 수 있다. 우리는 파이썬을 사용하여 목적에 맞게 비트 덩어리chunk를 정의하여 CPU에 명령을 내려서 결과를 주고받는다.

먼저 파이썬의 데이터 타입과 데이터 타입 변수에 담을 수 있는 값에 대해 살펴본다. 그리고 데이터를 리터럴 값과 변수로 나타내는 방법을 살펴본다.

2.1 파이썬 데이터는 객체다

컴퓨터 메모리를 일련의 긴 선반으로 생각할 수 있다. 해당 메모리 선반 중 각 슬롯은 폭이 1바이트(8비트)이며 슬롯의 번호는 0(첫 번째)부터 끝까지다. 현대 컴퓨터에는 수십억 바이트(기가바이트) 메모리가 있으므로 선반에 거대한 가상 창고를 채운다고 생각할 수 있다.

파이썬 프로그램은 운영체제에서 컴퓨터의 일부 메모리에 접근할 수 있다. 이 메모리는 프로그램 자체의 코드와 사용하는 데이터에 사용된다. 운영체제는 프로그램이 어떻게든 권한을 얻지 않고, 특정 메모리의 위치를 읽거나 쓸 수 없도록 한다. 프로그램은 비트의 메모리 위치와 데이터 타입을 추적한다. 컴퓨터는 모든 것이 비트다. 개발자가 정의한 타입에 따라 같은 비트는 다른 것을 의미한다. 예를 들면 동일한 비트 패턴에서 정수 65는 텍스트 문자 A를 나타낼 수 있다.

다른 타입은 다른 수의 비트를 사용한다. 64비트 시스템에서 정수는 64비트(8바이트)를 사용한다.

일부 언어는 크기와 타입을 추적하여 이러한 원싯값을 찾아서 바로 처리한다. 이러한 원싯값을 직접 처리하는 대신, 파이썬은 각 데이터 값(불리언, 정수, 부동소수점 숫자, 문자열, 자료구조, 함수 및 프로그램)을 메모리에 **객체**object로 래핑wrapping한다. 파이썬에서 직접 객체를 정의하는 방법은 10장에서 다룬다. 지금은 기본 내장 데이터 타입을 처리하는 객체에 대해서만 이야기한다.

메모리 선반의 비유를 사용한다면, 객체는 선반에서 공간을 차지하는 가변 크기 상자로 생각할 수 있다(그림 2-1). 파이썬은 이러한 객체 상자를 만들어 선반의 빈 곳에 놓고 더 이상 사용하지 않을 때 제거한다.

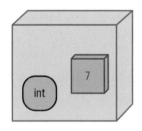

그림 2-1 객체는 상자와 같다. 이 값의 정수는 7이다.

파이썬에서 객체는 최소한 다음을 포함하는 데이터 덩어리다.

- **타입** 정의 (다음 섹션)
- 다른 객체와 구별하기 위한 고유 **ID**
- 타입과 연관된 **값**
- 객체의 사용 빈도를 추적하는 **참조 횟수**

ID는 선반 위의 위치와 같은 고유 식별자다. **타입**은 상자에 있는 공장 스탬프(도장)와 같으며 할 수 있는 것을 명시한다. 파이썬 객체가 정수면 타입은 int이고 이 객체는 다른 int에 추가

될 수 있다(3장에서 여러 타입을 다룬다). 투명 상자를 생각한다면, 투명 상자 안의 내용(**값**)을 볼 수 있다. 변수와 이름에서 **참조 횟수**를 사용하는 방법에 대해 살펴보자.

2.2 타입

[표 2-1]은 파이썬 기본 데이터 타입이다. 두 번째 열은 파이썬 코드에서 입력하는 **타입** 이름이다. 세 번째 열은 타입 생성 후 값을 변경할 수 있는지mutable 여부를 나타낸다(다음 장에서 설명한다). 네 번째 열은 해당 타입에서 하나 이상의 리터럴 예제를 보여준다. 마지막 열은 해당 타입에 대해 자세히 살펴볼 수 있는 장이다.

표 2-1 파이썬 기본 데이터 타입

이름	타입	가변?	예제	장
불리언	bool	아니오	True, False	3
정수	int	아니오	47, 25000, 25_000	3
부동소수점	float	아니오	3.14, 2.7e5	3
복소수	complex	아니오	3j, 5 + 9j	22
텍스트 문자열	str	아니오	'alas', "alack", '''a verse attack'''	5
리스트	list	예	['Winken', 'Blinken', 'Nod']	7
튜플	tuple	아니오	(2, 4, 8)	7
바이트	bytes	아니오	b'ab\xff'	12
바이트 배열	bytearray	예	bytearray(...)	12
셋	set	예	set([3, 5, 7])	8
프로즌 셋	frozenset	아니오	frozenset(['Elsa', 'Otto'])	8
딕셔너리	dict	예	{'game': 'bingo', 'dog': 'dingo', 'drum mer': 'Ringo'}	8

기본 데이터 타입을 익힌 후, 10장에서 새로운 타입을 만드는 방법에 대해 살펴본다.

2.3 가변성

> 돌연변이mutability가 아닌 이상 어떠한 것도 영원한 것은 없다.　　　　　 – 퍼시 셸리

타입에 따라 상자에 포함된 데이터 **값**value을 변경할 수 있거나(**가변**mutable) 일정하게 유지할 수 있다(**불변**immutable). 불변 객체는 밀봉된 상자로 생각할 수도 있지만, [그림 2-1]과 같이 더 명확하게 생각할 수 있다. 값을 볼 수는 있지만 변경할 수 없다. 마찬가지로 가변 객체는 뚜껑이 있는 상자와 같다. 내부의 값을 볼 수 있을 뿐만 아니라 값을 변경할 수도 있다. 그러나 타입을 변경할 수 없다. 파이썬은 **강타입**strong type 언어다. 즉, 값은 변경 가능하지만 객체의 타입은 변경할 수 없다(그림 2-2).

그림 2-2 강타입(strong type)이 키보드를 세게 누르라는 뜻은 아니다.

2.4 리터럴 값

파이썬에서 데이터 값을 명시하는 두 가지 방법이 있다.

- 리터럴
- 변수

다음 장에서 다양한 데이터 타입에 따라 리터럴 값을 지정하는 방법에 대해서 자세히 살펴본다. 정수는 숫자 시퀀스이고, 부동소수점 숫자는 소수점을 포함하며 텍스트 문자열은 따옴표로 묶는다. 이 장의 나머지 부분에서는 10진수와 리스트에 대해서만 간단히 살펴본다. 3장에서 부호, 2진수 등과 같이 정수에 대한 몇 가지 추가 사항에 대해 살펴볼 것이다.

2.5 변수

변수variable는 컴퓨터 언어의 핵심 개념이다. 대부분 언어와 마찬가지로 파이썬을 사용하면 프로그램에서 사용하려는 컴퓨터 메모리의 값 이름과 같은 변수를 정의할 수 있다.

파이썬 변수 이름에는 몇 가지 규칙이 있다.

- 다음 문자만 사용할 수 있다.
  - 소문자(a~z)
  - 대문자(A~Z)
  - 숫자(0~9)
  - 언더바(_)
- **대소 문자**를 구분한다. thing, Thing, THING은 서로 다른 이름이다.
- 숫자가 아닌 문자나 언더바로 시작한다.
- 언더바로 시작하는 이름은 특별하게 취급한다(9장 참조).
- 파이썬 **예약어**(키워드)는 사용할 수 없다.

예약어[1]는 다음과 같다.

False	await	else	import	pass
None	break	except	in	raise
True	class	finally	is	return
and	continue	for	lambda	try
as	def	from	nonlocal	while
assert	del	global	not	with
async	elif	if	or	yield

---

1 파이썬 3.7에 예약어 async와 await가 추가됐다.

파이썬 프로그램에서 예약어를 찾을 수 있다.

```
>>> help("keywords")
```

또는

```
>>> import keyword
>>> keyword.kwlist
```

사용할 수 있는 변수 이름의 예다.

- a
- a1
- a_b_c___95
- _abc
- _1a

사용할 수 없는 변수 이름의 예다.

- 1
- 1a
- 1_
- name!
- another-name

2.6 할당

파이썬은 =를 사용하여 변수에 값을 할당한다.

NOTE_ 초등학교 수학에서 =는 **같다**는 뜻으로 배웠다. 그렇다면 왜 파이썬과 다른 많은 언어는 =를 할당으로 사용할까? 한 가지 이유는 표준 키보드에서 왼쪽 화살표와 같은 대안이 없기도 하고, =는 할당과 크게 혼동되지 않기 때문이다. 또한, 프로그램에서 할당은 같음을 테스트하는 것보다 더 많이 사용된다.

프로그램은 수학과 다르다. 학교에서 수학을 배웠을 때 아래와 같은 방정식을 봤을 것이다.

```
y = x + 12
```

x에 어떤 값을 '대입plugging in'해서 방정식을 풀 수 있다. x가 5이면, y는 17(= 5 + 12)이다. x가 6이면 y는 18이다.

프로그램 라인은 방정식처럼 보일 수 있지만 의미는 다르다. 파이썬과 다른 컴퓨터 언어에서 x와 y는 변수다. 파이썬은 12 또는 5와 같은 일련의 숫자가 리터럴 정수라는 것을 알고 있다. 다음 코드는 방정식을 모방하여 y의 결괏값을 출력한다.

```
>>> x = 5
>>> y = x + 12
>>> y
17
```

수학과 프로그램의 큰 차이점은 다음과 같다. 수학에서 =는 양변이 **같음**equality을 의미하지만, 프로그램에서는 **할당**assignment을 의미한다. 즉, **오른쪽 값을 왼쪽 변수에 할당한다.**

또한, 프로그램에서 오른쪽에 있는 모든 것은 값을 가져야 한다(초기화). 오른쪽은 리터럴 값이거나 이미 값이 지정된 변수 또는 조합일 수 있다. 파이썬은 5와 12가 리터럴 정수라는 것을 알고 있다. 첫 번째 줄은 정수 값 5를 변수 x에 할당한다. 이제 다음 줄에서 변수 x를 사용할 수 있다. 파이썬이 y = x + 12를 읽으면 다음 내용을 수행한다.

- 중간에 = 연산자가 있는지 확인한다.
- 이것이 할당이라는 것을 알고 있다.
- 오른쪽을 계산한다(x가 참조한 객체 값을 가져와서 12에 더한다).
- 결과를 왼쪽 변수 y에 대입한다.

그런 다음 대화식 인터프리터에서 변수 y의 이름을 입력하면 결과가 출력된다.

맨 처음부터 y = x + 12로 프로그램을 시작하면, 변수 x에 아직 값이 없으므로 **예외**exception(오류)가 발생한다.

```
>>> y = x + 12
Traceback (most recent call last):
  File "<stdin>", line 1, in <module>
NameError: name 'x' is not defined
```

예외에 대한 내용은 9장에서 살펴본다. 컴퓨터에서 x가 초기화되지 않았다고 가정한다.

수학에서는 역으로 계산하여 값을 y에 할당하여 x를 구할 수 있다. 파이썬에서 이를 수행하려면 왼쪽 변수 x에 대입하기 전에 오른쪽에서 리터럴 값과 초기화된 변수를 가져와야 한다.

```
>>> y = 5
>>> x = 12 - y
>>> x
7
```

2.7 변수는 장소가 아니라 이름이다

변수의 중요한 점을 살펴보자. **변수는 단지 이름**이다. 이것은 컴퓨터 언어마다 다르며, 특히 리스트와 같이 **가변** 객체를 얻을 때 파이썬에서 알아야 할 핵심 내용이다. 할당은 **값을 복사하지 않는다.** 단지 데이터를 포함하는 객체에 **이름을 붙인다.** 이름은 객체 자체가 아닌 객체에 대한 **참조**다. 컴퓨터 메모리 어딘가에 있는 객체 상자에 문자열이 부착된 이름을 시각화한다(그림 2-3).

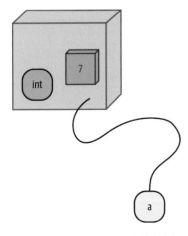

그림 2-3 이름은 객체를 가리킨다(변수 a는 값 7을 가진 정수 객체를 지칭).

다른 언어는 변수 자체에 타입이 있으며, 특정 메모리 위치에 바인딩된다. 해당 위치에서 값을 변경할 수 있지만 같은 타입이어야 한다. 이것은 **정적** 언어가 변수 타입을 선언하게 하는 이유다. 파이썬은 그렇지 않다. 이름은 어떤 타입이든 가리킬 수 있고, 데이터 객체 자체에 '문자열을 따라서' 값과 타입을 얻는다. 이것은 시간이 절약되지만 몇 가지 단점이 있다.

- 파이썬은 변수 철자가 틀리면 아무것도 참조하지 않아서 예외가 발생한다. 정적 언어처럼 이것을 자동으로 확인하지 않는다. 19장에서는 이를 피하기 위해 변수를 미리 확인하는 법을 살펴본다.
- 파이썬의 기본 속도는 C 언어보다 느리다. 파이썬은 개발자가 해야 할 일을 컴퓨터가 처리한다.

다음 대화식 인터프리터 예제를 살펴보자(그림 2-4).

1. 변수 a에 값 7을 할당한다. 이것은 정수 7을 포함하는 객체 상자를 만든다.
2. 변수 a를 출력한다.
3. 변수 a를 변수 b에 할당한다. 변수 b도 7을 포함하는 객체 상자를 가리킨다.
4. 변수 b의 값을 출력한다.

```
>>> a = 7
>>> print(a)
7
>>> b = a
>>> print(b)
7
```

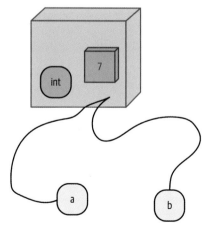

그림 2-4 이름 복사(변수 b도 동일한 정수 객체를 가리킨다)

파이썬에서 어떤 타입의 변수 또는 리터럴 값을 알고 싶다면 type() 메서드를 사용한다. 변수가 특정 타입의 객체를 가리키는지 확인하려면 isinstance() 내장 함수를 사용한다.

```
>>> type(7)
<class 'int'>
>>> type(7) == int
True
>>> isinstance(7, int)
True
```

NOTE_ 변수와 달리 함수를 나타낼 때 괄호 ()를 붙인다.

리터럴 값(58, 99.9, 'abc')과 위에서 사용한 변수(a, b)를 테스트해보자.

```
>>> a = 7
>>> b = a
>>> type(a)
<class 'int'>
>>> type(b)
<class 'int'>
>>> type(58)
<class 'int'>
>>> type(99.9)
<class 'float'>
>>> type('abc')
<class 'str'>
```

클래스class는 객체의 정의다. 10장에서 클래스에 대해 자세히 살펴볼 것이다. 파이썬에서 클래스와 타입은 거의 같은 의미다.

위 그림처럼 파이썬에서 변수를 사용하면 변수가 참조하는 객체를 찾는다. 파이썬은 뒤에서 많은 일로 바쁘게 동작한다. 종종 코드 한, 두 줄 뒤에 버려질 임시 객체를 만든다.

이전 예제를 다시 살펴보자.

```
>>> y = 5
>>> x = 12 - y
```

```
>>> x
7
```

위 코드에서 파이썬은 다음을 수행한다.

- 값 5인 정수 객체를 생성한다.

- 변수 y가 객체 5를 가리키도록 한다.

- 값 5인 객체의 참조 횟수를 증가시킨다.

- 값이 12인 다른 정수 객체를 생성한다.

- (익명) 객체의 값 12와 변수 y가 가리키는 값 5를 뺀다.

- 값 7은 이름이 없는 새 정수 객체에 할당된다.

- 변수 x가 새 정수 객체를 가리킨다.

- x가 가리키는 새로운 객체의 참조 횟수를 증가시킨다.

- x가 가리키는 객체 값 7을 찾아서 출력한다.

객체의 참조 카운트가 0이면, 아무도 가리키는 이름이 없으므로 더 이상 필요 없다. 파이썬은 더 이상 필요하지 않은 공간의 메모리를 재사용하는 **가비지 컬렉터**garbage collector(쓰레기 수집기)가 있다. 메모리 선반 뒤에서 더 이상 사용하지 않는 상자를 재활용하는 사람을 생각해보자.

이때 값이 5, 12, 7인 객체 또는 변수 x, y가 더 이상 필요하지 않다. 파이썬 가비지 컬렉터는 이러한 객체를 버리거나(다른 곳에 두거나), 2와 같은 작은 정수는 많이 사용되는 경향이 있으므로 성능상의 이유로 버리지 않도록 선택할 수 있다.

2.8 여러 이름 할당하기

두 개 이상의 변수 이름에 동시에 값을 지정할 수 있다.

```
>>> two = deux = zwei = 2
>>> two
2
>>> deux
2
>>> zwei
2
```

2.9 이름 재할당

이름은 객체를 가리키기 때문에 이름에 지정된 값을 변경하면 이름이 새 객체를 가리킨다. 이전 객체의 참조 수가 감소하고 새 객체의 수가 증가한다.

2.10 복사

[그림 2-4]와 같이 기존 변수 a를 새 변수 b에 할당하면, 변수 b는 변수 a와 같은 객체를 가리키게 된다. a 또는 b 태그(변수)를 선택하여 두 변수를 출력하면 같은 객체를 얻는다.

정수와 같이 객체가 불변한 경우 값을 변경할 수 없으므로, 두 이름 모두 기본적으로 읽기 전용read-only이 된다. 다음 코드를 살펴보자.

```
>>> x = 5
>>> x
5
>>> y = x
>>> y
5
>>> x = 29
>>> x
29
>>> y
5
```

x를 y에 할당했을 때, 이름 y는 x가 가리키는 정수 값 5를 가리키도록 한다. x를 변경할 때, 값이 29인 새 정수 객체를 가리키게 된다. y가 가리키는 객체는 여전히 5를 가리키고 있다.

그러나 두 이름이 모두 **가변** 객체를 가리킨다면 두 이름 중 하나를 통해 객체 값을 변경할 수 있으며, 두 이름을 사용할 때 변경된 값이 사용된다. 불변, 가변 객체에 따른 할당 성질을 몰랐다면 깜짝 놀랐을 수도 있다. **리스트**는 가변 값의 배열이며 7장에서 자세히 살펴본다. 다음 예제의 변수 a와 b는 3개의 정수 멤버가 있는 리스트를 가리킨다.

```
>>> a = [2, 4, 6]
>>> b = a
>>> a
[2, 4, 6]
>>> b
[2, 4, 6]
```

이러한 리스트 멤버(a[0], a[1], a[2])는 이름이 같으며 값이 2, 4, 6인 정수 객체를 가리킨다. 리스트 객체는 멤버를 순서대로 유지한다.

다음 예제에서 이름 a의 첫 번째 리스트 요소를 변경하고, b도 변경된 것을 확인해보자.

```
>>> a[0] = 99
>>> a
[99, 4, 6]
>>> b
[99, 4, 6]
```

첫 번째 리스트 요소가 변경되면 더 이상 값이 2인 객체를 가리키지 않고 값이 99인 새 객체를 가리킨다. 리스트는 여전히 리스트 타입이지만, 리스트 값(리스트 요소와 순서)은 변할 수 있다.

2.11 좋은 변수 이름

그는 진실을 말했지만, 잘못된 이름을 선택했다.　　　　　　　　　　　　　　－ 엘리자베스 배럿 브라우닝

변수에 적절한 이름을 선택하는 것은 중요하다. 지금까지 예제 코드에서 a와 x 같은 이름을 사용했다. 실제 프로그램에는 한 번에 추적할 변수가 더 많으며 간결함과 명확성의 균형을 유지해야 한다. 예를 들면 number_of_loons 또는 gaviidae_inventory보다 num_loons를 입력하는 것이 더 간결하고, n보다 더 명확하다.

2.12 다음 장에서는

숫자를 살펴볼 것이다. 기대 이상 흥미로울 것이다. 글쎄, 그렇게까지 나쁘지는 않을 것이다.[2]
파이썬을 계산기로 사용하는 방법과 고양이가 디지털 시스템을 만드는 방법에 대해 살펴볼 것
이다.

2.13 연습문제

2.1 정수 99를 변수 prince에 할당하고 출력해보자.

2.2 값 5는 어떤 타입인가?

2.3 값 2.0은 어떤 타입인가?

2.4 표현식 5 + 2.0은 어떤 타입인가?

---

2   8은 마치 눈사람처럼 생겼다 야호!

CHAPTER 3

숫자

> 최대 다수의 최대 행복을 달성하는 행위가 최선이다.
>
> — 프랜시스 허치슨

이 장에서는 파이썬의 데이터 타입에 대해 살펴본다.

- **불리언**

  True 혹은 False

- **정수**

  42, 100000000과 같은 숫자

- **실수**

  3.14159와 같이 소수점이 있는 숫자 혹은 1.0e8(e8은 10^8, 즉 100000000.0을 의미함)과 같은 지수

어떻게 보면 이들은 원자^{atom}와 비슷하다. 이번 장에서는 이들을 하나씩 사용해본다. 다음 장에서는 이들을 딕셔너리와 리스트 같은 더 큰 분자^{molecule}로 어떻게 결합하는지 살펴볼 것이다.

각 타입은 특정 규칙을 갖고 있으며, 컴퓨터에 따라 다르게 처리된다. 이 장은 97, 3.1416과 같은 **리터럴** 값과 2장에서 언급한 **변수**를 사용하는 방법을 살펴본다.

이번 장 예제는 파이썬에서 동작하는 짧은 코드로 구성되어 있다. 대화식 인터프리터를 이용해서 코드를 입력하고, 결과를 즉시 확인해본다. 예제에서 >>> 프롬프트를 볼 수 있다. 설치된 파이썬으로 이 코드들을 직접 실행해보자.

3.1 불리언

파이썬에서 불리언boolean 데이터 타입의 유일한 값은 True(참)와 False(거짓)다. 이 값을 직접 사용하기도 하고, 어떤 값에서 타입의 진위 확인을 위해 사용하기도 한다. 파이썬 특수 함수 bool()은 모든 파이썬 데이터 타입을 불리언으로 변환한다.

9장에서 함수에 대해 살펴본다. 현재 함수는 이름과 괄호로 묶인 쉼표로 구분된 0개 이상의 입력 **인수**argument와 0개 이상의 **반환값**return value이 있다는 정도만 알아두자. bool() 함수는 어떤 값을 인수로 취해서 불리언 값을 반환한다.

0이 아닌 값은 True로 간주한다.

```
>>> bool(True)
True
>>> bool(1)
True
>>> bool(45)
True
>>> bool(-45)
True
```

0인 값은 False로 간주한다.

```
>>> bool(False)
False
>>> bool(0)
False
>>> bool(0.0)
False
```

4장에서 불리언의 유용성을 살펴본다. 리스트, 딕셔너리 및 기타 타입을 True 또는 False로 간주하는 방법을 살펴본다.

3.2 정수

정수는 모두 숫자로 이루어져 있다. 분수나 소수점이 없다. 정수 앞에 부호가 올 수 있다. 그리고 일반적인 10진수 외 다른 진수로 숫자를 표현할 수 있다.

3.2.1 리터럴 정수

대화식 인터프리터에서 연속된 숫자는 **리터럴 정수**literal integer로 간주한다.

```
>>> 5
5
```

숫자 0을 쓸 수 있다.

```
>>> 0
0
```

하지만 0을 다른 숫자 앞에 넣을 수는 없다.

```
>>> 05
File "<stdin>", line 1
05
  ^
SyntaxError: invalid token
```

> **NOTE_** 파이썬 **예외**는 파이썬 규칙을 어겼다는 것을 경고한다. 더 자세한 내용은 3.2.5절에서 설명한다. 예외는 파이썬의 에러 처리 방식이기 때문에 이 책에서 수많은 예외를 보게 될 것이다.

0b, 0o, 0x로 시작하는 정수를 볼 수 있다(3.2.5절 참조).

숫자 앞에 기호가 없으면 양수를 의미한다. 숫자 앞에 + 기호를 붙여도 똑같은 양수다.

```
>>> 123
123
>>> +123
123
```

음수를 표현하려면 숫자 앞에 - 기호를 붙인다.

```
>>> -123
-123
```

정수에 쉼표(,)를 사용할 수 없다.

```
>>> 1,000,000
(1, 0, 0)
```

백만이라는 숫자 대신에 **튜플**tuple을 얻는다(튜플은 7장 참조). 그러나 언더바(_)를 사용하면
숫자를 구분할 수 있다.[1]

```
>>> million = 1_000_000
>>> million
1000000
```

첫 번째 숫자 이후 모든 위치에 언더바를 사용할 수 있다. 결과를 출력할 때는 언더바를 무시하
고 숫자만 출력한다.

```
>>> 1_2_3
123
```

3.2.2 정수 연산자

이번 절에서는 간단한 정수 연산 예제를 살펴본다. 다음 표의 수학 **연산자**operator를 활용해서 계
산할 수 있다.

---

1 파이썬 3.6 이상에서만 동작한다.

연산자	설명	예	결과
+	더하기	5 + 8	13
−	빼기	90 − 10	80
*	곱하기	4 * 7	28
/	부동소수점 나누기	7 / 2	3.5
//	정수 나누기(소수점 이하 버림)	7 // 2	3
%	나머지	7 % 3	1
**	지수	3 ** 4	81

덧셈과 뺄셈의 예를 살펴보자.

```
>>> 5 + 9
14
>>> 100 - 7
93
>>> 4 - 10
-6
```

원하는 만큼 숫자와 연산자를 추가하여 계산할 수 있다.

```
>>> 5 + 9 + 3
17
>>> 4 + 3 - 2 - 1 + 6
10
```

숫자나 연산자 사이에 있는 공백은 무시된다.

```
>>> 5+9    +        3
17
```

곱셈 또한 직관적이다.

```
>>> 6 * 7
42
```

```
>>> 7 * 6
42
>>> 6 * 7 * 2 * 3
252
```

나눗셈은 다음 두 가지 방법이 있어서 조금 더 흥미로운 연산자다.

- /는 **부동소수점**을 포함한 결과가 출력된다.
- //는 부동소수점을 제외한 결과, 즉 **정수**가 출력된다.

정수를 정수로 나누더라도 /로 나누면 부동소수점 결과가 나온다(부동소수점은 3.3절에서 살펴본다).

```
>>> 9 / 5
1.8
```

//는 소수점 이하를 버리고, 정수를 출력한다.

```
>>> 9 // 5
1
```

0으로 나누면 예외가 발생한다.

```
>>> 5 / 0
Traceback (most recent call last):
  File "<stdin>", line 1, in <module>
ZeroDivisionError: division by zero
>>> 7 // 0
Traceback (most recent call last):
  File "<stdin>", line 1, in <module>
ZeroDivisionError: integer division or modulo by z
```

3.2.3 정수와 변수

앞서 다룬 모든 예제에서는 리터럴 정수를 사용했다. 정수 값이 할당된 변수와 리터럴 정수를 혼합해서 쓸 수 있다.

```
>>> a = 95
>>> a
95
>>> a - 3
92
```

2장에서 변수 a는 정수 객체를 가리키는 이름이라고 배웠다. a - 3의 결괏값을 a에 할당하지 않았다. 따라서 a의 값은 변하지 않는다.

```
>>> a
95
```

a의 값을 바꾸고 싶다면, 다음과 같이 하면 작성한다.

```
>>> a = a - 3
>>> a
92
```

다시 말하자면 이것은 수학 방정식이 아니라 파이썬에서 변수에 값을 다시 할당하는 방법이다. 파이썬은 =의 오른쪽에 있는 표현식을 먼저 계산한 다음, 왼쪽에 있는 변수에 저장한다.

다음을 코드로 표현해보자.

- a에서 3을 뺀다.
- 뺄셈의 결과를 임시 변수 temp에 할당한다.
- 임시 변수 temp 값을 a에 할당한다.

```
>>> a = 95
>>> temp = a - 3
>>> a = temp
```

이것은 다음과 같이 한 줄로 작성할 수 있다.

```
>>> a = a - 3
```

=의 오른쪽에서 빼기를 계산해서 그 결과를 기억한 다음에, 왼쪽에 있는 a에 할당한다. 이 방법

은 앞서 임시 변수를 사용한 방법보다 빠르고 깔끔하다. = 앞에 산술 연산자를 결합해서 할당
할 수 있다. a -= 3은 a = a - 3과 같다.

```
>>> a = 95
>>> a -= 3
>>> a
92
```

다음은 a = a + 8과 같다.

```
>>> a = 92
>>> a += 8
>>> a
100
```

마찬가지로 다음은 a = a * 2와 같다.

```
>>> a = 100
>>> a *= 2
>>> a
200
```

a = a / 3과 같은 부동소수점 나눗셈 예제를 살펴보자.

```
>>> a = 200
>>> a /= 3
>>> a
66.66666666666667
```

a에 13을 할당한 후, 축약된 a = a // 4 (소수점 이하 버림)를 계산해보자.

```
>>> a = 13
>>> a //= 4
>>> a
3
```

% 문자는 파이썬에서 다양한 용도로 사용된다. 두 숫자 사이의 값을 구할 때 첫 번째 숫자(피제

수)를 두 번째 숫자(제수)로 나눈 나머지가 계산된다.

```
>>> 9 % 5
4
```

소수점을 제외한 몫과 나머지를 동시에 얻는 방법은 다음과 같다.

```
>>> divmod(9,5)
(1, 4)
```

다음과 같이 따로 계산할 수도 있다.

```
>>> 9 // 5
1
>>> 9 % 5
4
```

여기서 몇 가지 새로운 것을 살펴봤다. `divmod` 함수에서 인수로 정수 9와 5를 넣으면 튜플이라고 하는 두 항목의 결과로 반환된다. 튜플은 7장에서, 함수는 9장에서 상세히 다룬다.

마지막으로 `**` 연산자는 거듭제곱exponentiation이며, 다음과 같이 정수와 부동소수점을 사용할수 있다.

```
>>> 2**3
8
>>> 2.0 ** 3
8.0
>>> 2 ** 3.0
8.0
>>> 0 ** 3
0
```

3.2.4 연산 순서

다음과 같이 입력하면 어떤 결과가 나올까?

```
>>> 2 + 3 * 4
```

덧셈을 먼저 계산하면, 2 + 3은 5이고, 5 * 4는 20이다. 그러나 곱셈을 먼저 계산하면 3 * 4는 12고, 2 + 12는 14다. 대부분 언어와 마찬가지로 파이썬에서 곱셈은 덧셈보다 높은 우선순위를 가진다. 그래서 다음과 같은 결과가 나온다.

```
>>> 2 + 3 * 4
14
```

연산 순서 규칙을 어떻게 알 수 있을까? 부록 E의 표를 참고하면 된다. 하지만 이 순서를 모두 외울 필요가 없다. 먼저 수행하고자 하는 계산식에 괄호를 붙이면 쉽게 해결할 수 있기 때문이다.

```
>>> 2 + (3 * 4)
14
```

지수가 있는 예를 살펴보자.

```
>>> -5 ** 2
-25
```

위 결과와 같다.

```
>>> - (5 ** 2)
-25
```

괄호는 수식을 명확하게 한다. 괄호를 빼서 계산해보자.

```
>>> (-5) ** 2
25
```

이 방법을 사용하면 코드를 읽는 사람이 계산 의도를 추측하거나 우선순위 규칙을 찾아볼 필요가 없다.

3.2.5 진수

정수 앞에 **진수**base를 붙이지 않으면 10진수로 간주한다. 보통 10진수 이외의 진수는 사용빈도가 낮다. 코드 목적에 따라 빈도가 다르지만, 언젠가 한 번은 접할 것이다.

보통 열 손가락으로 0, 1, 2, 3, 4, 5, 6, 7, 8, 9를 센다. 이제 열 손가락을 다 사용했으므로 십의 자리에 1을 올림하고 일의 자리에 0을 넣어서 10을 센다. 그다음 11, 12, ... , 19를 센다. 그리고 20(십의 자리 2와 일의 자리 0)을 센다. 이와 같이 다음 숫자를 계속 센다.

진수는 1을 올림 할 때까지 숫자를 어디까지 셀 수 있는지 나타낸다. 2진수binary는 숫자 0과 1밖에 없다. 2진수의 0은 10진수의 0과 같고, 1도 마찬가지다. 하지만 2진수에서 1과 1을 더하면 10을 얻는다.

파이썬은 10진수 외에도 세 가지 리터럴 정수를 표현할 수 있다.

- **2진수**binary: 0b 혹은 0B
- **8진수**octal: 0o 혹은 0O
- **16진수**hex: 0x 혹은 0X

위 진수들은 모두 2의 거듭제곱이다. 대부분 10진수를 사용하지만, 그 외의 진수는 특수한 경우 편리하게 사용할 수 있다.

인터프리터에서 리터럴 정수만 입력하면 10진수로 출력한다. 각 진수들을 출력해보자. 먼저 10진수 **10**을 출력해보자.

```
>>> 10
10
```

2진수 **0b10**을 10진수로 출력해보자.

```
>>> 0b10
2
```

8진수 **0o10**을 10진수로 출력해보자.

```
>>> 0o10
8
```

16진수 `0x10`을 10진수로 출력해보자.

```
>>> 0x10
16
```

반대로 10진수에서 다른 진수로 계산할 수 있다. 계산 결과는 문자열로 반환된다.

```
>>> value = 65
>>> bin(value)
'0b1000001'
>>> oct(value)
'0o101'
>>> hex(value)
'0x41'
```

`chr()` 함수는 정수를 단일 문자열로 변환한다.

```
>>> chr(65)
'A'
```

`ord()` 함수는 반대로 단일 문자열을 정수로 반환한다.

```
>>> ord('A')
65
```

16진수는 0, 1, 2, 3, 4, 5, 6, 7, 8, 9, a, b, c, d, e, f로 센다. `0xa`는 10진수 10, `0xf`는 10진수 15다. 그리고 `0xf`에 1을 더하면 `0x10`, 즉 10진수로 16이다.

왜 10진수 이외의 다른 진수도 사용할까? **비트단위**[bit-level] 연산에서 유용하게 쓰이기 때문이다. 12장에서 서로 다른 진수로 변환하는 방법과 비트단위 연산에 대해 자세히 살펴본다.

보통 고양이는 앞발에 발가락 5개, 뒷발에 발가락 4개로 총 18개를 갖고 있다. 고양이 과학자는 18자로 산술한다. 내가 키우는 고양이 체스터는 [그림 3-1]에서 봤을 때, 다지증(손가락이나 발가락이 더 많음)으로 22개 정도의 발가락이 있다(사진에서 발톱을 구분하기 힘들다). 고양이 발가락에 비트 연산 시스템을 도입한다면 숫자 0~9와 문자 a~l을 사용하는 22진수 시스템을 사용한다(체스터 디지털 시스템).

그림 3-1 체스터 – 반려 동물, 체스터 디지털 시스템 발명가

3.2.6 타입 변환

다른 파이썬 데이터 타입을 정수 타입으로 변환하려면 int() 함수를 사용한다.

int() 함수는 하나의 입력 인수를 취해서 입력 인수와 동일한 정수를 반환한다. 소수점이 있다면 소수점 이하 숫자는 버리고 정수만 반환한다.

파이썬에서 가장 간단한 데이터 타입은 이 장의 시작 부분에서 살펴본 True와 False 값만 있는 **불리언** 타입이다. 이 타입을 정수로 변환하면 각각 1과 0을 반환한다.

```
>>> int(True)
1
>>> int(False)
0
```

반대로 bool() 함수를 사용하면 정수에 해당하는 불리언 값을 반환한다.

```
>>> bool(1)
True
>>> bool(0)
False
```

부동소수점 숫자를 정수로 변환하면 소수점을 버리고 정수를 출력한다.

```
>>> int(98.6)
98
>>> int(1.0e4)
10000
```

부동소수점 숫자를 불리언 값으로 변환해보자.

```
>>> bool(1.0)
True
>>> bool(0.0)
False
```

마지막으로, 숫자 구분 기호(_), 덧셈, 뺄셈 기호, 숫자로 이루어진 텍스트 문자열을 정수로 변환하는 예제를 살펴보자. 문자열에 대한 내용은 5장에서 살펴본다.

```
>>> int('99')
99
>>> int('-23')
-23
>>> int('+12')
12
>>> int('1_000_000')
1000000
```

추가로 지수를 취해서 10진수가 아닌 수를 10진수로 표현할 수 있다.

```
>>> int('10', 2) # 2진수(binary)
2
>>> int('10', 8) # 8진수(octal)
8
>>> int('10', 16) # 16진수(hexadecimal)
16
>>> int('10', 22) # 22진수
22
```

정수를 정수로 변환하면 정수 그대로 반환한다.

```
>>> int(12345)
12345
```

int() 함수에서 숫자가 아닌 다른 뭔가를 변환하면 다음과 같은 예외가 발생한다.

```
>>> int('99 bottles of beer on the wall')
Traceback (most recent call last):
  File "<stdin>", line 1, in <module>
ValueError: invalid literal for int() with base 10: '99 bottles of beer on the wall'
>>> int('')
Traceback (most recent call last):
  File "<stdin>", line 1, in <module>
ValueError: invalid literal for int() with base 10: ''
```

int() 함수에 지정한 텍스트 문자열이 유효한 숫자인 문자 99로 시작하지만, 다른 문자 때문에 예외가 발생한다.

int() 함수는 부동소수점 수 또는 숫자로 이루어진 문자열을 정수로 반환한다. 그러나 다음과 같이 소수점이나 지수를 포함한 문자열은 처리하지 않는다.

```
>>> int('98.6')
Traceback (most recent call last):
File "<stdin>", line 1, in <module>
ValueError: invalid literal for int() with base 10: '98.6'
>>> int('1.0e4')
Traceback (most recent call last):
File "<stdin>", line 1, in <module>
ValueError: invalid literal for int() with base 10: '1.0e4'
```

숫자 타입을 섞어서 사용하면, 파이썬은 자동으로 타입 변환을 한다.

```
>>> 4 + 7.0
11.0
```

정수나 부동소수점 수와 함께 불리언 값을 계산할 때 False는 0 또는 0.0으로, True는 1 또는 1.0으로 간주한다.

```
>>> True + 2
3
>>> False + 5.0
5.0
```

3.2.7 int의 크기

파이썬 2에서 int의 크기는 CPU에 따라 32비트나 64비트로 제한됐다. 32비트는 −2,147,483,648에서 2,147,483,647까지의 정수를 저장할 수 있는 충분한 공간이다.

long은 그보다 더 많은 공간을 가지고 있다. 64비트의 −9,223,372,036,854,775,808에서 9,223,372,036,854,775,807까지 허용한다. 파이썬 3에서는 long이 사라지고, int의 크기가 유연해졌다. 심지어 64비트보다 더 큰 공간을 가질 수 있다. 따라서 다음과 같은 수도 담을 수 있다(10**100을 **구골**googol이라 부른다. 1920년 9살 소년이 지은 이름이다. https://oreil.ly/6ibo_).

```
>>>
>>> googol = 10**100
>>> googol     10000000000000000000000000000000000000000000000000000000000
00000000
00000000000000000000000
>>> googol * googol
100000000000000000000000000000000000000000000000000000000000000000000000000
000000000000000000000000000000000000000000000000000000000000000000000000000000
00000000000000000000000000000
```

구골플렉스googolplex는 10의 구골제곱(10^{googol})을 나타내는 수의 단위이다. 구골은 10의 100제곱을 가리키는 숫자를 의미한다. 구골플렉스는 구글(*https://oreil.ly/IQfer*)이 회사 이름을 구골로 정하기 전에 제안된 이름이다. 구글은 도메인 이름을 등록할 때 구골을 실수로 구글로 등록해서 지어졌다고 한다.

대부분 언어에서 위 코드와 같이 처리하면, 컴퓨터가 허용한 공간보다 더 많은 공간을 차지했다는 뜻의 **정수 오버플로**integer overflow가 발생할 것이다. 이는 여러 가지 나쁜 영향을 끼친다. 파이썬은 문제없이 아주 큰 정수를 처리한다.

3.3 부동소수점 숫자

정수는 숫자만으로 구성되어 있지만, **부동소수점**^{floating point} **숫자**(파이썬에서는 **floats**라고 한다)는 소수점이 있다.

```
>>> 5.
5.0
>>> 5.0
5.0
>>> 05.0
5.0
```

부동소수점 숫자는 문자 e와 정수인 지수를 포함할 수 있다.

```
>>> 5e0
5.0
>>> 5e1
50.0
>>> 5.0e1
50.0
>>> 5.0 * (10 ** 1)
50.0
```

명확성을 위해 언더바(_)를 사용해서 숫자를 구분할 수 있다.

```
>>> million = 1_000_000.0
>>> million
1000000.0
>>> 1.0_0_1
1.001
```

부동소수점 숫자는 +, -, *, /, //, **, % 연산자와 divmod() 함수를 사용할 수 있다는 점에서 정수와 비슷하게 처리된다.

부동소수점 숫자로 타입 변환을 위해서 float() 함수를 사용한다. 이전에 본 것처럼 불리언 값을 정수처럼 간주한다.

```
>>> float(True)
1.0
>>> float(False)
0.0
```

정수에서 부동소수점 숫자로 변환할 때는 간단하게 소수점이 붙는다.

```
>>> float(98)
98.0
>>> float('99')
99.0
```

유효한 부동소수점 수(숫자, 기호, 소수점, 지수)가 있는 문자열을 부동소수점 수로 변환할 수 있다.

```
>>> float('98.6')
98.6
>>> float('-1.5')
-1.5
>>> float('1.0e4')
10000.0
```

정수와 부동소수점 숫자를 같이 사용하면, 자동으로 정수 타입을 부동소수점 타입으로 변환한다.

```
>>> 43 + 2.
45.0
```

불리언 타입도 정수 타입 또는 부동소수점 타입으로 변환한다.

```
>>> False + 0
0
>>> False + 0.
0.0
>>> True + 0
1
>>> True + 0.
1.0
```

3.4 수학 함수

파이썬은 제곱근, 코사인 등과 같은 수학 함수를 지원한다. 자세한 내용은 22장에서 살펴본다.

3.5 다음 장에서는

마침내 파이썬의 한 줄짜리 형태의 코드를 졸업하게 된다. if 문을 사용하여 코드를 결정하는 법을 배울 것이다.

3.6 연습문제

이번 장에서는 파이썬의 원자atom인 숫자, 불리언, 변수를 설명했다. 대화식 인터프리터에서 몇 가지 간단한 연습문제를 풀어보자.

3.1 1시간은 몇 초인가? 대화식 인터프리터를 계산기로 사용해서 1시간(60분)에 1분(60초)을 곱한다.

3.2 계산한 결과를 seconds_per_hour 변수에 저장해보자.

3.3 1일은 몇 초인가? seconds_per_hour 변수를 사용해보자.

3.4 계산한 결과를 seconds_per_day 변수에 저장해보자.

3.5 부동소수점(/) 나눗셈을 사용해서 seconds_per_day를 seconds_per_hour로 나누어보자.

3.6 정수(//) 나눗셈을 사용해서 seconds_per_day를 seconds_per_hour로 나눈다. 3.5 문제 결과에서 본 .0 부분을 제외하고 결과가 같은가?

CHAPTER 4

선택하기: if

만약에 뭇사람이 이성을 잃고 너를 탓할 때 냉정을 유지할 수 있다면...　　　－ 러디어드 키플링, 「If」

이전 장에서 많은 데이터 예제를 살펴봤지만 코드가 그렇게 길지 않았다. 대화식 인터프리터를 사용하는 짧은 코드였다. 이번 장에서는 데이터뿐만 아니라 파이썬 **코드**를 어떻게 구조화하는지 배운다.

수많은 컴퓨터 언어는 코드의 **시작**begin과 **끝**end을 표시하기 위해 키워드나 중괄호({})와 같은 문자를 사용한다. 그리고 코드 작성자와 다른 사람이 코드를 좀 더 읽기 쉽도록 일관된 들여쓰기를 하는 것은 좋은 습관이다. 심지어 개발 도구에는 코드의 라인을 잘 정리해주는 기능도 있다.

귀도 반 로섬이 파이썬을 설계할 때, 코드 구분을 위해 괄호를 입력하지 않더라도 들여쓰기로 프로그램의 구조를 정의하는 것이 충분하다고 생각했다. 파이썬은 프로그램의 구조를 정의하기 위해 **공백**white space을 사용하는 흔치 않은 언어다. 다른 언어를 사용해본 사람들이 파이썬을 처음 접하면 이상하게 느껴질 수도 있다. 하지만 파이썬 코드를 작성하다 보면 들여쓰기가 자연스럽게 느껴진다. 코드를 적게 입력하고, 그 시간에 더 많은 일을 하는 데 익숙해지자.

앞서 다룬 예제들은 대부분 한 줄짜리 코드였다. 먼저 주석을 살펴본 뒤 여러 줄의 코드를 작성하자.

4.1 주석 달기:

프로그램에서 **주석**^{comment}은 인터프리터에 의해 무시되는 텍스트의 한 부분이다. 코드를 설명하거나 나중에 어떤 문제를 고치기 위해 표시하는 등 다양한 목적으로 주석을 사용할 수 있다. # 문자를 이용해서 주석을 표시한다. # 문자가 시작된 곳부터 그 라인의 마지막까지가 주석이다. 다음과 같이 한 라인 전체에 주석을 달 수 있다.

```
>>> # 60 sec/min * 60 min/hr * 24 hr/day
>>> seconds_per_day = 86400
```

혹은 코드 끝에 주석을 달 수 있다.

```
>>> seconds_per_day = 86400 # 60 sec/min * 60 min/hr * 24 hr/day
```

문자는 **해시**^{hash}, **샤프**^{sharp}, **파운드**^{pound}, **옥토소프**^{octothorpe}[1]라는 많은 이름이 있다. 어떤 이름을 불러도 주석은 # 문자부터 그 라인의 끝까지 효력을 발휘한다.

파이썬에는 여러 라인을 처리하는 주석이 없다. 명시적으로 각 행이나 부분에 #를 붙여야 한다.

```
>>> # I can say anything here, even if Python doesn't like it,
... # because I'm protected by the awesome
... # octothorpe.
...
>>>
```

하지만 # 문자가 문자열 안에 있다면, 주석이 아닌 평범한 문자가 된다.

```
>>> print("No comment: quotes make the # harmless.")
No comment: quotes make the # harmless.
```

---

1 마치 다리 8개가 있는 녹색 문자 같다.

4.2 라인 유지하기: \

코드가 짧으면 프로그램을 더 쉽게 읽을 수 있다. 코드 한 줄(라인)에서 권장하는 최대 문자수는 80자다. 이 길이 안에 넣고 싶은 코드를 모두 입력할 수 없다면 백슬래시(\) 문자를 입력한 후 다음 줄에 계속 입력한다(라인 유지). 줄 끝에 \를 입력하면, 파이썬은 다음 줄을 여전히 같은 줄로 인식한다.

예를 들어 숫자 다섯 개를 한 번에 한 줄씩 추가해보자.

```
>>> sum = 0
>>> sum += 1
>>> sum += 2
>>> sum += 3
>>> sum += 4
>>> sum
10
```

또는 \ 문자를 사용해서 한 번의 과정으로 문자열을 붙인다.

```
>>> sum = 1 + \
... 2 +\
... 3 +\
... 4
>>> sum
10
```

표현식 중간에 백슬래시를 생략하면 예외가 발생한다.

```
>>> sum = 1 +
  File "<stdin>", line 1
    sum = 1 +
            ^
SyntaxError: invalid syntax
```

표현식이 쌍을 이루는 괄호(중괄호 또는 대괄호)의 중간에 있으면 잘 동작한다.

```
>>> sum = (
... 1+
```

```
... 2+
... 3+
... 4)
>>> sum
10
```

또한 짝을 이루는 삼중 따옴표를 사용하면 여러 줄의 문자열을 만들 수 있다(5장 참조).

4.3 비교하기: if, elif, else

이제 드디어 프로그램의 데이터를 다루면서 **코드 구조**^{code structure}를 만드는 과정이 시작된다. 첫 번째 예제는 불리언 변수 disaster의 값을 확인하고, 단어를 출력하는 코드를 작성해보자.

```
>>> disaster = True
>>> if disaster:
...     print("Woe!")
... else:
...     print("Whee!")
...
Woe!
>>>
```

if와 else는 조건(여기서는 disaster 변수 값)이 True인지 False인지 확인하는 **선언문**^{statement}이다. print ()는 일반적으로 화면에 객체를 출력하는 파이썬의 **내장 함수**^{built-in function}다.

> **NOTE_** 다른 프로그래밍 언어와 다르게 파이썬의 if 조건 테스트에서는 괄호가 필요 없다. 조건 테스트에 if (disaster == True)와 같이 입력하면 안 된다. 대신 콜론(:)을 사용한다. 콜론을 입력하지 않으면 에러 메시지가 출력된다.

각 print() 라인은 조건 테스트 아래에서 들여쓰기되어 있다. 각 하위 부분에서 스페이스를 4칸씩 사용했다. 들여쓰기를 할 때는 같은 칸수로 왼쪽에서부터 해야 한다. **PEP 8**(*http://bit.ly/pep-8*)이라 부르는 파이썬 코드 권장 스타일에서는 들여쓰기를 4칸의 스페이스를 사용하는 것으로 명시되어 있다. 탭 혹은 탭과 스페이스를 혼합해서 들여쓰기를 하면 안 된다. 탭 크기에 따라 들여쓰기 공백의 수가 흐트러지기 때문이다.

앞의 코드에서 수행한 일을 살펴보자.

- 불리언 변수 disaster에 True를 할당한다.

- if와 else를 사용해서 조건 테스트를 수행한다. disaster의 값에 따라 다른 코드가 실행된다.

- print() 함수로 텍스트를 출력한다.

다음과 같이 조건 테스트 안에서 조건 테스트를 할 수 있다.

```
>>> furry = True
>>> large = True
>>> if furry:
...     if large:
...         print("It's a yeti.")
...     else:
...         print("It's a cat!")
... else:
...     if large:
...         print("It's a whale!")
...     else:
...         print("It's a human. Or a hairless cat.")
...
It's a yeti.
```

위 코드에서 들여쓰기를 보면 if 문과 else 문이 어떻게 짝을 이루는지 알 수 있다. 첫 번째 조건 테스트는 furry를 확인한다. furry가 True이므로 파이썬은 바로 다음 줄의 들여쓰기된 if large 코드를 확인한다(같은 들여쓰기 간격에 있는 else 문은 무시된다). Large가 True이므로 It's yeti가 출력되고 그다음 else 문은 무시된다.

조건 테스트가 두 개 이상이라면 if 문, elif(else if를 의미) 문, else 문을 사용한다.

```
>>> color = "mauve"
>>> if color == "red":
...     print("It's a tomato")
... elif color == "green":
...     print("It's a green pepper")
... elif color == "bee purple":
...     print("I don't know what it is, but only bees can see it")
... else:
```

```
...      print("I've never heard of the color", color)
...
I've never heard of the color mauve
```

위 예제에서 == 연산자로 같은지 테스트했다. 파이썬의 **비교 연산자**^{comparison operator}는 다음과 같다.

비교 연산자	의미
==	같다.
!=	다르다.
<	보다 작다.
<-	부다 작거나 같다.
>	보다 크다.
>=	보다 크거나 같다.

비교 연산자는 불리언 값 **True**나 **False**를 반환한다. 비교 연산자를 사용해보자. 먼저 x에 7을 할당한다.

```
>>> x = 7
```

이제 테스트를 해보자.

```
>>> x == 5
False
>>> x == 7
True
>>> 5 < x
True
>>> x < 10
True
```

두 값이 같은지 확인하려면 == 기호를 사용한다. 변수에 값을 할당할 때는 = 기호를 사용한다. 두 기호를 혼동해선 안 된다.

동시에 여러 개의 식을 비교해야 한다면 최종 불리언 값을 판단하기 위해 and, or, not과 같은 **논리**logical (또는 **불리언**) **연산자**를 사용할 수 있다.

불리언 연산자는 비교 연산자보다 **우선순위**가 낮다. 즉, 비교 연산을 먼저 실행한 후 불리언 연산을 실행한다는 것을 의미한다. 예제에서 x에 7을 할당하고, 5 < x는 True, x < 10은 True로 정했기 때문에 True and True를 계산하면 True가 반환된다.

```
>>> 5 < x and x < 10
True
```

3.2.4절에서 살펴봤듯이, 우선순위의 혼란을 피하는 가장 쉬운 방법은 괄호를 추가하는 것이다.

```
>>> (5 < x) and (x < 10)
True
```

몇 가지 다른 테스트를 해보자.

```
>>> 5 < x or x < 10
True
>>> 5 < x and x > 10
False
>>> 5 < x and not x > 10
True
```

파이썬에서는 하나의 변수를 다음과 같이 여러 번 비교하는 것을 허용한다.

```
>>> 5 < x < 10
True
```

이것은 5 < x and x < 10과 같다. 다음과 같이 더 길게 비교할 수도 있다.

```
>>> 5 < x < 10 < 999
True
```

4.4 True와 False

확인할 요소가 불리언 타입이 아니라면 True와 False를 어떻게 구분할까?

False 값은 명시적으로 불리언 False라고 할 필요가 없다. 예를 들어 다음은 모두 False로
간주된다.

불리언	false
null	none
정수 0	0
부동소수점 0	0.0
빈 문자열	' '
빈 리스트	[ ]
빈 튜플	( )
빈 딕셔너리	{ }
빈 셋	Set( )

이 외에 다른 것들은 True로 간주된다. 파이썬 프로그램은 데이터 자료구조가 False 조건인지
확인하기 위해 진실truthiness 혹은 거짓falsiness의 정의를 사용한다.

```
>>> some_list = []
>>> if some_list:
...     print("There's something in here")
... else:
...     print("Hey, it's empty!")
...
Hey, it's empty!
```

변수가 아닌 표현식을 테스트한다면, 파이썬은 표현식을 계산하고 불리언 결과를 반환한다. 만
약 다음과 같이 코드를 입력했다면, 파이썬은 color == "red"를 평가한다.

```
if color == "red":
```

이전 예제에서 color 변수에 문자열 "mauve"를 할당했다. 그래서 color == "red"는 False 이기 때문에 파이썬은 그다음 테스트로 이동한다.

4.5 여러 개 비교하기: in

어떤 문자가 모음^{vowel}인지 확인하려면 어떻게 해야 할까? 한 가지 방법으로 if 문을 사용할 수 있다.

```
>>> letter = 'o'
>>> if letter == 'a' or letter == 'e' or letter == 'i' \
...     or letter == 'o' or letter == 'u':
...     print(letter, 'is a vowel')
... else:
...     print(letter, 'is not a vowel')
...
o is a vowel
>>>
```

위와 같이 한 변수에 여러 값을 비교할 때 파이썬 **멤버십 연산자**^{membership operator} in을 사용할 수 있다. 모음 문자로 구성된 문자열을 사용하여 다음과 같이 간단하게 확인할 수 있다.

```
>>> vowels = 'aeiou'
>>> letter = 'o'
>>> letter in vowels
True
>>> if letter in vowels:
...     print(letter, 'is a vowel')
...
o is a vowel
```

다음 장에서 살펴볼 몇 가지 데이터 타입에 대해서도 멤버십 연산자를 사용할 수 있다.

```
>>> letter = 'o'
>>> vowel_set = {'a', 'e', 'i', 'o', 'u'}
>>> letter in vowel_set
True
```

```
>>> vowel_list = ['a', 'e', 'i', 'o', 'u']
>>> letter in vowel_list
True
>>> vowel_tuple = ('a', 'e', 'i', 'o', 'u')
>>> letter in vowel_tuple
True
>>> vowel_string = "aeiou"
>>> letter in vowel_string
True
>>> vowel_dict = {'a': 'apple', 'e': 'elephant',
...               'i': 'impala', 'o': 'ocelot', 'u': 'unicorn'}
>>> letter in vowel_dict
True
```

딕셔너리의 경우 값 대신 키(:의 왼쪽)를 본다.

4.6 새로운 기능: 바다코끼리 연산자

파이썬 3.8의 새로운 **바다코끼리 연산자**walrus operator 형식은 다음과 같다.

이름 := 표현식

:=는 마치 바다코끼리처럼 생겼다.

일반적으로 할당과 테스트는 아래 코드처럼 두 단계를 거친다.

```
>>> tweet_limit = 280
>>> tweet_string = "Blah" * 50
>>> diff = tweet_limit - len(tweet_string)
>>> if diff >= 0:
...     print("A fitting tweet")
... else:
...     print("Went over by", abs(diff))
...
A fitting tweet
```

바다코끼리 연산자(*https://oreil.ly/fHPtL*)를 사용하여 할당과 테스트를 한 단계로 줄일 수 있다.

```
>>> tweet_limit = 280
>>> tweet_string = "Blah" * 50
>>> if diff := tweet_limit - len(tweet_string) >= 0:
...     print("A fitting tweet")
... else:
...     print("Went over by", abs(diff))
...
A fitting tweet
```

바다코끼리 연산자는 for 문과 while 문에도 사용한다(6장 참조).

4.7 다음 장에서는

특수문자와 문자열을 다룬다.

4.8 연습문제

4.1 1~10 사이의 숫자를 선택해서 secret 변수에 할당한다. 그리고 1~10 사이의 다른 숫자를 선택해서 guess 변수에 할당한다. if, elif, else 문을 사용하여 guess 변수가 secret 변수보다 작으면 'too low', 크면 'too high', 일치하면 'just right'를 출력한다.

4.2 True나 False를 small과 green 변수에 할당한다. if, else 문을 사용하여 작은 것 (small)과 녹색(green)을 기준으로 체리, 완두콩, 수박, 호박(cherry, pea, watermelon, pumpkin)을 출력해보자(예: 체리는 작고 녹색이 아니다, 완두콩은 작고 녹색이다, 수박은 크고 녹색이다, 호박은 크고 녹색이 아니다).

CHAPTER 5

텍스트 문자열

나는 항상 이상한 캐릭터character를 좋아했다.

– 팀 버튼(영화감독)

일반적으로 프로그래머는 숫자를 다루기 때문에 수학을 잘해야 한다고 생각한다. 사실 프로그래머 대부분은 숫자보다 **문자열**string과 더 많은 씨름을 한다. 논리적인(그리고 창조적인!) 사고 능력은 수학 능력보다 더 중요하다.

이 책에서 문자열은 파이썬 **시퀀스**sequence의 첫 번째 예제다. 문자열은 일련의 **문자**character다. 그렇다면 문자는 무엇인가? 시스템에서 가장 작은 단위이며 문자, 숫자, 기호, 문장 부호 및 공백, 줄바꿈과 같은 지시문을 포함한다. 문자는 외형이 아니라 그 의미(어떻게 사용되는지)로 정의된다. 하나 이상의 시각적 표현(다른 글꼴로)을 가질 수 있으며, 하나 이상의 문자가 같은 모양을 가질 수 있다(예를 들어 알파벳 H는 라틴 문자에서 H 소리, 키릴 문자에서 라틴 문자의 N 소리를 의미한다).

이 장에서는 아스키(기본 문자 집합) 예제를 사용하여 간단한 텍스트 문자열을 만들고 서식을 지정하는 방법에 중점을 둔다. 그리고 12장에서 두 가지 중요한 텍스트 주제, **유니코드**Unicode 문자(위에서 말한 알파벳 H와 N의 문제의 예제)와 **정규 표현식**(패턴 매칭)을 다룬다.

다른 언어와 달리 파이썬의 문자열은 **불변**immutable이다. 문자열 자체는 변경할 수 없지만, 문자열을 다른 곳으로 복사해서 변경할 수 있다. 이에 대한 예제를 간단히 살펴보자.

5.1 따옴표로 문자열 생성

작은따옴표(')와 큰따옴표(")를 모두 사용해서 파이썬 문자열을 만들 수 있다.

```
>>> 'Snap'
'Snap'
>>> "Crackle"
'Crackle'
```

대화식 인터프리터는 작은따옴표로 문자열을 출력한다. 이와 같이 파이썬에서는 작은따옴표와 큰따옴표를 똑같이 처리한다.

> **NOTE_** 파이썬에는 몇 가지 특수 유형의 문자열이 있으며 첫 번째 따옴표 앞 문자에 표시한다. f 또는 F로 시작하는 문자열은 **f-문자열**f-string이며 포매팅formatting에 사용한다. 이 장 마지막 부분에서 설명한다. r 또는 R로 시작하는 문자열은 **원시 문자열**raw string이며, **이스케이프 시퀀스**escape sequences를 방지하는 데 사용한다(5.3절과 12장 참조). 그리고 두 조합인 fr(또는 FR, Fr, fR)이 **원시 f-문자열**이 있다. u로 시작하는 문자열은 일반 문자열과 같은 유니코드 문자열을 의미한다. b로 시작하는 문자열은 바이트 타입이다(12장 참조). 이러한 특수 유형의 문자열이 명시되어 있지 않다면, 그것은 평범한 파이썬 유니코드 텍스트 문자열이다.

왜 두 가지 종류의 따옴표가 있을까? 주된 이유는 따옴표가 포함된 문자열을 만들기 위해서다. 작은따옴표의 문자열을 큰따옴표에 넣거나, 큰따옴표의 문자열을 작은따옴표에 넣을 수 있다.

```
>>> "'Nay!' said the naysayer. 'Neigh?' said the horse."
"'Nay!' said the naysayer. 'Neigh?' said the horse."
>>> 'The rare double quote in captivity: ".'
'The rare double quote in captivity: ".'
>>> 'A "two by four" is actually 1 1/2" × 3 1/2".'
'A "two by four" is actually 1 1/2" × 3 1/2".'
>>> "'There's the man that shot my paw!' cried the limping hound."
"'There's the man that shot my paw!' cried the limping hound."
```

또한 세 개의 작은따옴표(''')나 세 개의 큰따옴표(""")를 사용할 수 있다.

```
>>> '''Boom!'''
'Boom'
>>> """Eek!"""
'Eek!'
```

세 개의 작은따옴표는 위와 같은 짧은 문자열에는 유용하지 않다. 일반적으로 에드워드 리어 Edward Lear[1]의 고전시처럼 **여러 줄의 문자열**multiline string에서 아주 유용하게 쓰인다.

```
>>> poem = '''There was a Young Lady of Norway,
... Who casually sat in a doorway;
... When the door squeezed her flat,
... She exclaimed, "What of that?"
... This courageous Young Lady of Norway.'''
>>>
```

대화식 인터프리터의 첫 번째 줄의 >>>와 ...에서 사용자 입력을 기다린다. 마지막에 세 개의 작은따옴표(''')를 입력하고, 다음 줄로 넘어가기 위해 엔터키를 눌렀다.

아래에서 작은따옴표를 사용하면 두 번째 줄에서 에러가 발생한다.

```
>>> poem = 'There was a young lady of Norway,
    File "<stdin>", line 1
        poem = 'There was a young lady of Norway,
                                                     ^
SyntaxError: EOL while scanning string literal
>>>
```

세 개의 작은따옴표 안에 여러 줄이 있다면, 문자열 끝에 들어 있는 라인 끝 문자가 보존된다. 또한 양쪽 끝에 공백이 있는 경우에도 보존된다.

```
poem2 = '''I do not like thee, Doctor Fell.
...     The reason why, I cannot tell.
...     But this I know, and know full well:
...     I do not like thee, Doctor Fell.
...'''
>>> print(poem2)
I do not like thee, Doctor Fell.
    The reason why, I cannot tell.
    But this I know, and know full well:
    I do not like thee, Doctor Fell.

>>>
```

---

1 영국의 시인이자 화가

그런데 print()의 출력 결과와 대화식 인터프리터의 출력 결과는 다르다.

```
>>> poem2
'I do not like thee, Doctor Fell.\n The reason why, I cannot tell.\n But this I know,
and know full well:\n I do not like thee, Doctor Fell.\n'
```

print()는 문자열에서 따옴표를 제거한 뒤 내용을 출력한다. 사람을 위한 출력 결과다. 출력할 문자열 사이에서 공백과 줄바꿈을 유용하게 추가할 수 있다.

```
>>> print('Give', "us", '''some''', """space""")
Give us some space
```

공백과 줄바꿈을 사용하지 않고자 할 때 어떻게 이들을 피하는지에 대해서는 14장에서 설명한다. 인터프리터는 단일 인용 부호 또는 \n과 같은 **이스케이프 문자**escape character가 있는 문자열도 출력할 수 있다. 이스케이프 문자에 대해서는 5.3절에서 설명한다.

```
>>> """'Guten Morgen, mein Herr!'
... said mad king Ludwig to his wig."""
"'Guten Morgen, mein Herr!'\nsaid mad king Ludwig to his wig."
```

마지막으로 아무런 문자가 없는 유효한 **빈 문자열**이 있다. 앞에서 본 인용 부호로 빈 문자열을 만들 수 있다.

```
>>> ''
''
>>> ""
''
>>> ''''''
''
>>> """"""
''
>>>
```

5.2 문자열 타입으로 변환: str()

str() 함수를 사용하여 다른 데이터 타입을 문자열로 변환할 수 있다.

```
>>> str(98.6)
'98.6'
>>> str(1.0e4)
'10000.0'
>>> str(True)
'True'
```

문자열이 아닌 객체를 print()로 호출하거나 **문자열 포매팅**string formatting을 사용할 때, 파이썬은 내부적으로 str()을 사용한다. 이에 대한 내용은 5.16절에서 살펴본다.

5.3 이스케이프 문자: \

파이썬은 문자열 안의 일부 문자의 의미를 다르게 해석하여 특정 효과를 줄 수 있다. 이렇게 하지 않으면 이들 효과를 문자열 안에서 표현하기 어려울 것이다. 문자 앞에 백슬래시(\) 기호를 붙임으로써 특별한 의미를 줄 수 있다. 가장 일반적인 이스케이프 시퀀스는 줄바꿈을 의미하는 \n이다. 이것으로 한 줄의 문자열을 여러 줄의 문자열로 만들 수 있다.

```
>>> palindrome = 'A man,\nA plan,\nA canal:\nPanama.'
>>> print(palindrome)
A man,
A plan,
A canal: Panama.
```

텍스트의 공백에 사용되는 이스케이프 시퀀스 \t를 살펴보자(t는 tab을 의미한다).

```
>>> print('\tabc')
    abc
>>> print('a\tbc')
a   bc
>>> print('ab\tc')
ab      c
```

```
>>> print('abc\t')
abc
```

마지막 문자열 끝에는 착한 사람만 볼 수 있는 탭 문자가 있다.

문자열에서 \' 혹은 \"을 사용하여 작은따옴표나 큰따옴표를 표현할 수 있다.

```
>>> testimony = "\"I did nothing!\" he said. \"Or that other thing.\""
>>> testimony
'"I did nothing!" he said. "Or that other thing."'
>>> print(testimony)
"I did nothing!" he said. "Or that other thing."
>>> fact = "The world's largest rubber duck was 54'2\" by 65'7\" by 105'"
>>> print(fact)
The world's largest rubber duck was 54'2" by 65'7" by 105'
```

백슬래시를 입력하고 싶으면 백슬래시를 두 번 입력하면 된다.

```
>>> speech = 'The backslash (\\) bends over backwards to please you.'
>>> print(speech)
The backslash (\) bends over backwards to please you.
>>>
```

이번 장 앞에서 언급했던 **원시 문자열**은 이스케이프 문자를 무효화한다.

```
>>> info = r'Type a \n to get a new line in a normal string'
>>> info
'Type a \\n to get a new line in a normal string'
>>> print(info)
Type a \n to get a new line in a normal string
```

첫 번째 결과에서 추가된 백슬래시는 대화식 인터프리터가 추가했다.

원시 문자열은 ('\n'이 아닌) 어떤 실제 줄바꿈을 취소하지 않는다.

```
>>> poem = r'''Boys and girls, come out to play.
... The moon doth shine as bright as day.'''
>>> poem
'Boys and girls, come out to play.\nThe moon doth shine as bright as day.'
```

```
>>> print(poem)
Boys and girls, come out to play.
The moon doth shine as bright as day.
```

5.4 결합하기: +

다음과 같이 + 연산자를 사용하여 리터럴 문자열 또는 문자열 변수를 결합할 수 있다.

```
>>> 'Release the kraken! ' + 'No, wait!'
'Release the kraken! No, wait!'
```

또한 **리터럴 문자열**literal string (문자열 변수가 아닌)을 다음과 같이 차례로 결합할 수 있다.

```
>>> "My word! " "A gentleman caller!"
'My word! A gentleman caller!'
>>> "Alas! ""The kraken!"
'Alas! The kraken!'
```

괄호로 묶어서 여러 줄에 걸쳐 문자열을 출력할 수 있다.

```
>>> vowels = ( 'a'
... "e" '''i'''
... 'o' """u"""
... )
>>> vowels
'aeiou'
```

파이썬은 문자열을 결합할 때 공백을 자동으로 붙이지 않는다. 그래서 앞에서 다룬 예제는 명시적으로 공백을 넣었다. print()는 각 인수 사이에 공백을 붙인다. 그리고 마지막에는 줄바꿈 문자를 붙인다.

```
>>> a = 'Duck.'
>>> b = a
>>> c = 'Grey Duck!'
```

```
>>> a + b + c
'Duck.Duck.Grey Duck!'
>>> print(a, b, c)
Duck. Duck. Grey Duck!
```

5.5 복제하기: *

* 연산자를 이용하여 문자열을 복제할 수 있다. 대화식 인터프리터에서 다음 예제를 입력하면 무엇이 출력될까?

```
>>> start = 'Na ' + 4 + '\n'
>>> middle = 'Hey ' * 3 + '\n'
>>> end = 'Goodbye.'
>>> print(start + start + middle + end)
```

* 연산자는 + 연산자보다 우선순위가 높으므로 줄바꿈이 시작되기 전에 문자열이 결합된다.

5.6 문자 추출: [ ]

문자열에서 한 문자를 얻기 위해서는 문자열 이름 뒤에 대괄호([ ])와 **오프셋**offset을 지정한다. 가장 왼쪽의 오프셋은 0이고, 그다음은 1, 2, … 이런 식으로 진행된다. 가장 오른쪽의 오프셋은 −1이다. 그래서 문자열의 수를 셀 필요가 없다. 마찬가지로 그다음의 오프셋은 −2, −3, … 이런 식으로 진행된다.

```
>>> letters = 'abcdefghijklmnopqrstuvwxyz'
>>> letters[0]
'a'
>>> letters[1]
'b'
>>> letters[-1]
'z'
>>> letters[-2]
```

```
'y'
>>> letters[25]
'z'
>>> letters[5]
'f'
```

오프셋을 문자열의 길이 혹은 그 이상(오프셋은 0에서 문자열 길이 −1까지다)으로 지정하면 다음과 같은 예외를 얻는다.

```
>>> letters[100]
Traceback (most recent call last):
  File "<stdin>", line 1, in <module>
IndexError: string index out of range
```

인덱싱indexing은 7장에서 다루게 될 다른 시퀀스 타입(리스트와 튜플)과 동일하게 동작한다.

문자열은 불변하기 때문에 특정 인덱스에 문자를 삽입하거나 변경할 수 없다. 'Henny'를 'Penny'로 바꿀 때 무슨 일이 일어나는지 살펴보자.

```
>>> name = 'Henny'
>>> name[0] = 'P'
Traceback (most recent call last):
  File "<stdin>", line 1, in <module>
TypeError: 'str' object does not support item assignment
```

대신에 replace()나 **슬라이스**slice와 같은 문자열 함수를 사용할 수 있다.

```
>>> name = 'Henny'
>>> name.replace('H', 'P')
'Penny'
>>> 'P' + name[1:]
'Penny'
```

대화식 인터프리터가 교체 결과만 출력하기 때문에 name에 저장된 값은 바뀌지 않는다.

5.7 슬라이스로 부분 문자열 추출

슬라이스slice를 사용하여 한 문자열에서 문자열 **일부**substring를 추출할 수 있다. 대괄호를 사용하여 시작(start) 오프셋, 끝(end) 오프셋, 옵션으로 스텝(step)을 명시하여 슬라이스를 정의한다. 이들 중 일부는 생략할 수 있다. 슬라이스는 오프셋의 start와 end − 1 사이 문자를 포함한다.

- [:] :처음부터 끝까지 전체 시퀀스를 추출한다.
- [start :] start 오프셋부터 끝까지 시퀀스를 추출한다.
- [: end] 처음부터 (end − 1) 오프셋까지 시퀀스를 추출한다.
- [start : end] start 오프셋부터 (end − 1) 오프셋까지 시퀀스를 추출한다.
- [start : end : step] step 만큼 문자를 건너뛰면서, start 오프셋부터 (end − 1) 오프셋까지 시퀀스를 추출한다.

이전에 본 것처럼 시작 지점에서 오른쪽으로 가는 오프셋은 0, 1, 2, …이고, 끝에서 왼쪽으로 가는 오프셋은 −1, −2, −3, …이다. 시작 오프셋을 명시하지 않으면 슬라이스는 0(시작)을 사용하고, 끝 오프셋을 명시하지 않으면 마지막 문자를 사용한다.

다음과 같이 소문자로 이루어진 문자열을 만든다.

```
>>> letters = 'abcdefghijklmnopqrstuvwxyz'
```

단순히 [:]만 사용하면 전체 문자열을 지정한다. [0:]도 같다.

```
>>> letters[:]
'abcdefghijklmnopqrstuvwxyz'
```

오프셋 20부터 문자열 끝까지 추출한다.

```
>>> letters[20:]
'uvwxyz'
```

오프셋 10부터 문자열 끝까지 추출한다.

```
>>> letters[10:]
'klmnopqrstuvwxyz'
```

다음은 오프셋 12부터 14까지 추출하는 예제다(파이썬은 마지막 오프셋은 포함하지 않는다. 그러므로 14가 아닌 15로 지정해야 한다).

```
>>> letters[12:15]
'mno'
```

마지막 세 문자를 추출해보자.

```
>>> letters[-3:]
'xyz'
```

오프셋 18부터 마지막 네 번째 문자까지 추출해보자. 앞의 예제처럼 시작 오프셋에 −3을 지정하면 x가 되지만, 끝 오프셋에 −3을 지정하면 −4번째 문자인 w가 된다.

```
>>> letters[18:-3]
'stuvw'
```

끝에서 여섯 번째 문자부터 끝에서 세 번째 문자까지 추출해보자.

```
>>> letters[-6:-2]
'uvwx'
```

1보다 큰 스텝을 원한다면 다음 예제처럼 두 번째 콜론 이후에 숫자를 명시하면 된다. 처음부터 끝까지 7스텝씩 건너뛰면서 문자를 추출한다.

```
>>> letters[::7]
'ahov'
```

4번째부터 19번째까지 3스텝씩 건너뛰면서 문자를 추출한다.

```
>>> letters[4:20:3]
'ehknqt'
```

19번째부터 끝까지 4스텝씩 건너뛰면서 문자를 추출한다.

```
>>> letters[19::4]
'tx'
```

처음부터 20번째까지 5스텝씩 건너뛰면서 문자를 추출한다.

```
>>> letters[:21:5]
'afkpu'
```

다시 한번 말하지만 끝 오프셋은 실제 오프셋 + 1이다.

스텝을 음수로 지정해보자. 편리한 파이썬의 슬라이스는 백스텝을 할 수 있다. 끝에서부터 시작 지점 순으로 빠짐없이 문자를 추출해보자.

```
>>> letters[-1::-1]
'zyxwvutsrqponmlkjihgfedcba'
```

다음 코드도 위와 같은 결과를 얻는다.

```
>>> letters[::-1]
'zyxwvutsrqponmlkjihgfedcba'
```

슬라이스는 단일 인덱스 조회라기보다는 까다로운 오프셋 조건을 광범위하게 조회하는 것에 더 가깝다. 아래 예제처럼 첫 번째 문자열 이전의 슬라이스 오프셋은 0으로 간주하고, 마지막 다음 오프셋은 -1로 간주한다.

끝에서 50번째부터 문자열 끝까지 추출한다.

```
>>> letters[-50:]
'abcdefghijklmnopqrstuvwxyz'
```

끝에서 51번째부터 끝에서 50번째 전까지의 문자를 추출한다.

```
>>> letters[-51:-50]
''
```

처음부터 69번째까지 문자를 추출한다.

```
>>> letters[:70]
'abcdefghijklmnopqrstuvwxyz'
```

70번째부터 70번째까지 문자를 추출한다.

```
>>> letters[70:71]
''
```

5.8 문자열 길이: len()

지금까지는 문자열을 조작하기 위해 +와 같은 특수문자를 사용했다. 그러나 앞에서 예로 든 정도로 매우 제한적이다. 파이썬의 내장 **함수**(특정 작업을 수행하는 코드에 이름을 붙인 것)들 중 일부를 사용해보자.

len() 함수는 문자열의 길이를 센다.

```
>>> len(letters)
26
>>> empty = ""
>>> len(empty)
0
```

다른 시퀀스 타입에서 len()을 사용할 수 있다(7장 참조).

5.9 문자열 나누기: split()

len()과 달리 문자열에 특정한 함수도 있다. 문자열 함수는 `string.function(arguments)` 형태로 사용한다. 즉, 문자열 이름을 입력하고 `.`을 입력한 후 함수 이름과 **인수**를 입력한다. 함수에 대해서는 9장에서 자세히 살펴볼 것이다.

어떤 **구분자**separator를 기준으로 하나의 문자열을 작은 문자열들의 **리스트**list로 나누기 위해서는 문자열 내장 함수 split()을 사용한다. 리스트는 7장에서 살펴본다. 리스트는 다음과 같이 콤마(,)로 구분하고, 양쪽을 대괄호([])로 둘러싼 값들의 시퀀스다.

```
>>> tasks = 'get gloves,get mask,give cat vitamins,call ambulance'
>>> tasks.split(',')
['get gloves', 'get mask', 'give cat vitamins', 'call ambulance']
```

위 예제에서 tasks 문자열과 단일 구분자의 인수로 ','와 함께 split() 함수를 사용했다. 구분자를 지정하지 않으면 split()는 문자열에 등장하는 공백 문자(줄바꿈, 스페이스, 탭)를 사용한다.

```
>>> tasks.split()
['get', 'gloves,get', 'mask,give', 'cat', 'vitamins,call', 'ambulance']
```

인수 없이 split()를 호출할 때도 소괄호 ()가 필요하다. 파이썬은 이런 방식으로 함수(또는 메서드) 호출을 구분한다.

5.10 문자열 결합하기: join()

join() 메서드는 split() 메서드와 반대다. join() 메서드는 문자열 리스트를 하나의 문자열로 결합한다. 먼저 결합할 문자열을 지정한 다음에 문자열 리스트를 결합한다. 마치 split() 메서드를 역행하는 것처럼 보인다. join() 메서드는 문자열 리스트를 **string.join(list)** 형태로 결합한다. 그러므로 lines 리스트를 각각 줄바꿈하여 하나의 문자열로 결합하기 위해 '\n'.join(lines)을 입력한다. 다음 예제는 리스트를 콤마와 스페이스로 구분하여 하나의 문자열로 결합한다.

```
>>> crypto_list = ['Yeti', 'Bigfoot', 'Loch Ness Monster']
>>> crypto_string = ', '.join(crypto_list)
>>> print('Found and signing book deals:', crypto_string)
Found and signing book deals: Yeti, Bigfoot, Loch Ness Monster
```

5.11 문자열 대체하기: replace()

문자열 일부를 대체하기 위해서는 replace() 메서드를 사용한다. 인수로 바꿀 문자열, 대체할 새 문자열, 바꿀 문자열에 대한 횟수를 입력한다. 이 메서드는 원본 문자열을 수정하지 않고 변경된 문자열을 반환한다. 마지막 인수를 생략하면 모든 인스턴스를 바꾼다. 다음 예제는 지정한 문자열 'duck'과 일치하는 문자열을 찾아서 새 문자열로 대체한다.

```
>>> setup = "a duck goes into a bar..."
>>> setup.replace('duck', 'marmoset')
'a marmoset goes into a bar...'
>>> setup
'a duck goes into a bar...'
```

100회까지 바꾼다.

```
>>> setup.replace('a ', 'a famous ', 100)
'a famous duck goes into a famous bar...'
```

대체하고 싶은 정확한 문자열을 안다면 replace() 메서드가 적합하다. 여기서 한 가지 주의해야 할 점이 있다. 위 두 번째 예제처럼 한 문자 'a'를 두 문자 'a ' (a 다음에 스페이스)로 대체할 때는 다른 단어의 중간에 있는 'a'도 바뀔 수 있다는 점을 주의해야 한다.

```
>>> setup.replace('a', 'a famous', 100)
'a famous duck goes into a famous ba famousr...'
```

대체하고 싶은 문자열이 전체 단어인지, 어떤 단어의 시작 일부인지 등의 특수한 조건이 있다면, 12장에서 다룰 **정규 표현식**regular expression을 사용하면 된다.

5.12 문자열 스트립: strip()

문자열 맨 앞(왼쪽) 또는 맨 뒤(오른쪽)에서 '패딩' 문자(여백 또는 공백 문자)를 제거하는 것은 매우 일반적이다. strip() 메서드에 인수가 없다면 공백 문자(' ', '\t', '\n')를 양쪽 끝에서 제거한다고 가정한다. 왼쪽 끝만 제거하고 싶다면 `lstrip()` 메서드를, 오른쪽 끝만 제거하고 싶다면 `rstrip()` 메서드를 사용한다. 문자열 변수 끝에 공백 문자가 있는 예제를 살펴보자.

```
>>> world = " earth "
>>> world.strip()
'earth'
>>> world.strip(' ')
'earth'
>>> world.lstrip()
'earth '
>>> world.rstrip()
' earth'
```

문자열에서 `strip()` 메서드에 해당하는 인수가 없다면 아무 일도 일어나지 않는다.

```
>>> world.strip('!')
' earth '
```

`strip()` 메서드에 아무 인수가 없거나(공백 문자), 단일 문자 또는 여러 문자의 인수를 취해서 해당 문자열을 제거할 수 있다.

```
>>> blurt = "What the...!!?"
>>> blurt.strip('.?!')
'What the'
```

부록 E에서 `strip()` 메서드와 함께 사용하면 좋은 문자 그룹의 일부 예를 보여준다.

```
>>> import string
>>> string.whitespace
' \t\n\r\x0b\x0c'
>>> string.punctuation '!"#$%&\'()*+,-./:;<=>?@[\\]^_`{|}~'
>>> blurt = "What the...!!?"
>>> blurt.strip(string.punctuation)
'What the'
>>> prospector = "What in tarnation ...??!!"
>>> prospector.strip(string.whitespace + string.punctuation)
'What in tarnation'
```

5.13 검색과 선택

파이썬에는 많은 문자열 메서드가 있다. 일반적으로 사용하는 문자열 메서드를 사용해보자. 다음 예제는 마거릿, 캐번디시, 뉴캐슬 공작부인의 불멸의 시「What Is Liquid」다.

```
>>> poem = '''All that doth flow we cannot liquid name
... Or else would fire and water be the same;
... But that is liquid which is moist and wet
... Fire that property can never get.
... Then 'tis not cold that doth the fire put out
... But 'tis the wet that makes it die, no doubt.'''
```

먼저 처음 13자를 출력해보자(오프셋 0에서 12).

```
>>> poem[:13]
'All that doth'
```

(스페이스와 줄바꿈을 포함해서)이 시는 총 몇 글자로 되어 있을까?

```
>>> len(poem)
250
```

이 시는 All로 시작하는가?

```
>>> poem.startswith('All')
True
```

이 시는 That's all, folks!로 끝나는가?

```
>>> poem.endswith('That\'s all, folks!')
False
```

파이썬은 어떤 문자열에서 부분 문자열 오프셋을 찾기 위한 두 개의 메서드(find(), index())가 있으며, 각 두 가지 버전이 있다(문자열 처음부터 찾거나 끝에서 찾음). 두 메서드 모두 부분 문자열을 찾았을 때 같은 결과를 반환한다. 그러나 부분 문자열을 찾지 못하면,

find() 메서드는 -1을 반환하고, index() 메서드는 예외가 발생한다.

시에서 처음으로 나오는 the의 오프셋을 찾아보자.

```
>>> word = 'the'
>>> poem.find(word)
73
>>> poem.index(word)
73
```

다음은 문자열의 끝에서 부분 문자열을 찾아서 오프셋을 얻는다.

```
>>> word = 'the'
>>> poem.rfind(word)
214
>>> poem.rindex(word)
214
```

부분 문자열이 없다면 결과는 다음과 같다.

```
>>> word = "duck"
>>> poem.find(word)
-1
>>> poem.rfind(word)
-1
>>> poem.index(word)
Traceback (most recent call last):
    File "<stdin>", line 1, in <module>
ValueError: substring not found
>>> poem.rfind(word)
-1
>>> poem.rindex(word)
Traceback (most recent call last):
  File "<stdin>", line 1, in <module>
ValueError: substring not found
```

시에서 the 부분 문자열은 몇 개 있을까?

```
>>> word = 'the'
```

```
>>> poem.count(word)
3
```

시의 모든 문자는 알파벳 또는 숫자로 이루어져 있는가?

```
>>> poem.isalnum()
False
```

아니다, 시에는 문장 부호가 몇 개 있다.

5.14 대소 문자

문자열 메서드를 조금 더 사용해보자. 테스트 문자열은 다음과 같다.

```
>>> setup = 'a duck goes into a bar...'
```

양끝에서 . 시퀀스를 삭제한다.

```
>>> setup.strip('.')
'a duck goes into a bar'
```

NOTE_ 문자열은 불변 객체이기 때문에 setup 문자열을 실제로 바꿀 수 없다. 각 예제는 값을 설정하고, 함수를 수행한 뒤, 새로운 문자열로 결과를 반환한다.

첫 번째 단어를 대문자로 만들어보자.

```
>>> setup.capitalize()
'A duck goes into a bar...'
```

모든 단어의 첫 글자를 대문자로 만들어보자.

```
>>> setup.title()
'A Duck Goes Into A Bar...'
```

글자를 모두 대문자로 만들어보자.

```
>>> setup.upper()
'A DUCK GOES INTO A BAR...'
```

글자를 모두 소문자로 만들어보자.

```
>>> setup.lower()
'a duck goes into a bar...'
```

대문자는 소문자로, 소문자는 대문자로 만들어보자.

```
>>> setup.swapcase()
'A DUCK GOES INTO A BAR...'
```

5.15 정렬

이제 문자열을 정렬alignment하는 함수를 다룬다. 문자열을 지정한 공간(여기서는 30)에서 정렬해보자.

지정한 공간에서 문자열을 중앙 정렬해보자.

```
>>> setup.center(30)
'   a duck goes into a bar...   '
```

왼쪽 정렬해보자.

```
>>> setup.ljust(30)
'a duck goes into a bar...     '
```

오른쪽 정렬해보자.

```
>>> setup.rjust(30)
'      a duck goes into a bar...'
```

다음 절에서 문자열을 정렬하는 더 많은 방법을 배운다.

5.16 포매팅

+ 기호로 문자열을 **연결**concatenate할 수 있다는 걸 예제에서 확인했다. 이번 절에서는 다양한 포맷을 사용하여 데이터 값을 문자열에 **보간**interpolation하는 방법을 살펴본다. 포매팅을 사용해서 보고서나 특정 양식 등의 출력을 생성할 수 있다. 문자열 포매팅은 세 가지 방법이 있다.

- **옛 스타일** (파이썬 2, 3에서 지원)
- **새 스타일** (파이썬 2.6 이상에서만 지원)
- **f-문자열** (파이썬 3.6 이상에서만 지원)

5.16.1 옛 스타일: %

옛 스타일의 문자열 포매팅은 `format_string % data` 형식이다. 포맷 문자열(`format_string`) 안에 끼워 넣을 데이터(`data`)를 표시하는 형식은 보간 시퀀스interpolation sequence다. [표 5-1]은 **%**와 데이터 타입을 나타내는 아주 간단한 보간 시퀀스를 보여준다.

표 5-1 변환 타입

%s	문자열
%d	10진수
%x	16진수
%o	8진수
%f	10진 부동소수점
%e	지수로 나타낸 부동소수점

%g	10진 부동소수점 혹은 지수로 나타낸 부동소수점
%%	리터럴 %

모든 데이터 타입에 **%s**를 사용할 수 있으며 추가 공백 없이 문자열로 지정한다.

먼저 정수에 대한 예제를 살펴보자.

```
>>> '%s' % 42
'42'
>>> '%d' % 42
'42'
>>> '%x' % 42
'2a'
>>> '%o' % 42
'52'
```

다음은 부동소수점에 대한 예제다.

```
>>> '%s' % 7.03 '7.03'
>>> '%f' % 7.03 '7.030000'
>>> '%e' % 7.03 '7.030000e+00'
>>> '%g' % 7.03 '7.03'
```

다음은 정수와 리터럴 %에 대한 예제다.

```
>>> '%d%%' % 100
'100%'
```

다음은 정수와 문자열 보간에 대한 간단한 예제다.

```
>>> actor = 'Richard Gere'
>>> cat = 'Chester'
>>> weight = 28
>>> "My wife's favorite actor is %s" % actor
"My wife's favorite actor is Richard Gere"
>>> "Our cat %s weighs %s pounds" % (cat, weight)
'Our cat Chester weighs 28 pounds'
```

문자열 내의 **%s**는 다른 문자열을 끼워 넣는 것을 의미한다. 문자열 안의 **%** 수는 **%** 뒤의 데이터 항목의 수와 일치해야 한다. **actor**와 같은 단일 데이터 항목은 **%** 바로 뒤에 입력한다. 여러 데이터 항목은 (**cat, weight**)와 같이 튜플(괄호로 묶어서 쉼표로 값을 구분하는 튜플은 7장에서 살펴본다)로 묶어야 한다.

심지어 **weight**는 정수임에도 불구하고, 문자열 안의 **%s**는 문자열로 변환한다.

최소 및 최대 길이 조절과 정렬 및 문자를 채우기 위해 **%**와 타입 지정자 사이에 다른 값을 추가할 수 있다. 이것은 작은 언어이며, 다음 두 절의 작은 언어보다 더 제한적이다. 다음은 옛 스타일의 사용방법이다.

- 초기 '**%**' 문자
- **정렬** 문자(옵션): '**+**' 또는 아무것도 없으면 오른쪽 정렬을 의미하고, '**-**'는 왼쪽 정렬을 의미한다.
- **최소 너비**(옵션)
- '**.**' 문자 (옵션): **최소 너비** 및 **최대 문자**를 구분한다.
- **최대 문자**(옵션): 변환 타입이 s인 경우 데이터 값에서 출력할 문자열 수를 나타낸다. 변환 타입이 f인 경우, 정밀도(소수점 뒤에 출력할 자릿수)를 지정한다.
- [표 5-1]의 변환 타입 문자

위 내용은 다소 혼란스럽다. 예제로 옛 스타일 문자열 포매팅을 살펴보자.

```
>>> thing = 'woodchuck'
>>> '%s' % thing
'woodchuck'
>>> '%12s' % thing
'   woodchuck'
>>> '%+12s' % thing
'   woodchuck'
>>> '%-12s' % thing
'woodchuck   '
>>> '%.3s' % thing
'woo'
>>> '%12.3s' % thing
'         woo'
>>> '%-12.3s' % thing
'woo         '
```

부동소수점 수 포매팅 **%f** 예제를 살펴보자.

```
>>> thing = 98.6
>>> '%f' % thing
'98.600000'
>>> '%12f' % thing
'   98.600000'
>>> '%+12f' % thing
'  +98.600000'
>>> '%-12f' % thing
'98.600000   '
>>> '%.3f' % thing
'98.600'
>>> '%12.3f' % thing
'      98.600'
>>> '%-12.3f' % thing
'98.600      '
```

정수 포매팅 **%d** 예제를 살펴보자.

```
>>> thing = 9876
>>> '%d' % thing
'9876'
>>> '%12d' % thing
'        9876'
>>> '%+12d' % thing
'       +9876'
>>> '%-12d' % thing
'9876        '
>>> '%.3d' % thing
'9876'
>>> '%12.3d' % thing
'        9876'
>>> '%-12.3d' % thing
'9876        '
```

정수의 경우 **%+12d**는 부호를 강제로 출력하며, **.3**이 있는 포맷 문자열은 부동소수점과 달리 아무 일도 하지 않는다.

5.16.2 새 스타일: { }, format()

옛 스타일의 포매팅은 아직도 지원된다. 버전 2.7까지만 지원될 예정인 파이썬 2는 옛 스타일의 포매팅을 계속 지원할 것이다. 파이썬 3을 사용한다면 새 스타일의 포매팅을 사용하는 것을 추천한다. 파이썬 3.6 이상을 사용한다면 f-문자열을 사용하는 것을 추천한다(다음 절 참조).

'새 스타일' 포매팅은 **format_string**.format(**data**) 형식이다.

포맷 문자열(format_string)은 이전 절과 다르다. 예제로 살펴보자.

```
>>> thing = 'woodchuck'
>>> '{}'.format(thing)
'woodchuck'
```

format() 메서드의 인수는 포맷 문자열 내의 { } 순서대로 나타난다.

```
>>> thing = 'woodchuck'
>>> place = 'lake'
>>> 'The {} is in the {}.'.format(thing, place)
'The woodchuck is in the lake.'
```

다음과 같이 위치별로 인수를 지정할 수 있다.

```
>>> 'The {1} is in the {0}.'.format(place, thing)
'The woodchuck is in the lake.'
```

값 0은 첫 번째 인수 place를 나타내고, 값 1은 두 번째 인수 thing를 나타낸다. format()에서 인수를 명명하여 다음과 같이 사용할 수 있다.

```
>>> 'The {thing} is in the {place}'.format(thing='duck', place='bathtub')
'The duck is in the bathtub'
```

딕셔너리로도 사용할 수 있다.

```
>>>d = {'thing': 'duck', 'place': 'bathtub'}
```

다음 예에서 {0}은 format()의 딕셔너리 d에서 첫 번째 인수다.

```
>>>'The {0[thing]} is in the {0[place]}.'.format(d)
'The duck is in the bathtub.'
```

위 예제는 모두 기본 포맷으로 인수를 출력했다. 새 스타일 포매팅의 문자열 정의는 옛 스타일과 조금 다르다.

- 맨 처음 콜론(:)이 온다.

- **채우기** 문자(옵션): 문자열이 **최소 너비**보다 짧은 경우, 이 문자로 채운다(기본값 ' ').

- 선택적 **정렬** 문자(옵션): 왼쪽 정렬이 기본값이다. '<'는 왼쪽 정렬, '>'는 오른쪽 정렬, '^'는 가운데 정렬이다.

- 숫자에 대한 **부호** 문자(옵션): 기본값으로 음수에만 부호('-')가 붙는나. '-'는 음수에 부호가 붙고, 양수에 공백(' ')을 붙인다.

- **최소 너비**(옵션): 최소 너비 및 최대 문자를 구분한다.

- **최대 문자**(옵션)

- **변환 타입**

```
>>> thing = 'wraith'
>>> place = 'window'
>>> 'The {} is at the {}'.format(thing, place)
>>> 'The wraith is at the window'
>>> 'The {:10s} is at the {:10s}'.format(thing, place)
>>> 'The wraith     is at the window     '
>>> 'The {:<10s} is at the {:<10s}'.format(thing, place)
>>> 'The wraith     is at the window     '
>>> 'The {:^10s} is at the {:^10s}'.format(thing, place)
>>> 'The   wraith   is at the   window   '
>>> 'The {:>10s} is at the {:>10s}'.format(thing, place)
>>> 'The     wraith is at the     window'
>>> 'The {:!^10s} is at the {:!^10s}'.format(thing, place)
>>> 'The !!wraith!! is at the !!window!!'
```

5.16.3 최신 스타일: f-문자열

f-문자열은 파이썬 3.6에 등장했다. 3.6이상 버전에서 f-문자열 사용을 권장한다. f-문자열은 다음과 같이 만들 수 있다.

- 첫 인용 부호 앞에 문자 f 또는 F를 입력한다.
- 변수 이름이나 식을 중괄호 안에 포함해 값을 문자열로 가져온다.

이전 절의 새 스타일 포매팅과 비슷하지만, `format()` 메서드가 없고 포맷 문자열에 빈 괄호 { }와 위치 괄호 {1}가 없다.

```
>>> thing = 'wereduck'
>>> place = 'werepond'
>>> f'The {thing} is in the {place}'
'The wereduck is in the werepond'
```

아래와 같이 중괄호 안에 표현식을 사용할 수 있다.

```
>>> f'The {thing.capitalize()} is in the {place.rjust(20)}'
'The Wereduck is in the        werepond'
```

f-문자열은 이전 절에서 본 `format()` 메서드에서 수행할 수 있는 정의를 { } 안에 사용할 수 있다. 코드 읽기가 더 쉬워졌다. 즉, ':' 다음에 새 스타일의 포매팅과 같은 언어(너비, 패딩, 정렬)를 사용할 수 있다.

```
>>> f'The {thing:>20} is in the {place:.^20}'
'The             wereduck is in the ......werepond......'
```

f-문자열은 파이썬 3.8부터 이름과 값을 쉽게 출력할 수 있다. 디버깅할 때 편리하다. 다음 예제와 같이 이름 뒤에 = 문자를 붙여서 사용한다.

```
>>> f'{thing =}, {place =}'
thing = 'wereduck', place = 'werepond'
```

이름은 표현식이 될 수 있다. 문자 그대로 출력한다.

```
>>> f'{thing[-4:] =}, {place.title() =}'
thing[-4:] = 'duck', place.title() = 'Werepond'
```

마지막으로 = 다음에 : 및 너비, 정렬과 같은 포매팅 인수를 사용할 수 있다.

```
>>> f'{thing = :>4.4}'
thing =  were
```

5.17 더 많은 문자열 메서드

파이썬은 이 책에서 살펴본 예세보나 너 많은 문자열 메서드가 있다. 일부는 이 후의 장에 나오지만(특히 12장), 파이썬 문서(*http://bit.ly/py-docs-strings*)에서 모든 내용을 확인할 수 있다.

5.18 다음 장에서는

슈퍼마켓에 프루트 룹스^{Froot Loops}(시리얼)가 있다면, 파이썬에는 반복문^{loops}이 있다.

5.19 연습문제

5.1 m으로 시작하는 단어를 대문자로 만들어보자.

```
>>> song = """When an eel grabs your arm,
... And it causes great harm,
... That's - a moray!"""
```

5.2 다음과 같은 형식으로 각 리스트의 질문과 답을 차례로 출력해보자.

```
Q: question
A: answer

>>> questions = [
... "We don't serve strings around here. Are you a string?",
... "What is said on Father's Day in the forest?",
... "What makes the sound 'Sis! Boom! Bah!'?"
... ]
>>> answers = [
... "An exploding sheep.",
... "No, I'm a frayed knot.",
... "'Pop!' goes the weasel."
... ]
```

5.3 옛 스타일 포매팅을 사용하여 시를 써보자. 문자열 `'roast beef'`, `'ham'`, `'head'`, `'clam'`을 아래 문자열에 대체한다.

```
My kitty cat likes %s,
My kitty cat likes %s,
My kitty cat fell on his %s And now thinks he's a %s.
```

5.4 새 스타일의 포매팅을 사용하여 메일을 써보자. 다음 문자열을 letter 변수에 저장한다 (다음 문제에서 이 변수를 사용한다).

```
    Dear {salutation} {name},

    Thank you for your letter. We are sorry that our {product} {verbed} in your
{room}. Please note that it should never be used in a {room}, especially near any
{animals}.

    Send us your receipt and {amount} for shipping and handling. We will send you
another {product} that, in our tests, is {percent}% less likely to have {verbed}.

    Thank you for your support.
    Sincerely,
    {spokesman}
    {job_title}
```

5.5 문자열 변수 `'salutation'`, `'name'`, `'product'`, `'verbed'`(verb의 과거), `'room'`, 'animals', 'amount', 'percent', 'spokesman', 'job_title'에 값을 할당한다. 문자열 변수와 letter.format()를 사용하여 메일을 출력해보자.

5.6 어떤 물건에 이름을 짓는 여론 조사를 실시한 후 다음과 같은 패턴이 나타났다.

- an English submarine 이름은 (Boaty McBoatface)로 지어졌다.
- an Australian racehorse 이름은 (Horsey McHorseface)로 지어졌다.
- a Swedish train 이름은 (Trainy McTrainface)로 지어졌다.

문자열 'duck', 'gourd', 'spitz'과 % 포매팅을 사용하여 위 괄호 안의 밑줄 문자열의 형식과 같이 출력해보자.

```
[출력]
Ducky McDuckface
Gourdy McGourdface
Spitzy McSpitzface
```

5.7 format() 메서드를 사용하여 문제 5.6을 풀어본다.

5.8 f-문자열을 사용하여 문제 5.6을 풀어본다.

CHAPTER 6

반복문: while과 for 문

모든 그것을 위해, 그리고 모든 저것을 위해, 우리의 덫은 희미하다. 그리고 모든 그것이 …

– 로버트 번스(시인), 「For a' That and a' That, 1794」

if, elif, else는 위에서부터 아래로 테스트를 실행한다. 코드를 한 번 이상 실행하려고 할 때, **반복문**(루프)^{loop}이 필요하다. 파이썬은 두 개의 반복문 while과 for 문이 있다.

6.1 반복하기: while

가장 간단한 루핑^{looping} 매커니즘은 while 문이다. 대화식 인터프리터에서 숫자 1에서 5까지 실행하는 간단한 반복문을 구현해보자.

```
>>> count = 1
>>> while count <= 5:
...     print(count)
...     count += 1
...
1
2
3
4
5
```

먼저 count 변수에 1을 할당했다. while 문은 count 값이 5보다 작거나 같은지 계속 비교한다. 반복문 안에서는 count 변수 값을 출력하고, count += 1 문장에 의해 count 변수 값이 1씩 증가한다. 파이썬은 반복문의 맨 위로 돌아가서 다시 비교를 시작한다. 이제 count 변수 값은 2다. 또다시 while 문의 내용을 실행하고, count 변수 값은 3이 된다.

반복문은 count 변수가 5에서 6으로 증가할 때까지 계속 실행한다. 다음 반복에서 count <= 5 는 False이므로 while 문이 끝난다. 그리고 다음 줄로 이동한다.

6.1.1 중단하기: break

어떤 일이 일어날 때까지 반복하고 싶지만, 어떤 일이 언제 일어나는지 확실하지 않다면 **무한 반복문**infinite loop에 break 문을 사용한다. 다음 예제는 input() 함수로 키보드에서 한 라인을 읽은 후 첫 번째 문자를 대문자로 출력한다. 그리고 문자 q를 입력하면 반복문을 종료한다.

```
>>> while True:
...     stuff = input("String to capitalize [type q to quit]: ")
...     if stuff == "q":
...         break
...     print(stuff.capitalize())
...
String to capitalize [type q to quit]: test
Test
String to capitalize [type q to quit]: hey, it works Hey, it works
String to capitalize [type q to quit]: q
>>>
```

6.1.2 건너뛰기: continue

반복문을 중단하고 싶지 않지만 몇몇 이유로 다음 반복을 건너뛰어야 할 때가 있다. 인위적으로 건너뛰는 예제를 한번 살펴보자. 정수가 홀수일 때는 그 수의 제곱을 출력하고, 짝수일 때는 다음 반복으로 건너뛴다. 이전과 같이 q를 입력하면 반복문을 종료한다.

```
>>> while True:
...     value = input("Integer, please [q to quit]: ")
```

```
...     if value == 'q': # 종료
...         break
...     number = int(value)
...     if number % 2 == 0: # 짝수
...         continue
...     print(number, "squared is", number*number)
...
Integer, please [q to quit]: 1
1 squared is 1
Integer, please [q to quit]: 2
Integer, please [q to quit]: 3
3 squared is 9
Integer, please [q to quit]: 4
Integer, please [q to quit]: 5
5 squared is 25
Integer, please [q to quit]: q
>>>
```

6.1.3 break 확인하기: else

break 문은 어떤 내용을 확인하여 그것을 발견하면 종료하는 while 문을 작성할 때 사용한다. while 문이 모두 실행되었지만 발견하지 못했을 때는 else 문이 실행된다.

```
>>> numbers = [1, 3, 5]
>>> position = 0
>>> while position < len(numbers):
...     number = numbers[position]
...     if number % 2 == 0:
...         print('Found even number', number)
...         break
...     position += 1
... else:  # break 문이 호출되지 않은 경우
...         print('No even number found')
...
No even number found
```

NOTE_ while 문에서 else 문 사용이 직관적이지 않을 수 있다. else 문을 그냥 **브레이크 체커**break checker라고 생각하자.

6.2 순회하기: for와 in

파이썬에서 **이터레이터**iterator는 유용하게 자주 쓰인다. 자료구조가 얼마나 큰지, 어떻게 구현되었는지에 관계없이 자료구조를 순회할 수 있도록 해준다. 심지어 바로 생성되는 데이터도 순회할 수 있다. 데이터가 메모리에 맞지 않더라도 데이터 **스트림**stream을 처리할 수 있도록 허용해준다.

순회iteration를 위해 몇 가지 필요한 게 있다. 5장에서 문자열을 배웠지만, 리스트와 튜플(7장), 딕셔너리(8장)와 같은 다른 **순회 가능한**iterable 항목에 대한 내용은 아직 배우지 않았다. 이번 절에서는 문자열을 순회하는 두 가지 방법을 살펴보고, 다른 타입의 순회는 그 타입이 해당하는 장에서 살펴본다.

While 문으로 문자열에 있는 문자를 다음과 같이 차례로 출력할 수 있다.

```
>>> word = 'thud'
>>> offset = 0
>>> while offset < len(word):
...     print(word[offset])
...     offset += 1
...
t
h
u
d
```

하지만, 이 코드가 조금 더 파이써닉한 방법이다.

```
>>> for letter in word:
...     print(letter)
...
t
h
u
d
```

문자열 순회는 한 번에 한 문자를 생성한다.

6.2.1 중단하기: break

for 문의 break 문은 while 문의 break 문과 똑같이 동작한다.

```
>>> word = 'thud'
>>> for letter in word:
...     if letter == 'u':
...         break
...     print(letter)
...
t
h
```

6.2.2 건너뛰기: continue

for 문의 continue 문은 while 문의 continue 문과 똑같이 동작한다.

6.2.3 break 확인하기: else

for 문은 while 문과 같이 모든 항목을 순회했는지 확인하는 부가적인 옵션의 else 문이 있다. for 문에서 break 문이 호출되지 않으면 else 문이 실행된다.

즉, else 문은 break 문에 의해 반복문이 중단되지 않고 모든 항목을 순회했는지 확인할 때 유용하다.

```
>>> word = 'thud'
>>> for letter in word:
...     if letter == 'x':
...         print("Eek! An 'x'!")
...         break
...     print(letter)
... else:
...         print("No 'x' in there.")
t
h
u
d
No 'x' in there.
```

6.2.4 숫자 시퀀스 생성하기: range()

range() 함수는 리스트나 튜플 같은 자료구조를 생성하여 저장하지 않더라도 특정 범위 내에서 숫자 스트림을 반환한다. 이것은 컴퓨터의 메모리를 전부 사용하지 않고, 프로그램의 충돌 없이 아주 큰 범위를 생성 할 수 있게 해준다.

range() 함수는 슬라이스의 사용법과 비슷하다. range($start,stop,step$) 형식을 사용한다. 만약 $start$를 생략하면 범위는 0에서 시작한다. 그리고 $stop$은 꼭 입력해야 하는 값이다. 슬라이스와 마찬가지로 범위의 끝은 $stop$의 바로 직전 값이다. $step$의 기본값은 1이다. $step$을 -1로 지정하여 끝에서부터 거꾸로 진행할 수도 있다.

zip(), range()와 같은 함수는 **순회 가능한** 객체를 반환한다. 그러므로 for ... in 형태로 값을 순회할 수 있다. 또한 객체를 리스트와 같은 시퀀스로 변환할 수 있다. range()로 리스트 [0, 1, 2]를 만들어보자.

```
>>> for x in range(0,3):
...     print(x)
...
0
1
2
>>> list( range(0, 3) )
[0, 1, 2]
```

거꾸로 진행하는 2에서 0의 리스트를 만들어보자.

```
>>> for x in range(2, -1, -1):
...     print(x)
...
2
```

```
1
0
>>> list( range(2, -1, -1) )
[2, 1, 0]
```

다음 예제는 0에서 10까지 2씩 진행하는 짝수 리스트를 만든다.

```
>>> list( range(0, 11, 2) )
[0, 2, 4, 6, 8, 10]
```

6.3 기타 이터레이터

14장에서 파일에 대한 순회iteration를 배우고, 10장에서는 직접 정의한 객체를 순회가 가능하도록 설정하는 방법을 살펴본다. 또한 11장에서 표준 파이썬 라이브러리에서 제공하는 유용한 itertools 패키지를 살펴본다.

6.4 다음 장에서는

개별 데이터를 **리스트**와 **튜플**로 묶어본다.

6.5 연습문제

6.1 for 문으로 리스트 [3, 2, 1, 0]를 출력해보자.

6.2 guess_me 변수에 7을 할당하고, number 변수에 1을 할당한다. number와 guess_me 를 비교하는 while 문을 작성해보자. number가 guess_me보다 작으면 'too low'를 출력한다. number와 guess_me가 같으면 'found it!'을 출력하고 반복문을 종료한다. number 가 guess_me보다 크면 'oops'를 출력하고 반복문을 종료한다. 그리고 반복문의 마지막에

number를 1씩 증가시킨다.

6.3 guess_me 변수에 5를 할당하고, for 문을 사용하여 range(10)에서 number 변수를 사용한다. number가 guess_me보다 작으면 'too low'를 출력한다. number와 guess_me가 같으면 'found it!'을 출력하고 반복문을 종료한다. number가 guess_me보다 크면 'oops'를 출력하고 반복문을 종료한다.

CHAPTER 7

튜플과 리스트

인간은 리스트에 대한 열정이 덜한 영장류(동물)와 다르다.   – H. 앨런 스미스(저널리스트)

이전 장에서는 불리언, 정수, 부동소수점 숫자, 문자열에 대한 기본 데이터 타입을 살펴봤다. 이들 데이터 타입이 원자라면, 이번 장에서 다룰 자료구조는 분자다. 즉, 기본 타입들이 복잡한 형태로 결합한다는 것을 의미한다. 이 자료구조를 매일 사용하게 될 것이다. 대부분 프로그래밍 과정은 데이터를 잘게 나누고, 이들을 붙여서 특정한 형태로 만든다.

컴퓨터 언어는 대부분 첫 번째, 두 번째, ... 그리고 마지막 항목의 정수 위치로 시퀀스의 항목을 나타낸다. 이전 장에서 파이썬의 **문자열**은 문자의 시퀀스라는 것을 배웠다. 이번 장에서 리스트는 모든 것의 시퀀스라는 것을 알게 될 것이다.

파이썬에는 두 가지 다른 시퀀스 구조가 있다. **튜플**tuple과 **리스트**list다. 이 구조는 0 또는 그 이상의 항목을 포함한다. 문자열과는 달리, 이들 항목은 다른 타입이 될 수 있다. 다시 말해 각 요소는 **어떤** 객체도 될 수 있다. 이것은 프로그래머가 원하는 대로 깊고 복잡한 구조를 만들 수 있게 해준다.

파이썬은 왜 리스트와 튜플 모두를 포함하고 있을까? 튜플은 **불변**immutable이다. 튜플에 항목을 할당하고 나면 바꿀 수 없다. 리스트는 **가변**mutable이다. 항목을 할당하고 나서 자유롭게 수정하거나 삭제할 수 있다. 리스트를 중심으로 예제를 살펴보자.

7.1 튜플

튜플은 두 가지 발음으로 들릴 수 있다. 발음을 듣고 잘못 이해했을 때, 다른 사람들이 파이썬에 대해 아는 게 없다고 생각할까? 아니다. 걱정하지 않아도 된다. 파이썬의 창시자 귀도 반 로섬은 트위터에 다음과 같이 말했다(*http://bit.ly/tupletweet*).

> 나는 튜플을 월, 수, 금요일에는 투－풀too-pull이라고 발음하고, 화, 목, 토요일에는 터－풀tub-pull이라고 발음한다. 그리고 일요일에는 튜플에 대해 이야기하지 않는다.

7.1.1 튜플 생성하기: , 그리고 ( )

튜플은 다양한 방법으로 생성할 수 있다(약간 비일관적inconsistent이다). 먼저 ()를 사용해서 빈 튜플을 만들어보자.

```
>>> empty_tuple = ()
>>> empty_tuple
()
```

한 요소 이상의 튜플을 만들기 위해서는 각 요소 뒤에 콤마(,)를 붙인다. 먼저, 튜플에 한 요소를 저장해보자.

```
>>> one_marx = 'Groucho',
>>> one_marx
('Groucho',)
```

다음과 같이 괄호를 추가할 수도 있다.

```
>>> one_marx = ('Groucho',)
>>> one_marx
('Groucho',)
```

한 가지 주의할 점은 괄호 안에 한 요소만 있고, 콤마를 생략하면 튜플이 아니라 문자열이 된다.

```
>>> one_marx = ('Groucho')
```

```
>>> one_marx
'Groucho'
>>> type(one_marx)
<class 'str'>
```

요소가 두 개 이상이면 마지막에는 콤마를 붙이지 않는다.

```
>>> marx_tuple = 'Groucho', 'Chico', 'Harpo'
>>> marx_tuple
('Groucho', 'Chico', 'Harpo')
```

파이썬은 튜플을 출력할 때 괄호 ()를 포함한다. 튜플을 정의할 때는 괄호 ()가 필요 없다. 뒤에 콤마가 붙는다는 것은 튜플을 정의한다는 뜻이다. 그러나 값들을 괄호로 묶어서 튜플을 정의한다면, 이것이 튜플인지 구분하기가 더 쉽다.

```
>>> marx_tuple = ('Groucho', 'Chico', 'Harpo')
>>> marx_tuple
('Groucho', 'Chico', 'Harpo')
```

콤마를 다른 용도로 사용하려면 괄호가 필요하다(함수, 메서드의 인수 등). 다음 예제는 쉼표만 사용하여 단일 요소를 가진 튜플을 만들 수 있지만, 함수에 인수로 전달할 수 없다.

```
>>> one_marx = 'Groucho',
>>> type(one_marx)
<class 'tuple'>
>>> type('Groucho',)
<class 'str'>
>>> type(('Groucho',))
<class 'tuple'>
```

튜플로 한 번에 여러 변수를 할당할 수 있다.

```
>>> marx_tuple = ('Groucho', 'Chico', 'Harpo')
>>> a, b, c = marx_tuple
>>> a
'Groucho'
>>> b
```

```
'Chico'
>>> c
'Harpo'
```

이것을 **튜플 언패킹**(tuple unpacking)이라고 부른다.

한 문장에서 값을 교환하기 위해 임시변수를 사용하지 않고 튜플을 사용할 수 있다.

```
>>> password = 'swordfish'
>>> icecream = 'tuttifrutti'
>>> password, icecream = icecream, password
>>> password
'tuttifrutti'
>>> icecream
'swordfish'
>>>
```

7.1.2 생성하기: tuple()

tuple() 함수는 다른 객체를 튜플로 만들어준다.

```
>>> marx_list = ['Groucho', 'Chico', 'Harpo']
>>> tuple(marx_list)
('Groucho', 'Chico', 'Harpo')
```

7.1.3 결합하기: +

+ 연산자는 문자열 결합과 비슷하다.

```
>>> ('Groucho',) + ('Chico', 'Harpo')
('Groucho', 'Chico', 'Harpo')
```

7.1.4 항목 복제하기: *

* 연산자는 + 연산자를 반복하는 것과 같다.

```
>>> ('yada',) * 3
('yada', 'yada', 'yada')
```

7.1.5 비교하기

리스트 비교와 같다.

```
>>> a = (7, 2)
>>> b = (7, 2, 9)
>>> a == b
False
>>> a <= b
True
>>> a < b
True
```

7.1.6 순회하기: for와 in

튜플 순회는 다른 타입과 똑같이 동작한다.

```
>>> words = ('fresh','out', 'of', 'ideas')
>>> for word in words:
...     print(word)
...
fresh
out
of
ideas
```

7.1.7 수정하기

튜플은 문자열처럼 불변 객체이므로 기존 튜플을 변경할 수 없다. 문자열과 같이 튜플을 결합하여 새 튜플을 만들 수 있다.

```
>>> t1 = ('Fee', 'Fie', 'Foe')
>>> t2 = ('Flop,')
>>> t1 + t2
('Fee', 'Fie', 'Foe', 'Flop')
```

이것은 마치 튜플을 수정하는 것처럼 보인다.

```
>>> t1 = ('Fee', 'Fie', 'Foe')
>>> t2 = ('Flop,')
>>> t1 += t2
>>> t1
('Fee', 'Fie', 'Foe', 'Flop')
```

그러나 이것은 이전의 t1이 아니다. t1과 t2가 가리키는 원래 튜플에 새로운 튜플을 만들고, 새로운 튜플을 t1에 할당했다. 변수 이름이 새로운 값을 가리킬 때 id() 함수로 확인할 수 있다.

```
>>> t1 = ('Fee', 'Fie', 'Foe')
>>> t2 = ('Flop',)
>>> id(t1)
4365405712
>>> t1 += t2
>>> id(t1)
4364770744
```

7.2 리스트

리스트는 데이터를 순차적으로 파악하는 데 유용하다. 특히 내용의 순서가 바뀔 수 있다. 문자열과 달리 리스트는 변경 가능하다. 리스트의 현재 위치에서 새로운 요소를 추가, 삭제하거나 기존 요소를 덮어쓸 수 있다. 그리고 리스트에는 동일한 값이 여러 번 나올 수 있다.

7.2.1 생성하기: [ ]

리스트는 0 혹은 그 이상의 요소로 만들어진다. 콤마(,)로 구분하고, 대괄호([])로 둘러싸여
있다.

```
>>> empty_list = [ ]
>>> weekdays = ['Monday', 'Tuesday', 'Wednesday', 'Thursday', 'Friday']
>>> big_birds = ['emu', 'ostrich', 'cassowary']
>>> first_names = ['Graham', 'John', 'Terry', 'Terry', 'Michael']
>>> leap_years = [2000, 2004, 2008]
>>> randomness = ['Punxsatawney', {'groundhog': 'Phil'}, 'Feb. 2']
```

first_names 리스트는 값이 고유하지 않아도 되는 것을 보여준다.

> **NOTE_** 요소의 순서를 고려하지 않고, 고유값만 사용하고 싶다면 **셋**set을 사용한다. big_birds 리스트를
> 셋으로 설정할 수 있다. 셋에 대한 내용은 8장에서 다룬다.

7.2.2 생성 및 변환하기: list( )

list() 함수로 빈 리스트를 만들 수 있다.

```
>>> another_empty_list = list()
>>> another_empty_list
[]
```

list() 함수는 다른 데이터 타입(튜플, 문자열, 셋, 딕셔너리 등)을 리스트로 변환한다. 다음
예제는 단어 하나를 한 문자의 문자열 리스트로 변환한다.

```
>>> list('cat')
['c', 'a', 't']
```

튜플을 리스트로 변환한다.

```
>>> a_tuple = ('ready', 'fire', 'aim')
>>> list(a_tuple)
['ready', 'fire', 'aim']
```

7.2.3 문자열 분할로 생성하기: split( )

5.9절에서 본 것처럼 split( ) 메서드는 문자열을 구분자 단위로 분할하여 리스트를 생성한다.

```
>>> talk_like_a_pirate_day = '9/19/2019'
>>> talk_like_a_pirate_day.split('/')
['9', '19', '2019']
```

문자열 안에 구분자가 두 개 이상 있다면 어떻게 해야 할까? 다음과 같이 리스트 항목으로 빈 문자열을 볼 수 있다.

```
>>> splitme = 'a/b//c/d///e'
>>> splitme.split('/')
['a', 'b', '', 'c', 'd', '', '', 'e']
```

구분자로 '//'를 사용하면 다음과 같은 결과가 출력된다.

```
>>> splitme = 'a/b//c/d///e'
>>> splitme.split('//')
>>>
['a/b', 'c/d', '/e']
```

7.2.4 [offset]으로 항목 얻기

문자열과 마찬가지로 리스트는 오프셋offset으로 특정 값을 추출할 수 있다.

```
>>> marxes = ['Groucho', 'Chico', 'Harpo']
>>> marxes[0]
'Groucho'
>>> marxes[1]
```

```
'Chico'
>>> marxes[2]
'Harpo'
```

문자열과 마찬가지로 음수 인덱스는 끝에서부터 거꾸로 값을 추출한다.

```
>>> marxes[-1]
'Harpo'
>>> marxes[-2]
'Chico'
>>> marxes[-3]
'Groucho'
>>>
```

NOTE_ 리스트 오프셋은 값을 할당한 위치에 맞게 입력되어야 한다. 오프셋의 위치가 리스트의 범위를 벗어나면 예외(에러)가 발생한다. 삼형제의 **marxes**(유효한 오프셋의 범위: 0~2)에서 6번째 오프셋을 입력하거나, 끝에서 5번째 오프셋을 입력하면 무슨 일이 일어나는지 살펴보자.

```
>>> marxes = ['Groucho', 'Chico', 'Harpo']
>>> marxes[5]
Traceback (most recent call last):
    File "<stdin>", line 1, in <module>
IndexError: list index out of range
>>> marxes[-5]
Traceback (most recent call last):
    File "<stdin>", line 1, in <module>
IndexError: list index out of range
```

7.2.5 슬라이스로 항목 얻기

슬라이스를 사용해서 리스트의 서브시퀀스를 추출할 수 있다.

```
>>> marxes = ['Groucho', 'Chico', 'Harpo']
>>> marxes[0:2]
['Groucho', 'Chico']
```

리스트의 슬라이스도 리스트다.

문자열과 마찬가지로 슬라이스에 스텝을 사용할 수 있다. 다음 예제는 왼쪽에서 오른쪽으로 2칸씩 항목을 추출한다.

```
>>> marxes[::2]
['Groucho', 'Harpo']
```

다음은 오른쪽에서 왼쪽으로 2칸씩 항목을 추출한다.

```
>>> marxes[::-2]
['Harpo', 'Groucho']
```

마지막으로 리스트를 반대로 뒤집어보자.

```
>>> marxes[::-1]
['Harpo', 'Chico', 'Groucho']
```

위 슬라이스는 marxes 리스트에 할당되지 않아서 marxes 리스트 자체를 반대로 뒤집지는 않는다.

marxes 리스트를 반대로 뒤집은 상태로 바꾸기 위해 **list.reverse()** 메서드를 사용한다.

```
>>> marxes = ['Groucho', 'Chico', 'Harpo']
>>> marxes.reverse()
>>> marxes
['Harpo', 'Chico', 'Groucho']
```

NOTE_ reverse() 메서드는 리스트를 변경하지만 값을 반환하지 않는다.

리스트 슬라이스는 문자열 슬라이스와 같이 잘못된 인덱스를 지정할 수 있지만 예외는 발생하지 않는다. 유효 범위의 인덱스를 반환하거나 아무것도 반환하지 않는다.

```
>>> marxes = ['Groucho', 'Chico', 'Harpo']
>>> marxes[4:]
[]
>>> marxes[-6:]
['Groucho', 'Chico', 'Harpo']
>>> marxes[-6:-2]
['Groucho']
>>> marxes[-6:-4]
[]
```

7.2.6 리스트 끝에 항목 추가하기: append( )

append()는 리스트 끝에 새 항목을 한 개씩 추가한다. 리스트는 가변이므로 항목을 추가할 수 있다. marxes 리스트 끝에 Zeppo를 추가해보자.

```
>>> marxes = ['Groucho', 'Chico', 'Harpo']
>>> marxes.append('Zeppo')
>>> marxes
['Groucho', 'Chico', 'Harpo', 'Zeppo']
```

7.2.7 오프셋과 insert( )로 항목 추가하기

append() 메서드는 리스트의 끝에 항목만 추가한다. 그러나 insert() 메서드는 원하는 위치에 항목을 추가할 수 있다. 오프셋 0은 시작점에 항목을 삽입한다. 리스트의 끝을 넘는 오프셋은 append()처럼 끝에 항목을 추가한다(파이썬이 예외를 던질 거라는 걱정은 하지 않아도 된다).

```
>>> marxes = ['Groucho', 'Chico', 'Harpo']
>>> marxes.insert(2, 'Gummo')
>>> marxes
['Groucho', 'Chico', 'Gummo', 'Harpo']
>>> marxes.insert(10, 'Zeppo')
>>> marxes
['Groucho', 'Chico', 'Gummo', 'Harpo', 'Zeppo']
```

7.2.8 모든 항목 복제하기: *

5장에서 문자열의 문자를 *로 복사한 것처럼 리스트도 가능하다.

```
>>> ["blah"] * 3
['blah', 'blah', 'blah']
```

7.2.9 리스트 병합하기: extend( )와 +

extend()를 사용해서 다른 리스트를 병합할 수 있다. 리스트 marxes에 새로운 리스트 others를 병합해보자.

```
>>> marxes = ['Groucho', 'Chico', 'Harpo', 'Zeppo']
>>> others = ['Gummo', 'Karl']
>>> marxes.extend(others)
>>> marxes
['Groucho', 'Chico', 'Harpo', 'Zeppo', 'Gummo', 'Karl']
```

또한 +나 +=로 병합할 수 있다.

```
>>> marxes = ['Groucho', 'Chico', 'Harpo', 'Zeppo']
>>> others = ['Gummo', 'Karl']
>>> marxes += others
>>> marxes
['Groucho', 'Chico', 'Harpo', 'Zeppo', 'Gummo', 'Karl']
```

append()를 사용하면 항목을 병합하지 않고 others가 하나의 리스트로 추가된다.

```
>>> marxes = ['Groucho', 'Chico', 'Harpo', 'Zeppo']
>>> others = ['Gummo', 'Karl']
>>> marxes.append(others)
>>> marxes
['Groucho', 'Chico', 'Harpo', 'Zeppo', ['Gummo', 'Karl']]
```

이것은 리스트가 다른 타입의 요소를 포함할 수 있다는 것을 보여준다. marxes에는 4개의 문자열과 2개의 문자열의 리스트가 존재한다.

7.2.10 [offset]으로 항목 바꾸기

오프셋으로 항목을 얻어서 바꿀 수 있다.

```
>>> marxes = ['Groucho', 'Chico', 'Harpo']
>>> marxes[2] = 'Wanda'
>>> marxes
['Groucho', 'Chico', 'Wanda']
```

즉, 리스트 오프셋은 리스트에서 유효한 위치여야 한다.

문자열은 불변 객체고 리스트는 가변 객체이기 때문에 위와 같은 방식으로 문자열을 변경할 수 없다. 리스트 항목 수와 항목 내용을 바꿀 수 있다.

7.2.11 슬라이스로 항목 바꾸기

이전 절에서 슬라이스를 사용하여 하위 리스트를 얻었다. 또한 슬라이스는 하위 리스트에 값을 할당할 수 있다.

```
>>> numbers = [1, 2, 3, 4]
>>> numbers[1:3] = [8, 9]
>>> numbers
[1, 8, 9, 4]
```

리스트에 할당되는 오른쪽 값의 수는 왼쪽 슬라이스 항목 수와 달라도 된다.

```
>>> numbers = [1, 2, 3, 4]
>>> numbers[1:3] = [7, 8, 9]
>>> numbers
[1, 7, 8, 9, 4]
>>> numbers = [1, 2, 3, 4]
>>> numbers[1:3] = []
>>> numbers
[1, 4]
```

오른쪽 값은 리스트가 아니어도 된다. 즉, **순회 가능한** 타입 값을 리스트 항목에 할당할 수 있다.

```
>>> numbers = [1, 2, 3, 4]
>>> numbers[1:3] = (98, 99, 100)
>>> numbers
[1, 98, 99, 100, 4]
```

```
>>> numbers = [1, 2, 3, 4]
>>> numbers[1:3] = 'wat?'
>>> numbers
[1, 'w', 'a', 't', '?', 4]
```

7.2.12 오프셋으로 항목 삭제하기: del

Karl이 marxes 형제인 줄 알았는데, 아니라는 사실을 방금 알게 됐다. 마지막에 추가한 Karl 을 삭제해보자.

```
>>> marxes = ['Groucho', 'Chico', 'Harpo', 'Gummo', 'Karl']
>>> marxes[-1]
'Karl'
>>> del marxes[-1]
>>> marxes
['Groucho', 'Chico', 'Harpo', 'Gummo']
```

오프셋으로 리스트의 특정 항목을 삭제하면, 제거된 항목 이후의 항목들이 한 칸씩 앞당겨진다. 그리고 리스트의 길이가 1씩 감소한다. marxes 리스트에서 Chico를 제거하면 다음과 같은 결과가 나온다.

```
>>> marxes = ['Groucho', 'Chico', 'Harpo', 'Gummo']
>>> del marxes[1]
>>> marxes
['Groucho', 'Harpo', 'Gummo']
```

NOTE_ del은 리스트 메서드가 아니라 파이썬 **구문**이다. 즉, marxes[-1].del()을 수행할 수 없다. del 은 할당(=)의 반대다. 이것은 객체로부터 이름을 분리하고 이 이름이 객체의 마지막 참조라면 객체의 메모리 를 비운다.

7.2.13 값으로 항목 삭제하기: remove()

리스트에서 삭제할 항목의 위치를 모른다면 값과 remove()로 그 항목을 삭제할 수 있다. Gummo를 삭제해보자.

```
>>> marxes = ['Groucho', 'Chico', 'Harpo']
>>> marxes.remove('Groucho')
>>> marxes
['Chico', 'Harpo']
```

리스트에 같은 값으로 항목이 중복된다면, remove()는 첫 번째 항목만 삭제한다.

7.2.14 오프셋으로 항목을 얻은 후 삭제하기: pop()

pop()은 리스트에서 항목을 가져오는 동시에 그 항목을 삭제한다. pop()과 그 인수로 오프셋을 호출했다면, 해당 오프셋의 항목이 반환된다. 인수가 없다면 기본값은 -1이다. pop(0)은 리스트의 머리head(시작)를 반환한다. 그리고 pop()이나 pop(-1)은 리스트의 꼬리tail(끝)를 반환한다.

```
>>> marxes = ['Groucho', 'Chico', 'Harpo', 'Zeppo']
>>> marxes.pop()
'Zeppo'
>>> marxes
['Groucho', 'Chico', 'Harpo']
>>> marxes.pop(1)
'Chico'
>>> marxes
['Groucho', 'Harpo']
```

NOTE_ 컴퓨터 용어 시간! 걱정하지 말아라. 기말고사에 나오지 않는다. append()로 새로운 항목을 끝에 추가한 뒤 pop()으로 다시 마지막 항목을 제거했다면, **후입 선출**last in first out(LIFO) 자료구조인 **스택**stack을 구현한 것이다. 그리고 pop(0)을 사용했다면 **선입 선출**first in first out(FIFO) 자료구조인 **큐**queue를 구현한 것이다. 이들은 수집한 데이터에서 가장 오래된 것을 먼저 사용하거나(FIFO), 최근 것을 먼저 사용할 때(LIFO) 유용하다.

7.2.15 모든 항목 삭제하기: clear()

파이썬 3.3에서는 모든 항목을 지우는 메서드를 도입했다.

```
>>> work_quotes = ['Working hard?', 'Quick question!', 'Number one priorities!']
>>> work_quotes
['Working hard?', 'Quick question!', 'Number one priorities!']
>>> work_quotes.clear()
>>> work_quotes []
```

7.2.16 값으로 오프셋 찾기: index()

리스트 항목 값의 오프셋을 알고 싶다면 index()를 사용한다.

```
>>> marxes = ['Groucho', 'Chico', 'Harpo', 'Zeppo']
>>> marxes.index('Chico')
1
```

리스트에 같은 값이 2개 이상이면 첫 번째 오프셋만 반환한다.

```
>>> simpsons = ['Lisa', 'Bart', 'Marge', 'Homer', 'Bart']
>>> simpsons.index('Bart')
1
```

7.2.17 존재여부 확인하기: in

리스트에서 어떤 값의 존재를 확인하기 위해 in을 사용한다.

```
>>> marxes = ['Groucho', 'Chico', 'Harpo', 'Zeppo']
>>> 'Groucho' in marxes
True
>>> 'Bob' in marxes
False
```

리스트에는 같은 값이 여러 개 존재할 수 있다. 리스트에 값이 적어도 하나 존재하면 in은 True를 반환한다.

```
>>> words = ['a', 'deer', 'a' 'female', 'deer']
>>> 'deer' in words
True
```

> **NOTE_** 항목의 순서에 상관없이 리스트의 존재 여부만 확인하고자 하면 **셋**은 유일한 값을 저장하고 조회하는 데 리스트보다 더 좋은 방법이다. 8장에서 살펴본다.

7.2.18 값 세기: count()

리스트에 특정 항목이 얼마나 있는지 세기 위해서 count()를 사용한다.

```
>>> marxes = ['Groucho', 'Chico', 'Harpo']
>>> marxes.count('Harpo')
1
>>> marxes.count('Bob')
0
>>> snl_skit = ['cheeseburger', 'cheeseburger', 'cheeseburger']
>>> snl_skit.count('cheeseburger')
3
```

7.2.19 문자열로 변환하기: join()

5.10절에서 join()에 대해 더 자세히 다뤘다. 여기서는 다른 예제로 살펴본다.

```
>>> marxes = ['Groucho', 'Chico', 'Harpo']
>>> ', '.join(marxes)
'Groucho, Chico, Harpo'
```

이 예제는 앞에서 본 것과 다를 게 없는 것 같다. join()은 문자열 메서드지, 리스트 메서드가 아니다. `marxes.join(', ')`이 조금 더 직관적으로 보일지라도, 이렇게 사용할 수 없다. `join()`의 인수는 문자열 혹은 순회 가능한 문자열의 시퀀스(리스트 포함)다. 그리고 결과로 반환되는 값은 문자열이다. `join()`이 리스트 메서드였다면, 튜플과 문자열 같은 다른 순회 가능한 객체와 함께 사용하지 못할 것이다. 어떤 순회 가능한 타입을 처리하기 위해 각 타입을 실제로 병합할 수 있도록 특별한 코드가 필요했다. 다음 예제와 같이 `join()`을 `split()`의 **반대**라고 생각하면 기억하기 쉬울 것이다.

```
>>> friends = ['Harry', 'Hermione', 'Ron']
>>> separator = ' * '
>>> joined = separator.join(friends)
>>> joined
'Harry * Hermione * Ron'
>>> separated = joined.split(separator)
>>> separated
['Harry', 'Hermione', 'Ron']
>>> separated == friends
True
```

7.2.20 정렬하기: sort()와 sorted()

오프셋을 이용하여 리스트를 정렬할 때도 있지만, 값을 이용하여 리스트를 정렬할 때도 있다. 파이썬은 sort() 메서드와 sorted() 함수를 제공한다.

- sort()는 리스트 자체를 **내부적으로**in place 정렬한다.
- sorted()는 리스트의 정렬된 **복사본**을 반환한다.

리스트의 항목이 숫자라면 오름차순(기본값)으로 정렬한다. 문자열이면 알파벳순으로 정렬한다.

```
>>> marxes = ['Groucho', 'Chico', 'Harpo']
>>> sorted_marxes = sorted(marxes)
>>> sorted_marxes
['Chico', 'Groucho', 'Harpo']
```

sorted_marxes는 복사본이다. 원본 리스트는 변하지 않는다.

```
>>> marxes
['Groucho', 'Chico', 'Harpo']
```

하지만 sort()는 marxes를 정렬된 marxes로 바꾼다.

```
>>> marxes.sort()
>>> marxes
['Chico', 'Groucho', 'Harpo']
```

marxes와 같이 리스트의 요소들이 모두 같은 타입이면 sort()는 제대로 동작한다. 때때로 정수와 부동소수점 숫자 같이 혼합된 타입도 정렬할 수 있다. 파이썬이 자동으로 타입을 변환해서 항목들을 정렬하기 때문이다.

```
>>> numbers = [2, 1, 4.0, 3]
>>> numbers.sort()
>>> numbers
[1, 2, 3, 4.0]
```

기본 정렬 방식은 오름차순이다. 내림차순으로 정렬하고 싶다면 인수에 reverse=True를 추가 하면 된다.

```
>>> numbers = [2, 1, 4.0, 3]
>>> numbers.sort(reverse=True)
>>> numbers
[4.0, 3, 2, 1]
```

7.2.21 항목 개수 얻기: len()

len()은 리스트의 항목 수를 반환한다.

```
>>> marxes = ['Groucho', 'Chico', 'Harpo']
>>> len(marxes)
3
```

7.2.22 할당하기: =

다음 예제와 같이 한 리스트를 변수 두 곳에 할당했을 때, 한 리스트를 변경하면 다른 리스트도 같이 변경된다.

```
>>> a = [1, 2, 3]
>>> a
[1, 2, 3]
>>> b = a
>>> b
[1, 2, 3]
>>> a[0] = 'surprise'
>>> a
['surprise', 2, 3]
```

b에는 무엇이 있을까? 여전히 [1, 2, 3]이 있을까 아니면 ['surprise', 2, 3]이 있을까?

```
>>> b
['surprise', 2, 3]
```

2장에서 이름을 스티커에 비유한 것을 기억하는가? b는 단지 같은 리스트 객체 a를 참조한다. 그러므로 a 또는 b 리스트 내용을 변경하면 두 변수 모두에 반영된다.

```
>>> b
['surprise', 2, 3]
>>> b[0] = 'I hate surprises'
>>> b
['I hate surprises', 2, 3]
>>> a
['I hate surprises', 2, 3]
```

7.2.23 복사하기: copy(), list(), 슬라이스

다음과 같은 방법을 이용하여 한 리스트를 새로운 리스트로 **복사**할 수 있다.

- copy() 메서드

- list() 변환 함수

- 슬라이스 [:]

원본 리스트 a가 있다. copy()로 리스트 b를 만든다. list() 변환 함수로 리스트 c를 만든다. 그리고 a를 슬라이스해서 리스트 d를 만든다.

```
>>> a = [1, 2, 3]
>>> b = a.copy()
>>> c = list(a)
>>> d = a[:]
```

b, c, d는 a의 **복사본**이다. 이들은 자신만의 값을 가진 새로운 객체다. 그리고 원본 리스트 객체 [1, 2, 3]을 참조하는 아무런 참조가 없다. 복사본 c, b, d를 바꾸더라도 원본 a에는 아무런 영향을 주지 않는다.

```
>>> a[0] = 'integer lists are boring'
>>> a
['integer lists are boring', 2, 3]
>>> b
[1, 2, 3]
>>> c
[1, 2, 3]
>>> d
[1, 2, 3]
```

7.2.24 깊은 복사: deepcopy()

리스트 값이 모두 불변이면 copy() 메서드는 제대로 작동한다. 리스트, 튜플, 딕셔너리와 같은 가변 객체는 참조일 뿐이다. 원본과 사본의 변경 사항을 모두 반영한다.

이전 예제를 사용해서 리스트의 마지막 항목인 3 대신 리스트 [8, 9]를 추가해보자.

```
>>> a = [1, 2, [8, 9]]
>>> b = a.copy()
>>> c = list(a)
>>> d = a[:]
```

```
>>> a
[1, 2, [8, 9]]
>>> b
[1, 2, [8, 9]]
>>> c
[1, 2, [8, 9]]
>>> d
[1, 2, [8, 9]]
```

복사가 잘 된 것처럼 보인다. 이제 하위 리스트의 항목을 변경해보자.

```
>>> a[2][1] = 10
>>> a
[1, 2, [8, 10]]
>>> b
[1, 2, [8, 10]]
>>> c
[1, 2, [8, 10]]
>>> d
[1, 2, [8, 10]]
```

a[2]의 값이 리스트이며, 해당 항목을 변경할 수 있다. 위에서 **얕은 복사**^{shallow copy}를 사용했다. 이 문제를 해결하기 위해서 **깊은 복사**^{deep copy}를 수행하는 deepcopy() 메서드를 사용한다.

```
>>> import copy
>>> a = [1, 2, [8, 9]]
>>> b = copy.deepcopy(a)
>>> a
[1, 2, [8, 9]]
>>> b
[1, 2, [8, 9]]
>>> a[2][1] = 10
>>> a
[1, 2, [8, 10]]
>>> b
[1, 2, [8, 9]]
```

deepcopy()는 하위에 중첩된 리스트, 딕셔너리, 기타 다른 객체를 모두 복사한다. 자세한 내용은 9장에서 살펴볼 것이다.

7.2.25 리스트 비교

==, < 등과 같은 비교연산자와 리스트를 직접 비교할 수 있다. 비교연산자는 두 리스트의 같은 위치의 오프셋 항목을 비교한다. 리스트 a가 리스트 b보다 길이가 짧고, 모든 요소가 같으면 a는 b보다 작다.

```
>>> a = [7, 2]
>>> b = [7, 2, 9]
>>> a == b
False
>>> a <= b
True
>>> a < b
True
>>> a = [3, 2]
>>> b = [1, 2, 3]
>>> a > b
True
```

7.2.26 순회하기: for와 in

6장에서 for 문을 사용하여 문자열을 순회했다. 그러나 보통 리스트를 순회하는 것이 더 일반적이다.

```
>>> cheeses = ['brie', 'gjetost', 'havarti']
>>> for cheese in cheeses:
...     print(cheese)
...
brie
gjetost
havarti
```

6장에서 본 것과 같이 break 문은 for 문을 종료하고, continue 문은 다음 순회 단계로 넘어간다.

```
>>> cheeses = ['brie', 'gjetost', 'havarti']
>>> for cheese in cheeses:
```

```
...         if cheese.startswith('g'):
...             print("I won't eat anything that starts with 'g'")
...             break
...         else:
...             print(cheese)
...
brie
I won't eat anything that starts with 'g'
```

for 문이 break 문 없이 완료됐다면 다음과 같이 else 문을 사용할 수 있다.

```
>>> cheeses = ['brie', 'gjetost', 'havarti']
>>> for cheese in cheeses:
...     if cheese.startswith('x'):
...         print("I won't eat anything that starts with 'x'") break
...     else:
...         print(cheese)
... else:
...     print("Didn't find anything that started with 'x'")
...
brie
gjetost
havarti
Didn't find anything that started with 'x'
```

in 문의 리스트에 항목이 없어서 for 문이 실행되지 않을 때도 else 문이 실행된다.

```
>>> cheeses = []
>>> for cheese in cheeses:
...     print('This shop has some lovely', cheese)
...     break
... else:  # break 문이 실행되지 않으면 실행된다.
...     print('This is not much of a cheese shop, is it?')
...
This is not much of a cheese shop, is it?
```

즉, cheeses 리스트가 비어있어서 for 문이 수행되지 않았다. 역시 break 문도 수행되지 않았다.

7.2.27 여러 시퀀스 순회하기: zip()

순회^{iteration}의 묘책이 있다. zip() 함수로 여러 시퀀스를 병렬로 순회하는 것이다.

```
>>> days = ['Monday', 'Tuesday', 'Wednesday']
>>> fruits = ['banana', 'orange', 'peach']
>>> drinks = ['coffee', 'tea', 'beer']
>>> desserts = ['tiramisu', 'ice cream', 'pie', 'pudding']
>>> for day, fruit, drink, dessert in zip(days, fruits, drinks, desserts):
...     print(day, ": drink", drink, "- eat", fruit, "- enjoy", dessert)
...
Monday : drink coffee - eat banana - enjoy tiramisu
Tuesday : drink tea - eat orange - enjoy ice cream
Wednesday : drink beer - eat peach - enjoy pie
```

여러 시퀀스 중 가장 짧은 시퀀스가 완료되면 zip()은 멈춘다. 위 예제에서는 리스트 중 하나 (desserts)가 다른 리스트보다 길다. 그래서 다른 리스트를 모두 확장하지 않는 한 푸딩을 얻을 수 없다.

8장에서 dict() 함수로 튜플, 리스트, 문자열과 같은 두 항목의 시퀀스로부터 딕셔너리를 생성하는 방법을 살펴본다. 또한 zip() 함수로 여러 시퀀스를 순회하며, 동일한 오프셋에 있는 항목으로부터 튜플을 만들 수 있다. 영어와 프랑스어 단어에 대응하는 두 개의 튜플을 만들어 보자.

```
>>> english = 'Monday', 'Tuesday', 'Wednesday'
>>> french = 'Lundi', 'Mardi', 'Mercredi'
```

두 개의 튜플을 만들기 위해 zip()을 사용한다. zip()에 의해 반환되는 값은 튜플이나 리스트 자신이 아니라 하나로 반환될 수 있는 순회 가능한 값이다.

```
>>> list( zip(english, french) )
[('Monday', 'Lundi'), ('Tuesday', 'Mardi'), ('Wednesday', 'Mercredi')]
```

zip()의 결과를 dict()에 넣어보자. 작은 영어-프랑스어 사전이 생성됐다!

```
>>> dict( zip(english, french) )
{'Monday': 'Lundi', 'Tuesday': 'Mardi', 'Wednesday': 'Mercredi'}
```

7.2.28 리스트 컴프리헨션

[ ] 또는 list() 함수를 사용하여 리스트를 작성했다. 이번 절에서는 for/in 문의 순회 기능을 가진 **리스트 컴프리헨션**list comprehension을 통해 리스트를 생성한다.

다음과 같이 1부터 5까지 정수 리스트를 한 번에 하나씩 만들 수 있다.

```
>>> number_list = []
>>> number_list.append(1)
>>> number_list.append(2)
>>> number_list.append(3)
>>> number_list.append(4)
>>> number_list.append(5)
>>> number_list
[1, 2, 3, 4, 5]
```

또한 이터레이터와 range() 함수를 사용하여 만들 수 있다.

```
>>> number_list = []
>>> for number in range(1, 6):
...     number_list.append(number)
...
>>> number_list
[1, 2, 3, 4, 5]
```

혹은 리스트에 직접 range()를 넣어서 결과를 반환할 수 있다.

```
>>> number_list = list(range(1, 6))
>>> number_list
[1, 2, 3, 4, 5]
```

위의 접근 방식은 동일한 결과를 생성한다. **리스트 컴프리헨션**을 사용해서 리스트를 만드는 것이 조금 더 파이써닉한 방법이다.

[표현식 for 항목 in 순회 가능한 객체]

리스트 컴프리헨션으로 정수 리스트를 만들어보자.

```
>>> number_list = [number for number in range(1,6)]
>>> number_list
[1, 2, 3, 4, 5]
```

첫 줄을 보면 리스트 값을 생성하는 첫 번째 number 변수가 필요하다. 이것은 순회 결과를 number_list 변수에 넣어준다. 두 번째 number 변수는 for 문의 일부다. 다음 예제는 첫 번째 number 변수를 보여주기 위해 표현식을 바꿨다.

```
>>> number_list = [number-1 for number in range(1,6)]
>>> number_list
[0, 1, 2, 3, 4]
```

리스트 컴프리헨션은 대괄호([]) 안에 for 문이 있다. 이 컴프리헨션 예제는 실제로 이전 예제보다 조금 더 복잡하지만 더 많은 것을 수행한다. 리스트 컴프리헨션은 다음과 같이 조건 표현식을 포함할 수 있다.

```
[표현식 for 항목 in 순회 가능한 객체 if 조건]
```

1과 5 사이에서 홀수 리스트를 만드는 새 컴프리헨션을 만들어보자(number % 2는 홀수일 때 True고, 짝수일 때 False다).

```
>>> a_list = [number for number in range(1,6) if number % 2 == 1]
>>> a_list
[1, 3, 5]
```

이제 컴프리헨션이 지금까지 사용했던 방식보다 좀 더 단순하면서 강력하다.

```
>>> a_list = []
>>> for number in range(1,6):
...     if number % 2 == 1:
...         a_list.append(number)
...
>>> a_list
[1, 3, 5]
```

마지막으로 루프가 중첩될 수 있는 것처럼 컴프리헨션에서 루프에 상응하는 하나 이상의 **for** ... 절을 사용할 수 있다. 이것을 보기 위해 먼저 일반적인 중첩 루프를 사용해서 결과를 출력해보자.

```
>>> rows = range(1,4)
>>> cols = range(1,3)
>>> for row in rows:
...     for col in cols:
...         print(row, col)
...
1 1
1 2
2 1
2 2
3 1
3 2
```

컴프리헨션을 사용해보자. (row, col) 튜플 리스트를 만들어서 cells 변수에 할당한다.

```
>>> rows = range(1,4)
>>> cols = range(1,3)
>>> cells = [(row, col) for row in rows for col in cols]
>>> for cell in cells:
...     print(cell)
...
(1, 1)
(1, 2)
(2, 1)
(2, 2)
(3, 1)
(3, 2)
```

그리고 cells 리스트를 순회한 것처럼, 각 튜플로부터 row와 col의 값만 출력하기 위해 **튜플 언패킹**을 할 수 있다.

```
>>> for row, col in cells:
...     print(row, col)
...
1 1
1 2
```

```
2 1
2 2
3 1
3 2
```

리스트 컴프리헨션의 for row ...와 for col ... 코드에서 자신의 if 테스트를 만들 수 있다.

7.2.29 리스트의 리스트

리스트는 다음과 같은 리스트뿐만 아니라 다른 타입의 요소도 포함할 수 있다.

```
>>> small_birds = ['hummingbird', 'finch']
>>> extinct_birds = ['dodo', 'passenger pigeon', 'Norwegian Blue']
>>> carol_birds = [3, 'French hens', 2, 'turtledoves']
>>> all_birds = [small_birds, extinct_birds, 'macaw', carol_birds]
```

그렇다면 리스트의 리스트 all_birds는 어떻게 생겼을까?

```
>>> all_birds
[['hummingbird', 'finch'], ['dodo', 'passenger pigeon', 'Norwegian Blue'], 'macaw',
[3, 'French hens', 2, 'turtledoves']]
```

첫 번째 항목을 추출해보자.

```
>>> all_birds[0]
['hummingbird', 'finch']
```

첫 번째 항목은 리스트다. 다시 말해 all_birds 리스트의 첫 번째 항목인 small_birds 리스트다. 두 번째 항목을 추출해보자.

```
>>> all_birds[1]
['dodo', 'passenger pigeon', 'Norwegian Blue']
```

두 번째 항목은 extinct_birds 리스트다. extinct_birds 리스트의 첫 번째 항목을 all_birds 리스트에서 다음과 같이 두 인덱스를 사용해서 추출할 수 있다.

```
>>> all_birds[1][0]
'dodo'
```

[1]은 all_birds의 두 번째 항목을 가리키고, [0]은 앞에서 가리킨 항목의 첫 번째 항목을 가리킨다.

7.3 튜플 vs 리스트

리스트 대신 튜플을 사용할 수 있다. 하지만 튜플은 리스트의 append(), insert() 등과 같은 함수가 없고, 튜플을 생성한 후에는 수정할 수 없어서 함수의 수가 매우 적다. 그렇다면 리스트를 사용하지 않고 튜플을 사용하는 이유는 무엇일까?

- 튜플은 더 적은 공간을 사용한다.
- 실수로 튜플의 항목이 손상될 염려가 없다.
- 튜플을 딕셔너리 키로 사용할 수 있다(딕셔너리는 8장 참조).
- 네임드튜플namedtuple(10.11절 참조)은 객체의 단순한 대안이 될 수 있다.

튜플에 대한 내용은 여기서 마친다. 일반적으로 리스트와 딕셔너리를 더 많이 사용한다.

7.4 튜플 컴프리헨션은 없다

가변 타입(리스트, 딕셔너리 및 셋)에는 컴프리헨션이 있다. 문자열과 튜플과 같은 불변 타입은 다른 방법으로 만들어져야 한다.

리스트 컴프리헨션의 []를 ()로 변경하면 튜플 컴프리헨션이 될 것이라고 생각했을 수도 있다. 다음 코드는 예외를 발생하지 않아서 정상적으로 작동하는 것처럼 보인다.

```
>>> number_thing = (number for number in range(1, 6))
```

() 안에 있는 것은 **제너레이터 컴프리헨션**generator comprehension으로 완전히 다른 것이다. **제너레이터 객체**generator object를 반환한다.

```
>>> type(number_thing)
<class 'generator'>
```

제너레이터는 9.8절에서 자세히 설명한다. 제너레이터는 반복문에 데이터를 제공하는 한 방법이다.

7.5 다음 장에서는

딕셔너리와 **셋**에 대해 살펴볼 것이다.

7.6 연습문제

숫자(3장 참조)와 문자열(5장 참조)과 함께 리스트와 튜플을 사용하여 다양한 현실세계의 문제를 해결할 수 있다.

7.1 출생년도에 대한 리스트 year_lists를 만들어보자. 출생년도를 첫 번째 요소로 하고 1년씩 증가해 다섯 번째 생일이 되는 해까지의 요소를 넣는다. 예를 들어, 1980년에 태어났다면 리스트는 years_list = [1980, 1981, 1982, 1983, 1984, 1985]일 것이다. 다섯 살도 안 됐는데 이 책을 읽고 있다면 뭐라고 말해야 할지 모르겠다.

7.2 years_list의 세 번째 생일은 몇 년도인가? 기억하자, 첫 해는 0살이다(오프셋 0은 출생년도).

7.3 years_list 중 가장 나이가 많을 때는 몇 년도인가?

7.4 "mozzarella", "cinderella", "salmonella" 세 문자열을 요소로 갖는 things 리스트를 만들어보자.

7.5 things 리스트에서 사람 이름의 첫 글자를 대문자로 바꿔서 출력해보자. 그러면 리스트의 요소가 변경되는가?

7.6 things 리스트의 치즈 요소를 모두 대문자로 바꿔서 출력해보자.

7.7 things 리스트에 질병 요소가 있다면 제거한 뒤 리스트를 출력해보자.

7.8 "Groucho", "Chico", "Harpo" 세 문자열 요소를 갖는 surprise 리스트를 만들어보자

7.9 surprise 리스트의 마지막 요소를 소문자로 변경하고, 단어를 뒤집은 다음에 첫 글자를 대문자로 바꿔보자.

7.10 리스트 컴프리헨션을 이용하여 range(10)에서 짝수 리스트를 만들어보자.

7.11 줄넘기 랩 음악을 만들어보자. 일련의 두 줄 리듬을 출력한다. 프로그램의 시작 부분은 다음과 같다.

```
start1 = ["fee", "fie", "foe"]
rhymes = [
    ("flop", "get a mop"),
    ("fope", "turn the rope"),
    ("fa", "get your ma"),
    ("fudge", "call the judge"),
    ("fat", "pet the cat"),
    ("fog", "walk the dog"),
    ("fun", "say we're done"),
    ]
start2 = "Someone better"
```

rhymes의 각 튜플(첫 번째, 두 번째)에서

첫 번째

- start1의 각 문자열을 출력한다. 첫 글자를 대문자로 만들고, 각 단어 뒤에 느낌표와 공백을 출력한다.
- 이어서 rhymes의 첫 번째 문자열의 단어 역시 첫 글자를 대문자로 만들고 느낌표를 출력한다.

두 번째

- start2와 공백을 출력한다.
- 두 번째 문자열과 마침표를 출력한다.

[결과 예]

```
Fee! Fie! Foe! Flop!
Someone better get a mop.
...
```

CHAPTER 8

딕셔너리와 셋

사전에 있는 한 단어의 철자가 틀렸다면 우리가 어떻게 알겠는가?

– 스티븐 라이트Steven Wright (야구 선수)

8.1 딕셔너리

딕셔너리dictionary는 리스트와 비슷하다. 다른 점은 항목의 순서를 따지지 않으며, 0 또는 1과 같은 오프셋으로 항목을 선택할 수 없다. 대신 **값**value에 상응하는 고유한 **키**key를 지정한다. 이러한 키는 대부분 문자열이지만, 불변하는 파이썬의 어떤 타입(불리언, 정수, 부동소수점, 튜플, 문자열 등)이 될 수 있다. 딕셔너리는 변경 가능하므로 키:값 요소를 추가, 삭제, 수정할 수 있다. 지금까지 배열이나 리스트만 지원한 언어를 사용했다면, 딕셔너리를 좋아할 것이다.

> **NOTE_** 다른 언어에서는 딕셔너리를 **연관 배열**associative array, **해시**hash, **해시맵**hashmap이라고 부른다. 또한 파이썬에서는 딕셔너리를 **딕트**dict라고도 부른다.

8.1.1 생성하기: { }

딕셔너리를 만들려면 중괄호({}) 안에 콤마로 구분한 **키:값** 쌍을 지정한다. 다음은 키:값 쌍이 없는 빈 딕셔너리다.

```
>>> empty_dict = {}
>>> empty_dict
{}
```

미국 작가 앰브로즈 비어스Ambrose Bierce의 **악마의 사전**The Devil's Dictionary에 들어 있는 내용으로 작은 딕셔너리를 만들어보자.

```
>>> bierce = {
...     "day": "A period of twenty-four hours, mostly misspent",
...     "positive": "Mistaken at the top of one's voice",
...     "misfortune": "The kind of fortune that never misses",
... }
>>>
```

대화식 인터프리터에 딕셔너리 이름을 입력하면 모든 키와 값을 출력한다.

```
>>> bierce
{'day': 'A period of twenty-four hours, mostly misspent', 'positive': "Mistaken at the
top of one's voice", 'misfortune': 'The kind of fortune that never misses'}
```

NOTE_ 리스트, 튜플, 딕셔너리의 마지막 항목에는 콤마를 입력하지 않아도 된다. 파이썬에서 들여쓰기는 중요하지만, 앞의 예제처럼 키와 값을 입력할 때 중괄호 내에 반드시 들여쓰기를 할 필요는 없다. 중괄호 내에 들여쓰기는 가독성을 좋게 만들 뿐이다.

8.1.2 생성하기: dict()

어떤 개발자는 괄호와 따옴표를 많이 입력하는 것을 좋아하지 않는다. 명명된 인수와 값을 dict() 함수에 전달하여 딕셔너리를 생성할 수 있다.

일반적인 방법:

```
>>> acme_customer = {'first': 'Wile', 'middle': 'E', 'last': 'Coyote'}
>>> acme_customer
{'first': 'Wile', 'middle': 'E', 'last': 'Coyote'}
```

dict() 함수 사용 방법:

```
>>> acme_customer = dict(first="Wile", middle="E", last="Coyote") >>> acme_customer
{'first': 'Wile', 'middle': 'E', 'last': 'Coyote'}
```

두 번째 방법에서 한 가지 제약 사항은 인수 이름이 (공백과 예약어가 없는) 유효한 변수 이름 이어야 한다.

```
>>> x = dict(name="Elmer", def="hunter")
  File "<stdin>", line 1
    x = dict(name="Elmer", def="hunter")
                            ^
SyntaxError: invalid syntax
```

8.1.3 변환하기: dict()

dict() 함수를 사용해서 두 값으로 이루어진 시퀀스를 딕셔너리로 변환할 수 있다. 즉, 'Strontium, 90, Carbon, 14' 또는 'Vikings, 20, Packers, 7'을 키:값으로 된 시퀀스로 변환할 수 있다. 각 시퀀스의 첫 번째 항목은 키^{key}로, 두 번째 항목은 값^{value}으로 사용된다.

먼저 두 항목의 리스트로 구성된 리스트 lol을 딕셔너리로 변환하는 간단한 예제를 살펴보자.

```
>>> lol = [ ['a', 'b'], ['c', 'd'], ['e', 'f'] ]
>>> dict(lol)
{'a': 'b', 'c': 'd', 'e': 'f'}
```

두 항목으로 구성된 시퀀스를 딕셔너리로 변환할 수 있다.

```
>>> lot = [ ('a', 'b'), ('c', 'd'), ('e', 'f') ]
>>> dict(lot)
{'a': 'b', 'c': 'd', 'e': 'f'}
```

다음은 두 항목의 리스트로 구성된 튜플이다.

```
>>> tol = ( ['a', 'b'], ['c', 'd'], ['e', 'f'] )
>>> dict(tol)
{'a': 'b', 'c': 'd', 'e': 'f'}
```

다음은 두 문자열로 구성된 리스트다.

```
>>> los = [ 'ab', 'cd', 'ef' ]
>>> dict(los)
{'a': 'b', 'c': 'd', 'e': 'f'}
```

다음은 두 문자열로 구성된 튜플이다.

```
>>> tos = ( 'ab', 'cd', 'ef' )
>>> dict(tos)
{'a': 'b', 'c': 'd', 'e': 'f'}
```

7.2.27절에서 `zip()` 함수로 두 항목 시퀀스를 쉽게 생성하는 방법에 대해 다뤘다.

8.1.4 항목 추가/변경: [key]

딕셔너리에 항목을 추가하는 것은 간단하다. 키에 참조되는 항목에 값을 할당하면 된다. 딕셔너리에 이미 존재하는 키라면 그 값은 새 값으로 대체된다. 키가 존재하지 않다면 새 값과 키가 사전에 추가된다. 리스트와 달리 딕셔너리를 할당할 때는 인덱스 범위가 벗어나는 예외에 대해 걱정할 필요가 없다.

다음은 영국의 희극단인 몬티 파이튼Monty Python 멤버의 성을 키key로, 이름을 값value으로 하는 딕셔너리를 만든 예제다.

```
>>> pythons = {
...     'Chapman': 'Graham',
...     'Cleese': 'John',
...     'Idle': 'Eric',
...     'Jones': 'Terry',
...     'Palin': 'Michael',
...     }
>>> pythons
```

```
{'Chapman': 'Graham', 'Cleese': 'John', 'Idle': 'Eric', 'Jones': 'Terry', 'Palin':
'Michael'}
```

한 멤버가 누락됐다. 그는 미국에서 태어난 테리 길리엄Terry Gilliam이다. 어떤 프로그래머가 그를 딕셔너리에 추가했는데, Terry를 Gerry로 잘못 입력했다.

```
>>> pythons['Gilliam'] = 'Gerry'
>>> pythons
{'Chapman': 'Graham', 'Cleese': 'John', 'Idle': 'Eric',
 'Jones': 'Terry', 'Palin': 'Michael', 'Gilliam': 'Gerry'}
```

그래서 다른 프로그래머가 잘못 입력된 이름을 수정했다.

```
>>> pythons['Gilliam'] = 'Terry'
>>> pythons
{'Chapman': 'Graham', 'Cleese': 'John', 'Idle': 'Eric',
 'Jones': 'Terry', 'Palin': 'Michael', 'Gilliam': 'Terry'}
```

같은 키('Gilliam')를 사용하여 'Gerry'를 'Terry'로 바꿨다.

딕셔너리의 키들은 반드시 **고유**해야 한다. 그래서 성 대신에 이름을 키로 사용했다. 몬티 파이튼 두 멤버의 성이 'Terry'다! 같은 키를 두 번 이상 사용하면 마지막 값으로 저장된다.

```
>>> some_pythons = {
...      'Graham': 'Chapman',
...      'John': 'Cleese',
...      'Eric': 'Idle',
...      'Terry': 'Gilliam',
...      'Michael': 'Palin',
...      'Terry': 'Jones',
...      }
>>> some_pythons
{'Graham': 'Chapman', 'John': 'Cleese', 'Eric': 'Idle', 'Terry': 'Jones', 'Michael':
'Palin'}
```

먼저 'Gilliam' 값을 'Terry' 키에 할당했다. 그다음 그 값을 'Jones'로 바꿨다.

8.1.5 항목 얻기: [key]와 get()

이것은 딕셔너리의 가장 일반적인 용도다. 딕셔너리에 키를 지정하여 상응하는 값을 얻는다.
이전 절의 some_pythons 딕셔너리를 계속 사용한다.

```
>>> some_pythons['John']
'Cleese'
```

딕셔너리에 키가 없으면 다음과 같은 예외가 발생한다.

```
>>> some_pythons['Groucho']
Traceback (most recent call last):
  File "<stdin>", line 1, in <module>
KeyError: 'Groucho'
```

이 문제를 피하는 좋은 방법이 있다. 첫 번째 방법은 이전 절에서 본 **in**으로 키에 대한 멤버십
테스트를 실행하는 것이다.

```
>>> 'Groucho' in some_pythons
False
```

두 번째 방법은 딕셔너리의 **get()** 함수를 사용하는 것이다. 이 함수는 딕셔너리, 키, 옵션값을
사용한다. 키가 존재하면, 그 값을 얻는다.

```
>>> some_pythons.get('John')
'Cleese'
```

키가 존재하지 않으면, 옵션값을 지정해서 이를 출력할 수 있다.

```
>>> some_pythons.get('Groucho', 'Not a Python')
'Not a Python'
```

옵션값을 지정하지 않으면 **None**을 얻는다. 대화식 인터프리터는 아무것도 출력하지 않는다.

```
>>> some_pythons.get('Groucho')
>>>
```

8.1.6 모든 키 얻기: keys()

딕셔너리의 모든 키를 가져오기 위해서는 keys()를 사용한다. 다음 예제는 다른 딕셔너리를 사용했다.

```
>>> signals = {'green': 'go', 'yellow': 'go faster', 'red': 'smile for the camera'}
>>> signals.keys()
dict_keys(['green', 'yellow', 'red'])
```

> **NOTE_** 파이썬 2의 keys()는 리스트를 반환한다. 파이썬 3은 순회 가능한[iterable] 키들을 보여주는 `dict_keys()`를 반환한다. 이것은 아주 큰 딕셔너리에 유용하다. 사용되지 않을 리스트를 생성하고 저장하기 위한 메모리와 시간을 소비하지 않기 때문이다. 이것을 실제 리스트로 쓰고 싶을 때가 있다. 파이썬 3에서는 `list()`를 호출해서 `dict_keys` 객체를 리스트로 변환할 수 있다.

```
>>> list( signals.keys() )
['green', 'yellow', 'red']
```

또한 파이썬 3에서는 values()나 items()의 결과를 일반적인 리스트로 변환하기 위해 list() 함수를 사용한다. 다음 예제에서 살펴볼 것이다.

8.1.7 모든 값 얻기: values()

딕셔너리의 모든 값을 가져오기 위해 values()를 사용한다.

```
>>> list( signals.values() )
['go', 'go faster', 'smile for the camera']
```

8.1.8 모든 키-값 얻기: items()

딕셔너리의 모든 키/값을 얻기 위해 items()를 사용한다.

```
>>> list( signals.items() )
[('green', 'go'), ('yellow', 'go faster'), ('red', 'smile for the camera')]
```

각 키와 값은 ('green', 'go')와 같이 튜플로 반환된다.

8.1.9 길이 얻기: len()

딕셔너리에 있는 키-값 쌍의 개수를 구해보자.

```
>>> len(signals)
3
```

8.1.10 결합하기: {**a, **b}

파이썬 3.5부터는 **를 사용하여 딕셔너리를 결합할 수 있다(**는 다른 용도로도 사용된다. 자세한 내용은 9장에서 살펴본다).

```
>>> first = {'a': 'agony', 'b': 'bliss'}
>>> second = {'b': 'bagels', 'c': 'candy'}
>>> {**first, **second}
{'a': 'agony', 'b': 'bagels', 'c': 'candy'}
```

딕셔너리를 두 개 이상 결합할 수 있다.

```
>>> third = {'d': 'donuts'}
>>> {**first, **third, **second}
{'a': 'agony', 'b': 'bagels', 'd': 'donuts', 'c': 'candy'}
```

이것은 **얕은**shallow 복사를 수행한다. 원본 딕셔너리에 연결하지 않고 딕셔너리 키/값 전체 사본을 원할 경우 deepcopy()에 대한 설명을 참조한다(8.1.18 참조).

8.1.11 결합하기: update()

update() 함수는 한 딕셔너리의 키와 값들을 복사해서 다른 딕셔너리에 붙여준다.

pythons 딕셔너리의 멤버들을 정의해보자.

```
>>> pythons = {
...     'Chapman': 'Graham',
...     'Cleese': 'John',
...     'Gilliam': 'Terry',
...     'Idle': 'Eric',
...     'Jones': 'Terry',
...     'Palin': 'Michael',
...     }
>>> pythons
{'Chapman': 'Graham', 'Cleese': 'John', 'Gilliam': 'Terry', 'Idle': 'Eric', 'Jones':
'Terry', 'Palin': 'Michael'}
```

이제 다른 사람들을 딕셔너리 others에 넣어보자.

```
>>> others = { 'Marx': 'Groucho', 'Howard': 'Moe' }
```

그런데 익명의 프로그래머가 다른(others) 사람들이 몬티 파이튼의 멤버라고 착각했다.

```
>>> pythons.update(others)
>>> pythons
{'Chapman': 'Graham', 'Cleese': 'John', 'Gilliam': 'Terry', 'Idle': 'Eric', 'Jones':
'Terry', 'Palin': 'Michael', 'Marx': 'Groucho', 'Howard': 'Moe'}
```

두 번째 딕셔너리(second)를 첫 번째 딕셔너리(first)에 병합하려고 하는데, 두 딕셔너리에
같은 키:값이 있다면 어떤 일이 생길까? 두 번째 딕셔너리 값으로 병합된다.

```
>>> first = {'a': 1, 'b': 2}
>>> second = {'b': 'platypus'}
>>> first.update(second)
>>> first
{'a': 1, 'b': 'platypus'}
```

8.1.12 키와 del로 항목 삭제하기

익명의 프로그래머가 추가한 `pythons.update(others)`는 기술적으로 옳지만, 실제로는 잘 못되었다. `others` 구성원은 재미있고 유명하지만 몬티 파이튼에 없었다. `del`을 활용해서 이 들을 삭제해보자.

```
>>> del pythons['Marx']
>>> pythons
{'Chapman': 'Graham', 'Cleese': 'John', 'Gilliam': 'Terry',
'Idle': 'Eric', 'Jones': 'Terry', 'Palin': 'Michael',
'Howard': 'Moe'}
>>> del pythons['Howard']
>>> pythons
{'Chapman': 'Graham', 'Cleese': 'John', 'Gilliam': 'Terry',
'Idle': 'Eric', 'Jones': 'Terry', 'Palin': 'Michael'}
```

8.1.13 키로 항목 가져온 뒤 삭제하기: pop()

pop()은 get()과 del을 함께 사용한다. 딕셔너리에 있는 키와 pop()의 인수가 일치한다면 해당 값을 반환한 뒤, 딕셔너리에서 해당 키-값을 삭제한다. 일치하지 않다면 예외가 발생한 다.

```
>>> len(pythons)
6
>>> pythons.pop('Palin')
'Michael'
>>> len(pythons)
5
>>> pythons.pop('Palin')
Traceback (most recent call last):
  File "<stdin>", line 1, in <module>
KeyError: 'Palin'
```

pop()에 두 번째 인수를 지정하면, get()과 같이 잘 작동한다(딕셔너리에 키가 존재하지 않 으면 두 번째 인수가 출력된다).

```
>>> pythons.pop('First', 'Hugo')
'Hugo'
>>> len(pythons)
5
```

8.1.14 모든 항목 삭제하기: clear()

딕셔너리에 있는 키와 값을 모두 삭제하기 위해서는 clear()를 사용하거나 빈 딕셔너리({})를 이름에 할당한다.

```
>>> pythons.clear()
>>> pythons
{}
>>> pythons = {}
>>> pythons
{}
```

8.1.15 키 멤버십 테스트: in

딕셔너리에 키가 존재하는지 알고 싶다면 in을 사용한다. 이번에는 한 두 개를 생략하고 pythons 딕셔너리를 다시 정의해보자.

```
>>> pythons = {'Chapman': 'Graham', 'Cleese': 'John', 'Jones': 'Terry', 'Palin':
'Michael', 'Idle': 'Eric'}
```

딕셔너리에 누가 있는지 살펴보자.

```
>>> 'Chapman' in pythons
True
>>> 'Palin' in pythons
True
```

이번에는, 테리 길리엄(Terry Gilliam)이 있는가?

```
>>> 'Gilliam' in pythons
False
```

없다.

8.1.16 할당하기: =

리스트와 마찬가지로 딕셔너리를 할당한 후 변경할 때 딕셔너리를 참조하는 모든 이름에 변경
된 딕셔너리를 반영한다.

```
>>> signals = {'green': 'go',
... 'yellow': 'go faster',
... 'red': 'smile for the camera'}
>>> save_signals = signals
>>> signals['blue'] = 'confuse everyone'
>>> save_signals
{'green': 'go',
 'yellow': 'go faster',
 'red': 'smile for the camera',
 'blue': 'confuse everyone'}
```

8.1.17 얕은 복사: copy()

딕셔너리 키/값을 또 다른 딕셔너리로 복사하기 위해서는 위와 같이 할당하지 않고 copy()를
사용한다.

```
>>> signals = {'green': 'go',
... 'yellow': 'go faster',
... 'red': 'smile for the camera'}
>>> original_signals = signals.copy()
>>> signals['blue'] = 'confuse everyone'
>>> signals
{'green': 'go', 'yellow': 'go faster', 'red': 'smile for the camera', 'blue': 'confuse
everyone'}
>>> original_signals
{'green': 'go', 'yellow': 'go faster', 'red': 'smile for the camera'}
```

이것은 **얕은** 복사를 수행한다. 위 예제와 같이 딕셔너리 값이 불변이면 동작하지만, 가변이라면 deepcopy()를 사용해야 한다.

8.1.18 깊은 복사: deepcopy()

이전 예제에서 red 키 값을 문자열 대신 리스트를 할당했다.

```
>>> signals = {'green': 'go',
... 'yellow': 'go faster',
... 'red': ['stop', 'smile']}
>>> signals_copy = signals.copy()
>>> signals
{'green': 'go', 'yellow': 'go faster', 'red': ['stop', 'smile']}
>>> signals_copy {'green': 'go', 'yellow': 'go faster', 'red': ['stop', 'smile']}
>>>
```

red 키 값의 리스트 중 하나를 변경해보자.

```
>>> signals['red'][1] = 'sweat'
>>> signals
{'green': 'go',
 'yellow': 'go faster',
 'red': ['stop', 'sweat']}
>>> signals_copy
{'green': 'go', 'yellow': 'go faster', 'red': ['stop', 'sweat']}
```

얕은 복사가 발생한다. copy() 메서드는 값을 그대로 복사했다. signal_copy 리스트는 signals 리스트의 red 키 값에 대해 동일한 리스트 값을 갖는다.

깊은 복사를 위해서 deepcopy()를 사용한다.

```
>>> import copy
>>> signals = {'green': 'go',
... 'yellow': 'go faster',
... 'red': ['stop', 'smile']}
>>> signals_copy = copy.deepcopy(signals)
>>> signals
{'green': 'go',
```

```
 'yellow': 'go faster',
 'red': ['stop', 'smile']}
>>> signals_copy
{'green': 'go',
 'yellow':'go faster',
 'red': ['stop', 'smile']}
>>> signals['red'][1] = 'sweat' >>> signals
{'green': 'go',
 'yellow': 'go faster',
 red': ['stop', 'sweat']}
>>> signals_copy
{'green': 'go',
 'yellow': 'go faster',
 red': ['stop', 'smile']}
```

8.1.19 딕셔너리 비교

이전 장에서 본 리스트, 튜플과 마찬가지로 비교 연산자 ==, !=를 사용하여 딕셔너리를 비교할
수 있다.

```
>>> a = {1:1, 2:2, 3:3}
>>> b = {3:3, 1:1, 2:2}
>>> a == b
True
```

그 외 비교 연산자는 사용할 수 없다.

```
>>> a = {1:1, 2:2, 3:3}
>>> b = {3:3, 1:1, 2:2}
>>> a <= b
Traceback (most recent call last):
  File "<stdin>", line 1, in <module>
TypeError: '<=' not supported between instances of 'dict' and 'dict'
```

파이썬은 원래 생성된 키/값의 순서에 상관없이 딕셔너리의 키/값을 하나씩 비교한다. 다음 예
제에서 딕셔너리 a의 키 1에 리스트 값 [1, 2]가 있고, 딕셔너리 b의 키 1에 리스트 값 [1, 1]
이 있는 경우를 제외하고, a와 b는 같다.

```
>>> a = {1: [1, 2], 2: [1], 3:[1]}
>>> b = {1: [1, 1], 2: [1], 3:[1]}
>>> a == b
False
```

8.1.20 순회하기: for와 in

딕셔너리(또는 해당 keys() 메서드)를 순회하면 키가 반환된다. 다음 예제에서 키는 보드게임 클루Clue (북미 밖에서는 클루도Cluedo라고 한다)의 카드 유형이다.

```
>>> accusation = {'room': 'ballroom', 'weapon': 'lead pipe', 'person': 'Col. Mustard'}
>>> for card in accusation: # or, for card in accusation.keys():
...     print(card)
...
room
weapon
person
```

키가 아닌 값을 순회하려면 values() 메서드를 사용한다.

```
>>> for value in accusation.values():
...     print(value)
...
ballroom
lead. pipe
Col. Mustard
```

키와 값을 모두 튜플로 반환하려면 items() 메서드를 사용한다.

```
>>> for item in accusation.items():
...     print(item)
...
('room', 'ballroom')
('weapon', 'lead pipe')
('person', 'Col. Mustard')
```

한 번에 모두 튜플에 할당할 수 있다. items()에 반환된 각 튜플에 대해 첫 번째 값(키)을

'Card'에 지정하고 두 번째 값(값)을 'has the contents'에 지정한다.

```
>>> for card, contents in accusation.items():
...     print('Card', card, 'has the contents', contents)
...
Card weapon has the contents lead pipe
Card person has the contents Col. Mustard
Card room has the contents ballroom
```

8.1.21 딕셔너리 컴프리헨션

리스트 컴프리헨션과 같이 딕셔너리 컴프리헨션이 있다. 다음 형식은 왠지 익숙해 보인다.

{키_표현식 : 값_표현식 for 표현식 in 순회 가능한 객체}

```
>>> word = 'letters'
>>> letter_counts = {letter: word.count(letter) for letter in word}
>>> letter_counts
{'l': 1, 'e': 2, 't': 2, 'r': 1, 's': 1}
```

문자열 'letters' 일곱 문자를 반복해서 문자가 몇 번 나왔는지 그 수를 센다. e와 t 모두 두 번씩 세기 때문에 두 번의 word.count(letter) 사용은 시간을 낭비한다. 그러나 두 번째로 e를 셀 때는 딕셔너리에 이미 존재하는 항목을 단지 교체만 하기 때문에 아무런 해가 되지 않는다. t도 마찬가지다. 조금 더 파이써닉한 예제를 살펴보자.

```
>>> word = 'letters'
>>> letter_counts = {letter: word.count(letter) for letter in set(word)}
>>> letter_counts
{'t': 2, 'l': 1, 'e': 2, 'r': 1, 's': 1}
```

딕셔너리의 키가 이전 예제와는 다르게 정렬됐다. set(word)를 순회하는 것은 문자열 word를 순회하는 것과 다르게 문자를 반환하기 때문이다.

리스트 컴프리헨션과 같이 딕셔너리 컴프리헨션 또한 if 문과 다중 for 문을 사용할 수 있다.

```
{키_표현식 : 값_표현식 for 표현식 in 순회 가능한 객체 if 테스트}
```

```
>>> vowels = 'aeiou'
>>> word = 'onomatopoeia'
>>> vowel_counts = {letter: word.count(letter) for letter in set(word) if letter in
vowels}
>>> vowel_counts
{'e': 1, 'i': 1, 'o': 4, 'a': 2}
```

딕셔너리에 대한 더 많은 예제는 PEP-274를 참조한다(https://oreil.ly/6udkb).

8.2 셋

셋set은 값은 버리고 키만 남은 딕셔너리와 같다. 딕셔너리와 마찬가지로 각 키는 유일해야 한다. 어떤 것이 존재하는지만 판단할 때 셋을 사용한다. 그리고 키에 어떤 정보를 첨부해서 그 결과를 얻고 싶을 때 딕셔너리를 사용한다.

이미 초등학교 수학시간에 셋(집합)에 대해 배웠을지도 모른다. 초등과정을 생략했거나, 저자처럼 수업시간에 종종 수학책을 덮고 먼 산만 바라봤다면 [그림 8-1]의 합집합union과 교집합intersection을 참조해보자.

같은 키를 갖고 있는 두 개의 셋을 결합한다고 가정해보자. 셋은 각 항목이 유일해야 해서 두 셋의 합집합은 하나의 키만 포함한다. **널**null 혹은 **빈**empty 셋은 항목이 하나도 없는 셋이다. [그림 8-1]에서 널 집합의 예는 X로 시작하는 여성 이름일 것이다.

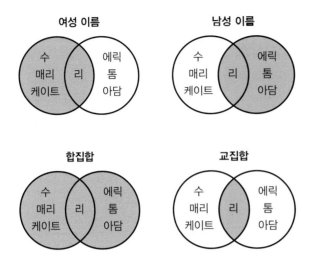

그림 8-1 셋의 합집합과 교집합

8.2.1 생성하기: set()

셋을 생성할 때는 다음과 같이 set() 함수나 중괄호({}) 안에 콤마로 구분된 값을 넣으면 된다.

```
>>> empty_set = set()
>>> empty_set
set()
>>> even_numbers = {0, 2, 4, 6, 8}
>>> even_numbers
{0, 2, 4, 6, 8}
>>> odd_numbers = {1, 3, 5, 7, 9}
>>> odd_numbers
{1, 3, 5, 7, 9}
```

셋은 순서와 상관없이 저장된다.

> **NOTE_** []가 빈 리스트를 생성하기 때문에 {}도 빈 셋을 생성한다고 추측할 수 있다. 그러나 {}는 빈 딕셔너리를 생성한다. 이것이 인터프리터가 빈 셋을 {} 대신 set()으로 출력하는 이유이기도 하다. 왜 그럴까? 파이썬에서 딕셔너리가 먼저 등장해서 중괄호를 이미 차지하고 있었기 때문이다.

8.2.2 변환하기: set()

리스트, 문자열, 튜플, 딕셔너리에서 중복된 값을 삭제하여 셋을 생성할 수 있다.

먼저, 'letters'의 알파벳 중 하나 이상 나온 문자를 살펴보자.

```
>>> set( 'letters' )
{'l', 'r', 's', 't', 'e'}
```

'letters'에 'e'와 't'가 두 개씩 있어도, 셋에는 이 문자들이 하나씩 포함되어 있다.

이제 리스트를 셋으로 만들어보자.

```
>>> set( ['Dasher', 'Dancer', 'Prancer', 'Mason-Dixon'] )
{'Dancer', 'Dasher', 'Mason-Dixon', 'Prancer'}
```

이번에는 튜플을 셋으로 만들어보자.

```
>>> set( ('Ummagumma', 'Echoes', 'Atom Heart Mother') )
{'Ummagumma', 'Atom Heart Mother', 'Echoes'}
```

딕셔너리에 set()을 사용하면 키만 사용한다.

```
>>> set( {'apple': 'red', 'orange': 'orange', 'cherry': 'red'} )
{'cherry', 'orange', 'apple'}
```


8.2.3 길이 얻기: len()

순록이 몇 마리인지 세어보자(reindeer는 순록을 의미하며, 셋은 순록 이름으로 구성됐다).

```
>>> reindeer = set( ['Dasher', 'Dancer', 'Prancer', 'Mason-Dixon'] )
>>> len(reindeer)
4
```

8.2.4 항목 추가하기: add()

add()를 활용하여 셋에 항목을 추가한다.

```
>>> s = set((1,2,3))
>>> s
{1, 2, 3}
>>> s.add(4)
>>> s
{1, 2, 3, 4}
```

8.2.5 항목 삭제하기: remove()

값으로 항목을 삭제한다.

```
>>> s = set((1,2,3))
>>> s.remove(3)
>>> s
{1, 2}
```

8.2.6 순회하기: for와 in

딕셔너리처럼 셋에 있는 모든 항목을 순회할 수 있다.

```
>>> furniture = set(('sofa', 'ottoman', 'table'))
>>> for piece in furniture:
...     print(piece)
...
ottoman
table
sofa
```

8.2.7 멤버십 테스트: in

이것은 일반적으로 사용하는 셋의 용도다. 딕셔너리 **drinks**를 만들어보자. 각 키는 음료 이름이고, 값은 음료에 필요한 재료의 셋이다.

```
>>> drinks = {
... 'martini': {'vodka', 'vermouth'},
... 'black russian': {'vodka', 'kahlua'},
... 'white russian': {'cream', 'kahlua', 'vodka'},
... 'manhattan': {'rye', 'vermouth', 'bitters'},
... 'screwdriver': {'orange juice', 'vodka'}
... }
```

중괄호({})가 여러 번 등장한다. 딕셔너리는 **'키:값'**의 쌍으로 이루어져 있고, 셋은 여러 값으로 구성된 시퀀스다.

보드카(vodka)가 포함된 음료는 무엇인가?

```
>>> for name, contents in drinks.items():
...     if 'vodka' in contents:
...         print(name)
...
...
martini
black russian
white russian
screwdriver
```

보드카(vodka)가 섞인 음료를 마시고 싶다. 젖당[lactose] 알레르기(cream)가 있고, 베르무트 (vermouth)가 든 음료를 마시고 싶지 않다.

```
>>> for name, contents in drinks.items():
...     if 'vodka' in contents and not ('vermouth' in contents or
...         'cream' in contents):
...         print(name)
...
screwdriver
black russian
```

다음 절에서는 이 코드를 좀 더 간결하게 작성해 볼 것이다.

8.2.8 콤비네이션과 연산자

셋의 조합combination을 어떻게 확인할까? 오렌지 주스(orange juice)나 베르무트(vermouth)
가 들어 있는 음료를 마시고 싶다고 가정해보자. **셋 교집합**set intersection 연산자인 앤드(&)를 사
용해서 원하는 음료를 찾아보자.

```
>>> for name, contents in drinks.items():
...     if contents & {'vermouth', 'orange juice'}:
...         print(name)
...
screwdriver
martini
manhattan
```

& 연산자의 결과는 우리가 비교하고자 했던 두 재료의 모든 항목이 포함된 셋이다. contents
에 두 재료가 없다면 &는 False로 간주해 빈 셋을 반환할 것이다.

이제 이전 절에서 본 예제를 좀 더 간결하게 작성해보자. 보드카(vodka)는 들어 있지만 크림
(cream)이나 베르무트(vermouth)가 없는 음료를 찾는다.

```
>>> for name, contents in drinks.items():
...     if 'vodka' in contents and not contents & {'vermouth', 'cream'}:
...         print(name)
...
black russian
screwdriver
```

두 음료의 재료 셋을 변수에 저장해보자. 그다음 이 변수를 사용한다.

```
>>> bruss = drinks['black russian']
>>> wruss = drinks['white russian']
```

다음 예제에서 셋 연산자의 기호와 함수 둘 다 사용해본다. 1, 2가 있는 a 셋과 2, 3이 있는 b

셋이 있다.

```
>>> a = {1, 2}
>>> b = {2, 3}
```

& 연산자와 intersection() 메서드를 사용해서 **교집합**(양쪽 셋에 공통으로 들어 있는 항목)을 구해보자.

```
>>> a & b
{2}
>>> a.intersection(b)
{2}
```

조금 전에 저장한 음료의 재료 변수를 사용한다.

```
>>> bruss & wruss
{'kahlua', 'vodka'}
```

이번에는 ¦ 연산자와 union() 메서드를 사용해서 **합집합**union(각 셋의 모든 항목)을 구해보자.

```
>>> a ¦ b
{1, 2, 3}
>>> a.union(b)
{1, 2, 3}
```

음료 변수에 적용해보자.

```
>>> bruss ¦ wruss
{'cream', 'kahlua', 'vodka'}
```

- 연산자와 difference() 메서드를 사용해서 **차집합**difference(첫 번째 셋에는 있지만 두 번째 셋에는 없는 항목)을 구해보자.

```
>>> a - b
{1}
>>> a.difference(b)
```

```
{1}
>>> bruss - wruss
set()
>>> wruss - bruss
{'cream'}
```

지금까지는 일반적인 셋 연산의 합집합, 교집합, 차집합을 살펴봤다. 이 외의 셋 연산을 살펴보자.

^ 연산자나 symmetric_difference() 메서드를 사용해서 **대칭 차집합**exclusive (한 셋에는 포함할 수 있지만 두 셋 모두에는 포함되지 않는 항목)을 구해보자.

```
>>> a ^ b
{1, 3}
>>> a.symmetric_difference(b)
{1, 3}
```

두 러시아 음료에서 서로 다른 재료를 찾아보자.

```
>>> bruss ^ wruss
{'cream'}
```

<= 연산자나 issubset() 메서드를 사용해서 첫 번째 셋이 두 번째 셋의 **부분집합**subset인지 살펴보자.

```
>>> a <= b
False
>>> a.issubset(b)
False
```

블랙 러시안(black russian)에 크림(cream)을 추가하면 화이트 러시안(white russian)이 된다. 그래서 wruss는 bruss의 **상위집합**superset이다.

```
>>> bruss <= wruss
True
```

모든 셋은 자신의 부분집합인가? 그렇다.

```
>>> a <= a
True
>>> a.issubset(a)
True
```

첫 번째 셋이 두 번째 셋의 **진부분집합**proper subset이 되려면, 두 번째 셋에는 첫 번째 셋의 모든 멤버를 포함한 그 이상의 멤버가 있어야 한다. 이번에는 < 연산자를 사용해보자.

```
>>> a < b
False
>>> a < a
False
>>> bruss < wruss
True
```

상위집합은 부분집합의 반대다. >=나 issuperset() 메서드를 사용해서 첫 번째 셋이 두 번째 셋의 상위집합인지 살펴보자.

```
>>> a >= b
False
>>> a.issuperset(b)
False
>>> wruss >= bruss
True
```

모든 셋은 자신의 상위집합이다.

```
>>> a >= a
True
>>> a.issuperset(a)
True
```

마지막으로 > 연산자를 사용해서 첫 번째 셋이 두 번째 셋의 **진상위집합**proper superset인지 확인해보자. 첫 번째 셋이 두 번째 셋의 진상위집합이 되려면, 첫 번째 셋에는 두 번째 셋의 모든 항목을 포함한 그 이상의 항목이 있어야 한다.

```
>>> a > b
False
>>> wruss > bruss
True
```

모든 셋은 자신의 진상위집합이 될 수 없다.

```
>>> a > a
False
```

8.2.9 셋 컴프리헨션

셋 컴프리헨션은 리스트, 딕셔너리 컴프리헨션과 같은 모양이다.

{**표현식** for **표현식** in **순회 가능한 객체**}

또한 셋 컴프리헨션에 for 문과 if 문을 사용할 수 있다.

{**표현식** for **표현식** in **순회 가능한 객체** if **테스트**}

```
>>> a_set = {number for number in range(1,6) if number % 3 == 1}
>>> a_set
{1, 4}
```

8.2.10 불변 셋 생성하기: frozenset()

불변 셋을 생성하기 위해서는 frozenset() 함수와 인수로 순회 가능한 객체를 사용한다.

```
>>> frozenset([3, 2, 1])
frozenset({1, 2, 3})
>>> frozenset(set([2, 1, 3]))
frozenset({1, 2, 3})
>>> frozenset({3, 1, 2})
```

```
frozenset({1, 2, 3})
>>> frozenset( (2, 3, 1) )
frozenset({1, 2, 3})
```

정말 불변한가?

```
>>> fs = frozenset([3, 2, 1])
>>> fs
frozenset({1, 2, 3})
>>> fs.add(4)
Traceback (most recent call last):
  File "<stdin>", line 1, in <module>
AttributeError: 'frozenset' object has no attribute 'add'
```

그렇다.

8.3 지금까지 배운 자료구조

지금까지 다음과 같은 자료구조를 배웠다.

- 대괄호 []를 사용한 리스트
- 콤마와 괄호 ()를 사용한 튜플(괄호는 옵션이다)
- 중괄호 {}를 사용한 딕셔너리 또는 셋

셋을 제외하고 모두 대괄호로 항목에 접근한다. 리스트와 튜플의 경우 대괄호에 들어가는 값이 정수 오프셋이고 딕셔너리는 키다. 이 세 가지에 대한 결과는 값이다. 셋은 인덱스와 키가 없다.

```
>>> marx_list = ['Groucho', 'Chico', 'Harpo']
>>> marx_tuple = ('Groucho', 'Chico', 'Harpo')
>>> marx_dict = {'Groucho': 'banjo', 'Chico': 'piano', 'Harpo': 'harp'}
>>> marx_set = {'Groucho', 'Chico', 'Harpo'}
>>> marx_list[2]
'Harpo'
>>> marx_tuple[2]
'Harpo'
>>> marx_dict['Harpo']
```

```
'harp'
>>> 'Harpo' in marx_list
True
>>> 'Harpo' in marx_tuple
True
>>> 'Harpo' in marx_dict
True
>>> 'Harpo' in marx_set
True
```

8.4 자료구조 결합하기

지금까지 간단한 불리언, 숫자, 문자열부터 리스트, 튜플, 셋, 딕셔너리까지 살펴봤다. 이런 내
장된 자료구조를 결합해서 자료구조를 확장할 수 있다. 다음 세 리스트로 예를 들어 보자.

```
>>> marxes = ['Groucho', 'Chico', 'Harpo']
>>> pythons = ['Chapman', 'Cleese', 'Gilliam', 'Jones', 'Palin']
>>> stooges = ['Moe', 'Curly', 'Larry']
```

튜플의 각 요소는 리스트다.

```
>>> tuple_of_lists = marxes, pythons, stooges
>>> tuple_of_lists
(['Groucho', 'Chico', 'Harpo'],
['Chapman', 'Cleese', 'Gilliam', 'Jones', 'Palin'], ['Moe', 'Curly', 'Larry'])
```

그리고 세 리스트를 포함한 리스트를 만들어보자.

```
>>> list_of_lists = [marxes, pythons, stooges]
>>> list_of_lists
[['Groucho', 'Chico', 'Harpo'],
['Chapman', 'Cleese', 'Gilliam', 'Jones', 'Palin'], ['Moe', 'Curly', 'Larry']]
```

마지막으로 리스트 딕셔너리를 만들어보자. 다음 예제는 희극단의 이름을 키로, 그 멤버의 목
록을 값으로 사용한다.

```
>>> dict_of_lists = {'Marxes': marxes, 'Pythons': pythons, 'Stooges': stooges}
>> dict_of_lists
{'Marxes': ['Groucho', 'Chico', 'Harpo'],
 'Pythons': ['Chapman', 'Cleese', 'Gilliam', 'Jones', 'Palin'],
 'Stooges': ['Moe', 'Curly', 'Larry']}
```

이런 자료구조의 제한 사항은 데이터 타입 자체에 있다. 예를 들어 딕셔너리의 키는 불변하기 때문에 리스트, 딕셔너리, 셋은 딕셔너리의 키가 될 수 없다. 그러나 튜플은 딕셔너리의 키가 될 수 있다. 예를 들면 어떤 장소를 GPS 좌표(위도^{latitude}, 경도^{longitude}, 고도^{altitude})로 인덱싱할 수 있다. 21장에서 매핑 예제를 살펴볼 것이다.

```
>>> houses = {
(44.79, -93.14, 285): 'My House', (38.89, -77.03, 13): 'The White House' }
```

8.5 다음 장에서는

코드 구조로 다시 돌아간다. **함수** 작성법과 에러가 발생했을 때 **예외**를 처리하는 방법을 배운다.

8.6 연습문제

8.1 영어-프랑스어 사전을 의미하는 e2f 딕셔너리를 만들어 출력해보자. 영어 dog는 프랑스어 chien이고, cat은 chat, walrus는 morse다.

8.2 e2f 딕셔너리에서 영어 walrus를 프랑스어로 출력해보자.

8.3 e2f 딕셔너리에서 f2e 딕셔너리라는 영어-프랑스어 사전을 만들어보자(items 메서드 사용).

8.4 e2f 딕셔너리를 사용해서 프랑스어 chien을 영어로 출력해보자.

8.5 e2f 딕셔너리의 영어 단어 키들을 출력해보자.

8.6 이차원 딕셔너리 life를 만들어보자. 최상위 키는 'animals', 'plants', 'other'다. 그리고 'animals'는 각각 'cats', 'octopi', 'emus'를 키로 하고, 'Henri', 'Grumpy', 'Lucy'를 값으로 하는 또 다른 딕셔너리를 참조하고 있다. 나머지 요소는 빈 딕셔너리를 참조한다.

8.7 life 딕셔너리의 최상위 키를 출력해보자.

8.8 life['animals']의 모든 키를 출력해보자.

8.9 life['animals']['cats']의 모든 값을 출력해보자.

8.10 딕셔너리 컴프리헨션으로 squares 딕셔너리를 생성한다. range(10)를 키로 하고, 각 키의 제곱을 값으로 한다.

8.11 셋 컴프리헨션을 이용하여 range(10)에서 홀수 셋을 만든다.

8.12 제너레이터 컴프리헨션을 이용하여 문자열 'Got'과 range(10)의 각 숫자를 반환한다. for 문을 사용해서 제너레이터를 순회한다.

8.13 zip()을 사용해서 딕셔너리를 생성한다. 키로 ('optimist', 'pessimist', 'troll') 튜플을 사용하고 값으로 ('The glass is half full', 'The glass is half empty', 'How did you get a glass?') 튜플을 사용한다.

8.14 zip()을 사용해서 다음 두 리스트를 짝으로 하는 movies 딕셔너리를 만들어보자.

```
titles = ['Creature of Habit', 'Crewel Fate']
plots = ['A nun turns into a mon ster', 'A haunted yarn shop']
```

CHAPTER 9

함수

기능function이 작을수록 관리하기 더 좋다.   – C. 노스코트 파킨슨(역사학자)

지금까지 단순한 일을 처리하는 예제 코드를 살펴봤다. 코드 규모가 커진다면 어느 누구도 같은 코드를 반복해서 입력하는 것을 원치 않을 것이다. 그래서 긴 코드를 관리하는 몇 가지 방법이 필요하다.

먼저 코드 재사용을 위해 **함수**function를 사용한다. 함수는 이름이 붙여진 코드 조각이고 분리되어 있다. 함수는 입력 **매개변수**로 모든 타입을 취할 수 있다. 또한 그 결과로 모든 타입을 반환할 수 있다. 함수는 두 가지 작업을 수행한다.

- **정의하기**define : 0개 또는 1개 이상의 매개변수를 갖는다.
- **호출하기**call : 0개 또는 1개 이상의 결과를 얻는다.

9.1 함수 정의하기: def

파이썬 함수를 정의하기 위해서는 def와 함수 이름, 괄호를 입력한다. 괄호 안에는 옵션으로 **매개변수**parameter를 입력할 수 있다. 그리고 마지막으로 콜론(:)을 붙인다. 함수 이름은 변수 이름과 동일한 규칙으로 작성한다(이름의 첫 글자는 반드시 영문자나 언더바(_)를 사용해야 한다. 그리고 영문자, 숫자, 언더바만 사용할 수 있다).

매개변수가 없는 함수를 정의하고 호출해보자. 다음은 아주 간단한 파이썬 함수다.

```
>>> def do_nothing():
...     pass
```

이와 같이 함수에 매개변수가 없더라도, 함수를 정의하려면 콜론을 입력해야 한다. 함수 다음 줄은 if 문에서 들여쓰기를 한 것과 마찬가지로 들여쓰기를 해야 한다. 이 함수가 아무것도 하지 않는다는 것을 보여주기 위해 pass 문을 사용했다. 이것은 마치 책에서 의도적으로 페이지를 비운 것과 같다.

9.2 함수 호출하기: ( )

함수 이름과 괄호를 입력해서 함수를 호출해보자. 앞서 말했던 것처럼 아무 일도 일어나지 않는다.

```
>>> do_nothing()
>>>
```

매개변수가 없는 함수를 정의하고 호출해보자. 함수는 한 단어를 출력한다.

```
>>> def make_a_sound():
...     print('quack')
...
>>> make_a_sound()
quack
```

make_a_sound() 함수를 호출하면 파이썬은 함수 내 코드를 실행한다. 이 예제에서는 한 단어를 출력하고 메인 프로그램으로 넘어간다.

매개변수는 없지만 True 값을 반환하는 함수를 정의해보자.

```
>>> def agree():
...     return True
...
```

if 문에서 이 함수를 호출하여 반환되는 값으로 조건 테스트를 할 수 있다.

```
>>> if agree():
...     print('Splendid!')
... else:
...     print('That was unexpected.')
...
Splendid!
```

함수를 조건문의 if 문과 반복문의 while 문을 같이 사용한다면 이전에 못했던 많은 일을 수
행할 수 있다.

9.3 인수와 매개변수

이제는 함수 괄호 안에 무언가를 넣어 볼 차례다. anything이라는 매개변수와 함께 echo()
함수를 정의해보자. anything 변수 사이에 스페이스를 넣어서 return 문으로 값을 반환한다.

```
>>> def echo(anything):
...     return anything + ' ' + anything
...
>>>
```

문자열 'Rumplestiltskin'과 함수 echo()를 호출해보자.

```
>>> echo('Rumplestiltskin')
'Rumplestiltskin Rumplestiltskin'
```

함수로 전달한 값을 **인수**라고 부른다. 인수와 함수를 호출하면 인수의 값은 함수 내에서 해당하
는 **매개변수**에 복사된다.

> **NOTE_** 함수 외부에서는 **인수**라고 하지만 내부에서는 **매개변수**라고 한다.

이전 예제에서 'Rumplestiltskin' 문자열 인수와 함께 echo() 함수를 호출했다. 이 문자열 값은 echo()의 anything 매개변수에 복사된다. 그리고 나서 두 문자열 사이의 스페이스 문자열을 호출자caller에 반환한다.

위에서 살펴본 예제는 아주 기본적인 것이다. 다음 예제에서는 if 문을 사용하고, 인수를 취하는 함수를 작성해보자. 앞서 if-elif-else 문에서 사용한 예제를 활용할 것이다. color라는 문자열 매개변수가 있는 commentary라는 함수를 정의한다. color 값에 따라 이를 설명하는 문자열을 호출자에 반환한다.

```
>>> def commentary(color):
...     if color == 'red':
...         return "It's a tomato."
...     elif color == "green":
...         return "It's a green pepper."
...     elif color == 'bee purple':
...         return "I don't know what it is, but only bees can see it."
...     else:
...         return "I've never heard of the color " + color + "."
>>>
```

문자열 인수 'blue'를 사용하여 commentary() 함수를 호출해보자.

```
>>> comment = commentary('blue')
```

위 코드는 다음과 같이 동작한다.

- 'blue' 값을 함수 내 color 매개변수에 할당한다.
- if-elif-else 문을 실행한다.
- 문자열을 반환한다.
- 호출자는 반환된 문자열을 comment 변수에 할당한다.

변수를 출력해보자.

```
>>> print(comment)
I've never heard of the color blue.
```

함수의 인수는 개수에 상관없이 모든 유형의 인수를 취할 수 있다. 반환값도 마찬가지로 개수에 상관없이 모든 유형을 반환할 수 있다. 함수가 명시적으로 return을 호출하지 않으면, 호출자는 반환값으로 None을 얻는다.

```
>>> print(do_nothing())
None
```

9.3.1 유용한 None

None은 아무것도 없다는 것을 뜻하는 파이썬의 특별한 값이다. 불리언 값의 False처럼 보이지만 다른 값을 의미한다. 다음 예제를 살펴보자.

```
>>> thing = None
>>> if thing:
...     print("It's some thing")
... else:
...     print("It's no thing")
...
It's no thing
```

불리언 값 False와 None을 구분하기 위해 is 연산자를 사용한다.

```
>>> thing = None
>>> if thing is None:
...     print("It's nothing")
... else:
...     print("It's something")
It's nothing
```

아주 사소한 차이로 보이지만 매우 중요하다. 빠뜨린 빈 값을 구분하기 위해 None을 사용한다. 정수(0) 혹은 부동소수점 숫자(0.0), 빈 문자열(''), 빈 리스트([]), 빈 튜플((,)), 빈 딕셔너리({}), 빈 셋(set())은 모두 False지만, None과 같지 않다는 것을 꼭 기억해야 한다.

인수가 None, True, False인지 출력하는 함수를 작성해보자.

```
>>> def whatis(thing):
...     if thing is None:
...         print(thing, "is None")
...     elif thing:
...         print(thing, "is True")
...     else:
...         print(thing, "is False")
...
```

몇 가지 테스트를 실행해보자.

```
>>> whatis(None)
None is None
>>> whatis(True)
True is True
>>> whatis(False)
False is False
```

실제 값은 어떨까?

```
>>> whatis(0)
0 is False
>>> whatis(0.0)
0.0 is False
>>> whatis('')
 is False
>>> whatis("")
 is False
>>> whatis('''''')
 is False
>>> whatis(())
() is False
>>> whatis([])
[] is False
>>> whatis({})
{} is False
>>> whatis(set())
set() is False
>>> whatis(0.00001)
1e-05 is True
>>> whatis([0])
```

```
[0] is True
>>> whatis([''])
[''] is True
>>> whatis(' ')
is True
```

9.3.2 위치 인수

파이썬은 다른 언어에 비해 함수의 인수를 유연하고 독특하게 처리한다. 인수의 가장 익숙한 유형은 값을 순서대로 상응하는 매개변수에 복사하는 **위치 인수**positional argument다.

다음 함수는 위치 인수로 딕셔너리를 만들어서 반환한다.

```
>>> def menu(wine, entree, dessert):
...     return {'wine': wine, 'entree': entree, 'dessert': dessert}
...
>>> menu('chardonnay', 'chicken', 'cake')
{'wine': 'chardonnay', 'entree': 'chicken', 'dessert': 'cake'}
```

매우 일반적이지만 위치 인수의 단점은 각 위치의 의미를 알아야 한다는 것이다. 다음 예제는 첫 번째 인수 대신 마지막 인수를 wine으로 menu()를 호출하면 이상한 식사가 된다.

```
>>> menu('beef', 'bagel', 'bordeaux')
{'wine': 'beef', 'entree': 'bagel', 'dessert': 'bordeaux'}
```

9.3.3 키워드 인수

위치 인수의 혼란을 피하기 위해 매개변수에 상응하는 이름을 인수에 지정할 수 있다. 심지어 인수를 함수 정의와 다른 순서로 지정할 수 있다.

```
>>> menu(entree='beef', dessert='bagel', wine='bordeaux')
{'wine': 'bordeaux', 'entree': 'beef', 'dessert': 'bagel'}
```

위치 인수와 키워드 인수를 섞어서 쓸 수 있다. wine을 첫 번째 인수로, entree와 dessert를 키워드 인수로 지정해보자.

```
>>> menu('frontenac', dessert='flan', entree='fish')
{'wine': 'frontenac', 'entree': 'fish', 'dessert': 'flan'}
```

위치 인수와 키워드 인수로 함수를 호출하면 위치 인수가 먼저 와야 한다.

9.3.4 기본 매개변수 값 지정하기

매개변수에 기본값을 지정할 수 있다. 호출자가 대응하는 인수를 제공하지 않으면 기본값을 사용한다.

```
>>> def menu(wine, entree, dessert='pudding'):
...     return {'wine': wine, 'entree': entree, 'dessert': dessert}
```

dessert 인수 없이 menu()를 호출해보자.

```
>>> menu('chardonnay', 'chicken')
{'wine': 'chardonnay', 'entree': 'chicken', 'dessert': 'pudding'}
```

dessert 인수를 입력하면 기본값 대신 입력한 인수(doughnut)가 쓰인다.

```
>>> menu('dunkelfelder', 'duck', 'doughnut')
{'wine': 'dunkelfelder', 'entree': 'duck', 'dessert': 'doughnut'}
```

NOTE_ 기본 인수는 함수가 실행될 때 계산되지 않고, 함수를 정의할 때 계산된다. 파이썬 초급(혹은 중급) 개발자는 리스트 혹은 딕셔너리와 같은 가변 데이터 타입을 기본 인수로 사용할 때 실수하게 된다.

다음 예제에서 buggy() 함수를 정의한다. 이 함수는 일반 매개변수 arg와 기본 매개변수로 빈 리스트를 취하는 result가 있다. 함수는 arg를 result 리스트에 추가한다. 함수를 호출할 때마다 한 항목이 있는 리스트가 반환될 것이라고 예상할 수 있지만, 이전에 호출했던 result가 그대로 리스트에 남아 있는 상태로 출력된다.

```
>>> def buggy(arg, result=[]):
...     result.append(arg)
...     print(result)
...
>>> buggy('a')
['a']
>>> buggy('b')    # expect ['b']
['a', 'b']
```

다음과 같이 작성하면 예상대로 동작한다.

```
>>> def works(arg):
...     result = []
...     result.append(arg)
...     return result
...
>>> works('a')
['a']
>>> works('b')
['b']
```

첫 번째 인수 호출을 가리키기 위해 매개변수에 다른 값을 넣어서 수정할 수 있다.

```
>>> def nonbuggy(arg, result=None):
...     if result is None:
...         result = []
...     result.append(arg)
...     print(result)
...
>>> nonbuggy('a')
['a']
>>> nonbuggy('b')
['b']
```

이것은 가끔 파이썬 기술 면접에 등장한다.

9.3.5 위치 인수 분해하기/모으기: *

C나 C++ 프로그래밍 경험이 있다면 파이썬 프로그램에서 애스터리스크(*)를 **포인터**pointer로 생각할 수도 있다. 하지만 파이썬에는 포인터가 없다.

함수의 매개변수에 애스터리스크를 사용할 때, 애스터리스크는 매개변수에서 위치 인수 변수를 튜플로 묶는다. 다음 예제는 print_args() 함수로 인수를 전달하고, args 매개변수 튜플의 결과를 살펴본다.

```
>>> def print_args(*args):
...     print('Positional tuple:', args)
...
```

함수를 인수 없이 호출하면 *args에는 아무것도 없다.

```
>>> print_args()
Positional tuple: ()
```

함수에 인수를 넣어서 args 튜플을 출력해보자.

```
>>> print_args(3, 2, 1, 'wait!', 'uh...')
Positional tuple: (3, 2, 1, 'wait!', 'uh...')
```

가변 인수를 사용하는 print()와 같은 함수는 매우 유용하다. 함수에 위치 인수를 지정할 때 맨 끝에 *args를 써서 나머지 인수를 모두 취하게 할 수 있다.

```
>>> def print_more(required1, required2, *args):
...     print('Need this one:', required1)
...     print('Need this one. too:', required2)
...     print('All the rest:', args)
...
>>> print_more('cap', 'gloves', 'scarf', 'monocle', 'mustache wax')
Need this one: cap
Need this one too: gloves
All the rest: ('scarf', 'monocle', 'mustache wax')
```

> **NOTE_** *를 사용할 때 가변 인수의 이름으로 args를 사용할 필요는 없지만 관용적으로 args를 사용한다. 또한 이전 예제와 같이 일반적으로 함수에 *args를 사용한다. 기술적으로 매개변수라고 하기도 하고, *params라고도 한다.

요약하자면

- 위치 인수를 함수에 전달하면, 함수 내 위치 매개변수와 일치한다.

- 튜플 인수를 함수에 전달하면, 함수 내 튜플 매개변수가 있다.

- 위치 인수를 함수에 전달하고, 매개변수 *args로 수집하여 튜플 인수로 해석할 수 있다.

- args라는 튜플 인수를 함수에 전달하여, 위치 매개변수 *args로 분해할 수 있다. 이것은 튜플 매개변수 args 안에 다시 수집된다.

```
>>> print_args(2, 5, 7, 'x')
Positional tuple: (2, 5, 7, 'x')
>>> args = (2,5,7,'x')
>>> print_args(args)
Positional tuple: ((2, 5, 7, 'x'),)
>>> print_args(*args)
Positional tuple: (2, 5, 7, 'x')
```

함수 호출 또는 정의에서만 * 구문을 사용할 수 있다.

```
>>> *args
  File "<stdin>", line 1
SyntaxError: can't use starred expression here
```

즉,

- 함수 외부에서 *args는 튜플 인수를 쉼표로 구분된 위치 매개변수로 분해한다.

- 함수 내부에서 *args는 모든 위치의 인수를 단일 인수 튜플로 수집한다. *params와 param라는 이름을 사용할 수 있지만, 외부 인수와 내부 인수 모두에 *args를 사용하는 것이 일반적이다.

*args는 함수 외부에서 분해된 값을 함수 내부에 모은다.

9.3.6 키워드 인수 분해하기/모으기: *

키워드 인수를 딕셔너리로 묶기 위해 두 개의 애스터리스크(**)를 사용할 수 있다. 인수의 이름은 키고, 값은 이 키에 대응하는 딕셔너리 값이다. 다음 예제는 print_kwargs() 함수를 정의하여 키워드 인수를 출력한다.

```
>>> def print_kwargs(**kwargs):
...     print('Keyword arguments:', kwargs)
...
```

인수 없이 함수를 호출한다. 그리고 키워드 인수를 사용하여 함수를 호출한다.

```
>>> print_kwargs()
Keyword arguments: {}
>>> print_kwargs(wine='merlot', entree='mutton', dessert='macaroon')
Keyword arguments: {'dessert': 'macaroon', 'wine': 'merlot', 'entree': 'mutton'}
```

함수 내에서 kwargs는 딕셔너리 매개변수다. 인수 순서는 다음과 같다.

- 위치 인수
- 위치 인수 (*args) – 옵션
- 키워드 인수 (**kwargs) – 옵션

args와 마찬가지로 키워드 인수 이름을 kwargs로 사용하지만 필수는 아니다.

** 구문은 함수 호출 또는 정의에서만 유효하다.[1]

```
>>> **kwparams
  File "<stdin>", line 1
    **kwparams
     ^
SyntaxError: invalid syntax
```

요약하자면

- 키워드 인수를 함수에 전달하면, 함수 내 키워드 매개변수와 일치한다.

----

1 또는 8장에서 봤듯이 {**a, **b}와 같이 딕셔너리를 결합할 수 있다(파이썬 3.5 이상).

- 딕셔너리 인수를 함수에 전달하면, 함수 내 딕셔너리 매개변수가 있다.

- 하나 이상의 키워드 인수(**이름=값**)를 함수에 전달하고, 이를 **kwargs에 수집하여, kwargs 딕셔너리 매개변수로 해석할 수 있다.

- 함수 외부에서 **kwargs는 딕셔너리 kwargs를 '**이름=값**' 인수로 **분해한다.**

- 함수 내부에서 **kwargs는 '이름=값' 인수를 단일 딕셔너리 매개변수 kwargs에 **모은다.**

**kwargs는 함수 외부에서 분해된 '이름=값'을 함수 내부에 모은다.

9.3.7 키워드 전용 인수

위치 매개변수와 이름이 같은 키워드 인수를 전달하면 원하는 결과를 얻지 못할 수 있다. 파이썬 3에서는 **키워드 전용 인수**keyword-only arguments를 지정할 수 있다. 이름에서 알 수 있듯이 값을 위치적으로 제공하지 않고, '**이름=값**'으로 제공해야 한다. 아래의 함수 정의에서 단일 애스터리스크(*)는 start 및 end 매개변수의 기본값을 사용하고 싶지 않은 경우 명명된 인수로 제공해야 함을 의미한다.

```
>>> def print_data(data, *, start=0, end=100):
...     for value in (data[start:end]):
...         print(value)
...
>>> data = ['a', 'b', 'c', 'd', 'e', 'f']
>>> print_data(data)
a
b
c
d
e
f
>>> print_data(data, start=4)
e
f
>>> print_data(data, end=2)
a
b
```

9.3.8 가변/불변 인수

동일한 리스트를 두 변수에 할당한 경우, 한 변수를 사용하여 이 리스트를 변경할 수 있을까? 그리고 변수가 모두 정수 또는 문자열과 같은 객체를 참조하면 어떨까? 힌트는 리스트는 가변 객체이고 정수와 문자열은 불변 객체다.

함수에 인수를 전달할 때 주의한다. 인수가 가변 객체인 경우 해당 매개변수를 통해 **함수 내부**에서 값을 변경할 수 있다.

```
>>> outside = ['one', 'fine', 'day']
>>> def mangle(arg):
...     arg[1] = 'terrible!'
...
>>> outside
['one', 'fine', 'day']
>>> mangle(outside)
>>> outside
['one', 'terrible!', 'day']
```

위의 코드는 안 좋은 예다. 함수 내에서 인수가 변경될 수 있다고 문서화하거나 새 값을 반환한다.

9.4 독스트링

'가독성은 중요하다'라는 구절이 1장에서 소개한 파이썬의 철학에 있다. 함수 바디 시작 부분에 문자열을 포함시켜 함수 정의에 문서를 붙일 수 있다. 이것이 바로 함수의 **독스트링**docstring이다.

```
>>> def echo(anything):
...     'echo returns its input argument'
...     return anything
```

독스트링을 길게 작성할 수 있고, 포매팅을 추가할 수도 있다. 다음 예제를 살펴보자.

```
def print_if_true(thing, check):
    '''
    Prints the first argument if a second argument is true.
```

```
    The operation is:
        1. Check whether the *second* argument is true.
        2. If it is, print the *first* argument.
    '''
        if check:
            print(thing)
```

함수의 독스트링을 출력하려면 help() 함수를 호출한다. 함수 인수의 리스트와 서식화된 독스트링을 읽기 위해 함수 이름을 인수로 전달한다.

```
>>> help(echo)
Help on function echo in module __main__:

echo(anything)
    echo returns its input argument
```

서식 없는 독스트링을 그대로 보고 싶다면 다음과 같이 작성한다.

```
>>> print(echo.__doc__)
echo returns its input argument
```

__doc__은 docstring의 내부 이름인 함수 내의 변수다. 더블 언더바(**던더**dunder라고도 함)는 파이썬에서 내부 사용 목적으로 만들어진 변수다. 왜냐하면 개발자는 던더가 들어간 이름을 명명할 가능성이 없기 때문이다.

9.5 일등 시민: 함수

'모든 것은 객체다'는 파이썬 철학은 파이썬의 만트라mantra(기도, 명상 때 외우는 주문)이기도 하다. 객체는 숫자, 문자열, 튜플, 리스트, 딕셔너리, 함수를 포함한다. 파이썬에서 함수는 일등 시민first-class citizen이다. 함수를 변수에 할당하고, 다른 함수에서 이를 인수로 사용하고, 함수에서 이를 반환할 수 있다는 것이다. 이와 같이 파이썬은 다른 언어에서는 구현하기 힘든 기능을 제공한다.

이를 테스트하기 위해 인수가 없는 answer() 함수를 정의해보자. 이 함수는 숫자 42를 출력할 뿐이다.

```
>>> def answer():
...     print(42)
```

answer() 함수를 실행하면 예상대로 다음과 같은 결과가 나온다.

```
>>> answer()
42
```

run_something() 함수를 정의해보자. 함수를 실행하는 func 매개변수가 있다. 함수 내부에서는 func 매개변수로 함수를 호출한다.

```
>>> def run_something(func):
...     func()
```

run_something() 함수에 answer 인수를 넣으면 다른 모든 인수와 마찬가지로 이 함수를 데이터처럼 사용한다.

```
>>> run_something(answer)
42
```

answer()를 전달하는 것이 아니라 answer를 전달했다. 파이썬에서 괄호 ()는 함수를 호출한다는 의미다. 괄호가 없으면 함수를 다른 모든 객체와 마찬가지로 간주한다. 파이썬에서 모든 것은 객체이기 때문이다.

```
>>> type(run_something)
<class 'function'>
```

인수를 넣어서 함수를 실행해보자. 먼저 두 숫자의 인수 arg1, arg2를 더한 값을 출력하는 add_ args() 함수를 정의한다.

```
>>> def add_args(arg1, arg2):
```

```
...        print(arg1 + arg2)
```

add_args()의 타입은 무엇일까?

```
>>> type(add_args)
<class 'function'>
```

이번에는 세 인수를 취하는 run_something_with_args() 함수를 호출해보자.

- func: 실행할 함수

- arg1: func함수의 첫 번째 인수

- arg2: func함수의 두 번째 인수

```
>>> def run_something_with_args(func, arg1, arg2):
...        func(arg1, arg2)
```

run_something_with_args()를 호출할 때 호출자에 의해 전달된 함수는 func 매개변수에 할당된다. 그리고 arg1과 arg2는 인수 목록의 값을 얻는다. 그리고 나서 인수와 함께 func (arg1, arg2) 함수가 실행된다. 객체 앞의 괄호 ()는 함수를 실행하라는 뜻이기 때문이다.

add_args 함수 이름과 인수 5, 9를 run_something_with_args()에 넣어서 실험해보자.

```
>>> run_something_with_args(add_args, 5, 9)
14
```

run_something_with_args() 함수 내의 add_args 함수 이름은 func 매개변수에 할당된다. 그리고 숫자 5와 9는 각각 arg1, arg2에 할당된다. 결국 다음과 같은 함수를 실행한다.

```
add_args(5, 9)
```

또한 이것을 *args, **kwargs 인수와 결합해서 사용할 수 있다.

여러 개의 위치 인수를 취하는 함수를 정의해보자. sum() 함수를 사용해서 이 인수들을 더한 값을 반환한다.

```
>>> def sum_args(*args):
...     return sum(args)
```

sum() 함수는 순회 가능한 숫자(정수나 부동소수점 숫자) 인수의 값을 모두 더하는 파이썬 내장 함수다. 함수와 여러 개의 위치 인수를 취하는 새로운 run_with_positional_args() 함수를 정의한다.

```
>>> def run_with_positional_args(func, *args):
...     return func(*args)
```

이 함수를 다음과 같이 호출해보자.

```
>>> run_with_positional_args(sum_args, 1, 2, 3, 4)
10
```

함수를 리스트, 튜플, 셋, 딕셔너리의 요소로 사용할 수 있다. 함수는 불변하기 때문에 딕셔너리의 키로도 사용할 수 있다.

9.6 내부 함수

함수 안에 또 다른 함수를 정의할 수 있다.

```
>>> def outer(a, b):
...     def inner(c, d):
...         return c + d
...     return inner(a, b)
...
>>> outer(4, 7)
11
```

내부inner 함수는 반복문이나 코드 중복을 피하고자 또 다른 함수 내에 어떤 복잡한 작업을 한 번 이상 수행할 때 유용하게 사용된다. 다음 문자열 예제에서 내부 함수는 인수에 텍스트를 붙여 준다.

```
>>> def knights(saying):
...     def inner(quote):
...         return "We are the knights who say: '%s'" % quote
...     return inner(saying)
...
>>> knights('Ni!')
"We are the knights who say: 'Ni!'"
```

9.6.1 클로저

내부 함수는 **클로저**closure처럼 동작할 수 있다. 클로저는 다른 함수에 의해 동적으로 생성된다. 그리고 외부 함수로부터 생성된 변수값을 변경하고, 저장할 수 있는 함수다.

다음 예제는 앞 절 '내부 함수'에서 작성한 knights() 예제다. 이 함수를 새로운 knights2() 함수로 정의한다. 이 함수는 이전과는 달리 inner2()라는 클로저를 사용하기 때문에 똑같은 함수가 아니다. 그 차이를 살펴보자.

- inner2()는 인수를 취하지 않고, 외부 함수의 변수를 직접적으로 사용한다.
- knights2()는 inner2 함수 이름을 호출하지 않고, 이를 반환한다.

```
>>> def knights2(saying):
...     def inner2():
...         return "We are the knights who say: '%s'" % saying
...     return inner2
...
```

inner2() 함수는 knights2() 함수가 전달받은 saying 변수를 알고 있다. 코드의 return inner2 부분은 (호출되지 않은) inner2 함수의 특별한 복사본을 반환한다. 이것이 외부 함수에 의해 동적으로 생성되고, 그 함수의 변수값을 알고 있는 함수인 클로저다.

다른 인수를 넣어서 knights2() 함수를 두 번 호출해보자.

```
>>> a = knights2('Duck')
>>> b = knights2('Hasenpfeffer')
```

a와 b의 타입은 무엇인가?

```
>>> type(a)
<class 'function'>
>>> type(b)
<class 'function'>
```

이들은 함수지만, 클로저이기도 하다.

```
>>> a
<function knights2.<locals>.inner2 at 0x10193e158>
>>> b
<function knights2.<locals>.inner2 at 0x10193e1e0>
```

이들을 호출하면, knights2() 함수에 전달되어 사용된 saying을 기억한다.

```
>>> a()
"We are the knights who say: 'Duck'"
>>> b()
"We are the knights who say: 'Hasenpfeffer'"
```

9.7 익명 함수: lambda

파이썬 **람다 함수**lambda function는 단일 문장으로 표현되는 익명 함수anonymous function다. edit_story() 함수를 정의해보자. 인수는 다음과 같다.

- words: 리스트
- func: 리스트의 각 word 문자열에 적용되는 함수

```
>>> def edit_story(words, func):
...     for word in words:
...         print(func(word))
```

이제 words 리스트와 각 word에 적용할 함수가 필요하다. 고양이가 계단을 헛디뎠을 때 내는

stairs 리스트는 다음과 같다.

```
>>> stairs = ['thud', 'meow', 'thud', 'hiss']
```

그리고 각 word의 첫 글자를 대문자로 만들고 느낌표를 붙여준다. 고양이 잡지의 헤드라인을 만들어주는 함수를 정의해보자.

```
>>> def enliven(word): # 첫 글자를 대문자로 만들고 느낌표 붙이기
...     return word.capitalize() + '!'
```

이제 위에서 만든 코드를 사용해보자.

```
>>> edit_story(stairs, enliven)
Thud!
Meow!
Thud!
Hiss!
```

람다를 사용해보자. enliven() 함수를 람다로 간단하게 바꿀 수 있다.

```
>>> edit_story(stairs, lambda word: word.capitalize() + '!')
Thud!
Meow!
Thud!
Hiss!
```

람다는 인수를 취하지 않거나 콤마로 구분된 인수를 취하고, 콜론(:) 이후에 함수를 정의한다. 위 람다 예제에서 한 word 인수를 취했다. 내부 함수에서 def로 작성한 함수를 호출할 때처럼 람다를 호출할 때, 괄호를 사용하지 않는다.

대부분의 경우 enliven()과 같은 실제 함수를 사용하는 것이 람다를 사용하는 것보다 훨씬 더 명확하다. 람다는 많은 작은 함수를 정의하고, 이들을 호출해서 얻은 모든 결괏값을 저장해야 하는 경우에 유용하다. 특히 콜백 함수를 정의하는 그래픽 유저 인터페이스(GUI)에서 람다를 사용할 수 있다(20장 참조).

9.8 제너레이터

제너레이터generator는 시퀀스를 생성하는 객체다. 제너레이터로 전체 시퀀스를 한 번에 메모리에 생성하고 정렬할 필요 없이, 잠재적으로 아주 큰 시퀀스를 순회할 수 있다. 제너레이터는 이터레이터에 대한 데이터의 소스로 자주 사용된다. 우리는 이전에 이미 제너레이터 중 하나인 range() 함수를 사용했다. range()는 일련의 정수를 생성한다. 파이썬2의 range()는 메모리에 제한적인 리스트를 반환한다(제너레이터가 아닌 리스트). 또한 파이썬2에서 xrange()가 있는데(제너레이터), 이는 파이썬 3의 일반적인 range()가 됐다. 다음은 정수 1에서 100까지 더하는 예제다.

```
>>> sum(range(1, 101))
5050
```

제너레이터를 순회할 때마다 마지막으로 호출된 항목을 기억하고 다음 값을 반환한다. 제너레이터는 일반 함수와 다르다. 일반 함수는 이전 호출에 대한 메모리가 없고, 항상 똑같은 상태로 첫 번째 줄부터 수행한다.

9.8.1 제너레이터 함수

잠재적으로 큰 시퀀스를 생성하고, 제너레이터 컴프리헨션에 대한 코드가 아주 길다면 **제너레이터 함수**generator function를 사용하면 된다. 이것은 일반 함수지만 return 문으로 값을 반환하지 않고 yield 문으로 값을 반환한다. 우리만의 range() 함수를 작성해보자.

```
>>> def my_range(first=0, last=10, step=1):
...     number = first
...     while number < last:
...         yield number
...         number += step
...
```

이것은 일반 함수다.

```
>>> my_range
```

```
<function my_range at 0x10193e268>
```

다음과 같이 제너레이터 객체를 반환한다.

```
>>> ranger = my_range(1, 5)
>>> ranger
<generator object my_range at 0x101a0a168>
```

이 제너레이터 객체를 순회할 수 있다.

```
>>> for x in ranger:
...     print(x)
...
1
2
3
4
```

NOTE_ 제너레이터는 한 번만 순회할 수 있다. 리스트, 셋, 문자열, 딕셔너리는 메모리에 존재한다. 그러나 제너레이터는 해당 값을 즉석에서 생성하고, 이터레이터를 통해 한 번에 하나씩 전달한다. 제너레이터는 모든 값을 기억하지 않으므로 제너레이터를 다시 시작하거나 되돌릴 수 없다.

순회를 마친 제너레이터를 다시 순회한다면 다음과 같이 아무것도 반환하지 않는다.

```
>>> for try_again in ranger:
...     print(try_again)
...
>>>
```

9.8.2 제너레이터 컴프리헨션

리스트, 딕셔너리, 셋 컴프리헨션을 살펴봤다. **제너레이터 컴프리헨션**generator comprehension은 이들과 비슷하다. 대괄호, 중괄호 대신 괄호로 묶어서 사용한다. 제너레이터 컴프리헨션은 제너레이터 함수의 축약 버전이며, 안보이게 yield 문을 실행하고, 제너레이터 객체를 반환한다.

```
>>> genobj = (pair for pair in zip(['a', 'b'], ['1', '2']))
>>> genobj
<generator object <genexpr> at 0x10308fde0>
>>> for thing in genobj:
...     print(thing)
...
('a', '1')
('b', '2')
```

9.9 데커레이터

가끔 코드를 바꾸지 않고, 사용하고 있는 함수를 수정하고 싶을 때가 있다. 일반석인 예는 함수에 전달된 인수를 보기 위해 디버깅 문을 추가하는 것이다.

데커레이터decorator는 하나의 함수를 취해서 또 다른 함수를 반환하는 함수다. 이 파이썬 트릭을 사용하기 위해서 다음 기술을 사용한다.

- *args와 **kwargs
- 내부 함수
- 함수 인수

document_it() 함수는 다음과 같이 데커레이터를 정의한다.

- 함수 이름과 인수를 출력한다.
- 인수로 함수를 실행한다.
- 결과를 출력한다.
- 수정된 함수를 사용하도록 반환한다.

코드는 다음과 같다.

```
>>> def document_it(func):
...     def new_function(*args, **kwargs):
...         print('Running function:', func.__name__)
...         print('Positional arguments:', args)
...         print('Keyword arguments:', kwargs)
```

```
...            result = func(*args, **kwargs)
...            print('Result:', result)
...            return result
...        return new_function
...
```

document_it() 함수에 어떤 func 함수 이름을 전달하든지 간에 document_it() 함수에 추가 선언문이 포함된 새 함수를 얻는다. 데커레이터는 실제로 func 함수로부터 코드를 실행하지 않는다. 하지만 document_it() 함수로부터 func를 호출하여 결과뿐만 아니라 새로운 함수를 얻는다.

그러면 데커레이터를 어떻게 사용할까? 수동으로 데커레이터를 적용해보자.

```
>>> def add_ints(a, b):
...     return a + b
...
>>> add_ints(3, 5)
8
>>> cooler_add_ints = document_it(add_ints) # 데커레이터 수동 할당
>>> cooler_add_ints(3, 5)
Running function: add_ints
Positional arguments: (3, 5)
Keyword arguments: {}
Result: 8
8
```

위와 같이 수동으로 데커레이터를 할당하는 대신, 다음과 같이 데커레이터를 사용하고 싶은 함수에 그냥 **@데커레이터_이름**을 추가한다.

```
>>> @document_it
... def add_ints(a, b):
...     return a + b
...
>>> add_ints(3, 5)
Start function add_ints
Positional arguments: (3, 5)
Keyword arguments: {}
Result: 8
8
```

함수는 여러 데커레이터를 가질 수 있다. result를 제곱하는 square_it() 데커레이터를 작성해보자.

```
>>> def square_it(func):
...     def new_function(*args, **kwargs):
...         result = func(*args, **kwargs)
...         return result * result
...     return new_function
...
```

함수에서 가장 가까운(def 바로 위) 데커레이터를 먼저 실행한 후, 그 위의 데커레이터가 실행된다. 이 예제에서 순서를 바꿔도 똑같은 result를 얻지만, 중간 과정이 바뀐다.

```
>>> @document_it
... @square_it
... def add_ints(a, b):
...     return a + b
...
>>> add_ints(3, 5)
Running function: new_function
Positional arguments: (3, 5)
Keyword arguments: {}
Result: 64
64
```

데커레이터 순서를 바꿔보자.

```
>>> @square_it
... @document_it
... def add_ints(a, b):
...     return a + b
...
>>> add_ints(3, 5)
Running. function: add_ints
Positional arguments: (3, 5)
Keyword arguments: {}
Result: 8
64
```

9.10 네임스페이스와 스코프

이 사람의 재주와 저 사람의 역량(스코프)을 가지고 싶어하며   – 윌리엄 셰익스피어

이름name은 사용되는 위치에 따라 다른 것을 참조할 수 있다. 파이썬 프로그램에는 다양한 **네임스페이스**namespace가 있다. 네임스페이스는 특정 이름이 유일하고, 다른 네임스페이스에서의 같은 이름과 관계가 없는 것을 말한다.

각 함수는 자신의 네임스페이스를 정의한다. 메인 프로그램에서 x라는 변수를 정의하고, 함수에서 x라는 변수를 정의했을 때 이들은 서로 다른 것을 참조한다. 하지만 이 경계를 넘을 수 있다. 다양한 방법으로 다른 네임스페이스의 이름을 접근할 수 있다.

메인 프로그램은 **전역** 네임스페이스를 정의한다. 메인 프로그램의 네임스페이스에서 선언된 변수는 **전역 변수**global variable다.

다음 함수에서 전역 변수 값을 얻을 수 있다.

```
>>> animal = 'fruitbat'
>>> def print_global():
...     print('inside print_global:', animal)
...
>>> print('at the top level:', animal)
at the top level: fruitbat
>>> print_global()
inside print_global: fruitbat
```

함수에서 전역 변수의 값을 얻어서 바꾸려 하면 에러가 발생할 것이다.

```
>>> def change_and_print_global():
...     print('inside change_and_print_global:', animal).
...     animal = 'wombat'
...     print('after the change:', animal)
...
>>> change_and_print_global().
Traceback (most recent call last):
    File "<stdin>", line 1, in <module>
    File "<stdin>", line 2, in change_and_print_global
UnboundLocalError: local variable 'animal' referenced before assignment
```

함수 내에서 전역 변수와 이름이 같은 변수 animal을 변경할 때, 함수 내 animal 변수를 변경한다.

```
>>> def change_local():
...     animal = 'wombat'
...     print('inside change_local:', animal, id(animal))
...
>>> change_local()
inside change_local: wombat 4330406160
>>> animal
'fruitbat'
>>> id(animal)
4330390832
```

여기서 무슨 일이 일어날까? 첫 번째 줄에서 문자열 'fruitbat'을 전역 변수 animal에 할당했다. change_local() 함수 또한 이름이 animal인 변수를 갖지만, 그것은 로컬local 네임스페이스 안에 있다.

각 객체의 유일한 값을 출력하기 위해 그리고 change_local( ) 함수 내 animal 변수가 메인 프로그램의 animal 변수와 같지 않다는 것을 증명하기 위해 파이썬 함수 id()를 사용했다.

함수 내의 지역 변수local variable가 아닌 전역 변수를 접근하기 위해 global 키워드를 사용해서 전역 변수의 접근을 명시해야 한다(파이썬 철학: 명확한 것이 함축적인 것보다 낫다).

```
>>> animal = 'fruitbat'
>>> def change_and_print_global():
...     global animal
...     animal = 'wombat'
...     print('after the change:', animal)
...
>>> animal
'fruitbat'
>>> change_and_print_global()
inside change_and_print_global: wombat
>>> animal
'wombat'
```

함수 안에 global 키워드를 사용하지 않으면 파이썬은 로컬 네임스페이스를 사용하고 변수는 지역 변수가 된다. 지역 변수는 함수를 수행한 뒤 사라진다.

파이썬은 네임스페이스의 내용을 접근하기 위해 두 가지 함수를 제공한다.

- locals() 함수는 로컬(지역) 네임스페이스의 내용이 담긴 딕셔너리를 반환한다.
- globals() 함수는 글로벌(전역) 네임스페이스의 내용이 담긴 딕셔너리를 반환한다.

이들을 사용해보자.

```
>>> animal = 'fruitbat' # 전역 변수
>>> def change_local():
...     animal = 'wombat' # 지역 변수
...     print('locals:', locals())
...
>>> animal
'fruitbat'
>>> change_local()
locals: {'animal': 'wombat'}
>>> print('globals:', globals())
globals: {'animal': 'fruitbat',
'__doc__': None,
'change_local': <function change_local at 0x1006c0170>,
'__package__': None,
'__name__': '__main__',
'__loader__': <class '_frozen_importlib.BuiltinImporter'>,
'__builtins__': <module 'builtins'>}
>>> animal
'fruitbat'
```

change_local() 함수 내 로컬 네임스페이스에는 animal 로컬 변수만 있다. 메인 프로그램의 글로벌 네임스페이스에는 animal 전역 변수와 다른 여러 가지가 포함되어 있다.

9.11 이름에 _와 __ 사용하기

언더바 두 개(__)로 시작하고 끝나는 이름은 파이썬 내부 사용을 위해 예약되어 있다. 그러므로 변수를 선언할 때 두 언더바를 사용하면 안 된다. 개발자들이 이와 같은 변수 이름을 선택할 가능성이 낮아서, 이러한 네이밍 패턴을 선택한 것이다.

함수 이름은 시스템 변수 function.__name__에 있다. 그리고 함수 docstring은 function.

__doc__에 있다.

```
>>> def amazing():
...     '''This is the amazing function.
...     Want to see it again?'''
...     print('This function is named:', amazing.__name__)
...     print('And its docstring is:', amazing.__doc__)
...
>>> amazing()
This function is named: amazing
And its docstring is: This is the amazing function.
    Want to see it again?
```

조금 전에 globals() 함수 출력 결과에서 봤듯이, 메인 프로그램은 특별한 이름 __main__으로 할당되어 있다.

9.12 재귀 함수

지금까지 어떤 일을 처리하는 함수를 바로 호출했다. 그리고 이 함수는 다른 함수를 호출할 것이다. 함수가 자기 자신을 호출하면 어떻게 될까? 이것을 **재귀**recursion라고 한다. while 문 또는 for 문의 무한 루프처럼 무한 재귀를 원치 않는다. 파이썬에서 재귀가 깊다면(자기 자신을 너무 많이 호출하면) 예외가 발생한다.[2]

```
>>> def dive():
...     return dive()
...
>>> dive()
Traceback (most recent call last):
    File "<stdin>", line 1, in <module>
    File "<stdin>", line 2, in dive
```

....

2 옮긴이_ 다음과 같이 재귀 함수의 깊이 제한을 알고 설정 가능하다.

```
>>> import sys
>>> sys.getrecursionlimit() # 재귀 제한 얻기
1000
>>> sys.setrecursionlimit(1500) # 재귀 함수 제한 설정하기
```

```
    File "<stdin>", line 2, in dive
    File "<stdin>", line 2, in dive
    [Previous line repeated 996 more times]
  RecursionError: maximum recursion depth exceeded
```

재귀 함수는 리스트의 리스트의 리스트와 같이 '고르지 않은' 데이터를 처리할 때 유용하다. 이러한 모든 하위 리스트를 '평평하게' 만든다고 하자.[3] 다음과 같이 재귀 함수를 작성할 수 있다.

```
>>> def flatten(lol):
...     for item in lol:
...         if isinstance(item, list):
...             for subitem in flatten(item):
...                 yield subitem
...         else:
...             yield item
>>> lol = [1, 2, [3,4,5], [6,[7,8,9], []]]
>>> flatten(lol)
<generator object flatten at 0x10509a750>
>>> list(flatten(lol))
[1, 2, 3, 4, 5, 6, 7, 8, 9]
```

yield from 표현식을 추가하여 제너레이터의 일부를 전달할 수 있다(파이썬 3.3 이상에서만 가능).

```
>>> def flatten(lol):
...     for item in lol:
...         if isinstance(item, list):
...             yield from flatten(item)
...         else:
...             yield item
...
>>> lol = [1, 2, [3,4,5], [6,[7,8,9], []]]
>>> list(flatten(lol))
[1, 2, 3, 4, 5, 6, 7, 8, 9]
```

----

3 시퀀스의 시퀀스를 하나의 시퀀스로 수집하기와 같이 파이썬 면접 질문에 등장할 수 있다.

9.13 비동기 함수

비동기 함수asynchronous function를 정의하고 실행하기 위해서 async와 await 키워드가 파이썬 3.5에 추가됐다. 이들의 특징은 다음과 같다.

- 비교적 새로운 기능이다.
- 이해하기 조금 어렵다.
- 시간이 갈수록 더 중요해지고 더 잘 알려질 것이다.

이러한 이유로 이 주제와 다른 비동기 주제에 대한 내용을 부록 C에서 다룬다.

지금은 함수를 정의하는 def 앞에 async 키워드가 붙으면 비동기 함수라는 것을 알면 된다. 마찬가지로 함수를 호출하기 전에 await 키워드가 있으면 해당 함수는 비동기적이다.

비동기 함수와 일반 함수의 주요 차이점은 비동기 함수는 실행을 완료하기보다 '제어를 넘겨주는 것give up control'이다.

9.14 예외

일부 언어에서 에러는 특수 함수의 반환값으로 표시된다. 파이썬에서는 코드 관련 에러가 발생할 때 실행되는 **예외**exception를 사용한다.

앞에서 위치의 범위를 벗어난 리스트나 튜플의 접근과 존재하지 않는 딕셔너리 키와 같은 몇몇 예외를 봤다. 어떤 상황에서 실패할 수 있는 코드를 실행할 때, 잠재적인 모든 에러를 방지하기 위해 적절한 **예외 처리**exception handler가 필요하다.

사용자가 어디에서 예외를 발생할 것인지 예측하고, 예외 처리를 하는 것은 좋은 습관이다. 이것으로 문제를 해결하지 못할 수도 있지만, 적어도 사용자에게 이 상황을 알리고 프로그램을 종료할 수 있다. 어떤 함수에서 예외가 발생하여 그곳에서 잡히지 않았다면, 이 함수를 호출한 핸들러에 의해서 그 예외를 잡을 때까지 버블링bubbling한다. 예외 처리를 하지 않는다면, 파이썬은 에러 메시지와 오류가 발생한 위치에 대한 정보를 출력하고 프로그램을 종료한다. 다음 예제를 살펴보자.

```
>>> short_list = [1, 2, 3]
>>> position = 5
>>> short_list[position]
Traceback (most recent call last):
  File "<stdin>", line 1, in <module>
IndexError: list index out of range
```

9.14.1 에러 처리하기: try, except

> 하거나 하지 않는 것이지, 시도해본다는 것은 없다.   – 요다

에러가 발생하도록 코드를 내버려두는 것보다 에러가 예상되는 코드에 **try** 문을 사용하고, 그 에러를 처리하기 위해 **except** 문을 사용한다.

```
>>> short_list = [1, 2, 3]
>>> position = 5
>>> try:
...     short_list[position]
... except:
...     print('Need a position between 0 and', len(short_list)-1, ' but got', position)
...
...
Need a position between 0 and 2 but got 5
```

try 문의 코드를 실행할 때 에러가 있다면 예외가 발생하고 **except** 문의 코드가 실행된다. **try** 문에 에러가 없다면 **except** 문을 건너뛴다.

위와 같이 인수가 없는 **except** 문은 모든 예외 타입을 잡는다는 것을 말한다. 두 개 이상의 예외 타입이 발생하면 별도의 예외 핸들러를 제공하는 것이 가장 좋은 방법이다. 모든 예외를 처리하기 위해 그냥 **except** 문만 쓸 수도 있다. 이렇게 쓰는 것을 강요하지는 않지만, 이것은 포괄적인 예외처리 방식이다('어떤 에러가 발생함'을 출력하는 것과 같음). 그러므로 각 에러에 대한 특정 예외 핸들러를 사용하는 것이 좋다.

예외 타입을 넘어 예외 사항에 대한 세부정보를 얻고 싶다면 다음과 같이 변수 이름에서 예외 객체 전체를 얻을 수 있다.

except 예외 타입 as 이름

다음 예제는 먼저 IndexError를 찾는다. 이것은 시퀀스에서 잘못된 위치를 입력할 때 발생하는 예외 타입이다. 그리고 err 변수에 IndexError 예외를, other 변수에 다른 기타 예외를 저장한다. 다음 예제는 사용자 입력값에 따라 other 변수에 저장된 객체를 출력한다.

```
>>> short_list = [1, 2, 3]
>>> while True:
...     value = input('Position [q to quit]? ')
...     if value == 'q':
...         break
...     try:
...         position = int(value)
...         print(short_list[position])
...     except IndexError as err:
...         print('Bad index:', position)
...     except Exception as other:
...         print('Something else broke:', other)
...
Position [q to quit]? 1
2
Position [q to quit]? 0
1
Position [q to quit]? 2
3
Position [q to quit]? 3
Bad index: 3
Position [q to quit]? 2
3
Position [q to quit]? two
Something else broke: invalid literal for int() with base 10: 'two'
Position [q to quit]? q
```

3을 입력하면 예상한대로 IndexError가 발생한다. 그리고 two를 입력하면 모든 예외를 처리하는 두 번째 예외 핸들러 코드에서 int() 함수에 대한 예외가 발생한다.

9.14.2 예외 만들기

이전 절에서 예외 처리에 대해 배웠다. 그러나 (IndexError와 같은) 모든 예외는 파이썬 표준 라이브러리에 미리 정의되어 있는 것이다. 우리는 필요한 예외 처리를 선택해서 사용할 수 있다. 또한 우리가 만든 프로그램에서 특별한 상황에 발생할 수 있는 예외를 처리하기 위해 예외 유형을 정의할 수 있다.

> **NOTE_** 새로운 예외 유형을 정의하려면 클래스 객체 타입을 정의해야 한다. 클래스는 10장에서 살펴본다. 클래스에 익숙하지 않다면, 10장을 읽은 다음에 다시 돌아와서 이 절을 읽어도 무방하다.

예외는 클래스고, Exception 클래스의 자식이다. 다음 예제에서 words 문자열에 대문자가 있을 때 예외를 발생하는 UppercaseException 예외를 만들어보자.

```
>>> class UppercaseException(Exception):
...     pass
...
>>> words = ['eenie', 'meenie', 'miny', 'MO']
>>> for word in words:
...     if word.isupper():
...         raise UppercaseException(word)
...
Traceback (most recent call last):
  File "<stdin>", line 3, in <module>
__main__.UppercaseException: MO
```

UppercaseException에 대한 행동을 정의하지 않았다(pass 문만 사용함). 부모 클래스 Exception은 예외가 발생했을 때 출력할 내용을 알아내고 있다. 다음과 같이 예외 객체에 접근해서 그 내용을 출력한다.

```
>>> try:
...     raise OopsException('panic')
... except OopsException as exc:
...     print(exc)
```

9.15 다음 장에서는

객체! 객체 지향 언어를 살펴본다.

9.16 연습문제

9.1 ['Harry', 'Ron', 'Hermione'] 리스트를 반환하는 good() 함수를 정의해보자.

9.2 range(10)의 홀수를 반환하는 get_odds 제너레이터 함수를 정의해보자. for 문으로 반환된 세 번째 홀수를 찾아서 출력한다.

9.3 어떤 함수가 호출되면 'start'를, 끝나면 'end'를 출력하는 test 데커레이터를 정의해보자.

9.4 OopsException 예외를 정의해보자. 이 예외를 발생시켜보자. 그리고 이 예외를 잡아서 'Caught an oops'를 출력하는 코드를 작성해보자.

CHAPTER 10

객체와 클래스

어떤 사물object도 신기한 것은 없다. 신비로운 것은 당신의 눈이다.　　　– 엘리자베스 보엔(소설가)

한 물체object를 잡고, 거기에 뭔가를 한 다음, 거기에 또 다른 뭔가를 하라.

– 재스퍼 존스(팝 아트 미술가)

숫자에서 함수까지 파이썬의 모든 것은 객체다. 하지만 파이썬은 특수 구문을 이용해서 대부분의 객체를 숨긴다. num = 7을 입력했을 때 7이 담긴 정수 유형의 객체를 생성하고 객체 참조 object reference를 num에 할당한다. 이번 장에서는 객체를 직접 만들고 기존 객체의 행동을 수정하면서 객체를 자세히 살펴볼 것이다.

10.1 객체란 무엇인가?

객체object는 데이터(변수, **속성**attribute이라고 부름)와 코드(함수, **메서드**method라고 부름)를 포함하는 커스텀 자료구조다. 객체는 어떤 구체적인 것의 유일한 인스턴스instance를 나타낸다. 객체를 명사로, 메서드를 동사로 생각하면 된다. 객체는 개별 사물을 나타내며 해당 메서드는 다른 사물과 상호작용하는 방법을 정의한다.

예를 들어 3장에서 본 것처럼 7이라는 값을 가진 정수 객체는 덧셈이나 곱셈 같은 계산을 쉽게 해주는 객체다. 값 8은 또 다른 객체다. 이것은 파이썬의 어딘가에 7과 8이 속하는 정수 클래스가 있다는 뜻이다. 문자열 'cat'과 'duck'도 객체고, 5장에서 살펴본 capitalize()나 replace() 같은 문자열 메서드를 갖고 있다.

모듈과 달리 잠재적으로 다른 속성을 가진 여러 객체(인스턴스라고도 함)를 동시에 가질 수 있다. 객체는 마치 코드가 있는 슈퍼 자료구조와 같다.

10.2 간단한 객체

기본 객체 클래스를 먼저 살펴보고, 상속에 대한 내용은 나중에 다룬다.

10.2.1 클래스 선언하기: class

아무도 만들어본 적이 없는 새 객체를 생성하기 위해서 객체에 포함된 내용을 나타내는 **클래스** class를 정의한다.

2장에서는 객체를 플라스틱 박스에 비유했다. **클래스**는 상자를 만드는 틀에 비유할 수 있다. 예를 들어 문자열은 'cat', 'duck'과 같은 문자열 객체를 만드는 내장된 클래스다. 파이썬은 리스트, 딕셔너리 등을 포함한 다른 표준 데이터 타입을 생성하는 내장 클래스가 많이 있다. 커스텀 객체를 생성하기 위해 먼저 class 키워드로 클래스를 정의한다. 간단한 예제로 살펴보자.

고양이에 대한 정보를 나타내는 객체를 정의한다고 가정해보자. 각 객체는 고양이 한 마리를 나타낸다. 먼저 객체의 틀로 Cat 클래스를 정의한다. 이어서 아주 간단한 클래스에서 실제로 동작하는 클래스 여러 개를 만들어보자.

> **NOTE_** 명명 규칙naming convention은 파이썬 코드 스타일 가이드인 PEP 8을 따른다(*https://oreil.ly/gAJOF*).

먼저 가장 간단한 빈 클래스를 생성한다.

```
>>> class Cat():
...     pass
```

다음과 같이 빈 클래스를 생성할 수 도 있다.

```
>>> class Cat:
...     pass
```

함수와 마찬가지로, 클래스가 비어있다는 것을 나타내기 위해 **pass**를 사용했다. 이것은 객체를 생성하기 위한 최소한의 정의다.

함수처럼 클래스 이름을 호출하여 클래스로부터 객체를 생성할 수 있다.

```
>>> a_cat = Cat()
>>> another_cat = Cat()
```

Cat()은 **Cat** 클래스로부터 개별 객체를 생성한다. 그리고 이런 개체를 **a_cat**과 **another_cat** 이름에 할당한다. 그러나 **Cat** 클래스는 빈 클래스이기 때문에 생성한 객체만 존재할 뿐 아무것도 할 수 없다.

10.2.2 속성

속성attribute은 클래스나 객체 내부의 변수다. 객체나 클래스가 생성되는 동안이나 이후에 속성을 할당할 수 있다. 속성은 다른 객체일 수 있다. **Cat** 객체 두 개를 다시 생성해보자.

```
>>> class Cat:
...     pass
...
>>> a_cat = Cat()
>>> a_cat
<__main__.Cat object at 0x100cd1da0>
>>> another_cat = Cat()
>>> another_cat
<__main__.Cat object at 0x100cd1e48>
```

Cat 클래스를 정의할 때 해당 클래스에서 객체를 출력하는 부분을 작성하지 않았다. 이 경우 파이썬이 알아서 **<__main__.Cat object at 0x100cd1da0>**와 같은 것을 출력한다. 이런 기본 동작을 변경하는 방법은 10.7절에서 다룬다.

첫 번째 객체에 속성 세 개를 할당해보자.

```
>>> a_cat.age = 3
>>> a_cat.name = "Mr. Fuzzybuttons"
>>> a_cat.nemesis = another_cat
```

할당한 속성에 접근할 수 있는가? 접근할 수 있길 바란다.

```
>>> a_cat.age
3
>>> a_cat.name
'Mr. Fuzzybuttons'
>>> a_cat.nemesis
<__main__.Cat object at 0x100cd1e48>
```

nemesis 속성은 다른 Cat 객체를 참조하므로 a_cat.nemesis를 사용하여 접근할 수 있지만, 다른 객체에는 name 속성이 할당되지 않았다.

```
>>> a_cat.nemesis.name
Traceback (most recent call last):
  File "<stdin>", line 1, in <module>
AttributeError: 'Cat' object has no attribute 'name'
```

다른 객체에 name 속성을 할당한다.

```
>>> a_cat.nemesis.name = "Mr. Bigglesworth"
>>> a_cat.nemesis.name
'Mr. Bigglesworth'
```

이와 같은 간단한 객체에서도 여러 속성을 저장하는 데 사용할 수 있다. 즉, 리스트나 딕셔너리와 같은 자료구조를 사용하는 대신 여러 객체를 사용하여 다른 값을 저장할 수 있다.

속성을 이야기할 때, 일반적으로 객체 속성을 의미한다. **클래스 속성**도 있다. 10.4.6절에서 차이점에 대해 살펴본다.

10.2.3 메서드

메서드method는 클래스 또는 객체의 함수다. 메서드는 다른 함수와 비슷하지만 10.5.3절과 10.6절에 있는 특별한 방식으로 사용할 수 있다.

10.2.4 초기화

객체를 생성할 때 속성을 할당하려면 객체 초기화initialization 메서드 __init__()를 사용한다.

```
>>> class Cat:
...     def __init__(self):
...         pass
```

위 코드는 실제 파이썬 클래스 정의에서 볼 수 있다. __init__()는 클래스 정의에서 개별 객체를 초기화하는 특수 메서드다. self 매개변수는 개별 객체 자신을 참조하도록 지정한다.[1]

클래스 정의에서 __init__()을 정의할 때 첫 번째 매개변수 이름은 self이어야 한다. self는 예약어는 아니지만 일반적으로 사용한다. 따라서 다른 사람이 코드를 읽을 때 무슨 뜻인지 추측할 필요가 없다.

그러나 위 코드에서도 실제로 뭔가 수행하는 객체를 만들지 않았다. 다음 코드에서 간단한 객체를 생성하고, 한 속성을 할당한다. 이번에는 초기화 메서드에 매개변수 이름을 추가한다.

```
>>> class Cat():
... def __init__(self, name):
...     self.name = name
...
>>>
```

이제 name 매개변수에 문자열을 전달하여 Cat 클래스로부터 객체를 생성할 수 있다.

```
>>> furball = Cat('Grumpy')
```

---

1 파이썬 이름에 더블 언더바의 예제가 많다. 이것을 줄여서 던더dunder라고 부르기도 한다.

코드가 어떻게 동작하는지 살펴보자.

- Cat 클래스의 정의를 찾는다.

- 메모리에 새 객체를 **초기화**(생성)한다.

- 객체의 __init__ 메서드를 호출한다. 새롭게 생성된 객체를 self에 전달하고, 인수('Grumpy')를 name에 전달한다.

- 객체에 name 값을 저장한다.

- 새 객체를 반환한다.

- furball 변수에 이 객체를 연결한다.

이 객체는 파이썬의 다른 객체의 생성 과정과 같다. 이 객체는 리스트, 튜플, 딕셔너리, 또는 셋의 요소로 사용할 수 있다. 이 객체를 함수에 인수로 전달할 수 있고, 함수에서 그 결과를 반환할 수 있다.

우리가 전달한 **name**에 무엇이 있는지 살펴보자. 이것은 객체의 속성에 저장되어 있다. 이 속성은 직접 읽고 쓸 수 있다.

```
>>> print('Our latest addition: ', furball.name)
Our latest addition: Grumpy
```

Cat 클래스 정의에서 name 속성을 self.name으로 접근하는 것을 기억하자. furball과 같은 객체를 생성할 때 furball.name은 self.name을 참조한다.

모든 클래스 정의에서 __init__() 메서드를 가질 필요가 없다. __init__() 메서드는 같은 클래스에서 생성된 다른 객체를 구분하기 위해 필요한 다른 뭔가를 수행한다. __init__() 메서드는 다른 언어에서 부르는 '생성자'의 개념이 아니다. __init__() 메서드 호출 전에 이미 객체를 만들었기 때문이다. __init__() 메서드를 초기화 메서드라고 생각하자.

> **NOTE_** 하나의 클래스에서 많은 객체를 개별적으로 만들 수 있다. 그러나 파이썬은 데이터를 객체로 구현하므로 클래스 자체가 객체다. 프로그램에서는 한 클래스 객체만 있다. 위 예제처럼 Cat 클래스를 정의했다면, 프로그램에서 이 클래스의 객체 하나만 존재한다.

10.3 상속

어떤 코딩 문제를 해결할 때 필요한 기능 대부분을 수행하는 기존 클래스를 찾을 것이다. 그리고 기존 클래스에 필요한 기능을 추가할 것이다. 이때 어떻게 해야 할까?

기존 클래스를 수정하면 클래스가 더 복잡해질 것이고, 코드를 잘못 건드려 수행할 수 없게 만들 수 있다.

물론 기존 클래스를 자르고 붙여넣기로 새 클래스를 만들어서, 새 코드에 병합할 수도 있다. 그러나 이것은 우리가 관리해야 할 코드가 더 많아진다는 것을 의미하기도 한다. 그리고 같은 일을 수행하는 기존 클래스와 새로운 클래스가 서로 다른 곳에 있어서 혼란스러워질 수 있다.

이 문제는 **상속**inherit으로 해결할 수 있다. 기존 클래스에서 일부를 추가하거나 변경하여 새 클래스를 생성한다. 코드를 재사용reuse하는 아주 좋은 방법이다. 상속을 이용하면 새로운 클래스는 기존 클래스를 복사하지 않고, 기존 클래스의 모든 코드를 사용할 수 있다.

10.3.1 부모 클래스 상속받기

필요한 것만 추가하거나 변경해서 새 클래스를 정의한다. 그리고 기존 클래스의 행동behavior을 오버라이드override (재정의)한다. 기존 클래스는 **부모**parent 클래스, **슈퍼**super 클래스, **베이스**base 클래스라고 부른다. 새 클래스는 **자식**child 클래스, **서브**sub 클래스, **파생된**derived 클래스라고 부른다. 이 용어들은 객체 지향 프로그래밍Object-Oriented Programming에서 다르게 사용될 수 있다.

다음 예제에서 상속을 사용해보자. 빈 클래스 Car를 정의한다. 그리고 Car의 서브 클래스 Yugo를 정의한다. 서브 클래스는 같은 class 키워드를 사용하지만, 괄호 안에 부모 클래스의 이름을 지정한다.

```
>>> class Car():
...     pass
...
>>> class Yugo(Car):
...     pass
...
```

issubclass() 함수를 사용하여 다른 클래스에서 파생되었는지 확인할 수 있다.

```
>>> issubclass(Yugo, Car)
True
```

그다음, 각 클래스로부터 객체를 생성한다.

```
>>> give_me_a_car = Car()
>>> give_me_a_yugo = Yugo()
```

자식 클래스는 부모 클래스를 구체화specialization한 것이다. 객체 지향 용어로 Yugo는 Car다Yugo is-a Car. give_me_a_yugo 객체는 Yugo 클래스의 인스턴스이고, Car 클래스가 할 수 있는 것을 상속받는다.

```
>>> class Car():
...     def exclaim(self):
...         print("I'm a Car!")
...
>>> class Yugo(Car):
...     pass
```

마지막으로, 클래스로부터 객체를 만들고 exclaim() 메서드를 호출한다.

```
>>> give_me_a_car = Car()
>>> give_me_a_yugo = Yugo()
>>> give_me_a_car.exclaim()
I'm a Car!
>>> give_me_a_yugo.exclaim()
I'm a Car!
```

Yugo는 특별한 일을 하지 않고 Car로부터 exclaim() 메서드를 상속받았다. Yugo는 자신이 Car라고 말하고 있다. Yugo의 정체성이 불분명해 보인다. 이를 위해 무엇을 할 수 있는지 다음 절에서 살펴본다.

> **NOTE_** 상속은 충분히 매력적이지만 남용될 수 있다. 수년간의 객체 지향 프로그래밍 경험에서 상속을 너무 많이 사용하면 프로그램을 관리하기 어렵다는 것을 보여줬다. 대신 애그리게이션aggregation, 콤퍼지션 composition과 같은 다른 기술을 사용하는 것이 더 좋을 수 있다. 이번 장에서 이러한 대안을 배운다.

10.3.2 메서드 오버라이드

이전 절의 예제에서 본 것처럼 새 클래스는 부모 클래스로부터 모든 것을 상속받는다. 좀 더 나아가서 부모 메서드를 어떻게 오버라이드^{override} (대체)하는지 살펴볼 것이다. Yugo는 아마도 어떤 식으로든 Car와 달라야 한다. 그렇지 않으면 새로운 클래스를 정의하는 것이 무슨 의미가 있겠는가? Yugo 클래스에서 exclaim() 메서드를 추가해보자.

```
>>> class Car():
...     def exclaim(self):
...         print("I'm a Car!")
...
>>> class Yugo(Car):
...     def exclaim(self):
...         print("I'm a Yugo! Much like a Car, but more Yugo-ish.")
...
```

두 클래스의 객체를 생성한다.

```
>>> give_me_a_car = Car()
>>> give_me_a_yugo = Yugo()
```

각 객체의 exclaim() 메서드를 호출한다.

```
>>> give_me_a_car.exclaim()
I'm a Car!
>>> give_me_a_yugo.exclaim()
I'm a Yugo! Much like a Car, but more Yugo-ish.
```

이 예제에서는 exclaim() 메서드를 오버라이드했다. __init__() 메서드를 포함한 모든 메서드를 오버라이드할 수 있다. 이어서 Person 클래스 사용한 또 다른 예를 설명할 것이다. 의사를 나타내는 MDPerson과 변호사를 나타내는 JDPerson 서브클래스를 만들어보자.

```
>>> class Person():
...     def __init__(self, name):
...         self.name = name
...
>>> class MDPerson(Person):
```

```
...     def __init__(self, name):
...         self.name = "Doctor " + name
...
>>> class JDPerson(Person):
...     def __init__(self, name):
...         self.name = name + ", Esquire"
...
```

이러한 경우 __init__() 초기화 메서드는 부모 클래스의 Person과 같은 인수를 취하지만, 객체의 인스턴스 내부에서는 다른 name 값을 저장한다.

```
>>> person = Person('Fudd')
>>> doctor = MDPerson('Fudd')
>>> lawyer = JDPerson('Fudd')
>>> print(person.name)
Fudd
>>> print(doctor.name)
Doctor Fudd
>>> print(lawyer.name)
Fudd, Esquire
```

10.3.3 메서드 추가하기

자식 클래스도 부모 클래스에 없는 메서드를 **추가**[add]할 수 있다. Car 클래스와 Yugo 클래스로 돌아가서 Yugo 클래스에만 있는 새로운 메서드 need_a_push()를 정의해보자.

```
>>> class Car():
...     def exclaim(self):
...         print("I'm a Car!")
...
>>> class Yugo(Car):
...     def exclaim(self):
...         print("I'm a Yugo! Much like a Car, but more Yugo-ish.")
...     def need_a_push(self):
...         print("A little help here?")
...
```

그다음, Car와 Yugo 객체를 생성한다.

```
>>> give_me_a_car = Car()
>>> give_me_a_yugo = Yugo()
```

Yugo 객체는 need_a_push() 메서드 호출에 대답할 수 있다.

```
>>> give_me_a_yugo.need_a_push()
A little help here?
```

그러나 제네릭 Car 객체는 그렇게 할 수 없다.

```
>>> give_me_a_car.need_a_push()
Traceback (most recent call last):
    File "<stdin>", line 1, in <module>
AttributeError: 'Car' object has no attribute 'need_a_push'
```

Yugo는 Car가 하지 못하는 뭔가를 할 수 있으며, Yugo의 독특한 개성을 나타낼 수 있다.

10.3.4 부모에게 도움받기: super()

지금까지 자식 클래스에서 메서드를 추가하거나 부모 클래스로부터 메서드를 오버라이드
하는 방법을 살펴봤다. 자식 클래스에서 부모 클래스를 호출하고 싶다면 어떻게 해야 할
까? super() 메서드를 사용하면 된다. 이메일 주소를 가진 Person 클래스를 나타내는
EmailPerson이라는 새로운 클래스를 정의한다. 우선, 우리에게 친숙한 Person 클래스를 정
의해보자.

```
>>> class Person():
...     def __init__(self, name):
...         self.name = name
...
```

서브클래스의 __init__() 메서드에 email 매개변수를 추가했다.

```
>>> class EmailPerson(Person):
...     def __init__(self, name, email):
...         super().__init__(name)
...         self.email = email
...
```

자식 클래스에서 __init__() 메서드를 정의하면 부모 클래스의 __init__() 메서드를 대체하는 것이기 때문에 더 이상 자동으로 부모 클래스의 __init__() 메서드가 호출되지 않는다. 그러므로 이것을 명시적으로 호출해야 한다. 코드에서 무슨 일이 일어나는지 살펴보자.

- super() 메서드는 부모 클래스(Person)의 정의를 얻는다.
- __init__() 메서드는 Person.__init__() 메서드를 호출한다. 이 메서드는 self 인수를 슈퍼 클래스로 전달하는 역할을 한다. 그러므로 슈퍼 클래스에 선택적 인수를 제공하기만 하면 된다. 이 경우 Person()에서 받는 인수는 name이다.
- self.email = email은 EmailPerson 클래스를 Person 클래스와 다르게 만들어주는 새로운 코드다.

계속해서 EmailPerson 객체를 만들어보자.

```
>>> bob = EmailPerson('Bob Frapples', 'bob@frapples.com')
```

객체의 name과 email 속성에 접근할 수 있다.

```
>>> bob.name
'Bob Frapples'
>>> bob.email
'bob@frapples.com'
```

왜 자식 클래스에서 다음과 같이 정의하지 않았을까?

```
>>> class EmailPerson(Person):
...     def __init__(self, name, email):
...         self.name = name
...         self.email = email
...
```

위와 같이 정의할 수 있지만, 이것은 상속의 이점을 활용할 수 없다. 위에서 super() 메서드를 사용하여 Person 클래스에서 일반 Person 객체와 같은 방식으로 동작하게 만들었다.

super() 메서드에 대한 또 다른 이점이 있다. Person 클래스의 정의가 나중에 바뀌면 Person 클래스로부터 상속받은 EmailPerson 클래스의 속성과 메서드에 변경 사항이 반영된다.

자식 클래스가 자신의 방식으로 무언가를 처리하지만, 여전히 부모 클래스로부터 무언가가 필요할 때(현실의 부모와 자식 관계처럼) super() 메서드를 사용한다.

10.3.5 다중 상속

앞에서 일반 클래스와 부모 클래스를 상속한 예제를 살펴봤다. 실제로 객체는 여러 부모 클래스를 상속받을 수 있다.

클래스가 가지고 있지 않은 메서드 또는 속성을 참조하면 파이썬은 모든 부모 클래스를 조사한다. 두 부모 클래스에서 같은 이름을 가진 경우 어떻게 될까? 누구의 것을 상속받을까?

파이썬의 상속은 **메서드 해석 순서**method resolution order(MRO)에 달려있다. 각 파이썬 클래스에는 특수 메서드 mro()가 있다. 이 메서드는 해당 클래스 객체에 대한 메서드 또는 속성을 찾는 데 필요한 클래스의 리스트를 반환한다. __mro__라는 유사한 속성은 해당 클래스의 튜플이다. 위 경우 먼저 선언된 부모 클래스를 상속받는다.

다음 예제에서 최상위 클래스 Animal, 두 하위 클래스 Horse, Donkey를 정의한 후, 두 하위 클래스를 상속 받는 클래스를 만든다.

```
>>> class Animal:
...     def says(self):
...         return 'I speak!'
...
>>> class Horse(Animal):
...     def says(self):
...         return 'Neigh!'
...
>>> class Donkey(Animal):
...     def says(self):
...         return 'Hee-haw!'
...
>>> class Mule(Donkey, Horse):
...     pass
...
```

```
>>> class Hinny(Horse, Donkey):
...     pass
...
```

Mule 클래스에서 메서드나 속성을 찾을 때 순서는 다음과 같다.

1. 객체 자신(Mule 타입)

2. 객체의 클래스(Mule)

3. 클래스의 첫 번째 부모 클래스(Donkey)

4. 클래스의 두 번째 부모 클래스(Horse)

5. 부모의 부모 클래스(Animal)

Donkey 클래스와 Horse 클래스의 선언 순서를 제외하고 Hinny 클래스도 위와 같이 동작한다.

```
>>> Mule.mro()
[<class '__main__.Mule'>, <class '__main__.Donkey'>, <class '__main__.Horse'>, <class
'__main__.Animal'>, <class 'object'>]
>>> Hinny.mro()
[<class '__main__.Hinny'>, <class '__main__.Horse'>, <class '__main__.Donkey'>, <class
'__main__.Animal'>, class 'object'>]
```

그래서 멋진 짐승들은 뭐라고 말할까?

```
>>> mule = Mule()
>>> hinny = Hinny()
>>> mule.says()
'hee-haw'
>>> hinny.says()
'Neigh!'
```

상속에서 부모 클래스를 엄마, 아빠 순서대로 나열하고, 자식 클래스에서 엄마, 아빠가 가진 같은 이름의 메서드나 속성을 호출한다면 엄마처럼 행동한다.

Horse나 Donkey 클래스에서 says() 메서드를 가지고 있지 않다면, mule이나 hinny 객체는 부모의 부모인 Animal 클래스를 사용하여 'I speak!'을 반환한다.

10.3.6 믹스인

클래스 정의에 부모 클래스를 추가하여 상속받을 수 있다. 그러나 이를 헬퍼helper의 목적으로만 사용할 수 있다. 즉, 다른 상위 클래스와 메서드를 공유하지 않으며 이전 절에서 언급한 메서드 해석 순서의 모호성을 피한다.

이러한 부모 클래스를 **믹스인**mixin 클래스라고도 한다. 로깅과 같은 '사이드' 작업에서 이를 사용할 수 있다. 다음 예제는 객체 속성을 출력하는 믹스인 클래스다.

```
>>> class PrettyMixin():
...     def dump(self):
...         import pprint
...         pprint.pprint(vars(self))
>>> class Thing(PrettyMixin):
...     pass
...
>>> t = Thing()
>>> t.name = "Nyarlathotep"
>>> t.feature = "ichor"
>>> t.age = "eldritch"
>>> t.dump()
{'age': 'eldritch', 'feature': 'ichor', 'name': 'Nyarlathotep'}
```

10.4 자신: self

파이썬에서(공백 사용 외에) 어떤 한 비판은 인스턴스 메서드(이전 예제에서 봤던 메서드의 종류)의 첫 번째 인수로 self를 포함해야 한다는 것이다. 파이썬은 적절한 객체의 속성과 메서드를 찾기 위해 self 인수를 사용한다. 다음 예제에서 객체의 메서드를 어떻게 호출하고, 파이썬에서 실제로 은밀하게 무엇을 처리하는지 살펴보자.

이전 예제의 Car 클래스에서 exclaim() 메서드를 다시 호출해보자.

```
>>> a_car = Car()
>>> a_car.exclaim()
I'm a Car!
```

파이썬이 은밀하게 처리하는 일은 다음과 같다.

- a_car 객체의 Car 클래스를 찾는다.

- a_car 객체를 Car 클래스 exclaim() 메서드의 self 매개변수에 전달한다.

단지 재미로, 다음과 같은 방법으로 메서드를 실행할 수 있다. 이것은 일반 **car.exclaim()** 구문과 똑같이 동작한다.

```
>>> Car.exclaim(a_car)
I'm a Car!
```

하지만 굳이 이렇게 더 긴 구문을 사용할 이유가 없다.

10.5 속성 접근

파이썬은 일반적으로 객체 속성과 메서드는 공개되어 있어서, 이를 개발자가 스스로 잘 관리해야 한다(이를 '동의 성인' 정책이라고 부른다). 이번 절에서는 직접 접근 방식과 일부 대안을 살펴본다.

10.5.1 직접 접근

이전 예제에서 살펴봤듯이, 속성 값을 직접 가져와서 설정할 수 있다.

```
>>> class Duck:
...     def __init__(self, input_name):
...         self.name = input_name
...
>>> fowl = Duck('Daffy')
>>> fowl.name
'Daffy'
```

그러나 누군가 잘못 수정하면 어떻게 될까?

```
>>> fowl.name = 'Daphne'
>>> fowl.name
'Daphne'
```

다음 두 절에서는 실수로 어떤 개발자가 위 예제와 같이 수정하지 못하도록 속성에 대한 접근 프라이버시를 얻는 방법을 살펴본다.

10.5.2 Getter/Setter 메서드

어떤 객체 지향 언어에서는 외부로부터 바로 접근할 수 없는 private 객체 속성을 지원한다. 개발자는 private 속성의 값을 읽고 쓰기 위해 **getter**/**setter** 메서드를 사용한다.

파이썬에는 private 속성이 없지만 조금의 프라이버시를 얻기 위해서 애매한 속성 이름을 가진 Getter/Setter 메서드를 작성할 수 있다(가장 좋은 해결책은 다음 절에서 살펴볼 **프로퍼티**를 사용하는 것이다).

다음 예제에서는 hidden_name이라는 속성으로 Duck 클래스를 정의한다. 이 속성을 외부에서 직접 접근하지 못하도록 getter(get_name())과 setter(set_name()) 메서드를 정의한다. 각 메서드가 언제 호출되는지 알아보기 위해 print() 함수를 추가한다.

```
>>> class Duck():
...     def __init__(self, input_name):
...         self.hidden_name = input_name
...     def get_name(self):
...         print('inside the getter')
...         return self.hidden_name
...     def set_name(self, input_name):
...         print('inside the setter')
...         self.hidden_name = input_name
...
>>> don = Duck('Donald')
>>> don.get_name()
inside the getter 'Donald'
>>> don.set_name('Donna')
inside the setter
>>> don.get_name()
inside the getter 'Donna'
```

10.5.3 속성 접근을 위한 프로퍼티

속성 프라이버시를 위한 파이써닉한 방법은 **프로퍼티**property를 사용하는 것이다.

두 방법으로 프로퍼티를 사용할 수 있다. 첫 번째 방법으로 먼저 name = property(get_name, set_name) 구문을 클래스 정의 마지막 줄에 추가한다.

```
>>> class Duck():
...     def __init__(self, input_name):
...         self.hidden_name = input_name
...     def get_name(self):
...         print('inside the getter')
...         return self.hidden_name
...     def set_name(self, input_name):
...         print('inside the setter')
...         self.hidden_name = input_name
...     name = property(get_name, set_name)
...
```

Getter/Setter 메서드는 여전히 동작한다.

```
>>> don = Duck('Donald')
>>> don.get_name()
inside the getter 'Donald'
>>> don.set_name('Donna')
inside the setter
>>> don.get_name()
inside the getter
'Donna'
```

그러나 이제 속성 이름을 사용하여 hidden_name 속성을 가져오거나 설정할 수 있다.

```
>>> don = Duck('Donald')
>>> don.name
inside the getter 'Donald'
>>> don.name = 'Donna'
inside the setter
>>> don.name
inside the getter 'Donna'
```

두 번째 방법은 데커레이터를 추가하고, 두 메서드 이름(get_name과 set_name)을 name으로 변경한다.

- getter 메서드 앞에 @property 데커레이터를 쓴다.
- setter 메서드 앞에 @name.setter 데커레이터를 쓴다.

다음은 데커레이터를 사용한 코드다.

```
>>> class Duck():
...     def __init__(self, input_name):
...         self.hidden_name = input_name
...     @property
...     def name(self):
...         print('inside the getter')
...         return self.hidden_name
...     @name.setter
...     def name(self, input_name):
...         print('inside the setter')
...         self.hidden_name = input_name
...
```

속성처럼 name에 접근할 수 있다.

```
>>> fowl = Duck('Howard')
>>> fowl.name
inside the getter 'Howard'
>>> fowl.name = 'Donald'
inside the setter
>>> fowl.name
inside the getter 'Donald'
```

NOTE_ 어떤 사람이 hidden_name 속성을 알고 있다면, 그들은 fowl.hidden_name으로 이 속성을 바로 읽고 쓸 수 있다. 10.5.5절에서 속성 이름을 숨길 수 있는 특별한 방법을 살펴본다.

10.5.4 계산된 값의 프로퍼티

이전 예제에서는 객체에 저장된 속성(hidden_name)을 참조하기 위해 name 프로퍼티를 사용했다.

프로퍼티는 **계산된 값**computed value을 참조할 수도 있다. radius 속성과 계산된 diameter 프로퍼티를 가진 Circle 클래스를 정의해보자.

```
>>> class Circle():
...     def __init__(self, radius):
...         self.radius = radius
...     @property
...     def diameter(self):
...         return 2 * self.radius
...
```

radius 속성의 초깃값 5와 Circle 객체를 만든다.

```
>>> c = Circle(5)
>>> c.radius
5
```

radius와 같은 속성을 계산된 diameter 프로퍼티로 참조할 수 있다.

```
>>> c.diameter
10
```

radius 속성은 언제든지 바꿀 수 있다. 그리고 diameter 프로퍼티는 현재 radius 값으로부터 계산된다.

```
>>> c.radius = 7
>>> c.diameter
14
```

속성에 대한 setter 프로퍼티를 명시하지 않는다면 외부로부터 이 속성을 설정할 수 없다. 이것은 읽기전용read-only 속성이다.

```
>>> c.diameter = 20
Traceback (most recent call last):
  File "<stdin>", line 1, in <module>
AttributeError: can't set attribute
```

속성을 직접 접근하는 것보다 프로퍼티로 접근하면 여러 이점이 있다. 속성의 정의를 바꾼다면 모든 호출자를 수정할 필요 없이 클래스 정의에 있는 코드만 수정하면 된다.

10.5.5 프라이버시를 위한 네임 맹글링

이전 절의 Duck 클래스 예제에서(완전하지 않지만) 숨겨진 hidden_name 속성을 호출했다. 파이썬은 클래스 정의 외부에서 볼 수 없도록 하는 속성에 대한 네이밍 컨벤션naming convention이 있다. 속성 이름 앞에 두 언더바(__)를 붙이면 된다.

다음과 같이 hidden_name을 __name으로 바꿔보자.

```
>>>> class Duck():
....        def __init__(self, input_name):
....            self.__name = input_name
....        @property
....        def name(self):
....            print('inside the getter')
....            return self.__name
....        @name.setter
....        def name(self, input_name):
....            print('inside the setter')

....            self.__name = input_name
```

작성한 코드가 잘 동작하는지 살펴보자.

```
>>> fowl = Duck('Howard')
>>> fowl.name
inside the getter 'Howard'
>>> fowl.name = 'Donald'
inside the setter
>>> fowl.name
inside the getter 'Donald'
```

아무런 문제가 없어 보인다. 그러나 __name 속성에 바로 접근할 수 없다.

```
>>> fowl.__name
Traceback (most recent call last):
    File "<stdin>", line 1, in <module>
AttributeError: 'Duck' object has no attribute '__name'
```

이 네이밍 컨벤션은 속성을 private로 만들지 않지만, 파이썬은 이 속성이 우연히 외부 코드에서 발견할 수 없도록 이름을 **맹글링**^{mangling}했다. 사실 다음과 같이 접근할 수 있다.

```
>>> fowl._Duck__name
'Donald'
```

inside the getter를 출력하지 않았다. 비록 이것이 속성을 완벽하게 보호할 수는 없지만, 네임 맹글링은 속성의 의도적인 직접 접근을 어렵게 만든다.

10.5.6 클래스와 객체 속성

클래스에 속성을 할당할 수 있고 해당 속성은 자식 객체로 상속된다.

```
>>> class Fruit:
...     color = 'red'
...
>>> blueberry = Fruit()
>>> Fruit.color
'red'
>>> blueberry.color
'red'
```

그러나 자식 객체의 속성을 변경하면 클래스 속성에 영향을 미치지 않는다.

```
>>> blueberry.color = 'blue'
>>> blueberry.color
'blue'
>>> Fruit.color
'red'
```

나중에 클래스 속성을 변경해도 기존 자식 객체에는 영향을 미치지 않는다.

```
>>> Fruit.color = 'orange'
>>> Fruit.color
'orange'
>>> blueberry.color
'blue'
But it will affect new ones:
>>> new_fruit = Fruit()
>>> new_fruit.color
'orange'
```

10.6 메서드 타입

어떤 메서드는 클래스의 일부이고, 어떤 메서드는 해당 클래스에서 작성된 객체의 일부이다. 어떤 메서드는 두 사항에 어느 것도 해당하지 않는다.

- 메서드 앞에 데커레이터가 없다면 이것은 **인스턴스 메서드**다. 첫 번째 인수는 객체 자신을 참조하는 self다.
- 메서드 앞에 @classmethod 데커레이터가 있다면 **클래스 메서드**다. 첫 번째 인수는 cls(또는 예약어인 class가 아닌 다른 것)이다. 클래스 자체를 참조한다.
- 메서드 앞에 @staticmethod 데커레이터가 있다면 **정적 메서드**다. 첫 번째 인수는 위와 같이 자신의 객체나 클래스가 아니다.

이어지는 절에서 자세하게 다룰 것이다.

10.6.1 인스턴스 메서드

클래스 정의에서 메서드의 첫 번째 인수가 self라면 이 메서드는 **인스턴스 메서드**instance method다. 이것은 일반적인 클래스를 생성할 때의 메서드 타입이다. 인스턴스 메서드의 첫 번째 매개변수는 self이고, 파이썬은 이 메서드를 호출할 때 객체를 전달한다. 인스턴스 메서드는 지금까지 예제에서 본 메서드다.

10.6.2 클래스 메서드

대조적으로 **클래스 메서드**class method는 클래스 전체에 영향을 미친다. 클래스에 대한 어떤 변화는 모든 객체에 영향을 미친다. 클래스 정의에서 함수에 @classmethod 데커레이터가 있다면 이것은 클래스 메서드다. 또한 이 메서드의 첫 번째 매개변수는 클래스 자신이다. 파이썬에서는 보통 이 클래스의 매개변수를 cls로 쓴다. class는 예약어라서 사용할 수 없다. A 클래스에서 객체 인스턴스가 몇 개 만들어졌는지 알아보는 클래스 메서드를 정의해보자.

```
>>> class A():
...     count = 0
...     def __init__(self):
...         A.count += 1
...     def exclaim(self):
...         print("I'm an A!")
...     @classmethod
...     def kids(cls):
...         print("A has", cls.count, "little objects.") ...
...
>>> easy_a = A()
>>> breezy_a = A()
>>> wheezy_a = A()
>>> A.kids()
A has 3 little objects.
```

self.count(객체 인스턴스 속성)를 참조하지 않고 A.count(클래스 속성)를 참조했다. kids() 메서드에서 A.count를 사용하지 않고 cls.count를 사용했다.

10.6.3 정적 메서드

정적 메서드static method는 클래스나 객체에 영향을 미치지 못한다. 이 메서드는 단지 편의를 위해 존재한다. 정적 메서드는 @staticmethod 데커레이터가 있고, 첫 번째 매개변수로 self나 cls가 없다. CoyoteWeapon 클래스의 commercial 메서드 예제를 살펴보자.

```
>>> class CoyoteWeapon():
...     @staticmethod
...     def commercial():
...         print('This CoyoteWeapon has been brought to you by Acme')
```

```
...
>>> CoyoteWeapon.commercial()
This CoyoteWeapon has been brought to you by Acme
```

이 메서드를 접근하기 위해 **CoyoteWeapon** 클래스에서 객체를 생성할 필요가 없다. 매우 클래시^{class-y}하다.

10.7 덕 타이핑

파이썬은 **다형성**^{polymorphism}을 느슨^{loose}하게 구현했다. 이것은 클래스에 상관없이 같은 동작을 다른 객체에 적용할 수 있다는 것을 의미한다.

세 **Quote** 클래스에서 같은 `__init__()` 이니셜라이저를 사용해보자. 클래스에 다음 두 메서드를 추가한다.

- who() 메서드는 저장된 person 문자열의 값을 반환한다.
- says() 메서드는 특정 구두점과 함께 저장된 words 문자열을 반환한다.

다음과 같이 구현하자.

```
>>> class Quote():
...     def __init__(self, person, words):
...         self.person = person
...         self.words = words
...     def who(self):
...         return self.person
...     def says(self):
...         return self.words + '.'
...
>>> class QuestionQuote(Quote):
...     def says(self):
...         return self.words + '?'
...
>>> class ExclamationQuote(Quote):
...     def says(self):
...         return self.words + '!'
...
>>>
```

QuestionQuote와 ExclamationQuote 클래스에서 초기화 함수를 쓰지 않았다. 그러므로 부모의 __init__() 메서드를 오버라이드하지 않는다. 파이썬은 자동으로 부모 클래스 Quote의 __init__() 메서드를 호출해서 인스턴스 변수 person과 words를 저장한다. 그러므로 자식 클래스 QuestionQuote와 ExclamationQuote에서 생성된 객체의 self.words에 접근할 수 있다.

객체를 만들어서 결과를 살펴보자.

```
>>> hunter = Quote('Elmer Fudd', "I'm hunting wabbits")
>>> print(hunter.who(), 'says:', hunter.says())
Elmer Fudd says: I'm hunting wabbits.
```

```
>>> hunted1 = QuestionQuote('Bugs Bunny', "What's up, doc")
>>> print(hunted1.who(), 'says:', hunted1.says())
Bugs Bunny says: What's up, doc?
```

```
>>> hunted2 = ExclamationQuote('Daffy Duck', "It's rabbit season")
>>> print(hunted2.who(), 'says:', hunted2.says())
Daffy Duck says: It's rabbit season!
```

세 개의 서로 다른 says() 메서드는 세 클래스에 대해 서로 다른 동작을 제공한다. 이것은 객체 지향 언어에서 전통적인 다형성의 특징이다. 더 나아가 파이썬은 who()와 says() 메서드를 갖고 있는 모든 객체에서 이 메서드를 실행할 수 있게 해준다. Quote 클래스와 관계없는 BabblingBrook 클래스를 정의해보자.

```
>>> class BabblingBrook():
...     def who(self):
...         return 'Brook'
...     def says(self):
...         return 'Babble'
...
>>> brook = BabblingBrook()
```

다음 함수에서 obj 인수와 who()와 says() 메서드를 실행해보자.

```
>>> def who_says(obj):
...     print(obj.who(), 'says', obj.says())
...
>>>
>>> who_says(hunter)
Elmer Fudd says I'm hunting wabbits.
>>> who_says(hunted1)
Bugs Bunny says What's up, doc?
>>> who_says(hunted2)
Daffy Duck says It's rabbit season!
>>> who_says(brook)
Brook says Babble
```

brook 객체는 다른 객체와 전혀 관계없다. 예전부터 이러한 행위를 덕 타이핑duck typing이라고
불렀다.

> 오리처럼 꽥꽥거리고 걷는다면, 그것은 오리다.   – 현명한 사람

누가 이 사람을 뭐라고 하겠는가?

그림 10-1 덕 타이핑은 독수리 타자법hunt-and-peck(타이핑)이 아니다.

10.8 매직 메서드

기본적인 객체를 생성하고 사용할 수 있다. 이번 절에서는 조금 더 재미있는 걸 배운다.

a = 3 + 8과 같은 무언가를 입력했을 때, 값 3과 8이 정수 객체고 + 기호로 더하라는 것을 어떻게 알까? 그리고 name = "Daffy" + " " + "Duck"를 입력하면 문자열을 연결한다는 것을 어떻게 알까? 또한 = 기호를 사용하여 어떻게 결과를 얻을까? 파이썬의 특수 메서드(매직^{magic} 메서드라고도 부름)를 사용하여 이러한 연산자를 사용할 수 있다.

이 메서드의 이름은 두 언더바(__)로 시작하고 끝난다. 왜 그럴까? 이 이름은 개발자가 이렇게 변수 이름을 짓지 않을 것이다. 위에서 이미 __init__() 메서드를 사용했다. 이 메서드는 클래스의 정의로부터 생성된 새로운 객체를 초기화하고, 어떤 인수를 전달받는다. 간단한 Word 클래스와 두 단어를 비교(대소 문자 무시)하는 equals() 메서드기 있다고 가정한다. 즉, 'ha'와 'HA'는 같은 단어로 간주한다.

다음 첫 번째 예제는 평범한 메서드 equal()을 사용한다. self.text는 Word 객체의 문자열이다. 그리고 equals() 메서드는 text와 word2(다른 Word 객체)의 텍스트 문자열을 비교한다.

```
>>> class Word():
...     def __init__(self, text):
...         self.text = text
...     def equals(self, word2):
...         return self.text.lower() == word2.text.lower()
...
```

세 개의 서로 다른 텍스트 문자열로 Word 객체를 생성한다.

```
>>> first = Word('ha')
>>> second = Word('HA')
>>> third = Word('eh')
```

문자열 'ha'와 'HA'를 소문자로 바꾸면 이 둘은 똑같다.

```
>>> first.equals(second)
True
```

문자열 'eh'와 'ha'는 다르다.

```
>>> first.equals(third)
False
```

문자열을 소문자로 바꿔서 비교하는 equal() 메서드를 정의했다. 파이썬의 내장된 타입처럼 first == second와 같이 비교했다면 좋다. 이렇게 구현해보자. equal() 메서드를 특수 이름의 __eq__() 메서드로 바꿔보자(잠시 후에 마법이 밝혀진다).

```
>>> class Word():
...     def __init__(self, text):
...         self.text = text
...     def __eq__(self, word2):
...         return self.text.lower() == word2.text.lower()
```

코드가 잘 동작하는지 살펴보자.

```
>>> first = Word('ha')
>>> second = Word('HA')
>>> third = Word('eh')
>>> first == second
True
>>> first == third
False
```

__eq__()는 같은지 판별하는 파이썬의 특수 메서드 이름이다. [표 10-1]과 [표 10-2]에 유용한 매직 메서드의 이름이 나열되어 있다.

표 10-1 비교 연산을 위한 매직 메서드

메서드	설명
__eq__(self, other)	self==other
__ne__(self, other)	self!=other
__lt__(self, other)	self<other
__gt__(self, other)	self>other
__le__(self, other)	self<=other
__ge__(self, other)	self>=other

표 10-2 산술 연산을 위한 매직 메서드

메서드	설명
__add__(self, other)	self + other
__sub__(self, other)	self - other
__mul__(self, other)	self * other
__floordiv__(self, other)	self // other
__truediv__(self, other)	self / other
__mod__(self, other)	self % other
__pow__(self, other)	self ** other

+(__add__() 마법 메서드)와 -(__sub__() 마법 메서드) 같은 산술 연산자의 사용에는 제한이 없다. 예를 들이 파이썬의 문자열 객체는 연결concatenation을 위해 + 연산자를 쓰고, 복제 duplication를 위해 * 연산자를 쓴다. 많은 특수 메서드 이름이 파이썬 공식 웹 페이지(*http://bit.ly/pydocs-sm*)에 문서화되어 있다. 그 외 일반적인 메서드는 [표 10-3]을 참조한다.

표 10-3 기타 매직 메서드

메서드	설명
__str__(self)	str(self)
__repr__(self)	repr(self)
__len__(self)	len(self)

__init__() 외에도 __str__()을 사용하여 객체를 문자열로 출력하는 우리만의 메서드를 만들 수 있다. 5장에서 배운 문자열 포매터string formatter와 print(), str()을 사용하면 된다. 대화식 인터프리터는 변수 결과를 출력하기 위해 __repr__() 함수를 사용한다. __str__() 또는 __repr__()을 정의되어있지 않다면 객체의 기본 문자열을 출력한다.

```
>>> first = Word('ha')
>>> first
<__main__.Word object at 0x1006ba3d0>
>>> print(first)
<__main__.Word object at 0x1006ba3d0>
```

__str__()과 __repr__() 메서드를 추가하여 Word 클래스를 예쁘게 만들어보자.

```
>>> class Word():
...     def __init__(self, text):
...         self.text = text
...     def __eq__(self, word2):
...         return self.text.lower() == word2.text.lower()
...     def __str__(self):
...         return self.text
...     def __repr__(self):
...         return 'Word("' + self.text + '")'
...
>>> first = Word('ha')
>>> first # __repr__() 호출
Word("ha")
>>> print(first) # __str__() 호출
ha
```

매직 메서드를 조금 더 알고 싶다면 파이썬 문서(*http:// bit.ly/pydocs-smn*)를 참조한다.

10.9 애그리게이션과 콤퍼지션

자식 클래스가 부모 클래스처럼 행동하고 싶을 때, 상속은 좋은 기술이다(자식 **is-a** 부모). 개발자는 정교한 상속 계층 구조에 유혹될 수 있지만, **콤퍼지션**composition 혹은 **애그리게이션** aggregation (X has-a Y)의 사용이 더 적절한 경우가 있다. 오리는 조류이지만(오리 is-a 조류, 상속), 꼬리를 갖고 있다(오리 has-a 꼬리, 콤퍼지션). 꼬리는 오리에 속하지 않지만 오리의 일부다. 다음 예제에서는 부리(**bill**)와 꼬리(**tail**) 객체를 만들어서 새로운 오리(**duck**) 객체에 부여해보자.

```
>>> class Bill():
...     def __init__(self, description):
...         self.description = description
...
>>> class Tail():
...     def __init__(self, length):
...         self.length = length
```

```
...
>>> class Duck():
...     def __init__(self, bill, tail):
...         self.bill = bill
...         self.tail = tail
...     def about(self):
...         print('This duck has a', self.bill.description, 'bill and a', self.tail.
length, 'tail')
>>> a_tail = Tail('long')
>>> a_bill = Bill('wide orange')
>>> duck = Duck(a_bill, a_tail)
>>> duck.about()
This duck has a wide orange bill and a long tail
```

애그리게이션은 관계를 표현하지만 조금 더 느슨하다. 한 객체는 다른 객체를 사용하지만, 둘 다 독립적으로 존재한다. 오리는 어느 한 호수에 있지만, 다른 호수에는 오리가 없다(호수는 오리의 일부가 아니다).

10.10 객체는 언제 사용할까?

클래스, 모듈(11장 참조)의 사용 지침은 다음과 같다.

- 비슷한 행동(메서드)을 하지만 내부 상태(속성)가 다른 개별 인스턴스가 필요할 때, 객체는 매우 유용하다.

- 클래스는 상속을 지원하지만, 모듈은 상속을 지원하지 않는다.

- 어떤 한 가지 일만 수행한다면 모듈이 가장 좋은 선택일 것이다. 프로그램에서 파이썬 모듈이 참조된 횟수에 상관없이 단 하나의 복사본만 불러온다(자바와 C++ 개발자는 파이썬 모듈을 싱글톤singleton처럼 쓸 수 있다).

- 여러 함수에 인수로 전달하는 여러 변수가 있다면, 클래스를 정의하는 것이 더 좋다. 예를 들어 화상 이미지를 나타내기 위해 size나 color를 딕셔너리의 키로 사용한다고 가정해보자. 프로그램에서 각 이미지에 대한 딕셔너리를 생성하고, scale()과 transform() 같은 함수에 인수를 전달할 수 있다. 키와 함수를 추가하면 코드가 지저분해질 수도 있다. size와 color를 속성으로 하고 scale()과 transform()을 메서드로 하는 이미지 클래스를 정의하는 것이 더 일관성이 있다. 색상 이미지에 대한 모든 데이터와 메서드를 한 곳에 정의할 수 있기 때문이다.

- 가장 간단한 문제 해결법을 사용한다. 딕셔너리, 리스트, 튜플은 모듈보다 더 작고 간단하며 빠르다. 그리고 일반적으로 모듈은 클래스보다 더 간단하다.

귀도의 조언

자료구조를 과하게 엔지니어링하는 것을 피해야 한다. 객체보다 튜플이 더 낫다(네임드 튜플 named tuple을 써보라). getter/setter 함수보다 간단한 필드field가 더 낫다. ...(중략)... 내장된 데이터 타입은 우리 친구다. 숫자, 문자열, 튜플, 리스트, 셋, 딕셔너리를 사용하라. 또한 데크와 같은 컬렉션 라이브러리를 활용하라.　　　　　　　　　　　　　　　　　　－ 귀도 반 로섬

- 새로운 대안은 데이터 클래스다(10.12절 참조).

10.11 네임드 튜플

이전 절에서 귀도가 **네임드 튜플**named tuple을 언급했기 때문에 네임드 튜플을 설명할 것이다. 네임드 튜플은 튜플의 서브클래스다. 이름(.name)과 위치([offset])로 값에 접근할 수 있다.

이전 절의 예제를 활용하자. Duck 클래스를 네임드 튜플로, bill과 tail을 간단한 문자열 속성으로 변환한다. 그리고 두 인수를 취하는 namedtuple 함수를 호출한다.

- 이름
- 스페이스로 구분된 필드 이름 문자열

네임드 튜플을 쓰기 전에 모듈을 불러와야 한다. 다음 예제의 첫 번째 줄에서 namedtuple을 불러오고 있다.

```
>>> from collections import namedtuple
>>> Duck = namedtuple('Duck', 'bill tail')
>>> duck = Duck('wide orange', 'long')
>>> duck
Duck(bill='wide orange', tail='long')
>>> duck.bill
'wide orange'
>>> duck.tail
'long'
```

또한 딕셔너리에서 네임드 튜플을 만들 수 있다.

```
>>> parts = {'bill': 'wide orange', 'tail': 'long'}
>>> duck2 = Duck(**parts)
>>> duck2
Duck(bill='wide orange', tail='long')
```

parts는 **키워드 인수keyword argument다. parts 딕셔너리에서 키와 값을 추출하여 Duck()의 인수로 제공한다. 다음 예제와 효과가 같다.

```
>>> duck2 = Duck(bill = 'wide orange', tail = 'long')
```

네임드 튜플은 불변이다. 하지만 필드를 바꿔서 또 다른 네임드 튜플을 반환할 수 있다.

```
>>> duck3 = duck2._replace(tail='magnificent', bill='crushing')
>>> duck3
Duck(bill='crushing', tail='magnificent')
```

duck을 딕셔너리로 정의한다.

```
>>> duck_dict = {'bill': 'wide orange', 'tail': 'long'}
>>> duck_dict
{'tail': 'long', 'bill': 'wide orange'}
```

딕셔너리에 필드를 추가한다.

```
>>> duck_dict['color'] = 'green'
>>> duck_dict
{'color': 'green', 'tail': 'long', 'bill': 'wide orange'}
```

딕셔너리는 네임드 튜플이 아니다.

```
>>> duck.color = 'green'
Traceback (most recent call last):
    File "<stdin>", line 1, in <module>
AttributeError: 'Duck' object has no attribute 'color'
```

네임드 튜플의 특징을 정리하면 다음과 같다.

- 불변 객체처럼 행동한다.

- 객체보다 공간 효율성과 시간 효율성이 더 좋다.

- 딕셔너리 형식의 대괄호([]) 대신, 온점(.)표기법으로 속성을 접근할 수 있다.

- 네임드 튜플을 딕셔너리의 키처럼 쓸 수 있다.

10.12 데이터 클래스

많은 개발자는 행동(메서드)이 아니라 주로 데이터(속성)를 저장하기 위해 객체 생성하는 것을 선호한다. 이전 절에서 이를 대체할 수 있는 네임드 튜플을 살펴봤다. 파이썬 3.7부터는 데이터 클래스를 지원한다.

name 속성을 가진 보통 객체는 다음과 같다.

```
>>> class TeenyClass():
...     def __init__(self, name):
...         self.name = name
...
>>> teeny = TeenyClass('itsy')
>>> teeny.name
'itsy'
```

데이터 클래스를 사용하여 같은 작업을 한다면 조금 다르게 보인다.

```
>>> from dataclasses import dataclass
>>> @dataclass
... class TeenyDataClass:
...     name: str
...
>>> teeny = TeenyDataClass('bitsy')
>>> teeny.name
'bitsy'
```

@dataclass 데커레이터 외에 name: type(이름: 타입), 예를 들면 color: str 또는 color:

str = "red"와 같은 형식의 변수 어노테이션(*https://oreil.ly/NyGfE*)을 사용하여 클래스 속성을 정의한다. 타입은 str 또는 int와 같은 내장 클래스뿐만 아니라 사용자가 생성한 클래스를 포함한 모든 파이썬 객체 타입일 수 있다.

데이터 클래스 객체를 생성할 때, 클래스에 지정된 순서대로 인수를 제공하거나 이름이 지정된 인수를 임의의 순서로 제공한다.

```
>>> from dataclasses import dataclass
>>> @dataclass
... class AnimalClass:
...     name: str
...     habitat: str
...     teeth: int = 0
...
>>> snowman = AnimalClass('yeti', 'Himalayas', 46)
>>> duck = AnimalClass(habitat='lake', name='duck')
>>> snowman
AnimalClass(name='yeti', habitat='Himalayas', teeth=46)
>>> duck
AnimalClass(name='duck', habitat='lake', teeth=0)
```

AnimalClass 클래스에서 teeth 속성의 기본 값을 정의해서 객체를 생성할 때 teeth 속성을 제공하지 않아도 된다.

일반 객체와 같이 객체 속성을 참조할 수 있다.

```
>>> duck.habitat
'lake'
>>> snowman.teeth
46
```

데이터 클래스를 조금 더 알고 싶다면 블로그 글(*https://oreil.ly/czTf-*) 또는 공식 문서를 참조(*https://oreil.ly/J19Yl*)한다.

10.13 attrs

클래스를 생성하고 여기에 속성을 추가하는 법을 배웠다. 그리고 던더가 있는 __init__(), __str()__ 등의 매직 메서드와 self 매개변수를 살펴봤다. 네임드 튜플 및 데이터 클래스는 표준 라이브러리의 대안으로 데이터 컬렉션을 만들 때 더 쉽게 접근할 수 있다.

'모두를 위한 파이썬 라이브러리The One Python Library Everyone Needs' 글(*https://oreil.ly/QbbI1*)에서 클래스와 네임드 튜플, 데이터 클래스를 비교한다. 그리고 적은 타이핑과 데이터 유효성 검사 등 여러 가지 이유로 외부 패키지 attrs(*https://oreil.ly/Rdwlx*)를 권장한다. 내부 라이브러리보다 더 좋은지 위 글을 한 번 읽어본다.

10.14 다음 장에서는

코드 구조를 위한 파이썬 모듈 및 패키지에 대해서 살펴본다.

10.15 연습문제

10.1 아무 내용이 없는 Thing 클래스를 만들어서 출력한다. 이 클래스의 example 객체를 생성해서 출력한다. 이때 두 출력값은 같은가?

10.2 Thing2 클래스를 만들고 이 클래스의 letters 속성에 값 'abc'를 할당한 후 letters 를 출력해보자.

10.3 Thing3 클래스를 만든다. 이번에는 인스턴스(객체)의 letters 속성에 값 'xyz'를 할당한 후 letters를 출력한다. letters를 출력하기 위해 객체를 생성해야 하는가?

10.4 name, symbol, number 인스턴스 속성을 가진 Element 클래스를 만들어보자. 이 클래스에서 'Hydrogen', 'H', 1 값을 가진 객체를 생성한다.

10.5 'name': 'Hydrogen', 'symbol': 'H', 'number': 1과 같이 키와 값으로 이루어진 el_dict 딕셔너리를 만들어보자. 그리고 el_dict 딕셔너리로부터 Element 클래스의

hydrogen 객체를 생성한다.

10.6 Element 클래스에서 객체의 속성(name, symbol, number)값을 출력하는 dump() 메서드를 정의한다. 이 클래스의 hydrogen 객체를 생성하고, dump() 메서드로 이 속성을 출력한다.

10.7 print(hydrogen)을 호출한다. Element 클래스의 정의에서 dump 메서드를 __str__() 메서드로 바꿔서 새로운 hydrogen 객체를 생성한다. 그리고 print(hydrogen)을 다시 호출한다.

10.8 Element 클래스를 수정해서 name, symbol, number의 속성을 private로 만든다. 각 속성값을 반환하기 위해 getter 프로퍼티를 정의한다.

10.9 세 클래스 Bear, Rabbit, Octothorpe를 정의한다. 각 클래스에 eats() 메서드를 정의해보자. 각 메서드는 'berries'(Bear), 'clover'(Rabbit), 'campers'(Octothorpe)를 반환한다. 각 클래스의 객체를 생성하고, eats() 메서드의 반환값을 출력한다.

10.10 Laser, Claw, SmartPhone 클래스를 정의한다. 각 클래스는 does() 메서드를 갖고 있다. 각 메서드는 'disintegrate'(Laser), 'crush'(Claw) 또는 'ring'(Smart Phone)을 반환한다. 그리고 각 인스턴스(객체)를 갖는 Robot 클래스를 정의한다. Robot 클래스의 객체가 갖고 있는 내용을 출력하는 does() 메서드를 정의한다.

CHAPTER **11**

모듈과 패키지

지금까지 데이터 타입에서부터 큰 데이터와 자료구조를 구축하기까지, 파이썬을 상향식bottom-up으로 접근했다. 이번 장에서는 큰 규모의 프로그램을 작성하는 방법을 배운다. 직접 **모듈**modules을 작성하고 파이썬 **표준 라이브러리** 및 외부 라이브러리를 사용하는 방법을 배운다.

이 책의 텍스트는 단어, 문장, 단락, 장의 계층 구조hierarchy가 있다. 이러한 계층 구조가 없다면 책 읽기가 힘들 것이다. 코드도 이와 비슷한 상향식 구조다. 단어는 데이터 타입, 문장은 선언문statement, 단락은 함수function, 장은 모듈module에 비유할 수 있다. 이러한 비유를 이어나가기 위해 2부에서 프로그래밍에 관한 뭔가를 설명할 것이다. 그것은 다른 모듈의 코드를 참조하는 것이다.

11.1 모듈과 import 문

두 개 이상의 파일에서 파이썬 코드를 작성하고 사용한다. **모듈**은 파이썬 코드 파일이다. 개발자는 특별한 작업 없이 코드를 모듈로 사용할 수 있다.

import 문을 사용하여 다른 모듈의 코드를 참조한다. 이것은 임포트한 모듈의 코드와 변수를 프로그램에서 사용할 수 있게 만들어준다.

11.1.1 모듈 임포트하기

import 문을 사용하여 간단하게 **모듈**을 임포트할 수 있다. 확장자 **.py**를 제외한 파이썬 파일의 이름을 입력한다.

긴 토론 없이 점심으로 빨리 먹을 수 있는 음식을 원한다고 가정해보자. 그렇게 되면 결국 영향력 있는 사람이 선택한 메뉴로 점심을 먹게 될 것이다. 컴퓨터가 이러한 결정을 진행하도록 해보자. 패스트푸드 리스트에서 임의의 선택을 반환하는 함수 모듈이 있고, 함수를 호출하여 한 패스트푸드점을 출력하는 메인 프로그램을 작성해보자.

모듈 fast.py는 [예제 11-1]에 있다.

예제 11-1 fast.py

```
from random import choice

places = ["McDonalds", "KFC", "Burger King", "Taco Bell", "Wendys", "Arbys", "Pizza
Hut"]

def pick():  # 아래에 docstring이 있다.
    """임의의 패스트푸드점을 반환한다."""
    return choice(places)
```

그리고 [예제 11-2]는 모듈을 임포트하는 메인 프로그램이다.

예제 11-2 lunch.py

```
import fast

place = fast.pick()
print("Let's go to", place)
```

두 파일을 같은 디렉터리에 저장하고, 메인 프로그램의 lunch.py를 실행하면 메인 프로그램은 fast 모듈에 접근해서 fast() 함수를 실행한다. 이 함수는 문자열 리스트로부터 임의의 결과를 반환받고, 메인 프로그램에서 그 결과를 출력한다.

```
$ python lunch.py
Let's go to Burger King
```

```
$ python lunch.py
 Let's go to Pizza Hut
$ python lunch.py
Let's go to Arbys
```

위 예제에서 import 문을 두 번 사용했다.

- 메인 프로그램 lunch.py에서 report 모듈을 임포트했다.
- 모듈 fast.py의 pick() 함수에서 파이썬 표준 라이브러리인 random 모듈의 choice 함수를 임포트했다.

또한 메인 프로그램과 모듈에서 두 가지 방식으로 임포트했다.

- 첫 번째 경우, fast 모듈 전체를 임포트했지만 pick() 앞에 fast.를 붙였다. import 문 이후, fast.py에 있는 모든 객체는 이름 앞에 fast.를 붙여 메인 프로그램에서 사용할 수 있다. 모듈 이름으로 내용을 한정하고 정리함으로써 다른 모듈 간의 불필요한 이름 충돌을 피해야 한다. pick() 함수가 다른 모듈에 있을 수 있지만, 실수로 다른 모듈의 함수를 호출하지 않았다.
- 두 번째 경우, fast.py의 from random import choice에서 choice() 함수를 바로 가져왔다.

예제 11-3 fast2.py

```python
places = ['McDonalds', "KFC", "Burger King", "Taco Bell", "Wendys", "Arbys", "Pizza
Hut"]

def pick():
    import random
    return random.choice(places)
```

프로그래밍의 다양한 측면에서 어떤 코드 스타일을 선택할 때는 자신에게 맞는 가장 분명한 것을 선택한다. 모듈의 이름을 붙이는 것(random.choice)이 좀 더 안전하지만, 약간의 입력을 필요로 한다.

임포트한 코드가 여러 곳에서 사용되는 경우, import 문을 함수 밖으로 빼내는 것을 고려해야 한다. 함수 내부에서 import 문을 사용하는 경우, 코드 사용이 그 함수 내부에서만 제한된다. 어떤 개발자는 코드의 모든 의존성을 명시하기 위해 모든 import 문을 파일 맨 위에 두는 것을 선호한다. 두 방법 모두 잘 동작한다.

11.1.2 다른 이름으로 모듈 임포트하기

메인 프로그램 lunch.py에서 import fast를 사용했다. 하지만 다음과 같은 경우가 있다고 가정해보자.

- 다른 곳에 fast 모듈이 존재하는가?
- 모듈과 관련된 연상 단어를 사용하고 싶은가?
- 짧은 모듈 이름을 사용하고 싶은가(타이핑 최소화)?

위 경우 [예제 11-4]처럼 에일리어스alias를 사용해 가져올 수 있다.

예제 11-4 fast3.py

```
import fast as f
placc = f.pick()
print("Let's go to", place)
```

11.1.3 필요한 모듈만 임포트하기

모듈 전체나 필요한 부분만 임포트할 수 있다. [예제 11-1]에서 random 모듈의 choice() 함수만 임포트했다.

모듈에서 에일리어스를 사용한 것처럼 모듈의 각 항목에 별명을 사용할 수 있다.

이전 패스트푸드의 예제를 계속 살펴보자. 먼저 fast 모듈에서 pick() 함수를 원래 이름으로 임포트한다(예제 11-5).

예제 11-5 fast4.py

```
from fast import pick
place = pick()
print("Let's go to", place)
```

이제 이 함수를 who_cares() 함수로 임포트해본다.

예제 11-6 fast5.py

```
from fast import pick as who_cares
place = who_cares()
print("Let's go to", place)
```

11.2 패키지

코드 몇 줄을 여러 함수에 스탠드얼론 프로그램 같은 디렉터리에 있는 여러 모듈을 사용하여 실습했다. 모듈이 많이 없다면 같은 디렉터리를 사용해도 된다.

파이썬 애플리케이션을 좀 더 확장하기 위해 모듈을 **패키지**package라는 파일과 모듈 계층 구조에 구성할 수 있다. 패키지는 .py 파일을 포함한 하위 디렉터리다. 또한 디렉터리 안에 디렉터리를 여러 깊이로 사용할 수 있다.

위 절에서 임의로 패스트푸드점을 선택하는 모듈을 작성했다. 이와 비슷한 임의로 조언을 선택하는 모듈을 작성해보자. 현재 디렉터리에 questions.py라는 새로운 메인 프로그램을 작성한다. choice라는 하위 디렉터리를 만들고 fast.py와 advice.py라는 두 모듈을 작성한다. 각 모듈에는 문자열을 반환하는 함수가 있다.

메인 프로그램(questions.py)에는 추가 import 문과 추가 코드가 있다(예제 11-7).

예제 11-7 questions.py

```
from choice import fast, advice

print("Let's go to", fast.pick())
print("Should. we take out?", advice.give())
```

파이썬은 현재 디렉터리에서 choice라는 디렉터리를 찾는다. 그리고 그 안에 있는 fast.py와 advice.py 파일을 찾는다.

첫 번째 모듈(choice/fast.py)은 이전과 동일한 코드다. 바뀐 점은 choice 디렉터리로 이동한 것이다(예제 11-8).

```
from random import choice

places = ["McDonalds", "KFC", "Burger King", "Taco Bell", "Wendys", "Arbys", "Pizza
Hut"]

def pick():
    """Return random fast food place"""
    return choice(places)
```

두 번째 모듈(choice/advice.py)은 새로운 코드지만, 패스트푸드점 찾기의 코드와 매우 비
슷하다(예제 11-9).

예제 11-9 choice/advice.py

```
from random import choice

answers = ["Yes!", "No!", "Reply hazy", "Sorry, what?"]

def give():
    """Return random advice"""
    return choice(answers)
```

> **NOTE_** 파이썬 3.3 이전 버전인 경우, 코드 하위 디렉터리에 __init__.py 파일이 하나 더 필요하다(하위
> 디렉터리를 패키지로 만들어준다). __init__.py는 빈 파일일 수 있지만, 파이썬 3.3 이전에서 이 파일을 포
> 함하는 디렉터리를 패키지로 간주하기 때문에 필요하다(파이썬 면접 질문에 가끔 등장한다).

메인 프로그램이 있는 현재 디렉터리에서 questions.py를 실행해보자.

```
$ python questions.py
Let's go to KFC
Should we take out? Yes!
$ python questions.py
Let's go to Wendys
Should we take out? Reply hazy
$ python questions.py
Let's go to McDonalds
Should we take out? Reply hazy
```

11.2.1 모듈 탐색 경로

이전 절의 예제에서 현재 디렉터리와 하위 디렉터리를 선택하여 해당 모듈에 접근했다. 다른 위치에서도 접근하여 제어할 수 있다.

이전에는 표준 라이브러리의 random 모듈에서 choice() 함수를 임포트했다. 이 모듈은 현재 디렉터리에 없기 때문에 다른 위치에서 찾아야 한다.

파이썬 인터프리터가 보는(임포트하는) 모든 위치를 보려면 표준 sys 모듈을 임포트해서 path 리스트를 살펴본다. 이것은 파이썬이 임포트할 모듈을 찾기 위해 탐색하는 디렉터리 이름 및 ZIP 아카이브 파일의 리스트다.

역자의 macOS에서 파이썬 3.8의 sys.path 값은 아래와 같다.

```
>>> import sys
>>> for place in sys.path:
...     print(place)
...

/Library/Frameworks/Python.framework/Versions/3.8/lib/python38.zip
/Library/Frameworks/Python.framework/Versions/3.8/lib/python3.8
/Library/Frameworks/Python.framework/Versions/3.8/lib/python3.8/lib-dynload
```

첫 줄의 공백은 현재 디렉터리를 뜻하는 빈 문자열('')이다. 이와 같이 빈 문자열이 sys.path 의 첫 줄에 있다면, 파이썬은 임포트할 파일을 현재 디렉터리에서 먼저 찾는다. 즉, import fast는 fast.py를 찾는다. 이것은 파이썬의 일반적인 설정이다. 또한 sources라는 하위 디렉터리를 만들어 파이썬 파일을 넣을 때 import sources를 사용하거나 from sources import fast를 사용하여 임포트한다.

중복된 이름의 모듈이 있다면 첫 번째로 검색된 모듈을 사용한다. 즉, 우리가 random이라는 모듈을 정의하고, 이 모듈이 표준 라이브러리를 찾기 전의 검색 경로에 있다면 표준 라이브러리의 random 모듈에 접근할 수 없다.

코드 내에서 탐색 경로를 수정할 수 있다. 파이썬이 다른 것보다 먼저 /my/modules 디렉터리에서 탐색하길 원한다고 가정하면 다음과 같이 코드를 추가한다.

```
>>> import sys
>>> sys.path.insert(0, "/my/modules")
```

11.2.2 상대/절대 경로 임포트

지금까지의 예제에서는 다음과 같은 자체 모듈을 임포트했다.

- 현재 디렉터리
- 하위 디렉터리 **선택**
- 파이썬 표준 라이브러리

이것은 로컬(지역) 모듈 이름과 표준 라이브러리의 모듈 이름이 있을 때까지 잘 동작한다. 어느 위치에 있는 모듈을 임포트하길 원하는가?

파이썬은 **절대**absolute 또는 **상대**relative 경로 임포트를 지원한다. 지금까지 본 예제는 절대 경로 임포트다. import rougarou를 입력하면, 탐색 경로의 각 디렉터리에 대해 파이썬은 rougarou.py인 파일 이름(모듈) 또는 rougarou인 디렉터리 이름(패키지)을 찾는다.

- rougarou.py 파일이 메인 프로그램을 실행한 파일과 같은 디렉터리에 있는 경우, from . import rougarou을 사용하여 상대 경로 임포트를 할 수 있다.
- 상위 디렉터리에 있는 경우, from .. import rougarou를 사용한다.
- 상위 디렉터리의 creatures라는 디렉터리에 있는 경우, from ..creatures import rougarou를 사용한다.
- (현재 디렉터리)와 .. (부모 디렉터리) 표기법에 대한 것은 유닉스에서 차용됐다.

파이썬 임포트에 대한 팁은 'Traps for the Unwary in Python's Import System(https://oreil.ly/QMWHY)'을 참조한다.

11.2.3 네임스페이스 패키지

파이썬 모듈을 다음과 같이 패키징할 수 있다는 것을 배웠다.

- 단일 **모듈**(.py 파일)
- **패키지**(모듈 및 다른 패키지를 포함하는 디렉터리)

네임스페이스 패키지가 있는 디렉터리에서 패키지를 분할할 수도 있다. 실제 또는 상상 속에 존재하는 위험한 생물에 대한 파이썬 모듈을 포함하는 critters 패키지가 있다고 가정한다. 시간이 지나면서 패키지가 커질 수 있으므로 위치별로 세분화하려고 한다. 한 가지 옵션은

critters 아래에 하위 패키지를 추가하고 기존 .py 모듈 파일을 그 아래로 모두 이동한다. 그러나 이것은 이 모듈을 임포트한 다른 모듈에서 문제가 발생한다. 그대신 다음을 수행한다.

- critters 상위에 새 위치 디렉터리를 만든다.
- 새 상위 디렉터리 아래에 다른 종류의 생물 디렉터리를 만든다.
- 기존 모듈을 해당 디렉터리로 이동한다.

이것은 약간의 설명을 필요로 한다. 아래의 파일 레이아웃으로 시작해보자.

```
critters
    rougarou.py
    wendigo.py
```

이 모듈의 일반적인 import 문은 다음과 같다.

```
from critters import wendigo, rougarou
```

이제 미국의 **남**north과 **북**south 위치를 추가했을 때의 파일과 디렉터리의 내용은 다음과 같다.

```
north
    critters
        wendigo.py
south
    critters
        rougarou.py
```

north와 south가 모두 모듈 탐색 경로에 있다면, 단일 디렉터리 패키지를 공동으로 사용하는 것처럼 모듈을 가져올 수 있다.

```
from critters import wendigo, rougarou
```

11.2.4 모듈 vs 객체

언제 코드를 모듈로 사용해야 하는가? 아니면 객체로 사용해야 하는가?

모듈과 객체는 여러 면에서 비슷하게 보인다. stuff라는 내부 데이터 값이 있는 thing이라는 객체 또는 모듈을 사용하면 thing.stuff로 값에 접근할 수 있다. 즉, 다음 코드와 같이 할 수 있다는 것을 의미한다.

모듈이나 클래스를 만들 때 stuff가 정의되었거나 나중에 할당될 수 있다. 객체는 프로퍼티나 던더(__) 이름을 사용하여 데이터 속성에 대한 접근을 숨기거나 제어할 수 있다.

```
>>> import math
>>> math.pi
3.141592653589793
>>> math.pi = 3.0
>>> math.pi
3.0
```

위 코드가 다른 개발자에 대한 계산을 망쳤는가? 이것은 파이썬 math 모듈에 영향을 미치지 않았다. 호출 프로그램에서 가져온 math 모듈 코드의 사본에 대해서만 pi 값을 변경했으며, 위 코드 수행이 완료되면 이 값은 사라진다.

이 내용을 두 번 이상 임포트하더라도, 한 프로그램에서 임포트한 모듈 사본은 하나만 있다. 이를 이용하여 임포트한 모든 코드에 전역 값을 저장할 수 있다. 이것은 클래스에서 많은 객체를 생성할 수 있음에도 불구하고, 하나의 사본만 갖는 클래스와 비슷하다.

11.3 파이썬 표준 라이브러리

파이썬의 두드러진 점 중 하나는 배터리 포함batteries included이라는 모토로 유용한 작업을 처리하는 많은 표준 라이브러리 모듈이다. 그리고 이 모듈은 핵심 언어가 늘어나는 것을 피하기 위해 분리되어 있다. 파이썬 코드를 작성할 때는 원하는 기능이 표준 모듈에 있는지 먼저 확인하는 것이 좋다. 표준 라이브러리에는 수많은 작은 보석이 있다. 또한 파이썬은 튜토리얼(*http://bit.ly/py-motw*)과 함께 모듈에 대한 공식 문서(*http://docs.python.org/3/library*)를 제공한다. 더그 헬먼의 사이트(*http://bit.ly/py-motw*)와 그의 책 『The Python Standard Library by Example 한국어판』(에이콘출판사, 2012) 또한 매우 유용한 가이드다.

이 책의 몇몇 장에서 웹, 시스템, 데이터베이스 등에 대한 표준 모듈을 소개한다. 이번 절에서는 일반적인 용도로 사용되는 일부 표준 모듈에 대해서 살펴본다.

11.3.1 누락된 키 처리하기: setdefault()와 defaultdict()

딕셔너리에 존재하지 않는 키로 접근하면 예외가 발생한다. 기본값을 반환하는 딕셔너리의 get() 함수를 사용하면 이 예외를 피할 수 있다. setdefault() 함수는 get() 함수와 같지만, 키가 누락된 경우 딕셔너리에 항목을 할당할 수 있다.

```
>>> periodic_table = {'Hydrogen': 1, 'Helium': 2}
>>> periodic_table
{'Hydrogen': 1, 'Helium': 2}
```

딕셔너리에 키가 없는 경우 새 값이 사용된다.

```
>>> carbon = periodic_table.setdefault('Carbon', 12)
>>> carbon
12
>>> periodic_table
{'Hydrogen': 1, 'Helium': 2, 'Carbon': 12}
```

존재하는 키에 다른 기본값을 할당하려면 키에 대한 원래 값이 반환되고 아무것도 바뀌지 않는다.

```
>>> helium = periodic_table.setdefault('Helium', 947)
>>> helium
2
>>> periodic_table
{'Hydrogen': 1, 'Helium': 2, 'Carbon': 12}
```

defaultdict() 함수도 비슷하다. 다른 점은 딕셔너리를 생성할 때 모든 새 키에 대한 기본값을 먼저 지정한다는 것이다. 이 함수의 인수는 함수이다. 다음 예제에서 int() 함수를 호출하고 정수 0을 반환하는 함수 int를 전달해보자.

```
>>> from collections import defaultdict
>>> periodic_table = defaultdict(int)
```

누락된 값은 정수(int), 값 0이다.

```
>>> periodic_table['Hydrogen'] = 1
>>> periodic_table['Lead']
0
>>> periodic_table
defaultdict(<class 'int'>, {'Hydrogen': 1, 'Lead': 0})
```

defaultdict()의 인수는 값을 누락된 키에 할당하여 반환하는 함수다. 다음 예제에서 no_idea() 함수는 필요할 때 값을 반환하기 위해 실행된다.

```
>>> from collections import defaultdict
>>> def no_idea():
...     return 'Huh?'
...
>>> bestiary = defaultdict(no_idea)
>>> bestiary['A'] = 'Abominable Snowman'
>>> bestiary['B'] = 'Basilisk'
>>> bestiary['A']
'Abominable Snowman'
>>> bestiary['B']
'Basilisk'
>>> bestiary['C']
'Huh?'
```

빈 기본값을 반환하기 위해 int() 함수는 정수 0, list() 함수는 빈 리스트([]), dict() 함수는 빈 딕셔너리({})를 반환한다. 인수를 입력하지 않으면 새로운 키의 기본값이 None으로 설정된다.

그리고 lambda를 사용하여 호출 안에 기본값을 만드는 함수를 정의할 수 있다.

```
>>> bestiary = defaultdict(lambda: 'Huh?')
>>> bestiary['E']
'Huh?'
```

카운터를 위해 아래와 같이 int 타입을 사용할 수 있다.

```
>>> from collections import defaultdict
```

```
>>> food_counter = defaultdict(int)
>>> for food in ['spam', 'spam', 'eggs', 'spam']:
...     food_counter[food] += 1
...
... for food, count in food_counter.items():
...     print(food, count)
...
eggs 1
spam 3
```

이전 예제에서 food_counter 딕셔너리가 defaultdict가 아닌 일반 딕셔너리였다면, 파이썬은 딕셔너리 요소의 food_counter[food]를 증가시키려고 할 때마다 예외를 발생시킨다. 딕셔너리가 초기화되지 않았기 때문이다. 예외를 피하려면 다음과 같은 추가 작업이 필요하다.

```
>>> dict_counter = {}
>>> for food in ['spam', 'spam', 'eggs', 'spam']:
...     if not food in dict_counter:
...         dict_counter[food] = 0
...     dict_counter[food] += 1
...
... for food, count in dict_counter.items():
...     print(food, count)
...
...
spam 3
eggs 1
```

11.3.2 항목 세기: Counter()

표준 라이브러리에는 항목을 셀 수 있는 여러 함수가 있다.

```
>>> from collections import Counter
>>> breakfast = ['spam', 'spam', 'eggs', 'spam']
>>> breakfast_counter = Counter(breakfast)
>>> breakfast_counter
Counter({'spam': 3, 'eggs': 1})
```

most_common() 함수는 모든 요소를 내림차순으로 반환한다. 혹은 숫자를 입력하는 경우, 그 숫자만큼 상위 요소를 반환한다.

```
>>> breakfast_counter.most_common()
[('spam', 3), ('eggs', 1)]
>>> breakfast_counter.most_common(1)
[('spam', 3)]
```

카운터를 결합할 수 있다. 먼저 breakfast_counter를 다시 한번 보자.

```
>>> breakfast_counter
Counter({'spam': 3, 'eggs': 1})
```

이번에는 새로운 리스트 lunch를 만들어서 lunch_counter라는 카운터를 실행한다.

```
>>> lunch = ['eggs', 'eggs', 'bacon']
>>> lunch_counter = Counter(lunch)
>>> lunch_counter
Counter({'eggs': 2, 'bacon': 1})
```

+ 연산자를 사용해서 두 카운터를 결합할 수 있다.

```
>>> breakfast_counter + lunch_counter
Counter({'spam': 3, 'eggs': 3, 'bacon': 1})
```

- 연산자를 사용해서 한 카운터에서 다른 카운터를 뺄 수 있다. lunch_counter를 뺀 breakfast_counter는 무엇일까?

```
>>> breakfast_counter - lunch_counter
Counter({'spam': 3})
```

그 반대는?

```
>>> lunch_counter - breakfast_counter
Counter({'bacon': 1, 'eggs': 1})
```

8장에서 설명한 셋과 마찬가지로, 교집합 연산자 &를 사용해서 공통된 항목을 얻을 수 있다.

```
>>> breakfast_counter & lunch_counter
Counter({'eggs': 1})
```

교집합 연산으로 낮은 숫자의 공통 항목 'eggs'를 집었다. breakfast_counter에서 'eggs'가 한 개이기 때문에 공통 항목으로 1이 나오는 것이 맞다.

합집합 연산자 |를 사용하면 모든 항목을 얻을 수 있다.

```
>>> breakfast_counter | lunch_counter
Counter({'spam': 3, 'eggs': 2, 'bacon': 1})
```

'eggs'가 다시 두 카운터의 공통 항목으로 나왔다. 합집합 연산에서 'eggs'가 추가되지 않았다. 대신 높은 숫자의 공통 항목을 집는다.

11.3.3 키 정렬하기: OrderedDict()

파이썬 2 인터프리터에서 아래 코드를 실행하면 결과는 다음과 같다.

```
>>> quotes = {
... 'Moe': 'A wise guy, huh?',
... 'Larry': 'Ow!',
... 'Curly': 'Nyuk nyuk!',
... }
>>> for stooge in quotes:
...     print(stooge)
...
Larry
Curly
Moe
```

NOTE_ 파이썬 3.7부터 딕셔너리는 키가 추가된 순서대로 그 키 순서를 유지한다. OrderedDict는 파이썬 3.7 이전 버전에서 키 순서를 유지하려 할 때 유용하다. 이 절의 예제는 파이썬 3.7 이전 버전의 경우에 해당한다.

OrderedDict()는 키 순서를 기억한다. 다음 예제와 같이 반복문과 같은 순서대로 반환한다. (키, 값) 튜플의 시퀀스로 OrderedDict를 만들어보자.

```
>>> from collections import OrderedDict
>>> quotes = OrderedDict([
...     ('Moe', 'A wise guy, huh?'),
...     ('Larry', 'Ow!'),
...     ('Curly', 'Nyuk nyuk!'),
...     ])
>>>
>>> for stooge in quotes:
...     print(stooge)
...
Moe
Larry
Curly
```

11.3.4 스택 + 큐 == 데크

데크deque는 스택과 큐의 기능을 모두 가진 출입구가 양 끝에 있는 큐다. 데크는 시퀀스의 양 끝으로부터 항목을 추가하거나 삭제할 때 유용하게 쓰인다. 여기에서 회문palindrome (앞에서부터 읽으나 뒤에서부터 읽으나 같은 구문)인지 확인하기 위해 양쪽 끝에서 중간까지 문자를 확인한다. popleft() 함수는 데크로부터 왼쪽 끝의 항목을 제거한 후, 그 항목을 반환한다. pop() 함수는 오른쪽 끝의 항목을 제거한 후, 그 항목을 반환한다. 양쪽 끝에서부터 이 두 함수가 중간 지점을 향해서 동작한다. 양쪽 문자가 서로 일치한다면 단어 중간에 도달할 때까지 데크를 팝pop한다.

```
>>> def palindrome(word):
...     from collections import deque
...     dq = deque(word)
...     while len(dq) > 1:
...         if dq.popleft() != dq.pop():
...             return False
...     return True
...
>>> palindrome('a')
True
```

```
>>> palindrome('racecar')
True
>>> palindrome('')
True
>>> palindrome('radar')
True
>>> palindrome('halibut')
False
```

데크의 간단한 예제를 살펴봤다. 회문 코드를 더 간단하게 작성하고 싶다면 한 문자열을 반전해서 비교하면 된다. 파이썬은 문자열에 대한 **reverse()** 메서드가 없지만, 다음과 같이 슬라이스로 문자열을 반전할 수 있다.

```
>>> def another_palindrome(word):
...     return word == word[::-1]
...
>>> another_palindrome('radar')
True
>>> another_palindrome('halibut')
False
```

11.3.5 코드 구조 순회하기: itertools

itertools(*http://bit.ly/py-itertools*)는 특수 목적의 이터레이터 함수를 포함하고 있다. for ... in 반복문에서 이터레이터 함수를 호출할 때 함수는 한 번에 한 항목을 반환하고 호출 상태를 기억한다.

chain() 함수는 순회가능한 인수들을 차례로 반복한다.

```
>>> import itertools
>>> for item in itertools.chain([1, 2], ['a', 'b']):
...     print(item)
...
1
2
a
b
```

cycle() 함수는 인수를 순환하는 무한 이터레이터다.

```
>>> import itertools
>>> for item in itertools.cycle([1, 2]):
...     print(item)
...
1
2
1
2
.
.
.
... 계속 ...
```

accumulate() 함수는 축적된 값을 계산한다. 기본으로 합계를 계산한다.

```
>>> import itertools
>>> for item in itertools.accumulate([1, 2, 3, 4]):
...     print(item)
...
1
3
6
10
```

accumulate() 함수의 두 번째 인수로 함수를 전달하여, 합계를 구하는 대신 이 함수를 사용할 수 있다. 이 함수는 두 개의 인수를 취하여 하나의 결과를 반환한다. 이 예제는 축적된 곱을 계산한다.

```
>>> import itertools
>>> def multiply(a, b):
...     return a * b
...
>>> for item in itertools.accumulate([1, 2, 3, 4], multiply):
...     print(item)
...
1
2
6
24
```

itertools 모듈은 많은 함수를 제공하며, 조합 및 순열을 위한 함수도 있다. 직접 작성하는 구현 시간을 절약할 수 있다.

11.3.6 깔끔하게 출력하기: pprint()

지금까지 모든 예제를 print() 함수를 사용해서 출력하거나 대화식 인터프리터에서 변수 이름으로 출력했다. 출력된 결과를 읽기 힘든 경우 pprint() 함수와 같은 멋진 프린트가 필요하다.

```
>>> from pprint import pprint
>>> quotes = OrderedDict([
... ('Moe', 'A wise guy, huh?'),
... ('Larry', 'Ow!'),
... ('Curly', 'Nyuk nyuk!'),
... ])
>>>
```

평범한 print() 함수의 출력 결과는 다음과 같다.

```
>>> print(quotes)
OrderedDict([('Moe', 'A wise guy, huh?'), ('Larry', 'Ow!'), ('Curly', 'Nyuk nyuk!')])
```

pprint() 함수는 가독성을 위해 요소들을 정렬하여 출력한다.

```
>>> pprint(quotes)
{'Moe': 'A wise guy, huh?',
 'Larry': 'Ow!',
 'Curly': 'Nyuk nyuk!'}
```

11.3.7 임의값 얻기

이 장의 첫 부분에 random.choice()를 사용했다. 주어진 시퀀스(리스트, 튜플, 딕셔너리, 문자열) 인수에서 값을 임의로 반환한다.

```
>>> from random import choice
>>> choice([23, 9, 46, 'bacon', 0x123abc])
1194684
>>> choice( ('a', 'one', 'and-a', 'two') )
'one'
>>> choice(range(100))
68
>>> choice('alphabet')
'l'
```

한 번에 둘 이상의 값을 얻으려면 sample() 함수를 사용한다.

```
>>> from random import sample
>>> sample([23, 9, 46, 'bacon', 0x123abc], 3)
[1194684, 23, 9]
>>> sample(('a', 'onc', 'and-a', 'two'), 2)
['two', 'and-a']
>>> sample(range(100), 4)
[54, 82, 10, 78]
>>> sample('alphabet', 7)
['l', 'e', 'a', 't', 'p', 'a', 'b']
```

어떤 범위에서 임의의 정수를 얻으려면 choice()와 sample()을 range()와 같이 사용하거나 randint()와 randrange()를 사용한다.

```
>>> from random import randint
>>> randint(38, 74)
71
>>> randint(38, 74)
60
>>> randint(38, 74)
61
```

randrange()는 range()와 같은 인수를 가진다. 시작(포함), 끝(제외), 스텝(옵션값)

```
>>> from random import randrange
>>> randrange(38, 74)
65
>>> randrange(38, 74, 10)
68
```

```
>>> randrange(38, 74, 10)
48
```

0.0과 0.1사이의 임의의 실수(부동소수점 숫자)를 얻는다.

```
>>> from random import random
>>> random()
0.071933393312692198
>>> random()
0.7403243673826271
>>> random()
0.9716517846775018
```

11.4 배터리 장착: 다른 파이썬 코드 가져오기

표준 라이브러리에 원하는 모듈이 없거나 그 모듈이 예상대로 동작하지 않을 때가 있다. 파이썬은 전 세계적으로 서드파티 오픈 소스가 있다. 여기에 좋은 참고 자료를 소개한다.

- PyPI(몬티 파이튼의 촌극 이후 치즈숍Cheese Shop으로 알려짐): *http://pypi.python.org*
- github: *https://github.com/Python*
- readthedocs: *https://readthedocs.org/*

activestate 사이트(*https://oreil.ly/clMAi*)에서 작은 예제 코드를 볼 수 있다.

이 책에 있는 파이썬 코드 대부분은 표준 파이썬 설치에 포함된 내장 함수와 표준 라이브러리를 사용한다. 책 몇 부분에서 외부 패키지가 등장한다. 1장에서는 **requests**을 사용했다. **requests**에 대한 내용은 18장에서 볼 수 있다. 부록 B에서는 개발에 대한 기본적인 사항과 서드파티 파이썬 소프트웨어 설치 방법을 배운다.

11.5 다음 장에서는

다음 장은 파이썬에서 데이터 조작의 여러 방법을 다룬다. 이진 **바이트** 및 **바이트 배열** 데이터 타입을 다룬다. 그리고 텍스트 문자열에서 유니코드 문자를 처리하고 정규표현식으로 문자열을 검색한다.

11.6 연습문제

11.1 zoo.py 파일에서 'Open 9-5 daily' 문자열을 반환하는 hours() 함수를 정의해보자. 그다음 대화식 인터프리터에서 zoo 모듈을 임포트한 후 hours() 함수를 호출한다.

11.2 대화식 인터프리터에서 zoo 모듈을 menagerie라는 이름으로 임포트한 후 hours() 함수를 호출한다.

11.3 인터프리터에서 zoo 모듈로부터 직접 hours() 함수를 임포트해서 호출한다.

11.4 hours() 함수를 info라는 이름으로 임포트해서 호출한다.

11.5 키-값 쌍이 'a': 1, 'b': 2, 'c': 3인 plain 딕셔너리를 만들어서 출력한다.

11.6 연습문제 11.5의 plain 딕셔너리에 있는 키-값 쌍으로 fancy라는 OrderedDict를 만들어서 출력한다. plain 딕셔너리와 출력 순서가 같은가?

11.7 dict_of_lists라는 defaultdict를 만들어서 list 인수를 전달한다. 리스트 dict_of_ lists['a']에 'something for a' 값을 추가하고, dict_of_lists['a']를 출력한다.

파이썬 실전

Part II

파이썬 실전

데이터 길들이기

데이터를 충분히 고문하면, 자연은 언제나 바른 말을 할 것이다.　　　　　　－ 로널드 코스

지금까지 파이썬 언어 자체(데이터 타입, 코드 구조, 구문 등)만 다뤘다. 2부부터는 실제 문제 적용을 다룰 것이다.

이 장에서는 데이터 길들이기에 대한 실용적인 기술을 배운다. 이것을 **데이터 먼징**data munging 또는 데이터베이스 세계의 비즈니스와 유사한 ETL(추출export, 변형transform, 로드load)이라고 부른다. 프로그래밍 서적들은 일반적으로 이러한 주제를 명시적으로 다루지 않지만, 개발자들은 목적에 따라 데이터를 올바른 형태로 만드는 데 많은 시간을 소비한다.

데이터 과학data science은 지난 몇 년 동안 매우 인기를 끌고 있다. 하버드 비즈니스 리뷰Harvard Business Review 기사는 데이터 과학자를 '21세기 가장 섹시한 직업'이라고 표현했다. 데이터 과학자는 수요가 가장 많은 직업이고 연봉도 높지만 고된 직업이기도 하다. 데이터 과학은 데이터베이스의 ETL 요구 사항을 넘어서 사람 눈에 보이지 않는 통찰력을 발견하기 위해서 **머신러닝**machine learning을 사용한다.

기본 데이터 형식부터 데이터 과학을 위한 가장 유용한 도구까지 살펴볼 것이다.

데이터 형식을 크게 **텍스트**text와 **2진수**binary로 나눌 수 있다. 텍스트 데이터에서 파이썬 **문자열**string을 사용한다. 이 장에서는 지금까지 살펴보지 않은 문자열 정보를 다룬다.

- **유니코드**Unicode 문자
- **정규 표현식**regular expression 패턴 매칭

이진 데이터와 두 가지 파이썬 내장 타입을 살펴본다.

- 불변 8비트 값의 **바이트**
- 가변 값의 **바이트 배열**

12.1 텍스트 문자열: 유니코드

5장에서는 파이썬 문자열 기본을 배웠다. 이제 유니코드를 배워볼 차례다.

파이썬 3의 문자열은 바이트 배열이 아닌 유니코드 문자 시퀀스다. 이것은 파이썬 2에서 파이썬 3의 가장 큰 변화다.

지금까지 이 책의 모든 텍스트 예제는 평범하고 오래된 아스키 코드American Standard Code for Information Interchange(ASCII)를 사용했다. 승어가 지구를 돌아다니기 전인 1960년 대에 아스키 코드가 제정됐다. 그때 컴퓨터는 냉장고만한 크기였고, 단순한 계산을 잘 수행했다. 컴퓨터의 기본 저장 단위는 **바이트**byte로 **8비트**bit에 256개의 고유한 값을 저장할 수 있다. 여러 가지 이유로 아스키 코드는 7비트(128개의 고유한 값)만 사용한다. 각 26개의 대소 문자, 숫자 10개, 문장 부호, 공백 문자, 비인쇄 제어 코드nonprinting control code로 구성됐다.

슬프게도, 세계에는 아스키 코드가 제공하는 것보다 더 많은 문자가 존재한다. 예를 들어 프랑스 식당에 독일 핫도그는 있지만, 프랑스 카페에 움라우트(ü)가 붙은 게뷔르츠트라미너 Gewürztraminer[1] 와인은 없다. 파이썬은 많은 문자와 기호를 지원하기 위해 많은 노력을 했다. 이 책에서 가끔 독특한 문자와 기호를 보게 될 것이다. 다음은 그중 일부 문자 코드다.

- Latin-1 혹은 ISO8859-1
- Windows code page 1252

이들 각 문자는 모두 8비트를 사용하지만, 그것조차도 충분하지 않다. 심지어 비유럽 국가의

----

1 독일어는 움라우트(ü)가 있지만(Gewürztraminer), 프랑스어는 움라우트가 없다(Gewurztraminer).

언어는 8비트로 모든 문자를 표현할 수 없다. 국가별로 독자적인 문자열 인코딩을 사용하는 것을 해결하기 위해 국제 표준화 기구에서 유니코드를 만들었다. 유니코드는 수학 및 기타 분야의 기호들도 포함한다. 심지어 이모티콘까지!

> 유니코드는 플랫폼, 프로그램, 언어에 상관없이 문자마다 고유한 번호를 제공한다.
>
> – 유니코드 협회

유니코드 코드 차트 페이지(*http://www.unicode.org/charts*)는 현재 정의된 모든 문자 집합과 이미지에 대한 링크를 제공한다. 가장 최신 버전 12.0은 문자 137,000개를 정의한다. 각 문자는 고유한 이름과 식별 번호가 있다. 문자들은 유니코드 **평면**plane이라고 하는 8비트의 세트로 분할된다. 첫 번째 256 평면은 **기본 다국어 평면**Basic Multilingual Plane(BMP)이다. 위키백과의 유니코드 평면(*http://bit.ly/unicode-plane*)에서 자세한 내용을 확인할 수 있다.

12.1.1 파이썬 3 유니코드 문자열

유니코드 식별자(ID) 또는 문자에 대한 이름을 안다면, 이 문자를 파이썬 문자열에 사용할 수 있다. 여기에 해당하는 몇 가지 예가 있다.

- 4자리 16진수와 그 앞에 \u는 유니코드의 기본 평면 256개 중 하나의 문자를 지정한다. 첫 번째 두 숫자는 평면 번호다(00에서 FF까지). 다음 두 숫자는 평면에 있는 문자의 인덱스다. 평면 00은 아스키 코드고, 평면 안의 문자 위치는 아스키 코드의 번호와 같다.
- 높은 평면의 문자일수록 비트 수가 더 필요하다. 이에 대한 파이썬의 이스케이프 시퀀스escape sequence 는 \U고, 8자리의 16진수를 사용한다. 숫자에 남는 공간이 있다면 왼쪽에 0을 채운다.
- 모든 문자는 표준 이름 \N{name}으로 지정할 수 있다. 유니코드 문자 이름 인덱스The Unicode Character Name Index 페이지(*http://www.unicode.org/charts/charindex.html*)에서 표준 이름 리스트를 참조한다.

파이썬의 unicodedata 모듈은 유니코드 식별자와 이름으로 검색할 수 있는 함수를 제공한다.

- lookup() : 인수로 대소 문자를 구분하지 않는 이름을 취하고, 유니코드 문자를 반환한다.
- name() : 인수로 유니코드 문자를 취하고, 대문자 이름을 반환한다.

파이썬 유니코드 문자를 취하는 테스트 함수를 작성해보자. 이름을 검색하고, 그 이름으로 유니코드 문자를 다시 검색한다(원래 문자와 일치해야 한다).

```
>>> def unicode_test(value):
...     import unicodedata
...     name = unicodedata.name(value)
...     value2 = unicodedata.lookup(name)
...     print('value="%s", name="%s", value2="%s"' % (value, name, value2))
...
```

먼저 아스키 문자를 넣어보자.

```
>>> unicode_test('A')
value="A", name="LATIN CAPITAL LETTER A", value2="A"
```

아스키 문자 부호를 넣어보자.

```
>>> unicode_test('$')
value="$", name="DOLLAR SIGN", value2="$"
```

유니코드 통화 문자를 넣어보자.

```
>>> unicode_test('\u00a2')
value="¢", name="CENT SIGN", value2="¢"
```

다른 유니코드 통화 문자를 넣어보자.

```
>>> unicode_test('\u20ac')
value="€", name="EURO SIGN", value2="€"
```

잠재적으로 발생할 수 있는 유일한 문제는 텍스트를 표시하는 데 사용하는 글꼴의 제한이다. 모든 유니코드에 대한 이미지가 있는 글꼴은 거의 없으며, 누락된 글꼴에 대해 플레이스홀더 placeholder 문자[2]가 표시될 수 있다. 예를 들어 딩벳 글꼴dingbat font의 **SNOWMAN**에 대한 유니코드 기호는 다음과 같다.

---

2 빠져 있는 다른 것을 대신하는 기호나 텍스트의 일부

```
>>> unicode_test('\u2603')
value="☃", name="SNOWMAN", value2="☃"
```

문자열에 단어 **café**를 저장한다고 가정하자. 파일 혹은 웹사이트에서 이 단어를 찾아 복사해서 붙여넣기를 한 다음, 무사히 저장되었길 기도해야 한다.

```
>>> place = 'café'
>>> place
'café'
```

UTF-8 인코딩(12.1.2절 참조) 형식의 소스를 복사해서 붙여넣었기 때문에 제대로 동작했다.

마지막 é 문자는 어떻게 지정할 수 있을까? E에 대한 문자 인덱스를 찾으면(*http://bit.ly/e-index*), E WITH ACUTE, LATIN SMALL LETTER 이름은 00E9 값을 가진다. name()과 lookup() 함수로 확인해보자. 먼저 유니코드로 문자 이름을 얻는다.

```
>>> unicodedata.name('\u00e9')
'LATIN SMALL LETTER E WITH ACUTE'
```

다음에는 이름으로 코드를 얻는다.

```
>>> unicodedata.lookup('E WITH ACUTE, LATIN SMALL LETTER')
Traceback (most recent call last):
  File "<stdin>", line 1, in <module>
KeyError: "undefined character name 'E WITH ACUTE, LATIN SMALL LETTER'"
```

> **NOTE_** 유니코드 문자 이름 인덱스Unicode Character Name Index 페이지에 등록된 문자 이름은 잘 정리되어 있다. 이들을 파이썬이 사용하는 실제 유니코드 이름으로 변환하려면 콤마를 지우고, 콤마 이후에 나오는 이름을 앞으로 옮겨야 한다. 따라서 **E WITH ACUTE, LATIN SMALL LETTER**는 LATIN SMALL LETTER E WITH ACUTE로 바꿔야 한다.
>
> ```
> >>> unicodedata.lookup('LATIN SMALL LETTER E WITH ACUTE')
> 'é'
> ```

이제 코드와 이름으로 문자열 café를 저장할 수 있다.

```
>>> place = 'caf\u00e9'
>>> place
'café'
>>> place = 'caf\N{LATIN SMALL LETTER E WITH ACUTE}'
>>> place
'café'
```

이전 코드에서는 é를 직접 삽입했다. 그리고 다음과 같이 문자열에 추가하는 것도 가능하다.

```
>>> u_umlaut = '\N{LATIN SMALL LETTER U WITH DIAERESIS}'
>>> u_umlaut 'ü'
>>> drink = 'Gew' + u_umlaut + 'rztraminer'
>>> print('Now I can finally have my', drink, 'in a', place)
Now I can finally have my Gewürztraminer in a café
```

문자열 len() 함수는 유니코드의 바이트가 아닌 문자수를 센다.

```
>>> len('$')
1
>>> len('\U0001f47b')
1
```

유니코드 숫자 ID를 알고 있다면, ord()와 chr() 함수를 사용하여 정수 ID로 단일 문자의 유니코드 문자열을 빠르게 변환할 수 있다.

```
>>> chr(233)
'é'
>>> chr(0xe9)
'é'
>>> chr(0x1fc6)
'ῆ'
```

12.1.2 UTF-8

파이썬에서 일반 문자열을 처리할 때는 각 유니코드 문자를 저장하는 방법에 대해 걱정하지 않아도 된다.

그러나 외부 데이터를 교환할 때는 다음 과정이 필요하다.

- 문자열을 바이트로 인코딩
- 바이트를 문자열로 디코딩

유니코드에 65,536 미만의 문자가 있다면 2바이트로 된 각 유니코드 문자의 식별자를 저장할 수 있다. 그러나 불행하게도 문자가 더 많다. 3바이트 또는 4바이트의 식별자를 인코딩할 수 있지만, 텍스트 문자열에 대한 메모리 및 디스크 저장 공간이 3~4배 증가한다. 그래서 유닉스 개발자 켄 톰프슨Ken Thompson과 롭 파이크Rob Pike는 뉴저지 식당의 식탁에서 하룻밤 만에 UTF-8 동적 인코딩 형식을 설계했다. 유니코드 한 문자당 1~4바이트를 사용한다.

- 1바이트: 아스키 코드
- 2바이트: 키릴Cyrillic 문자를 제외한 대부분 파생된 라틴어
- 3바이트: 기본 다국어 평면의 나머지
- 4바이트: 아시아 언어 및 기호를 포함한 나머지

UTF-8은 파이썬, 리눅스, HTML의 표준 텍스트 인코딩이다. UTF-8은 빠르고 완전하며 잘 동작한다. 코드에 UTF-8 인코딩 방식을 사용하면 다양한 인코딩 방식을 시도하는 것보다 인생이 한결 편해질 것이다.

> **NOTE_** 웹 페이지와 같이 다른 소스를 복사해서 붙여넣어 문자열을 작성하는 경우, UTF-8형식으로 인코딩되었는지 확인해야 한다. 일반적으로 문자열을 복사할 때 Latin-1 혹은 Windows 1252 형식으로 인코딩된 텍스트를 쉽게 볼 수 있다. 이들은 나중에 바이트 시퀀스가 유효하지 않다는 예외를 발생시킨다.

12.1.3 인코딩

문자열을 **바이트**로 **인코딩**해보자. 문자열 encode() 함수의 첫 번째 인수는 인코딩 이름이다. [표 7-1]에서 선택할 수 있다.

표 12-1 인코딩

인코딩 이름	설명
'ascii'	7비트 아스키 코드
'utf-8'	8비트 가변 길이 인코딩 형식. 거의 대부분의 문자 지원
'latin-1'	ISO 8859-1로도 알려짐
'cp-1252'	윈도우 인코딩 형식

모두 UTF-8로 인코딩할 수 있다. 유니코드 문자 '\u2603'을 snowman에 할당해보자.

```
>>> snowman = '\u2603'
```

snowman은 한 문자의 파이썬 유니코드 문자열이다. 내부적으로 몇 바이트가 저장되어야 하는지 신경 쓸 필요가 없다.

```
>>> len(snowman)
1
```

유니코드 문자를 바이트 시퀀스로 인코딩해보자.

```
>>> ds = snowman.encode('utf-8')
```

앞서 언급했듯이, UTF-8은 가변 길이 인코딩이다. 이 경우 snowman 유니코드 문자를 인코딩하기 위해 3바이트를 사용한다.

```
>>> len(ds)
3
>>> ds
b'\xe2\x98\x83'
```

ds는 바이트 배열이기 때문에 len()은 숫자 3을 반환한다.

UTF-8 이외의 다른 인코딩도 사용할 수 있다. 하지만 유니코드 문자열을 인코딩할 수 없다면 에러를 얻게 된다. 예를 들어 아스키 인코딩을 사용할 때, 유니코드 문자가 유효한 아스키 문자가 아닌 경우 실패한다.

```
>>> ds = snowman.encode('ascii') Traceback (most recent call last):
  File "<stdin>", line 1, in <module>
UnicodeEncodeError: 'ascii' codec can't encode character '\u2603' in position 0:
ordinal not in range(128)
```

인코딩 예외를 피하기 위해 encode() 함수에 두 번째 인수를 취한다. 이전 예제에서는 두 번째 인수를 지정하지 않아서 기본값인 'strict'가 지정됐다. 이는 아스키 코드가 아닌 문자가 나타났을 때 UnicodeEncodeError를 발생시킨다. 'ignore'를 사용하여 알 수 없는 문자를 인코딩하지 않도록 해보자.

```
>>> snowman.encode('ascii', 'ignore')
b''
```

'replace'는 알 수 없는 문자를 ?로 대체한다.

```
>>> snowman.encode('ascii', 'replace')
b'?'
```

'backslashreplace'는 유니코드 이스케이프unicode-escape처럼 파이썬 유니코드 문자의 문자열을 만든다.

```
>>> snowman.encode('ascii', 'backslashreplace')
b'\\u2603'
```

HTML-safe 문자열 생성을 위해서 'xmlcharrefreplace'를 사용한다. 유니코드 이스케이프 시퀀스를 출력할 수 있는 문자열로 만든다.

```
>>> snowman.encode('ascii', 'xmlcharrefreplace')
b'&#9731;'
```

HTML 변환에 대한 자세한 내용은 12.1.5절에서 설명한다.

12.1.4 디코딩

바이트 문자열을 유니코드 문자열로 **디코딩**해보자. 외부 소스(파일, 데이터베이스, 웹사이트, 네트워크 API 등)에서 텍스트를 얻을 때마다 그것은 바이트 문자열로 인코딩되어 있다. 여기서 까다로운 점은 실제로 어떤 인코딩이 사용되었는지 아는 것이다. 이를 분석하여 유니코드 문자열을 얻을 수 있다.

문제는 바이트 문자열이 어떻게 인코딩되었는지 말해주지 않는다는 것이다. 앞서 웹사이트에 있는 텍스트를 복사해서 붙여넣었을 때 일어날 수 있는 위험한 상황을 설명했다. 예를 들어 웹사이트 텍스트의 문자를 아스키 문자로 예상했는데, 이상한 다른 문자로 되어 있는 경우다.

`'café'`의 유니코드 문자열을 생성해보자.

```
>>> place = 'caf\u00e9'
>>> place
'café'
>>> type(place)
<class 'str'>
```

place 변수를 UTF-8 형식으로 인코딩하여 place_bytes 변수에 할당한다.

```
>>> place_bytes = place.encode('utf-8')
>>> place_bytes
b'caf\xc3\xa9'
>>> type(place_bytes)
<class 'bytes'>
```

place_bytes는 5바이트다. 첫 3바이트는 UTF-8과 똑같이 표현되는 아스키 문자다. 그리고 마지막 2바이트에서 'é'를 인코딩했다. 이제 바이트 문자열을 유니코드 문자열로 디코딩해보자.

```
>>> place2 = place_bytes.decode('utf-8')
>>> place2
'café'
```

`'café'`를 UTF-8로 인코딩한 후, UTF-8을 디코딩했다. 다른 인코딩 방식으로 디코딩하면 무슨 일이 일어날까?

```
>>> place3 = place_bytes.decode('ascii')
Traceback (most recent call last):
  File "<stdin>", line 1, in <module>
UnicodeDecodeError: 'ascii' codec can't decode byte 0xc3 in position 3: ordinal not in
range(128)
```

아스키 디코더는 예외를 던진다. **0xc3** 바이트 값은 아스키 코드에 유효하지 않기 때문이다.
UTF-8은 128(16진수 **80**)과 255(16진수 **FF**) 사이에 있는 값의 8비트 문자를 인코딩할 수
있지만, 아스키 코드는 그렇지 않다.

```
>>> place4 = place_bytes.decode('latin-1')
>>> place4
'cafÃ©'
>>> place5 = place_bytes.decode('windows-1252')
>>> place5
'cafÃ©'
```

위 예제의 교훈은 가능하면 UTF-8을 사용하라는 것이다. UTF-8은 모든 유니코드 문자를 표
현할 수 있고, 어디에서나 지원한다. 그리고 빠르게 디코딩과 인코딩을 수행한다.

> **NOTE_** 유니코드 문자를 지정할 수 있다고 해서 컴퓨터에 모든 문자가 표시되는 것은 아니다. 사용 중인 폰
> 트에 따라 다르며 많은 문자의 경우 이미지가 표시되지 않거나 일부 다른 이미지로 대체될 수 있다. 애플은
> 유니코드 협회에서 Last Resort Font(*https://oreil.ly/q5EZD*)를 만들어 운영체제에 사용한다. 위키백과
> (*https://oreil.ly/Zm_uZ*)에 자세한 내용이 있다. \u0000과 \uffff 사이의 모든 폰트를 포함한 다른 폰
> 트는 유니폰트^{Unifont}(*https://oreil.ly/APKlj*)다.

12.1.5 HTML 엔티티

파이썬 3.4에서 유니코드로 변환하거나 HTML 문자 엔티티를 사용하는 또 다른 방법을 추가
했다.[3] 특히, 웹 작업의 경우 유니코드 이름을 찾기가 쉬워졌다.

---

3 HTML 명명된 문자 엔티티 참조 테이블(named character references). *https://oreil.ly/pmBW0*

```
>>> import html
>>> html.unescape("&egrave;")
'è'
```

또한 이러한 변환은 숫자로 된 엔티티 10진수나 16진수에도 적용된다.

```
>>> import html
>>> html.unescape("&#233;")
'é'
>>> html.unescape("&#xe9;")
'é'
```

명명된 문자 엔티티 번역을 딕셔너리로 가져와서 직접 변환할 수 있다. 딕셔너리 키에서 처음
'&' 문자를 삭제한다(마지막 ';'를 삭제할 수도 있지만 어느 쪽이든 동작한다).

```
>>> from html.entities import html5
>>> html5["egrave"]
'è'
>>> html5["egrave;"]
'è'
```

단일 파이썬 유니코드 문자에서 HTML 엔티티 이름으로 변환해보자. 먼저 ord()를 사용하여
문자의 10진수 값을 얻는다.

```
>>> import html
>>> char = '\u00e9'
>>> dec_value = ord(char)
>>> html.entities.codepoint2name[dec_value]
'eacute'
```

문자가 2개 이상인 유니코드 문자열의 경우 다음과 같이 2단계로 변환한다.

```
>>> place = 'caf\u00e9'
>>> byte_value = place.encode('ascii', 'xmlcharrefreplace')
>>> byte_value
b'caf&#233;'
>>> byte_value.decode()
'caf&#233;'
```

place.encode('ascii', 'xmlcharrefreplace') 표현식은 인코딩된 아스키 문자의 바이트 타입을 반환한다. byte_value를 HTML 호환 문자열로 변환하려면 byte_value.decode()로 디코딩한다.

12.1.6 정규화

일부 유니코드 문자는 둘 이상의 유니코드 인코딩으로 표현된다. 모양은 같지만 내부 바이트 시퀀스가 다르기 때문에 동일하게 보지 않는다. 예를 들면 'café'의 양음 악센트^{acute accent} 'é'를 살펴보자. 여러 가지 방법으로 단일 문자 'é'를 만들어보자.

```
>>> eacute1 = 'é'       # UTF-8
>>> eacute2 = '\u00e9'  # 유니코드 코드 포인트
>>> eacute3 = \         # 유니코드 이름
... '\N{LATIN SMALL LETTER E WITH ACUTE}'
>>> eacute4 = chr(233)    # 10진수 바이트 값
>>> eacute5 = chr(0xe9)   # 16진수 바이트 값
>>> eacute1, eacute2, eacute3, eacute4, eacute5
('é', 'é', 'é', 'é', 'é')
>>> eacute1 == eacute2 == eacute3 == eacute4 == eacute5
True
```

몇 가지 테스트를 해보자.

```
>>> import unicodedata
>>> unicodedata.name(eacute1)
'LATIN SMALL LETTER E WITH ACUTE'
>>> ord(eacute1) # 10진수 정수
233
>>> 0xe9 # 유니코드 16진수 정수
233
```

그냥 e와 양음 악센트를 결합하여 é를 만들어보자.

```
>>> eacute_combined1 = "e\u0301"
>>> eacute_combined2 = "e\N{COMBINING ACUTE ACCENT}"
>>> eacute_combined3 = "e" + "\u0301"
>>> eacute_combined1, eacute_combined2, eacute_combined3 ('é', 'é', 'é'))
```

```
>>> eacute_combined1 == eacute_combined2 == eacute_combined3
True
>>> len(eacute_combined1)
2
```

위 예제에서 두 문자로 유니코드 문자를 만들었다. 원래 é와 동일하게 보이지만 다르다.

```
>>> eacute1 == eacute_combined1
False
```

eacute1과 eacute_combined1을 사용하는 소스가 다른 두 개의 다른 유니코드 텍스트 문자열이 있으면 같은 문자로 보이지만 이상하게도 똑같이 동작하지 않을 것이다.

unicodedata 모듈에서 normalize() 함수를 사용하여 이러한 문제를 해결할 수 있다.

```
>>> import unicodedata
>>> eacute_normalized = unicodedata.normalize('NFC', eacute_combined1)
>>> len(eacute_normalized)
1
>>> eacute_normalized == eacute1
True
>>> unicodedata.name(eacute_normalized)
'LATIN SMALL LETTER E WITH ACUTE'
```

'NFC'는 **구성된 일반 형식**Normal Form, Composed를 의미한다.

12.1.7 참고 사이트

유니코드에 대해 좀 더 알고 싶다면 다음을 참고해보자.

- 유니코드 HOWTO: *http://bit.ly/unicode-howto*

- 실용적인 유니코드: *http://bit.ly/pragmatic-uni*

- 유니코드와 문자셋에 대한 기고 글: *http://bit.ly/jspolsky*

12.2 정규 표현식

5장에서 간단한 문자열 연산을 다뤘다. 그리고 터미널에서 ls *.py와 같은 유닉스 명령어를 사용하여 파일 이름이 .py로 끝나는 *.py와 같은 와일드카드^{wildcard} 패턴을 한 번쯤 써봤을 것이다.

정규 표현식^{regular expression}으로 복잡한 문자열 **패턴**^{pattern} 매칭이 가능하다. 정규 표현식은 임포트할 수 있는 표준 모듈 re로 제공한다. 원하는 문자열 패턴을 정의하여 **소스**^{source} 문자열과 일치하는지 비교한다. 간단한 예제를 살펴보자.

```
>>> import re
>>> result = re.match('You', 'Young Frankenstein')
```

'You'는 **패턴**이고, 'Young Frankenstein'은 확인하고자 하는 문자열 **소스**다. match()는 **소스**와 **패턴**의 일치 여부를 확인한다.

좀 더 복잡한 방법으로, 나중에 패턴 확인을 빠르게 하기 위해 패턴을 먼저 **컴파일**할 수 있다.

```
>>> youpattern = re.compile('You')
```

그러고 나서 컴파일된 패턴으로 패턴 일치 여부를 확인할 수 있다.

```
>>> result = youpattern.match('Young Frankenstein')
```

match()는 소스 처음부터 시작하는 패턴만 매칭한다. search()는 소스 어디에서나 패턴을 찾아 매칭한다. match()가 소스와 패턴을 비교하는 유일한 방법은 아니다. 사용할 수 있는 다른 메서드는 다음과 같다(다음 절에서 각각 예제를 살펴본다).

- search()는 첫 번째 일치하는 항목을 반환한다.
- findall()은 중첩에 상관없이 패턴에 일치하는 모든 문자열 리스트를 반환한다.
- split()은 패턴에 맞게 소스를 쪼갠 후 문자열 조각의 리스트를 반환한다.
- sub()는 대체 인수를 하나 더 받아서, 패턴에 일치하는 모든 소스 부분을 대체 인수로 변경한다.

> **NOTE_** 이 책의 정규 표현식 예제는 아스키 문자를 사용한다. 그러나 정규 표현식을 포함한 모든 파이썬 문자열 메서드는 모든 유니코드 문자를 지원한다.

12.2.1 시작부터 일치하는 패턴 찾기: match()

'Young Frankenstein' 문자열은 'You' 단어로 시작하는가?

```
>>> import re
>>> source = 'Young Frankenstein'
>>> m = re.match('You', source) #match는 소스의 시작부터 패턴이 일치하는지 확인한다.

>>> if m: # match는 객체를 반환한다. 무엇이 일치하는지 보기 위해 다음 작업을 수행한다.
...     print(m.group())
...
You
>>> m = re.match('^You', source) # start anchor does the same
>>> if m:
... print(m.group())
...
You
```

'Frank'로 찾아보자.

```
>>> import re
>>> source = 'Young Frankenstein'
>>> m = re.match('Frank', source)
>>> if m:
...     print(m.group())
```

이번에는 match()가 아무것도 반환하지 않아서 print()가 실행되지 않았다.

match()는 패턴이 소스의 처음에 있는 경우에만 작동한다. 4.6절에서 본 것처럼 파이썬 3.8에서 := 연산자를 사용하여 위 예제 코드를 다음과 같이 줄일 수 있다.

```
>>> import re
>>> source = 'Young Frankenstein'
>>> if m := re.match('Frank', source):
...     print(m.group())
...
```

반면에 search()는 패턴이 어떤 위치에 있더라도 동작한다.

```
>>> import re
>>> source = 'Young Frankenstein'
>>> m = re.search('Frank', source)
>>> if m:
...     print(m.group())
...
Frank
```

패턴을 바꿔서 match()를 다시 사용해보자.

```
>>> import re
>>> source = 'Young Frankenstein'
>>> m = re.match('.*Frank', source)
>>> if m: # match returns an object
...     print(m.group())
...
Young Frank
```

다음은 바뀐 '.*Frank' 패턴에 대한 간단한 설명이다.

- .은 한 문자를 의미한다.
- *은 어떤 패턴이 0회 이상 올 수 있다는 것을 의미한다. 즉, .*는 0회 이상의 문자가 올 수 있다는 것을 의미한다.
- Frank는 포함되어야 할 문구를 의미한다.

match()는 .*Frank와 일치하는 문자열 'Young Frank'를 반환한다.

12.2.2 첫 번째 일치하는 패턴 찾기: search()

.* 와일드카드 없이 'Young Frankenstein' 소스 문자열에서 'Frank' 패턴을 찾기 위해 search()를 사용할 수 있다.

```
>>> import re
>>> source = 'Young Frankenstein'
>>> m = re.search('Frank', source)
>>> if m: # search는 객체를 반환한다.
...     print(m.group())
...
Frank
```

12.2.3 일치하는 모든 패턴 찾기: findall()

앞에서 다룬 예제늘은 매칭되는 패턴 하나만을 찾았다. 그렇다면 문자열에 'n'이 몇 개 있는지 알 수 있을까?

```
>>> import re
>>> source = 'Young Frankenstein'
>>> m = re.findall('n', source)
>>> m # findall returns a list ['n', 'n', 'n', 'n']
>>> print('Found', len(m), 'matches')
Found 4 matches
```

'n' 다음에 어떤 문자가 오는지 알아보자.

```
>>> import re
>>> source = 'Young Frankenstein'
>>> m = re.findall('n.', source)
>>> m
['ng', 'nk', 'ns']
```

마지막'n'은 위 패턴에 포함되지 않는다. 'n' 이후에 선택적으로 다음 문자가 올 수 있도록 ? 를 추가한다(.은 한 문자를 의미하고, ?는 0 또는 1회를 의미한다. 그러므로 ?은 하나의 문자가 0 또는 1회 올 수 있다는 뜻이다).

```
>>> import re
>>> source = 'Young Frankenstein'
>>> m = re.findall('n.?', source)
>>> m
['ng', 'nk', 'ns', 'n']
```

12.2.4 패턴으로 나누기: split()

다음 예제는 간단한 문자열 대신 패턴으로 문자열을 리스트로 나눈다(일반 문자열에서 split() 메서드 사용).

```
>>> import re
>>> source = 'Young Frankenstein'
>>> m = re.split('n', source)
>>> m # split은 리스트를 반환한다.
['You', 'g Fra', 'ke', 'stei', '']
```

12.2.5 일치하는 패턴 대체하기: sub()

sub() 메서드는 문자열 replace() 메서드와 비슷하지만, 리터럴 문자열이 아닌 패턴을 사용한다.

```
>>> import re
>>> source = 'Young Frankenstein'
>>> m = re.sub('n', '?', source)
>>> m # sub은 문자열을 반환한다.
'You?g Fra?ke?stei?'
```

12.2.6 패턴: 특수 문자

정규 표현식 설명 대부분은 정규 표현식을 정의하는 방법에 대한 세부 사항으로 시작한다. 이 것이 잘못되었다고 생각한다. 정규 표현식은 한 번에 많은 세부 사항을 머릿속에 넣을 수 있을 정도로 작은 언어가 아니다. 정규 표현식은 아주 많은 문장 부호를 사용한다.

match(), search(), findall(), sub() 메서드에서 사용할 수 있는 정규 표현식의 세부 사항을 살펴보자. 이 메서드에서는 아래의 패턴을 적용할 수 있다. 기본부터 살펴보자.

- 리터럴은 모든 비특수 문자와 일치한다.
- \n을 제외한 하나의 문자: .
- 이전 문자 0회 이상: *
- 이전 문자 0 또는 1회: ?

[표 12-2]는 특수 문자를 보여준다.

표 12-2 특수 문자

패턴 일치	
\d	숫자
\D	비숫자
\w	알파벳 문자
\W	비알파벳 문자
\s	공백 문자
\S	비공백 문자
\b	단어 경계(\w와 \W 또는 \W와 \w 사이의 경계)

string 모듈은 테스트에 사용할 수 있는 문자열 상수가 미리 정의되어 있다. 대소 문자, 숫자, 공백 문자, 구두점을 포함한 아스키 문자 100가지가 포함된 printable을 사용해보자.

```
>>> import string
>>> printable = string.printable
>>> len(printable)
100
>>> printable[0:50]
'0123456789abcdefghijklmnopqrstuvwxyzABCDEFGHIJKLMN'
>>> printable[50:]
'OPQRSTUVWXYZ!"#$%&\'()*+,-./:;<=>?@[\\]^_`{¦}~ \t\n\r\x0b\x0c'
```

printable에서 숫자는?

```
>>> re.findall('\d', printable)
['0', '1', '2', '3', '4', '5', '6', '7', '8', '9']
```

숫자와 문자, 언더바는?

```
>>> re.findall('\w', printable)
['0', '1', '2', '3', '4', '5', '6', '7', '8', '9', 'a', 'b', 'c', 'd', 'e', 'f', 'g',
 'h', 'i', 'j', 'k', 'l', 'm', 'n', 'o', 'p', 'q', 'r', 's', 't', 'u', 'v', 'w', 'x',
 'y', 'z', 'A', 'B', 'C', 'D', 'E', 'F', 'G', 'H', 'I', 'J', 'K', 'L', 'M', 'N', 'O',
 'P', 'Q', 'R', 'S', 'T', 'U', 'V', 'W', 'X', 'Y', 'Z', '_']
```

공백 문자는?

```
>>> re.findall('\s', printable)
[' ', '\t', '\n', '\r', '\x0b', '\x0c']
```

위에서 공백 문자는 순서대로 스페이스, 탭, 줄바꿈, 캐리지 리턴, 세로 탭 및 폼 피드가 있었다.

정규 표현식은 아스키 코드에만 국한되지 않는다. \d는 아스키 문자 '0'에서 '9'까지 뿐만 아니라 유니코드의 숫자도 될 수 있다. FileFormat.info(*http://bit.ly/unicode-letter*)에서 아스키 코드가 아닌 소문자 두 개를 추가해본다. 테스트 조건은 다음과 같다.

- 아스키 코드 문자 3개
- \w와 일치하지 않는 구두점 기호 3개
- 유니코드 LATINSMALLLETTEREWITHCIRCUMFLEX(\u00ea)
- 유니코드 LATINSMALLLETTEREWITHBREVE(\u0115)

```
>>> x = 'abc' + '-/*' + '\u00ea' + '\u0115'
```

예상대로 이 패턴은 문자만 찾는다.

```
>>> re.findall('\w', x)
['a', 'b', 'c', 'ê', 'ĕ']
```

12.2.7 패턴: 지정자

[표 12-3]에 제시된 **패턴 지정자**pattern specifier를 사용할 수 있다. 표에서 expr은 유효한 정규 표현식을 의미한다.

여기서 expr은 표현식expression을, prev는 이전 토큰previous token을, next는 다음 토큰next token을 의미한다.

표 12-3 패턴 지정자

패턴	일치
Abc	리터럴 abc
(expr)	expr
expr1 ¦ expr2	expr1 또는 expr2
.	\n을 제외한 모든 문자
^	소스 문자열 시작
$	소스 문자열 끝
prev ?	0 또는 1회 prev
prev *	0회 이상의 최대 prev
prev *?	0회 이상의 최소 prev
prev +	1회 이상의 최대 prev
prev +?	1회 이상의 최소 prev m회 prev
prev {m}	m회 prev
prev {m, n}	m에서 n회 최대 prev
prev {m, n}?	m에서 n회 최소 prev
[abc]	a 또는 b 또는 c(a¦b¦c와 같음)
[^abc]	(a 또는 b 또는 c)가 아님
prev (?=next)	뒤에 next가 오면 prev
prev (?!next)	뒤에 next가 오지 않으면 prev
(?<=prev) next	앞에 prev 가 오면 next
(?<!prev) next	앞에 prev 가 오지 않으면 next

패턴 지정자에 대한 예제를 살펴보자. 먼저 소스 문자열을 정의한다.

```
>>> source = '''I wish I may, I wish I might
...     Have a dish of fish tonight.'''
```

다음 예제에서 다른 정규 표현식 패턴 문자열을 적용하여 source 문자열에서 뭔가를 매칭해 보자.

wish를 모두 찾는다.

```
>>> re.findall('wish', source)
['wish', 'wish']
```

wish 또는 fish를 모두 찾는다.

```
>>> re.findall('wish¦fish', source)
['wish', 'wish', 'fish']
```

wish로 시작하는 것을 찾는다.

```
>>> re.findall('^wish', source)
[]
```

I wish로 시작하는 것을 찾는다.

```
>>> re.findall('^I wish', source)
['I wish']
```

fish로 끝나는 것을 찾는다.

```
>>> re.findall('fish$', source)
[]
```

fish tonight.으로 끝나는 것을 찾는다.

```
>>> re.findall('fish tonight.$', source)
['fish tonight.']
```

문자 ^와 $는 **앵커**anchor라고 부른다. ^는 검색 문자열의 시작 위치에, $는 검색 문자열의 마지막 위치에 고정한다. 그리고 .$는 가장 마지막 줄에 있는 한 문자와 .을 매칭하기 때문에 위 코드가 실행된다. 더 정확하게 문자 그대로 매칭하기 위해 .에 이스케이프 문자를 붙여야 한다.

```
>>> re.findall('fish tonight\.$', source)
['fish tonight.']
```

w 또는 f 다음에 ish가 오는 것을 찾는다.

```
>>> re.findall('[wf]ish', source)
['wish', 'wish', 'fish']
```

w, s, h가 하나 이상인 것을 찾는다.

```
>>> re.findall('[wsh]+', source)
['w', 'sh', 'w', 'sh', 'h', 'sh', 'sh', 'h']
```

ght 다음에 알파벳 문자가 아닌 것을 찾는다.

```
>>> re.findall('ght\W', source)
['ght\n', 'ght.']
```

wish 이전에 나오는 I를 찾는다.

```
>>> re.findall('I (?=wish)', source)
['I ', 'I ']
```

I 다음에 나오는 wish를 찾는다.

```
>>> re.findall('(?<=I) wish', source)
[' wish', ' wish']
```

앞에서 설명했듯이, 정규 표현식 패턴이 파이썬 문자열 규칙과 충돌하는 몇 가지 경우가 있다. 다음 패턴은 fish로 시작하는 단어를 찾는다.

```
>>> re.findall('\bfish', source)
[]
```

그런데 위 코드가 왜 실행되지 않았을까? 5장에서 본 것처럼 파이썬은 문자열에 대해 몇 가지 특별한 **이스케이프 문자**를 사용한다. 예를 들어 파이썬 문자열에서 \b는 백스페이스^{backspace}를 의미하지만, 정규 표현식에서는 단어의 시작 부분을 의미한다. 정규 표현식의 패턴을 입력하기 전에 항상 문자 r^{raw string}을 입력하라. 그러면 파이썬 이스케이프 문자를 사용할 수 없게 되므로 실수로 이스케이프 문자를 사용하여 충돌이 일어나는 것을 피할 수 있게 된다. 다음 예제를 보자.

```
>>> re.findall(r'\bfish', source)
['fish']
```

12.2.8 패턴: 매칭 결과 지정하기

match() 또는 search()를 사용할 때 모든 매칭은 m.group()과 같이 객체 m으로부터 결과를 반환한다. 패턴을 괄호로 둘러싸면 매칭은 그 괄호만의 그룹으로 저장된다. 그리고 다음과 같이 m.groups()를 사용하여 그룹의 튜플을 출력한다.

```
>>> m = re.search(r'(. dish\b).*(\bfish)', source)
>>> m.group()
'a dish of fish'
>>> m.groups()
('a dish', 'fish')
```

만약 (?P< name > expr) 패턴을 사용한다면, 표현식(**expr**)이 매칭되고, 그룹 이름(**name**)의 매칭이 저장된다.

```
>>> m = re.search(r'(?P<DISH>. dish\b).*(?P<FISH>\bfish)', source)
>>> m.group()
'a dish of fish'
>>> m.groups()
('a dish', 'fish')
>>> m.group('DISH')
'a dish'
```

```
>>> m.group('FISH')
'fish'
```

12.3 이진 데이터

텍스트 데이터는 다루기 까다로웠지만 이진 데이터는 꽤 재미있을 것이다. 이진 데이터를 다루기 위해서는 **엔디언**endian(컴퓨터 프로세서가 데이터를 바이트로 나누는 방법)과 정수에 대한 **사인 비트**sign bit 같은 개념을 알아야 한다. 또한 데이터를 추출하거나 변경하는 바이너리 파일 형식과 네트워크 패킷을 배워야 할 수 도 있다. 이번 절에서는 이진 데이터에 대한 기본 개념을 살펴본다.

12.3.1 바이트와 바이트 배열

파이썬 3은 다음 두 가지 유형으로 0~255 범위에서 사용할 수 있는 8비트 정수의 시퀀스를 소개했다.

• **바이트**byte는 바이트의 튜플처럼 불변immutable한다.

• **바이트 배열**bytearray은 바이트의 리스트처럼 가변mutable이다.

먼저 리스트의 변수를 blist, 바이트 변수를 the_bytes, 바이트 배열 변수를 the_byte_array라고 하자.

```
>>> blist = [1, 2, 3, 255]
>>> the_bytes = bytes(blist)
>>> the_bytes
b'\x01\x02\x03\xff'
>>> the_byte_array = bytearray(blist)
>>> the_byte_array
bytearray(b'\x01\x02\x03\xff')
```

```
>>> b'\x61'
b'a'
>>> b'\x01abc\xff'
b'\x01abc\xff'
```

다음 예제는 바이트 변수가 불변하다는 것을 보여준다.

```
>>> blist = [1, 2, 3, 255]
>>> the_bytes = bytes(blist)
>>> the_bytes[1] = 127
Traceback (most recent call last):
    File "<stdin>", line 1, in <module>
TypeError: 'bytes' object does not support item assignment
```

바이트 배열 변수는 변경 가능하다.

```
>>> blist = [1, 2, 3, 255]
>>> the_byte_array = bytearray(blist)
>>> the_byte_array
bytearray(b'\x01\x02\x03\xff')
>>> the_byte_array[1] = 127
>>> the_byte_array
bytearray(b'\x01\x7f\x03\xff')
```

다음 예제의 각 줄은 0에서 255까지, 256개의 결과를 생성한다.

```
>>> the_bytes = bytes(range(0, 256))
>>> the_byte_array = bytearray(range(0, 256))
```

바이트 혹은 바이트 배열 데이터를 출력할 때, 파이썬은 출력할 수 없는 바이트에 대해서는 **\xxx**를 사용하고, 출력할 수 있는 바이트에 대해서는 아스키 코드 값을 사용한다(**\x0a** 대신 **\n**을 사용하는 것처럼, 일부 아스키 코드 값은 일반적인 이스케이프 문자를 사용한다). 다음은

the_bytes의 출력 결과다(한 줄에 16바이트로 표시했다).

```
>>> the_bytes
b'\x00\x01\x02\x03\x04\x05\x06\x07\x08\t\n\x0b\x0c\r\x0e\x0f
\x10\x11\x12\x13\x14\x15\x16\x17\x18\x19\x1a\x1b\x1c\x1d\x1e\x1f
!"#$%&\'()*+,-./
0123456789:;<=>?
@ABCDEFGHIJKLMNO
PQRSTUVWXYZ[\\]^_
`abcdefghijklmno
pqrstuvwxyz{¦}~\x7f
\x80\x81\x82\x83\x84\x85\x86\x87\x88\x89\x8a\x8b\x8c\x8d\x8e\x8f
\x90\x91\x92\x93\x94\x95\x96\x97\x98\x99\x9a\x9b\x9c\x9d\x9e\x9f
\xa0\xa1\xa2\xa3\xa4\xa5\xa6\xa7\xa8\xa9\xaa\xab\xac\xad\xae\xaf
\xb0\xb1\xb2\xb3\xb4\xb5\xb6\xb7\xb8\xb9\xba\xbb\xbc\xbd\xbe\xbf
\xc0\xc1\xc2\xc3\xc4\xc5\xc6\xc7\xc8\xc9\xca\xcb\xcc\xcd\xcc\xcf
\xd0\xd1\xd2\xd3\xd4\xd5\xd6\xd7\xd8\xd9\xda\xdb\xdc\xdd\xde\xdf
\xe0\xe1\xe2\xe3\xe4\xe5\xe6\xe7\xe8\xe9\xea\xeb\xec\xed\xee\xef
\xf0\xf1\xf2\xf3\xf4\xf5\xf6\xf7\xf8\xf9\xfa\xfb\xfc\xfd\xfe\xff'
```

이것은 문자가 아닌 바이트(작은 정수)이기 때문에 혼란스러워 보인다.

12.3.2 이진 데이터 변환하기: struct

이번 장에서 봤듯이, 파이썬에는 텍스트를 다루기 위한 많은 도구가 있다. 그러나 이진 데이터에 대한 도구는 그렇게 많이 알려지지 않았다. 파이썬 표준 라이브러리는 C와 C++의 구조체 struct와 유사한, 데이터를 처리하는 struct 모듈이 있다. struct를 사용하면 이진 데이터를 파이썬 데이터 구조로 바꾸거나 파이썬 데이터 구조를 이진 데이터로 바꿀 수 있다.

이것이 PNG 파일에서 데이터를 어떻게 처리하는지 살펴보자(GIF와 JPEG와 같은 일반적인 이미지 형식에서도 볼 수 있다). PNG 데이터에서 이미지의 가로와 세로의 길이를 추출하는 프로그램을 작성해보자.

오라일리의 로고인 안경원숭이를 예제로 사용한다.

그림 12-1 오라일리 안경원숭이

이 이미지의 PNG 파일은 위키백과(*http://bit.ly/orm-logo*)에서 구할 수 있다. 파일을 읽는 방법은 14장에서 설명한다. 파일을 내려받은 후, 파일값을 바이트로 출력하기 위한 코드를 작성한다. 그리고 첫 30바이트의 값을 **data**라는 바이트 변수에 할당했다(PNG 형식 사양은 가로와 세로의 길이가 첫 24바이트 내에 저장되므로 여기서 이 데이터만 활용한다).

```
>>> import struct
>>> valid_png_header = b'\x89PNG\r\n\x1a\n'
>>> data = b'\x89PNG\r\n\x1a\n\x00\x00\x00\rIHDR' + \
...     b'\x00\x00\x00\x9a\x00\x00\x00\x8d\x08\x02\x00\x00\x00\xc0'
>>> if data[:8] == valid_png_header:
...     width, height = struct.unpack('>LL', data[16:24])
...     print('Valid PNG, width', width, 'height', height)
... else:
...     print('Not a valid PNG')
...
Valid PNG, width 154 height 141
```

다음은 코드에 대한 설명이다.

- data는 PNG 파일의 첫 30바이트를 포함한다. 페이지에 맞추기 위해 두 개의 바이트 문자열을 +로 결합하고, 라인을 유지하는 문자(\)를 사용했다.
- valid_png_header는 유효한 PNG 파일의 시작을 표시하는 8바이트의 시퀀스를 포함한다.
- width는 16~19바이트에서 추출되었고, height는 20~23바이트에서 추출됐다.

unpack()에서 >LL은 입력한 바이트 시퀀스를 해석하고, 파이썬의 데이터 형식으로 만들어주는 형식 문자열format string이다. 그 의미를 살펴보자.

- >는 정수가 **빅 엔디언**big-endian 형식으로 저장되었다는 것을 의미한다.
- 각각의 L은 4바이트의 부호 없는 long 정수unsigned long integer를 지정한다.

12장 데이터 길들이기 **333**

각 4바이트 값을 직접 볼 수 있다.

```
>>> data[16:20]
b'\x00\x00\x00\x9a'
>>> data[20:24]0x9a
b'\x00\x00\x00\x8d'
```

빅 엔디언 정수는 왼쪽에 최상위 바이트가 저장된다. 가로와 세로의 각 길이는 255 이하이므로 각 시퀀스의 마지막 바이트와 일치한다. 이러한 16진수 값이 예상한 10진수 값과 맞는지 확인할 수 있다.

```
>>> 0x9a
154
>>> 0x8d
141
```

또한 struct 모듈의 pack() 함수로 파이썬 데이터를 바이트로 변환할 수 있다.

```
>>> import struct
>>> struct.pack('>L', 154)
b'\x00\x00\x00\x9a'
>>> struct.pack('>L', 141)
b'\x00\x00\x00\x8d'
```

[표 12-4]와 [표 12-5]는 pack()과 unpack()에 대한 형식 지정자format specifier를 보여준다.

먼저 형식 문자열의 엔디언 지정자endian specifier를 살펴보자.

표 12-4 엔디언 지정자

지정자	바이트 순서
<	리틀 엔디언
>	빅 엔디언

표 12-5 형식 지정자

지정자	설명	바이트
x	1바이트 건너뜀	1
b	부호 있는 바이트	1
B	부호 없는 바이트	1
h	부호 있는 짧은 정수	2
H	부호 없는 짧은 정수	2
i	부호 있는 정수	4
I	부호 없는 정수	4
l	부호 있는 긴 정수	4
L	부호 없는 긴 정수	4
Q	부호 없는 아주 긴 정수	8
f	단정도 부동소수점 숫자	4
d	배정도 부동소수점 숫자	8
p	수(count)와 문자	1 + count
s	문자	count

타입 지정자는 엔디언 문자를 따른다. 어떤 지정자는 수^{count}를 가리키는 숫자가 선행될 수 있다. 예를 들어 5B는 BBBBB와 같다.

그러므로 >LL 대신 수를 선행하여 >2L로 지정할 수 있다.

```
>>> struct.unpack('>2L', data[16:24])
(154, 141)
```

원하는 바이트를 바로 얻기 위해 슬라이스 data[16:24]를 사용했다. 또한 다음과 같이 x 지정자를 사용하여 필요 없는 부분을 건너뛸 수 있다.

```
>>> struct.unpack('>16x2L6x', data)
(154, 141)
```

다음은 위 예제에 대한 설명이다.

- 빅 엔디언 정수 형식 사용(>)

- 16바이트를 건너뜀(16x)

- 두 개의 부호 없는 long 정수^{unsigned long integer}의 8바이트를 읽음 (2L)

- 마지막 6바이트를 건너뜀 (6x)

12.3.3 기타 이진 데이터 도구

몇몇 서드파티 오픈 소스 패키지는 이진 데이터를 정의하고 추출하는 서술적인 방법을 제공한다.

- bitstring: *http://bit.ly/py-bitstring*

- construct: *http://bit.ly/py-construct*

- hachoir: *https://pypi.org/project/hachoir*

- binio: *http://spika.net/py/binio*

- kaitai struct: *http://kaitai.io*

부록 B에 이와 같은 외부 패키지를 내려받고 설치하는 방법에 대한 자세한 내용이 있다. 다음 예제는 construct를 설치하는 명령이다.

```
$ pip install construct
```

다음 예제는 construct를 이용하여 data 바이트 문자열로부터 PNG의 크기를 추출하는 방법이다.

```
>>> from construct import Struct, Magic, UBInt32, Const, String
>>> # https://github.com/construct에 있는 코드를 적용했음
>>> fmt = Struct('png',
...     Magic(b'\x89PNG\r\n\x1a\n'),
...     UBInt32('length'),
...     Const(String('type', 4), b'IHDR'),
...     UBInt32('width'),
...     UBInt32('height')
...     )
>>> data = b'\x89PNG\r\n\x1a\n\x00\x00\x00\rIHDR' + \
... b'\x00\x00\x00\x9a\x00\x00\x00\x8d\x08\x02\x00\x00\x00\xc0'
>>> result = fmt.parse(data)
```

```
>>> print(result)
Container:
    length = 13
    type = b'IHDR'
    width = 154
    height = 141
>>> print(result.width, result.height)
154, 141
```

12.3.4 바이트/문자열 변환하기: binascii()

표준 binascii 모듈은 이진 데이터와 다양한 문자열 표현(16진수, 64진수, uuencoded 등)
을 서로 변환할 수 있는 함수를 제공한다. 다음 예제는 아스키 코드 혼합과 바이트 변수를 보여주
기 위해 사용했던 \x xx 이스케이프 대신 16진수 시퀀스인 8바이트의 PNG 헤더를 출력한다.

```
>>> import binascii
>>> valid_png_header = b'\x89PNG\r\n\x1a\n'
>>> print(binascii.hexlify(valid_png_header))
b'89504e470d0a1a0a'
```

그 반대도 가능하다.

```
>>> print(binascii.unhexlify(b'89504e470d0a1a0a'))
b'\x89PNG\r\n\x1a\n'
```

12.3.5 비트 연산자

파이썬은 C 언어와 유사한 비트단위 정수 연산을 제공한다. [표 12-6]에 이들을 요약한 내용과
정수 x(10진수 5, 2진수 0b0101)와 y(10진수 1, 2진수 0b0001)를 사용한 연산 예제가 있다.

표 12-6 비트단위 정수 연산

연산자	설명	예제	10진수 결과	2진수 결과
&	And	x & y	1	0b0001
¦	Or	x ¦ y	5	0b0101
^	XOR	x ^ y	4	0b0100
~	NOT	~x	-6	**정수 크기에 따라 이진 표현이 다름**
<<	왼쪽 시프트	x << 1	10	0b1010
>>	오른쪽 시프트	x >> 1	2	0b0010

이러한 연산자는 8장의 셋set 연산자처럼 동작한다. & 연산자는 두 인수의 비트가 모두 1일 때 1을 반환한다. ¦ 연산자는 둘 중 하나의 비트라도 1일 때 1을 반환한다. ^ 연산자는 두 인수의 비드가 서로 다를 때 1을 반환한다. ~ 연산자는 1은 0으로, 0은 1로 비트를 반전시킨다. 이것은 또한 부호를 반전시킨다. 모든 현대 컴퓨터에 사용되는 2의 보수 연산에서 최상위 비트는 부호(1 = 음수)를 나타내기 때문이다. <<와 >> 연산자는 왼쪽 또는 오른쪽으로 비트를 이동시킨다. 한번의 왼쪽 비트 시프트는 2를 곱한 것과 같고, 오른쪽 비트 시프트는 2로 나눈 것과 같다.

12.4 보석 비유

유니코드 문자열은 매력적인 진주 팔찌와 같으며, 바이트는 진주 한 알과 같다.

12.5 다음 장에서는

날짜와 시간을 처리하는 방법을 배운다.

12.6 연습문제

12.1 유니코드 문자열 변수 mystery를 생성하고, 여기에 값 '\U0001f4a9'를 할당한다. mystery와 mystery에 대한 유니코드 이름을 찾아서 출력한다.

12.2 mystery를 인코딩해보자. 이번에는 UTF-8로 바이트 변수 pop_bytes에 할당하고, 이를 출력한다.

12.3 UTF-8을 이용하여 pop_bytes를 문자열 변수 pop_string에 디코딩하여 출력한다. pop_string은 mystery와 같은가?

12.4 정규 표현식은 텍스트 작업에 매우 편리하다. mammoth.txt에 정규 표현식을 적용해보자. 이것은 1866년에 제임스 맥킨타이어James McIntyre가 쓴 '맘모스 치즈 예찬Ode on the Mammoth Cheese' 이다. 이 시는 여행 중에 온타리오Ontario에서 만든 7천 파운드의 치즈에 대한 시다. 이 시를 모두 입력하기 싫다면, 인터넷에서 이 시를 검색해 파이썬 프로그램에 붙여넣는다. 혹은 프로젝트 Gutenberg(*http://bit.ly/mcintyre-poetry*)에서 이 시를 찾는다. 이 텍스트 문자열을 mammoth 변수에 할당한다.

예제 12-1 mammoth.txt

```
We have seen thee, queen of cheese,
Lying quietly at your ease,
Gently fanned by evening breeze,
Thy fair form no flies dare seize.

All gaily dressed soon you'll go
To the great Provincial show,
To be admired by many a beau
In the city of Toronto.

Cows numerous as a swarm of bees,
Or as the leaves upon the trees,
It did require to make thee please,
And stand unrivalled, queen of cheese.

May you not receive a scar as
We have heard that Mr. Harris
Intends to send you off as far as
The great world's show at Paris.
```

```
Of the youth beware of these,
For some of them might rudely squeeze
And bite your cheek, then songs or glees
We could not sing, oh! queen of cheese.

We'rt thou suspended from balloon,
You'd cast a shade even at noon,
Folks would think it was the moon
About to fall and crush them soon.
```

12.5 파이썬의 정규 표현식 함수를 사용하기 위해 re 모듈을 임포트한다. c로 시작하는 단어를 모두 출력하기 위해 re.findall()을 사용한다.

12.6 c로 시작하는 네 글자의 단어를 모두 찾는다.

12.7 r로 끝나는 단어를 모두 찾는다.

12.8 알파벳 모음 문자(a,e,i,o,u)가 연속으로 세 번 나오는 단어를 모두 찾는다.

12.9 binascii 모듈의 unhexlify를 사용하여 다음 16진수 문자열을 바이트 변수 gif로 변환한다.

'47494638396101000100800000000000ffffff21f9' + '0401000000002c000000000100010000020144003b'

12.10 gif 변수의 바이트는 한 픽셀의 투명한 GIF 파일을 정의한다. 유효한 GIF 파일은 문자열 **GIF89a**로 시작한다. 이 파일과 gif 변수가 일치하는가?

12.11 GIF의 가로 픽셀은 6바이트 오프셋으로 시작하는 16비트의 리틀 엔디언 정수다. 세로 픽셀은 같은 크기의 8바이트 오프셋으로 시작한다. gif 변수에서 이 값을 추출해 출력해보자. 이들은 모두 1인가?

CHAPTER 13

날짜와 시간

'1시!' 종탑 시계가 울린다. 60분 전에 종탑이 자정을 알렸다.   – 프레더릭 B. 니뎀

나는 달력에 나온 적은 있지만, 타임지에는 나온 적이 없다.   – 마릴린 먼로

개발자는 날짜와 시간에 많은 노력을 기울인다. 이번 장에서는 프로그래머들이 부딪히는 몇 가지 문제에 대해 살펴보고, 이를 좀 더 단순하게 만드는 트릭과 모범 사례에 대해 살펴본다.

날짜는 다양한 형식으로 표현될 수 있어서 실제로 표현 방식이 너무 많다. 영어로 된 로마 달력에서도 다음과 같이 변형된 날짜 형식을 볼 수 있다.

- July 21 1987
- 21 Jul 1987
- 21/7/1987
- 7/21/1987

서로 다른 프로그램 간에 날짜가 모호하게 표현될 수 있다. 21월은 존재하지 않으므로 7은 월, 21은 일로 쉽게 이해할 수 있다. 그렇다면 **1/6/2012**는 어떤가? 1월 6일인가 아니면 6월 1일인가?

월 이름은 로마 달력의 언어에 따라 다르다. 심지어 년과 월은 문화에 따라 정의가 다를 수 있다.

시간 또한 다루기 힘든 문제다. 특히 타임존^{time zone}(표준 시간대)과 일광 절약 시간제^{daylight}

savings time 또는 서머타임summer time 때문에 더 힘들다. 표준 시간대의 지도를 보면 경도 15도 (360도/24)를 따르기보다는 국가의 경계를 따른다. 일광 절약 시간제를 따르는 국가는 연중 다른 날에 일광 절약 시간제를 시작하고 종료한다. 북반구 국가가 겨울이면, 남반구 국가는 시간을 앞당긴다. 반대로 남반구 국가가 겨울이면, 북반구 국가는 시간을 앞당긴다. 파이썬 표준 라이브러리는 datetime, time, calendar, dateutil 등 시간과 날짜에 대한 여러 가지 모듈이 있다. 일부 중복되는 기능이 있어서 조금 헷갈린다.

13.1 윤년

윤년leap year은 특정한 시간 주기다. 하계 올림픽과 대통령 선거처럼 4년에 한 번씩 온다. 100년 마다 오는 해는 윤년이 아니지만, 400년마다 오는 해는 윤년이라는 사실을 알고 있는가? 다음 예제로 윤년을 확인해보자.

```
>>> import calendar
>>> calendar.isleap(1900)
False
>>> calendar.isleap(1996)
True
>>> calendar.isleap(1999)
False
>>> calendar.isleap(2000)
True
>>> calendar.isleap(2002)
False
>>> calendar.isleap(2004)
True
```

여러분의 호기심을 해결하고자 다음과 같은 예를 들었다.

- 1년은 365.242196일이다(지구가 태양 주위를 한 번 돈 후, 시작된 지점의 축에서 약 1/4 회전한다).
- 4년마다 하루씩 추가한다. 약 365.242196 − 0.25 = 364.992196일이다.
- 100년마다 하루씩 뺀다. 약 364.992196 + 0.01 = 365.002196일이다.
- 400년마다 하루씩 추가한다. 약 365.002196 − 0.0025 = 364.999696일이다.

거의 365일에 가깝다. 윤초leap seconds라는 개념도 있다. 궁금하다면 이 글(*https://oreil.ly/aJ32N*)을 확인하기 바란다.

13.2 datetime 모듈

표준 datetime 모듈은 날짜와 시간을 처리한다. 이 모듈은 여러 메서드를 가진 4개의 주요 객체 클래스를 정의한다.

- date: 년, 월, 일
- time: 시, 분, 초, 마이크로초
- datetime: 날짜, 시간
- timedelta: 날짜 및 시간 간격

년, 월, 일을 지정하여 date 객체를 만들 수 있다. 이 값은 속성으로 접근할 수 있다.

```
>>> from datetime import date
>>> halloween = date(2019, 10, 31)
>>> halloween
datetime.date(2019, 10, 31)
>>> halloween.day
31
>>> halloween.month
10
>>> halloween.year
2019
```

isoformat() 메서드로 날짜를 출력할 수 있다.

```
>>> halloween.isoformat()
'2019-10-31'
```

iso는 날짜와 시간의 표기에 관한 국제 표준 규격인 ISO 8601을 참고한다. 이것은 범위가 큰 년year에서 범위가 작은 일day 순으로 표현한다. 즉, 년, 월, 일 순으로 표현한다. 필자는 보통 이러한 날짜 표현 형식을 프로그램과 파일 이름(날짜로 파일을 저장할 때)으로 사용한다. 다음 절에서는 좀 더 복잡한 strptime()과 strftime() 메서드를 사용하여 날짜를 파싱하고 포매팅한다.

다음 예제는 today() 메서드를 사용하여 오늘 날짜를 출력한다(집필 시점의 날짜).

```
>>> from datetime import date
>>> now = date.today()
>>> now
datetime.date(2019, 4, 5)
```

timedelta 객체를 사용하여 날짜에 시간 간격을 더해보자.

```
>>> from datetime import timedelta
>>> one_day = timedelta(days=1)
>>> tomorrow = now + one_day
>>> tomorrow
datetime.date(2019, 4, 6)
>>> now + 17*one_day datetime.date(2019, 4, 22)
>>> yesterday = now - one_day
>>> yesterday datetime.date(2019, 4, 4)
```

날짜의 범위는 date.min(year=1, month=1, day=1)부터 date.max(year=9999, month=12, day=31)까지다. 결과적으로 역사적 또는 천문학적인 날짜는 계산할 수 없다.

datetime 모듈의 time 객체는 하루의 시간을 나타내는 데 사용된다.

```
>>> from datetime import time
>>> noon = time(12, 0, 0)
>>> noon
datetime.time(12, 0)
>>> noon.hour
12
>>> noon.minute
0
>>> noon.second
0
>>> noon.microsecond
0
```

인수는 가장 큰 시간 단위(시hour)부터 가장 작은 시간 단위(마이크로초microsecond) 순으로 입력한다. 인수를 입력하지 않으면 time 객체의 초기 인수는 0으로 간주된다. 그리고 컴퓨터는 마이크로초를 정확하게 계산할 수 없다. 마이크로초 측정의 정확성은 하드웨어와 운영체제의 많은 요소에 따라 달라진다.

datetime 객체는 날짜와 시간 모두를 포함한다. January 2, 2019, at 3:04 A.M, 5초, 6마이크로초와 같이 한 번에 생성된다.

```
>>> from datetime import datetime
>>> some_day = datetime(2019, 1, 2, 3, 4, 5, 6)
>>> some_day
datetime.datetime(2019, 1, 2, 3, 4, 5, 6)
```

datetime 객체에도 isoformat( ) 메서드가 있다.

```
>>> some_day.isoformat()
'2019-01-02T03:04:05.000006'
```

중간의 T는 날짜와 시간을 구분한다.

datetime 객체에서 now() 메서드로 현재 날짜와 시간을 얻을 수 있다.

```
>>> from datetime import datetime
>>> now = datetime.now()
>>> now
datetime.datetime(2019, 4, 5, 19, 53, 7, 580562)
>>> now.year
2019
>>> now.month
4
>>> now.day
5
>>> now.hour
19
>>> now.minute
53
>>> now.second
7
>>> now.microsecond
580562
```

combine()으로 date 객체와 time 객체를 datetime 객체로 병합할 수 있다.

```
>>> from datetime import datetime, time, date
>>> noon = time(12)
>>> this_day = date.today()
>>> noon_today = datetime.combine(this_day, noon)
>>> noon_today
datetime.datetime(2019, 4, 5, 12, 0)
```

datetime 객체에서 date()와 time() 메서드를 사용하여 날짜와 시간을 얻을 수 있다.

```
>>> noon_today.date()
datetime.date(2019, 4, 5)
>>> noon_today.time()
datetime.time(12, 0)
```

13.3 time 모듈

파이썬에서 datetime 모듈의 time 객체와 별도의 time 모듈이 헷갈린다. 더군다나 time 모듈에는 time()이라는 함수가 있다.

절대 시간을 나타내는 한 가지 방법은 어떤 시작점 이후 초를 세는 것이다. **유닉스 시간**은 1970년 1월 1일 자정[1] 이후 시간의 초를 사용한다. 이 값을 **에폭**epoch이라고 부르며, 에폭은 시스템 간에 날짜와 시간을 교환하는 아주 간단한 방식이다.

time 모듈의 time() 함수는 현재 시간을 에폭 값으로 반환한다.

```
>>> import time
>>> now = time.time()
>>> now
1554512132.778233
```

1970년 1월 1일부터 현재까지 10억 초가 넘는다. 시간은 어디로 흘렀을까?

....

1 이 날짜는 대략 유닉스가 탄생한 시점이다.

ctime() 함수를 사용하여 에폭 값을 문자열로 변환할 수 있다.

```
>>> time.ctime(now)
'Fri Apr  5 19:55:32 2019'
```

다음 절에서는 날짜와 시간을 원하는 포맷으로 얻을 수 있다.

에폭 값은 자바스크립트와 같은 다른 시스템에서 날짜와 시간을 교환하기 위한 유용한 최소 공통분모다. 그리고 각각의 날짜와 시간 요소를 얻기 위해 time 모듈의 struct_time 객체를 사용할 수 있다. localtime() 메서드는 시간을 시스템의 표준 시간대로, gmtime() 메서드는 시간을 UTC로 제공한다.

```
>>> time.localtime(now)
time.struct_time(tm_year=2019, tm_mon=4, tm_mday=5, tm_hour=19, tm_min=55, tm_sec=32,
tm_wday=4, tm_yday=95, tm_isdst=1)
>>> time.gmtime(now)
time.struct_time(tm_year=2019, tm_mon=4, tm_mday=6, tm_hour=0, tm_min=55, tm_sec=32,
tm_wday=5, tm_yday=96, tm_isdst=0)
```

19:55(중부 표준시, 일광 절약 시간제)은 UTC(이전에는 **그리니치 시간**greenwich time 또는 **줄루 시간**zulu time으로 불렸다)로 다음날 00:55이다. localtime() 혹은 gmtime()에서 인수를 생략하면 현재 시간으로 가정한다.

위 결과에서 struct_time의 tm_... 값에 대한 자세한 내용은 [표 13-1]을 참조한다.

표 13-1 struct_time 값

인덱스	이름	설명	값
0	tm_year	년	0000~9999
1	tm_mon	월	1~12
2	tm_mday	일	1~31
3	tm_hour	시	0~23
4	tm_min	분	0~59
5	tm_sec	초	0~59
6	tm_wday	요일	0(월요일)~6(일요일)
7	tm_yday	년일자	1~366
8	tm_isdst	일광 시간 절약제	0=아니오, 1=예, -1=모름

struct_time에서 tm_... 대신, 네임드 튜플(10.11절 참조)처럼 인덱스를 사용할 수 있다.

```
>>> import time
>>> now = time.localtime()
>>> now
time.struct_time(tm_year=2019, tm_mon=6, tm_mday=23, tm_hour=12, tm_min=12, tm_sec=24,
tm_wday=6, tm_yday=174, tm_isdst=1)
>>> now[0]
2019
>>> print(list(now[x] for x in range(9)))
[2019, 6, 23, 12, 12, 24, 6, 174, 1]
```

mktime() 메서드는 struct_time 객체를 에폭 초로 변환한다.

```
>>> tm = time.localtime(now)
>>> time.mktime(tm)
1554512132.0
```

이 값은 조금 전에서 본 now()의 에폭 값과 정확하게 일치하지 않는다. struct_time 객체는 시간을 초까지만 유지하기 때문이다.

> **NOTE_** 몇 가지 조언: 표준 시간대 대신 UTC를 사용하는 걸 추천한다. UTC는 표준 시간대와 독립적인 절대 시간이다. 서버를 운영하고 있다면 현지 시간이 아닌 UTC로 설정하자.
> 더 많은 조언: 일광 절약 시간은 사용하지 않는 것이 좋다. 이것을 사용하면, 연중 한 시간이 한 번에 사라지고 (봄이 앞당겨진다). 이 시간이 다른 시간에 두 번 발생한다(가을이 늦게 온다). 어떤 이유로 많은 조직의 컴퓨터 시스템에 일광 절약 시간을 사용하지만, 매번 두 번씩 그 시간에 고통이 찾아온다.

13.4 날짜와 시간 읽고 쓰기

isoformat()이 날짜와 시간을 쓰기 위한 유일한 방법은 아니다. time 모듈에서 본 ctime() 함수로 쓸 수도 있다. 이 함수는 에폭 시간을 문자열로 변환한다.

```
>>> import time
>>> now = time.time()
>>> time.ctime(now)
'Fri Apr 5 19:58:23 2019'
```

또한 strftime()을 사용하여 날짜와 시간을 문자열로 변환할 수 있다. 이는 datetime, date, time 객체에서 메서드로 제공되고, time 모듈에서 함수로 제공된다. strftime()은 [표 13-2]처럼 문자열의 출력 포맷을 지정할 수 있다.

표 13-2 strftime() 출력 지정자

문자열 포맷	날짜/시간 단위	범위
%Y	년	1900-...
%m	월	01-12
%B	월 이름	January, ...
%b	월 축약 이름	Jan, ...
%d	월의 일자	01-31
%A	요일 이름	Sunday, ...
%a	요일 축약 이름	Sun, ...
%H	24시간	00-23
%I	12시간	01-12
%p	오전/오후	AM, PM
%M	분	00-59
%S	초	00-59

숫자는 자릿수에 맞춰 왼쪽에 0이 채워진다.

다음은 time 모듈에서 제공하는 strftime() 함수다. 이것은 struct_time 객체를 문자열로 변환한다. 먼저 포맷 문자열 fmt를 정의하고, 이것을 다시 사용하자.

```
>>> import time
>>> fmt = "It's %A, %B %d, %Y, local time %I:%M:%S%p"
>>> t = time.localtime()
>>> t
time.struct_time(tm_year=2019, tm_mon=3, tm_mday=13, tm_hour=15, tm_min=23, tm_sec=46,
tm_wday=2, tm_yday=72, tm_isdst=1)
```

```
>>> time.strftime(fmt, t)
"It's Wednesday, March 13, 2019, local time 03:23:46PM"
```

이것을 다음과 같이 date 객체에 사용하면 날짜 부분만 작동한다. 그리고 시간은 기본값으로 자정으로 지정된다.

```
>>> from datetime import date
>>> some_day = date(2019, 7, 4)
>>> fmt = "It's %A, %B %d, %Y, local time %I:%M:%S%p"
>>> some_day.strftime(fmt)
"It's Thursday, July 04, 2019, local time 12:00:00AM"
```

time 객체는 시간 부분만 변환한다.

```
>>> from datetime import time
>>> fmt = "It's %A, %B %d, %Y, local time %I:%M:%S%p"
>>> some_time = time(10, 35)
>>> some_time.strftime(fmt)
"It's Monday, January 01, 1900, local time 10:35:00AM"
```

time 객체에서 날짜를 사용할 수 없다.

문자열을 날짜나 시간으로 변환하기 위해 같은 포맷 문자열로 strptime()을 사용한다. 정규 표현식 패턴 매칭은 없다. 문자열의 비형식 부분(% 제외)이 정확히 일치해야 한다. 2019-01-29와 같이 **년-월-일**이 일치하는 포맷을 지정해보자. 날짜 문자열에서 대시(-) 대신 공백을 사용하면 무슨 일이 일어날까?

```
>>> import time
>>> fmt = "%Y-%m-%d"
>>> time.strptime("2019 01 29", fmt)
Traceback (most recent call last):
  File "<stdin>", line 1, in <module>
  File "/Users/astin.choi/.pyenv/versions/3.8.0/lib/python3.8/_strptime.py", line 562,
in _strptime_time
    tt = _strptime(data_string, format)[0]
  File "/Users/astin.choi/.pyenv/versions/3.8.0/lib/python3.8/_strptime.py", line 349,
in _strptime
    raise ValueError("time data %r does not match format %r" %
ValueError: time data '2019 01 29' does not match format '%Y-%m-%d'
```

대시(-)를 붙이면 어떻게 될까?

```
>>> import time
>>> fmt = "%Y-%m-%d"
>>> time.strptime("2019-01-29", fmt) time.struct_time(tm_year=2019, tm_mon=1, tm_
mday=29, tm_hour=0, tm_min=0, tm_sec=0, tm_wday=1, tm_yday=29, tm_isdst=-1)
```

혹은 날짜 문자열과 일치하도록 문자열 fmt을 수정할 수 있다.

```
>>> import time
>>> fmt = "%Y %m %d"
>>> time.strptime("2019 01 29", fmt) time.struct_time(tm_year=2019, tm_mon=1, tm_
mday=29, tm_hour=0, tm_min=0, tm_sec=0, tm_wday=1, tm_yday=29, tm_isdst=-1)
```

문자열 포맷은 맞는데, 값 범위를 벗어나면 예외가 발생한다.

```
>>> time.strptime("2019-13-29", fmt)
Traceback (most recent call last):
  File "<stdin>", line 1, in <module>
  File "/Users/astin.choi/.pyenv/versions/3.8.0/lib/python3.8/_strptime.py", line 562,
in _strptime_time
    tt = _strptime(data_string, format)[0]
  File "/Users/astin.choi/.pyenv/versions/3.8.0/lib/python3.8/_strptime.py", line 349,
in _strptime
    raise ValueError("time data %r does not match format %r" %
ValueError: time data '2019-13-29' does not match format '%Y-%m-%d'
```

이름은 운영체제의 국제화 설정인 **로케일**locale에 따라 다르다. 다른 월, 일의 이름을 출력하려면 setlocale()을 사용하여 로케일을 바꿔야 한다. setlocale()의 첫 번째 인수는 날짜와 시간을 위한 locale.LC_TIME이고, 두 번째는 언어와 국가 약어가 결합된 문자열이다. 외국인 친구들을 핼러윈 파티에 초대해보자. 월, 일, 요일을 한국어, 영어, 프랑스어, 독일어, 스페인어, 아이슬란드어로 출력한다.

```
>>> import locale
>>> from datetime import date
>>> halloween = date(2019, 10, 31)
>>> for lang_country in ['en_us', 'fr_fr', 'de_de', 'es_es', 'is_is',]:
...     locale.setlocale(locale.LC_TIME, lang_country).
...     halloween.strftime('%A, %B %d')
```

```
...
'en_us'
'Thursday, October 31'
'fr_fr'
'Jeudi, octobre 31'
'de_de'
'Donnerstag, Oktober 31'
'es_es'
'jueves, octubre 31'
'is_is'
'fimmtudagur, október 31'
>>>
```

lang_country에 대한 값은 어디서 찾을 수 있을까? 다음 예제를 실행하여 몇 백 개의 값을 모두 찾을 수 있다.

```
>>> import locale
>>> names = locale.locale_alias.keys()
```

이전 예제에서 사용했던 것처럼(두 글자 언어 코드[2], 언더바, 두 글자 국가 코드[3]) setlocale()을 실행하기 위해 names로부터 로케일 이름을 얻어온다.

```
>>> good_names = [name for name in names if \
len(name) == 5 and name[2] == '_']
```

처음 5개가 의미하는 것은 무엇일까?

```
>>> good_names[:5]
['sr_cs', 'de_at', 'nl_nl', 'es_ni', 'sp_yu']
```

모든 독일어 로케일을 원한다면 다음과 같이 실행한다.

```
>>> de = [name for name in good_names if name.startswith('de')]
>>> de
['de_at', 'de_de', 'de_ch', 'de_lu', 'de_be']
```

----

2 http://bit.ly/iso-639-1
3 http://bit.ly/iso-3166-1

13.5 시간 모듈 변환

[그림 13-1]의 파이썬 공식 문서(*https://oreil.ly/C_39k*)에는 모든 표준 파이썬 시간 상호 변환이 요약되어 있다.

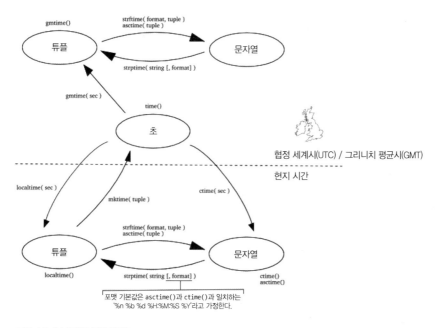

그림 13-1 날짜와 시간 변환

13.6 대체 모듈

표준 라이브러리 모듈이 조금 헷갈리거나 원하는 특정 변환이 없다면 아래와 같은 외부 라이브러리 모듈을 사용할 수 있다.

```
arrow (https://arrow.readthedocs.io)
Combines many date and time functions with a simple API
dateutil (http://labix.org/python-dateutil)
Parses almost any date format and handles relative dates and times well
iso8601 (https://pypi.python.org/pypi/iso8601)
Fills in gaps in the standard library for the ISO8601 format
fleming (https://github.com/ambitioninc/fleming) Many time zone functions
maya (https://github.com/kennethreitz/maya) Intuitive interface to dates, times, and
intervals
dateinfer (https://github.com/jeffreystarr/dateinfer) Guesses the right format strings
from date/time strings
```

- **arrow**: *https://arrow.readthedocs.io*

  많은 날짜 및 시간 함수를 간단한 API와 결합해 놓은 라이브러리다.

- **dateutil**: *http://labix.org/python-dateutil*

  거의 모든 날짜 형식을 구문 분석하고 상대 날짜 및 시간을 잘 처리한다.

- **iso8601**: *https://pypi.python.org/pypi/iso8601*

  ISO8061의 표준 라이브러리에 부족한 부분을 추가한 라이브러리다.

- **fleming**: *https://github.com/ambitioninc/fleming*

  많은 시간대의 함수를 제공한다.

- **maya**: *https://github.com/kennethreitz/maya*

  날짜, 시간, 간격에 대한 직관적인 인터페이스를 제공한다.

- **dateinfer**: *https://github.com/jeffreystarr/dateinfer*

  날짜 및 시간 문자열에서 올바른 포맷 문자열을 추측한다.

13.7 다음 장에서는

파일과 디렉터리를 다룬다.

13.8 연습문제

13.1 현재 날짜를 문자열로 작성하여 today.txt 파일에 저장한다.

13.2 today.txt 파일을 읽어 today_string 문자열에 저장한다.

13.3 today_string 문자열을 날짜로 파싱한다.

13.4 여러분이 태어난 날의 date 객체를 생성한다.

13.5 무슨 요일에 태어났는가?

13.6 생일로부터 10,000일이 지났을 때의 날짜는?

CHAPTER 14

파일과 디렉터리

> 내겐 파일이 있다. 컴퓨터 파일이 있고 종이 파일이 있다. 그러나 대부분은 내 머릿속에 있다. 내
> 머리에 무슨 일이 생기면 신이 날 도울 것이다.
>
> — 조지 R. R. 마틴

개발을 처음 시작할 때 단어 몇 개에 익숙해지지만 특별히 기술적인 의미인지, 아니면 단순한
의미인지 확실하지 않을 때가 있다. **파일**file과 **디렉터리**directory라는 용어가 그러한 단어이며, 실
제로는 기술적인 의미를 갖는다. **파일**은 일련의 바이트이며 일부 **파일 시스템**filesystem에 저장되어
파일 이름filename으로 접근한다. 디렉터리는 파일과 다른 디렉터리의 모음집이다. **폴더**라는 용어
는 디렉터리와 동의어다. 폴더는 컴퓨터가 GUIGraphical User Interface를 얻었을 때 생겼으며, 사무
실에서 영감을 얻어서 조금 더 친숙하다.

파일 시스템은 계층적이며 종종 트리(나무)에 비유한다. 실제 사무실에 있는 보통 문서를 트
리 구조로 구성하지 않는다. 그래서 실제 하위 폴더를 완전히 시각화한 경우에만 폴더를 디렉
터리에 비유할 수 있다.

14.1 파일 입출력

데이터를 가장 간단하게 지속하려면 보통 파일plain file을 사용한다. 이것을 **플랫 파일**flat file이라고
부르기도 한다. 파일은 단지 파일 이름으로 저장된 바이트 시퀀스다. 파일에서 데이터를 읽어

서 메모리에 적재하고, 메모리에서 파일로 데이터를 쓴다. 파이썬은 이러한 작업을 쉽게 만들어준다. 이러한 파일 연산은 익숙하고, 인기 있는 유닉스 같은 운영체제를 모델로 만들어졌다.

14.1.1 생성하기/열기: open()

open() 함수는 다음 내용을 수행한다.

- 기존 파일 읽기
- 새 파일 쓰기
- 기존 파일에 추가하기
- 기존 파일 덮어쓰기

```
filcobj = open( filename, mode )
```

다음은 위 호출에 대한 간단한 설명이다.

- fileobj는 open()에 의해 반환되는 파일 객체다.
- filename은 파일의 문자열 이름이다.
- mode는 파일 타입과 파일로 무엇을 할지 명시하는 문자열이다.

mode의 첫 번째 글자는 **작업**operation을 명시한다.

- r: 파일 읽기
- w: 파일 쓰기(파일이 존재하지 않으면 파일을 생성하고, 파일이 존재하면 덮어쓴다.)
- x: 파일 쓰기(파일이 존재하지 않을 경우에만 해당한다.)
- a: 파일 추가하기(파일이 존재하면 파일의 끝에서부터 쓴다.)

mode의 두 번째 글자는 파일 타입을 명시한다.

- t(또는 아무것도 명시하지 않음): 텍스트 타입
- b: 이진binary 타입

파일을 열면 데이터를 읽거나 쓰기 위한 함수를 호출할 수 있다. 다음 예제에서 다룬다. 파일을 열고 다 사용했다면, 사용한 메모리를 해제free하기 위해 파일을 닫아야 한다. 이를 자동화하는 방법은 나중에 살펴본다.

다음 코드는 oops.txt이라는 파일을 열고 아무것도 쓰지 않고 닫는다. 빈 파일을 만들어보자.

```
>>> fout = open('oops.txt', 'wt')
>>> fout.close()
```

14.1.2 텍스트 파일 쓰기: print()

oops.txt 파일을 다시 생성한다. 한 문장을 작성하고 파일을 닫는다.

```
>>> fout = open('oops.txt', 'wt')
>>> print('Oops, I created a file.', file=fout)
>>> fout.close()
```

이전 절에서 oops.txt 파일을 생성해 이것을 덮어쓴다. print()에서 file 인수를 사용했다. 이 옵션이 없다면, print()는 터미널인 표준 출력에 내용을 쓴다(셸 프로그램에서 출력을 파일로 리다이렉션redirection하거나 | 명령어를 사용하여 다른 프로그램으로 파이핑하지 않는다고 가정한다).

14.1.3 텍스트 파일 쓰기: write()

위에서 print()를 사용하여 한 줄의 문자열을 파일에 썼다.

또한 write()를 사용하여 파일을 쓸 수 있다. 다음 예제에서 사용하는 문장은 특수 상대성 이론에 대한 시다.

```
>>> poem = '''There was a young lady named Bright,
... Whose speed was far faster than light;
... She started one day
... In a relative way,
... And returned on the previous night.'''
>>> len(poem)
150
```

poem을 relativity 파일에 쓴다.

```
>>> fout = open('relativity', 'wt')
>>> fout.write(poem)
150
>>> fout.close()
```

write()는 파일에 쓴 바이트를 반환한다. print()처럼 스페이스나 줄바꿈을 추가하지 않는다. 또한 print()로 여러 줄의 문자열을 텍스트 파일에 쓸 수 있다.

```
>>> fout = open('relativity', 'wt')
>>> print(poem, file=fout)
>>> fout.close()
```

여기서 한 가지 질문이 생긴다. write()를 사용해야 될까 아니면 print()를 사용해야 될까? 기본적으로 print()는 각 인수 뒤에 스페이스를, 끝에 줄바꿈을 추가한다. 이전 예제에서는 relativity 파일에 줄바꿈이 추가됐다. print()를 write()처럼 작동하려면 print()에 다음 두 인수를 전달한다.

- sep (구분자separator, 기본값은 스페이스(' ')다.)
- end (마지막 문자열end string, 기본값은 줄바꿈('\n')이다.)

print()에 어떤 특정 값을 전달하지 않으면 두 인수는 기본값을 사용한다. 빈 문자열을 두 인수에 전달해보자.

```
>>> fout = open('relativity', 'wt')
>>> print(poem, file=fout, sep='', end='')
>>> fout.close()
```

파일에 쓸 문자열이 크면 특정 단위chunk로 나누어서 파일에 쓴다.

```
>>> fout = open('relativity', 'wt')
>>> size = len(poem)
>>> offset = 0
>>> chunk = 100
>>> while True:
...     if offset > size:
```

```
...             break
...             fout.write(poem[offset:offset+chunk])
...             offset += chunk
...
100
50
>>> fout.close()
```

처음에는 100 문자를 썼고, 다음에는 마지막 50 문자를 썼다. 슬라이스를 사용하면 예외 없이 파일 끝으로 갈 수 있다.

relativity 파일이 있는데 이것을 모르고 실수로 덮어쓰고 싶지 않다면 x 모드를 사용한다.

```
>>> fout = open('relativity', 'xt')
Traceback (most recent call last):
  File "<stdin>", line 1, in <module>
FileExistsError: [Errno 17] File exists: 'relativity'
```

이를 다음과 같이 예외로 처리할 수 있다.

```
>>> try:
...     fout = open('relativity', 'xt')]
...     fout.write('stomp stomp stomp')
... except FileExistsError:
...     print('relativity already exists!. That was a close one.').
...
relativity already exists!. That was a close one.
```

14.1.4 텍스트 파일 읽기: read(), readline(), readlines()

다음 예제와 같이 read() 함수를 인수 없이 호출하여 한 번에 파일 전체 내용을 읽을 수 있다. 대형 파일로 이 작업을 수행할 때 많은 메모리가 소비되므로 주의해야 한다.

```
>>> fin = open('relativity', 'rt')
>>> poem = fin.read()
>>> fin.close()
>>> len(poem)
150
```

한 번에 얼마만큼 읽을 수 있는지 크기를 제한할 수 있다. read() 함수가 한 번에 읽을 수 있는 문자 수를 제한하려면 최대 문자 수를 인수로 입력한다. 한 번에 100 문자를 읽은 뒤 각 chunk 문자열을 poem 문자열에 추가하여 원본 파일의 문자열을 모두 저장해보자.

```
>>> poem = ''
>>> fin = open('relativity', 'rt' )
>>> chunk = 100
>>> while True:
...     fragment = fin.read(chunk)
...     if not fragment:
...         break
...     poem += fragment
...
>>> fin.close()
>>> len(poem)
150
```

파일을 다 읽어서 끝에 도달했을 때, read() 함수는 빈 문자열('')을 반환한다. 이것은 if not fragment에서 fragment가 False가 되고, 결국 not False는 True가 되어 while 문을 탈출한다.

또한 readline() 함수를 사용하여 파일을 줄 단위로 읽을 수 있다. 다음 예제는 파일의 각 줄을 poem 문자열에 추가하여 원본 파일의 문자열을 모두 저장한다.

```
>>> poem = ''
>>> fin = open('relativity', 'rt' )
>>> while True:
...     line = fin.readline()
...     if not line:
...         break
...     poem += line
...
>>> fin.close()
>>> len(poem)
150
```

텍스트 파일의 빈 줄의 길이는 1이고('\n'), 이것을 True로 인식한다. readline() 함수는 read() 함수처럼 파일 끝에 도달 했을 때, False로 간주하는 빈 문자열을 반환한다.

텍스트 파일을 가장 읽기 쉬운 방법은 **이터레이터**iterator를 사용하는 것이다. 이터레이터는 한 번에 한 줄씩 반환한다. 다음 예제는 이전과 비슷하지만, 코드 양은 더 적다.

```
>>> poem = ''
>>> fin = open('relativity', 'rt' )
>>> for line in fin:
...     poem += line
...
>>> fin.close()
>>> len(poem)
150
```

앞의 모든 예제는 한 poem 문자열을 읽었다. readlines() 호출은 한 번에 모든 줄을 읽고, 한 줄로 된 문자열 리스트를 반환한다.

```
>>> fin = open('relativity', 'rt' )
>>> lines = fin.readlines()
>>> fin.close()
>>> print(len(lines), 'lines read')
5 lines read
>>> for line in lines:
...     print(line, end='')
...
There was a young lady named Bright,
Whose speed. was far faster than light;
She started one day
In a relative way,
And returned on the previous night.>>>
```

첫 네 줄은 각 문자열 끝에 이미 줄 바꿈 문자가 있으므로 print()에 줄바꿈 문자를 지정하지 않았다. 마지막 줄에는 줄바꿈 문자가 없어서, 대화식 인터프리터의 프롬프트(>>>)가 같은 줄에 출력됐다.

14.1.5 이진 파일 쓰기: write()

모드mode에 'b'를 포함하면 파일은 이진 모드로 열린다. 이때 문자열 대신 바이트를 읽고 쓸 수 있다.

먼저 0에서 255까지의 256바이트 값을 생성한다.

```
>>> bdata = bytes(range(0, 256))
>>> len(bdata)
256
```

이진 모드로 파일을 열어서 한 번에 데이터를 써보자.

```
>>> fout = open('bfile', 'wb')
>>> fout.write(bdata)
256
>>> fout.close()
```

write() 함수는 파일에 쓴 바이트 수를 반환한다.

텍스트 파일처럼 특정 단위 chunk로 이진 데이터를 쓸 수 있다.

```
>>> fout = open('bfile', 'wb')
>>> size = len(bdata)
>>> offset = 0
>>> chunk = 100
>>> while True:
...     if offset > size:
...         break
...     fout.write(bdata[offset:offset+chunk])
...     offset += chunk
...
100
100
56
>>> fout.close()
```

14.1.6 이진 파일 읽기: read()

이진 파일을 읽는 것은 간단하다. 파일을 'rb' 모드로 열기만 하면 된다.

```
>>> fin = open('bfile', 'rb')
>>> bdata = fin.read()
```

```
>>> len(bdata)
256
>>> fin.close()
```

14.1.7 자동으로 파일 닫기: with

열려 있는 파일을 닫지 않았을 때, 파이썬은 이 파일이 더 이상 참조되지 않는 것을 확인한 뒤 파일을 닫는다. 이것은 함수 안에 파일을 열어놓고 이를 명시적으로 닫지 않더라도 함수가 끝날 때 자동으로 파일이 닫힌다는 것을 의미한다. 그러나 오랫동안 작동하는 함수 혹은 메인 프로그램에 파일을 열어 놓았다면, 파일에 쓰는 것을 마치기 위해 명시적으로 파일을 닫아야 한다.

파이썬은 파일을 여는 것과 같은 일을 수행하는 **컨텍스트 매니저**context manager가 있다. 파일을 열 때 'with **표현식** as **변수**' 형식을 사용한다.

```
>>> with open('relativity', 'wt') as fout:
...     fout.write(poem)
...
```

컨텍스트 매니저 코드 블록의 코드 한 줄이 실행되고 나서(잘 수행되거나 문제가 있으면 예외 발생) 자동으로 파일을 닫아준다.

14.1.8 파일 위치 찾기: seek()

파일을 읽고 쓸 때, 파이썬은 파일에서 위치를 추적한다. tell() 함수는 파일 시작 위치에서 현재 오프셋을 바이트 단위로 반환한다. seek() 함수는 다른 바이트 오프셋으로 위치를 이동한다. 이 함수를 사용하면 마지막 바이트를 읽기 위해 처음부터 마지막까지 파일 전체를 읽지 않아도 된다. seek() 함수로 파일의 마지막 바이트를 추적하여 마지막 바이트만 읽을 수 있다.

이전에 작성한 256바이트의 이진 파일('bfile')을 사용해보자.

```
>>> fin = open('bfile', 'rb')
>>> fin.tell()
0
```

seek() 함수를 사용하여 파일의 마지막에서 1바이트 전 위치로 이동한다.

```
>>> fin.seek(255)
255
```

파일 마지막 바이트를 읽어보자.

```
>>> bdata = fin.read()
>>> len(bdata)
1
>>> bdata[0]
255
```

또한 seek() 함수는 현재 오프셋을 반환한다.

seek() 함수 형식은 seek(**offset, origin**)이며, 다음은 두 번째 인수 **origin**에 대한 설명이다.

- origin이 0일 때(기본값), 시작 위치에서 offset 바이트로 이동한다.
- origin이 1일 때, 현재 위치에서 offset 바이트로 이동한다.
- origin이 2일 때, 마지막 위치에서 offset 바이트 전 위치로 이동한다.

또한 이 값은 표준 os 모듈에 정의되어 있다.

```
>>> import os
>>> os.SEEK_SET
0
>>> os.SEEK_CUR
1
>>> os.SEEK_END
2
```

다른 방법으로 마지막 바이트를 읽어보자.

```
>>> fin = open('bfile', 'rb')
```

파일 마지막에서 1바이트 전 위치로 이동한다.

```
>>> fin.seek(-1, 2)
255
>>> fin.tell()
255
```

파일 마지막 바이트를 읽어보자.

```
>>> bdata = fin.read()
>>> len(bdata)
1
>>> bdata[0]
255
```

NOTE_ seek() 함수를 위해 tell() 함수를 호출할 필요는 없다. 예제에서는 두 함수가 같은 오프셋을 반환하는지 보여주기 위해 사용했다.

현 위치에서 파일 위치를 이동해보자.

```
>>> fin = open('bfile', 'rb')
```

다음 예제는 파일의 마지막에서 2바이트 전 위치로 이동한다.

```
>>> fin.seek(254, 0)
254
>>> fin.tell()
254
```

1바이트 앞으로 이동한다.

```
>>> fin.seek(1, 1)
255
>>> fin.tell()
255
```

파일 마지막 바이트를 읽는다.

```
>>> bdata = fin.read()
>>> len(bdata)
1
>>> bdata[0]
255
```

이 함수들은 이진 파일에서 위치를 이동할 때 아주 유용하게 쓰인다. 텍스트 파일에도 이 함수를 쓸 수 있으나, 아스키 코드(한 문자당 1바이트)가 아니라면 오프셋을 계산하기 힘들다. 텍스트 인코딩에 따라 다르지만, 가장 인기 있는 인코딩(UTF-8)은 한 문자당 여러 바이트를 사용한다.

14.2 메모리 매핑

파일을 읽고 쓰는 것의 대안은 표준 **mmap** 모듈로 파일을 메모리에 매핑하는 것이다. 이것은 파일의 내용이 메모리의 바이트 배열처럼 보이게 한다. 자세한 내용은 파이썬 공식 문서(*https://oreil.ly/GEzkf*)와 예제(*https://oreil.ly/GUtdx*)를 참조한다.

14.3. 파일 명령어

파이썬은 다른 언어들처럼 유닉스의 파일 연산 패턴을 지니고 있다. chown(), chmod() 함수 등은 똑같은 이름을 사용한다. 그리고 몇 가지 새로운 함수가 존재한다.

먼저 파이썬이 **os.path** 모듈 함수와 새로운 **pathlib** 모듈로 이러한 작업을 처리하는 방법을 살펴본다.

14.3.1 존재 여부 확인하기: exists()

파일 혹은 디렉터리가 실제로 존재하는지 확인하기 위해 **exists()** 함수를 사용한다. 다음 예제와 같이 상대 경로와 절대 경로를 사용할 수 있다.

```
>>> import os
>>> os.path.exists('oops.txt')
True
>>> os.path.exists('./oops.txt')
True
>>> os.path.exists('waffles')
False
>>> os.path.exists('.')
True
>>> os.path.exists('..')
True
```

14.3.2 유형 확인하기: isfile()

이 절에 등장하는 세 함수(isfile, isdir, isabs)는 이름이 파일인지, 디렉터리인지, 또는 절대 경로인지 확인한다.

먼저 isfile() 함수를 사용하여 평범한 파일인지 간단한 질문을 던져본다.

```
>>> name = 'oops.txt'
>>> os.path.isfile(name)
True
```

디렉터리는 다음과 같이 확인할 수 있다.

```
>>> os.path.isdir(name)
False
```

마침표(.) 한 개는 현재 디렉터리를 나타내고, 마침표(.) 두 개는 부모(상위) 디렉터리를 나타낸다. 이들은 항상 존재하기 때문에 True를 반환한다.

```
>>> os.path.isdir('.')
True
```

os 모듈은 절대 경로와 상대 경로를 처리하는 많은 함수를 제공한다. isabs() 함수는 인수가 절대 경로인지 확인한다.

```
>>> os.path.isabs(name)
False
>>> os.path.isabs('/big/fake/name')
True
>>> os.path.isabs('big/fake/name/without/a/leading/slash')
False
```

14.3.3 복사하기: copy()

copy() 함수는 shutil이라는 다른 모듈에 들어 있다. 다음 예제는 **oops.txt**를 **ohno.txt**로 복사한다.

```
>>> import shutil
>>> shutil.copy('oops.txt', 'ohno.txt')
```

shutil.move() 함수는 파일을 복사한 후 원본 파일을 삭제한다.

14.3.4 이름 바꾸기: rename()

rename()은 말 그대로 파일 이름을 변경한다. 다음 예제는 **ohno.txt**를 **ohwell.txt**로 이름을 바꾼다.

```
>>> import os
>>> os.rename('ohno.txt', 'ohwell.txt')
```

14.3.5 연결하기: link(), symlink()

유닉스에서 파일은 한 곳에 있지만, **링크**link라 부르는 여러 이름을 가질 수 있다. 저수준의 **하드 링크**hard link에서 주어진 파일을 모두 찾는 것은 쉬운 일이 아니다. **심볼릭 링크**symbolic link는 새 이름의 원본 파일을 저장하는 대안이다. 심볼릭 링크는 원본 파일과 새 이름의 파일을 한 번에 찾을 수 있도록 해준다. link() 함수는 하드 링크를 생성하고, symlink() 함수는 심볼릭 링크를 생성한다. islink() 함수는 파일이 심볼릭 링크인지 확인한다.

oops.txt 파일의 하드 링크인 새 yikes.txt 파일을 만들어보자.

```
>>> os.link('oops.txt', 'yikes.txt')
>>> os.path.isfile('yikes.txt')
True
>>> os.path.islink('yikes.txt')
False
```

oops.txt 파일의 심볼릭 링크인 새 jeepers.txt 파일을 만들어보자.

```
>>> os.symlink('oops.txt', 'jeepers.txt')
>>> os.path.islink('jeepers.txt')
True
```

14.3.6 권한 바꾸기: chmod()

유닉스 시스템에서 chmod()는 파일의 권한permission을 변경한다. 사용자에 대한 읽기, 쓰기, 실행 권한이 있다. 그리고 사용자가 속한 그룹과 나머지에 대한 권한이 각각 존재한다. 이 명령은 사용자, 그룹, 나머지 권한을 묶어서 압축된 8진수의 값을 취한다. **oops.txt**를 이 파일의 소유자(파일을 생성한 사용자)만 읽을 수 있도록 만들어보자.

```
>>> os.chmod('oops.txt', 0o400)
```

이러한 수수께끼 같은 8진수 값을 사용하기보다 약간 잘 알려지지 않은 아리송한 심벌을 사용하고 싶다면 stat 모듈을 임포트하여 다음과 같이 쓸 수 있다.

```
>>> import stat
>>> os.chmod('oops.txt', stat.S_IRUSR)
```

14.3.7 소유권 바꾸기: chown()

이 함수는 유닉스, 리눅스, macOS에서 사용된다. 숫자로 된 사용자 아이디(uid)와 그룹 아이디(gid)를 지정하여 파일의 소유자와 그룹에 대한 소유권ownership을 바꿀 수 있다.

```
>>> uid = 5
>>> gid = 22
>>> os.chown('oops', uid, gid)
```

14.3.8 파일 지우기: remove()

remove() 함수를 사용하여 oops.txt 파일과 작별 인사를 나눈다.

```
>>> os.remove('oops.txt')
>>> os.path.exists('oops.txt')
False
```

14.4 디렉터리 명령어

대부분 운영체제에서 파일은 디렉터리directory(폴더folder라고도 부름)의 계층 구조 안에 존재한다. 이러한 모든 파일과 디렉터리의 컨테이너는 파일 시스템(볼륨volume이라고도 부름)이다. 표준 os 모듈은 이러한 운영체제의 특성을 처리하고, 조작할 수 있는 함수를 제공한다.

14.4.1 생성하기: mkdir()

시를 저장할 poems 디렉터리를 생성한다.

```
>>> os.mkdir('poems')
>>> os.path.exists('poems')
True
```

14.4.2 삭제하기: rmdir()

앞에서 생성한 poems 디렉터리를 삭제한다.

```
>>> os.rmdir('poems')
>>> os.path.exists('poems')
False
```

14.4.3 콘텐츠 나열하기: listdir()

다시 poems 디렉터리를 생성한다.

```
>>> os.mkdir('poems')
```

그리고 이 디렉터리의 내용을 나열한다(지금까진 아무것도 없음).

```
>>> os.listdir('poems')
[]
```

이제 하위 디렉터리를 생성한다.

```
>>> os.mkdir('poems/mcintyre')
>>> os.listdir('poems')
['mcintyre']
```

하위 디렉터리에 파일을 생성한다(시를 음미할 것이 아니라면 모두 입력하지 말고 적당히 2~3줄만 입력한다. 시작과 끝의 삼중 인용 부호를 주의한다).

```
>>> fout = open('poems/mcintyre/the_good_man', 'wt')
>>> fout.write('''Cheerful and happy was his mood,
... He to the poor was kind and good,
... And he oft' times did find them food,
... Also supplies of coal and wood,
... He never spake a word was rude,
... And cheer'd those did o'er sorrows brood,
... He passed away not understood,
... Because no poet in his lays
... Had penned a sonnet in his praise,
... 'Tis sad, but such is world's ways.
... ''')
```

```
344
>>> fout.close()
```

드디어 파일이 생겼다. 디렉터리 내용을 나열해보자.

```
>>> os.listdir('poems/mcintyre')
['the_good_man']
```

14.4.4 현재 디렉터리 위치 바꾸기: chdir()

이 함수는 현재 디렉터리의 위치를 다른 디렉터리의 위치로 바꿔준다. 현재 디렉터리를 떠나서 poems 디렉터리로 이동해보자.

```
>>> import os
>>> os.chdir('poems')
>>> os.listdir('.')
['mcintyre']
```

14.4.5 일치하는 파일 나열하기: glob()

glob() 함수는 복잡한 정규 표현식이 아닌, 유닉스 셸 규칙을 사용하여 일치하는 파일이나 디렉터리 이름을 검색해준다. 규칙은 다음과 같다.

- 모든 것에 일치: * (re 모듈의 .*와 같다.)
- 한 문자에 일치: ?
- a, b, 혹은 c 문자에 일치: [abc]
- a, b, 혹은 c를 제외한 문자에 일치: [!abc]

m으로 시작하는 모든 파일이나 디렉터리를 찾는다.

```
>>> import glob
>>> glob.glob('m*')
['mcintyre']
```

두 글자로 된 파일이나 디렉터리를 찾는다.

```
>>> glob.glob('??')
[]
```

m으로 시작하고 e로 끝나는 여덟 글자의 단어를 찾는다.

```
>>> glob.glob('m??????e')
['mcintyre']
```

k, l, 혹은 m으로 시작하고, e로 끝나는 단어를 찾는다.

```
>>> glob.glob('[klm]*e')
['mcintyre']
```

14.5 경로 이름

거의 모든 컴퓨터는 계층적 파일 시스템을 사용한다. 디렉터리(폴더)는 파일과 디렉터리를 다양한 형태로 포함한다. 특정 파일 혹은 디렉터리를 참조하려면 **경로 이름**pathname이 필요하다. 최상위 **루트**root 혹은 현재 디렉터리는 어떤 경로에 도달하기 위한 기준 위치다.

보통 **슬래시**(/)와 **백슬래시**(\)를 많이 혼동한다.[1] 유닉스와 macOS(그리고 웹 주소)는 **경로 구분** 기호로 슬래시를 사용하고 윈도우는 백슬래시[2]를 사용한다.

파이썬은 슬래시를 경로 구분 기호로 사용한다. 윈도우에서 백슬래시를 사용할 수 있지만, 파이썬에서 백슬래시는 이스케이프 문자다. 그러므로 윈도우에서는 백슬래시를 두 번 입력하거나, 원시raw 문자열을 사용해야 한다.

```
>>> win_file = 'eek\\urk\\snort.txt'
```

---

1 쉽게 기억하는 방법은 슬래시는 앞으로 기울어지고, 백슬래시는 뒤로 기울어진다.
2 빌 게이츠는 IBM이 첫 번째 PC를 요청했을 때, 'MS-DOS'를 갖기 위해 5만 달러에 QDOS라는 운영체제를 구입했다. 여기에서 명령행 인수에 슬래시를 사용하는 CP/M이라는 것을 흉내 냈다. MS-DOS가 나중에 폴더를 추가할 때 백슬래시를 사용해야 했다.

```
>>> win_file2 = r'eek\urk\snort.txt'
>>> win_file
'eek\\urk\\snort.txt'
>>> win_file2
'eek\\urk\\snort.txt'
```

경로 이름을 작성하는 방법은 다음과 같다.

- 경로 구분 문자('/' 또는 '\')를 사용한다.

- 경로 이름을 만든다(14.5.3절의 os.path.join()을 참조한다).

- pathlib 모듈을 사용한다(14.5.3절 참조).

14.5.1 절대 경로 얻기: abspath()

이 함수는 상대 경로를 절대 경로로 만들어준다. 현재 디렉터리가 /usr/gaberlunzie고 oops.txt 파일이 거기에 있다면, 다음과 같이 입력할 수 있다.

```
>>> os.path.abspath('oops.txt')
'/usr/gaberlunzie/oops.txt'
```

14.5.2 심볼릭 링크 경로 얻기: realpath()

이전 절에서 oops.txt 파일의 심볼릭 링크인 jeepers.txt 파일을 만들었다. 여기에서 realpath() 함수에 jeepers.txt 인수를 취하면 oops.txt의 경로 위치를 얻는다.

```
>>> os.path.realpath('jeepers.txt')
'/usr/gaberlunzie/oops.txt'
```

14.5.3 경로 이름 작성하기: os.path.join()

os.path.join()을 호출하여 운영체제에 적합한 경로 구분 문자로 경로를 결합할 수 있다.

```
>>> import os
>>> win_file = os.path.join("eek", "urk")
>>> win_file = os.path.join(win_file, "snort.txt")
```

이것을 macOS나 리눅스에서 실행한다면 결과는 다음과 같다.

```
>>> win_file 'eek/urk/snort.txt'
```

윈도우에서 실행 결과는 다음과 같다.

```
>>> win_file 'eek\\urk\\snort.txt'
```

그러나 같은 코드가 실행되는 위치에 따라 다른 결과가 나온다면 문제가 될 수 있다. 이러한 문제를 위해서 pathlib 모듈을 사용할 수 있다.

14.5.4 pathlib 모듈

pathlib 모듈은 파이썬 3.4에 추가됐다. 이전 절에서 설명한 os.path 모듈의 대안으로 사용할 수 있다. 그런데 왜 이러한 다른 모듈이 필요할까?

파일 시스템 경로 이름을 문자열로 취급하는 대신 Path 객체를 도입하여 파일 시스템 경로 이름을 더 높은 수준으로 처리한다. Path 클래스를 사용하여 Path 객체를 만든 후, 경로를 '/' 문자가 아닌 그냥 / 슬래시로 묶는다.

```
>>> from pathlib import Path
>>> file_path = Path('eek') / 'urk' / 'snort.txt'
>>> file_path
PosixPath('eek/urk/snort.txt')
>>> print(file_path)
eek/urk/snort.txt
```

이러한 슬래시 트릭은 10.8절에서 본 '매직 메서드'를 활용한다. 위 결과에서 경로에 대한 정보를 얻을 수 있다.

```
>>> file_path.name
'snort.txt'
>>> file_path.suffix
'.txt'
>>> file_path.stem
'snort'
```

파일 이름이나 경로 이름 문자열처럼 `file_path`를 open()에 사용할 수 있다. 다른 시스템에서 이 프로그램을 실행하거나 컴퓨터에서 외부 경로 이름을 생성해야 하는 경우에도 사용할 수 있다.

```
>>> from pathlib import PureWindowsPath
>>> PureWindowsPath(file_path)
PureWindowsPath('eek/urk/snort.txt')
>>> print(PureWindowsPath(file_path))
eek\urk\snort.txt
```

조금 더 자세한 내용은 공식 문서(*https://oreil.ly/yN87f*)를 참조한다.

14.6 BytesIO와 StringIO

메모리에서 데이터를 수정하는 방법과 파일에서 데이터를 가져오는 방법을 살펴봤다. 메모리 내 데이터를 파일 함수로 가져올 수 있을까(혹은 그 반대도 가능할까)? 임시 파일을 읽거나 쓰지 않고 데이터를 수정하고 해당 바이트 또는 문자를 전달하고자 한다.

이진 데이터(바이트)에는 **io.BytesIO**를, 텍스트 데이터(문자열)에는 **io.StringIO**를 사용할 수 있다. 이 래핑^{wrapping} 데이터 중 하나를 파일과 같은 객체로 사용하면 이 장에서 본 모든 파일 함수와 함께 사용할 수 있다.

이를 위한 예제는 데이터 형식 변환이다. 이것을 이미지 데이터를 읽고 쓰는 PIL 라이브러리(20.1.2절 참조)에 적용해보자. Image 객체의 open()과 save() 메서드에 대한 첫 번째 인수는 파일 이름 또는 파일과 유사한 객체다. [예제 14-1]은 BytesIO를 사용하여 메모리 내 데이터를 읽고 쓴다. 터미널에서 이미지 파일을 한 개 이상 읽고 이미지 데이터를 세 가지 다른 형식으로 변환한 후 이 출력의 길이와 첫 10바이트를 출력한다.

```python
from io import BytesIO
from PIL import Image
import sys

def data_to_img(data):
    """메모리 내의 <data>에서 PIL 이미지 객체를 반환한다."""
    fp = BytesIO(data)
    return Image.open(fp) # 메모리에서 읽는다.

def img_to_data(img, fmt=None):
    """<fmt> 형식의 PIL 이미지 <img>에서 이미지 데이터를 반환한다."""
    fp = BytesIO()
    if not fmt:
        fmt = img.format # 원본 형식을 유지한다.
        img.save(fp, fmt) # 메모리에 쓴다.
    return fp.getvalue()

def convert_image(data, fmt=None):
    """이미지 <data>를 PIL <fmt> 이미지 데이터로 변환한다."""
    img = data_to_img(data)
    return img_to_data(img, fmt)


def get_file_data(name):
    """이미지 파일 <name>에 대한 PIL 이미지 객체를 반환한다."""
    img = Image.open(name)
    print("img", img, img.format)
    return img_to_data(img)

if __name__ == "__main__":
    for name in sys.argv[1:]:
        data = get_file_data(name)
        print("in", len(data), data[:10])
        for fmt in ("gif", "png", "jpeg"):
            out_data = convert_image(data, fmt)
            print("out", len(out_data), out_data[:10])
```

NOTE_ 파일처럼 동작하기 때문에 일반 파일처럼 BytesIO 객체에 seek(), read(), write()를 사용할 수 있다. seek() 다음에 read()를 수행하면 해당 탐색 위치에서 끝까지의 바이트를 가져온다. getvalue()는 BytesIO 객체의 모든 바이트를 반환한다.

위 코드를 20장에 있는 이미지 파일과 함께 사용한다.

```
$ python convert_image.py ch20_critter.png
img <PIL.PngImagePlugin.PngImageFile image mode=RGB size=154x141 at 0x10340CF28> PNG
in 24941 b'\\x89PNG\\r\\n\\x1a\\n\\x00\\x00'
out 14751 b'GIF87a\\x9a\\x00\\x8d\\x00'
out 24941 b'\\x89PNG\\r\\n\\x1a\\n\\x00\\x00'
out 5914 b'\\xff\xd8\\xff\\xe0\\x00\\x10JFIF'
```

14.7 다음 장에서는

조금 더 어려운 주제인 동시성(여러 가지 작업을 동시에 수행하는 방법)과 프로세스(프로그램
실행)를 다룬다.

14.8 연습문제

14.1 현재 디렉터리의 파일을 리스트로 출력한다.

14.2 상위(부모) 디렉터리의 파일을 리스트로 출력한다.

14.3 'This is a test of the emergency text system' 문자열을 test1 변수에 할당한다.
그리고 test1 변수를 test.txt 파일에 작성한다.

14.4 test.txt 파일을 열어서 내용을 읽고, test2 문자열에 저장한다. test1과 test2의 값
은 같은가?

프로세스와 동시성

사람은 할 수 없으나 컴퓨터가 할 수 있는 것은 창고에서 일을 계속 수행하는 것이다.

– 잭 핸디Jack Handey (해학가)

이번 장과 다음 두 장은 이전 장들보다 조금 더 어려운 내용을 다룬다. 15장은 시간에 따른 데이터data in time (한 컴퓨터에서 순차 및 동시 접근), 16장은 데이터 저장소data in box (특수 파일 및 데이터베이스를 사용하여 저장 및 검색), 17장에서는 데이터 공간data in space을 살펴볼 것이다 (네트워킹).

15.1 프로그램과 프로세스

하나의 프로그램을 실행할 때, 운영체제는 한 **프로세스**process를 생성한다. 프로세스는 운영체제의 **커널**kernel (파일과 네트워크 연결, 사용량 통계 등 핵심 역할 수행)에서 시스템 리소스 (CPU, 메 모리, 디스크 공간) 및 자료구조를 사용한다. 한 프로세스는 다른 프로세스로부터 독립된 존재다. 한 프로세스는 다른 프로세스가 무엇을 하는지 참조하거나 방해할 수 없다.

운영체제는 실행 중인 모든 프로세스를 추적한다. 각 프로세스에 시간을 조금씩 할애하여 한 프로세스에서 다른 프로세스로 전환한다. 운영체제는 두 가지 목표가 있는데, 프로세스를 공정하게 실행하여 되도록 많은 프로세스가 실행되게 하고 사용자의 명령을 반응적으로 처리하는 것이다. macOS의 활성 상태 보기^{Activity Monitor}와 윈도우의 작업 관리자^{Task Manager} 같은 그래픽 인터페이스 환경에서 프로세스 상태를 볼 수 있다.

또한 독자 여러분의 프로그램에서 프로세스 데이터에 접근할 수 있다. 표준 라이브러리의 os 모듈에서 시스템 정보를 접근하는 몇 가지 함수를 제공한다. 다음 예제는 실행 중인 파이썬 인터프리터에 대한 **프로세스 ID**와 **현재 작업 디렉터리**의 위치를 가져온다.

```
>>> import os
>>> os.getpid()
76051
>>> os.getcwd()
'/Users/williamlubanovic'
```

사용자 ID와 **그룹 ID**도 출력해보자.

```
>>> os.getuid()
501
>>> os.getgid()
20
```

15.1.1 프로세스 생성하기(1): subprocess

지금까지 살펴본 모든 예제는 개별 프로세스에서 실행됐다. 파이썬 표준 라이브러리의 subprocess 모듈로 존재하는 다른 프로그램을 시작하거나 멈출 수 있다. 셸에서 프로그램을 실행하여 생성된 결과(표준 출력 및 에러 출력)를 얻고 싶다면 getoutput() 함수를 사용하면 된다. 다음 예제는 유닉스 date 프로그램의 결과를 가져온다.

```
>>> import subprocess
>>> ret = subprocess.getoutput('date')
>>> ret
'Fri Feb 28 22:24:43 KST 2020'
```

프로세스가 끝날 때까지 아무런 결과를 받지 않는다. 시간이 오래 걸리는 뭔가를 호출해야 한다면 15.3절을 참조하길 바란다. getoutput() 함수의 인수는 완전한 셸 명령의 문자열이므로 인수, 파이프, I/O 리다이렉션(<, >) 등을 포함할 수 있다.

```
>>> ret = subprocess.getoutput('date -u')
>>> ret
'Fri Feb 28 13:24:57 UTC 2020'
```

date -u 명령에서 파이프로 wc 명령을 연결하면 1줄, 6 단어, 29 글자를 센다.

```
>>> ret = subprocess.getoutput('date -u | wc')
>>> ret
'       1       6      29'
```

check_output()이라는 변형 메서드variant method는 명령과 인수 리스트를 취한다. 표준 출력으로 문자열이 아닌 바이트 유형을 반환하며 셸을 사용하지 않는다.

```
>>> ret = subprocess.check_output(['date', '-u'])
>>> ret
b'Fri Feb 28 13:25:45 UTC 2020\n'
```

프로그램의 종료 상태를 표시하려면 getstatusoutput()을 사용한다. 프로그램 상태 코드와 결과를 튜플로 반환한다.

```
>>> ret = subprocess.getstatusoutput('date')
>>> ret
(0, 'Fri Feb 28 22:28:36 KST 2020')
```

결과가 아닌 상태 코드만 저장하고 싶다면 call()을 사용한다.

```
>>> ret = subprocess.call('date')
Fri Feb 28 22:29:02 KST 2020
>>> ret
0
```

유닉스 계열에서 상태 코드 0은 성공적으로 종료되었다는 것을 의미한다.

날짜와 시간이 출력됐지만 ret 변수에 저장되지 않았다. 대신 상태 코드를 저장한다.

인수를 사용하여 두 가지 방법으로 프로그램을 실행할 수 있다. 첫 번째 방법은 인수를 한 문자열에 지정히는 것이다. 다음 예제에서는 date –u를 사용하는 데 이 명령은 현재 날짜와 시간을 협정 세계시Universal Time Coordinated(UTC)로 출력한다.

```
>>> ret = subprocess.call('date -u', shell=True)
Fri Feb 28 13:29:29 UTC 2020
```

그리고 date –u 명령을 인식할 shell=True가 필요하다. 이것은 문자열을 분할하고, *와 같은 와일드카드 문자를 사용할 수 있다(이 예제에서는 사용하지 않음).

두 번째 방법은 인수의 리스트를 사용하는 것이다. 그러므로 셸을 호출할 필요 없다.

```
>>> ret = subprocess.call(['date', '-u'])
Fri Feb 28 13:29:42 UTC 2020
```

15.1.2 프로세스 생성하기(2): multiprocessing

multiprocessing 모듈을 사용하면 파이썬 함수를 별도의 프로세스로 실행하거나 한 프로그램에서 독립적인 여러 프로세스를 실행할 수 있다. [예제 15-1]을 살펴보자. 다음 코드를 mp.py로 저장하고, python mp.py를 입력하여 실행한다.

예제 15-1 mp.py

```
import multiprocessing
import os

def whoami(what):
    print("Process %s says: %s" % (os.getpid(), what))

if __name__ == "__main__":
    whoami("I'm the main program")
    for n in range(4):
        p = multiprocessing.Process(target=whoami,
            args=("I'm function %s" % n,))
        p.start()
```

필자의 컴퓨터에서 실행한 결과는 다음과 같다.

```
Process 6224 says: I'm the main program
    Process 6225 says: I'm function 0
    Process 6226 says: I'm function 1
    Process 6227 says: I'm function 2
    Process 6228 says: I'm function 3
```

Process() 메서드는 새 프로세스를 생성하여 whoami() 함수를 실행한다. for 문에서 루프를 4번 돌았기 때문에 whoami() 함수를 실행한 후 종료하는 새로운 프로세스 4개가 생성됐다.

multiprocessing 모듈은 많은 기능을 제공한다. 프로그램의 전반적인 시간을 줄이기 위해 하나의 작업을 여러 프로세스에 할당할 수 있다. 예를 들어 내려받은 웹 페이지를 스크래핑하고, 이미지 크기를 조정하는 것 등에 대한 작업을 여러 프로세스로 수행할 수 있다. multiprocessing 모듈은 프로세스 간의 상호통신과 모든 프로세스가 끝날 때까지 기다리는 큐queue 작업을 포함한다. 자세한 사항은 15.3절을 참조하길 바란다.

15.1.3 프로세스 죽이기: terminate()

하나 이상의 프로세스를 생성했고, 어떠한 이유(프로세스가 루프에 빠져서 무한정 기다리거나 심한 과부하를 일으킬 때)로 하나의 프로세스를 종료하고자 하면 terminate()를 사용한다. [예제 15-2]에서는 100만 개의 프로세스를 생성하는데, 스텝마다 1초 동안 아무런 일도 하지 않으며 sleep 울화통 터지는 메시지를 출력한다. 하지만 메인 프로그램의 인내 부족으로 5초 동안만 코드를 실행한다.

예제 15-2 mp2.py

```python
import multiprocessing
import time
import os

def whoami(name):
    print("I'm %s, in process %s" % (name, os.getpid()))

def loopy(name):
    whoami(name)
```

```
    start = 1
    stop = 1000000
    for num in range(start, stop):
        print("\tNumber %s of %s. Honk!" % (num, stop))
        time.sleep(1)


if __name__ == "__main__":
    whoami("main")
    p = multiprocessing.Process(target=loopy, args=("loopy",)) p.start()
    time.sleep(5)
    p.terminate()
```

필자가 이 프로그램을 실행한 결과는 다음과 같다.

```
I'm main, in process 97080
I'm loopy, in process 97081
        Number 1 of 1000000. Honk!
        Number 2 of 1000000. Honk!
        Number 3 of 1000000. Honk!
        Number 4 of 1000000. Honk!
        Number 5 of 1000000. Honk!
```

15.1.4 시스템 정보 보기: os

표준 os 패키지는 시스템 세부 정보를 제공하며, 권한이 있는 사용자(루트 또는 관리자)로 파이썬 스크립트를 실행하는 경우 일부 제어할 수 있다. 14장에서 본 파일 및 디렉터리 외 다양한 함수를 제공한다(필자는 macOS에서 실행했다).

```
>>> import os
>>> os.uname()
>>> os.uname()
posix.uname_result(sysname='Darwin', nodename='Astin-FXXXX.local', release='19.3.0',
version='Darwin Kernel Version 19.3.0: Thu Jan  9 20:58:23 PST 2020;
root:xnu-6153.81.5~1/RELEASE_X86_64', machine='x86_64')
>>> os.getloadavg()
(1.70654296875, 1.53857421875, 1.4423828125)
>>> os.cpu_count()
12
```

system() 함수는 유용하다. 터미널에 입력한 것처럼 명령을 실행한다.

```
>>> import os
>>> os.system('date -u')
Fri Feb 28 13:58:47 UTC 2020
0
```

그 외 여러 가지 기능이 있다. 자세한 사항은 공식 문서(*https://oreil.ly/3r6xN*)를 참조한다.

15.1.5 프로세스 정보 보기: psutil

외부 패키지 psutil(*https://oreil.ly/pHpJD*)은 리눅스, 유닉스, macOS, 윈도우에 대한 시스템 및 프로세스 정보를 제공한다.

psutil을 설치해보자.

```
$ pip install psutil
```

다음 정보를 제공한다.

- **시스템**: CPU, 메모리, 디스크, 네트워크, 센서
- **프로세스**: id, 부모 id, CPU, 메모리, 파일, 스레드

이전 절에서 os 모듈을 통해 필자의 노트북에 CPU 12개를 확인했다. 이들은 얼마 동안 사용되었을까?

```
>>> import psutil
>>> psutil.cpu_times(True)
>>> import psutil
>>> psutil.cpu_times(True)
[scputimes(user=471.99, nice=0.0, system=258.94, idle=3333.07),
 scputimes(user=16.2, nice=0.0, system=11.37, idle=4035.95),
 scputimes(user=410.97, nice=0.0, system=176.36, idle=3476.18),
 scputimes(user=16.42, nice=0.0, system=10.05, idle=4037.05),
 scputimes(user=318.26, nice=0.0, system=126.92, idle=3618.33),
 scputimes(user=16.93, nice=0.0, system=9.23, idle=4037.35),
 scputimes(user=252.56, nice=0.0, system=92.46, idle=3718.49),
 scputimes(user=17.69, nice=0.0, system=8.46, idle=4037.37),
```

```
scputimes(user=207.79, nice=0.0, system=71.9, idle=3783.83),
scputimes(user=18.39, nice=0.0, system=8.04, idle=4037.08),
scputimes(user=163.11, nice=0.0, system=51./1, idle=3848./),
scputimes(user=19.28, nice=0.0, system=7.45, idle=4036.79)]
```

지금은 얼마나 사용되고 있는가?

```
>>> psutil.cpu_percent(True)
1.6
>>> psutil.cpu_percent(percpu=True)
[17.2, 0.2, 13.8, 0.3, 9.7, 0.2, 7.0, 0.2, 4.9, 0.2, 3.1, 0.2]
```

이런 종류의 데이터는 대부분 필요하지 않을 수 있지만, 필요할 때 어디에서 확인할 수 있는지 알고 있는 게 좋다.

15.2 명령 자동화

셸에서 명령을 실행하는 경우가 많지만(명령을 수동으로 입력하거나 셸 스크립트 사용), 파이썬에는 이러한 작업을 쉽게 해주는 훌륭한 외부 라이브러리가 있다. 관련 주제로 **작업 큐**task queues가 있다(15.3.1절 참조).

15.2.1 Invoke

fabric[1] 버전 1을 사용하면 파이썬 코드를 사용하여 로컬 및 원격 작업을 정의할 수 있다. 개발자는 원본 패키지를 fabric2(원격)와 invoke(로컬)로 분할한다.

먼저 invoke를 설치한다.

```
$ pip install invoke
```

invoke를 사용하면 함수를 커맨드 라인 인수로 사용할 수 있다. 다음 코드를 살펴보자.

---

1 옮긴이_ 패브릭은 SSH를 통해 원격으로 셸 명령을 실행하여 유용한 파이썬 객체를 반환하도록 설계된 하이 레벨의 파이썬 라이브러리다(2.7, 3.4+). http://www.fabfile.org

예제 15-3 task.py

```
from invoke import task
@task
def mytime(ctx):
    import time
    now = time.time()
    time_str = time.asctime(time.localtime(now))
    print("Local time is", time_str)
```

ctx 인수는 함수의 첫 번째 인수다. 호출에 의해 내부적으로만 사용되므로 ctx 인수가 필요하다.

```
$ invoke mytime
Local time is Sat Feb 29 16:25:43 2020
```

-l 또는 --list 인수를 사용하여 작업 목록을 볼 수 있다.

```
$ invoke -l
    Available tasks:
      mytime
```

작업은 인수가 있을 수 있으며, 커맨드 라인에서 한 번에 여러 작업을 호출할 수 있다(셀 스크립트의 &&와 비슷하다). 다음과 같은 용도로도 사용된다.

- run() 함수를 사용하여 로컬 셸 명령을 실행
- 프로그램 문자열 출력 패턴에 응답

위 내용은 간단한 맛보기이며, 자세한 내용은 invoke 문서(*http://docs.pyinvoke.org*)를 참조한다.

15.2.2 기타 명령 외부 패키지

아래의 파이썬 외부 패키지는 invoke와 유사하다. 문서를 읽어보고 상황에 맞는 패키지를 사용하면 된다.

- click: *https://click.palletsprojects.com*

- doit: *http://pydoit.org*

- sh: *http://amoffat.github.io/sh*

- delegator: *https://github.com/kennethreitz/delegator.py*

- pypeln: *https://cgarciae.github.io/pypeln*

15.3 동시성

파이썬 표준 라이브러리 문서(*http://bit.ly/concur-lib*)에서 동시성(병행성)concurrency을 설명한다. 이 페이지는 다양한 패키지와 기술에 대한 링크가 있다. 이번 장에서는 그중 가장 유용한 것들을 살펴본다.

컴퓨터가 일을 수행하면서 무언가를 기다린다면, 보통 다음 두 가지 이유 중 하나다.

- **I/O 바운드**

  대부분 이 경우에 해당한다. 컴퓨터의 CPU는 엄청나게 빠르다. 메모리보다 몇 백 배, 디스크나 네트워크보다 몇 천 배 빠르다.

- **CPU 바운드**

  과학이나 그래픽 작업과 같이 **엄청난 계산**이 필요할 때 발생한다.

다음 두 가지 용어는 동시성과 관련 있다.

- **동기**synchronous

  부모 기러기(작업) 뒤에 있는 새끼 기러기가 한 줄로 지어다니는 것처럼, 한 작업은 다른 작업을 따른다.

- **비동기**asynchronous

  연못에서 거위(작업)들이 여기 저기 돌아다니는 것처럼, 작업은 독립적이다.

출근하면서 책을 읽거나, 설거지하면서 라디오를 듣는 것처럼 어떤 상황이든 동시성이 존재한다. 웹사이트를 예를 들어보자. 사용자에게 정적 및 동적 페이지를 빠르게 제공해야 한다. 웹사이트에서 어떤 작업의 로딩이 길어져 결과가 화면에 늦게 표시된다면, 사용자는 웹사이트를 이탈할 것이다. 구글이나 아마존 같은 웹 페이지가 조금만 느려지면 트래픽이 빠르게 감소한다.

파일을 업로딩하거나 이미지 크기 조정 혹은 데이터베이스 쿼리를 질의하는 데 시간이 오래 걸리면 무엇을 해야 할까? 동기적인 웹 서버 구조에서는 아무것도 할 수 없다. 어떤 작업이 끝날 때까지 기다려야 하기 때문이다.

싱글 머신에서 다수의 작업을 가능한 한 빠르게 처리하고 싶다면, 이들을 독립적으로 만들어야한다. 느린 작업이 나머지 다른 작업을 블로킹하면 안 된다.

이전 절에서 싱글 머신에서 여러 작업을 동시에 독립적으로 수행하기 위해서 multi processing 모듈을 사용하는 예제를 살펴봤다. 이미지의 크기를 조정한다면, 웹 서버에서는 비동기적으로 동시에 실행하기 위해 이미지를 조정하는 별도의 전용 프로세스를 호출할 수 있다. 이미지를 조정하는 멀티 프로세스를 호출하여 애플리케이션을 수평으로 확장할 수 있다. 트릭은 모든 작업이 서로 협력하는 것이다. 모든 공유 제어 또는 상태는 병목bottleneck현상이 발생할 수 있다. 더 큰 트릭은 동시성을 다루는 컴퓨팅은 일반 컴퓨팅보다 어렵기 때문에 장애처리가 어렵다. 더 많은 일이 잘못될 수 있으며, 단말 간의 작업 수행 성공 확률도 낮다.

이러한 복잡성을 어떤 방법으로 처리할 수 있을까? 먼저 여러 작업을 관리하는 큐queue를 살펴보자.

15.3.1 큐

큐는 리스트와 같다. 일을 한쪽 끝에 추가하면 다른 쪽 끝에서 가져간다. 즉, 먼저 들어온 순서대로 나온다. 따라서 **FIFO** 구조로 저장하는 형식이다.

설거지를 한다고 생각해보자. 싱크대에 접시들이 쌓여 있다. 이때 다양한 방법으로 설거지를 할 수 있다. 먼저 첫 번째 접시를 씻고 건조한 후 정리한다. 두 번째 접시, 그다음 접시도 똑같이 반복한다. 아니면 모든 접시를 한 번에 설거지한 다음 건조시킨 후 정리할 수도 있다. 물론, 수북이 쌓인 접시들을 올려놓을 싱크대와 건조대가 있다고 가정한다. 앞서 다룬 방법들은 작업자worker 한 명이 한 번에 한 가지 일을 수행하는 **동기 접근법**synchronous approach이다.

다른 대안으로 한 두 명의 직원을 고용할 수 있다. 여러분이 접시를 씻는 사람washer이라면 씻은 접시를 건조기에 넣는 사람dryer에게 건네줄 수 있다. 그리고 건조기에 넣는 사람은 정리하는 사람에게 건네준다. 각 과정에서 같은 속도로 진행하면 혼자 하는 것보다 설거지가 훨씬 더 빨리 끝날 것이다.

그러나 접시를 씻는 속도가 건조하는 속도보다 빠르면 젖은 접시가 바닥에 쌓이거나 건조기에 여유가 생길 때까지 기다려야 한다. 그리고 접시를 씻는 속도가 건조하는 속도보다 느리면 건조기는 접시를 씻을 때까지 기다려야 한다. 작업자가 많지만 전반적인 작업은 여전히 동기적으로 진행되고 가장 느린 작업자에 따라 작업 속도가 결정된다.

'**일손이 많으면 일이 쉬워진다**many hands make light work'라는 옛말이 있다. 이는 외양간을 고치는 것을 떠오르게 해 아미쉬Amish(현대문명을 거부하고 소박한 농경 생활을 하는 집단)가 생각났다. 일손이 늘어나면 외양간을 짓거나 설거지를 하는 것 같은 작업을 빠르게 처리할 수 있다. 큐도 마찬가지로 작업자가 많을수록 일이 빨리 처리된다.

일반적으로 큐는 **메시지**를 전달한다. 메시지는 모든 종류의 정보가 될 수 있다. 분산 작업 관리를 위한 큐는 **작업 큐**work queue(job queue 또는 task queue)라고 알려져 있다. 각 접시는 작업 가능한 사람에게 할당된다. 그 사람은 접시를 씻고, 사용할 수 있는 건조기에 넣는다. 그리고 건조기에서 나온 마른 접시는 정리하는 기계로 넘어간다. 이는 동기(작업자들은 접시가 처리될 때까지 기다린 후 다른 작업자에게 넘겨준다)이거나 비동기(각 작업자는 다른 속도로 접시를 독립적으로 처리한다)일 수 있다. 충분한 작업자가 있고, 이 작업자들이 작업을 계속하는 한, 접시들은 빠르게 처리된다.

15.3.2 프로세스

큐를 여러 가지 방법으로 구현할 수 있다. 싱글 머신에서 표준 라이브러리의 `multiprocessing` 모듈(15.1절 참조)은 `Queue` 함수를 포함한다. 식기세척기 한 대와 건조기 여러 대로 실험해보자. 그리고 `dish_queue`가 이 과정에 개입한다. 이 프로그램을 `dishes.py`라고 하자.

예제 15-4 dishes.py

```
import multiprocessing as mp

def washer(dishes, output):
    for dish in dishes:
        print('Washing', dish, 'dish')
        output.put(dish)

def dryer(input):
    while True:
```

```
        dish = input.get()
        print('Drying', dish, 'dish')
        input.task_done()

dish_queue = mp.JoinableQueue()
dryer_proc = mp.Process(target=dryer, args=(dish_queue,))
dryer_proc.daemon = True
dryer_proc.start()

dishes = ['salad', 'bread', 'entree', 'dessert']
washer(dishes, dish_queue)
dish_queue.join()
```

프로그램을 실행해보자.

```
$ python dishes.py
Washing salad dish
Washing bread dish
Washing entree dish
Washing dessert dish
Drying salad dish
Drying bread dish
Drying entree dish
Drying dessert dish
```

이 큐는 일련의 접시를 처리하는 간단한 파이썬 이터레이터와 매우 비슷하다. 이것은 실제로 분리된 프로세스를 시작하며, 식기세척기와 건조기가 통신한다. 이 예제에서는 Joinable Queue 함수와 모든 접시가 건조되었다는 것을 식기세척기가 알게 하는 join() 메서드를 사용했다. multiprocessing 모듈에는 다른 큐 타입도 있는데 자세한 내용과 예제는 문서 (*http://bit.ly/multi-docs*)를 참고한다.

15.3.3 스레드

스레드thread는 한 프로세스 내에서 실행된다. 프로세스의 모든 자원에 접근할 수 있으며, 다중인격과 비슷하다. multiprocessing 모듈은 프로세스 대신 스레드를 사용하는 threading이라 불리는 친척이 있다(사실 multiprocessing 모듈은 프로세스 기반의 대응으로 나중에 설계됐다). 이전 프로세스의 예제를 스레드로 다시 구현해보자.

예제 15-5 thread1.py

```python
import threading

def do_this(what):
    whoami(what)

def whoami(what):
    print("Thread %s says: %s" % (threading.current_thread(), what))

if __name__ == "__main__":
    whoami("I'm the main program")
    for n in range(4):
        p = threading.Thread(target=do_this, args=("I'm function %s" % n,))
        p.start()
```

실행 결과는 다음과 같다.

```
Thread <_MainThread(MainThread, started 140735207346960)> says: I'm the main program
Thread <Thread(Thread-1, started 4326629376)> says: I'm function 0
Thread <Thread(Thread-2, started 4342157312)> says: I'm function 1
Thread <Thread(Thread-3, started 4347412480)> says: I'm function 2
Thread <Thread(Thread-4, started 4342157312)> says: I'm function 3
```

프로세스 기반의 **dishes.py** 예제를 스레드로 구현해보자.

예제 15-6 thread_dishes.py

```python
import threading, queue
import time

def washer(dishes, dish_queue):
    for dish in dishes:
        print ("Washing", dish)
        time.sleep(5)
        dish_queue.put(dish)

def dryer(dish_queue):
    while True:
        dish = dish_queue.get()
        print("Drying", dish)
        time.sleep(10)
        dish_queue.task_done()
```

```
if __name__ == "__main__":
    dish_queue = queue.Queue()
    for n in range(2):
        dryer_thread = threading.Thread(target=dryer, args=(dish_queue,))
        dryer_thread.start()
        dishes = ['salad', 'bread', 'entree', 'dessert'] washer(dishes, dish_queue)
        dish_queue.join()
```

multiprocessing 모듈과 threading 모듈의 한 가지 다른 점은 threading 모듈에는 terminate() 함수가 없다는 것이다. 실행되고 있는 스레드를 종료할 수 있는 쉬운 방법은 없다. 코드의 모든 시간과 공간의 연속에서 문제를 일으킬 수 있기 때문이다.

스레드는 위험하다. C와 C++ 언어에서 메모리 관리를 수동으로 하는 것처럼 매우 찾기 힘든 버그가 발생할 수 있다. 스레드를 사용하려면 프로그램의 모든 코드와 이 프로그램을 사용하는 외부 라이브러리에서 반드시 스레드 안전thread-safe 코드를 작성해야 한다. 이전 예제 코드의 스레드는 전역 변수를 공유하지 않아서 아무런 문제없이 독립적으로 실행될 수 있었다.

유령의 집에 있는 초상현상 연구가라고 상상해보자. 유령들이 복도를 배회하고 있지만, 아무도 인식하지 못할 것이다. 그리고 언제든지 유령들은 물건을 보거나 이동시키거나 없애거나 추가할 수 있다.

초상현상 연구가는 불안한 마음으로 유령의 집 안을 걸어 다니면서 물건들을 천천히 살펴본다. 조금 전에 놓여 있던 촛대가 갑자기 없어졌다는 걸 알아챘다. 여기서 유령의 집은 프로세스, 유령은 스레드, 물건은 프로그램의 변수에 비유할 수 있다. 유령이 집에 있는 물건들을 보기만 한다면, 아무런 문제가 없을 것이다. 이것은 상수를 읽거나 변수를 변경하지 않고 값을 읽는 스레드와 같다.

그런데 일부 유령들이 사람들의 손전등을 잡아채거나 목에 차가운 공기를 불거나 계단 위에 구슬을 놓거나 벽난로를 갑자기 불타오르게 만들 수 있다. 유령들은 아무도 눈치채지 못하게 방 안에 있는 물건들은 정말 미묘하게 바꿀 것이다.

매우 중요한 물건인데도 불구하고 누가, 언제, 어떻게, 어디서 했는지 파악하기 매우 어렵다.

멀티 스레드 대신 멀티 프로세스를 사용했다면 집이 많아도 집마다 한 명씩 살고 있는 것과 같다. 누군가 벽난로 앞에 와인병을 놓았다면 와인 일부가 증발되더라도 한 시간 뒤에 여전히 그 자리에 와인병이 있을 것이다.

스레드는 전역 데이터가 관여하지 않을 때 유용하고 안전하다. 특히 일부 I/O 작업을 완료할 때까지 기다리는 시간을 절약하는 데 유용하다. 이때 각 작업은 완전히 별개의 변수를 가지고 있어서 데이터를 놓고 경쟁할 필요 없다.

그러나 때때로 스레드에서 전역 데이터를 변경해야 할 때가 있다. 멀티 스레드를 사용하는 일반적인 이유는 데이터의 일부 작업을 나누기 위해서다. 데이터 변경에 대한 확실한 정도를 예상할 수 있다.

데이터를 안전하게 공유하는 일반적인 방법은 스레드에서 변수를 수정하기 전에 소프트웨어 **록**lock (잠금)을 적용하는 것이다. 이것은 한 스레드에서 변수를 수정하는 동안 다른 스레드의 접근을 막아준다. 이것은 방에 있는 유령을 사냥하지 않고 지켜보는 감시자와 같다. 트릭은 언록unlock (잠금 해제)하는 걸 기억해야 한다는 것이다. 또한 록은 중첩될 수 있다. 또 다른 유령 감시자가 같은 방 혹은 그 집을 감시하고 있다면 어떻게 될까? 관습적으로 록을 사용하지만, 이것을 제대로 이해하는 것은 어렵다.

> **NOTE_** 파이썬의 스레드는 CPU-바운드 작업을 빠르게 처리하지 못한다. 전역 인터프리터 록Global Interpreter Lock(GIL)이라는 표준 파이썬 시스템의 세부 구현 사항 때문이다. GIL은 파이썬 인터프리터의 스레딩 문제를 피하기 위해 존재한다. 실제로 파이썬 멀티 스레드 프로그램은 싱글 스레드 혹은 멀티 프로세스 프로그램보다 느릴 수 있다.

다음과 같이 사용할 것을 권장한다.

- I/O 바운드 문제 시 스레드 사용하기
- CPU 바운드 문제 시 프로세스, 네트워킹, 이벤트 사용하기

15.3.4 current.futures

앞에서 본 것처럼 스레드나 멀티 프로세스를 사용하기 위해서 여러 세부 정보가 필요하다. 파이썬 3.2에 추가된 `concurrent.futures` 모듈은 작업을 단순화한다. 이 모듈은 스레드(I/O 바운드) 또는 프로세스(CPU 바운드)를 사용하여 비동기 워커 풀pool을 스케줄링한다. 프로세스 또는 스레드의 상태를 추적하고 결과를 수집하기 위해서 `concurrent.futures` 모듈을 사용한다.

[예제 15-7]는 **cf.py**로 저장할 수 있는 테스트 프로그램을 포함한다. 작업 함수 **calc()**는 1초 동안 휴면sleep 상태 후, 인수의 제곱근을 계산하여 반환한다. 프로그램은 사용할 워커 수의 옵션 인수를 사용한다. 기본값은 3이다. 스레드 풀에서 워커 수로 작업을 시작한 후 경과된 시간을 출력한다. **values** 리스트에는 워커 스레드 또는 프로세스에서 한 번에 하나씩 **calc()**로 보내는 숫자 5개가 있다.

예제 15-7 cf.py

```python
from concurrent import futures
import math
import time
import sys

def calc(val):
    time.sleep(1)
    result = math.sqrt(float(val))
    return result

def use_threads(num, values):
    t1 = time.time()
    with futures.ThreadPoolExecutor(num) as tex:
        results = tex.map(calc, values)
    t2 = time.time()
    return t2 - t1

def use_processes(num, values):
    t1 = time.time()
    with futures.ProcessPoolExecutor(num) as pex:
        results = pex.map(calc, values)
    t2 = time.time()
    return t2 - t1

def main(workers, values):
    print(f"Using {workers} workers for {len(values)} values")
    t_sec = use_threads(workers, values)
    print(f"Threads took {t_sec:.4f} seconds")
    p_sec = use_processes(workers, values)
    print(f"Processes took {p_sec:.4f} seconds")

if __name__ == '__main__':
    workers = int(sys.argv[1])
```

```
    values = list(range(1, 6)) # 1 .. 5
    main(workers, values)
```

필자의 컴퓨터에서 얻은 결과는 다음과 같다.

```
$ python cf.py 1
Using 1 workers for 5 values
Threads took 5.0736 seconds
Processes took 5.5395 seconds

$ python cf.py 3
Using 3 workers for 5 values
Threads took 2.0040 seconds
Processes took 2.0351 seconds

$ python cf.py 5
Using 5 workers for 5 values
Threads took 1.0052 seconds
Processes took 1.0444 seconds
```

1초의 `sleep()`은 각 워커가 각 계산에 1초씩 소요되도록 강제했다.

- 한 번에 워커 1개만 있으므로 모든 작업은 연속적으로 처리되어 5초 이상 걸렸다.

- 워커 5개는 테스트할 값의 크기와 일치하여 1초 이상 걸렸다.

- 워커 3개는 값 5개를 모두 처리하기 위해서 실행 두 번이 필요하므로 2초 걸렸다.

프로그램에서 경과 시간을 강조하기 위해서 실제 결과(제곱근 계산)는 무시했다. 또한 `map()`을 사용하여 풀을 정의하면 결과를 반환하기 전에 모든 워커가 작업이 완료되길 기다린다. 각 작업이 완료되자마자 결과를 반환하는 예제를 살펴보자.

예제 15-8 cf2.py

```
from concurrent import futures
import math
import sys

def calc(val):
    result = math.sqrt(float(val))
    return val, result
```

```
def use_threads(num, values):
    with futures.ThreadPoolExecutor(num) as tex:
    tasks = [tex.submit(calc, value) for value in values]
    for f in futures.as_completed(tasks):
        yield f.result()

def use_processes(num, values):
    with futures.ProcessPoolExecutor(num) as pex:
    tasks = [pex.submit(calc, value) for value in values]
    for f in futures.as_completed(tasks):
        yield f.result()

def main(workers, values):
    print(f"Using {workers} workers for {len(values)} values")
    print("Using threads:")
    for val, result in use_threads(workers, values):
        print(f'{val} {result:.4f}')
    print("Using processes:")
    for val, result in use_processes(workers, values):
        print(f'{val} {result:.4f}')

if __name__ == '__main__':
    workers = 3
    if len(sys.argv) > 1:
        workers = int(sys.argv[1])
        values = list(range(1, 6)) # 1 .. 5
        main(workers, values)
```

use_threads()와 use_processes() 함수는 이제 각 반복에서 yield를 호출하는 제너레이터 함수다. 컴퓨터에서 한 번만 실행하면 워커는 항상 1에서 5까지 순서대로 끝나지 않는 것을 볼 수 있다.

```
$ python cf2.py 5
Using 5 workers for 5 values Using threads:
3 1.7321
1 1.0000
2 1.4142
4 2.0000
5 2.2361

Using processes:
1 1.0000
```

```
2 1.4142
3 1.7321
4 2.0000
5 2.2361
```

다음과 같이 여러 작업을 동시에 실행할 때 언제든지 concurrent.futures 모듈을 사용할 수 있다.

- 웹 크롤링
- 이미지 크기 조정과 같은 파일 처리
- API 호출

더 자세한 내용은 공식 문서(*http://bitly.kr/I5hRf7jJDDM*)를 참조한다.

15.3.5 그린 스레드와 gevent

개발자들은 전통적으로 별도의 스레드나 프로세스를 실행하여 프로그램의 속도가 느린 부분을 피한다. 아파치 웹 서버가 이러한 설계의 예다.

또 하나의 대안은 **이벤트 기반**event-based 프로그래밍이다. 이벤트 기반 프로그램은 중앙 **이벤트 루프**event loop를 실행하고, 모든 작업을 조금씩 실행하면서 루프를 반복한다. 엔진엑스 웹 서버는 이러한 설계를 따르므로 일반적으로 아파치 웹 서버보다 빠르다.

gevent 라이브러리는 이벤트 기반이며 멋진 트릭을 수행한다. 보통 명령 코드를 작성하고 이 조각들을 코루틴coroutine으로 신비롭게 변환한다. 코루틴은 다른 함수와 서로 통신하여 어느 위치에 있는지 파악하고 있는 제너레이터와 같다. gevent는 블로킹blocking 대신 이러한 메커니즘을 사용하기 위해 파이썬의 socket과 같은 많은 표준 객체를 수정한다. 이것은 일부 데이터베이스 드라이버처럼 C 언어로 작성된 파이썬 부속 코드에서 동작하지 않는다.

pip로 gevent를 설치한다.

```
$ pip install gevent
```

gevent 사이트(*http://www.gevent.org*)에는 다양한 예제 코드가 있다. 17.5.1절에서 살펴

볼 도메인 네임 시스템Domain Name System(DNS)에 socket 모듈의 gethostbyname() 함수가 있다. 이 함수는 동기적이어서(아마도 몇 초 정도) 기다려야 한다. 기다리는 동안 이 함수는 IP 주소를 찾기 위해 전 세계에 퍼져있는 네임 서버를 쫓아 다닌다. 그러나 독립적으로 여러 사이트의 주소를 찾기 위해 gevent 모듈의 함수를 사용할 수 있다. 다음 코드를 gevent_test.py 로 저장한다.

예제 15-9 gevent_test.py

```
import gevent
from gevent import socket
hosts = ['www.crappytaxidermy.com', 'www.walterpottertaxidermy.com',
    'www.antique-taxidermy.com']
jobs = [gevent.spawn(gevent.socket.gethostbyname, host) for host in hosts]
gevent.joinall(jobs, timeout=5)
for job in jobs:
    print(job.value)
```

위 예제에는 한 줄의 for 문이 있다. 각 호스트네임hostname은 gethostbyname() 호출과 함께 gevent.spawn()에 전달된다. gevent 버전의 gethostbyname()이라서 비동기로 실행된다.

gevent_test.py를 실행한다.

```
$ python gevent_test.py
66.6.44.4
74.125.142.121
78.136.12.50
```

gevent.spawn()은 각각 gevent.socket.gethostbyname(url)을 실행하기 위해 greenlet (그린 스레드green thread 또는 마이크로 스레드microthread)을 생성한다.

Greenlet은 일반 스레드와 달리 블록하지 않는다. 일반 스레드에서 어떤 일이 발생하여 블록 된다면, gevent는 제어를 다른 하나의 greenlet으로 바꾼다.

gevent.joinall() 메서드는 생성된 모든 작업이 끝날 때까지 기다린다. 그리고 호스트네임 에 대한 IP 주소를 한 번에 얻는다.

gevent 버전의 socket 대신에 기억하기 쉬운 이름의 몽키 패치monkey-patch 함수를 쓸 수 있다. 이 함수는 gevent 버전의 모듈을 호출하지 않고, greenlet을 사용하기 위해 socket과 같은 표준 모듈을 수정한다. 이것은 gevent에 적용하고 싶은 작업이 있을 때 유용하다. 심지어 gevent에 접근할 수 없는 코드에도 적용할 수 있다. 프로그램의 맨 위에 다음과 같이 추가한다.

```
from gevent import monkey
monkey.patch_socket()
```

소켓이 호출되는 모든 곳, 심지어 표준 라이브러리에서 gevent 소켓을 사용하겠다는 뜻이다. 다시 말하지만 이것은 C 언어로 작성된 라이브러리가 아닌 파이썬에서만 작동한다.

아래 함수는 심지어 표준 라이브러리 모듈까지 몽키 패치한다.

```
from gevent import monkey
monkey.patch_all()
```

gevent의 영향을 가능한 한 많이 받아서 속도가 향상될 수 있도록 프로그램 상단에 위 코드를 추가한다.

다음 프로그램을 gevent_monkey.py로 저장한다.

예제 15-10 gevent_monkey.py

```
import gevent
from gevent import monkey; monkey.patch_all()
import socket

hosts = ['www.crappytaxidermy.com', 'www.walterpottertaxidermy.com',
    'www.antique-taxidermy.com']
jobs = [gevent.spawn(socket.gethostbyname, host) for host in hosts]
gevent.joinall(jobs, timeout=5)
for job in jobs:
    print(job.value)
```

다음 프로그램을 실행한다.

```
$ python gevent_monkey.py
66.6.44.4
```

```
74.125.192.121
78.136.12.50
```

gevent를 사용하면 잠재적 위험이 있다. 모든 이벤트 기반의 시스템에서 실행하는 각 코드 단위는 상대적으로 빠르게 처리되어야 한다. 논블로킹nonblocking임에도 불구하고 많은 일을 처리해야 하는 코드는 여전히 느리다.

어떤 사람은 몽키-패칭을 불안하게 생각한다. 아직까지 핀터레스트Pinterest와 같이 큰 규모의 사이트에서 속도를 높이기 위해 gevent를 사용하고 있다. 약 처방전처럼 상황에 따라 gevent를 사용한다. 더 많은 예제는 gevent 튜토리얼(*https://oreil.ly/BWR_q*)을 참조한다.

> **NOTE_** tornado(*http://www.tornadoweb.org*)와 gunicorn(*http://gunicorn.org*)이라는 인기 있는 이벤트 기반의 두 프레임워크가 있다. 이들은 저수준의 이벤트 처리와 빠른 웹 서버 모두 제공한다. 아파치와 같은 전통적인 웹 서버 없이 빠른 웹사이트를 구축하기 위해 이들을 사용한다.

15.3.6 twisted

twisted(*http://twistedmatrix.com/trac*)는 비동기 이벤트 기반 네트워킹 프레임워크다. twisted는 데이터를 받거나 커넥션을 닫는 것과 같이 이벤트와 함수를 연결한다. 그리고 이 함수는 이러한 이벤트가 발생할 때 호출된다. 이것은 콜백callback 디자인으로 되어 있으며, 자바스크립트와 친숙해보인다. 콜백 디자인에 익숙하지 않다면 이해하기 어려울 수도 있다. 일부 개발자들은 콜백 기반의 코드는 애플리케이션이 커짐에 따라 관리하기 어려워진다고 이야기한다. 먼저 twisted를 설치해보자.

```
$ pip install twisted
```

twisted는 전송 제어 프로토콜Transmission Control Protocol(TCP)과 사용자 데이터그램 프로토콜User Datagram Protocol(UDP) 위에서 많은 인터넷 프로토콜을 지원하는 큰 패키지다. twisted의 예제(*http://bit.ly/twisted-ex*)는 짧고 간단한 똑똑knock-knock 서버와 클라이언트를 보여준다. 먼저 서버 측 knock_server.py를 살펴보자.

예제 15-11 knock_server.py

```python
from twisted.internet import protocol, reactor

class Knock(protocol.Protocol):
    def dataReceived(self, data):
        print('Client:', data)
        if data.startswith("Knock knock"):
            response = "Who's there?"
        else:
            response = data + " who?" print('Server:', response) self.transport.
write(response)

class KnockFactory(protocol.Factory):
    def buildProtocol(self, addr):
        return Knock()

if __name__ == '__main__':
    reactor.listenTCP(8000, KnockFactory())
    reactor.run()
```

클라이언트 측 knock_client.py를 살펴보자.

예제 15-12 knock_client.py

```python
from twisted.internet import reactor, protocol

class KnockClient(protocol.Protocol):
    def connectionMade(self):
        self.transport.write("Knock knock")
    def dataReceived(self, data):
        if data.startswith("Who's there?"):
            response = "Disappearing client"
            self.transport.write(response)
        else:
            self.transport.loseConnection()
            reactor.stop()

class KnockFactory(protocol.ClientFactory):
    protocol = KnockClient

    def main():
        f = KnockFactory() reactor.connectTCP("localhost", 8000, f)
```

```
        reactor.run()

    if __name__ == '__main__':
        main()
```

먼저 서버를 실행한다.

```
$ python knock_server.py
```

그리고 클라이언트를 실행한다.

```
$ python2 knock_client.py
```

서버와 클라이언트는 메시지를 교환한다. 그리고 서버에서 대화 내용을 출력한다.

```
Client: Knock knock
Server: Who's there?
Client: Disappearing client
Server: Disappearing client who?
```

클라이언트는 종료되고, 서버는 또 다른 요청을 기다린다.

직접 입력하여 메시지를 전달하고 싶다면 twisted 문서에서 다른 예제들을 살펴본다.

15.3.7 asyncio

파이썬 3.4에 asyncio 라이브러리가 추가됐다. 새로운 async 및 await 문을 사용하여 비동기 코드를 정의한다. asyncio는 세부 사항이 많은 큰 주제다. 이에 대한 내용은 부록 C에서 살펴본다.

15.3.8 Redis

프로세스 또는 스레드를 사용한 이전의 설거지 예제 코드는 싱글 머신에서 실행했다. 싱글 머신이나 네트워크를 통해 실행할 수 있는 또 다른 큐 접근법을 시도해보자. 싱글 머신에서 멀티 프로세스와 스레드를 실행하기에 충분하지 않을 때도 있다. 이번 절에서는 싱글 박스(하나의 머신)와 멀티 박스 동시성 사이를 연결해주는 브리지bridge를 다룬다.

이 절의 예제를 실행하려면 Redis 서버와 Redis 파이썬 모듈이 필요하다. Redis의 데이터베이스 역할에 대한 설명은 16.6.3절을 참고하길 바란다. 이번 절에서는 Redis의 동시성에 대해 설명한다.

큐를 만들 수 있는 빠른 방법은 Redis의 리스트다. Redis 서버는 하나의 머신에서 실행한다. 클라이언트는 같은 머신에서 실행하거나 네트워크로 접근할 수 있다. 두 경우 모두 클라이언트는 TCP로 서버와 통신해서 네트워킹을 한다. 하나 이상의 공급자 클라이언트는 리스트의 한쪽 끝에 메시지를 푸시한다. 하나 이상의 클라이언트 워커는 리스트를 감시하며, **블로킹 팝**pop 연산을 수행한다. 리스트가 비어 있는 경우에는 메시지를 기다린다. 메시지가 도착하자마자 첫 번째 워커가 메시지를 처리한다.

이전의 프로세스와 스레드 기반의 예제처럼 redis_washer.py는 접시 시퀀스를 생성한다.

예제 15-13 redis_washer.py

```
import redis

conn = redis.Redis()
print('Washer is starting')
dishes = ['salad', 'bread', 'entree', 'dessert']
for dish in dishes:
    msg = dish.encode('utf-8')
    conn.rpush('dishes', msg)
    print('Washed', dish)
conn.rpush('dishes', 'quit')
print('Washer is done')
```

for 문에서 접시의 이름을 포함한 메시지 4개를 생성한다. 그리고 마지막에 'quit' 메시지를 추가한다. 각 메시지는 Redis 서버의 dishes 리스트에 추가된다(파이썬 리스트에 추가하는 것과 비슷하다).

첫 번째 접시가 준비되자마자 redis_dryer.py에서 작업을 수행한다.

```
import redis

conn = redis.Redis()
print('Dryer is starting')
while True:
    msg = conn.blpop('dishes')
    if not msg:
        break
    val = msg[1].decode('utf-8')
    if val == 'quit':
        break
    print('Dried', val)
print('Dishes are dried')
```

이 코드는 첫 번째 토큰이 'dishes'인 메시지를 기다린다. 그리고 각 접시를 건조시킨다. **종료**quit 메시지를 받으면 루프를 끝낸다.

먼저 건조기dryer를 가동한 다음 식기세척기washer를 가동한다. 끝에 있는 **&**는 첫 번째 프로그램을 **백그라운드**background에서 실행하겠다는 뜻이다. 실행은 하지만 키 입력을 더 이상 받지 않겠다는 뜻이다. 이 코드는 리눅스, macOS, 윈도우에서 작동한다. '[2] 81691' 부분의 출력 결과는 다르게 보일 수 있다. 위 출력 결과(macOS)는 백그라운드의 redis_dryer.py 프로세스에 대한 일부 정보다. 그다음에는 **포그라운드**foreground에서 식기세척기를 가동한다. 혼합된 두 프로세스의 출력 결과를 볼 수 있다.

```
$ python redis_dryer.py &
[2] 81691
Dryer is starting
$ python redis_washer.py
Washer is starting
Washed salad
Dried salad
Washed bread
Dried bread
Washed entree
Dried entree
Washed dessert
Washer is done
Dried dessert
```

```
Dishes are dried
[2]+  Done                    python redis_dryer.py
```

식기세척기 프로세스로부터 접시의 ID가 Redis에 도착하자마자 건조기 프로세스는 이 접시를 가지고 와서 건조한다. 마지막 **센티널**sentinel 값(한 단위 정보의 시작 또는 끝 또는 특별한 지점을 나타내는 값)의 'quit' 문자열을 제외하고, 각 접시의 ID는 숫자다. 건조기 프로세스에서 'quit' 접시 ID를 읽을 때, 건조기 프로세스는 종료되고, 일부 백그라운드 프로세스에 대한 정보가 터미널에 출력된다(시스템에 따라 다르다). 데이터 스트림 자체에서 뭔가 특별한 것을 나타내기 위해 센티널(접시가 아닌 값)을 사용할 수 있다. 이 경우 quit 문자열로 작업이 완료되었다는 것을 나타냈다. 센티널 값을 사용하지 않으면 다음과 같이 더 많은 프로그램 로직을 추가해야 한다.

- 최대 접시 수(센티널 역할을 함)가 넘어갔을 때 작업을 종료한다.
- 특정 구간 외(데이터 스트림이 아닐 때) 프로세스 간 통신한다.
- 특정 시간 간격 내에서 새로운 데이터가 없다면 작업을 종료한다.

설거지 코드를 조금 수정해보자.

- 여러 건조기 프로세스를 생성한다.
- 각 건조기에 대한 시간 제한timeout을 둔다.

다음은 새로운 redis_dryer2.py다.

예제 15-15 redis_dryer2.py

```
def dryer():
    import redis
    import os
    import time
    conn = redis.Redis()
    pid = os.getpid()
    timeout = 20
    print('Dryer process %s is starting' % pid)
    while True:
    msg = conn.blpop('dishes', timeout) if not msg:
        break
    val = msg[1].decode('utf-8')
```

```
        if val == 'quit':
            break
        print('%s: dried %s' % (pid, val))
        time.sleep(0.1)
    print('Dryer process %s is done' % pid)

import multiprocessing
DRYERS=3
for num in range(DRYERS):
    p = multiprocessing.Process(target=dryer)
    p.start()
```

건조기 프로세스를 백그라운드에서, 식기세척기 프로세스를 포그라운드에서 실행한다.

```
$ python redis_dryer2.py &
Dryer process 44447 is starting
Dryer process 44448 is starting
Dryer process 44446 is starting
$ python redis_washer.py
Washer is starting
Washed salad
44447: dried salad
Washed bread
44448: dried bread
Washed entree
44446: dried entree
Washed dessert
Washer is done
44447: dried dessert
```

한 건조기 프로세스가 quit ID를 읽고, 종료한다.

```
Dryer process 44448 is done
```

20초 후, 다른 건조기 프로세스들은 blpop 호출로부터 시간이 지났다는 None 값을 반환받고 종료한다.

```
Dryer process 44447 is done
Dryer process 44446 is done
```

마지막 건조기의 하위 프로세스가 종료된 후, 건조기 메인 프로그램을 종료한다.

```
[1]+ Done                       python redis_dryer2.py
```

15.3.9 큐를 넘어서

조금 더 나아가서 설거지 프로세스 라인이 중단될 가능성에 대해 생각해보자. 파티에서 설거지를 한다면 작업자는 충분한가? 건조기가 망가졌다면 어떡할까? 싱크대가 막혔다면 어떡할까? 걱정이 태산이다!

당신은 이런 상황을 어떻게 대처할 것인가? 다행스럽게도 적용 가능한 다음 몇 가지 기술이 있다.

- **실행 후 잊어버리기**fire and forget

  접시를 전달할 곳에 아무도 없더라도 일을 넘기고 결과에 대해 걱정하지 말아라. 접시를 바닥에 놓는 방법이다.

- **요청 및 응답**request-reply

  식기세척기는 건조기로부터, 건조기는 접시를 정리하는 기계로부터 파이프라인의 각 접시에 대한 신호를 받는다.

- **역압 또는 압력 조절**back pressure or throttling

  느린 작업자 속도가 빠른 작업자 속도를 따라갈 수 없을 때, 빠른 작업자 속도를 조절한다.

실제 시스템에서는 워커를 필요한 수만큼 잘 유지해야 한다. 그렇지 않으면 접시가 바닥에 쌓이게 된다. 일부 워커 프로세스가 최신 메시지를 팝해서 작업 리스트에 추가하는 동안, 새 작업을 대기 리스트에 추가한다. 메시지가 완료되면 작업 리스트에서 메시지를 제거하고, 완료 리스트에 추가한다. 이렇게 하면 어떤 작업이 실패했는지 혹은 얼마나 오래 기다리는지 알 수 있다. Redis를 사용하여 스스로 구현하거나 누군가 이미 작성하고 테스트한 시스템을 사용할 수 있다. 이와 같이 외부 관리가 추가된 파이썬 기반의 큐 패키지들이 있다. 이러한 관리 수준을 추가하는 파이썬 기반 큐 패키지는 다음과 같다.

- celery: *http://www.celeryproject.org*

  이번 장에서 다뤘던 multiprocessing, gevent 등을 사용하여 동기 또는 비동기 분산 작업을 실행한다.

- rq: *http://python-rq.org*

  작업 큐를 위한 Redis 기반 파이썬 라이브러리다.

Queues(*http://queues.io*)는 파이썬을 포함해서 여러 가지 언어를 기반으로 큐 소프트웨어에 대한 정보를 제공한다.

15.4 다음 장에서는

이번 장에서는 프로세스로 데이터를 전달했다. 다음 장에서는 다양한 파일 형식과 데이터베이스로 데이터를 저장하고 검색하는 방법을 살펴본다.

15.5 연습문제

15.1 multiprocessing을 사용하여 별도의 세 프로세스를 생성한다. 각 프로세스는 1~5초 동안 기다린 다음 현재 시간을 출력하고 프로세스를 종료한다.

CHAPTER 16

파일과 데이터베이스

데이터를 이해하기 전에 이론화하는 것은 큰 실수다.　　　　　－아서 코난 도일(의사이자 소설가)

프로그램은 데이터를 랜덤 액세스 메모리^{random-access memory}(RAM)에 저장한다. RAM은 아주 빠르지만, 비싸고 일정한 전력 공급이 필요하다. 전원이 꺼지면 메모리에 있는 모든 데이터는 사라진다. 디스크 드라이브는 RAM보다 느리지만 용량이 넉넉하고, 비용이 저렴하며 전원이 꺼지더라도 데이터를 유지한다. 지금까지 컴퓨터 시스템 개발자들은 디스크와 RAM 사이의 격차를 줄이기 위해 상당한 노력을 기울였다. 개발자는 디스크와 같은 비휘발성^{nonvolatile} 장치를 사용하여 데이터를 저장하고, 복구할 수 있는 **지속성**^{persistence}이 필요하다.

이 장에서는 일반 파일, 구조화된 파일, 데이터베이스와 같이 특수 목적에 맞게 최적화된 데이터 스토리지의 각 특징에 대해 살펴본다. 입력과 출력 이외의 파일 작업은 14장에서 살펴봤다.

레코드^{record}는 개별 **필드**^{field}로 구성된 관련 데이터의 한 덩어리다.

16.1 플랫 텍스트 파일

플랫 텍스트 파일^{flat text file}은 가장 간단한 형식이다. 데이터 구조가 매우 단순하며 디스크와 메모리 간에 모든 데이터를 교환하는 경우 방법이 효율적이다. 일반 텍스트 데이터가 이러한 처리에 적합하다.

16.2 패디드 텍스트 파일

패디드 텍스트 파일padded text file에서 레코드의 각 필드는 고정 너비를 가지며 파일의 해당 너비에 패딩(일반적으로 공백 문자로 채움)되어 각 행(레코드)에 동일한 너비를 제공한다. 개발자는 seek()을 사용하여 파일을 탐색하고 필요한 레코드와 필드만 읽고 쓸 수 있다.

16.3 표 형식 텍스트 파일

간단한 텍스트 파일을 사용하면 내용의 단위를 라인으로만 구분할 수 있다. 때로는 이것보다 더 많은 구조를 필요할 때가 있다. 나중에 불러와서 사용하기 위해 프로그램의 데이터를 저장하고, 이 데이터를 다른 프로그램으로 보낼 수 있다.

다양한 형식이 있으며 다음과 같이 내용을 구분할 수 있다.

- 탭('\t'), 콤마(','), 버티컬 바('¦')와 같은 문자의 구분 기호separator(예: 콤마로 구분하는 CSV)
- 태그에 '<'와'>'로 싸여있다(예: HTML, XML).
- 구두점(예: JSON)
- 들여쓰기(예: YAML)
- 그 외 프로그램 구성과 같은 기타 파일 형식이 있다.

이러한 구조화된 파일 형식은 각각 하나 이상의 파이썬 모듈에서 읽고 쓸 수 있다.

16.3.1 CSV

구분된 파일은 스프레드시트와 데이터베이스의 데이터 교환 형식으로 자주 사용된다. 우리는 수동으로 CSV 파일을 한 번에 한 줄씩 읽어서, 콤마로 구분된 필드를 분리할 수 있다. 그리고 그 결과를 리스트와 딕셔너리 같은 자료구조에 넣을 수 있다. 하지만 파일 구문 분석을 할 때 생각보다 더 복잡할 수 있어서 표준 csv 모듈을 사용하는 것이 더 좋다. CSV로 작업할 때 명심해야 할 몇 가지 중요한 사항은 다음과 같다.

- 어떤 것은 콤마 대신 버티컬 바('¦')나 탭('\t') 문자를 사용한다.

- 어떤 것은 이스케이프 시퀀스를 사용한다. 필드에 구분자를 포함한다면, 전체 필드는 인용 부호로 둘러 싸여 있거나 일부 이스케이프 문자가 앞에 올 수 있다.
- 파일은 운영체제에 따라 줄바꿈 문자가 다르다. 유닉스는 '\n', 마이크로소프트는 '\r\n', 애플은 '\r' 을 썼지만 현재는 '\n'을 사용한다.
- 열 이름이 첫 번째 줄에 올 수 있다.

먼저 리스트를 읽어서 CSV 형식의 파일을 작성해보자.

```
>>> import csv
>>> villains = [
...       ['Doctor', 'No'],
...       ['Rosa', 'Klebb'],
...       ['Mister', 'Big'],
...       ['Auric', 'Goldfinger'],
...       ['Ernst', 'Blofeld'],
...       ]
>>> with open('villains', 'wt') as fout: # a context manager
...       csvout = csv.writer(fout)
...       csvout.writerows(villains)
```

이는 다음 내용의 **villains** 파일을 생성한다.

```
Doctor,No
Rosa,Klebb
Mister,Big
Auric,Goldfinger
Ernst,Blofeld
```

다시 파일을 읽는다.

```
>>> import csv
>>> with open('villains', 'rt') as fin:  # 컨텍스트 매니저
...       cin = csv.reader(fin)
...       villains = [row for row in cin] # 리스트 컴프리헨션
...
>>> print(villains)
[['Doctor', 'No'], ['Rosa', 'Klebb'], ['Mister', 'Big'],
['Auric', 'Goldfinger'], ['Ernst', 'Blofeld']]
```

reader() 함수를 사용하여 CSV 형식의 파일을 쉽게 읽을 수 있다. 이 함수는 for 문에서 cin 객체의 행을 추출한다.

기본값으로 reader()와 writer() 함수를 사용하면 열은 콤마로 나누어지고 행은 줄바꿈 문자로 나누어진다.

리스트의 리스트가 아닌 딕셔너리의 리스트로 데이터를 만들 수 있다. villains 파일을 다시 한번 읽어보자. 이번에는 DictReader() 함수를 사용하여 열 이름을 지정한다.

```
>>> import csv
>>> with open('villains', 'rt') as fin:
...     cin = csv.DictReader(fin, fieldnames=['first', 'last'])
...     villains = [row for row in cin]
...
>>> print(villains)
[OrderedDict([('first', 'Doctor'), ('last', 'No')]),
OrderedDict([('first', 'Rosa'), ('last', 'Klebb')]),
OrderedDict([('first', 'Mister'), ('last', 'Big')]),
OrderedDict([('first', 'Auric'), ('last', 'Goldfinger')]),
OrderedDict([('first', 'Ernst'), ('last', 'Blofeld')])]
```

OrderedDict는 딕셔너리의 키와 값의 저장 순서를 유지한다. 파이썬 3.6 이후 버전부터는 기본 딕셔너리에서도 저장 순서를 유지한다. 즉, 위 코드에서 OrderedDict는 파이썬 3.6 이전 버전과 호환된다.

DictWriter() 함수를 사용하여 CSV 파일을 다시 써보자. 또한 CSV 파일의 첫 라인에 열 이름을 쓰기 위해 writeheader() 함수를 호출한다.

```
import csv
villains = [
    {'first': 'Doctor', 'last': 'No'},
    {'first': 'Rosa', 'last': 'Klebb'},
    {'first': 'Mister', 'last': 'Big'},
    {'first': 'Auric', 'last': 'Goldfinger'},
    {'first': 'Ernst', 'last': 'Blofeld'},
    ]
with open('villains.txt', 'wt') as fout:
cout = csv.DictWriter(fout, ['first', 'last'])
cout.writeheader()
cout.writerows(villains)
```

이는 헤더 라인(first, last)과 함께 villains 파일을 생성한다.

예제 16-1 villains.csv

```
first,last
Doctor,No
Rosa,Klebb
Mister,Big
Auric,Goldfinger
Ernst,Blofeld
```

파일을 다시 읽어보자. DictReader() 호출해 필드 이름의 인수를 빼면, 첫 번째 줄(first, last)의 값은 딕셔너리의 키로 사용된다.

```
>>> import csv
>>> with open('villains.csv', 'rt') as fin:
...     cin = csv.DictReader(fin)
...     villains = [row for row in cin]
...
>>> print(villains)
[OrderedDict([('first', 'Doctor'), ('last', 'No')]),
OrderedDict([('first', 'Rosa'), ('last', 'Klebb')]),
OrderedDict([('first', 'Mister'), ('last', 'Big')]),
OrderedDict([('first', 'Auric'), ('last', 'Goldfinger')]),
OrderedDict([('first', 'Ernst'), ('last', 'Blofeld')])]
```

16.3.2 XML

구분된 파일은 행(라인)과 열(라인에 속하는 필드)의 2차원 구조로 구성됐다. 프로그램 간에 자료구조를 교환하기 위해 텍스트를 계층 구조, 시퀀스, 셋 또는 다른 자료구조로 인코딩해야 한다.

XML은 가장 잘 알려진 **마크업** 형식이다. XML은 데이터를 구분하기 위해 **태그**를 사용한다. 다음의 간단한 menu.xml 파일 예제를 살펴보자.

```
<?xml version="1.0"?>
<menu>
```

```
  <breakfast hours="7-11">
    <item price="$6.00">breakfast burritos</item>
    <item price="$4.00">pancakes</item>
  </breakfast>
  <lunch hours="11-3">
    <item price="$5.00">hamburger</item>
  </lunch>
  <dinner hours="3-10">
    <item price="8.00">spaghetti</item>
  </dinner>
</menu>
```

다음은 XML의 중요한 특징이다.

- 태그는 < 문자로 시작한다. menu.xml의 태그는 menu, breakfast, lunch, dinner, item이다.

- 공백은 무시된다.

- 일반적으로 <menu>와 같은 시작 태그다음에 내용이 온다. </menu>와 같은 끝 태그가 마지막에 온다.

- 태그 안에 태그를 중첩할 수 있다. 예제에서 item 태그는 breakfast, lunch, dinner 태그의 자식이다. 또한 이들은 menu 태그의 자식이다.

- 옵션 속성은 시작 태그에 나올 수 있다. 예제의 price는 item의 속성이다.

- 태그는 값을 가질 수 있다. 예제의 각 item은 값을 가진다. 예를 들어 두 번째 breakfast의 item은 pancakes 값을 가진다.

- thing이라는 태그에 값이나 자식이 없다면, <thing></thing>과 같은 시작 태그와 끝 태그가 아닌, <thing/>과 같은 단일 태그로 표현할 수 있다.

- 속성, 값, 자식 태그의 데이터를 어디에 넣을 것인가에 대한 선택은 다소 임의적이다. 예를 들어 마지막 item 태그를 <item price="$8.00" food="spaghetti"/> 형식으로 쓸 수 있다.

XML은 데이터 피드data feed와 메시지 전송에 많이 쓰인다. 그리고 RSS^{Rich Site Summary}와 아톰^{Atom} 같은 하위 형식이 있다. 일부는 금융 분야와 같은 특화된 XML 형식을 가진다(*http://bit.ly/xml-finance*).

XML의 두드러진 유연성은 접근법^{approach}과 역량^{capability}이 다른 여러 파이썬 라이브러리에 영향을 미쳤다.

XML을 파싱(해석)하는 간단한 방법은 ElementTree 모듈을 사용하는 것이다. menu.xml을 파싱하여 태그와 속성을 출력하는 작은 프로그램을 만들어보자.

```
>>> import xml.etree.ElementTree as et
>>> tree = et.ElementTree(file='menu.xml')
>>> root = tree.getroot()
>>> root.tag
'menu'
>>> for child in root:
...     print('tag:', child.tag, 'attributes:', child.attrib)
...     for grandchild in child:
...         print('\ttag:', grandchild.tag, 'attributes:', grandchild.attrib)
...
tag: breakfast attributes: {'hours': '7-11'}
    tag: item attributes: {'price': '$6.00'}
    tag: item attributes: {'price': '$4.00'}
tag: lunch attributes: {'hours': '11-3'}
    tag: item attributes: {'price': '$5.00'}
tag: dinner attributes: {'hours': '3-10'}
    tag: item attributes: {'price': '8.00'}
>>> len(root) # menu의 하위 태그 수
3
>>> len(root[0])  # breakfast의 item 수
2
```

중첩된 리스트의 각 요소에 대해 **tag**는 태그 문자열이고, **attrib**는 속성의 딕셔너리다. **ElementTree** 모듈은 XML에서 파생된 데이터를 검색하고 수정할 수 있는 다양한 방법을 제공한다. 심지어 XML 파일을 쓸 수 있다. 더 자세한 사항은 ElementTree 문서(*http://bit.ly/elementtree*)를 참고한다.

기타 표준 파이썬 XML 라이브러리를 소개한다.

- **xml.dom**

  자바 스크립트 개발자에게 친숙한 문서 객체 모델Document Object Model(DOM)은 웹 문서를 계층 구조로 나타낸다. 이 모듈은 전체 XML 파일을 메모리에 로딩하여 XML의 모든 항목을 접근할 수 있다.

- **xml.sax**

  XML용 APISimple API for XML(SAX)는 즉시 XML을 파싱하므로 한 번에 전체 XML 파일을 메모리에 로딩하지 않는다. 매우 큰 XML 스트림을 처리해야 한다면 이 모듈을 사용하는 것이 좋다.

16.3.3 XML 보안 노트

객체를 어떤 파일로 저장하고, 다시 그 파일을 객체로 읽어오기 위해 이번 장에서 언급한 모든 유형을 사용할 수 있다. 그러나 이 과정에서 보안 문제가 발생할 수 있다.

예를 들어 위키백과의 billion laughs(*https://en.wikipedia.org/wiki/Billion_laughs*)의 다음 XML 코드에는 엔티티[entity]10개가 있다. 각 엔티티는 하위 레벨로 10배씩 확장되어 총 10억 개로 확장된다.

```
<?xml version="1.0"?>
<!DOCTYPE lolz [
<!ENTITY lol "lol">
<!ENTITY lol1 "&lol;&lol;&lol;&lol;&lol;&lol;&lol;&lol;&lol;&lol;">
<!ENTITY lol2 "&lol1;&lol1;&lol1;&lol1;&lol1;&lol1;&lol1;&lol1;&lol1;&lol1;">
<!ENTITY lol3 "&lol2;&lol2;&lol2;&lol2;&lol2;&lol2;&lol2;&lol2;&lol2;&lol2;">
<!ENTITY lol4 "&lol3;&lol3;&lol3;&lol3;&lol3;&lol3;&lol3;&lol3;&lol3;&lol3;">
<!ENTITY lol5 "&lol4;&lol4;&lol4;&lol4;&lol4;&lol4;&lol4;&lol4;&lol4;&lol4;">
<!ENTITY lol6 "&lol5;&lol5;&lol5;&lol5;&lol5;&lol5;&lol5;&lol5;&lol5;&lol5;">
<!ENTITY lol7 "&lol6;&lol6;&lol6;&lol6;&lol6;&lol6;&lol6;&lol6;&lol6;&lol6;">
<!ENTITY lol8 "&lol7;&lol7;&lol7;&lol7;&lol7;&lol7;&lol7;&lol7;&lol7;&lol7;">
<!ENTITY lol9 "&lol8;&lol8;&lol8;&lol8;&lol8;&lol8;&lol8;&lol8;&lol8;&lol8;">
]>
<lolz>&lol9;</lolz>
```

billion laughs는 이전 절에서 언급한 모든 XML 라이브러리를 뚫어버린다. Defused XML(*https://bitbucket.org/tiran/defusedxml/src/default/*)은 파이썬 라이브러리의 취약한 부분은 물론이고 billion laughs와 다른 공격을 나열하고 있다.

이 링크는 이러한 문제를 방지하기 위해 라이브러리의 설정을 변경하는 방법에 대한 가이드를 제공한다. 또한 다른 라이브러리에 대한 프런트엔드 보안으로 defusedxml 라이브러리를 사용할 수 있다.

```
>>> # 보안되지 않은 parse
>>> from xml.etree.ElementTree import parse
>>> et = parse(xmlfile)
>>> # 보안된 parse
>>> from defusedxml.ElementTree import parse
>>> et = parse(xmlfile)
```

또한 파이썬 사이트에서 XML 취약점XML vulnerabilities에 대한 문서(*https://oreil.ly/Rnsiw*)를 제공한다.

16.3.4 HTML

웹의 기본 문서 형식으로, 엄청난 양의 데이터가 HTML로 저장됐다. 문제는 HTML 파일 대부분이 규칙을 따르지 않아서 파싱이 어려울 수 있다는 것이다. 또한 HTML의 대부분은 데이터를 교환하기보다는 결과를 표현하는 형태로 더 많이 사용한다. 이번 장에서는 아주 잘 정의된 데이터 형식을 다루고 있으므로 HTML에 대한 내용은 18장에서 살펴본다.

16.3.5 JSON

JSON(*http://www.json.org*)은 자바스크립트를 넘어서, 데이터를 교환하는 아주 인기 있는 형식이 됐다. JSON은 자바스크립트의 부분집합이자, 유효한 파이썬 구문이다. 프로그램 간에 데이터를 교환할 때 파이썬과 JSON은 궁합이 잘 맞다. 18장에서 웹 개발을 위한 JSON의 예제를 많이 살펴볼 것이다.

다수의 XML 모듈과는 달리, JSON은 하나의 메인 모듈이 있다. 이름도 기억하기 쉬운 json이다. 이 모듈은 데이터를 JSON 문자열로 인코딩(dumps)하고, JSON 문자열을 다시 데이터로 디코딩(loads)할 수 있다. XML에서 사용했던 예제의 데이터로 파이썬의 자료구조를 만들어보자.

```
>>> menu = \
... {
... "breakfast": {
...     "hours": "7-11",
...     "items": {
...         "breakfast burritos": "$6.00",
...         "pancakes": "$4.00"
...         }
...     },
... "lunch": {
...     "hours": "11-3",
...     "items": {
```

```
...          "hamburger": "$5.00"
...              }
...          },
... "dinner": {
...      "hours": "3-10",
...      "items": {
...          "spaghetti": "$8.00"
...              }
...          }
... }
...
```

다음은 dumps()를 사용하여 자료구조(menu)를 JSON 문자열(menu_json)로 인코딩한다.

```
>>> import json
>>> menu_json = json.dumps(menu)
>>> menu_json
'{"dinner": {"items": {"spaghetti": "$8.00"}, "hours": "3-10"},
"lunch": {"items": {"hamburger": "$5.00"}, "hours": "11-3"},
"breakfast": {"items": {"breakfast burritos": "$6.00", "pancakes":
"$4.00"}, "hours": "7-11"}}'
```

그리고 loads()를 사용하여 JSON 문자열(menu_json)을 자료구조(menu2)로 디코딩한다.

```
>>> menu2 = json.loads(menu_json)
>>> menu2
{'breakfast': {'items': {'breakfast burritos': '$6.00', 'pancakes':
'$4.00'}, 'hours': '7-11'}, 'lunch': {'items': {'hamburger': '$5.00'},
'hours': '11-3'}, 'dinner': {'items': {'spaghetti': '$8.00'}, 'hours': '3-10'}}
```

menu와 menu2는 같은 키와 값을 가진 딕셔너리다.

다음은 datetime과 같은 모듈을 사용하여 객체를 인코딩 혹은 디코딩하는 도중에 예외가 발생하는 경우다(datetime 모듈은 13장에서 살펴봤다).

```
>>> import datetime
>>> import json
>>> now = datetime.datetime.utcnow()
>>> now
datetime.datetime(2013, 2, 22, 3, 49, 27, 483336)
```

```
>>> json.dumps(now)
Traceback (most recent call last):
# ... (deleted stack trace to save trees)
TypeError: datetime.datetime(2013, 2, 22, 3, 49, 27, 483336)
  is not JSON serializable
>>>
```

표준 JSON 모듈에서 날짜와 시간 유형을 정의하지 않아서 예외가 발생한 것이다. datetime 객체를 문자열과 13장에서 본 에폭 값과 같이 JSON이 이해할 수 있는 유형으로 변환하면 된다.

```
>>> now_str = str(now)
>>> json.dumps(now_str)
'"2013-02-22 03:49:27.483336"'
>>> from time import mktime
>>> now_epoch = int(mktime(now.timetuple()))
>>> json.dumps(now_epoch)
'1361526567'
```

인코딩하는 중간에 datetime 값을 일반적인 데이터 유형으로 변환해야 한다면, 이에 대한 특수 변환 로직을 만드는 것은 까다로운 일이다. JSON 문자열로 인코딩하는 방법은 10장에서 설명한 상속으로 수정할 수 있다. 파이썬의 JSON 문서(*http://bit.ly/json-docs*)는 예외가 발생할 수 있는 복잡한 허수 인코딩에 대한 예제를 보여준다. datetime 값을 수정해보자.

```
>>> import datetime
>>> now = datetime.datetime.utcnow()
>>> class DTEncoder(json.JSONEncoder):
...     def default(self, obj):
...         # isinstance() checks the type of obj
...         if isinstance(obj, datetime.datetime):
...             return int(mktime(obj.timetuple()))
...         # else it's something the normal decoder knows:
...         return json.JSONEncoder.default(self, obj)
...
>>> json.dumps(now, cls=DTEncoder)
'1361526567'
```

DTEncoder 클래스는 JSONEncoder의 서브(자식) 클래스다. datetime 값을 처리하기 위해

default() 메서드만 오버라이드하면 된다. 오버라이드 외의 다른 모든 부분은 부모 클래스가 처리한다.

isinstance() 함수는 obj 객체가 datetime.datetime 클래스의 인스턴스인지 확인한다. 파이썬에서 모든 것은 객체이기 때문에 isinstance() 함수는 어느 곳에서든 작동한다.

```
>>> import datetime
>>> now = datetime.datetime.utcnow()
>>> type(now)
<class 'datetime.datetime'>
>>> isinstance(now, datetime.datetime)
True
>>> type(234)
<class 'int'>
>>> isinstance(234, int)
True
>>> type('hey')
<class 'str'>
>>> isinstance('hey', str)
True
```

NOTE_ 자료구조에 대해 아무것도 모르는 상태에서 JSON과 다른 구조화된 텍스트 형식의 파일을 자료구조로 불러올 수 있다. 그리고 isinstance() 함수를 사용하여 구조를 파악한 후, 그 값에 대한 적절한 유형의 메서드를 사용한다. 예를 들어 딕셔너리의 경우에는 key(), values(), items() 메서드로 내용을 추출할 수 있다.

datetime 객체를 JSON으로 변환하는 더 쉬운 방법이 있다.

```
>>> import datetime
>>> import json
>>> now = datetime.datetime.utcnow()
>>> json.dumps(now, default=str)
'"2019-04-17 21:54:43.617337"'
```

json.dumps()에서 default=str는 확인되지 않은 데이터 타입에 str() 변환 함수를 적용한다. time.datetime 클래스 정의에 __str__() 메서드가 포함되어 있어서 str() 함수가 동작한다.

16.3.6 YAML

JSON과 유사하게 YAML(*http://www.yaml.org*)은 키와 값을 가지고 있지만, 날짜와 시간 같은 데이터 유형을 더 많이 처리한다. 표준 파이썬 라이브러리는 아직 YAML 처리를 지원하지 않는다. 그래서 yaml(*http:// pyyaml.org/wiki/PyYAML*)이라는 서드파티 라이브러리를 설치해야 한다. load()는 YAML 문자열을 파이썬 데이터로, dump()는 그 반대의 기능을 수행한다.

다음은 캐나다 시인 제임스 매킨타이어[James McIntyre]의 정보와 그의 두 시가 담긴 mcintyre. yaml 파일이다.

```
name:
  first: James
  last: McIntyre
dates:
  birth: 1828-05-25
  death: 1906-03-31
details:
  bearded: true
  themes: [cheese, Canada]
books:
  url: http://www.gutenberg.org/files/36068/36068-h/36068-h.htm
poems:
  - title: 'Motto'
    text: |
      Politeness, perseverance and pluck,
      To their possessor will bring good luck.
  - title: 'Canadian Charms'
    text: |
      Here industry is not in vain,
      For we have bounteous crops of grain,
      And you behold on every field
      Of grass and roots abundant yield,
      But after all the greatest charm
      Is the snug home upon the farm,
      And stone walls now keep cattle warm.
```

true, false, on, off와 같은 값은 불리언으로 변환된다. 정수와 문자열도 파이썬의 타입으로 변환된다. 다른 구문들은 리스트와 딕셔너리를 생성한다.

```
>>> import yaml
>>> with open('mcintyre.yaml', 'rt') as fin:
>>>     text = fin.read()
>>> data = yaml.load(text)
>>> data['details']
{'themes': ['cheese', 'Canada'], 'bearded': True}
>>> len(data['poems'])
2
```

YAML 파일에 맞게 생성된 자료구조는 한 레벨 더 들어가 있다. 딕셔너리/리스트/딕셔너리 참조로 다음과 같이 두 번째 시의 제목을 얻을 수 있다.

```
>>> data['poems'][1]['title']
'Canadian Charms'
```

> **NOTE_** PyYAML은 문자열에서 파이썬 객체로 불러올 수 있으나 위험하다. 신뢰할 수 없는 YAML을 불러온다면 load() 대신 safe_load()를 사용하라. 아직까지는 항상 safe_load()를 사용하는 것이 좋다. 루비 온 레일즈 플랫폼에서 보호받을 수 없는 YAML 로딩의 절충안에 대한 글인 「War is peace」(*http://bit.ly/war-is-peace*)를 읽어보자.

16.3.7 Tablib

표 형식tabular 데이터를 CSV, JSON, YAML 형식[1]뿐만 아니라 마이크로소프트의 엑셀, 판다스의 데이터프레임 등으로 임포트 및 익스포트, 편집할 수 있는 외부 패키지가 있다. 자세한 사항은 pip install tablib을 입력하여 설치하고 문서(*http://docs.python-tablib.org*)를 참고하길 바란다.

16.3.8 판다스

구조화된 데이터를 위한 파이썬 라이브러리인 판다스(*https://pandas.pydata.org*)에 대해 살펴본다. 판다스는 실제 데이터 문제를 처리하기 위한 훌륭한 도구다.

----

1 아직 XML은 지원하지 않는다.

- 많은 텍스트 및 이진 파일 형식을 읽고 쓰기
  - 콤마(CSV), 탭(TSV), 기타 문자로 구분되는 텍스트
  - 고정 너비 텍스트
  - 엑셀
  - HTML 표
  - SQL
  - HDF5
  - 기타: *https://oreil.ly/EWlgS*
- 그룹, 분할, 병합, 인덱스, 슬라이스, 정렬, 셀렉트, 라벨
- 데이터 타입 변환
- 크기 또는 모양 변경
- 누락된 데이터 처리
- 임의의 값 생성
- 시계열 관리

읽기 함수는 데이터프레임(*https://oreil.ly/zupYI*)을 반환한다. 데이터프레임은 객체 즉, 2차원 데이터(행과 열)에 대한 판다스의 표준 타입이다. 스프레드시트와 관계형 데이터베이스 테이블은 어떤 면에서 유사하다. 1차원 데이터 타입은 시리즈(*https://oreil.ly/pISZT*)라고 한다. [예제 16-2]는 [예제 16-1]의 villains.csv 파일을 읽는 코드다.

예제 16-2 판다스로 CSV 파일 읽기

```
>>> import pandas
>>>
>>> data = pandas.read_csv('villains.csv')
>>> print(data)
    first      last
0  Doctor        No
1    Rosa     Klebb
2  Mister       Big
3   Auric Goldfinger
4   Ernst   Blofeld
```

data 변수는 데이터프레임이다. 이는 파이썬 딕셔너리보다 더 많은 트릭이 있다. 넘파이로 많은 숫자를 처리하고 머신러닝을 위한 데이터 준비에 특히 유용하다.

판다스에 대한 내용은 문서의 'Getting Started' 섹션(*https://oreil.ly/VKSrZ*)을 참조하거나 '10 Minutes to Pandas' 예제(*https://oreil.ly/CLoVg*)를 참조한다. 2021년 1월을 시작으로 매월 1일, 3개월 동안의 리스트를 작성한 판다스 예제 코드를 살펴보자.

```
>>> import pandas
>>> dates = pandas.date_range('2021-01-01', periods=3, freq='MS')
>>> dates
DatetimeIndex(['2021-01-01', '2021-02-01', '2021-03-01'],
  dtype='datetime64[ns]', freq='MS')
```

13장에서 살펴본 시간 및 날짜 함수를 사용하여 이를 수행할 수 있지만, 훨씬 더 많은 작업이 필요하다(특히 디버깅이 더 힘들다). 또한 판다스는 영업 개월 및 년도와 같은 많은 특수 날짜 및 시간 세부 사항(*https://oreil.ly/vpeTP*)을 처리한다. 이 책에서 판다스는 매핑(21.7.3절 참조)과 과학 애플리케이션(22장 참조)에서 다시 등장한다.

16.3.9 설정 파일

프로그램 대부분은 다양한 **옵션**option이나 **설정**setting을 제공한다. 동적인 것은 프로그램의 인수로 제공되지만, 정적인 것(또는 오래 지속되는 것)은 어딘가에 유지되어야 한다. 빠른 설정 파일 형식을 스스로 정의하는 것에 현혹되기 쉽지만, 이를 뿌리쳐야 한다. 사용자가 직접 만든 설정 파일 대부분은 복잡하고 생각보다 빠르지 않다. 라이터writer 프로그램과 리더reader 프로그램 (파서parser라고도 함) 모두 관리해야 한다. 프로그램에 적용할 수 있는 예제를 살펴보자.

여기서 윈도우 스타일의 .ini 파일을 처리하는 표준 configparser 모듈을 사용해보자. 이 파일 은 키=값 형식의 섹션이 있다. 다음은 settings.cfg 파일 예제다.

```
[english]
greeting = Hello

[french]
greeting = Bonjour

[files]
home = /usr/local
# 간단한 보간법(interpolation) 사용
bin = %(home)s/bin
```

설정 파일을 읽어서 파이썬 자료구조로 변환하는 코드를 살펴보자.

```
>>> import configparser
>>> cfg = configparser.ConfigParser()
>>> cfg.read('settings.cfg')
['settings.cfg']
>>> cfg
<configparser.ConfigParser object at 0x1006be4d0>
>>> cfg['french']
<Section: french>
>>> cfg['french']['greeting']
'Bonjour'
>>> cfg['files']['bin']
'/usr/local/bin'
```

설정 파일에 대한 보간법을 포함한 다른 옵션들은 configparser 문서(*http://bit.ly/ configparser*)를 참고한다. 두 단계보다 더 깊은 중첩 설정이 필요하다면 YAML 혹은 JSON 파일 형식을 사용한다.

16.4 이진 파일

일부 파일 형식은 특정 자료구조를 저장하기 위해 설계됐지만, 관계형 데이터베이스와 NoSQL 데이터베이스는 다른 목적으로 설계됐다. 이번 절에서는 이에 대한 이진 파일에 대해 살펴본다.

16.4.1 패디드 이진 파일과 메모리 매핑

이 파일은 패디드 텍스트 파일과 비슷하지만 내용은 이진 데이터이며 패딩 바이트는 공백 문자 대신 \x00을 사용한다. 각 레코드는 레코드 내의 각 필드와 마찬가지로 고정폭을 갖는다. 즉, 파일 전체에서 원하는 레코드 및 필드를 찾는 것이 더 쉬워진다. 데이터의 모든 작업은 수동이 므로 이 방법은 매우 낮은 수준(하드웨어에 가까운 수준) 상황에서만 사용되는 경향이 있다.

이 형식의 데이터는 표준 mmap 라이브러리로 메모리 매핑될 수 있다. 파이썬 표준 문서 (*https://oreil.ly/eI0mv*)와 몇 가지 예제(*https://pymotw.com/3/mmap*)를 참조한다.

16.4.2 스프레드시트

마이크로소프트 엑셀과 같은 스프레드시트spreadsheet는 광범위한 이진 데이터 형식이다. 스프레드시트를 CSV 파일로 저장하면 표준 csv 모듈을 사용하여 이 파일을 읽을 수 있다. 이진 xls 파일을 읽고 쓰기 위해서 서드 파티 패키지인 xlrd(https://oreil.ly/---YE)를 사용하거나 16.3.7절에서 본 tablib을 사용한다.

16.4.3 HDF5

계층적 데이터 형식 Hierarchical Data Format (HDF5)(https://oreil.ly/QTT6x)은 다차원 혹은 계층적 수치 데이터를 위한 이진 데이터 형식이다. 이것은 주로 아주 큰 데이터 집합(기가바이트에서 테라바이트)에 대한 빠른 임의적 접근이 필요한 과학 분야에 주로 사용된다. 심지어 어떤 경우 HDF5는 데이터베이스의 좋은 대안이 될 수 있지만, 어떤 이유에선지 세상에 잘 알려져 있지 않다. HDF5는 쓰기 충돌에 대한 데이터베이스의 보호가 필요하지 않은 웜Write Once Read Many(WORM)(디스크에 데이터를 단 한 번만 쓸 수 있고, 그 후에는 데이터가 삭제되지 않도록 보호하는 데이터 저장 기술) 애플리케이션에 적합하다.

- h5py는 완전한 기능을 갖춘 저수준의 인터페이스다. 자세한 정보는 문서(http://www.h5py.org)와 코드(https://github.com/h5py/h5py)를 참고한다.
- PyTables는 약간 고수준의 인터페이스로 데이터베이스와 같은 기능을 지원한다. 자세한 정보는 문서(http://www.pytables.org)와 코드(http://pytables.github.com)를 참고한다.

많은 양의 데이터를 저장 및 검색하고, 일반적인 데이터베이스 솔루션뿐만 아니라 다른 기술을 고려하기 위해 HDF5를 설명했다. 모범 사례는 HDF5 및 SQLite 형식으로 곡 데이터를 내려받을 수 있는 Million Song dataset 사이트(http://millionsongdataset.com)가 있다.

16.4.4 TileDB

밀집 또는 분산 배열 스토리지를 위한 HDF5의 최신 후속 도구는 TileDB(https://tiledb.io)다. TileDB 라이브러리 자체를 포함한 파이썬 인터페이스(https://github.com/TileDB-Inc/TileDB-Py)를 pip install tiledb를 입력하여 설치해보자. TileDB는 과학 데이터 및 애플리케이션에 초점을 두고 있다.

16.5 관계형 데이터베이스

관계형 데이터베이스relational database는 50년 정도밖에 되지 않았지만 컴퓨터 세계에서는 어디서나 볼 수 있다. 일상에서 관계형 데이터베이스를 사용하고 있다. 관계형 데이터베이스는 많은 기능을 제공한다.

- 다수의 동시 사용자가 데이터에 접근
- 사용자에 의한 데이터 손상 보호
- 데이터를 저장하고 검색하는 효율적인 방법
- **스키마**schema에 의해 정의된 데이터와 **제약조건**constraint에 한정된 데이터
- 다양한 데이터 유형과의 관계relationship를 계산하는 **조인**join
- (명령형imperative이기보다는) 서술적인declarative 질의 언어: SQL

다양한 종류의 데이터 사이의 관계를 테이블table 형태로 표시하기 때문에 **관계형**relational이라고 부른다. 예를 들어 이전의 메뉴menu 예제에서 각 항목item과 가격price은 관계가 있다.

테이블은 스프레드시트와 비슷한 **행**row과 **열**column로 이루어진 격자grid다. 테이블을 생성하기 위해 테이블의 이름을 짓고, 테이블에 대한 열의 순서와 이름, 유형을 지정해야 한다. 열이 누락된 데이터(**널**null)를 허용하도록 정의할 수는 있지만, 각 행은 같은 열을 가진다. 메뉴 예제에서는 판매 중인 각 항목이 하나의 행을 가진 테이블을 만들 수 있다. 각 항목은 가격에 대한 열을 포함하여 같은 열을 가진다.

일반적으로 하나의 열 또는 열의 그룹은 테이블의 기본키primary key다. 기본키의 값은 테이블에서 반드시 유일해야 한다. 이는 테이블에 동일한 데이터를 추가하는 것을 방지해준다. 이 키는 질의를 빠르게 찾을 수 있도록 인덱싱indexing되어 있다. 인덱스는 특정 행을 빨리 찾을 수 있도록 만들어주는 책의 인덱스처럼 작동한다.

파일이 디렉터리 안에 있는 것처럼 각 테이블은 상위 데이터베이스 내에 존재한다. 이러한 두 가지 수준의 계층 구조는 조금 더 나은 조직을 유지할 수 있도록 해준다.

> **NOTE_** 데이터베이스는 서버, 테이블 컨테이너, 데이터 저장 등 다양한 용도로 사용된다. 이들을 동시에 다룰 때는 데이터베이스 서버, 데이터베이스, 데이터로 구분하여 부르면 도움이 될 것이다.

어떤 키가 아닌 열값으로 행을 찾으려면 그 열에 인덱스를 정의한다. 그렇지 않으면 데이터베이스 서버는 열값과 일치하는 모든 행을 무차별 검색한다. 즉, 테이블을 스캔한다.

테이블은 외래키^{foreign key}와 서로 연관될 수 있어서 열값은 이러한 키에 제약이 따를 수 있다.

16.5.1 SQL

SQL은 API나 프로토콜이 아니다. SQL은 어떤 결과를 얻기 위해 수행 과정을 나열하는 것이 아닌 원하는 결과를 질의하는 서술형 언어다. SQL은 관계형 데이터베이스의 보편적인 언어다. SQL 질의^{query}는 클라이언트에서 데이터베이스 서버로 전송하는 텍스트 문자열이다.

표준 SQL에 대한 다양한 정의가 있었다. 그러나 데이터베이스 회사들이 SQL을 개조하고 확장하여, 방언^{dialect}처럼 많은 SQL이 생겨났다. 관계형 데이터베이스에 데이터를 저장할 때 SQL은 호환성^{portability}을 제공한다. 하지만 다양한 SQL과 운영에 대한 차이는 데이터를 또 다른 유형의 데이터베이스로 옮기기 어렵게 한다. SQL 문에는 주요 카테고리 두 개가 있다.

- **데이터 정의어**^{data definition language}(DDL)

  테이블, 데이터베이스, 생성, 삭제, 제약조건

- **데이터 조작어**^{data manipulation language}(DML)

  조회, 삽입, 갱신, 삭제

표 16-1 기본 SQL DDL 명령어

명령	SQL 패턴	SQL 예제
데이터베이스 생성	CREATE DATABASE dbname	CREATE DATABASE d
현재 데이터베이스 선택	USE dbname	USE d
데이터베이스와 해당 테이블 삭제	DROP DATABASE dbname	DROP DATABASE d
테이블 생성	CREATE TABLE tbname (coldefs)	CREATE TABLE t (id INT, count INT)
테이블 삭제	DROP TABLE tbname	DROP TABLE t
테이블의 모든 행 삭제	TRUNCATE TABLE tbname	TRUNCATE TABLE t

NOTE_ 모든 명령어를 왜 대문자로 썼을까? SQL은 대소 문자를 구분하지 않는다. 예제 코드에서 열 이름과 명령 키워드를 구분하기 위해 사용하는 관습이다.

관계형 데이터베이스의 메인 DML 명령어는 CRUD(create, read, update, delete)다.

- 생성create: INSERT
- 조회read: SELECT
- 갱신update: UPDATE
- 삭제delete: DELETE

표 16-2 기본 SQL DML 명령어

명령	SQL 패턴	SQL 예제
행 추가	INSERT INTO tbname VALUES(...)	INSERT INTO t VALUES(7, 40)
모든 행과 열 조회	SELECT * FROM tbname	SELECT * FROM t
모든 행과 특정 열 조회	SELECT cols FROM tbname	SELECT id, count FROM t
특정 행과 열 조회	SELECT cols FROM tbname WHERE condition	SELECT id, count from t WHERE count > 5 AND id = 9
특정 열의 행값 변경	UPDATE tbname SET col = value WHERE condition	UPDATE t SET count=3 WHERE id=5
행 삭제	DELETE FROM tbname WHERE condition	DELETE FROM t WHERE count <= 10 OR id = 16

16.5.2 DB API

API는 어떤 서비스에 대한 접근을 얻기 위해 호출하는 함수들의 집합이다. DB API(*http://bit.ly/db-api*)는 관계형 데이터베이스에 접근하기 위한 파이썬의 표준 API다. DB API를 사용하면 관계형 데이터베이스 각각에 대해 별도의 프로그램을 작성하지 않고, 여러 종류의 데이터베이스를 동작하기 위한 하나의 프로그램만 작성하면 된다. 이것은 자바의 JDBC 그리고 펄의 dbi와 유사하다. 메인 함수는 다음과 같다.

- connect()
  데이터베이스의 연결을 만든다. 이 함수는 사용자 이름, 비밀번호, 서버 주소 등의 인수를 포함한다.

- cursor()
  질의를 관리하기 위한 커서 객체를 만든다.

- `execute()`, `executemany()`
  데이터베이스에 하나 이상의 SQL 명령을 실행한다.

- `fetchone()`, `fetchmany()`, `fetchall()`
  실행 결과를 얻는다.

다음 절에서 언급되는 파이썬 데이터베이스 모듈은 DB API를 따르지만, 확장기능 및 세부 사항에 차이가 있다.

16.5.3 SQLite

SQLite(*http://www.sqlite.org*)는 가벼운 오픈 소스의 관계형 데이터베이스다. SQLite는 표준 파이썬 라이브러리로 구현되어 있고 일반 파일처럼 데이터베이스를 저장한다. 이 파일은 서로 다른 컴퓨터와 운영체제에 대해 호환 가능하다. SQLite는 간단한 관계형 데이터베이스 애플리케이션에 대한 호환성이 아주 뛰어난 솔루션이다. SQLite는 MySQL, PostgreSQL처럼 완전한 기능을 제공하진 않는다. 그러나 SQL을 지원하고, 동시에 여러 사용자를 관리할 수 있다. 웹 브라우저, 스마트폰, 그리고 다른 애플리케이션에서 SQLite를 임베디드embedded 데이터베이스처럼 사용한다.

사용하거나 생성하고자 하는 로컬 SQLite 데이터베이스 파일을 `connect()`로 연결하는 것으로 시작한다. 이 파일은 다른 서버에서 테이블을 관리하는 디렉터리 구조와 유사한 데이터베이스다. 특수한 문자열 `':memory:'`는 메모리에서만 데이터베이스를 생성한다. 이것은 빠르고 테스트에 유용하다. 그러나 프로그램을 종료하거나 컴퓨터를 끄면 데이터가 사라진다.

다음 예제에서는 `enterprise.db`라는 데이터베이스를 생성한다. 그리고 동물원 사업을 하기 위해 zoo 테이블을 생성한다. 테이블의 열은 다음과 같다.

- `critter`
  가변 길이 문자열, 동물 이름(기본키)

- `count`
  정수, 현재 동물 수

- `damages`
  부동소수점 숫자, 관람객으로부터 받은 상처 등 동물의 손실 금액

```
>>> import sqlite3
>>> conn = sqlite3.connect('enterprise.db')
>>> curs = conn.cursor()
>>> curs.execute('''CREATE TABLE zoo
    (critter VARCHAR(20) PRIMARY KEY,
     count INT,
     damages FLOAT)''')
<sqlite3.Cursor object at 0x1006a22d0>
```

3중 인용 부호는 SQL 질의와 같은 긴 문자열을 생성하는 데 편리하다.

zoo에 동물을 추가한다.

```
>>> curs.execute('INSERT INTO zoo VALUES("duck", 5, 0.0)')
<sqlite3.Cursor object at 0x1006a22d0>
>>> curs.execute('INSERT INTO zoo VALUES("bear", 2, 1000.0)')
<sqlite3.Cursor object at 0x1006a22d0>
```

플레이스홀더placeholder를 사용하여 데이터를 안전하게 넣을 수 있다.

```
>>> ins = 'INSERT INTO zoo (critter, count, damages) VALUES(?, ?, ?)'
>>> curs.execute(ins, ('weasel', 1, 2000.0))
<sqlite3.Cursor object at 0x1006a22d0>
```

세 값을 SQL 문의 세 물음표에 삽입할 예정이라고 표시한 후, 세 값의 튜플을 execute() 함수 인수로 전달한다. 플레이스홀더를 사용함으로써 인용 부호를 억지로 구겨 넣을 필요가 없다. 그리고 플레이스홀더는 웹에서 악의적인 SQL 명령을 삽입하는 외부 공격(**SQL 삽입**injection)으로부터 시스템을 보호한다.

모든 동물을 조회해본다.

```
>>> curs.execute('SELECT * FROM zoo')
<sqlite3.Cursor object at 0x1006a22d0>
>>> rows = curs.fetchall()
>>> print(rows)
[('duck', 5, 0.0), ('bear', 2, 1000.0), ('weasel', 1, 2000.0)]
```

동물 수를 오름차순 정렬하여 조회한다.

```
>>> curs.execute('SELECT * from zoo ORDER BY count')
<sqlite3.Cursor object at 0x1006a22d0>
>>> curs.fetchall()
[('weasel', 1, 2000.0), ('bear', 2, 1000.0), ('duck', 5, 0.0)]
```

내림차순으로도 조회해본다.

```
>>> curs.execute('SELECT * from zoo ORDER BY count DESC')
<sqlite3.Cursor object at 0x1006a22d0>
>>> curs.fetchall()
[('duck', 5, 0.0), ('bear', 2, 1000.0), ('weasel', 1, 2000.0)]
```

한 마리당 가장 많은 비용이 드는 동물은 무엇인가?

```
>>> curs.cxecute('''SELECT * FROM zoo WHERE
... damages = (SELECT MAX(damages) FROM zoo)''')
<sqlite3.Cursor object at 0x1006a22d0>
>>> curs.fetchall()
[('weasel', 1, 2000.0)]
```

곰bear이라고 생각했을 것이다. 정말 그런지 실제 데이터를 확인해보자.

SQLite를 떠나기 전에 확인해야 할 것이 있다. 데이터베이스 연결과 커서를 열어 이들을 사용한 다음에는 다음과 같이 닫아준다.

```
>>> curs.close()
>>> conn.close()
```

16.5.4 MySQL

MySQL(http://www.mysql.com)은 매우 인기 있는 오픈 소스 관계형 데이터베이스다. SQLite와 달리 MySQL은 실제 서버로 사용한다. 클라이언트는 네트워크를 통해 MySQL 서버에 접근할 수 있다.

파이썬에서 MySQL을 접근하는 데 사용할 수 있는 드라이버를 [표 16-3]에 나열했다. 파이썬 MySQL 드라이버에 대한 자세한 내용은 이 문서(https://wiki.python.org/moin/MySQL)를 참조한다.

표 16-3 MySQL 드라이버

이름	URL	Pypi 패키지	import문	노트
mysqlclient	https://mysqlclient.readthedocs.io	mysql-connector-python	MySQLdb	
MySQL Connector	http://bit.ly/mysql-cpdg	mysql-connector-python	mysql.connector	
PYMySQL	https://github.com/petehunt/PyMySQL	pymysql	pymysql	
oursql	http://pythonhosted.org/oursql	oursql	oursql	MySQL C 클라이언트 라이브러리가

16.5.5 PostgreSQL

PostgreSQL(*http://www.postgresql.org*)은 완전한 기능을 갖춘 오픈 소스 관계형 데이터베이스다. PostgreSQL은 MySQL보다 사용할 수 있는 고급 기능이 더 많다. [표 16-4]는 파이썬에서 PostgreSQL에 접근하기 위한 드라이버다.

표 16-4 PostgreSQL 드라이버

이름	링크	Pypi 패키지	임포트	비고
psycopg2	http://inittd.org/psycopg	psycopg2	psycopg2	PostgreSQL 클라이언트 도구의 pg_config이 필요함
py-postgresql	http://python.projects.pgfoundry.org/	py-postgresql	postgresql	

psycopg2가 가장 인기 있지만 이를 설치하기 위해서는 PostgreSQL 클라이언트 라이브러리가 필요하다.

16.5.6 SQLAlchemy

SQL은 모든 관계형 데이터베이스와 완전히 같지 않다. 그리고 DB API는 이를 해소해준다. 각 데이터베이스는 그들만의 다양한 기능과 철학을 바탕으로 구현됐다. 많은 라이브러리가 이러한 차이를 좁히기 위해 노력하고 있다. 그중 가장 인기 있는 크로스 데이터베이스의 파이썬 라이브러리는 SQLAlchemy(*http://www.sqlalchemy.org*)다.

SQLAlchemy는 표준 라이브러리는 아니지만 많은 사람에게 알려져 있다. 다음 명령으로 설치할 수 있다.

```
$ pip install sqlalchemy
```

여러 가지 수준에서 SQLAlchemy를 사용할 수 있다.

- 가장 낮은 수준에서 데이터베이스 커넥션 풀을 처리한다. SQL 명령을 실행하고 그 결과를 반환한다. DB API와 가장 근접한 위치에 있다.
- 다음 수준은 SQL 표현 언어, 즉 좀 더 파이썬 지향적인 방식으로 쿼리를 표현한다.
- 가징 높은 수준은 SQL 표현 언어를 사용하고 관계형 자료구조와 애플리케이션 코드를 바인딩하는 객체 관계 모델object relational model(ORM) 이다.

이러한 수준에 대한 용어들은 책을 읽으면서 이해하게 될 것이다. SQLAlchemy는 이전 절에서 본 데이터베이스 드라이버와 함께 작동한다. 드라이버를 임포트할 필요는 없다. SQLAlchemy에서 제공하는 최초의 연결 문자열에서 드라이버를 선택한다. 문자열은 다음과 같다.

```
dialect + driver :// user : password @ host : port / dbname
```

각 문자열의 값은 아래와 같다.

- **dialect**
  데이터베이스 유형

- **driver**
  사용하고자 하는 데이터베이스의 특정 드라이버

- **user**와 **password**
  데이터베이스 인증 문자열, 사용자와 비밀번호

- **host**와 **port**
  데이터베이스 서버의 위치(서버의 데이터베이스 포트가 기본 설정이 아닌 경우에만 포트 번호를 입력한다)

- **dbname**

  서버에 연결할 데이터베이스 이름

[표 16-5]에서 다이어렉트*dialect*와 드라이버 목록을 나열한다.

표 16-5 SQLAlchemy 연결

다이어렉트	드라이버
sqlite	pysqlite(생략 가능)
mysql	mysqlconnector
mysql	pymysql
mysql	oursql
postgresql	psycopg2
postgresql	pypostgresql

SQLAlchemy에 대한 다이어렉트에 대한 자세한 사항은 다음 링크를 참조한다.

- MySQL: *https://oreil.ly/yVHy-*

- SQLite: *https://oreil.ly/okP9v*

- PostgreSQL: *https://oreil.ly/eDddn*

- 그 외 데이터베이스: *https://oreil.ly/kp5WS*

엔진 레이어

먼저 SQLAlchemy의 가장 낮은 수준부터 살펴보자. 기본으로 제공하는 DB API보다 좀 더 많은 기능이 있다.

파이썬에 이미 내장되어 있는 SQLite로 먼저 시도해보자. 여기서 SQLite의 연결 문자열의 인수 `host`, `port`, `user`, `password`를 생략한다. `dbname`은 데이터베이스를 어떤 파일에 저장할지 SQLite에 알려준다. `dbname`을 생략하면, SQLite는 메모리에 데이터베이스를 만든다. `dbname`이 슬래시(`/`)로 시작된다면, 이것은 절대 경로 파일 이름이다(이 경우는 리눅스와 macOS에 해당한다. 윈도우에서는 `C:\`와 같이 `dbname`을 시작할 수 있다). 슬래시로 시작하지 않으면 현재 디렉터리에서의 상대 경로를 의미한다.

다음은 전체 프로그램의 각 부분에 대한 설명이다.

먼저 우리가 필요로 하는 모듈을 임포트해야 한다. 이 예제에서는 SQLAlchemy 메서드를 문자열 sa로 참조할 수 있도록 import 문에서 에일리어스alias를 사용한다. sa는 sqlalchemy보다 더 쉽게 입력할 수 있어서 필자는 주로 이런 식으로 사용한다.

```
>>> import sqlalchemy as sa
```

데이터베이스에 연결하고 메모리에 스토리지를 생성한다(인수에 'sqlite:///:memory:'라고 입력해도 된다).

```
>>> conn = sa.create_engine('sqlite://')
```

세 열이 있는 데이터베이스 테이블 zoo를 생성한다.

```
>>> conn.execute('''CREATE TABLE zoo
...     (critter VARCHAR(20) PRIMARY KEY,
...     count INT,
...     damages FLOAT)''')
<sqlalchemy.engine.result.ResultProxy object at 0x1017efb10>
```

conn.execute()는 ResultProxy라는 SQLAlchemy 객체를 반환한다. 이 객체가 무엇을 하는지는 곧 알게 될 것이다.

우리는 여기서 데이터베이스 테이블을 생성했다. 그런데 이 데이터베이스 테이블은 이전에 생성했던 것이다. 하여튼 축하한다!

이제 빈 테이블에 데이터 세 개를 넣어보자.

```
>>> ins = 'INSERT INTO zoo (critter, count, damages) VALUES (?, ?, ?)'
>>> conn.execute(ins, 'duck', 10, 0.0)
<sqlalchemy.engine.result.ResultProxy object at 0x1017efb50>
>>> conn.execute(ins, 'bear', 2, 1000.0)
<sqlalchemy.engine.result.ResultProxy object at 0x1017ef090>
>>> conn.execute(ins, 'weasel', 1, 2000.0)
<sqlalchemy.engine.result.ResultProxy object at 0x1017ef450>
```

데이터베이스 테이블에 입력한 값이 있는지 확인해보자.

```
>>> rows = conn.execute('SELECT * FROM zoo')
```

SQLAlchemy에서 rows는 리스트가 아니다. 이것은 바로 출력해서 볼 수 없는 ResultProxy 객체다.

```
>>> print(rows)
<sqlalchemy.engine.result.ResultProxy object at 0x1017ef9d0>
```

그러나 리스트처럼 순회하여 다음과 같이 한 번에 한 row를 얻을 수 있다.

```
>>> for row in rows:
...     print(row)
...
('duck', 10, 0.0)
('bear', 2, 1000.0)
('weasel', 1, 2000.0)
```

이전에 본 SQLite의 DB API 예제와 거의 똑같다. SQLAlchemy의 한 가지 장점은 코드 앞 부분에서 데이터베이스 드라이버를 임포트하지 않아도 된다는 것이다. 즉, SQLAlchemy가 연결 문자열에서 데이터베이스 유형을 알아낸다. 이 코드에서 연결 문자열을 바꾸기만 하면 또 다른 유형의 데이터베이스를 알아서 연결할 것이다. 또 하나의 장점은 **커넥션 풀링**connection pooling인데, 자세한 사항은 관련 문서 사이트(*http://bit.ly/conn-pooling*)를 참고한다.

SQL 표현 언어

그다음 수준은 SQLAlchemy의 SQL 표현 언어다. 다양한 연산을 위한 SQL을 생성하는 함수 에 대해 살펴본다. 표현 언어expression language는 하위 수준의 엔진 레이어보다 더 다양한 SQL문 을 처리한다. 표현 언어는 레이어의 중간에서 쉽게 접근할 수 있는 관계형 데이터베이스 애플 리케이션을 위한 것이다.

zoo 테이블을 생성하고 데이터를 넣어보자. 다음 예제도 한 프로그램의 연속된 코드 조각 이다.

이전과 같이 임포트하고 데이터베이스에 연결한다.

```
>>> import sqlalchemy as sa
>>> conn = sa.create_engine('sqlite://')
```

```
To define the zoo table, we begin using some of the Expression Language instead of SQL:
>>> meta = sa.MetaData()
>>> zoo = sa.Table('zoo', meta,
...     sa.Column('critter', sa.String, primary_key=True),
...     sa.Column('count', sa.Integer),
...     sa.Column('damages', sa.Float)
...     )
>>> meta.create_all(conn)
```

앞의 예제에서 여러 함수를 호출하는 부분을 살펴보자. Table() 메서드 구조는 데이터베이스 테이블 구조와 일치한다. 테이블이 열 3개를 포함하고 있으므로 Table() 메서드 호출 괄호 안에 3개의 Column() 메서드 호출이 있다.

한편 zoo는 SQL 데이터베이스의 세계와 파이썬 자료구조의 세계를 연결하는 매직 객체다. 표현 언어 함수로 데이터를 삽입해보자.

```
... conn.execute(zoo.insert(('bear', 2, 1000.0)))
<sqlalchemy.engine.result.ResultProxy object at 0x1017ea910>
>>> conn.execute(zoo.insert(('weasel', 1, 2000.0)))
<sqlalchemy.engine.result.ResultProxy object at 0x1017eab10>
>>> conn.execute(zoo.insert(('duck', 10, 0)))
<sqlalchemy.engine.result.ResultProxy object at 0x1017eac50>
```

다음에는 SELECT 문을 만들어본다(zoo.select() 메서드는 보통 SQL 문에서의 SELECT * FROM zoo와 같이 zoo 객체로 나타내는 테이블에서 모든 항목을 조회한다).

```
>>> result = conn.execute(zoo.select())
```

마지막으로 입력한 결과를 살펴보자.

```
>>> rows = result.fetchall()
>>> print(rows)
[('bear', 2, 1000.0), ('weasel', 1, 2000.0), ('duck', 10, 0.0)]
```

객체 관계 매핑

이전 절에서 zoo 객체는 SQL과 파이썬 사이의 중간 수준middle-level 연결이다. SQLAlchemy

의 최상위 레이어에서 ORM은 SQL 표현 언어를 사용하지만, 실제 데이터 베이스의 메커니즘을 숨긴다. 그리고 **객체 관계 매핑**object-relational mapper(ORM)의 클래스를 정의하여 데이터베이스의 데이터 입출력을 처리한다. '객체 관계 매핑'이라는 복잡한 단어 구문 속의 기본 아이디어는 여전히 관계형 데이터베이스를 사용하면서 코드의 객체를 참조하여 파이썬처럼 작동하게 하는 것이다.

Zoo 클래스를 정의하여 ORM으로 연결해보자. 이번에는 SQLite의 `zoo.db` 파일을 사용하여 ORM이 작동하는지 확인해본다.

앞의 두 절에서와 마찬가지로 다음 예제는 설명을 위해 분리한 하나의 프로그램이다. 이해가 안 된다고 걱정하지 마라. SQLAlchemy 문서에서 세부 사항을 모두 얻을 수 있다. 이번 예제에서 ORM의 동작원리에 대해 생각해보고 이번 장에서 배운 데이터베이스 접근 방법 중 독자 여러분에게 맞는 방법을 선택하면 된다.

마찬가지로 맨 처음 `sqlalchemy`를 임포트한다. 그리고 이번에는 다른 새로운 모듈도 임포트 한다.

```
>>> import sqlalchemy as sa
>>> from sqlalchemy.ext.declarative import declarative_base
```

데이터베이스에 연결한다.

```
>>> conn = sa.create_engine('sqlite:///zoo.db')
```

SQLAlchemy의 ORM을 사용해보자. Zoo 클래스를 정의하고, 테이블의 열과 속성을 연결한다.

```
>>> Base = declarative_base()
>>> class Zoo(Base):
...     __tablename__ = 'zoo'
...     critter = sa.Column('critter', sa.String, primary_key=True)
...     count = sa.Column('count', sa.Integer)
...     damages = sa.Column('damages', sa.Float)
...     def __init__(self, critter, count, damages):
...         self.critter = critter
...         self.count = count
...         self.damages = damages
...     def __repr__(self):
```

```
...        return "<Zoo({}, {}, {})>".format(self.critter, self.count, self.damages)
...
```

다음 한 줄로 데이터베이스와 테이블을 생성한다.

```
>>> Base.metadata.create_all(conn)
```

이제 파이썬 객체를 생성하여 데이터를 삽입할 수 있다. ORM은 내부적으로 이들 객체를 관리한다.

```
>>> first = Zoo('duck', 10, 0.0)
>>> second = Zoo('bear', 2, 1000.0)
>>> third = Zoo('weasel', 1, 2000.0)
>>> first
<Zoo(duck, 10, 0.0)>
```

그다음 ORM을 SQL 세계로 보낸다. 데이터베이스와 대화할 수 있는 세션을 생성한다.

```
>>> from sqlalchemy.orm import sessionmaker
>>> Session = sessionmaker(bind=conn)
>>> session = Session()
```

세션 내에서 우리가 생성한 세 객체를 데이터베이스에 작성한다. add() 함수는 한 객체를 추가하고 add_all()은 리스트를 추가한다.

```
>>> session.add(first)
>>> session.add_all([second, third])
```

마지막으로 모든 작업을 강제로 완료한다.

```
>>> session.commit()
```

작동하는가? 이 예제는 현재 디렉터리에서 **zoo.db** 파일을 생성한다. 커맨드 라인에서 **sqlite3** 프로그램을 실행하여 확인해보자.

```
$ sqlite3 zoo.db
SQLite version 3.6.12
Enter ".help" for instructions
Enter SQL statements terminated with a ";"
sqlite> .tables
zoo
sqlite> select * from zoo;
duck|10|0.0
bear|2|1000.0
weasel|1|2000.0
```

이 절의 목적은 ORM이 무엇이고, 이것이 높은 수준에서 어떻게 작동하는지 살펴보는 것이었다. SQLAlchemy에서 튜토리얼(*http://bit.ly/obj-rel-tutorial*)을 제공한다. 이를 읽고 나면 여러분 작업에 맞는 다음과 같은 수준을 결정할 수 있다.

- 이전 SQLite 절과 같은 일반적인 DB-API
- SQLAlchemy 엔진
- SQLAlchemy 표현 언어
- SQLAlchemy ORM

SQL의 복잡성을 피하기 위해 ORM을 사용하는 것은 자연스러운 선택처럼 보인다. 여러분은 어느 것을 사용할 것인가? 어떤 사람은 ORM을 피해야 한다고 생각하지만(*http://bit.ly/obj-rel-map*), 어떤 사람은 이에 대한 비판이 과하다고 생각한다(*http://bit.ly/fowler-orm*). 누가 맞든지 간에 ORM은 SQL을 추상화한 것이고, 모든 추상화된 것은 어떤 것으로 구체화된다. 추상화는 허술하다(*http://bit.ly/leaky-law*). ORM이 우리가 원하는 일을 하지 않는다면 ORM이 어떻게 작동하는지, SQL을 어떻게 고쳐야 하는지 알아내야 한다. 인터넷에 돌아다니는 농담이 담긴 글을 빌려왔다.

> 어떤 사람들이 문제에 직면했을 때, '그래, ORM을 사용하면 돼'라고 생각한다. 이제 그들은 두 가지 문제를 얻게 될 것이다.

데이터베이스 테이블에 직접 매핑하는 애플리케이션의 경우 ORM을 사용한다. 애플리케이션이 간단한 경우, SQL문이나 SQL 표현 언어를 직접 사용하는 것을 고려할 수 있다.

16.5.7 기타 데이터베이스 패키지

SQLAlchemy 보다 작지만, DB API 보다 많은 기능을 제공하고 여러 데이터베이스를 처리하는 도구를 찾고 있다면 아래의 패키지를 살펴본다.

- **dataset**: *https://dataset.readthedocs.org*

  '게으른 자를 위한 데이터베이스'를 모토로 한다. SQLAlchemy 기반이며 SQL, JSON 및 CSV 스토리지를 위한 간단한 ORM을 제공합니다.

- **records**: *https://pypi.org/project/records*

  '사람을 위한 SQL'을 모토로 한다. 내부적으로 SQLAlchemy를 사용하여 SQL 언어 문제, 연결 풀링 및 기타 세부 사항을 처리하는 SQL 쿼리만 지원한다. tablib(16.3.7절 참조)과 통합하여 데이터를 CSV, JSON 및 기타 형식으로 익스포트할 수 있다.

16.6 NoSQL 데이터 스토어

관계형 테이블은 직사각형의 표지만, 데이터는 여러 형태로 제공되어서 상당한 노력 없이 테이블에 끼워 맞추기는 어려울 수 있다. 마치 조각 맞추기 게임square peg/round hole problem과 같다.

일부 비관계형 데이터베이스는 보다 유연한 데이터 정의를 허용하고 매우 큰 데이터셋을 처리하거나 사용자 정의 데이터 작업을 지원하기 위해 구현됐다. 이들을 뭉뚱그려 **NoSQL**(예전에는 표현 그 자체로 **SQL이 아니다**no SQL의 의미를 가졌었는데, 지금은 덜 대립하는 **SQL뿐만 아니다**not only SQL라는 의미를 지닌다)이라 부른다.

가장 간단한 유형의 NoSQL 데이터베이스는 **키-값 저장소**다. 다음 절에서 키-값 저장소 순위(*https://oreil.ly/_VCKq*)에 있는 데이터베이스를 살펴본다.

16.6.1 dbm 형식

dbm 형식은 NoSQL이 나타나기 오래 전부터 존재했다. 이는 키-값 저장 형식으로, 다양한 설정을 유지하기 위해 웹 브라우저와 같은 애플리케이션에 포함된다. dbm 데이터베이스는 다음과 같은 점에서 파이썬의 딕셔너리와 같다.

- 키에 값을 할당한다. 이것은 디스크에 있는 데이터베이스에 자동으로 저장된다.

- 키를 질의하여 값을 얻는다.

다음 간단한 예제를 보자. open() 메서드의 두 번째 인수에서 'r'은 읽기, 'w'는 쓰기, 'c'는
읽기/쓰기(파일이 존재하지 않을 경우에는 파일 생성^{create})를 뜻한다.

```
>>> import dbm
>>> db = dbm.open('definitions', 'c')
```

키-값 쌍을 생성하려면 딕셔너리처럼 키에 값을 할당한다.

```
>>> db['mustard'] = 'yellow'
>>> db['ketchup'] = 'red'
>>> db['pesto'] = 'green'
```

그럼 우리가 할당했던 값을 확인해보자.

```
>>> len(db)
3
>>> db['pesto']
b'green'
```

이제 데이터베이스를 닫은 다음에 다시 열어서 우리가 저장한 값이 있는지 확인한다.

```
>>> db.close()
>>> db = dbm.open('definitions', 'r')
>>> db['mustard']
b'yellow'
```

키와 값은 바이트로 저장된다. 데이터베이스 객체 db를 순회할 순 없지만, len()을 사용하여
키의 수를 얻을 수 있다. get()과 setdefault()는 딕셔너리의 함수처럼 작동한다.

16.6.2 Memcached

memcached(*http://memcached.org*)는 민첩한 인메모리 키-값의 **캐시** 서버다. 주로 데이터베이스 앞단에 놓이거나 웹 서버의 세션 데이터를 저장하는 데 사용한다.

리눅스나 macOS(*https://memcached.org/downloads*) 버전을 내려받을 수 있다. 이번 절을 실습하려면 memcached 서버와 파이썬 드라이버가 필요하다.

memcached에 많은 파이썬 드라이버가 있다. 그중 파이썬 3에서 작동하는 python3-memcached(*https://oreil.ly/7FA3-*)를 선택하여 다음과 같이 설치하면 된다.

```
$ pip install python-memcached
```

memcached 서버에 연결하여 다음과 같은 일을 수행할 수 있다.

- 키에 대한 값을 설정하고 얻는다.
- 값을 증가하거나 감소시킨다.
- 키를 삭제한다.

데이터의 키와 값은 지속되지 않아서, 이전에 쓴 데이터가 사라질 수 있다. 이것은 캐시 서버의 memcached에 대한 특징이다. 이는 오래된 데이터를 제거하여 메모리 부족을 방지한다.

여러 memcached 서버를 동시에 연결할 수 있다. 다음 예제는 자신의 컴퓨터에 연결하여 데이터를 메모리에 저장한다.

```
>>> import memcache
>>> db = memcache.Client(['127.0.0.1:11211'])
>>> db.set('marco', 'polo')
True
>>> db.get('marco')
'polo'
>>> db.set('ducks', 0)
True
>>> db.get('ducks')
0
>>> db.incr('ducks', 2)
2
>>> db.get('ducks')
2
```

16.6.3 Redis

Redis(*http://redis.io*)는 **자료구조 서버**다. Redis 서버에 있는 모든 데이터는 memcached 처럼 메모리에 저장된다(디스크에 데이터를 저장할 수 있는 옵션이 있다). memcached와 달리 Redis는 다음과 같은 일을 할 수 있다.

- 서버의 재시작과 신뢰성을 위해 데이터를 디스크에 저장한다.
- 기존 데이터를 유지한다.
- 간단한 문자열 이상의 자료구조를 제공한다.

Redis 데이터 유형은 파이썬 데이터 유형에 가깝다. 그래서 Redis 서버는 여러 파이썬 애플리 케이션에서 데이터를 공유하기 위한 중개 역할로 매우 유용하다. 이러한 장점 때문에 Redis에 관한 예제를 좀 더 다룰가치가 있다고 생각한다.

GitHub에서 파이썬 드라이버 redis-py(*https://oreil.ly/aZIbQ*)의 소스 코드와 테스트를 제공한다. 온라인 문서(*http://bit.ly/redis-py-docs*) 또한 제공하며, 다음과 같이 Redis 를 설치할 수 있다.

```
$ pip install redis
```

Redis 서버(*http://redis.io*)는 문서화가 잘 되어 있다. 로컬 컴퓨터(네트워크 별칭:local host)에 Redis를 설치하고 시작하면 이번 절의 프로그램을 실행할 수 있다.

문자열

한 키에 하나의 값은 Redis **문자열**이다. 간단한 파이썬의 데이터 유형은 자동으로 변환된다. Redis 서버의 호스트(기본값: localhost)와 포트(기본값: 6379)에 연결하자.

```
>>> import redis
>>> conn = redis.Redis()
```

redis.Redis('localhost') 혹은 redis.Redis('localhost', 6379)도 같은 결과를 얻는 다. 모든 키를 나열한다(지금까진 키가 없다).

```
>>> conn.keys('*')
[]
```

문자열(키: 'secret'), 정수(키: 'carats'), 부동소수점 숫자(키: 'fever')를 설정한다.

```
>>> conn.set('secret', 'ni!')
True
>>> conn.set('carats', 24)
True
>>> conn.set('fever', '101.5')
True
```

키를 사용하여 값을 (파이썬 바이트 값으로) 다시 가져온다.

```
>>> conn.get('secret')
b'ni!'
>>> conn.get('carats')
b'24'
>>> conn.get('fever')
b'101.5'
```

setnx() 메서드는 키가 존재하지 않는 경우에만 값을 설정한다.

```
>>> conn.setnx('secret', 'icky-icky-icky-ptang-zoop-boing!')
False
```

이미 정의된 'secret' 값이 있어서 실패했다.

```
>>> conn.get('secret')
b'ni!'
```

getset() 메서드는 이전 값을 반환하고, 동시에 새로운 값을 설정한다.

```
>>> conn.getset('secret', 'icky-icky-icky-ptang-zoop-boing!')
b'ni!'
```

설정한 값이 저장되었는가?

```
>>> conn.get('secret')
b'icky-icky-icky-ptang-zoop-boing!'
```

getrange()를 사용하여 부분 문자열을 얻어온다(오프셋은 파이썬과 같다. 시작: 0, 끝: -1).

```
>>> conn.getrange('secret', -6, -1)
b'boing!'
```

setrange()를 사용하여 부분 문자열을 교체한다(오프셋 0 사용).

```
>>> conn.setrange('secret', 0, 'ICKY')
32
>>> conn.get('secret')
b'ICKY-icky-icky-ptang-zoop-boing!'
```

mset()을 사용하여 한 번에 여러 키를 설정한다.

```
>>> conn.mset({'pie': 'cherry', 'cordial': 'sherry'})
True
```

mget()을 사용하여 한 번에 여러 값을 얻는다.

```
>>> conn.mget(['fever', 'carats'])
[b'101.5', b'24']
```

delete()를 사용하여 키를 지운다.

```
>>> conn.delete('fever')
True
```

incr(), incrbyfloat()으로 값을 증가시키고, decr()로 값을 감소시킨다.

```
>>> conn.incr('carats')
25
>>> conn.incr('carats', 10)
35
>>> conn.decr('carats')
34
>>> conn.decr('carats', 15)
19
```

```
>>> conn.set('fever', '101.5')
True
>>> conn.incrbyfloat('fever')
102.5
>>> conn.incrbyfloat('fever', 0.5)
103.0
```

decrbyfloat()은 없다. 대신 음수값으로 'fever'를 증가시켜보자.

```
>>> conn.incrbyfloat('fever', -2.0)
101.0
```

리스트

Redis의 리스트는 문자열만 포함할 수 있다. 리스트는 값을 처음 삽입할 때 생성된다. 먼저 lpush()로 값을 삽입해보자.

```
>>> conn.lpush('zoo', 'bear')
1
```

하나 이상의 값을 삽입할 수 있다.

```
>>> conn.lpush('zoo', 'alligator', 'duck')
3
```

linsert()로 'bear' 값 이전before 혹은 이후after에 삽입할 수 있다.

```
>>> conn.linsert('zoo', 'before', 'bear', 'beaver')
4
>>> conn.linsert('zoo', 'after', 'bear', 'cassowary')
5
```

lset()으로 오프셋에 삽입할 수 있다(리스트가 존재해야 한다).

```
>>> conn.lset('zoo', 2, 'marmoset')
True
```

rpush()로 값을 마지막에 삽입한다.

```
>>> conn.rpush('zoo', 'yak')
6
```

lindex()로 오프셋 값을 얻는다.

```
>>> conn.lindex('zoo', 3)
b'bear'
```

lrange()로 오프셋 범위에 있는 값들을 얻는다(0과 -1을 지정하면 리스트의 모든 값을 얻는다).

```
>>> conn.lrange('zoo', 0, 2)
[b'duck', b'alligator', b'marmoset']
```

ltrim()으로 리스트를 범위를 지정한다. 지정한 오프셋 범위만 남는다.

```
>>> conn.ltrim('zoo', 1, 4)
True
```

lrange()로 지정한 범위의 값을 얻는다(0과 -1을 지정하면 리스트의 모든 값을 얻는다).

```
>>> conn.lrange('zoo', 0, -1)
[b'alligator', b'marmoset', b'bear', b'cassowary']
```

작업 큐를 구현하기 위해 Redis의 리스트와 발행–구독publish–subscribe하는 방법을 15장에서 살펴본다.

해시

Redis의 **해시**hash는 파이썬의 딕셔너리와 비슷하지만 문자열만 포함할 수 있다. 그리고 해시는 깊고 중첩된 구조가 아닌 한 단계 깊이의 구조를 만든다. song이라는 해시를 생성하여 테스트해보자.

hmset()으로 song 해시에서 do와 re 필드를 한 번에 설정한다.

```
>>> conn.hmset('song', {'do': 'a deer', 're': 'about a deer'})
True
```

hset()으로 해시에서 하나의 필드값을 설정한다.

```
>>> conn.hset('song', 'mi', 'a note to follow re')
1
```

hget()으로 하나의 필드값을 얻는다.

```
>>> conn.hget('song', 'mi')
b'a note to follow re'
```

hmget()으로 여러 필드값을 얻는다.

```
>>> conn.hmget('song', 're', 'do')
[b'about a deer', b'a deer']
```

hkeys()로 해시의 모든 필드키를 얻는다.

```
>>> conn.hkeys('song')
[b'do', b're', b'mi']
```

hval()로 해시의 모든 필드값을 얻는다.

```
>>> conn.hvals('song')
[b'a deer', b'about a deer', b'a note to follow re']
```

hlen()으로 해시 필드의 개수를 얻는다.

```
>>> conn.hlen('song')
3
```

hgetall()로 해시 필드의 모든 키와 값을 얻는다.

```
```

```
>>> conn.hgetall('song')
{b'do': b'a deer', b're': b'about a deer', b'mi': b'a note to follow re'}
```

키가 존재하지 않다면 hsetnx()로 필드를 설정한다.

```
>>> conn.hsetnx('song', 'fa', 'a note that rhymes with la')
1
```

셋

다음 예제에서 볼 수 있듯이 Redis의 셋^{set}은 파이썬의 셋과 유사하다.

셋에 하나 이상의 값을 추가해보자.

```
>>> conn.sadd('zoo', 'duck', 'goat', 'turkey')
3
```

셋에 있는 값의 수를 얻는다.

```
>>> conn.scard('zoo')
3
```

셋의 모든 값을 얻는다.

```
>>> conn.smembers('zoo')
{b'duck', b'goat', b'turkey'}
```

셋에서 값을 제거한다.

```
>>> conn.srem('zoo', 'turkey')
True
```

셋 연산을 하기 위해 두 번째 셋을 추가한다.

```
>>> conn.sadd('better_zoo', 'tiger', 'wolf', 'duck')
0
```

zoo와 `better_zoo` 셋을 교집합한다.

```
>>> conn.sinter('zoo', 'better_zoo')
{b'duck'}
```

zoo와 `better_zoo` 셋을 교집합하고, 그 결과를 `fowl_zoo` 셋에 저장한다.

```
>>> conn.sinterstore('fowl_zoo', 'zoo', 'better_zoo')
1
```

`fowl_zoo`의 값을 확인해보자.

```
>>> conn.smembers('fowl_zoo')
{b'duck'}
```

zoo와 `better_zoo` 셋을 합집합한다.

```
>>> conn.sunion('zoo', 'better_zoo')
{b'duck', b'goat', b'wolf', b'tiger'}
```

합집합의 결과를 `fabulous_zoo` 셋에 저장한다.

```
>>> conn.sunionstore('fabulous_zoo', 'zoo', 'better_zoo')
4
>>> conn.smembers('fabulous_zoo')
{b'duck', b'goat', b'wolf', b'tiger'}
```

zoo에는 있지만 `better_zoo`에는 없는 값은 무엇일까? `sdiff()`로 셋의 차집합을 얻는다. 그리고 `sdiffstore()` 로그 결과를 `zoo_sale` 셋에 저장한다.

```
>>> conn.sdiff('zoo', 'better_zoo')
{b'goat'}
>>> conn.sdiffstore('zoo_sale', 'zoo', 'better_zoo')
1
>>> conn.smembers('zoo_sale')
{b'goat'}
```

정렬된 셋

가장 많은 용도로 쓰이는 Redis의 데이터 유형은 **정렬된 셋**sorted set 또는 **zset**이다. 이것은 유일한 값의 셋이지만 각 값은 연관된 부동소수점의 점수score를 가진다. 각 항목을 값 혹은 점수로 접근할 수 있다. 정렬된 셋은 다음과 같이 다양한 용도로 쓰인다.

- 게임 등에서 사용하는 순위판leaderboard
- 보조 인덱스secondary index
- 타임스탬프를 점수로 사용하는 시계열timeseries

마지막 경우에 대한 예제를 살펴보자. 타임스탬프로 사용자 로그인 기록을 추적한다. 파이썬 time() 함수가 반환하는 유닉스의 에폭 값(15장 참조)을 사용한다.

```
>>> import time
>>> now = time.time()
>>> now
1361857057.576483
```

첫 번째 게스트를 추가한다.

```
>>> conn.zadd('logins', 'smeagol', now)
1
```

5분 후, 새 게스트를 추가한다.

```
>>> conn.zadd('logins', 'sauron', now+(5*60))
1
```

2시간 후, 새 게스트를 추가한다.

```
>>> conn.zadd('logins', 'bilbo', now+(2*60*60))
1
```

하루가 지난 후, 새 게스트를 추가한다.

```
>>> conn.zadd('logins', 'treebeard', now+(24*60*60))
1
```

bilbo는 몇 번째로 로그인했는가?

```
>>> conn.zrank('logins', 'bilbo')
2
```

bilbo는 언제 로그인했는가?

```
>>> conn.zscore('logins', 'bilbo')
1361864257.576483
```

모든 사람이 로그인한 순서를 얻는다.

```
>>> conn.zrange('logins', 0, -1)
[b'smeagol', b'sauron', b'bilbo', b'treebeard']
```

로그인한 시간을 포함한 순서를 얻는다.

```
>>> conn.zrange('logins', 0, -1, withscores=True)
[(b'smeagol', 1361857057.576483), (b'sauron', 1361857357.576483), (b'bilbo',
1361864257.576483), (b'treebeard', 1361943457.576483)]
```

캐시와 만료

모든 Redis의 키는 TTL^{Time-To-Live}, 즉 **만료일**^{expiration date}을 갖는다. 기본적으로 만료일은 끝이 없다. 키가 유지되는 시간을 지정하기 위해 expire() 함수를 사용한다. 키가 유지되는 시간의 기본 단위 값은 초^{second}다.

```
>>> import time
>>> key = 'now you see it'
>>> conn.set(key, 'but not for long')
True
>>> conn.expire(key, 5)
True
>>> conn.ttl(key)
5
>>> conn.get(key)
b'but not for long'
```

```
>>> time.sleep(6)
>>> conn.get(key)
>>>
```

expireat() 함수는 주어진 에폭 시간에 키를 만료한다. 키 만료는 캐시를 적정 수준으로 유지하고 로그인 세션을 제한하는 데 유용하다. 편의점에서 점원이 우유를 진열할 때 유통기한 지난 우유를 빼는 것으로 비유할 수 있다.

16.6.4 문서 데이터베이스

문서 데이터베이스 document database는 다양한 필드의 데이터를 저장하는 NoSQL 데이터베이스다. 관계형 테이블(모든 행에 동일한 열이 있는 직사각형의 테이블)과 비교할 때, 이러한 데이터는 행마다 다양한 필드(열) 및 중첩된 필드와 함께 엮인다. 리스트나 딕셔너리를 사용하여 이와 같은 데이터를 메모리에서 처리하거나 JSON 파일로 저장할 수 있다. 이러한 데이터를 관계형 데이터베이스 테이블에 저장하려면 가능한 모든 열을 정의하고, 누락된 데이터를 널null로 처리해야 한다.

ODM은 객체 데이터 매니저Object Data Manager 혹은 객체 도큐먼트 매퍼Object Document Mapper를 의미한다. ODM은 관계형 데이터베이스 ORM의 도큐먼트 데이터베이스에 해당한다. 인기 있는 도큐먼트 데이터베이스(*https://oreil.ly/5Zpxx*) 및 도구(드라이버와 ODM)는 [표 16-6]에 나열되어 있다.

표 16-6 도큐먼트 데이터베이스

데이터베이스	파이썬 API
Mongo[2]	tools[3]
DynamoDB[4]	boto3[5]
CouchDB[6]	couchdb[7]

2 *https://www.mongodb.com*

3 *https://api.mongodb.com/python/current/tools.html*

4 *https://aws.amazon.com/dynamodb*

5 *https://docs.aws.amazon.com/amazondynamodb/latest/developerguide/GettingStarted.Python.html*

6 *http://couchdb.apache.org*

7 *https://couchdb-python.readthedocs.io/en/latest/index.html*

NOTE_ PostgreSQL은 도큐먼트 데이터베이스가 하는 일 중 일부를 수행할 수 있다. 일부 확장 기능을 사용하면 트랜잭션, 데이터 유효성 검사 및 외래 키와 같은 기능을 유지하면서 관계형 데이터베이스의 정통에서 벗어날 수 있다.

- **다차원 배열**: *https://oreil.ly/MkfLY*
  테이블 셀에 값을 1개 이상 저장한다.
- **jsonb**: *https://oreil.ly/K_VJg*
  JSON 데이터를 셀에 저장한다. 인덱스를 생성하여 질의할 수 있다.

16.6.5 시계열 데이터베이스

시계열$^{time\ series}$ 데이터는 (컴퓨터 성능 메트릭과 같이) 고정 시간 간격 또는 임의 시간에 수집될 수 있다. 이로 인해 많은 저장 방법이 사용된다. 인기 있는 시계열 데이터베이스(*https://oreil.ly/CkjC0*)는 [표 16-7]에 나열한다.

표 16-7 시계열 데이터베이스

데이터베이스	파이썬 API
InfluxDB[8]	influx-client[9]
kdb+[10]	PyQ[11]
Prometheus[12]	prometheus_client[13]
TimescaleDB[14]	PostgreSQL 클라이언트
OpenTSDB[15]	potsdb[16]
PyStore[17]	PyStore[18]

----

8 *https://www.influxdata.com*

9 *https://pypi.org/project/influx-client*

10 *https://kx.com*

11 *https://code.kx.com/v2/interfaces/pyq/*

12 *https://prometheus.io*

13 *https://github.com/prometheus/client_python/blob/master/README.md*

14 *https://www.timescale.com*

15 *http://opentsdb.net*

16 *https://pypi.org/project/potsdb*

17 *https://github.com/ranaroussi/pystore*

18 *https://pypi.org/project/PyStore*

16.6.6 그래프 데이터베이스

여기서 NoSQL의 마지막 카테고리로 그래프 데이터베이스가 있다. 에지[edge] 또는 정점(관계)으로 연결된 노드(데이터)가 있다. 예를 들면 트위터 사용자는 팔로우, 팔로워에게 에지가 있는 노드가 된다. 소셜 미디어가 성장함에 따라 그래프 데이터가 좀 더 눈에 띄게 됐다. 인기 있는 그래프 데이터베이스(*https://oreil.ly/MAwMQ*)를 [표 16-8]에 나열한다.

표 16-8 그래프 데이터베이스

데이터베이스	파이썬 API
Neo4J[19]	py2neo[20]
OrientDB[21]	pyorient[22]
ArangoDB[23]	pyArango[24]

16.6.7 기타 NoSQL

여기에 나열된 NoSQL 서버는 메모리보다 큰 데이터를 처리하고, 이들 중 대다수는 컴퓨터 여러 대를 사용한다. 유명한 NoSQL 서버와 해당 파이썬 라이브러리를 [표 16-9]에 나열한다.

표 16-9 NoSQL 데이터베이스

데이터베이스	파이썬 API
Cassandra[25]	pycassa[26]
CouchDB[27]	couchdb-python[28]
HBase[29]	happybase[30]

---

19 *https://neo4j.com*
20 *https://py2neo.org/v3*
21 *https://orientdb.com*
22 *https://orientdb.com/docs/last/PyOrient.html*
23 *https://www.arangodb.com*
24 *https://github.com/ArangoDB-Community/pyArango*
25 *http://cassandra.apache.org*
26 *https://github.com/pycassa/pycassa*
27 *http://couchdb.apache.org*
28 *https://github.com/djc/couchdb-python*
29 *http://hbase.apache.org*
30 *https://github.com/wbolster/happybase*

데이터베이스	파이썬 API
Kyoto Cabinet[31]	kyotocabinet[32]
MongoDB[33]	mongodb[34]
Pilosa[35]	python-pilosa[36]
Riak[37]	riak-python-client[38]

16.7 풀 텍스트 데이터베이스

마지막으로 풀 텍스트full-text 검색을 위한 데이터베이스의 특별한 카테고리가 있다. 풀 텍스트 데이터베이스는 모든 것을 인덱싱한다. 예를 들면 미국의 7번째 대통령, 앤드루 잭슨의 풍차와 큰 바퀴만한 치즈에 대한 이야기를 찾을 수 있다. [표 16-10]에서 인기 있는 오픈 소스의 예제와 파이썬 API를 볼 수 있다.

표 16-10 풀 텍스트 데이터베이스 [3940 4142 4344]

사이트	파이썬 API
Lucene[39]	pylucene[40]
Solr[41]	SolPython[42]
ElasticSearch[43]	elasticsearch[44]

---

31 *http://fallabs.com/kyotocabinet*
32 *http://bit.ly/kyotocabinet*
33 *http://www.mongodb.org*
34 *http://api.mongodb.org/python/current*
35 *https://www.pilosa.com*
36 *https://github.com/pilosa/python-pilosa*
37 *http://basho.com/riak*
38 *https://github.com/basho/riak-python-client*
39 *http://lucene.apache.org*
40 *http://lucene.apache.org/pylucene*
41 *http://lucene.apache.org/solr*
42 *http://wiki.apache.org/solr/SolPython*
43 *http://www.elasticsearch.org*
44 *https://elasticsearch-py.readthedocs.io*

사이트	파이썬 API
Sphinx[45]	sphinxapi[46]
Xapian[47]	xappy[48]
Whoosh[49]	파이썬으로 구현되었고 API를 포함

16.8 다음 장에서는

이전 장에서 동시성에 대해 살펴봤다. 다음 장에서는 동시성 및 기타 이유로 사용할 수 있는 공간(네트워킹)으로 데이터 이동에 대해 살펴본다.

16.9 연습문제

16.1 아래 텍스트를 **books2.cvs** 파일에 저장한다(필드는 콤마로 구분한다. 인용 부호 안에 콤마가 있을 때는 하나의 필드로 인식한다).

```
author,book
J R R Tolkien,The Hobbit
Lynne Truss,"Eats, Shoots & Leaves"
```

16.2 cvs 모듈의 DictReader 메서드를 사용하여 **books2.cvs** 파일을 읽고, books 변수에 저장하라. books 변수를 출력한다. DictReader 메서드는 두 번째 책 제목에서 콤마와 인용 부호를 처리하는가?

16.3 아래 텍스트를 **books2.cvs** 파일로 저장한다.

---

45 *http://sphinxsearch.com*
46 *http://bit.ly/sphinxapi*
47 *http://xapian.org*
48 *https://code.google.com/p/xappy*
49 *http://bit.ly/mchaput-whoosh*

```
title,author,year
The Weirdstone of Brisingamen,Alan Garner,1960
Perdido Street Station,China Miéville,2000
Thud!,Terry Pratchett,2005
The Spellman Files,Lisa Lutz,2007
Small Gods,Terry Pratchett,1992
```

16.4 sqlite3 모듈을 사용하여 **books.db**라는 이름의 SQLite 데이터베이스를 생성하라. 그리고 title(텍스트), author(텍스트), year(정수) 필드를 가진 books 테이블을 생성한다.

16.5 **books2.cvs**를 읽고, 데이터를 book 테이블에 삽입한다.

16.6 book 테이블에서 알파벳순으로 title 열을 조회하여 결과를 출력한다.

16.7 book 테이블에서 발행일 순(오름차순)으로 모든 열을 조회하여 결과를 출력한다.

16.8 sqlalchemy 모듈을 사용하여 '연습문제 16.4'에서 만든 **books.db**를 연결하라. 그리고 '연습문제 16.6'과 같이 book 테이블에서 title 열을 알파벳순으로 조회하여 결과를 출력한다.

16.9 Redis 서버와 파이썬 redis 라이브러리(pip install redis)를 설치하라. count: 1과 name: 'Fester Bestertester' 필드(키: 값)를 가진 **test** 해시를 생성하라. test에 대한 모든 필드를 출력한다.

16.10 test의 count 필드를 증가시키고 출력한다.

CHAPTER 17

네트워크

> 시간은 모든 일이 동시에 일어나는 것을 막아주는 자연의 방식이다. 공간은 내게 일어나는 모든 일
> 을 막아준다.　　　　　　　　　　　　　　　　　　　– 시간에 대한 인용구에서(*http://bit.ly/wiki-time*)

15장에서 한 번에 둘 이상의 작업을 수행하는 **동시성**concurrency에 대해 살펴봤다(시간). 이 장
에서는 **분산 컴퓨팅**distributed computing 또는 **네트워킹**networking과 같은 여러 곳에서 작업을 수행하는
방법을 살펴볼 것이다 (공간). 시간과 공간에 도전해야 할 많은 이유가 있다.

- **성능**performance
  느린 요소component를 기다리지 않고, 빠른 요소를 바쁘게 유지한다.

- **견고함**robustness
  하드웨어 및 소프트웨어의 장애를 피하고자 작업을 복제하여 여러 가지 안정적인 방식으로 운영한다.

- **간소화**simplicity
  복잡한 작업을 좀 더 이해하기 쉽고, 해결하기 쉬운 여러 작은 작업으로 분해한다.

- **확장성**scalability
  부하에 따라 서버를 늘리고 축소(비용 절약)한다.

이번 장에서는 네트워크의 하위 개념에서부터 상위 개념까지 다룬다. 먼저 TCP/IP와 소켓으
로 시작한다.

17.1 TCP/IP

인터넷은 커넥션을 맺고, 데이터를 교환하고, 커넥션을 종료하고, 타임아웃을 처리하는 등의 방법에 대한 규칙에 의거한다. 이것을 **프로토콜**protocol이라고 하며 **계층**으로 정렬됐다. 계층의 목적은 일을 처리하는 데 새로운 여러 가지 대안을 허용하기 위함이다. 위 계층과 아래 계층을 처리하는 규칙을 따른다면 한 계층에서 원하는 모든 작업을 수행할 수 있다.

가장 낮은 계층에서 전기 신호를 처리한다. 그리고 각 계층이 층층이 쌓여있다. 중간에 있는 계층은 네트워크의 위치와 데이터 흐름의 패킷packet(덩어리chunk)을 명시하는 IPInternet Protocol 계층이다. IP 계층에는 네트워크 위치 사이에서 바이트를 이동하는 방법을 기술하는 두 가지 프로토콜이 있다.

- **사용자 데이터그램 프로토콜**user datagram protocol(UDP)

  이 프로토콜은 짧은 데이터 교환에 사용된다. **데이터그램**은 엽서의 짧은 글처럼 싱글 버스트single burst에 전송되는 작은 메시지다.

- **전송 제어 프로토콜**transmission control protocol(TCP)

  이 프로토콜은 수명이 긴 커넥션에 사용된다. TCP는 바이트 **스트림**이 중복 없이 순서대로 도착하는 것을 보장한다.

UDP 메시지는 응답 메시지ACK가 없다. 그래서 메시지가 목적지에 잘 도착했는지 확인할 수 없다. UDP로 농담을 던져보자.

송신자: 이거 UDP 농담이야. 듣고 있니?

TCP는 송신자와 수신자 사이의 커넥션을 보장하기 위해 핸드셰이크handshake를 설정한다.

송신자: 너, TCP 농담 듣고 싶니?
수신자: 응, TCP 농담 듣고 싶어.
송신자: 그래, TCP 농담 말해줄게.
수신자: 그래, TCP 농담 들을 준비됐어.
송신자: 자, 그럼 이제 TCP 농담 보낸다.
수신자: 그래, 지금 TCP 농담 받을게.
... (계속)

여러분의 로컬 머신은 항상 127.0.0.1의 IP 주소와 localhost의 이름을 가진다. 어디선가 **루프백 인터페이스**loopback interface를 들어봤을 것이다. 인터넷에 연결되어 있다면 **공인**public IP 주소를 갖는다. 집에서 컴퓨터를 사용한다면 케이블 모뎀이나 라우터와 같은 장비 뒤에 연결되어 있다. 같은 머신의 프로세스 간에도 인터넷 프로토콜을 실행할 수 있다.

웹과 데이터베이스 서버 등 우리가 소통하는 인터넷 대부분은 IP 프로토콜의 맨 위에서 실행되는 TCP 프로토콜이다(간단하게 TCP/IP라고 함). 먼저 몇 가지 기본적인 인터넷 서비스를 살펴본 후, 일반적인 네트워킹 패턴에 대해 살펴보자.

17.1.1 소켓

이 절에서는 네트워크 작동 방식을 다룬다.

네트워크 프로그래밍의 가장 낮은 수준은 C 언어와 유닉스 운영체제에서 빌려온 **소켓**socket을 사용한다. 소켓-레벨의 코딩은 지루하다. ZeroMQ와 같은 것을 사용하면 조금 더 재미있겠지만, 그 뒤의 동작원리를 보는 것은 유용하다. 예를 들어 소켓에 대한 메시지는 가끔 네트워킹 오류가 발생해야 발견된다.

아주 간단한 클라이언트-서버의 데이터 교환 프로그램을 작성해보자. 클라이언트는 UDP 데이터그램 안의 한 문자열을 서버로 보낸다. 서버는 문자열이 담긴 데이터의 패킷을 반환한다. 서버는 우체국과 사서함 같이 특정 주소와 포트를 청취listen해야 한다. 클라이언트는 메시지를 전달하고 서버로부터 응답을 받기 위해 이 두 값을 알아야 한다.

다음의 클라이언트와 서버 코드에서 server_address는 (**주소, 포트**)의 튜플이다. 주소는 이름 혹은 **IP 주소**의 문자열이 될 수 있다. 같은 컴퓨터로 통신하고 싶은 경우 'localhost' 이름을 사용하거나 같은 의미인 '127.0.0.1' 주소를 사용한다.

먼저 한 프로세스에서 다른 프로세스로 작은 데이터를 전송한 후, 데이터를 다시 보낸 사람에게 반환해보자. 먼저 서버 프로그램을 작성한 뒤, 클라이언트 프로그램을 작성한다. 각 프로그램은 시간을 출력하고 소켓을 연다. 서버는 소켓 연결을 청취하고, 클라이언트는 서버에 전송할 소켓을 작성한다.

먼저 서버 프로그램(udp_server.py)을 작성해보자.

```
from datetime import datetime
import socket

server_address = ('localhost', 6789)
max_size = 4096

print('Starting the server at', datetime.now())
print('Waiting for a client to call.')
server = socket.socket(socket.AF_INET, socket.SOCK_DGRAM)
server.bind(server_address)

data, client = server.recvfrom(max_size)

print('At', datetime.now(), client, 'said', data)
server.sendto(b'Are you talking to me?', client)
server.close()
```

서버는 socket 패키지에서 임포트한 두 메서드로 네트워킹을 설정하고 있다. 첫 번째 socket.socket 메서드는 소켓을 생성한다. 두 번째 bind 메서드는 소켓에 바인딩한다(해당 IP 주소와 포트에 도달하는 모든 데이터를 청취한다). AF_INET은 인터넷(IP) 소켓을 생성한다는 것을 의미한다(또 다른 유형의 **유닉스 도메인 소켓**이 있지만, 이것은 로컬 머신에서만 작동한다). SOCK_DGRAM은 데이터그램을 송수신하겠다는, 즉 UDP를 사용하겠다는 의미다.

이 시점에서 서버는 들어오는 데이터그램을 기다린다(recvform). 데이터그램이 도착하면 서버는 깨어나서 클라이언트에 대한 데이터와 정보를 얻는다. client 변수는 클라이언트에 접근하기 위한 주소와 포트가 결합된 데이터를 포함한다. 서버는 응답을 전송하고 커넥션을 종료한다.

클라이언트 프로그램(udp_client.py)을 살펴보자.

```
import socket
from datetime import datetime

server_address = ('localhost', 6789)
max_size = 4096
```

```
print('Starting the client at', datetime.now())
client = socket.socket(socket.AF_INET, socket.SOCK_DGRAM)
client.sendto(b'Hey!', server_address)
data, server = client.recvfrom(max_size)
print('At', datetime.now(), server, 'said', data)
client.close()
```

클라이언트는 서버와 거의 같은 메서드를 가지고 있다(bind() 메서드 제외). 클라이언트는 데이터를 전송한 다음 데이터를 받는다. 반면 서버는 데이터를 먼저 받는다.

먼저 한 창에서 서버를 실행한다. 서버가 시작된 시간을 출력한 후, 클라이언트에서 데이터 보내기를 기다린다.

```
$ python udp_server.py
Starting the server at 2020-03-14 14:17:41.945649
Waiting for a client to call.
```

다음으로 다른 창에서 클라이언트를 실행한다. 데이터를 서버로 보내고, 응답받은 데이터를 출력한 후 종료한다.

```
$ python udp_client.py
Starting the client at 2020-03-14 14:24:56.509682
At 2020-03-14 14:24:56.518670 ('127.0.0.1', 6789) said b'Are you talking to me?'
```

마지막으로 서버는 아래 문장을 출력한 후 종료한다.

```
At 2020-03-14 14:24:56.518473 ('127.0.0.1', 56267) said b'Hey!'
```

클라이언트는 서버의 주소와 포트 번호를 알아야 하지만, 자신의 포트 번호를 지정할 필요는 없다. 시스템에서 자동으로 할당한다. 이 경우 포트 번호는 56267이다.

NOTE_ UDP는 한 덩어리chunk에 데이터를 보낸다. 데이터 전송을 보장하지 않는다. UDP로 여러 메시지를 보내면 순서 없이 도착하거나 모두 도착하지 않을 수 있다. UDP는 빠르고, 가볍고, 신뢰할 수 없고, 비연결형connectionless이다. UDP는 패킷을 빠르게 보내야 할 때 유용하며 음성 인터넷 프로토콜Voice over IP(VoIP)과 같이 손실된 패킷을 허용할 수 있다.

우리는 왜 TCP를 선호하는가? TCP는 웹과 같은 수명이 긴 커넥션에 사용한다. TCP는 데이터를 보낸 순서대로 전달한다. 전송에 문제가 생기면 다시 보낸다. 이러한 이유로 TCP는 UDP보나 느리시만, 모든 패킷이 순서대로 정확하게 도착해야 할 때 TCP를 사용한다.

> **NOTE_** 웹 프로토콜 HTTP 처음 두 버전은 TCP 기반이지만, HTTP/3은 자체적으로 UDP를 사용하는 QUIC(*https://oreil.ly/Y3Jym*) 프로토콜을 기반으로 한다. 따라서 UDP와 TCP의 선택은 많은 요소를 수반한다.

TCP로 클라이언트에서 서버로 패킷을 전달해보자.

`tcp_client.py`는 이전 UDP 클라이언트의 코드처럼 한 문자열을 서버로 보낸다. 그러나 소켓을 호출하는 부분은 약간 다르다.

예제 17-3 tcp_client.py

```
import socket
from datetime import datetime

address = ('localhost', 6789)
max_size = 1000

print('Starting the client at', datetime.now())
client = socket.socket(socket.AF_INET, socket.SOCK_STREAM)
client.connect(address)
client.sendall(b'Hey!')
data = client.recv(max_size)
print('At', datetime.now(), 'someone replied', data)
client.close()
```

스트리밍 프로토콜(TCP)을 얻기 위해 **SOCK_DGRAM**을 **SOCK_STREAM**으로 바꿨다. 또한 스트림을 설정하기 위해 connect() 호출을 추가했다. 인터넷에서 각 데이터그램은 야생 그 자체이기 때문에 UDP에 대한 스트림은 필요 없다. [예제 17-4]에서 알 수 있듯이 `tcp_server.py`도 UDP와 다르다.

```
from datetime import datetime
import socket

address = ('localhost', 6789)
max_size = 1000

print('Starting the server at', datetime.now())
print('Waiting for a client to call.')
server = socket.socket(socket.AF_INET, socket.SOCK_STREAM)
server.bind(address)
server.listen(5)

client, addr = server.accept()
data = client.recv(max_size)

print('At', datetime.now(), client, 'said', data)
client.sendall(b'Are you talking to me?')
client.close()
server.close()
```

Server.listen(5)는 대기 중인 커넥션의 최대 수를 5로 지정한다. server.accept()는 도착한 첫 번째 유효한 메시지를 얻는다.

client.recv(1000)은 최대 허용 메시지의 길이를 1,000 바이트로 제한한다.

이전처럼 서버를 먼저 실행한한다.

```
$ python tcp_server.py
Starting the server at 2020-03-14 15:45:13.306971
Waiting for a client to call.
At 2020-03-14 15:45:16.048865 <socket.socket object, fd=6, family=2, type=1,
     proto=0> said b'Hey!'
```

다음에는 클라이언트를 실행한다. 서버에 메시지를 전송하고, 응답을 받은 후 종료한다.

```
$ python tcp_client.py
Starting the client at 2020-03-14 15:45:16.038642
At 2020-03-14 15:45:16.049078 someone replied b'Are you talking to me?'
```

서버는 메시지를 모아서 출력하고, 응답한 후 종료한다.

```
At 2020-03-14 15:45:16.048865 <socket.socket object, fd=6, family=2, type=1, proto=0>
said b'Hey!'
```

TCP 서버는 `client.sendall()`을 호출하고, 이전 UDP 서버는 `client.sendto()`를 호출하여 응답한다. TCP는 소켓의 여러 호출을 통해서 클라이언트와 서버의 커넥션을 유지하고, 클라이언트 IP 주소를 기억한다.

좀 더 복잡한 코드를 작성한다면 저수준의 소켓이 실제로 어떻게 동작하는지 볼 수 있다. TCP와 UDP의 몇 가지 특징은 다음과 같다.

- UDP는 메시지를 전송할 때 크기 제한이 있다. 그리고 메시지가 목적지까지 도달하는 것을 보장하지 않는다.
- TCP는 메시지가 아닌 바이트 스트림을 전송한다. 시스템의 각 송수신 호출에서 얼마나 많은 바이트가 전달되는지 알 수 없다.
- TCP로 전체 메시지를 전달하기 위해 세그먼트segment로부터 전체 메시지를 재구성하기 위한 몇 가지 추가 정보가 필요하다(고정 메시지 크기(바이트), 메시지 전체 크기, 구분자).
- 메시지는 유니코드 텍스트 문자열이 아닌 바이트라서 파이썬 바이트 타입을 사용해야 한다. 유니코드와 바이트 타입에 대한 자세한 사항은 12장을 참조한다.

파이썬 소켓 프로그래밍에 관한 좀 더 자세한 사항은 Socket Programming HOWTO (*http://bit.ly/socket-howto*)를 참고한다.

17.1.2 Scapy

웹 API를 디버깅하거나 일부 보안 문제를 추적해야 할 때 네트워킹 스트림을 잡아서 바이트를 자세히 살펴볼 필요가 있다. `scapy` 라이브러리는 패킷을 분석하기 위한 유용한 파이썬 도구다. 그리고 C 프로그램보다 코드를 작성하고 디버깅하는 것이 훨씬 쉽다.

`pip install scapy`를 입력하여 설치한다. 문서(*https://scapy.readthedocs.io*)에 scrapy가 매우 잘 정리되어 있어서 참고하길 바란다. TCP 문제를 조사하기 위해 `tcpdump` 또는 `wireshark`와 같은 도구를 사용한다면, `scapy`를 살펴보아야 한다. 마지막으로 18.7절 '크롤링과 스크래핑'에서 설명할 scrapy와 혼동하지 마라.

17.1.3 Netcat

네트워크 및 포트를 테스트하는 또 다른 도구는 Netcat(*https://oreil.ly/K37H2*)이며 종종 nc로 축약한다. 다음은 구글 홈페이지의 기본 정보를 요청하는 구글 웹사이트에 대한 HTTP 연결의 예이다.

```
$ nc www.google.com 80
HEAD / HTTP/1.1

HTTP/1.1 200 OK
Date: Sat, 14 Mar 2020 16:04:02 GMT
...
```

18.1.1절에서 동일한 작업을 수행하는 예제를 살펴본다.

17.2 네트워크 패턴

몇 가지 기본 패턴으로 네트워크 애플리케이션을 만들 수 있다.

- 가장 일반적인 패턴은 클라이언트-서버 패턴으로 잘 알려진 **요청-응답**request-response 패턴이다. 이 패턴은 동기적이다. 클라이언트는 서버 응답이 올 때까지 기다린다. 이 책에서 많은 요청-응답 예제를 살펴봤다. 웹 브라우저도 HTTP 요청을 만들어서 웹 서버의 응답을 기다리는 클라이언트다.

- 또 다른 패턴은 **푸시**push 또는 **팬아웃**fanout 패턴이다. 프로세스 풀pool에서 사용 가능한 워커로 데이터를 전송한다. 한 예로 로드밸런서 뒤에 웹서버가 있다.

- 푸시의 반대는 **풀**pull 또는 **팬인**fanin이다. 하나 이상의 소스로부터 데이터를 받는다. 한 예로 멀티 프로세스에서 텍스트 메시지를 받아서 하나의 로그 파일에 작성하는 로거logger가 있다.

- 패턴은 발행-구독publish-subscribe(pub-sub)하는 라디오나 텔레비전의 방송과 유사하다. 이 패턴은 발행자publisher가 데이터를 전송한다. 간단한 발행-구독 시스템의 모든 구독자subscriber는 데이터 복사본을 받는다. 구독자는 자주 특정 유형에 대한 데이터(주제topic)에 관심이 있음을 표시할 수 있다. 그리고 발행자는 단지 토픽을 전송한다. 푸시 패턴과는 달리, 여러 구독자는 주어진 데이터 조각을 받는다. 토픽에 대한 구독자가 없으면 데이터는 무시된다.

이어서 요청-응답과 발행-구독 예제를 살펴보자.

17.3 요청-응답 패턴

가장 친숙한 패턴이다. DNS, 웹, 이메일과 같은 서버에서 데이터를 요청하여 응답을 받는다.

UDP와 TCP를 기반으로 요청하는 방법을 살펴봤지만, 소켓 수준에서 네트워크 애플리케이션을 구축하긴 힘들다. ZeroMQ로 쉽게 구현할 수 있는지 살펴보자.

17.3.1 ZeroMQ

ZeroMQ는 서버가 아닌 라이브러리다. **강력한 소켓**sockets on steroids이라 불리는 ZeroMQ 소켓은 다음과 같은 일을 수행한다.

- 전체 메시지 교환
- 커넥션 재시도
- 송신자와 수신자 사이에 전송 타이밍이 맞지 않을 시 데이터 보존을 위한 버퍼 사용

온라인 가이드(*http://zguide.zeromq.org*)는 아주 잘 작성되어 있다. 필자가 본 네트워킹 패턴 설명 중 가장 마음에 든다. 『ZeroMQ: Messaging for Many Applications』(O'Reilly, 2013) 책에서 큰 물고기 그림의 표지와 좋은 코드의 향기를 맡을 수 있다. 책의 모든 예제는 C 언어로 되어 있지만, 온라인 버전에서는 여러 가지 언어를 선택할 수 있다. 파이썬 예제 (*http://bit.ly/zeromq-py*)도 볼 수 있다. 이번 절에서는 ZeroMQ 기본 요청-응답의 일부 예제를 살펴본다.

ZeroMQ는 레고 세트와 같아서 몇 가지 조각으로 여러 가지 멋진 작품을 만들 수 있다. ZeroMQ의 경우 몇 가지 소켓의 타입과 패턴으로부터 네트워크를 구축한다. 다음 목록에 기술되어 있는 기본적인 '레고 조각'들은 ZeroMQ의 소켓 타입이다. 일부 타입은 네트워크 패턴에서 살펴본 것이다.

- REQ(동기 요청synchronous request)
- REP(동기 응답synchronous reply)
- DEALER(비동기 요청asynchronous request)
- ROUTER(비동기 응답asynchronous reply)
- PUB(발행publish)

- SUB(구독^{subscribe})
- PUSH(팬아웃^{fanout})
- PULL(팬인^{fanin})

다음 명령을 입력하여 파이썬 ZeroMQ 라이브러리를 설치한다.

```
$ pip install pyzmq
```

가장 간단한 패턴은 단일 요청-응답 패턴이다. 한 소켓이 요청하면, 다른 소켓에서 응답하는 동기적인 방식이다. 먼저 응답(서버)하는 코드를 작성해보자.

예제 17-5 zmq_server.py

```python
import zmq

host = '127.0.0.1'
port = 6789
context = zmq.Context()
server = context.socket(zmq.Rserver.bind("tcp://%s:%s" % (host, port))
while True:
    # 클라이언트에서 다음 요청을 기다린다.
    request_bytes = server.recv()
    request_str = request_bytes.decode('utf-8')
    print("That voice in my head says: %s" % request_str)
    reply_str = "Stop saying: %s" % request_str
    reply_bytes = bytes(reply_str, 'utf-8')
    server.send(reply_bytes)
```

Context 객체를 생성한다. 이 객체는 상태를 유지하는 ZeroMQ 객체다. 그러고 나서 REP(REPly) 유형의 ZeroMQ socket을 만든다. bind()를 호출하여 특정 IP 주소와 포트를 청취한다. 여기서는 일반 소켓의 예제에서 본 튜플을 사용하지 않고 'tcp://localhost: 6789'와 같은 문자열을 사용했다.

이 예제는 클라이언트로부터 요청을 받아서 응답 보내기를 유지한다. 메시지가 아주 길어질 경우 ZeroMQ에서 이런 사항을 처리해준다.

다음은 해당 요청(클라이언트)에 대한 코드다. 이 유형은 REQ(REQuest)며, bind()가 아닌 connect()를 호출한다.

예제 17-6 zmq_client.py

```python
import zmq

host = '127.0.0.1'
port = 6789
context = zmq.Context()
client = context.socket(zmq.REQ)
client.connect("tcp://%s:%s" % (host, port))
for num in range(1, 6):
    request_str = "message #%s" % num
    request_bytes = request_str.encode('utf-8')
    client.send(request_bytes)
    reply_bytes = client.recv()
    reply_str = reply_bytes.decode('utf-8')
    print("Sent %s, received %s" % (request_str, reply_str))
```

이제 이들을 실행해보자. 평범한 소켓 예제와 한 가지 재미있는 다른 점은 서버와 클라이언트의 실행 순서를 다르게 할 수 있다는 것이다. 한 터미널에서 서버를 백그라운드로 실행해보자.

```
$ python zmq_server.py &
```

같은 터미널에서 클라이언트를 실행한다.

```
$ python zmq_client.py
```

다음은 클라이언트와 서버가 번갈아 가면서 출력한 결과다.

```
That voice in my head says 'message #1'
Sent 'message #1', received 'Stop saying message #1'
That voice in my head says 'message #2'
Sent 'message #2', received 'Stop saying message #2'
That voice in my head says 'message #3'
Sent 'message #3', received 'Stop saying message #3'
That voice in my head says 'message #4'
Sent 'message #4', received 'Stop saying message #4'
That voice in my head says 'message #5'
Sent 'message #5', received 'Stop saying message #5'
```

클라이언트는 다섯 번째 메시지를 보낸 후 종료한다. 그러나 우리는 서버를 종료하도록 명령하지 않았다. 클라이언트를 다시 실행하면 똑같이 결과 5줄을 출력하고, 서버도 결과 5줄을 출력한다. `zmq_server.py` 프로세스를 죽이지 않고 또 다른 `zmq_server.py`를 실행하면, 파이썬에서는 해당 주소를 이미 사용하고 있다는 에러를 보낸다.

```
$ python zmq_server.py

[2] 356
Traceback (most recent call last):
  File "zmq_server.py", line 7, in <module>
    server.bind("tcp://%s:%s" % (host, port))
  File "socket.pyx", line 444, in zmq.backend.cython.socket.Socket.bind
    (zmq/backend/cython/socket.c:4076)
  File "checkrc.pxd", line 21, in zmq.backend.cython.checkrc._check_rc
    (zmq/backend/cython/socket.c:6032)
zmq.error.ZMQError: Address already in use
```

메시지는 바이트 문자열로 전송해야 한다. 예제에서는 UTF−8 포맷으로 텍스트 문자열을 인코딩했다. 메시지를 바이트로 변환하면 모든 종류의 메시지를 전송할 수 있다. 예제의 메시지는 간단한 텍스트 문자열이다. 그래서 `encode()`와 `decode()`를 사용해 문자열을 바이트로, 바이트를 문자열로 변환했다. 메시지가 다른 데이터 유형이라면 MessagePack(*http://msgpack.org*)과 같은 라이브러리를 사용할 수 있다.

기본적인 요청—응답REQ-REP 패턴은 일부 복잡한 커뮤니케이션 패턴을 허용한다. 다수의 REQ 클라이언트는 하나의 REP 서버에 `connect()`할 수 있기 때문이다. 이 서버는 한 번에 하나의 요청을 동기적으로 처리한다. 하지만 그사이에 도착하는 다른 요청을 뿌리치지 않는다. ZeroMQ는 메시지를 특정 한계까지, 가능한 만큼 버퍼에 넣는다. 이것이 바로 ZeroMQ에 Q가 있는 이유다. Q는 큐Queue를, M은 메시지Message를 의미한다. Zero는 브로커broker가 필요 없다는 의미다.

비록 ZeroMQ에는 중앙 브로커(중개자)가 없지만, 필요하다면 브로커를 만들 수 있다. 예를 들면 여러 오리진과 목적지를 비동기적으로 연결하기 위해 DEALER와 ROUTER 소켓을 사용한다.

여러 REQ 소켓은 하나의 ROUTER 소켓에 연결된다. 각 요청은 ROUTER 소켓을 통과해서 DEALER 소켓으로 전달된다. 그리고 나서 DEALER 소켓은 연결된 어떤 REP 소켓에 접근한다(그림 17-1). 이것은 웹 서버 팜web server farm 앞의 프록시 서버proxy server에 접근하는 다수의 브라우저와 유사하다. 이것은 필요에 따라 클라이언트와 서버를 추가할 수 있도록 해준다.

REQ 소켓은 ROUTER 소켓에만 연결된다. DEALER 소켓은 그 뒤의 여러 REP 소켓에 연결된다. ZeroMQ는 복잡한 세부 사항을 처리한다. 요청이 로드 밸런싱되었는지 그리고 응답이 올바른 위치로 갔는지 보장해준다.

벤틸레이터ventilator라 불리는 또 다른 네트워킹 패턴은 PUSH 소켓을 사용하여 비동기 작업을 처리하고, PULL 소켓을 사용하여 결과를 수집한다.

마지막으로 ZeroMQ의 중요한 특징은 소켓이 생성될 때 소켓의 커넥션 유형을 바꿔서 스케일 업scale up과 스케일 다운scale down을 한다는 것이다.

- tcp: 하나 이상의 머신에서 프로세스 간 통신
- ipcInter-Process Communication : 하나의 머신에서 프로세스 간 통신
- inprocIN-PROcess (inter-thread) Communication : 한 프로세스에서 스레드 간 통신

inproc은 록lock없이 스레드 간 데이터를 전달하는 방법이다. threading 예제는 15.3.3절을 참조한다.

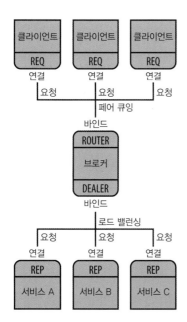

그림 17-1 다수의 클라이언트와 서버를 연결하기 위한 브로커 사용

ZeroMQ에 한번 맛 들이면 로소켓raw socket 코드를 다시는 작성하고 싶지 않을 것이다.

17.3.2 기타 메시징 도구

ZeroMQ는 파이썬이 지원하는 유일한 메시지 전달message-passing 라이브러리가 아니다. 메시지 전달은 네트워킹에서 가장 인기 있는 아이디어 중 하나다. 파이썬과 그 외 많은 언어에서 네트 워크 라이브러리를 지원한다.

- 18.2.4절에서 살펴볼 '아파치' 웹 서버의 아파치 프로젝트 또한 간단한 텍스트 지향의 STOMPSimple (or Streaming) Text Orientated Messaging Protocol(`https://oreil.ly/a3h_M`) 프로토콜을 사용한 몇몇 파이썬 인터페이스가 포함된 ActiveMQ(`https://activemq.apache.org`)를 관리하고 있다.
- RabbitMQ(`http://www.rabbitmq.com`) 역시 유용한 파이썬 튜토리얼(`http://bit.ly/rabbitmq-tut`)을 제공하며 매우 인기 있다.
- NATS(`http://www.nats.io`)은 Go언어로 작성된 빠른 메시징 시스템이다.

17.4 발행—구독 패턴

발행—구독은 큐가 아닌 브로드캐스트broadcast다. 하나 이상의 프로세스가 메시지를 발행한다. 각 구독자 프로세스는 수신하고자 하는 메시지의 유형을 표시한다. 각 메시지의 복사본은 유형 과 일치하는 구독자에게 전송된다. 그리고 주어진 메시지는 한 번 또는 여러 번 처리되거나 아 예 처리되지 않을 수도 있다. 라디오처럼 각 발행자는 단지 브로드캐스트broadcasting만 할 뿐, 누 가 구독하는지 알 수 없다.

17.4.1 Redis

16장에서 Redis를 자료구조 서버로 사용했다. Redis는 구독—발행 시스템도 포함한다. 발행 자는 토픽과 메시지를 전달하고, 구독자는 수신받고자하는 토픽을 말한다.

다음은 발행자에 대한 코드다.

예제 17-7 redis_pub.py

```python
import redis
import random

conn = redis.Redis()
cats = ['siamese', 'persian', 'maine coon', 'norwegian forest']
hats = ['stovepipe', 'bowler', 'tam-o-shanter', 'fedora']
for msg in range(10):
    cat = random.choice(cats)
    hat = random.choice(hats)
    print('Publish: %s wears a %s' % (cat, hat))
    conn.publish(cat, hat)
```

각 토픽은 고양이의 품종이다. 그리고 동반되는 메시지는 모자의 유형이다.

다음은 한 구독자에 대한 코드다.

예제 17-8 redis_sub.py

```python
import redis
conn = redis.Redis()

topics = ['maine coon', 'persian']
sub = conn.pubsub()
sub.subscribe(topics)
for msg in sub.listen():
    if msg['type'] == 'message':
        cat = msg['channel']
        hat = msg['data']
        print('Subscribe: %s wears a %s' % (cat, hat))
```

구독자는 고양이 유형 'maine coon'과 'persian'에 대한 모든 메시지를 받길 원한다. listen() 메서드는 딕셔너리를 반환한다. 메시지의 유형이 'message'일 때, 발행자가 보낸 구독자의 기준과 일치한 것이다. 'channel' 키는 토픽(cat)이다. 'data' 키는 메시지(hat)를 포함한다.

구독자 없이 발행자를 먼저 실행한다면, 이것은 마치 관객이 없는 무대와 같다. 구독자 코드를 먼저 실행해보자.

```
$ python redis_sub.py
```

다음에 발행자 코드를 실행한다. 메시지 10개를 보낸 후 종료한다.

```
$ python redis_pub.py
Publish: maine coon wears a stovepipe
Publish: norwegian forest wears a stovepipe
Publish: norwegian forest wears a tam-o-shanter
Publish: maine coon wears a bowler
Publish: siamese wears a stovepipe
Publish: norwegian forest wears a tam-o-shanter
Publish: maine coon wears a bowler
Publish: persian wears a bowler
Publish: norwegian forest wears a bowler
Publish: maine coon wears a stovepipe
```

구독자는 두 품종의 고양이에만 관심 있다.

```
$ python redis_sub.py
Subscribe: maine coon wears a stovepipe
Subscribe: maine coon wears a bowler
Subscribe: maine coon wears a bowler
Subscribe: persian wears a bowler
Subscribe: maine coon wears a stovepipe
```

구독자 코드에 종료하는 로직을 넣지 않아서 계속 메시지를 기다리고 있다. 발행자 코드를 재시작하면 구독자는 메시지 몇 개를 잡아서 출력한다.

원하는 만큼 구독자와 발행자를 설정할 수 있다. 메시지에 대한 구독자가 없다면 Redis 서버에서 메시지가 사라진다. 구독자가 있다면 모든 구독자가 메시지를 받을 때까지 메시지는 서버에 남는다.

17.4.2 ZeroMQ

ZeroMQ는 중앙 서버가 없으므로 각 발행자는 모든 구독자에게 메시지를 전달한다. ZeroMQ를 위한 고양이–모자의 발행–구독 코드를 다시 작성해보자. 다음은 발행자 코드다.

예제 17-9 zmq_pub.py

```python
import zmq
import random
import time
host = '*'
port = 6789
ctx = zmq.Context()
pub = ctx.socket(zmq.PUB)
pub.bind('tcp://%s:%s' % (host, port))
cats = ['siamese', 'persian', 'maine coon', 'norwegian forest']
hats = ['stovepipe', 'bowler', 'tam-o-shanter', 'fedora']
time.sleep(1)
for msg in range(10):
    cat = random.choice(cats)
    cat_bytes = cat.encode('utf-8')
    hat = random.choice(hats)
    hat_bytes = hat.encode('utf-8')
    print('Publish: %s wears a %s' % (cat, hat))
    pub.send_multipart([cat_bytes, hat_bytes])
```

이 코드에서는 토픽과 값 문자열에 UTF-8 인코딩을 사용했다.

다음은 구독자 코드다.

예제 17-10 zmq_sub.py

```python
import zmq

host = '127.0.0.1'
port = 6789
ctx = zmq.Context()
sub = ctx.socket(zmq.SUB)
sub.connect('tcp://%s:%s' % (host, port))
topics = ['maine coon', 'persian']
for topic in topics:
    sub.setsockopt(zmq.SUBSCRIBE, topic.encode('utf-8'))
while True:
    cat_bytes, hat_bytes = sub.recv_multipart()
    cat = cat_bytes.decode('utf-8')
    hat = hat_bytes.decode('utf-8')
    print('Subscribe: %s wears a %s' % (cat, hat))
```

이 코드에서는 다른 두 바이트 값을 구독했다. UTF-8로 인코딩된 토픽의 두 문자열이다.

발행자에서 send_multipart()를 호출하고, 구독자에서 recv_multipart()를 호출한다. 첫 번째 부분을 토픽으로 한 여러 메시지를 발행자에서 전달한다. 또한 토픽과 메시지를 한 문자열 혹은 바이트 문자열로 보낼 수 있지만, 고양이와 모자를 분리하는 것이 깔끔해 보인다.

구독자 코드 먼저 실행한다.

```
$ python zmq_sub.py
```

발행자 코드를 실행한다. 즉시 10개의 메시지를 보낸 후 종료한다.

```
$ python zmq_pub.py
Publish: norwegian forest wears a stovepipe
Publish: siamese wears a bowler
Publish: persian wears a stovepipe
Publish: norwegian forest wears a fedora
Publish: maine coon wears a tam-o-shanter
Publish: maine coon wears a stovepipe
Publish: persian wears a stovepipe
Publish: norwegian forest wears a fedora
Publish: norwegian forest wears a bowler
Publish: maine coon wears a bowler
```

구독자는 요청하여 받은 정보를 출력한다.

```
Subscribe: persian wears a stovepipe
Subscribe: maine coon wears a tam-o-shanter
Subscribe: maine coon wears a stovepipe
Subscribe: persian wears a stovepipe
Subscribe: maine coon wears a bowler
```

17.4.3 기타 발행-구독 도구

다음의 파이썬 발행-구독 사이트를 참고하면 많은 도움이 될 것이다.

- **RabbitMQ**

  메시징 브로커로 잘 알려져 있다. pika는 RabbitMQ를 위한 파이썬 API다. pika 문서(*http://pika.readthedocs.org*)와 publish/subscribe 튜토리얼(*http://bit.ly/pub-sub-tut*)을 참고한다.

- **pypi.python.org**

  오른쪽 상단의 검색창에 pubsub를 입력하여 pypubsub(*https://pypi.python.org*)과 같은 패키지를 찾아본다.

- **pubsubhubbub**: *https://code.google.com/p/pubsubhubbub*

  구독자가 발행자와 함께 콜백을 등록할 수 있게 해준다.

- **NATS**: *https://nats.io*

  발행-구독, 요청-응답, 큐잉을 지원하는 빠른 오픈 소스 메시징 시스템이다.

17.5 인터넷 서비스

파이썬은 광범위한 네트워킹 도구 세트를 제공한다. 이번 절에서는 가장 인기 있는 인터넷 서비스를 자동화하는 방법에 대해 살펴본다. 전반적인 내용은 파이썬 공식 문서(*http://bit.ly/py-internet*)를 참고한다.

17.5.1 DNS

컴퓨터는 85.2.101.94와 같이 숫자로 된 IP 주소를 갖고 있다. 그러나 숫자보다 이름이 더 기억하기 쉽다. 도메인 네임 시스템Domain Name System(DNS)은 분산된 데이터베이스로 IP 주소를 이름으로 바꾸거나, 그 반대를 수행하는 아주 중요한 인터넷 서비스다. 웹 브라우저에서 사이트를 입력할 때 갑자기 '호스트 검색 중…'과 같은 메시지를 본다면, 아마 인터넷 연결이나 DNS 검색에 실패한 것이다.

몇몇 DNS 함수는 저수준 socket 모듈에 있다. gethostbyname()은 도메인 이름에 대한 IP 주소를 반환한다. 그리고 확장판인 gethostbyname_ex()는 이름, 또 다른 이름의 리스트, 주소의 리스트를 반환한다.

```
>>> import socket
>>> socket.gethostbyname('www.crappytaxidermy.com')
'66.6.44.4'
>>> socket.gethostbyname_ex('www.crappytaxidermy.com')
('crappytaxidermy.com', ['www.crappytaxidermy.com'], ['66.6.44.4'])
```

getaddrinfo() 메서드는 IP 주소를 검색한다. 또한 소켓을 생성하고 연결하기에 충분한 정보를 반환한다.

```
>>> socket.getaddrinfo('www.crappytaxidermy.com', 80)
[(2, 2, 17, '', ('66.6.44.4', 80)),
 (2, 1, 6, '', ('66.6.44.4', 80))]
```

위 호출은 두 튜플을 반환한다. 첫 번째는 UDP, 두 번째는 TCP다(2, 1, 6에서의 6은 TCP에 대한 값이다).

TCP나 UDP에 대한 정보만 요청할 수도 있다.

```
>>> socket.getaddrinfo('www.crappytaxidermy.com', 80, socket.AF_INET, socket.SOCK_
STREAM)
[(2, 1, 6, '', ('66.6.44.4', 80))]
```

일부 TCP와 UDP 포트 번호(*http://bit.ly/tcp-udp-ports*)는 인터넷 할당 번호 관리기관 Internet Assigned Numbers Authority(IANA)에 의해 특정 서비스에 예약되어 있고, 서비스 이름과 연결되어 있다. 예를 들면 HTTP의 이름은 http고 TCP 80포트로 할당되어 있다.

다음 함수들은 서비스 이름과 포트 번호를 서로 변환한다.

```
>>> import socket
>>> socket.getservbyname('http')
80
>>> socket.getservbyport(80)
'http'
```

17.5.2 파이썬 이메일 모듈

표준 라이브러리는 다음 이메일 모듈을 포함한다.

- smtplib: *https://oreil.ly/_kF6V*

  간이 전자 우편 전송 프로토콜Simple Mail Transfer Protocol(SMTP)로 이메일 전송

- email: *https://oreil.ly/WVGbE*

  이메일 생성 및 파싱

- poplib: *https://oreil.ly/xiJT7*

  포스트 오피스 프로토콜 3 Post Office Protocol 3 (POP3)로 이메일 읽기

- imaplib: *https://oreil.ly/wengo*

  인터넷 메시지 접속 프로토콜Internet Message Access Protocol(IMAP)로 이메일 읽기

파이썬으로 SMTP 서버를 만들고 싶다면 smtpd(*https://oreil.ly/JkLsD*), 비동기 버전은 aiosmtpd(*https://aiosmtpd.readthedocs.io*)를 참고한다.

17.5.3 기타 프로토콜

표준 ftplib 모듈(*http://bit.ly/py-ftplib*)은 파일 전송 프로토콜File Transfer Protocol (FTP)을 사용하여 바이트를 전송할 수 있다. FTP는 아주 오래된 프로토콜이지만, 여전히 아주 잘 작동한다.

인터넷 프로토콜의 표준 라이브러리 지원은 웹 문서(*http://bit.ly/py-internet*)를 참고한다.

17.6 웹 서비스와 API

정보 제공자들은 웹사이트를 운영하지만, 자동화가 아닌 사람의 눈을 대상으로 한다. 데이터가 웹사이트에만 게시된다면, 데이터에 접근하고 구조화하고 싶은 사람은 스크래퍼scraper(18.7절 참조)를 작성해야 하며 페이지 형식이 바뀔 때마다 스크래퍼를 다시 작성해야 한다. 정말 번거로운 일이다. 반대로 웹사이트에서 데이터에 대한 API를 제공한다면 클라이언트 프로그램에서 데이터를 직접 사용할 수 있다. API는 웹 페이지 레이아웃이 자주 변경되지 않아서 클라이

언트가 코드를 다시 작성하는 일이 적을 것이다. 빠르고 깨끗한 파이프라인도 매시업^{mashup} 구축을 쉽게 해준다. 매시업은 예측할 수 없지만, 유용하고 유익한 조합은 될 수 있다.

여러 가지 면에서 가장 쉬운 API는 일반 텍스트나 HTML보다 JSON이나 XML 같은 구조화된 포맷의 데이터를 제공하는 웹 인터페이스다. API는 최소한으로 혹은 제대로 갖춘 RESTful API(18.6절 참조)일 수도 있지만, 불규칙적인 데이터를 위한 또 다른 인터페이스를 제공한다.

이 책 시작 부분에서 인터넷 아카이브의 웹 API에서 웹 사이트의 오래된 복사본을 질의하는 것을 살펴봤다.

API는 트위터, 페이스북, 링크드인 같이 잘 알려진 소셜 미디어 사이트의 마이닝^{mining}에 특히 유용하다. 이 사이트들은 무료로 API를 제공한다. API를 사용하려면 사이트에 등록하고 키(긴 텍스트 문자열이나 토큰^{token}이라 부르기도 함)를 얻어야 한다. 사이트는 누가 데이터에 접근할 수 있는지 키로 판단한다. 또한 서버의 요청 트래픽을 제한하기 위해 키가 사용될 수 있다. 다음은 몇몇 흥미로운 서비스 API다.

- **뉴욕타임즈**: *http://developer.nytimes.com*
- **트위터**: *https://python-twitter.readthedocs.io*
- **페이스북**: *https://developers.facebook.com/tools*
- **Weather Underground**: *http://www.wunderground.com/weather/api*
- **Marvel Comics**: *http://developer.marvel.com*

지도에 대한 API 예제는 21장에 있고, 그 외 다른 예제는 22장에 있다.

17.7 데이터 직렬화

16장에서 본 것처럼 XML, JSON, YAML과 같은 형식으로 구조화된 텍스트 데이터를 저장한다. 네트워크 애플리케이션은 다른 프로그램과 데이터를 교환해야 한다. 메모리상의 데이터와 '전선^{wire}'에 있는 바이트 시퀀스 간의 변환을 **직렬화**^{serialization} 또는 **마샬링**^{marshaling}이라고 한다. JSON은 특히 웹 RESTful 시스템에서 널리 사용되는 직렬화 형식이지만, 모든 파이썬 데이터 타입을 직접 표현할 순 없다. 또한 텍스트 형식은 일부 이진 직렬화 방법보다 더 장황한 경향이 있다. 파이썬에서 직렬화를 사용하는 방법을 살펴보자.

17.7.1 직렬화하기: pickle

파이썬은 pickle 모듈을 제공하여 객체를 특별한 이진 형식으로 저장하고 복원한다.

16.3.5절에서 datetime 객체를 JSON 형식으로 인코딩했을 때 예외가 발생한 것을 기억하는가? pickle 모듈에서는 문제가 되지 않는다.

```
>>> import pickle
>>> import datetime
>>> now1 = datetime.datetime.utcnow()
>>> pickled = pickle.dumps(now1)
>>> now2 = pickle.loads(pickled)
>>> now1
datetime.datetime(2020, 3, 18, 23, 24, 19, 195722)
>>> now2
datetime.datetime(2020, 3, 18, 23, 24, 19, 195722)
```

또한 pickle은 우리가 만든 클래스와 객체에서도 작동한다. 객체를 문자열로 취급할 때 'tiny' 문자열을 반환하는 Tiny 클래스를 정의해보자.

```
>>> import pickle
>>> class Tiny():
...     def __str__(self):
...         return 'tiny'
...
>>> obj1 = Tiny()
>>> obj1
<__main__.Tiny object at 0x10076ed10>
>>> str(obj1)
'tiny'
>>> pickled = pickle.dumps(obj1)
>>> pickled b'\x80\x03c__main__\nTiny\nq\x00)\x81q\x01.'
>>> obj2 = pickle.loads(pickled)
>>> obj2
<__main__.Tiny object at 0x10076e550>
>>> str(obj2)
'tiny'
```

pickled는 직렬화된 obj1 객체의 이진 문자열이다. obj1의 복사본을 만들기 위해 picked 를 다시 역직렬화하여 obj2 객체로 변환했다. dump()로 직렬화^{pickle}하고, load()로 역직렬화

unpickle한다.

multiprocessing 모듈은 pickle 모듈을 사용하여 프로세스 간 데이터를 교환한다.

pickle 모듈이 데이터 형식을 직렬화할 수 없는 경우 dill(*https://pypi.org/project/dill*)
이라는 최신 외부 패키지를 사용할 수 있다.

> **NOTE_** pickle은 파이썬 객체를 만들 수 있어서 이전 절에서 설명한 것과 같은 보안 문제가 발생한다. 따라서 신뢰할 수 없는 것은 역직렬화하지 않는 것을 추천한다.

17.7.2 기타 직렬화 형식

다음 이진 데이터 교환 형식은 일반적으로 더 간결하고 XML이나 JSON보다 빠르다.

- **MsgPack**: *http://msgpack.org*
- **Protocol Buffers**: *https://code.google.com/p/protobuf*
- **Avro**: *http://avro.apache.org/docs/current*
- **Thrift**: *http://thrift.apache.org*
- **Lima**: *https://lima.readthedocs.io*
- **Serialize**(*https://pypi.org/project/Serialize*)는 JSON, YAML, pickle 및 MsgPack을 포함한 다른 형식에 대한 파이썬 프런트엔드
- 다양한 파이썬 직렬화 패키지의 벤치마크(*https://oreil.ly/S3ESH*)를 참조한다.

이들은 이진 형식이라서 텍스트 편집기로 쉽게 편집할 수 없다.

일부 외부 패키지는 객체와 기본 파이썬 데이터 타입(JSON과 같은 형식)을 상호 변환하고, 다음 내용을 검증한다.

- 데이터 타입
- 값 범위
- 요청 데이터 vs 옵셔널 데이터

다음 외부 패키지를 참조한다.

- **Marshmallow**: *https://marshmallow.readthedocs.io/en/3.0*
- **Pydantic**(*https://pydantic-docs.helpmanual.io*)은 타입 힌트를 사용하므로 파이썬 3.6 이상 버전이 필요하다.
- **TypeSystem**: *https://www.encode.io/typesystem*

이들은 종종 웹 서버에서 HTTP를 통해 유선으로 온 바이트가 추후 처리를 위한 올바른 데이터 자료구조인지 확인하기 위해 사용된다.

17.8 원격 프로시저 호출

원격 프로시저 호출remote procedure call(RPC)은 보통 함수처럼 보이지만 네트워크로 원격에 있는 머신을 실행한다. URL 또는 요청 바디body에서 인코딩된 인수들과 RESTful API를 호출하는 대신 RPC 함수를 호출한다.

RPC 클라이언트에서는 다음과 같은 일이 발생한다.

- 함수 인수를 바이트로 직렬화한다.
- 인코딩된 바이트를 원격 컴퓨터로 보낸다.

원격 머신에서는 다음과 같은 일이 발생한다.

- 인코딩된 요청 바이트를 수신한다.
- 바이트를 자료구조로 역직렬화한다.
- 디코딩된 데이터로 서비스 함수를 찾아서 호출한다.
- 함수 결과를 인코딩한다.
- 인코딩된 바이트를 호출자에게 다시 보낸다.

마지막으로 로컬 머신에서는 다음과 같은 일이 발생한다.

- 값 반환을 위해 바이트를 디코딩한다.

RPC 기술은 인기 있다. 사람들은 여러 가지 방법으로 RPC를 구현한다. 서버 측에서는 서버 프로그램을 구동하고, 몇몇의 바이트 전송과 인코딩/디코딩 메서드와 함께 RPC에 연결하여 일부 서비스 함수들을 정의하고, 신호를 받기 위한 RPC 서버를 구동한다. 클라이언트는 서버에 연결하여 RPC로 함수를 호출한다.

17.8.1 XML RPC

표준 라이브러리에서는 교환 형식으로 XML을 사용하여 RPC를 구현한 xmlpc 모듈을 제공한다. 서버에 함수를 정의하고 등록한다. 그리고 클라이언트는 임포트된 것처럼 이 함수를 호출한다. 먼저 서버의 xmlrpc_server.py를 살펴보자.

예제 17-11 xmlrpc_server.py

```
from xmlrpc.server import SimpleXMLRPCServer

def double(num):
    return num * 2

server = SimpleXMLRPCServer(("localhost", 6789))
server.register_function(double, "double")
server.serve_forever()
```

서버에서 제공하는 함수는 double()이다. 이 함수는 숫자를 인수로 받아서 숫자의 2배 값을 반환한다. 서버는 명시된 주소와 포트에서 시작한다. 클라이언트가 RPC로 함수를 사용할 수 있도록 함수를 등록한다. 그리고 RPC 서버를 구동한다. 다음은 클라이언트의 xmlrpc_client.py다.

예제 17-12 xmlrpc_client.py

```
import xmlrpc.client

proxy = xmlrpc.client.ServerProxy("http://localhost:6789/")
num = 7
result = proxy.double(num)
print("Double %s is %s" % (num, result))
```

클라이언트는 ServerProxy()를 사용해서 서버에 연결하고, proxy.double() 함수를 호출한다. 이 함수는 어디에서 온 걸까? 함수는 서버에서 동적으로 생성된 것이다. RPC 머신은 원격 서버에 대한 호출로 이 함수의 이름을 후킹^{hooking}한다.

먼저 서버를 구동한다.

```
$ python xmlrpc_server.py
```

클라이언트를 실행한다.

```
$ python xmlrpc_client.py
Double 7 is 14
```

서버의 출력 결과는 다음과 같다.

```
127.0.0.1 - - [18/Mar/2020 20:16:23] "POST / HTTP/1.1" 200 -
```

인기 있는 전송 방법으로 HTTP와 ZeroMQ가 있다.

17.8.2 JSON RPC

JSON-RPC(버전 1.0(*https://oreil.ly/OklKa*)과 2.0(*https://oreil.ly/4CS0r*))는 XML-RPC와 비슷한 JSON 버전이다. 많은 파이썬 JSON-RPC 라이브러리가 있지만, 내가 찾은 가장 간단한 것은 클라이언트(*https://oreil.ly/8npxf*)와 서버(*https://oreil.ly/P_uDr*) 두 부분으로 나뉜다. 다음과 같이 JSON-RPC 서버와 클라이언트를 설치한다.

```
$ pip install jsonrpcserver
```

```
$ pip install jsonrpcclient
```

이 라이브러리는 클라이언트(*https://oreil.ly/fd412*)와 서버(*https://oreil.ly/SINeg*) 예제를 제공한다. [예제 17-13]과 [예제 17-14]에서는 간단한 라이브러리 내장 서버와 포트 5000을 사용한다.

먼저 서버 코드를 살펴보자.

예제 17-13 jsonrpc_server.py

```
from jsonrpcserver import method, serve

@method
def double(num):
    return num * 2

if __name__ == "__main__":
    serve()
```

다음은 클라이언트 코드다.

예제 17-14 jsonrpc_client.py

```
from jsonrpcclient import request

num = 7
response = request("http://localhost:5000", "double", num=num)
print("Double", num, "is", response.data.result)
```

이 장의 대부분 클라이언트−서버 예제와 마찬가지로 서버를 먼저 시작하고(같은 터미널 창에서 명령어에 &를 추가하여 백그라운드에서 실행한다), 클라이언트를 실행한다.

```
$ python jsonrpc_server.py &
[1] 10621
$ python jsonrpc_client.py
127.0.0.1 - - [18/Mar/2020 15:39:24] "POST / HTTP/1.1" 200 - Double 7 is 14
```

서버를 백그라운드에 둔 후 실행이 완료되면 서버를 종료한다.

17.8.3 MessagePack RPC

인코딩 라이브러리 MessagePack에는 자체 파이썬 RPC 구현(*http://bit.ly/msgpack-rpc*)

이 있다. 다음과 같이 설치한다.

```
$ pip install msgpack-rpc-python
```

이 라이브러리를 전송으로 사용하기 위해 이벤트 기반의 웹 서버인 **tornado**와 함께 설치된다.

평상시처럼 서버 코드를 먼저 살펴보자(**msgpack_server.py**).

예제 17-15 msgpack_server.py

```
from msgpackrpc import Server, Address
class Services():
    def double(self, num):
        return num * 2

server = Server(Services())
server.listen(Address("localhost", 6789))
server.start()
```

Services 클래스는 메서드를 RPC 서비스에 노출시킨다. 클라이언트 코드를 살펴보자.

예제 17-16 msgpack_client.py

```
from msgpackrpc import Client, Address

client = Client(Address("localhost", 6789))
num = 8
result = client.call('double', num)
print("Double %s is %s" % (num, result))
```

먼저 서버를 실행한다. 그다음에 클라이언트를 실행한 후 결과를 살펴본다.

```
$ python msgpack_server.py

$ python msgpack_client.py
Double 8 is 16
```

17.8.4 Zerorpc

도커^{docker} 개발자(dotCloud라고도 함)가 작성한 zerorpc(*http://www.zerorpc.io*)는
ZeroMQ 및 MsgPack을 사용하여 클라이언트와 서버를 연결한다. 마법처럼 함수를 RPC 엔드포인트로 노출한다. 다음과 같이 `zerorpc`를 설치한다.

```
$ pip install zerorpc
```

[예제 17-17]과 [예제 17-18]은 요청-응답 클라이언트 및 서버에 대한 예제 코드다.

예제 17-17 zerorpc_server.py

```
import zerorpc

class RPC():
    def double(self, num):
        return 2 * num

server = zerorpc.Server(RPC())
server.bind("tcp://0.0.0.0:4242")
server.run()
```

예제 17-18 zerorpc_client.py

```
import zerorpc

client = zerorpc.Client()
client.connect("tcp://127.0.0.1:4242")
num = 7
result = client.double(num)
print("Double", num, "is", result)
```

클라이언트에서 `client.double()`를 정의하지 않아도, 이를 호출한다.

```
$ python zerorpc_server &
[1] 55172
$ python zerorpc_client.py
Double 7 is 14
```

zerorpc-python 깃허브(*https://github.com/0rpc/zerorpc-python*)에 더 많은 예제를 제공한다.

17.8.5 gRPC

구글은 서비스를 정의하고 연결하기 위한 이식 가능하고 빠른 방법으로 gRPC(*https://grpc.io*)를 만들었다. 데이터를 프로토콜 버퍼(*https://oreil.ly/UINlc*)로 인코딩한다.

다음과 같이 gRPC를 설치한다.

```
$ pip install grpcio
$ pip install grpcio-tools
```

여기에서는 간단한 개요만 다룬다. 자세한 내용은 파이썬 클라이언트 문서(*https://grpc.io/docs/quickstart/python*)를 참고한다. 별도의 튜토리얼(*https://oreil.ly/awnx0*)도 참고하면 좋다.

gRPC를 사용하려면 `.proto` 파일을 작성하여 `service` 및 해당 `rpc` 메서드를 정의한다.

`rpc` 메서드는 함수 정의와 같다(인수와 반환값 타입을 서술한다). 다음 네트워크 패턴 중 하나를 지정할 수 있다.

- 요청-응답 (동기 또는 비동기)
- 요청-스트리밍 응답
- 스트리밍 요청-응답 (동기 또는 비동기)
- 스트리밍 요청-스트리밍 응답

단일 응답이 블록되거나 비동기일 수 있다. 스트리밍 응답은 반복된다.

다음 `grpc_tools.protoc` 프로그램을 실행하여 클라이언트 및 서버를 위한 파이썬 코드를 작성한다. gRPC는 직렬화 및 네트워크 통신을 처리한다. 애플리케이션 특정 코드를 클라이언트 및 서버 스텁stub에 추가한다.

gRPC는 웹 REST API의 최상위 대안이다. 서비스간 통신에는 REST보다 적합하고 공용 API에는 REST를 선호한다.

17.8.6 Twirp

Twirp(*https://oreil.ly/buf4x*)은 gRPC와 비슷하지만 더 단순하다고 주장한다. gRPC와 같이 .proto 파일을 정의하면 twirp가 클라이언트 및 서버 종료를 처리하는 파이썬 코드를 생성한다.

17.9 원격 관리 도구

- Salt(*http://www.saltstack.com*)는 파이썬으로 쓰여졌다. 원격 실행을 구현하는 방법으로 시작되었지만 본격적으로 시스템 관리 플랫폼으로 성장했다. SSH가 아닌 ZeroMQ를 기반으로 수천 대의 서버로 확장할 수 있다.

- Puppet(*http://puppetlabs.com*)과 Chef(*http://www.getchef.com/chef*)는 인기 있는 도구며 루비 언어와 매우 밀접하다.

- Ansible(*http://www.ansible.com/home*) 패키지는 파이썬으로 쓰인 Salt와 비슷하다. 무료로 다운받아서 사용할 수 있지만 지원 및 일부 추가 패키지는 상용 라이선스가 필요하다. 기본적으로 SSH를 사용하여 관리할 시스템에 특별한 소프트웨어를 설치할 필요가 없다.

Salt와 Ansible은 Fabric의 기능적인 상위 집합으로 초기 구성, 배포 및 원격 실행을 처리한다.

17.10 빅데이터

구글과 다른 인터넷 회사들이 성장하면서 전통적인 컴퓨팅 솔루션이 확장성이 없다는 것을 발견했다. 싱글 또는 수십 대의 머신을 위한 소프트웨어는 수천 대의 머신을 유지할 수 없었다.

데이터베이스와 파일의 디스크 스토리지는 디스크 헤드의 기계적인 움직임이 필요해서 찾는데 너무 많은 시간이 걸린다(비닐 레코드를 생각해보면, 한 트랙에서 또 다른 트랙으로 바늘을 수동으로 이동하는 데 시간이 오래 걸린다. 그리고 스크리칭 사운드^{screeching sound}를 생각해보면, 음악에 빠져들면 레코드 엔지니어에 의해 만들어지는 소리에 대해서는 생각하지 않는다). 하지만 디스크의 연속적인 세그먼트를 더 빠르게 스트리밍할 수 있다.

개발자들은 네트워크가 연결된 머신에서 데이터를 분산하여 분석하는 것이 개별적인 머신에서 수행하는 것보다 더 빠르다는 것을 발견했다. 이들은 단순하게 들리는 알고리즘을 사용하여 대규모의 분산된 데이터가 전반적으로 더 잘 작동한다는 것을 실제로 확인했다. 그중 하나가 바로 맵리듀스^{MapReduce}다. 이는 여러 머신에서 계산을 수행하여 결과를 수집한다. 맵리듀스는 큐 작업과 비슷하다.

17.10.1 하둡

구글은 자사의 MapReduce 결과를 논문(*https://oreil.ly/cla0d*)으로 발표한 후, 야후는 자바 기반 오픈 소스 패키지인 **하둡**^{Hadoop}(리드 프로그래머의 아들이 갖고 놀던 코끼리 봉제인형의 이름)을 개발했다.

빅데이터는 '아주 큰 데이터를 머신에 맞게^{data too big to fit on my machine}'라는 문구의 의미가 담겨 있다. 여기서 데이터는 디스크, 메모리, CPU 타임을 초과하는 데이터를 의미한다. **빅데이터**가 어느 질문에 나온다면, 일부 조직에서 그 대답은 항상 하둡이다. 하둡은 머신간에 데이터를 복사하여 **맵**과 **리듀스** 프로그램으로 이들을 실행한다. 그리고 각 단계에서 디스크에 결과를 저장한다.

이 배치 프로세스는 느릴 수 있다. 하둡 스트리밍이라 부르는 빠른 메서드는 각 단계에서 디스크에 기록할 필요 없이 프로그램을 통해 데이터를 스트리밍하는 유닉스의 파이프처럼 작동한다. 파이썬을 포함한 모든 언어에서 하둡 스트리밍 프로그램을 작성할 수 있다.

하둡을 위해 작성된 여러 모듈이 있다. 그중 일부는 블로그에서 '하둡을 위한 파이썬 프레임워크에 대한 가이드^{A Guide to Python Frameworks for Hadoop}(*http://bit.ly/py-hadoop*)'에서 설명한다. 음악 스트리밍으로 잘 알려진 Spotify사는 Luigi(*https://github.com/spotify/luigi*)라는 하둡 스트리밍을 위한 파이썬 모듈을 오픈 소스로 공개했다.

17.10.2 스파크

하둡의 라이벌인 스파크^{Spark}(*http://bit.ly/about-spark*)는 하둡보다 10배에서 100배 빠르게 실행하도록 설계됐다. 스파크는 모든 하둡 데이터 소스와 포맷을 읽고 처리할 수 있다. 스파크는 파이썬과 다른 언어 들의 API를 제공한다. 스파크 사이트에서 설치 문서(*http://bit.ly/dl-spark*)를 제공한다.

17.10.3 디스코

또 다른 하둡의 대안은 디스코Disco (*http://discoproject.org*)다. 디스코에서 맵리듀스 프로세싱은 파이썬을, 커뮤니케이션은 얼랭Erlang을 사용한다. 디스코는 **pip**로 설치할 수 없으니, 웹 문서 (*http://bit.ly/get-disco*)를 참고하길 바란다.

17.10.4 데스크

데스크Desk (*https://dask.org*)는 스파크와 비슷하지만 파이썬으로 작성된다. 넘파이NumPy, 판다스Pandas, 사이킷런scikit-learn과 같은 과학적인 파이썬 패키지와 함께 사용된다. 수천 개의 시스템 클러스터에 작업을 분산시킬 수 있다. 다음과 같이 데스크를 설치할 수 있다.

```
$ pip install dask[complete]
```

큰 구조화된 계산이 여러 머신에 분산된 병렬 프로그래밍 관련 예제는 22장을 참조한다.

17.11 클라우드

> 난 클라우드를 전혀 모른다.
>
> – 조니 미첼Joni Mitchell

그리 오래되지 않았지만 서버를 직접 구매해서 데이터 센터의 랙에서 서버를 볼트질했다. 그리고 서버에 운영체제, 디바이스 드라이버, 파일시스템, 데이터베이스, 웹 서버, 이메일 서버, 네임 서버, 로드 밸런서, 모니터 등의 소프트웨어를 설치했다. 또한 여러 시스템을 죽지 않고 반응적으로 유지하기 위해 노력했고, 보안 문제에 대한 우려가 지속적으로 깊었다.

호스팅 서비스 대부분은 서버를 무료로 관리해준다. 그러나 여전히 물리적인 장치를 임대하고, 트래픽이 치솟는 부하 구성을 위해 비용을 지불해야 한다.

개별 머신이 많을수록 시스템 장애가 자주 발생한다. 장애가 발생하는 것은 매우 일반적이다. 서비스를 수평 확장하고, 데이터를 다중으로 저장할 필요가 있다. 네트워크가 싱글 머신처럼 동작한다고 가정할 수 없다. 피터 도이치Peter Deutsch에 의하면 분산 컴퓨팅의 8가지 착오는 다음과 같다.

- 네트워크는 신뢰할 만하다.
- 지연시간latency은 0이다.
- 대역폭bandwidth은 무한하다.
- 네트워크는 안전하다.
- 토폴로지topology는 바뀌지 않는다.
- 한명의 관리자administrator가 있다.
- 전송 비용은 0이다.
- 네트워크는 동일homogeneous하다.

이러한 복잡한 분산 시스템을 구축하기 위해 많은 작업과 다양한 도구 셋이 필요하다. 소수의 서버를 애완동물에 비유해보자. 이들에게 이름을 지어주고, 성격을 파악하고, 건강 상태를 확인한다. 하지만 확장된 다수의 서버는 가축에 비유할 수 있다. 이들은 생김새가 비슷하고, 숫자가 있으며, 어떤 문제가 생길 때 바로 교체된다.

분산 시스템을 구축하는 대신 클라우드의 서버를 임대할 수 있다. 이 모델을 적용함으로써 유지보수를 다른 누군가의 문제로 돌릴 수 있다. 그리고 사용자들에게 제공하고 싶은 서비스에만 집중할 수 있다. 웹 대시보드와 API를 사용하여 필요한 구성의 서버를 쉽고 빠르게 돌릴 수 있다. 즉, 서버를 탄력적elastic으로 운영할 수 있다. 서버의 상태를 모니터링할 수 있으며, 트래픽이 주어진 임계치를 초과하는 경우 경고 알림을 받을 수 있다. 클라우드는 현재 매우 뜨거운 주제며, 클라우드 컴포넌트에 지출하는 회사들이 급증하고 있다.

클라우드를 서비스하는 대기업은 다음과 같다.

- 아마존
- 구글
- 마이크로소프트 애저

17.11.1 아마존 웹 서비스

아마존이 수백에서 수천, 수만 대의 서버를 확장할 때, 개발자들은 분산 시스템의 끔찍한 문제에 시달리고 있었다. 2002년 어느 날, 아마존의 CEO 제프 베조스Jeff Bezos는 이제부터 모든 데이터와 기능은 파일도, 데이터베이스도, 로컬 함수의 호출도 아닌 네트워크 서비스 인터페이스를 통해서만 노출되어야 한다는 필요성을 직원들에게 선언했다. 직원들은 이러한 인터페이스를 공개적으로 제공되는 것처럼 설계했다. 결국 '이 일을 하지 않는 직원은 해고될 것이다'라는 메모는 직원들에게 큰 동기부여가 됐다.

직원들은 열심히 개발했고, 시간이 지남에 따라 매우 큰 서비스 지향의 아키텍처를 구축했다. 많은 솔루션을 빌려와서 발전시킨 결과, 현재 시장을 지배하고 있는 아마존 웹 서비스Amazon Web Service(AWS)(*http://aws.amazon.com*)로 진화했다. 공식 파이썬 AWS 라이브러리는 boto3이다.

- **문서**: *https://oreil.ly/y2Baz*
- **SDK**: *https://aws.amazon.com/sdk-for-python*

다음과 같이 설치한다.

```
$ pip install boto3
```

AWS의 웹 기반 관리 페이지 대신 boto3을 사용할 수 있다.

17.11.2 구글 클라우드

구글은 내부적으로 파이썬을 많이 사용하고, 뛰어난 몇몇 파이썬 개발자를 고용했다(귀도 반 로섬이 직접 채용하기도 했다). 구글 클라우드 메인 페이지(*https://cloud.google.com*)에서 자세한 서비스 정보를 볼 수 있다.

17.11.3 마이크로소프트 애저

마이크로소프트는 클라우드 서비스인 애저(*https://azure.microsoft.com*)로 아마존과 구글을 따라잡았다. 파이썬 애플리케이션 개발 및 배포 방법은 'Python on Azure' 문서(*https://oreil.ly/Yo6Nz*)를 참고한다.

17.11.4 오픈스택

오픈스택OpenStack(*https://www.openstack.org*)은 파이썬 서비스 및 REST API의 오픈 소스 프레임워크다. 많은 서비스가 상업용 클라우드 서비스와 비슷하다.

17.12 도커

표준화된 선적 컨테이너는 국제 무역에 혁명을 일으켰다. 불과 몇 년 전 도커는 알려진 리눅스 기능을 사용하여 컨테이너에 비유하여 가상화에 적용했다. 컨테이너는 가상 머신보다 훨씬 가볍고 파이썬 가상 환경보다 약간 무겁다. 도커는 동일한 시스템에서 다른 애플리케이션과 별도로 애플리케이션을 패키징하여 운영체제 커널만 공유한다. 도커 파이썬 클라이언트 라이브러리(*https://pypi.org/project/docker*)는 다음과 같이 설치한다.

```
$ pip install docker
```

17.12.1 쿠버네티스

컨테이너는 컴퓨팅 세계에 빠르게 확산됐다. 결국 개발자는 여러 컨테이너를 관리하는 방법이 필요했으며, 일반적으로 대규모 분산 시스템에 필요한 일부 수동 과정을 자동화를 원했다.

- 페일오버Failover
- 로드 밸런싱Load balancing
- 스케일 업/다운

쿠버네티스Kubernetes(*https://kubernetes.io*)가 새로운 컨테이너 오케스트레이션 영역에서 선두를 달리고 있다. 파이썬 클라이언트 라이브러리는 다음과 같이 설치한다.

```
$ pip install kubernetes
```

17.14 다음 장에서는

다음 장은 소개가 필요 없다. 왜 파이썬이 웹을 구현할 수 있는 최고의 언어인지 살펴볼 것이다.

17.15 연습문제

17.1 일반 socket을 사용하여 현재 시간 서비스를 구현하라. 클라이언트가 문자열 **time**을 서버에 보내면 현재 날짜와 시간을 ISO 문자열로 반환한다.

17.2 '연습문제 17.1'을 ZeroMQ의 REQ와 REP 소켓을 사용하여 구현한다.

17.3 '연습문제 17.1'을 XMLRPC를 사용하여 구현한다.

17.4 'I Love Lucy'라는 고전 시트콤에 루시와 에델이 초콜릿 공장에서 일하는 에피소드가 있다. 끊임없이 빠르게 작동하는 컨베이어 벨트 뒤에서 직원 두 명이 초콜릿을 포장하는 장면이다. Redis 리스트에 다른 유형의 초콜릿을 푸시push하는 시뮬레이션을 작성하라. 루시는 이 리스트의 블로킹 팝blocking pop을 수행하는 클라이언트다. 그녀는 초콜릿을 포장하는 데 0.5초가 필요하다. 루시가 초콜릿을 포장할 때 시간과 각 초콜릿에 대한 타입을 출력한다. 그리고 남아 있는 (포장해야 할) 초콜릿 개수를 출력한다.

17.5 ZeroMQ를 사용하여 '연습문제 12.4'(예제 12-1)의 시를 한 번에 한 단어씩 발행publish한다. 모음으로 시작하는 모든 단어를 출력하는 ZeroMQ 소비자consumer를 작성한다. 그리고 다섯 글자 이상인 단어를 모두 출력하는 또 다른 소비자를 작성하라. 여기서 부호 문자는 무시한다.

CHAPTER 18

웹

> 오, 우리가 짠 얽힌 망!
>
> – 월터 스콧, 「Marmion」

유럽 입자 물리 연구소(CERN)는 프랑스와 스위스 사이 국경지대에 위치해 있다. 원자를 여러 번 분쇄해서 거대한 양의 데이터를 생성하기 위해 끊임없이 연구하고 있다.

1989년 영국의 과학자 팀 버너스리^{Tim Berners-Lee}는 CERN과 연구소 커뮤니티 내에서 정보의 공유를 돕는 제안을 먼저 퍼뜨렸다. 그는 이것을 **월드 와이드 웹**^{World Wide Web}이라 불렀고, 설계를 간추려서 3가지 간략한 아이디어로 나타냈다.

- **HTTP**^{Hypertext Transfer Protocol}
  요청과 응답을 교환하기 위환 웹 서버와 클라이언트의 명세

- **HTML**^{Hypertext Markup Language}
  결과에 대한 표현 형식

- **URL**^{Uniform Resource Locator}
  고유의 해당 서버와 **자원**을 나타내는 방법

이러한 간단한 사용 방법에서 웹 클라이언트(필자는 버너스리가 **브라우저**^{browser}라는 용어를 맨 처음 사용했다고 생각한다)는 HTTP로 URL을 요청하고 서버로부터 HTML을 받는다.

당시에는 모두 비상업적이었던 인터넷 네트워킹 기반에 구축되었고, 소수 대학과 연구 기관에만 알려졌다.

팀 버너스리는 먼저 웹 브라우저와 서버를 NeXT[1] 컴퓨터에 작성했다. 웹은 1993년부터 널리 알려졌다. 그당시 일리노이 대학생 그룹이 만든 모자이크Mosaic 웹 브라우저(윈도우, macOS, 유닉스를 위한 웹 브라우저)와 NCSANational Center for Supercomputing Applications **httpd** 서버가 출시 됐다. 그해 여름, 모자이크를 내려받아 사이트를 만들기 시작했을 때 웹과 인터넷이 곧 일상생 활의 일부가 될 줄은 전혀 예상하지 못했다. 그때 인터넷[2]은 여전히 공식적으로 비상업적이었 고, 전 세계적으로 웹 서버가 약 500대 정도 있었다. 1994년 말까지 웹 서버의 수는 10,000대 로 확장됐다. 그리고 상업적으로 인터넷 사용을 개방하고, 모자이크 그룹은 상용 웹 소프트웨 어를 개발하기 위해 넷스케이프Netscape를 설립했다. 그당시 넷스케이프는 인터넷 열풍의 일환 이었고, 웹의 폭발적인 성장이 시작됐다.

이때만해도 컴퓨터 언어 대부분은 웹 클라이언트와 웹 서버를 작성하는 데 사용됐다. 동적 언 어인 펄, PHP, 루비는 특히 인기가 많다. 이번 장에서는 모든 수준에서 웹 작업할 때 파이썬이 왜 좋은 언어인지 보여줄 것이다.

- 원격 사이트에 접근할 수 있는 클라이언트
- 웹 사이트와 웹 API에서 데이터를 제공하는 서버
- 웹 페이지 이외의 데이터를 교환하기 위한 웹 API와 서비스

마지막으로 연습문제에서는 요청에 반응하는 실제 웹사이트를 만들어 볼 것이다.

18.1 웹 클라이언트

낮은 수준low-level의 인터넷 계층은 전송 제어 프로토콜/인터넷 프로토콜Transmission Control Protocol/ Internet Protocol이라 부른다. 혹은 보통 간단하게 TCP/IP라고 한다(17.1절 참조). TCP/IP는 컴 퓨터 간에 바이트를 전송하지만, 그것이 무엇을 의미하는지에 대해 상관하지 않는다. 이 바이 트를 해석하는 일은 더 높은 수준의 프로토콜에서 처리한다. HTTP는 웹 데이터를 교환하는 표준 프로토콜이다.

---

1 애플에서 해고통지를 받은 스티브 잡스가 설립한 컴퓨터 회사
2 여기에서 계속 떠도는 거짓을 밝혀보자. 알 고르(Al Gore) 상원 의원(그 이후 부통령)은 모자이크를 쓴 그룹에 대한 자금 지원을 포함하 여 초기 인터넷을 크게 발전시킨 양당의 입법 및 협력을 지지했다. 그는 자신이 '인터넷을 직접 발명했다.'고 주장하지 않았다. 이 문구는 2000년 대통령으로 출범하기 시작한 정치 경쟁자들에 의해 허위로 밝혀졌다.

웹은 클라이언트-서버 시스템이다. 클라이언트는 서버에 대한 **요청**request을 만든다. 이 요청은 TCP/IP 커넥션을 열고, HTTP를 통해 URL과 다른 정보들을 보낸다. 그리고 요청에 대한 **응답**response을 받는다.

응답 포맷 또한 HTTP에 의해 정의됐다. 요청을 성공하면 응답 포맷은 요청에 대한 상태와 응답 데이터를 포함한다.

가장 잘 알려진 웹 클라이언트는 웹 브라우저다. 웹 브라우저는 다양한 방법으로 HTTP 요청을 만든다. 웹 브라우저의 주소창에 URL을 입력하거나 웹 페이지에서 링크를 클릭하여 요청할 수 있다. 반환된 데이터 대부분은 웹사이트를 나타내는 데 쓰인다(HTML 문서, 자바스크립트 파일, CSS 파일, 이미지 등). 그러나 웹사이트를 나타내는 데 의도적으로 사용되지 않는 어떤 데이터도 반환될 수 있다.

HTTP의 중요한 점은 **무상태**stateless라는 것이다. 웹 브라우저에서 생성된 각 HTTP 커넥션은 모두 독립적이다. 이것은 기본적인 웹 작동을 단순하게 만들지만, 그 이외의 사항은 복잡하게 만든다. 여기에 몇 가지 사항이 있다.

- **캐싱**caching
  변하지 않는 원격 콘텐츠는 웹 클라이언트에 저장하고, 다시 서버로부터 이 콘텐츠의 다운로드를 피하기 위해 저장된 콘텐츠를 사용한다.

- **세션**session
  쇼핑 웹사이트는 쇼핑 카트(장바구니)의 콘텐츠를 기억해야 한다.

- **인증**authentication
  아이디와 비밀번호를 요구하는 사이트는 사용자가 로그인할 때 모두 기억하여 사용자를 식별한다.

무상태에 대한 해결책 중 **쿠키**cookie가 있다. 서버가 클라이언트를 식별할 수 있도록 보내는 특정 정보를 쿠키라고 한다. 그리고 다시 클라이언트가 서버에 쿠키를 보내, 서버가 클라이언트를 식별할 수 있게 한다.

18.1.1 telnet으로 테스트하기

HTTP는 텍스트 기반 프로토콜이다. 웹 테스트를 위해 실제 텍스트를 입력할 수 있다. 고대 `telnet` 프로그램은 명령어로 모든 서버와 포트를 연결하고, 해당 서버에서 실행 중인 모든 서비스에 명령을 입력할 수 있다. 다른 컴퓨터에 대한 안전한(암호화된) 연결을 위해 ssh로 대체됐다.

터미널에 다음 명령을 입력해보자.

```
$ telnet www.google.com 80
```

google.com에 80포트(암호화되지 않은 http가 실행된다. 암호화된 포트는 443을 사용한다)의 웹 서버가 있다면, telnet은 연결이 가능한지 정보를 출력한다. 그리고 마지막으로 텔넷 사용자가 입력해야 할 빈 줄을 표시한다.

```
Trying 74.125.225.177...
Connected to www.google.com.
Escape character is '^]'.
```

이제 구글 웹 서버로 보낼 텔넷에 대한 실제 HTTP 명령을 입력해보자. 가장 일반적인 HTTP 명령(웹 브라우저에서 주소창에 URL을 입력할 때 사용하는 메서드)은 GET이다. 이는 HTML 파일과 같은 지정된 리소스의 내용을 검색하여 클라이언트에 반환한다. 이번 장의 첫 번째 테스트는 HTTP의 HEAD 메서드를 사용한다. HEAD 메서드는 리소스에 대한 몇 가지 기본 정보를 검색한다.

```
HEAD / HTTP/1.1
```

캐리지 리턴carriage return을 추가하여 빈 라인을 보낸다. 이것은 명령이 끝나고, 원격 서버의 응답을 기다리겠다는 것을 의미한다. HEAD /는 홈페이지(/)에 대한 정보를 얻기 위해 HTTP HEAD 동사(명령)를 보낸다. 아래와 같은 응답을 얻게 될 것이다(긴 라인을 다듬기 위해 ...를 추가했다. 응답 결과는 다를 수 있다).

```
HTTP/1.1 200 OK
Date: Thu, 19 Mar 2020 14:56:01 GMT
Expires: -1
Cache-Control: private, max-age=0
Content-Type: text/html; charset=ISO-8859-1
P3P: CP="This is not a P3P policy! See g.co/p3phelp for more info."
Server: gws
```

```
X-XSS-Protection: 0
X-Frame-Options: SAMEORIGIN
Set-Cookie: 1P_JAR=2020-03-19-14; expires=Sat, 18-Apr-2020 14:56:01 GMT; path=/;
domain=.google.com; Secure
Set-Cookie: NID=200=KvnCMyOvHTPp3wxfH0SgHU0V8TO5ajEOHirRC8X4x6ezO0ZclCSRPG89TKlLe2IzYd4
xqWsr8yhVRxRoDCuvcS9CVgvb2Q1rLOQJm_BOw9BKVP6IGfPzf3EyiO2c1zewPG4tN1ZQRgCbHsk4L1_K3Ro5_
w4u1o_s55mnZkJhPxg; expires=Fri, 18-Sep-2020 14:56:01 GMT; path=/; domain=.google.com;
HttpOnly
Transfer-Encoding: chunked
Accept-Ranges: none
Vary: Accept-Encoding
```

이것은 HTTP 응답 헤더와 헤더값이다. **Date**와 **Content-Type** 같은 헤더는 꼭 응답이 온다. 그리고 **Set-Cookie** 같은 헤더는 사용자의 여러 방문 활동을 추적하는 데 사용된다(이 장의 뒷부분에서 상태 관리에 대해 언급한다). HTTP **HEAD** 요청할 때 헤더만 응답받는다. HTTP **GET** 또는 **POST** 명령을 사용할 때 홈페이지(HTML, CSS, 자바스크립트의 혼합물, 구글 검색 으로부터 나온 홈페이지 결과 등)로부터 데이터도 받게 된다.

마지막으로 텔넷을 닫으려면 아래 명령을 입력한다.

```
q
```

18.1.2 curl로 테스트하기

텔넷은 간단하지만 수동으로 명령을 입력해야 한다. curl(*https://curl.haxx.se*)은 아마도 가장 인기 있는 웹 클라이언트 명령일 것이다. 문서에는 HTML, PDF, ebook 형식의 『Everything Curl』(*https://curl.haxx.se/book.html*)이 포함됐다.

```
$ curl http://www.example.com
<!doctype html>
<html>
<head>
    <title>Example Domain</title>
...
```

다음 명령에서 HEAD 메서드를 사용한다.

```
$ curl --head http://www.example.com
HTTP/1.1 200 OK
Accept-Ranges: bytes
Age: 511497
Cache-Control: max-age=604800
Content-Type: text/html; charset=UTF-8
Date: Thu, 19 Mar 2020 15:06:06 GMT
Etag: "3147526947"
Expires: Thu, 26 Mar 2020 15:06:06 GMT
Last-Modified: Thu, 17 Oct 2019 07:18:26 GMT
Server: ECS (sjc/4E68)
X-Cache: HIT
Content-Length: 1256
```

인수를 전달하는 경우 커맨드 라인 또는 데이터 파일에 인수를 포함시킬 수 있다. 이 예제에서
다음을 사용한다.

- 모든 웹 사이트의 URL

- data 인수(a=1&b=2)

- 다음 내용이 포함된 텍스트 파일: data.txt(a=1&b=2)

- 다음 내용이 포함된 JSON 파일: data.json({"a":1, "b": 2})

기본(인코딩된 형식) 인수는 다음과 같다.

```
$ curl -X POST -d "a=1&b=2" url
$ curl -X POST -d "@data.txt" url
```

인코딩된 JSON 인수는 다음과 같다.

```
$ curl -X POST -d "{'a':1,'b':2}" -H "Content-Type: application/json" url
$ curl -X POST -d "@data.json" url
```

18.1.3 httpie로 테스트하기

curl에 대한 파이썬적인 대안은 httipe(*https://httpie.org*)다.

```
$ pip install httpie
```

이전 절의 curl과 비슷하게 POST 메서드를 요청할 수 있다(-f는 --form이다).

```
$ http -f POST url a=1 b=2
$ http POST -f url < data.txt
```

기본 인코딩은 JSON이다.

```
$ http POST url a=1 b=2
$ http POST url < data.json
```

httpie는 HTTP 헤더, 쿠키, 파일 업로드, 인증, 리다이렉션, SSL 등도 처리한다. 자세한 내용은 문서(*https://httpie.org/doc*)를 참조한다.

18.1.4 httpbin으로 테스트하기

httpbin(*https://httpbin.org*)에서 웹 쿼리를 테스트하거나 로컬 도커 이미지에서 사이트를 내려받아서 사이트를 실행할 수 있다.

```
$ docker run -p 80:80 kennethreitz/httpbin
```

18.1.5 파이썬 표준 웹 라이브러리

파이썬 2에서 웹 클라이언트와 서버 모듈은 조금 흩어져있다. 파이썬 3에서는 이들 모듈을 패키지 두 개로 묶었다(11장에서 패키지는 단지 모듈 파일을 포함하는 디렉터리라는 것을 배웠다).

- http는 모든 클라이언트−서버 HTTP 세부 사항을 관리한다.
  - client는 클라이언트 부분을 관리한다.

- server는 파이썬 웹 서버를 작성하는 데 도움을 준다.

- cookies와 cookiejar는 사이트 방문자의 데이터를 저장하는 쿠키를 관리한다.

• urllib는 http 위에서 실행된다.

- request는 클라이언트의 요청을 처리한다.

- response는 서버의 응답을 처리한다.

- parse는 URL을 분석한다.

> **NOTE_** 파이썬 2와 파이썬 3과 호환되는 코드를 작성한다면 urllib가 두 버전 사이에서 많이 변경되었음을 기억하라. 더 나은 대안을 원한다면 18.1.6절을 참고하길 바란다.

웹사이트로부터 무언가를 얻기 위해 표준 라이브러리를 사용해보자. 다음 예제의 URL은 테스트 웹사이트에서 정보를 반환한다.

```
>>> import urllib.request as ur
>>> url = 'http://www.example.com/'
>>> conn = ur.urlopen(url)
```

이 코드로 원격 인용구 서버에 TCP/IP 커넥션을 열었고, HTTP 요청을 만들었고, HTTP 응답을 받았다. 이 응답은 페이지 데이터 이외의 데이터를 포함한다. 공식 문서(*http://bit.ly/httpresponse-docs*)에서 conn은 다수의 메서드와 속성을 지닌 **HTTPResponse** 객체라는 것을 볼 수 있다. 응답에서 가장 중요한 부분 중 하나는 HTTP 상태 코드다.

```
>>> print(conn.status)
200
```

200은 성공적으로 요청을 처리했다는 것을 의미한다. HTTP의 응답 코드는 수십 개가 있는데, 다섯 가지 범위로 나뉜다(백자리 첫 번째 숫자).

• **1xx**(조건부 응답information)
  서버는 요청을 받았지만 클라이언트에 대한 몇 가지 추가 정보가 필요하다.

• **2xx**(성공success)
  성공적으로 처리됐다. 200 이외의 모든 성공 코드는 추가 사항을 전달한다.

- **3xx**(리다이렉션^{redirection})

  리소스가 이전되어 클라이언트에 새로운 URL을 응답해준다.

- **4xx**(클라이언트 에러^{client error})

  자주 발생하는 404(찾을 수 없음^{not found})는 클라이언트 측에 문제가 있음을 의미한다. 418(나는 찻주 전자야^{I'm a teapot})과 같은 만우절 농담도 있다.

- **5xx**(서버 에러^{server error})

  500은 서버 에러를 나타낸다. 웹 서버와 백엔드 애플리케이션 서버가 연결되어 있지 않다면 502(배드 게이트웨이^{bad gateway})를 볼 것이다.

웹 페이지에서 실제 데이터 내용을 가져오기 위해 conn 변수에서 read() 메서드를 사용한다. 바이트 값을 반환한다. 데이터를 가져와서 첫 50바이트를 출력해보자.

```
>>> data = conn.read()
>>> print(data[:50])
b'<!doctype html>\n<html>\n<head>\n    <title>Example D'
```

이 바이트를 문자열로 변환하고 처음 50자를 출력할 수 있다.

```
>>> str_data = data.decode('utf8')
>>> print(str_data[:50])
<!doctype html>
 <html>
    <head>
        <title>Example D
>>>
```

나머지 데이터는 HTML과 CSS다.

HTTP 응답 헤더를 확인해보자.

```
>>> for key, value in conn.getheaders():
...     print(key, value)
...

Age 534888
Cache-Control max-age=604800
Content-Type text/html; charset=UTF-8
```

```
Date Thu, 19 Mar 2020 21:35:57 GMT
Etag "3147526947+ident"
Expires Thu, 26 Mar 2020 21:35:57 GMT
Last-Modified Thu, 17 Oct 2019 07:18:26 GMT
Server ECS (nyb/1D2B)
Vary Accept-Encoding
X-Cache HIT
Content-Length 1256
Connection close
```

텔넷 예제를 기억하는가? 파이썬 라이브러리는 모든 HTTP 응답 헤더를 파싱하여 딕셔너리에 제공한다. Date와 Server는 쉽게 알아볼 수 있지만, 다른 응답 헤더들은 조금 알아보기 힘들다. Content-Type과 같은 많은 옵션의 HTTP 표준 헤더를 알아두면 좋다.

18.1.6 표준 라이브러리를 넘어서: requests

1장 앞부분에서 urllib.request와 jason을 사용하여 웨이백 머신 API에 접근하는 프로그램을 작성했다. 여기서는 외부 requests 모듈을 사용하여 같은 프로그램을 만든다. requests 모듈을 사용한 예제는 조금 더 짧고 이해하기 더 쉽다.

requests 모듈을 사용하면 웹 클라이언트 개발이 더 쉬워진다. 문서(*https://oreil.ly/zF8cy*)를 참고하면 requests 모듈에 대한 자세한 내용을 볼 수 있다. 이번 절에서 requests의 기본 사용법을 익히고, 이 책의 웹 클라이언트 작업에서 이 모듈을 사용한다.

먼저 다음 명령으로 requests 라이브러리를 설치한다.

```
$ pip install requests
```

example.com 쿼리 예제를 requests로 다시 작성해본다.

```
>>> import requests
>>> resp = requests.get('http://example.com')
>>> resp
<Response [200]>
>>> resp.status_code
200
```

```
>>> resp.text[:50]
'<!doctype html>\n<html>\n<head>\n <title>Example D'
```

이번 장 마지막 부분에 JSON 쿼리 예제가 있다. 아래 코드는 마지막에 나오는 예제보다 작은 버전이다. 인터넷 아카이브Internet Archive 검색 API에 문자열을 제공하여 저장된 수십억 개의 멀티미디어 항목 제목을 살펴본다. [예제 18-1]의 requests.get() 호출에서 params 딕셔너리만 전달하면 된다. requests는 모든 쿼리 구성 및 문자 이스케이프를 처리한다.

예제 18-1 ia.py

```
import json
import sys
import requests

def search(title):
    url = "http://archive.org/advancedsearch.php"
    params = {"q": f"title:({title})",
              "output": "json",
              "fields": "identifier,title",
              "rows": 50,
              "page": 1,}
    resp = requests.get(url, params=params)
    return resp.json()

if __name__ == "__main__":
    title = sys.argv[1]
    data = search(title)
    docs = data["response"]["docs"]
    print(f"Found {len(docs)} items, showing first 10")
    print("identifier\ttitle")
    for row in docs[:10]:
        print(row["identifier"], row["title"], sep="\t")
```

wendigo 항목 재고를 살펴보자.

```
$ python ia.py wendigo
Found 24 items, showing first 10
identifier title
cd_wendigo_penny-sparrow Wendigo
Wendigo1 Wendigo 1
```

```
wendigo_ag_librivox The Wendigo
thewendigo10897gut The Wendigo
isbn_9780843944792 Wendigo mountain ; Death camp jamendo-060508 Wendigo - Audio Leash
fav-lady_wendigo lady_wendigo Favorites
011bFearTheWendigo 011b Fear The Wendigo
CharmedChats112 Episode 112 - The Wendigo
jamendo-076964 Wendigo - Tomame o Dejame>
```

첫 번째 열(identifier)을 사용하여 **archive.org** 사이트에서 실제로 항목을 볼 수 있다. 이번 장 끝에서 이 작업을 수행하는 방법을 살펴본다.

18.2 웹 서버

파이썬은 웹 서버와 서버 사이드 프로그램을 작성하기 위한 뛰어난 언어로 웹 개발자들에게 알려져 있다. 파이썬 기반의 다양한 웹 **프레임워크** 중에서 무엇을 사용해야 하는지 선택하는 것은 어려울 수 있다. 이번 절에서는 다양한 웹 프레임워크를 살펴볼 것이다.

웹 프레임워크는 웹사이트를 구축할 수 있는 기능을 제공한다. 그래서 단순한 웹(HTTP) 서버보다 더 많은 작업을 수행한다. 라우팅routing(서버 함수의 URL), 템플릿template(HTML을 동적으로 생성), 디버깅debugging 등에 대한 기능을 살펴볼 것이다.

여기서 모든 프레임워크를 다루진 않는다. 상대적으로 사용하기 쉽고 간단한 웹사이트에 적합한 수준만 살펴본다. 그리고 파이썬 웹사이트의 동적인 처리 부분과 기존의 웹 서버와 무엇이 다른지에 대해서도 살펴본다.

18.2.1 간단한 파이썬 웹 서버

단 한 줄의 코드로 간단한 웹 서버를 실행할 수 있다.

```
$ python -m http.server
```

이것은 순수한 파이썬 HTTP 서버를 구현한다. 문제가 없다면 다음과 같은 초기 상태 메시지를 출력한다.

```
Serving HTTP on 0.0.0.0 port 8000 ...
```

0.0.0.0은 **어떤 TCP 주소**를 의미한다. 그래서 웹 클라이언트는 서버가 어떤 주소를 가졌든 상관없이 그곳에 접근할 수 있다. 네트워크와 TCP의 낮은 수준low-level에 대한 내용은 17장에서 살펴본다.

이제 현재 디렉터리에 대한 상대 경로로 파일을 요청할 수 있다. 그리고 요청한 파일이 반환될 것이다. 웹 브라우저에서 http://localhost:8000을 입력했다면, 현재 디렉터리의 리스트가 나타나고, 서버에 아래와 같은 액세스 로그 라인이 출력된다.

```
127.0.0.1 - - [21/Mar/2020 22:02:37] "GET / HTTP/1.1" 200 -
```

localhost와 127.0.0.1은 **로컬 컴퓨터**에 대한 TCP 동의어다. 그래서 인터넷 연결과 상관없이 명령이 실행된다. 위 라인을 다음과 같이 해석할 수 있다.

- 127.0.0.1은 클라이언트의 IP 주소다.
- 첫 번째 "-"는 원격 사용자 이름이다(발견된 경우).
- 두 번째 "-"는 로그인 사용자 이름이다(요구한 경우).
- [21/Mar/2020 22:02:37]는 접근한 날짜와 시간이다.
- "GET / HTTP/1.1"은 웹 서버로 보내는 명령이다.
  - HTTP 메서드(GET)
  - 리소스 요청(/)
  - HTTP 버전(HTTP/1.1)
- 200은 웹 서버로부터 반환된 HTTP 상태 코드다.

아무 파일이나 클릭해본다. 브라우저는 포맷(HTML, PNG, GIF, JPEG 등)을 인식하여 그것을 보여준다. 그리고 서버는 요청에 대한 로그를 기록한다. 현재 디렉터리에 oreilly.png 파일이 있다고 가정해보자. http://localhost:8000/oreilly.png에 대한 요청은 [그림 20-2]의 이미지를 반환하고, 다음과 같은 로그가 기록된다.

```
127.0.0.1 - - [21/Mar/2020 22:03:48] "GET /oreilly.png HTTP/1.1" 200 -
```

같은 디렉터리에 다른 파일이 있는 경우, 이들을 목록 형태로 표시한다. 그리고 파일을 클릭하여 내려받을 수 있다. 만약 브라우저에서 클릭한 파일의 형식을 표시하도록 설정한 경우에는 그 결과가 화면에 나타난다. 그렇지 않으면 브라우저는 파일을 내려받아서 저장할 것인지 묻는다.

기본 포트 번호는 8000이지만, 다른 포트 번호를 지정할 수도 있다.

```
$ python -m http.server 9999
```

다음과 같은 결과를 볼 수 있다.

```
Serving HTTP on 0.0.0.0 port 9999 ...
```

순수한 파이썬 서버는 빠른 테스트에 적합하다. 그리고 프로세스를 죽여서kill (대부분의 경우 Ctrl+C) 서버를 중지시킬 수 있다.

18.2.2 웹 서버 게이트웨이 인터페이스

우리는 간단한 파일 목록을 제공하는 웹 서버가 아닌 동적으로 프로그램을 실행하는 웹 서버를 원한다. 웹 초기 시절, **공용 게이트웨이 인터페이스**Common Gateway Interface (CGI)는 클라이언트를 위해 웹 서버가 외부 프로그램을 실행하고, 그 결과를 반환하도록 설계됐다. CGI는 클라이언트에서 받은 입력 인수를 서버를 통해 처리하여 외부 프로그램으로 전달한다. 프로그램은 각 클라이언트의 접근을 위해 처음부터 다시 시작된다. 이러한 접근 방식은 확장성을 떨어뜨린다. 작은 프로그램도 시작하는 데 상당한 시간이 걸릴 수 있기 때문이다.

이러한 시동 지연을 피하기 위해 개발자들은 웹 서버에 인터프리터를 두기 시작했다. 아파치는 mod_php 모듈 내에서는 PHP, mod_perl 모듈 내에서는 펄, mod_python 모듈 내에서는 파이썬을 실행한다. 그리고 이러한 동적 언어의 코드는 외부 프로그램이 아닌 장기적으로 작동하는 아파치 프로세스 내에서 실행된다.

또 다른 방법은 별도의 장기적으로 작동하는 프로그램 내에서 동적 언어를 실행하고, 웹 서버와 통신하는 것이다. 그 예로 FastCGI와 SCGI가 있다.

파이썬 웹 개발은 파이썬 웹 애플리케이션과 웹 서버간의 범용적인 API인 **웹 서버 게이트웨이 인**

터페이스Web Server Gateway Interface(WSGI)의 정의에서부터 시작됐다. 책 나머지 부분에서 모든 파이썬 웹 프레임워크와 웹 서버는 WSGI를 사용한다. 보통 어떻게 WSGI가 작동하는지 아주 자세히는 알 필요는 없지만, 핵심 내용을 숙지한다면 웹 개발에 도움이 된다. 이건은 **동기**synchronous 방식으로 연결한다. 즉, 한 스텝은 다른 스텝을 따른다.

18.2.3 ASGI

지금까지 몇 장에서는 파이썬이 `async`, `await`, `asyncio`와 같은 **비동기**asynchronous 언어 기능을 도입했다고 설명했다. 비동기 서버 게이트웨이 인터페이스Asynchronous Server Gateway Interface(ASGI)는 이러한 새로운 기능을 사용하여 WSGI를 대응한다. 부록 C에서 ASGI를 사용하는 새로운 웹 프레임 워크에 대한 자세한 설명과 예제가 있다.

18.2.4 아파치

apache(*http://httpd.apache.org*) 웹 서버에 최적화된 WSGI 모듈은 `mod_wsgi`(*https://code.google.com/p/modwsgi*)다. 이 모듈은 아파치 프로세스 안에서 혹은 아파치와 통신하기 위해 분리된 프로세스 안에서 파이썬 코드를 실행한다.

리눅스나 macOS에는 기본적으로 아파치가 설치되어 있다. 윈도우 사용자는 아파치(*http://bit.ly/apache-http*)를 설치해야 한다.

마지막으로 선호하는 WSGI 기반의 파이썬 웹 프레임워크를 설치한다. 여기서는 `bottle`을 사용한다. 거의 작업 대부분은 아파치 설정에 관련된 것이다.

다음 코드를 **/var/www/test/home.wsgi**로 저장한다.

예제 18-2 home.wsgi

```
import bottle
application = bottle.default_app()

@bottle.route('/')
def home():
    return "apache and wsgi, sitting in a tree"
```

이번에는 run()을 호출하지 않는다. 내장된 파이썬 웹 서버를 작동하기 때문이다. 웹 서버와 파이썬 코드를 결합하기 위해서 application 변수를 할당하여 mod_wsgi는 무언가(아파치)를 찾는다.

아파치와 mod_wsgi 모듈이 제대로 작동하는 경우, 이들을 파이썬 스크립트에 연결해야 한다. 아파치 서버의 기본 웹사이트를 정의하는 파일에 한 줄을 추가한다. 그러나 해당 파일을 찾는 것은 아파치 자신의 몫이다. 그 파일은 /etc/apache2/httpd.conf 혹은 /etc/apache2/sites-available/default 혹은 관리자가 설정한 위치에 있다.

이제 아파치를 이해해야 할 임무가 주어졌고, 그 파일을 찾는다고 가정해보자. 기본 웹사이트를 적용하기 위해 <VirtualHost> 섹션에 다음 줄을 추가한다.

```
WSGIScriptAlias / /var/www/test/home.wsgi
```

이 섹션은 다음과 같이 생겼다.

```
<VirtualHost *:80>
    DocumentRoot /var/www

    WSGIScriptAlias / /var/www/test/home.wsgi

        <Directory /var/www/test>
        Order allow,deny
        Allow from all
        </Directory>
</VirtualHost>
```

아파치를 시작한다. 현재 실행 중인 경우에는 새로운 구성을 사용하기 위해 다시 시작해야 한다. 브라우저에서 http://localhost/를 입력하여 다음 결과를 확인한다.

```
apache and wsgi, sitting in a tree
```

이것은 아파치의 한 부분으로 mod_wsgi를 **임베디드 모드**embedded mode로 실행한 것이다.

아파치로부터 한 프로세스 이상을 분리한 **데몬 모드**daemon mode로 실행할 수 있다. 이를 위해 아파치 설정 파일에 두 줄을 추가한다.

```
WSGIDaemonProcess domain-name user=user-name group=group-name threads=25
WSGIProcessGroup domain-name
```

위 예제에서 user-name과 group-name은 운영체제의 사용자와 그룹 이름이다. 그리고
domain-name은 인터넷 도메인 이름이다. 아파치의 최소 설정은 다음과 같다.

```
<VirtualHost *:80>
    DocumentRoot /var/www

    WSGIScriptAlias / /var/www/test/home.wsgi
    WSGIDaemonProcess mydomain.com user=myuser group=mygroup threads=25
    WSGIProcessGroup mydomain.com

    <Directory /var/www/test>
        Order allow,deny
        Allow from all
    </Directory>
</VirtualHost>
```

18.2.5 엔진엑스

엔진엑스Nginx(*http://nginx.org*) 웹 서버는 파이썬 모듈이 없다. 대신 uWSGI와 같은 별도
WSGI 서버를 사용하여 통신한다. 이들은 파이썬 웹 개발을 위해 매우 신속하고, 설정 가능한 플
랫폼을 만들어준다.

엔진엑스 웹 사이트(*http://wiki.nginx.org/Install*)에 설치 방법이 나와 있다. 또한 uWSGI
(*https://oreil.ly/7FTPa*)를 설치해야 한다.

18.2.6 기타 파이썬 웹 서버

동시 요청을 처리하기 위해 멀티 프로세스와 스레드(15.3절 참조)를 사용하는 아파치와 엔진
엑스처럼 독립적인 파이썬 기반의 WSGI 서버는 다음과 같다.

- **uwsgi**: *http://projects.unbit.it/uwsgi*
- **cherrypy**: *http://www.cherrypy.org*
- **pylons**: *http://www.pylonsproject.org*

다음은 **이벤트 기반**의 서버들이다. 싱글 프로세스지만, 하나의 요청에 대한 블로킹blocking을 피한다.

- **tornado**: *http://www.tornadoweb.org*

- **gevent**: *http://gevent.org*

- **gunicorn**: *http://gunicorn.org*

15장 **동시성**concurrency에서 이벤트event를 조금 더 자세히 다룬다.

18.3 웹 서버 프레임워크

웹 서버는 HTTP와 WSGI의 세부 사항을 처리한다. 반면 웹 **프레임워크**를 사용한다면 파이썬 코드로 강력한 웹사이트를 만들 수 있다. 프레임워크를 잠깐 다룬 뒤 프레임워크를 사용하여 실제 사이트를 제공하는 방법을 본격적으로 살펴볼 것이다.

웹사이트를 구축할 수 있는 파이썬 웹 프레임워크가 많이 있다(너무 많다고 하는 사람도 있다). 웹 프레임워크는 최소한 클라이언트의 요청과 서버의 응답을 처리한다. 주요 웹 프레임워크 대부분에서는 다음과 같은 기능을 제공한다.

- HTTP 프로토콜 처리
- 인증authentication(authn)(사용자는 누구인가?)
- 권한authorization(authz)(사용자는 무엇을 할 수 있는가?)
- 세션 설정
- 매개변수 얻기
- 매개변수 유효성 검사 (필수/옵션, 타입, 범위)
- HTTP 메서드 처리
- 경로route (함수/클래스)
- 정적 파일 제공 (HTML, JS, CSS, 이미지)
- 동적 데이터 제공 (데이터베이스, 서비스)
- 반환값과 HTTP 상태

옵션 기능은 다음과 같다.

- 백엔드 템플릿
- 데이터베이스 연결, ORM
- 트래픽 제한rate limiting
- 비동기 작업

이어지는 절에서 두 프레임워크(bottle과 flask)에 대한 예제 코드를 작성해볼 것이다. 그러고 나서 또 다른 대안(특히 데이터베이스 기반 웹사이트)에 대해 이야기한다. 여러분이 생각하는 웹사이트를 구현하기 위해 파이썬 프레임워크를 찾게 될 것이다.

18.3.1 Bottle

Bottle은 하나의 파이썬 파일로 구성되어 있어서 시도해보기 쉽고 나중에 쉽게 배포할 수 있다. Bottle은 파이썬의 표준 라이브러리가 아니라서 **pip**로 Bottle을 설치해야 한다.

```
$ pip install bottle
```

다음 예제는 테스트 웹 서버를 실행하는 코드다. 브라우저의 주소창에 http://localhost:9999/를 입력하면 텍스트 한 줄을 반환한다. 이 코드를 bottle1.py로 저장한다.

예제 18-3 bottle1.py

```
from bottle import route, run

@route('/')
def home():
  return "It isn't fancy, but it's my home page"

run(host='localhost', port=9999)
```

Bottle은 route 데커레이터를 사용하여 함수와 URL을 연결한다. 이때 home() 함수가 /(홈페이지)를 처리한다. 아래 명령을 입력하여 서버 스크립트를 실행해보자.

```
$ python bottle1.py
```

브라우저의 주소창에 `http://localhost:9999`를 입력하면 다음과 같은 결과가 나온다.

```
It isn't fancy, but it's my home page
```

`run()` 함수는 `bottle`의 내장된 파이썬 테스트 웹 서버를 실행한다. 이 함수는 `bottle` 프로그램에서 사용할 필요는 없지만, 초기 개발 및 테스트에 유용하다.

이번에는 홈페이지의 텍스트를 코드에 작성하는 대신 `index.html`이라는 파일을 따로 만들어서 아래 텍스트를 저장한다.

```
My <b>new</b> and <i>improved</i> home page!!!
```

홈페이지를 요청할 때 `bottle`에서 위 HTML 파일의 내용을 반환하도록 만들어준다. 다음 코드를 `bottle2.py`로 저장한다.

예제 18-4 bottle2.py

```
from bottle import route, run, static_file

@route('/')
def main():
    return static_file('index.html', root='.')

run(host='localhost', port=9999)
```

`static_file()` 호출에서 `root`가 가리키는 디렉터리(`'.'`는 현재 디렉터리를 의미한다)에서 `index.html` 파일의 내용을 반환한다. 이전 예제 코드가 계속 실행되고 있었다면 종료하고, 다시 새로운 서버를 실행한다.

```
$ python bottle2.py
```

브라우저의 주소창에 `http://localhost:9999`를 입력하면 다음과 같은 결과를 볼 수 있다.

```
My new and improved home page!!!
```

마지막 bottle 예제는 URL에 인수를 전달해 사용하는 방법을 보여준다. 다음 코드를 bottle3.py로 저장한다.

예제 18-5 bottle3.py

```
from bottle import route, run, static_file

@route('/')
def home():
    return static_file('index.html', root='.')

@route('/echo/<thing>')
def echo(thing):
    return "Say hello to my little friend: %s!" % thing

run(host='localhost', port=9999)
```

새로운 echo() 함수는 URL에서 문자열 인수를 전달받는다. @route('/echo/<thing>') 라인을 살펴보자. 라우트의 <thing>은 /echo/ 다음에 오는 URL의 문자열을 문자열 인수 thing에 할당하고, 이것을 echo 함수에 전달한다. 이전 서버가 계속 실행되고 있다면 종료하고, 다시 새로운 서버를 실행하여 결과를 살펴보자.

```
$ python bottle3.py
```

그리고 웹 브라우저의 주소 창에 http://localhost:9999/echo/Mothra를 입력하면 아래 텍스트를 볼 수 있다.

```
Say hello to my little friend: Mothra!
```

bottle3.py를 잠시 벗어나 새로운 것을 시도해보자. 브라우저에서 URL을 입력하여 표시되는 페이지를 보고, 웹 서버가 잘 작동하는지 확인했다. 또한 requests와 같은 클라이언트 라이브러리를 사용하여 잘 작동하는지 확인할 수 있다. 다음 코드를 bottle_test.py로 저장한다.

```python
import requests

resp = requests.get('http://localhost:9999/echo/Mothra')

if resp.status_code == 200 and \
  resp.text == 'Say hello to my little friend: Mothra!':
    print('It worked! That almost never happens!')
else:
    print('Argh, got this:', resp.text)
```

좋다! 이제 실행해보자.

```
$ python bottle_test.py
```

터미널에서 다음과 같은 결과를 볼 수 있다.

```
It worked! That almost never happens!
```

이것은 유닛 테스트unit test의 작은 예제다. 19장에서 테스트의 장점과 파이썬으로 테스트 코드를 작성하는 방법에 대한 내용을 제공한다.

다음은 bottle에 대한 팁이다. run() 함수를 호출할 때 아래 인수를 추가로 실행할 수 있다.

- debug=True는 HTTP 에러가 발생하면 디버깅 페이지를 생성한다.
- reloader=True는 파이썬 코드가 변경되면 변경된 코드를 다시 불러온다.

위 내용은 이 문서(*http://bottlepy.org/docs/dev*)에 잘 정리되어 있다.

18.3.2 Flask

Bottle은 좋은 초기의 웹 프레임워크다. 하지만 더 많은 기능이 필요하다면 Flask를 사용하는 걸 추천한다. **Flask**는 2010년 만우절 농담으로 등장했지만, 열성적인 응답이 아르민 로나허 Armin Ronacher가 그것을 실제 프레임워크로 만드는 데 용기를 주었다. 그는 Bottle(병)에 대한 익살로 이 프레임워크의 이름을 Flask(실험용 병)라고 지었다.

Flask는 Bottle과 같이 간단하게 사용할 수 있지만, 페이스북 인증과 데이터베이스 연결 같이 전문적인 웹 개발에 유용한 많은 확장 기능을 지원한다. Flask는 필자가 개인적으로 좋아하는 파이썬 웹 프레임워크다. 사용에 대한 용이성과 풍부한 기능의 균형이 잘 갖춰져 있기 때문이다.

flask 패키지는 werkzeug WSGI 라이브러리와 jinja2 템플릿 라이브러리를 포함한다. 터미널에서 아래 명령으로 Flask를 설치한다.

```
$ pip install flask
```

Bottle의 마지막 예제 코드를 Flask로 바꿔보자. 먼저 두 가지 참고 사항이 있다.

- Flask의 정적 파일에 대한 기본 홈 디렉터리는 static이다. 그리고 파일에 URL 또한 /static으로 시작한다. 폴더를 '.'(현재 디렉터리)로, URL 접두사를 ''(빈 문자열)로 바꿔서 URL /를 index.html 파일에 매핑할 수 있다.
- run() 함수에서 debug=True는 서버의 코드를 다시 불러온다. bottle에서는 디버깅과 코드를 다시 불러오는 인수가 분리되어 있다.

다음 코드를 flask1.py로 저장한다.

예제 18-7 flask1.py

```python
from flask import Flask

app = Flask(__name__, static_folder='.', static_url_path='')

@app.route('/')
def home():
    return app.send_static_file('index.html')

@app.route('/echo/<thing>')
def echo(thing):
    return "Say hello to my little friend: %s" % thing

app.run(port=9999, debug=True)
```

터미널 혹은 커맨드 창에서 서버를 실행한다.

```
$ python flask1.py
```

웹 브라우저에서 URL을 입력해서 홈페이지를 테스트한다.

```
http://localhost:9999/
```

bottle 예제에서 봤던 것처럼 다음과 같은 결과를 확인할 수 있다.

그리고 /echo의 엔드포인트에 접근해보자.

```
http://localhost:9999/echo/Godzilla
```

다음과 같은 결과를 확인할 수있다.

```
Say hello to my little friend: Godzilla
```

run()을 호출할 때 debug=True로 설정하면 또 다른 이섬이 있다. 서버 코느에서 예외가 발생했다면, Flask는 유용한 정보와 함께 어디에서 잘못되었는지에 관한 내용을 특별한 형식의 페이지로 표시해준다. 더 좋은 점은 서버 프로그램의 변수 값을 보기 위해 몇 가지 명령을 입력할 수 있다.

> **NOTE_** 웹 서버를 배포할 때 debug = True로 설정하지 마라. 서버에 대한 너무 많은 정보가 잠재적인 침입자에게 노출된다.

지금까지 Flask 예제는 Bottle 예제를 단지 복제했을 뿐이다. Bottle에서는 할 수 없지만, Flask에서는 할 수 있는 것은 무엇일까? Flask는 더 광범위한 템플릿 시스템인 jinja2를 포함 하고 있다. Flask와 jinja2를 함께 사용한 예제를 살펴보자.

templates 디렉터리를 생성하고, 다음 flask2.html 파일을 저장한다.

예제 18-8 flask2.html

```
<html>
    <head>
        <title>Flask2 Example</title>
    </head>
```

```
        <body>
            Say hello to my little friend: {{ thing }}
        </body>
    </html>
```

이 템플릿에 맞춰 thing 값을 전달하고, HTML에 렌더링하기 위해 서버 코드를 작성한다(공간 절약을 위해 home() 함수를 생략했다). 이 코드를 flask2.py에 저장한다.

예제 18-9 flask2.py

```
from flask import Flask, render_template

app = Flask(__name__)

@app.route('/echo/<thing>')
def echo(thing):
    return render_template('flask2.html', thing=thing)

app.run(port=9999, debug=True)
```

thing=thing 인수는 thing 변수의 문자열 값을 템플릿의 thing에 전달하는 것을 의미한다.

flask1.py가 실행되어 있지 않은 것을 확인한 후 flask2.py를 실행한다.

```
$ python flask2.py
```

이제 URL을 입력한다.

```
http://localhost:9999/echo/Gamera
```

다음과 같은 결과를 볼 수있다.

```
Say hello to my little friend: Gamera
```

템플릿을 수정하여 templates 디렉터리에 flask3.html 파일로 저장한다.

```
<html>
    <head>
        <title>Flask3 Example</title>
    </head>
    <body>
        Say hello to my little friend: {{ thing }}. Alas, it just destroyed {{ place
}}!
    </body>
</html>
```

여러 가지 방법으로 두 번째 인수를 echo URL에 전달할 수 있다.

URL 경로에 인수 전달하기

아래 코드는 단순히 URL 자체를 확장한다(다음 코드를 flask3a.py로 저장한다).

예제 18-10 flask3a.py

```
from flask import Flask, render_template

app = Flask(__name__)

@app.route('/echo/<thing>/<place>')
def echo(thing, place):
    return render_template('flask3.html', thing=thing, place=place)

app.run(port=9999, debug=True)
```

평소와 같이 이전 테스트 서버 스크립트가 실행되고 있다면 멈추고 새로운 스크립트를 실행한다.

```
$ python flask3a.py
```

다음 URL을 입력한다.

```
http://localhost:9999/echo/Rodan/McKeesport
```

그러면 다음과 같은 결과를 볼 수 있다.

```
Say hello to my little friend: Rodan. Alas, it just destroyed McKeesport!
```

혹은 GET 매개변수로 인수를 제공할 수 있다(다음 코드를 flask3b.py로 저장한다).

예제 18-11 flask3b.py

```python
from flask import Flask, render_template, request

app = Flask(__name__)

@app.route('/echo/')
def echo():
    thing = request.args.get('thing')
    place = request.args.get('place')
    return render_template('flask3.html', thing=thing, place=place)

app.run(port=9999, debug=True)
```

새 서버 스크립트를 실행한다.

```
$ python flask3b.py
```

이번에는 다음 URL을 입력한다.

```
http://localhost:9999/echo?thing=Gorgo&place=Wilmerding
```

다음과 같은 결과를 볼 수 있다.

```
Say hello to my little friend: Gorgo. Alas, it just destroyed Wilmerding!
```

GET 명령이 URL에 사용되는 경우 인수가 &key1=val1&key2=val2&... 형태로 전달된다.

또한 딕셔너리 ** 연산자를 사용하여 한 딕셔너리로부터 여러 인수를 템플릿에 전달할 수 있다 (다음 코드를 flask3c.py로 저장한다).

예제 18-12 flask3c.py

```python
from flask import Flask, render_template, request

app = Flask(__name__)
```

```
@app.route('/echo/')
def echo():
    kwargs = {}
    kwargs['thing'] = request.args.get('thing')
    kwargs['place'] = request.args.get('place')
    return render_template('flask3.html', **kwargs)

app.run(port=9999, debug=True)
```

**kwargs는 thing=thing, place=place처럼 작동한다. 입력 인수가 많을 경우 타이핑을 줄일 수 있다.

jinja2 템플릿 엔진은 이보다 더 많은 일을 수행한다. PHP로 개발한 경험이 있다면 유사점이 많다는 것을 알 수 있다.

18.3.3 장고

장고django (*https://www.djangoproject.com*)는 큰 규모의 사이트에서 가장 인기 있는 프레임워크다. 장고를 배워야 하는 여러 가지 이유 중 하나는 파이썬 구인 광고에서 장고 개발자를 찾는 것을 많이 볼 수 있기 때문이다. 장고는 16장에서 본 전형적인 CRUD^{Create, Replace, Update,} Delete 웹 페이지를 자동으로 생성하기 위한 ORM^{Object–Relational Mapping} (16.5.6절의 ORM 참조) 코드를 포함한다. 장고에서 제공하는 ORM을 사용하지 않아도 된다. 개발자의 취향대로 SQLAlchemy 혹은 바로 SQL 쿼리를 사용해도 무방하다.

18.3.4 기타 프레임워크

파이썬 위키의 웹 프레임워크 표(*http://bit.ly/web-frames*)에서 파이썬 웹 프레임워크를 비교할 수 있다.

- **fastapi**: *https://fastapi.tiangolo.com*
  동기식(WSGI) 및 비동기식(ASGI)를 모두 처리한다. 타입 힌트와 테스트 페이지를 생성하며, 문서화가 잘 되어 있다. 이 프레임워크를 추천한다.

- **web2py**: *http://www.web2py.com*
  장고와 비슷한 또 다른 스타일의 웹 프레임워크다.

- **pyramid**: *https://trypyramid.com*

  이 프레임워크는 pylons 프로젝트에서 성장했다. 장고와 범위가 비슷하다.

- **turbogears**: *http://turbogears.org*

  이 프레임워크는 ORM, 여러 데이터베이스, 다중 템플릿 언어를 지원한다.

- **wheezy.web**: *http://pythonhosted.org/wheezy.web*

  성능에 최적화된 새로운 웹 프레임워크다. 2012년 9월에 있었던 테스트 결과(*http://bit.ly/ wheezyweb*)에서 다른 파이썬 웹 프레임워크보다 더 빨랐다.

- **molten**: *https://moltenframework.com*

  타입 힌트를 사용하며 WSGI만 지원한다.

- **apistar**: *https://docs.apistar.com*

  fastapi와 유사하지만, 어떤 웹 프레임워크 보다 많은 API 유효성 검사 도구를 제공한다.

- **masonite**: *https://docs.masoniteproject.com*

  루비온 레일즈Ruby on Rails 또는 PHP 라라벨Laravel의 파이썬 버전이다.

18.4 데이터베이스 프레임워크

웹과 데이터베이스는 식빵과 잼과 같다. 대부분 같이 사용한다. 실제 파이썬 애플리케이션에서 관계형 데이터베이스에 웹 인터페이스(사이트 또는 API)를 제공한다.

다음과 같이 웹과 데이터베이스 프레임워크를 구축할 수 있다.

- Bottle과 Flask와 같은 웹 프레임워크
- db-api와 SQLAlchemy와 같은 데이터베이스 패키지
- pymysql과 같은 데이터베이스 드라이버

대신 다음과 같은 웹/데이터베이스 패키지를 사용할 수 있다.

- **connexion**: *https://connexion.readthedocs.io*
- **datasette**: *https://datasette.readthedocs.io*
- **sandman2**: *https://github.com/jeffknupp/sandman2*
- **flask-restless**: *https://flask-restless.readthedocs.io*

또는 django와 같은 내장 데이터베이스를 지원하는 프레임워크를 사용할 수 있다.

독자 여러분이 사용하는 데이터베이스가 관계형 데이터베이스가 아닐 수 있다. 데이터 스키마가 크게 다른 경우(행마다 현저하게 다른 열), 16장에서 본 NoSQL 데이터베이스와 같은 스키마 없는 데이터베이스를 고려하는 것이 좋다. 필자는 처음에 NoSQL 데이터베이스에 데이터를 저장하고, 관계형 데이터베이스로 바꿨다가 다시 다른 관계형 데이터베이스로, 다시 다른 NoSQL 데이터베이스로, 다시 마지막으로 관계형 데이터 베이스로 전환했다.

18.5 웹 서비스와 자동화

HTML 페이지를 소비하고 생성하는 전통적인 웹 클라이언트와 서버 애플리케이션을 살펴봤다. 그러나 웹은 HTML보다 더 많은 형식으로 애플리케이션과 데이터를 연결하는 강력한 방법이 존재한다.

18.5.1 webbrowser 모듈

그냥 무작정 시작해보자. 터미널 창을 띄워 파이썬을 시작하고, 다음을 입력한다.

```
>>> import antigravity
```

이것은 비밀리에 표준 라이브러리의 webbrowser 모듈을 호출하여 파이썬을 전도하는 링크를 브라우저에 바로 던져준다. 링크를 볼 수 없다면 xkcd(*http://xkcd.com/353*)에 접속한다.

이 모듈은 바로 사용할 수 있다. 다음 예제는 브라우저에 파이썬 사이트를 불러온다.

```
>>> import webbrowser
>>> url = 'http://www.python.org/'
>>> webbrowser.open(url)
True
```

다음은 브라우저를 새 창에 연다.

```
>>> webbrowser.open_new(url)
True
```

설치된 브라우저가 탭을 지원한다면 새 탭에 연다.

```
>>> webbrowser.open_new_tab('http://www.python.org/')
True
```

webbrowser 모듈에서 브라우저의 기능을 수행할 수 있다.

18.5.2 webview 모듈

webview 모듈에서는 webbrowser 모듈처럼 브라우저를 호출하지 않고, 시스템의 기본 GUI 를 사용하여 페이지를 창에 표시한다.

리눅스 또는 macOS에서는 다음과 같이 설치한다.

```
$ pip install pywebview[qt]
```

윈도우에서는 다음과 같이 설치한다.

```
$ pip install pywebview[cef]
```

설치에 문제가 있는 경우 이 문서(*https://oreil.ly/NiYD7*)를 참조한다. 다음은 공식 미국 정부에서 현재 시간 사이트를 실행한 예제다.

```
>>> import webview
>>> url = input("URL? ")
URL? http://time.gov
>>> webview.create_window(f"webview display of {url}", url)
<webview.window.Window object at 0x1054902b0>
>>> webview.start()
```

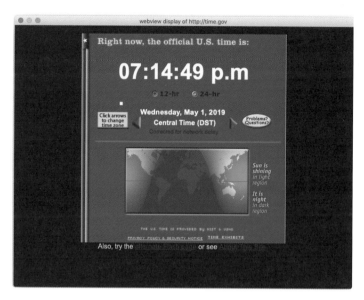

그림 18-1 터미널에서 실행한 결과

프로그램을 종료하려면 창을 닫으면 된다.

18.6 웹 API와 REST

웹 페이지 내에서만 데이터가 사용되는 경우가 있다. 데이터에 접근하려면 웹 브라우저를 사용하여 페이지에 접속하고 데이터를 읽는다. 그리고 웹사이트 방문자가 마지막으로 방문하고 난 이후, 개발자는 웹사이트의 데이터 위치와 스타일을 변경할 수 있다.

웹 페이지 대신 **웹 애플리케이션 프로그래밍 인터페이스**Application Programming Interface (API)를 통해 데이터를 제공할 수 있다. 클라이언트는 URL 요청request으로 서비스에 접근하여, 요청에 대한 '상태와 데이터가 들어 있는 응답response을 받을 수 있다. HTML 페이지 대신 JSON과 XML(16장에서 배운) 같은 포맷을 사용하여 데이터를 쉽게 소비하는 프로그램을 작성할 수 있다.

RESTREpresentational State Transfer는 로이 필딩Roy Fielding의 박사학위 논문에서 처음으로 정의됐다. 많은 곳에서 REST 혹은 RESTful 인터페이스를 사용한다. 실제로 웹 서비스에 접근할 수 있는 URL을 정의하여 웹 인터페이스만 제공할 수 있다.

RESTful 서비스는 다음의 특정 HTTP 동사verb를 사용한다.

- **HEAD**

  실제 데이터가 아닌 리소스에 대한 정보를 얻어온다.

- **GET**

  이름에서 알 수 있듯이 GET은 서버에서 리소스의 데이터를 검색한다. GET은 브라우저에서 사용되는 표준 메서드다. 물음표(?)와 함께 인수들이 따라오는 URL이 바로 GET 요청이다. GET 요청은 데이터를 생성, 변경, 삭제하는 데 사용해서는 안 된다.

- **POST**

  이 동사는 서버의 데이터를 갱신한다. 주로 HTML 폼과 웹 API에서 사용한다.

- **PUT**

  이 동사는 새로운 리소스를 생성한다.

- **DELETE**

  이 동사는 서버의 데이터를 삭제한다.

또한 RESTful 클라이언트는 HTTP 요청 헤더를 사용하여 서버로부터 하나 이상의 콘텐츠 타입을 요청할 수 있다. 예를 들어 REST 인터페이스의 복합적인 서비스는 입력과 출력 형식으로 JSON 문자열을 선호한다.

18.7 크롤링과 스크래핑

때때로 영화 평점, 주가, 상품 등에 관한 정보가 필요할 때가 있다. 대부분 이러한 정보는 광고와 쓸데없는 내용으로 둘러싸인 HTML 페이지로 제공된다.

다음을 수행하여 수동으로 원하는 내용을 추출할 수 있다.

1. 브라우저에 URL을 입력한다.
2. 원격 페이지가 불려올 때까지 기다린다.
3. 원하는 정보를 페이지를 통해서 본다.
4. 어딘가에 이 정보를 기록한다.
5. 다른 정보들도 URL을 입력하여 이 과정을 반복한다.

그러나 이러한 과정의 일부 혹은 전체를 자동화하는 것이 더 좋다. 자동화된 웹 패처fetcher는 **크롤러**crawler 혹은 **스파이더**spider(거미를 무서워하는 사람에게는 매력이 없는)라고 부른다. 원격 웹 서버에서 콘텐츠를 찾은 후, **스크래퍼**scraper에서 원하는 정보를 찾기 위해 파싱한다.

18.7.1 Scrapy

크롤러와 스크래퍼의 환상적인 조합인 Scrapy(*http://scrapy.org*)를 내려받는다.

```
$ pip install scrapy
```

scrapy 모듈과 독립형 커맨드 라인 프로그램이 설치된다.

Scrapy는 BeautifulSoup과 같은 모듈이 아닌 프레임워크다. Scrapy는 기능은 더 많지만 설정이 복잡하다. Scrapy를 조금 더 알고 싶다면 사이트 문서 'Scrapy at a Glance'(*https://oreil.ly/8IYoe*) 또는 튜토리얼(*https://oreil.ly/4H_AW*)를 참고한다.

18.7.2 BeautifulSoup

웹 페이지의 HTML로부터 데이터를 추출하고 싶다면 BeautifulSoup(*https://oreil.ly/c43mV*)은 좋은 선택이다. HTML 파싱이 생각보다 어렵다. 공개된 웹 페이지의 HTML 대부분이 문법적으로 유효하지 않기 때문이다(닫지 않은 태그, 잘못된 중첩 등). 정규표현식(12.2절 참조)을 사용하여 HTML 파서를 만들 때 이러한 문제에 부딪힐 것이다.

BeautifulSoup을 설치하기 위해 다음 명령을 입력한다(최신 버전은 4다. pip로 이전 버전을 설치하려 하면 실패할 것이다).

```
$ pip install beautifulsoup4
```

웹 페이지의 모든 링크를 가져와보자. HTML의 a **요소**element는 링크를 나타내고, href는 링크 목적지를 나타내는 속성이다. 다음 예제에서 링크를 얻기 위해 get_links() 함수를 정의한다. 그리고 메인 프로그램은 커맨드 라인의 인수에서 하나 이상의 URL을 얻는다.

```
def get_links(url):
    import requests
    from bs4 import BeautifulSoup as soup
    result = requests.get(url)
    page = result.text
    doc = soup(page)
    links = [element.get('href') for element in doc.find_all('a')]
    return links

if __name__ == '__main__':
    import sys
    for url in sys.argv[1:]:
        print('Links in', url)
        for num, link in enumerate(get_links(url), start=1):
            print(num, link)
        print()
```

이 프로그램을 links.py에 저장하고, 다음 명령을 실행한다.

```
$ python links.py http://boingboing.net
```

다음은 출력된 결과의 처음 몇 줄이다.

```
Links in http://boingboing.net/
1 http://boingboing.net/suggest.html
2 http://boingboing.net/category/feature/
3 http://boingboing.net/category/review/
4 http://boingboing.net/category/podcasts
5 http://boingboing.net/category/video/
6 http://bbs.boingboing.net/
7 javascript:void(0)
8 http://shop.boingboing.net/
9 http://boingboing.net/about
10 http://boingboing.net/contact
```

18.7.3 Requests-HTML

인기 있는 웹 클라이언트 패키지 requests의 저자인 케네스 라이츠Kenneth Reitz는 requests-html(*http://html.python-requests.org*)(파이썬 3.6 이상 버전에서만 사용 가능)이라는 새로운 스크래핑 라이브러리를 작성했다. 이 라이브러리는 페이지를 가져와서 해당 요소를 처리한다. 예를 들면 모든 링크 또는 HTML 요소의 모든 내용 또는 속성을 찾을 수 있다.

requests-html은 동일 저자의 requests와 다른 패키지와 비슷하게 깔끔하게 디자인되어 있다. 전체적으로 beautifulsoup 또는 scrapy보다 더 사용하기 쉽다.

18.8 영화 검색 예제

영화 검색 프로그램을 만들어보자.

인터넷 아카이브 API[3]를 사용하여 영화를 검색한다. 이 API는 익명 접근을 허용한다. 이 API가 책이 출판된 후에도 계속 사용될 수 있길 바란다.

NOTE_ 웹 서비스 대부분은 해당 API를 접근할 때마다 키를 요구한다. 익명으로 접근할 수 있는 무료 리소스는 오용되거나 남용될 수 있기 때문이다. 그래서 무료로 제공하는 좋은 API를 찾는 건 어렵다.

[예제 18-14]는 다음 내용을 수행한다.

- 사용자에게 영화 제목이나 줄거리 일부를 입력받는다.
- 인터넷 아카이브에서 입력된 내용을 검색한다.
- 식별자, 이름, 설명에 대한 리스트를 반환한다.
- 영화를 나열하고 하나를 선택하도록 요청한다.
- 웹 브라우저에 선택한 영화를 표시한다.

다음 코드를 iamovies.py로 저장한다.

search() 함수는 requests를 사용하여 URL을 요청하고 결과를 받아와서 JSON으로 변환한

---

3 1장에서 예제로 인터넷 아카이브 API를 사용했다.

다. 그리고 위에 대한 내용은 다른 함수에서 수행된다. 리스트 컴프리헨션, 문자열 슬라이스 등 이전 장에서 본 기술을 볼 수 있다(줄 번호는 소스 일부가 아니다. 코드를 쉽게 찾기 위해서 줄 번호를 삽입했다).

예제 18-14 iamovies.py

```
1  """인터넷 아카이브에서 부분 제목으로 영화를 찾아서
2  브라우저에 표시한다."""
3
4  import sys
5  import webbrowser
6  import requests
7
8  def search(title):
9      """제목이 부분적으로 일치하는 영화에 대한
10         3가지 항목 튜플 (identifier, title, description)
11         리스트를 반환한다."""
12     search_url = "https://archive.org/advancedsearch.php"
13     params = {
14         "q": "title:({}) AND mediatype:(movies)".format(title),
15         "fl": "identifier,title,description",
16         "output": "json",
17         "rows": 10,
18         "page": 1,
19         }
20     resp = requests.get(search_url, params=params)
21     data = resp.json()
22     docs = [(doc["identifier"], doc["title"], doc["description"])
23             for doc in data["response"]["docs"]]
24     return docs
25
26  def choose(docs):
27      """docs의 각 튜플의 줄 번호, 제목, 축약된 설명을 출력한다.
28      사용자가 줄 번호를 선택하도록 한다.
29      줄 번호가 유효하면 튜플의 첫 번째 항목(identifier)를 반환한다.
30      그렇지 않으면 None을 반환한다."""
31      last = len(docs) - 1
32      for num, doc in enumerate(docs):
33          print(f"{num}: ({doc[1]}) {doc[2][:30]}...")
34      index = input(f"Which would you like to see (0 to {last})? ")
35      try:
36          return docs[int(index)][0]
```

```
37      except:
38          return None
39
40  def display(identifier):
41      """인터넷 아카이브에서 identifier를 사용하여 브라우저에 영화를 표시한다."""
42      details_url = "https://archive.org/details/{}".format(identifier)
43      print("Loading", details_url)
44      webbrowser.open(details_url)
45
46  def main(title):
47      """제목과 일치하는 영화를 찾는다.
48         사용자가 선택한 것을 브라우저에 표시한다."""
49      identifiers = search(title)
50      if identifiers:
51          identifier = choose(identifiers)
52          if identifier:
53              display(identifier)
54          else:
55              print("Nothing selected")
56      else:
57          print("Nothing found for", title)
58
59  if __name__ == "__main__":
60      main(sys.argv[1])
```

이 프로그램을 실행하여 eegah를 검색하면 결과는 다음과 같다.

```
$ python iamovies.py eegah
0: (Eegah) From IMDb : While driving thro...
1: (Eegah) This film has fallen into the ...
2: (Eegah) A caveman is discovered out in...
3: (Eegah (1962)) While driving through the dese...
4: (It's "Eegah" - Part 2) Wait till you see how this end...
5: (EEGAH trailer) The infamous modern-day cavema...
6: (It's "Eegah" - Part 1) Count Gore De Vol shares some ...
7: (Midnight Movie show: eegah) Arch Hall Jr...
Which would you like to see (0 to 7)? 2
Loading https://archive.org/details/Eegah
```

[그림 18-2]와 같이 브라우저가 나타난다.

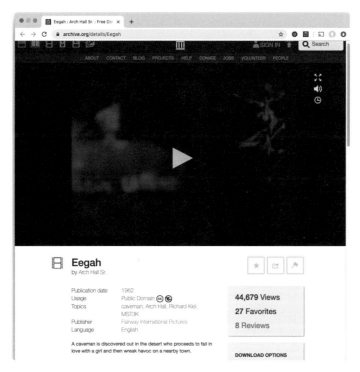

그림 18-2 영화 검색 결과

18.9 다음 장에서는

현대 파이썬 개발의 기본 요소를 다루는 실용적인 내용을 다룰 것이다. 파이써니스타[Pythonista]가 되어보자!

18.10 연습문제

18.1 아직 flask를 설치하지 않았다면 지금 설치해보자. flask를 설치하면 werkzeug, jinja2 등 다른 패키지들도 함께 설치된다.

18.2 Flask의 디버그/리로드^{debug/reload} 개발 웹 서버를 사용하여 웹사이트의 기본 뼈대를 구축해보자. 호스트 이름은 localhost, 포트 번호는 5000을 사용한다. 5000번을 이미 사용하고 있다면 다른 포트 번호를 사용하라.

18.3 홈페이지 요청을 처리하는 home() 함수를 추가하라. 이 함수는 It's alive! 문자열을 반환한다.

18.4 다음 내용이 들어 있는 home.html이라는 이름의 Jinja2 템플릿 파일을 생성해보자.

```html
<html>
    <head>
        <title>It's alive!</title>
    </head>
    <body/>
        I'm of course referring to {{thing}}, which is {{height}} feet tall and
{{color}}.
    </body>
</html>
```

18.5 home.html 템플릿을 사용하기 위해 서버의 home() 함수를 수정해보자. 이 함수에는 3개의 GET 요청 매개변수(thing, height, color)가 있다.

CHAPTER 19

파이써니스타 되기

젊었을 때 고군분투했던 시절로 거슬러 돌아가고 싶은가? 그렇다면 소프트웨어 개발은 당신을 위한 직업이다. — 엘리엇 로Elliot Loh (*http://bit.ly/loh-tweet*) (자이언트 픽셀 파트너)

이 장에서는 파이썬 개발의 기술과 과학, 그리고 '모범 사례'에 대해 살펴본다. 이들을 모두 흡수하면 파이써니스타가 된다.

19.1 프로그래밍이란

개인적인 경험을 바탕으로 프로그래밍에 대해 조금 이야기해보려고 한다.

필자는 원래 과학science으로 경력을 쌓고 있었다. 실험 데이터를 분석하고 나타내기 위해 프로그래밍을 독학했었다. 그때는 컴퓨터 프로그래밍이 회계 같이 지루하게만 느껴졌었다. 하지만 어느 순간부터 프로그래밍을 즐기기 시작했다. 프로그래밍의 흥미로운 점은 퍼즐을 푸는 것과 같은 논리적인 측면과 창의적인 부분이다. 올바른 결과를 얻기 위해 코드를 정확하게 작성해야 하지만, 결과를 찾아가는 길은 매우 다양했다. 좌뇌와 우뇌로 사고의 균형이 필요한 매우 특별한 학문이다.

프로그래밍으로 경력을 쌓아갈 것인지 깊은 고민과 긴 방황 끝에서 다양한 직업과 사람, 그리고 수많은 틈새시장이 있다는 것을 발견했다. 컴퓨터 그래픽, 운영체제, 비즈니스 애플리케이션, 심지어 과학까지 깊이 연구해볼 수도 있다.

여러분이 프로그래머라면 아마 비슷한 경험이 있을지도 모른다. 그렇지 않다면 관심이 있거나 적어도 무언가를 해결하기 위해 프로그래밍을 접했을 것이다. 이 책의 맨 앞에서 언급했듯이 수학적 기량은 그리 중요하지 않다. 논리적으로 생각하는 능력이 가장 중요하다. 프로그래밍에 대한 적성이 있으면 더할 나위 없이 좋다. 또한 인내심도 필요하다. 특히 찾기 어려운 버그를 추적할 때 도움이 될 것이다.

19.2 파이썬 코드 찾기

코드를 가장 빠르게 작성하는 방법은 다른 사람이 작성해놓은 코드를 가져와서 쓰는 것이다. 다만! 그 코드를 가져와서 쓰는 게 허용되는지 꼭 확인해봐야 한다.

파이썬 표준 라이브러리(`http://docs.python.org/3/library`)는 깊고 다양하며, 대부분 명확하다.

여기에서 숨어 있는 진주를 찾아보자. 다양한 스포츠에서 명예의 전당처럼 모듈이 표준 라이브러리에 들어가기까지는 시간이 걸린다. 새로운 패키지는 지속적으로 외부에 노출된다. 필자는 이 책에서 다양한 외부 및 내부 패키지를 소개했다. 파이썬은 '배터리 포함batteries included'이라는 철학을 갖고 있다. 하지만 우리는 더 많은 종류의 새로운 배터리가 필요할지도 모른다.

그렇다면 표준 라이브러리의 밖에서, 좋은 파이썬 코드는 어디서 찾을 수 있을까?

첫 번째 사이트는 PyPIPython Package Index(`https://pypi.org`)다. 몬티 파이튼Monty Python의 촌극 이후, 치즈 숍이라고 불렸던 이 사이트는 지속적으로 파이썬 패키지(프로젝트)가 업데이트되고 있다. 역자가 이 책을 번역하고 있을 때 패키지 223,925개가 있었다. `pip`를 사용하면 PyPI를 검색한다(다음 절에 나온다). PyPI 페이지 검색창에 뭔가 검색하면 가장 관련있는 패키지가 표시된다. 예를 들면 `'genealogy'`는 패키지 27개가 검색되고, `'movies'`는 패키지 671개가 검색된다.

인기 있는 또 다른 저장소는 바로 깃허브다. 현재 어떤 파이썬 패키지가 인기 있는지 볼 수 있다(`https://github.com/trending?l=python`). 그리고 Popular Python recipes(`http://`

bit.ly/popular-recipes)는 모든 주제에 대해 4,000개가 넘는 짧은 파이썬 프로그램이 있다.

19.3 패키지 설치

파이썬 패키지를 설치 방법에는 여러 가지가 있다.

- pip를 사용한다. 가장 일반적인 방법으로 패키지 대부분을 설치할 수 있다.
- pip와 virtualenv가 결합된 pipenv를 사용한다.
- 운영체제에서 지원하는 패키지 매니저를 사용한다.
- 과학에 연관된 작업을 수행하기 위해서 아나콘다^{Anaconda}의 파이썬 배포판을 사용한다면 conda를 사용한다. 자세한 내용은 부록 B를 살펴본다.
- 소스에서 설치한다.

같은 분야의 여러 패키지에 관심이 있다면, 이들이 이미 포함된 파이썬 배포판을 찾을 수 있다. 예를 들면 22장에서 수학 및 과학 패키지를 하나씩 설치하기 귀찮을 때 아나콘다와 같은 파이썬 배포판을 설치할 수 있다.

19.3.1 pip 사용하기

파이썬 패키지에는 몇 가지 제한이 있었다. easy_install이라는 이전 설치도구는 pip로 대체 되었지만, 그 어느 쪽도 표준 파이썬 설치에 포함되지 않았다. pip를 사용하여 패키지를 설치 할 때 pip를 어디에서 구했는가? 마침내 파이썬 3.4부터 이러한 불편함을 피하기 위해 pip가 포함됐다. 파이썬 3 이전 버전을 사용할 것이고, pip가 없는 경우에는 웹 페이지(*http://www.pip-installer.org*)에서 pip를 구할 수 있다.

가장 간단한 pip 사용법은 다음 명령으로 하나의 최신 패키지를 설치하는 것이다.

```
$ pip install flask
```

이 명령이 무엇을 수행하는지 세부내용을 보면, 그냥 단순히 설치만 하는 게 아니라는 것을 알

수 있다. 이 명령은 패키지를 내려받아서 **setup.py**를 실행하고, 디스크에 파일을 설치한 다음
기타 다른 일을 수행한다. 또한 다음과 같이 특정 버전에 대한 패키지를 설치할 수 있다.

```
$ pip install flask==0.9.0
```

혹은 최소 버전에 대한 패키지를 설치할 수 있다(특정 버전에서 일부 기능이 필요할 때 유용하
다).

```
$ pip install 'flask≥0.9.0'
```

위 예제에서 인용 부호는 셸에 의해 **>**이 리다이렉션으로 인식되어, 결과가 **=0.9.0** 파일에 출
력되는 것을 방지해준다.

하나 이상의 패키지를 설치하고 싶다면 **requirements** 파일(*http://bit.ly/pip-require*)
을 사용할 수 있다. 많은 옵션이 있지만, 가장 간단한 방법은 한 줄에 하나씩 패키지의 목록과
특정 버전을 선택적으로 기입하여 설치하는 것이다.

```
$ pip -r requirements.txt
```

requirements.txt 파일에는 다음 내용이 있다.

```
flask==0.9.0
django
psycopg2
```

그 외 **pip** 명령은 다음과 같다.

- **최신 패키지 업그레이드**: pip install --upgrade 패키지
- **패키지 삭제**: pip uninstall 패키지

19.3.2 virtualenv 사용하기

외부 파이썬 패키지를 설치하는 표준 방법은 **pip**와 **virtualenv**를 사용하는 것이다. 부록 B
를 참고해서 **virtualenv**를 설치한다.

가상 환경^{virtual environment}은 파이썬 인터프리터, `pip`와 같은 다른 프로그램 및 일부 패키지를 포함하는 디렉터리다. 해당 가상환경의 `bin` 디렉터리에 있는 셸 스크립트 `activate`를 실행하여 가상 환경을 활성화한다. 이것은 셸이 프로그램을 찾는데 사용하는 환경 변수 `$PATH`를 설정한다. 가상 환경을 활성화함으로써 `bin` 디렉터리는 `$PATH`에 속해 있는 일반 디렉터리보다 우선시한다. 그 결과 `pip` 또는 `python`과 같은 명령을 입력하면 셸은 먼저 /usr/bin 또는 /usr/local/bin과 같은 시스템 디렉터리 대신 가상 환경에서 명령을 찾는다.

시스템 디렉터리에 파이썬 소프트웨어를 설치하지 않는 이유는 다음과 같다.

- 시스템 디렉터리에 쓰기 권한이 없을 수 있다.
- 쓰기 권한이 있더라도, 파이썬과 같은 시스템의 표준 프로그램을 덮어쓰면 문제가 발생할 수 있다.

19.3.3 pipenv 사용하기

`pipenv`(*http://docs.pipenv.org*)는 `pip`와 `virtualenv`를 결합한 패키지다. 또한, 다른 환경(예: 로컬 개발 시스템, 스테이징, 프로덕션)에서 `pip`를 사용할 때 발생할 수 있는 종속성 문제를 해결해준다.

```
$ pip install pipenv
```

파이썬의 패키징 과정을 개선하기 위해 노력하는 그룹인 Python Packaging Authority (*https://www.pypa.io*)에서 `pipenv` 사용을 권장한다. 이 그룹은 핵심 파이썬 개발 그룹과는 별개이므로, `pipenv`는 표준 라이브러리의 일부가 아니다.

19.3.4 패키지 매니저 사용하기

macOS는 외부 패키지 매니저 homebrew(*http://brew.sh*)와 ports(*http://www.macports.org*)를 포함한다. `pip`와 조금 비슷하게 작동하지만 파이썬 패키지에 제한되어 있지 않다. 리눅스는 배포판에 따라 서로 다른 매니저를 제공한다. `apt-get`, `yum`, `dpkg`, `zypper`가 가장 인기 있다.

윈도우에는 윈도우 인스톨러^{Windows Installer}와 `.msi` 패키지 파일이 있다. 윈도우에서 파이썬을 설치했다면 MSI 포맷일 것이다.

19.3.5 소스에서 설치하기

때때로 패키지를 만든 사람은 pip에서 설치할 수 있도록 관리하지 않았다. 이 경우 다음과 같이 파이썬 패키지를 설치한다.

- 코드를 내려받는다.
- 코드가 압축되어있다면 zip, tar 등 적절한 도구로 파일 압축을 푼다.
- setup.py 파일이 포함된 디렉터리에서 python install setup.py를 입력하여 패키지를 설치한다.

> **NOTE_** 항상 다운로드와 설치를 주의해야 한다. 읽기 쉬운 텍스트로 되어 있는 파이썬 프로그램에 멀웨어 malware를 감추기 조금 힘들지만 발생할 수 있는 일이다.

19.4 IDE

이 책에서는 일반 텍스트 인터페이스를 사용했지만, 모든 코드를 콘솔이나 텍스트 창에서 실행해야 한다는 뜻은 아니다. 텍스트 에디터, 디버거, 라이브러리 검색 등의 도구를 지원하는 GUI를 위한 다양한 무료 또는 상업용 IDE^{Integrated Development Environment}가 있다.

19.4.1 IDLE

IDLE(*http://bit.ly/py-idle*)는 파이썬의 표준 배포판에 포함되어 있는 IDE다. tkinter 기반이고, GUI는 간소하다.

19.4.2 PyCharm

PyCharm(*http://www.jetbrains.com/pycharm*)은 많은 기능을 제공하는 화려한 IDE다. community 에디션은 무료다. 그리고 학교 수업이나 오픈 소스 프로젝트에서는 professional 에디션을 무료로 사용할 수 있다.

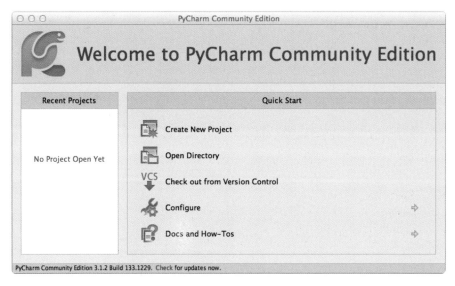

그림 19-1 PyCharm 실행 화면

19.4.3 IPython

iPython(*http://ipython.org*)은 향상된 터미널(텍스트) 파이썬 IDE로 시작했지만, IPython Notebook으로 GUI 버전을 발전시켰다. 매플롯립 및 넘파이를 포함하여 이 책에서 언급된 많은 패키지를 통합하여 과학 분야에서도 많이 사용하는 도구로 발전했다.

`pip install ipython`으로 기본 텍스트 버전을 설치한다. 프로그램을 실행하면 다음과 같이 나타난다.

```
Python 3.8.0 (default, Jan 24 2020, 22:35:56)
Type 'copyright', 'credits' or 'license' for more information
IPython 7.13.0 -- An enhanced Interactive Python. Type '?' for help.
In [1]:
```

표준 파이썬 인터프리터는 코드 입력을 가리키는 프롬프트로 >>>와 ...을 사용한다. IPython 은 사용자의 모든 입력을 In이라는 리스트에 기록한다. 그리고 모든 출력은 Out에 기록한다. 각 입력은 한 줄 이상일 수 있다. [Shift]+[Enter] 키로 입력을 전송할 수 있다.

한 줄 예제를 살펴보자.

```
In [1]: print("Hello? World?")
Hello? World?
In [2]:
```

In과 Out에 자동으로 리스트 번호가 매겨진다. 이 번호로 모든 입력과 출력에 접근할 수 있다.

변수 뒤에 ?를 입력하면 IPython은 변수의 유형과 값, 해당 유형의 변수를 생성하는 방법과 설명을 출력한다.

```
In [4]: answer = 42
In [5]: answer?
Type:        int
String form: 42
Docstring:
int([x]) -> integer
int(x, base=10) -> integer

Convert a number or string to an integer, or return 0 if no arguments
are given.  If x is a number, return x.__int__().  For floating point
numbers, this truncates towards zero.

If x is not a number or if base is given, then x must be a string,
bytes, or bytearray instance representing an integer literal in the
given base.  The literal can be preceded by '+' or '-' and be surrounded
by whitespace.  The base defaults to 10.  Valid bases are 0 and 2-36.
Base 0 means to interpret the base from the string as an integer literal.
>>> int('0b100', base=0)
4
```

이름 조회lookup는 IPython과 같은 IDE의 인기 있는 기능이다. 문자열을 입력한 후 [Tab] 키를 누르면 IPython은 그 문자열로 시작하는 모든 변수, 키워드, 함수를 보여준다. 몇몇 변수를 정의한 뒤, f로 시작하는 글자를 모두 찾아보자.

```
In [6]: fee = 1
In [7]: fie = 2
In [8]: fo = 3
In [9]: fum = 4
In [10]: f [Tab키]
%%file     fie      finally     fo      format     frozenset
fee        filter   float       for     from       fum
```

fe를 입력한 뒤 [Tab] 키를 누르면, 이 프로그램에서 fe로 시작하는 변수 fee를 자동으로 입력한다.

```
In [11]: fee
Out[11]: 1
```

IPython은 더 많은 기능을 제공한다. 자세한 내용은 튜토리얼(*https://oreil.ly/PIvVK*)을 참고한다.

19.4.4 주피터 노트북

주피터Jupyter(*https://jupyter.org*)는 향상된 IPython이다. 줄리아Julia, 파이썬, R 언어를 결합해서 만든 이름이다. 데이터 과학 및 과학 컴퓨팅 분야에서 많이 사용한다. 주피터 노트북 Jupyter Notebook은 코드와 문서를 작성하고 게시하는 현대적인 방법이다.

주피터 노트북을 설치하기 전에 웹 브라우저에서 먼저 테스트할 수 있다(*https://jupyter.org/try*).

또한 다음과 같이 설치 및 실행할 수 있다.

```
$ pip install jupyter
$ jupyter notebook
```

19.4.5 주피터랩

주피터랩JupyterLab은 차세대 주피터 노트북으로 주피터 노트북을 대체할 것이다. 주피터 노트북과 마찬가지로 먼저 웹 브라우저에서 테스트할 수 있다(*https://jupyter.org/try*).

다음과 같이 설치하고 실행한다.

```
$ pip install jupyterlab
$ jupyter lab
```

19.5 이름과 문서

코드에 무엇을 작성했는지 기억하시 못할 때가 있다. 최근에 쓴 코드를 볼 때조차 이 코드가 어디서 왔는지 궁금할 때가 있다. 이것이 바로 코드를 문서화하는 이유이기도 하다. 문서documentation는 주석과 docstring(모듈이나 함수 맨 앞에 짧은 텍스트로 된 코드 설명)을 포함할 수 있다. 뿐만 아니라 변수, 함수, 모듈, 클래스의 기억하기 쉬운 이름도 포함할 수 있다. 하지만 다음 예제처럼 도가 지나치면 안 된다.

```
>>> # num 변수에 10을 할당한다.
... num = 10
>>> # num을 출력한다.
... print(num)
10
>>> # 끝
```

왜 10을 할당하는지에 대해서는 주석을 달 수 있다. 그리고 변수 이름을 num으로 한 이유를 설명할 수는 있다. 화씨Fahrenheit를 섭씨Celsius로 변환하는 컨버터를 작성하는 경우, 알기 쉬운 이름의 변수를 선언할 수 있다. 다음 예제를 살펴보자.

예제 19-1 ftoc1.py

```python
def ftoc(f_temp):
    "화씨 <f_temp>를 섭씨로 변환한 후 반환한다."
    f_boil_temp = 212.0
    f_freeze_temp = 32.0
    c_boil_temp = 100.0
    c_freeze_temp = 0.0
    f_range = f_boil_temp - f_freeze_temp
    c_range = c_boil_temp - c_freeze_temp
    f_c_ratio = c_range / f_range
    c_temp = (f_temp - f_freeze_temp) * f_c_ratio + c_freeze_temp
    return c_temp

if __name__ == '__main__':
    for f_temp in [-40.0, 0.0, 32.0, 100.0, 212.0]:
        c_temp = ftoc(f_temp)
    print('%f F => %f C' % (f_temp, c_temp))
```

코드를 실행해보자.

```
$ python ftoc1.py
-40.000000 F => -40.000000 C
0.000000 F => -17.777778 C
32.000000 F => 0.000000 C
100.000000 F => 37.777778 C
212.000000 F => 100.000000 C
```

여기서 최소 2가지 사항을 개선할 수 있다.

- 파이썬은 상수가 없으나 PEP8 스타일시트(*http://bit.ly/pep-constant*)는 상수를 참작하는 변수 이름을 지을 때 대문자와 언더바(예: ALL_CAPS)의 사용을 권장한다. 위 예제에서 상수 변수의 이름을 변경한다.

- 상수에 근거한 값은 먼저 계산되므로 이들을 모듈의 맨 위로 이동시킨다. 그러면 ftoc() 함수를 호출할 때마다 매번 계산하지 않고 한 번만 계산한다.

다음은 수정한 내용이다.

예제 19-2 ftoc2.py

```
F_BOIL_TEMP = 212.0
F_FREEZE_TEMP = 32.0
C_BOIL_TEMP = 100.0
C_FREEZE_TEMP = 0.0
F_RANGE = F_BOIL_TEMP - F_FREEZE_TEMP
C_RANGE = C_BOIL_TEMP - C_FREEZE_TEMP
F_C_RATIO = C_RANGE / F_RANGE

def ftoc(f_temp):
    "화씨 <f_temp>를 섭씨로 변환한 후 반환한다."
    c_temp = (f_temp - F_FREEZE_TEMP) * F_C_RATIO + C_FREEZE_TEMP
    return c_temp

if __name__ == '__main__':
    for f_temp in [-40.0, 0.0, 32.0, 100.0, 212.0]:
        c_temp = ftoc(f_temp)
        print('%f F => %f C' % (f_temp, c_temp))
```

19.6 타입 힌트

정적 언어는 변수 타입을 정의하며, 잘못된 경우 컴파일 에러가 발생한다. 파이썬은 이 작업을 수행하지 않으며, 잘못된 경우 코드가 실행될 때만 오류가 발생한다. 파이썬 변수는 이름이며, 실제 객체만 참조한다. 객체는 엄격한 타입이 있지만, 이름은 언제든지 모든 객체를 가리킬 수 있다.

그러나 실제 코드(파이썬 및 기타 언어)에서는 이름이 특정 객체를 나타내는 경향이 있다. 변수나 함수 반환 등에 참조할 것으로 예상되는 타입을 정의하면 최소 문서화에는 도움될 것이다. 그리고 개발자는 특정 변수의 동작 방식을 확인하기 위해 많은 코드를 살펴볼 필요가 없게 된다.

파이썬 3 버전 대에서 이것을 해결하기 위해 **타입 힌트**type hint(또는 **타입 어노테이션**type annotation)를 추가했다. 변수에 타입을 입력하도록 강요하지 않아서 선택적으로 사용할 수 있다. 변수 타입을 선언해야 하는 정적 언어에 익숙한 개발자에게 유용하다.

숫자를 문자열로 변환하는 함수에 대한 타입 힌트 사용은 다음과 같다.

```
def num_to_str(num: int) -> str:
    return str(num)
```

이것은 힌트일 뿐이며, 파이썬의 동작 방식을 바꾸지 않는다. 주용도는 문서화지만, 개발자는 더 많은 기능을 찾고 있다. 예를 들면, FastAPI 웹 프레임워크(*https://fastapi.tiangolo.com*)는 타입 힌트를 사용하여 테스트용 라이브 양식이 있는 웹 문서를 생성한다.

19.7 테스트

작은 코드 변경이라도 프로그램에 치명적인 손상을 줄 수 있다. 파이썬에는 정적 언어의 타입 검사가 없어서 코드 작성이 쉽지만 예상치 못한 잘못된 결과를 초래할 수 있다. 그래서 테스트는 필수다.

파이썬 프로그램을 테스트하는 가장 간단한 방법은 print() 문을 추가하는 것이다. 파이썬 대화식 인터프리터의 REPL^{Read-Evaluate-Print Loop}은 코드를 신속하게 편집하고 테스트할 수 있다.

하지만 실제 상용 코드에서는 이러한 print() 문을 사용하지 않는다. 그렇다면 이들을 모두 기억하고 지워야 한다.

19.7.1 pylint, pyflaskes, pep8

실제 테스트 프로그램을 생성하기 전에 파이썬 코드 체커를 실행해보자. 가장 인기 있는 모듈은 pylint(*http://www.pylint.org*)와 pyflakes(*http://bit.ly/pyflakes*)다. pip로 두 모듈을 설치할 수 있다.

```
$ pip install pylint
$ pip install pyflakes
```

이들은 실제 코드 에러(변수에 값을 할당하기 전에 변수를 참조하는 것 등)와 스타일 실책을 확인한다. 다음은 버그와 스타일 문제가 있는 코드다.

예제 19-3 style1.py

```
a= 1
b= 2
print(a)
print(b)
print(c)
```

다음은 pylint의 첫 출력 결과다.

```
$ pylint style1.py
No config file found, using default configuration
************* Module style1
C: 1,0: Missing docstring
C: 1,0: Invalid name "a" for type constant
(should match (([A-Z_][A-Z0-9_]*)¦(__.*__))$)
C: 2,0: Invalid name "b" for type constant
(should match (([A-Z_][A-Z0-9_]*)¦(__.*__))$)
E: 5,6: Undefined variable 'c'
```

아래로 쭉 내려가면 Global evaluation 밑에 점수가 나온다(10점 만점).

버그를 고쳐보자. pylint 출력 결과에서 E는 에러^{error}를 가리킨다. 변수 c를 출력하기 전에 할 당하지 않아서 에러가 발생했다.

예제 19-4 style2.py

```
a= 1
b= 2
c= 3
print(a)
print(b)
print(c)
```

```
$ pylint style2.py

No config file found, using default configuration
************* Module style2
C:  1,0: Missing docstring
C:  1,0: Invalid name "a" for type constant
(should match (([A-Z_][A-Z0-9_]*)¦(__.*__))$)
C: 2,0: Invalid name "b" for type constant
(should match (([A-Z_][A-Z0-9_]*)¦(__.*__))$)
C: 3,0: Invalid name "c" for type constant
(should match (([A-Z_][A-Z0-9_]*)¦(__.*__))$)
```

E라인이 보이지 않는다. 점수는 -3.33에서 4.29로 올랐다.

pylint는 docstring을 원한다. 그리고 a, b, c와 같이 짧은 변수 이름을 별로 탐탁지 않게 생각한다. pylint를 좀 더 기쁘게 하기 위해 style2.py를 개선하여 style3.py를 작성한다.

예제 19-5 style3.py

```
"모듈 docstring"
def func():
    "함수 docstring. 안녕, 엄마!"
```

```
    first = 1
    second = 2
    third = 3
    print(first)
    print(second)
    print(third)

func()
```

```
$ pylint style3.py
No config file found, using default configuration
```

더 고쳐야 할 것이 없을까? 점수는?

```
Your code has been rated at 10.00/10
```

10점 만점에 10점!

또 다른 스타일 체커는 pep8(*https://pypi.python.org/pypi/pep8*)이다. 평소와 같이 설치한다.

```
$ pip install pep8
```

우리 스타일에 대해 무엇을 말해줄까?

```
$ pep8 style3.py
style3.py:3:1: E302 expected 2 blank lines, found 1
```

진정한 스타일로 거듭나기 위해 pep8은 첫 모듈 docstring 이후에 빈 줄을 하나 추가할 것을 추천한다.

19.7.2 테스트하기(1): unittest

이전 절에서는 파이썬 코드 스타일 감각을 익혔다. 이제 실제 로직 테스트를 해보자.

소스 컨트롤 시스템에서 코드를 커밋하기 전에 독립적인 테스트 프로그램을 작성하여 코드를 검증하는 것은 좋은 습관이다. 테스트 코드를 먼저 작성하는 것이 이상해 보일 수도 있지만 실제로 문제를 빠르게 찾을 수 있도록 도와준다. 특히 **회귀**^{regression} 테스트(이전에 작성한 테스트 코드를 재실행)가 그렇다. 개발자의 고통스러운 경험은 모두에게 문제를 일찍 고칠 수 있었는데도 불구하고 별 영향을 미치지 않을 것으로 판단하면 실제로 문제가 발생하게 된다는 교훈을 준다. 잘 쓰인 파이썬 패키지를 보면 테스트 코드가 항상 있다.

표준 라이브러리는 테스트 패키지 두 개를 제공한다. 먼저 unittest(*https://oreil.ly/ImFmE*)를 살펴보자. 단어의 첫 글자를 대문자로 바꾸는 모듈을 작성할 것이다. 첫 번째 테스트 코드는 표준 문자열 함수 capitalize()를 사용하여 일부 예상치 못한 결과를 살펴볼 것이다. 먼저 다음 코드를 cap.py로 저장한다.

예제 19-6 cap.py

```
def just_do_it(text):
    return text.capitalize()
```

테스팅의 기본은 정확한 입력값으로부터 원하는 출력값을 얻는 것이다(여기서는 어떤 텍스트를 입력하면 텍스트에 있는 모든 단어의 첫 글자가 대문자로 출력되어야 한다). 그리고 테스트하려는 함수에 입력값을 제출한 후, 예상된 결과를 반환하는지 확인한다. 예상된 결과는 **어설션**^{assertion}이라고 부른다. 다음 예제에서 등장하는 assertEqual 메서드처럼 unittest에서 assert로 시작하는 메서드를 사용하여 결과를 확인한다. 아래 테스트 스크립트를 test_cap.py로 저장한다.

예제 19-7 test_cap.py

```
import unittest
import cap

class TestCap(unittest.TestCase):
    def setUp(self):
        pass

    def tearDown(self):
        pass
```

```
    def test_one_word(self):
        text = 'duck'
        result = cap.just_do_it(text)
        self.assertEqual(result, 'Duck')

    def test_multiple_words(self):
        text = 'a veritable flock of ducks'
        result = cap.just_do_it(text)
        self.assertEqual(result, 'A Veritable Flock Of Ducks')

if __name__ == '__main__':
    unittest.main()
```

setUp() 메서드는 각 테스트 메서드 전에 호출된다. teardown() 메서드는 각 테스트 메서드 후에 호출된다. 이들의 목적은 데이터베이스 커넥션 또는 일부 테스트 데이터와 같이 테스트에 필요한 외부 자원을 할당하고 반환하기 위함이다. 위 예제에서는 테스트 메서드의 매개변수에 self가 있다. setUp()과 tearDown() 메서드를 정의할 필요는 없으며 정의하지 않더라도 테스트에 아무런 영향을 주지 않는다. 테스트에 영향을 주는 함수는 test_one_word()와 test_multiple_words()다. 각 함수는 각각 다른 입력값으로 우리가 정의한 just_do_it() 함수를 실행한다. 그리고 우리가 예상한 값을 반환하는지 확인한다. 테스트를 실행해보자. 다음은 테스트 함수 두 개를 호출한다.

```
$ python test_cap.py

F.
======================================================================
FAIL: test_multiple_words (__main__.TestCap)
----------------------------------------------------------------------
Traceback (most recent call last):
  File "test_cap.py", line 19, in test_multiple_words
    self.assertEqual(result, 'A Veritable Flock Of Ducks')
AssertionError: 'A veritable flock of ducks' != 'A Veritable Flock Of Ducks'
- A veritable flock of ducks
?   ^         ^     ^  ^
+ A Veritable Flock Of Ducks
?   ^         ^     ^  ^

----------------------------------------------------------------------
Ran 2 tests in 0.000s

FAILED (failures=1)
```

첫 번째 테스트 함수(test_one_word)는 좋아하고, 두 번째 테스트 함수(test_multiple_words)는 싫어하는 것 같다. ^ 부호는 실제 예상한 문자열과 어디에서 다른지 보여준다.

test_multiple_word 함수의 문제가 무엇인가? 문자열 capitalize 함수에 대한 문서 (*https://oreil.ly/x1IV8*)를 읽고 중요한 단서를 찾는다. 이 함수는 첫 번째 단어의 첫 글자만 대문자로 변환한다. 문서를 먼저 읽는 습관이 필요하다.

따라서 우리는 또 다른 함수가 필요하다. 문서에서 조금 내려가면 title() 함수를 찾을 수 있다(*https://oreil.ly/CNKNl*). cap.py에서 capitalize() 함수를 title() 함수로 바꾼다.

예제 19-8 cap.py(수정됨)

```python
def just_do_it(text):
    return text.title()
```

테스트를 다시 실행해보자.

```
$ python test_cap.py

..
----------------------------------------------------------------
Ran 2 tests in 0.000s

OK
```

잘 동작한다. 음... 사실 그렇지 않다. **test_cap.py**에 적어도 하나의 메서드를 추가해야 한다.

예제 19-9 test_cap.py(추가됨)

```python
def test_words_with_apostrophes(self):
    text = "I'm fresh out of ideas"
    result = cap.just_do_it(text)
    self.assertEqual(result, "I'm Fresh Out Of Ideas")
```

다시 실행해보자.

```
$ python test_cap.py
```

```
..F
======================================================================
FAIL: test_words_with_apostrophes (__main__.TestCap)
----------------------------------------------------------------------
Traceback (most recent call last):
  File "test_cap.py", line 24, in test_words_with_apostrophes
    self.assertEqual(result, "I'm Fresh Out Of Ideas")
AssertionError: "I'M Fresh Out Of Ideas" != "I'm Fresh Out Of Ideas"
- I'M Fresh Out Of Ideas
?   ^
+ I'm Fresh Out Of Ideas
?   ^


----------------------------------------------------------------------
Ran 3 tests in 0.000s

FAILED (failures=1)
```

title() 함수는 I'm에서 m을 대문자로 만들었다. title() 함수 문서로 돌아가서 다시 읽어
보니 작은따옴표(')를 제대로 처리하지 못한다는 내용을 확인할 수 있다. 문서를 자세히 읽었
어야 했다.

표준 라이브러리의 문자열 문서 아래쪽에 또 다른 후보가 있다. 헬퍼helper 함수인 capwords()
다. cap.py에서 이 함수를 사용해보자.

예제 19-10 cap.py (수정됨)

```python
def just_do_it(text):
    from string import capwords
    return capwords(text)
```

```
$ python test_cap.py

...
----------------------------------------------------------------------
Ran 3 tests in 0.000s

OK
```

드디어 끝났다! test_cap.py에 테스트 하나를 추가한다.

예제 19-11 test_cap.py (추가됨)

```
def test_words_with_quotes(self):
    text = "\"You're despicable,\" said Daffy Duck"
    result = cap.just_do_it(text)
    self.assertEqual(result, "\"You're Despicable,\" Said Daffy Duck")
```

잘 작동하는가?

```
$ python test_cap.py

...F
==========================================================
FAIL: test_words_with_quotes (__main__.TestCap)
----------------------------------------------------------
Traceback (most recent call last):
  File "test_cap.py", line 29, in test_words_with_quotes
    self.assertEqual(result, "\"You're Despicable,\" Said Daffy Duck")
AssertionError: '"you\'re Despicable," Said Daffy Duck' != '"You\'re Despicable,"
Said Daffy Duck'
- "you're Despicable," Said Daffy Duck
?  ^
+ "You're Despicable," Said Daffy Duck
?  ^


----------------------------------------------------------
Ran 4 tests in 0.001s

FAILED (failures=1)
```

capwords() 함수는 첫 번째 이중 인용 부호를 혼동한 것 같다. 이 함수는 "를 대문자로 바꾸려했고, 나머지 문자(You're)를 소문자로 바꿨다. capwords() 함수에서 첫 번째 부호 외 나머지 문자를 대문자로 바꾸는지 테스트를 했어야 했다.

전문적으로 테스트하는 사람들은 오류를 찾아내는 요령이 있지만, 평범한 개발자들은 이러한 코드의 사각지대에 있다.

unittest 모듈은 작지만 값과 원하는 클래스가 있는지 확인해주고, 에러 발생 여부를 밝혀주는 등의 강력한 어설션assertion들을 제공한다.

19.7.3 테스트하기(2): doctest

표준 라이브러리의 두 번째 테스트 패키지는 doctest(*http://bit.ly/py-doctest*)다. doctest를 사용하여 docstring 내 주석과 함께 테스트 코드를 작성할 수 있다. 이것은 대화식 인터프리터처럼 보인다. >>> 다음에 무언가를 호출하고, 다음 줄에 결과가 있다. 대화식 인터프리터에서 테스트하고 난 다음에 테스트 파일에 그 결과를 붙여 넣어도 된다. cap.py를 수정해보자(마지막 인용 부호 문제 테스트는 제외한다).

예제 19-12 cap2.py

```
def just_do_it(text):
    """
    >>> just_do_it('duck')
    'Duck'
    >>> just_do_it('a veritable flock of ducks')
    'A Veritable Flock Of Ducks'
    >>> just_do_it("I'm fresh out of ideas")
    "I'm Fresh Out Of Ideas"
    """
    from string import capwords
    return capwords(text)

    if __name__ == '__main__':
        import doctest
        doctest.testmod()
```

모든 테스트를 통과하면 아무것도 출력되지 않는다.

```
$ python cap2.py
```

-vverbose 옵션을 추가해보자.

```
$ python cap2.py -v
```

```
Trying:
    just_do_it('duck')
Expecting:
    'Duck'
ok

Trying:
    just_do_it('a veritable flock of ducks')
Expecting:
    'A Veritable Flock Of Ducks'
ok

Trying:
    just_do_it("I'm fresh out of ideas")
Expecting:
    "I'm Fresh Out Of Ideas"
ok
1 items had no tests:
    __main__
1 items passed all tests:
    3 tests in __main__.just_do_it
3 tests in 2 items.
3 passed and 0 failed.
Test passed.
```

19.7.4 테스트하기(3): nose

unittest의 또 다른 대안은 외부 패키지 nose(*https://oreil.ly/gWK6r*)다. 다음 명령으로
설치할 수 있다.

```
$ pip install nose
```

unittest에서 했던 것처럼 테스트 메서드를 포함하는 클래스를 생성할 필요는 없다. 테스트
할 함수의 이름만 일치한다면 모든 함수가 실행된다. unittest의 마지막 예제를 수정하여
test_ cap_nose.py로 저장한다.

예제 19-13 test_cap_nose.py

```
import cap2 as cap
from nose.tools import eq_

def test_one_word():
    text = 'duck'
    result = cap.just_do_it(text)
    eq_(result, 'Duck')

def test_multiple_words():
    text = 'a veritable flock of ducks'
    result = cap.just_do_it(text)
    eq_(result, 'A Veritable Flock Of Ducks')

def test_words_with_apostrophes():
    text = "I'm fresh out of ideas"
    result = cap.just_do_it(text)
    eq_(result, "I'm Fresh Out Of Ideas")

def test_words_with_quotes():
    text = "\"You're despicable,\" said Daffy Duck" result = cap.just_do_it(text)
    eq_(result, "\"You're Despicable,\" Said Daffy Duck")
```

테스트를 실행해보자.

```
$ nosetests test_cap_nose.py

...F
====================================================================
FAIL: test_cap_nose.test_words_with_quotes
--------------------------------------------------------------------
Traceback (most recent call last):
  File "/Users/.../site-packages/nose/case.py", line 198, in runTest
    self.test(*self.arg)
  File "/Users/.../introducing-python-2e/ch19/test_cap_nose.py", line 22,
in test_words_with_quotes
    eq_(result, "\"You're Despicable,\" Said Daffy Duck")
AssertionError: '"you\'re Despicable," Said Daffy Duck' != '"You\'re Despicable,"
Said Daffy Duck'


--------------------------------------------------------------------
Ran 4 tests in 0.001s
```

```
FAILED (failures=1)
```

unittest에서 본 것과 같은 버그가 나타났다. 이 버그는 직접 수정해보길 바란다.

19.7.5 기타 테스트 프레임워크

개발자는 파이썬 테스트 프레임워크를 좋아한다. 궁금하다면 다른 인기 있는 테스트 프레임워크도 확인해보자.

- **tox**: *http://tox.readthedocs.org*
- **py.test**: *https://pytest.org*
- **green**: *https://github.com/CleanCut/green*

19.7.6 지속적인 통합

그룹에서 매일 많은 양의 코드를 올린다면 코드가 바뀌자마자 테스트를 자동화하는 것이 좋다. 코드가 바뀔 때 소스 컨트롤 시스템을 자동화하여 테스트를 실행할 수 있다. 이런 식으로 모든 구성원이 누가 빌드를 깨뜨렸는지 파악할 수 있다.

하지만 시스템이 크므로 이 책에서는 설치와 사용 방법에 대해 다루진 않는다. 필요하다면 다음 링크를 참고하길 바란다.

- **buildbot**: *http://buildbot.net*
  파이썬으로 작성했다. 빌드build, 테스트test, 릴리즈release를 자동화한다.

- **jenkins**: *http://jenkins-ci.org*
  자바로 작성했다. 현재 인기 있는 CIContinuous Integration 도구다.

- **travis-ci**: *http://travis-ci.com*
  GitHub에 올려놓은 프로젝트를 자동화한다. 오픈 소스 프로젝트에 대해 무료로 제공한다.

- **circleci**: *https://circleci.com*
  상업용이며 오픈 소스 및 개인 프로젝트는 무료다.

19.8 코드 디버깅

> 디버깅debugging은 마치 범죄 영화에서 살인수를 찾는 형사가 되는 것과 같다.
>
> – 개발자, 필리프 포르테스

> 코드를 작성할 때보다 두 배 이상의 노력을 디버깅에 기울여야 한다. 코드를 최대한 실수 없이 작성했다 할지라도, 당신은 분명히 코드를 디버깅할 만큼 똑똑하지 않다.
>
> – 컴퓨터 과학자, 브라이언 커니핸

테스트를 먼저 해보자! 테스트를 잘할수록 나중에 고쳐야 할 부분이 줄어든다. 그러나 버그가 발생한 다음에 고쳐야 하는 경우가 간혹 있다.

코드가 깨지면 대부분 방금 수행한 작업일 가능성이 높다. 따라서 가장 최근에 변경한 사항부터 디버깅해본다. 이는 상향식 접근법이다.

때로는 원인이 다른 곳에 있을 수 있다. 많은 사람이 사용하는 곳에서 문제가 생겼다면, 누군가가 그것에 대해 이미 눈치챘을 것이다(항상 그런것은 아니다). 필자가 겪은 가장 까다로운 버그는 수정하는 데만 일주일 이상이 걸렸고, 이는 외부 원인으로 밝혀졌다. 이러한 문제를 해결하기 위해서 가정에 의문을 제기한다. 이는 하향식 접근법이며 시간이 더 걸린다. 다음 디버깅 기법을 살펴보자.

19.8.1 print() 사용하기

파이썬에서 디버깅하는 가장 간단한 방법은 문자열을 출력하는 것이다. 그리고 vars()는 함수의 인수와 지역 변수를 추출한다.

```
>>> def func(*args, **kwargs):
...     print(vars())
...
>>> func(1, 2, 3)
{'args': (1, 2, 3), 'kwargs': {}}
>>> func(['a', 'b', 'argh'])
{'args': (['a', 'b', 'argh'],), 'kwargs': {}}
```

출력해볼 필요가 있는 다른 함수로는 `locals()`와 `globals()`가 있다.

또한 코드에 일반 표준 출력을 사용한다면 `print(stuff, file=sys.stderr)`를 사용하여 디버깅 메시지를 표준 오류 출력에 쓸 수 있다.

19.8.2 데커레이터 사용하기

데커레이터(9.9절 참조)를 사용하면 함수 내의 코드를 수정하지 않고 함수 이전 혹은 이후에 코드를 호출할 수 있다. 이것은 우리가 작성한 함수뿐만 아니라 어떤 파이썬 함수에서 전후로 뭔가 실행하기 위해 데커레이터를 사용할 수 있다는 것을 의미한다. dump 데커레이터를 정의하여 호출한 함수의 인수와 결괏값을 출력해보자.

예제 19-14 dump.py

```
def dump(func):
    "인수와 output을 출력한다."
    def wrapped(*args, **kwargs):
        print("Function name:", func.__name__)
        print("Input arguments:", ' '.join(map(str, args)))
        print("Input keyword arguments:", kwargs.items())
        output = func(*args, **kwargs)
        print("Output:", output)
        return output
    return wrapped
```

이제 데커레이티decoratee 차례다. 다음은 `double()` 함수며, 이름이 있든 없든 숫자값을 인수로 예상한다. 그리고 인수의 두 배의 값을 리스트로 반환한다.

예제 19-15 test_dump.py

```
from dump import dump
@dump
def double(*args, **kwargs):
    "모든 인수를 두 배로 반환한다."
    output_list = [ 2 * arg for arg in args ]
    output_dict = { k:2*v for k,v in kwargs.items() }
    return output_list, output_dict
```

```
if __name__ == '__main__':
    output = double(3, 5, first=100, next=98.6, last=-40)
```

실행해보자.

```
$ python test_dump.py

Function name: double
Input arguments: 3 5
Input keyword arguments: dict_items([('first', 100), ('next', 98.6), ('last', -40)])
Output: ([6, 10], {'first': 200, 'next': 197.2, 'last': -80})
```

19.8.3 pdb 사용하기

이러한 기술이 도움이 되지만, 때로는 진짜 디버거를 대신할 만한 것은 없다. 대부분 IDE는 다양한 기능과 사용자 인터페이스와 함께 디버거를 포함한다. 여기서는 표준 파이썬 디버거 pdb(*https://oreil.ly/IIN4y*)의 사용법을 설명한다.

> **NOTE_** -i 플래그로 파이썬 프로그램을 실행하면 프로그램이 실패할 경우 대화식 인터프리터로 들어간다.

데이터에 따라 버그가 발생하는 프로그램이 있다. 특히 이러한 종류의 버그는 찾기 어렵다. 이 것은 컴퓨팅 초기의 버그고 프로그래머를 꽤 오랜 시간 동안 당황하게 만든다.

콤마(,)로 구분된 국가와 수도의 파일을 읽어서 '**수도, 국가**' 형태로 출력해보자. 대문자가 잘못 쓰여 있을 때는 맞게 고쳐준다. 그리고 여기저기에 추가 공간이 있을 수도 있다. 불필요한 공간도 지워준다. 마지막으로 대소 문자에 상관없이 quit라는 단어를 만나면 프로그램을 종료한다. 다음은 예제 데이터 파일이다.

예제 19-16 cities.csv

```
France, Paris
venuzuela,caracas
    LithuaniA,vilnius
        quit
```

알고리즘(문제를 해결하기 위한 접근 방법)을 디자인해보자. 다음은 **의사코드**pseudocode다. 의사코드는 프로그램처럼 보이지만, 실제 프로그램을 구현하기 전에 일반 언어로 로직을 설명하기 위한 가짜 코드다. 프로그래머들이 파이썬을 좋아하는 이유 중 하나는 파이썬 코드가 의사코드와 많이 닮았기 때문이다. 그래서 의사코드를 실제 코드로 변환하기 쉽다.

```
for each line in 텍스트 파일:
    line을 읽는다.
    앞뒤 공백을 제거한다.
    if 소문자 복사본 line에 'quit'이 포함되어 있다면:
        종료한다.
    else:
        콤마(,)로 국가와 수도를 분리한다.
        앞뒤 공백을 제거한다.
        국가와 수도의 첫 글자를 대문자로 변환한다.
        print 수도, 국가
```

요구 사항에 따라 이름 전후의 공백을 제거한다. 그리고 소문자로 변환한 복사본을 quit와 비교하여 같다면, 프로그램을 종료한다. 같지 않다면, 국가와 수도의 첫 글자를 대문자로 바꾼다. 작성한 의사코드를 실제 동작하는 코드로 작성하여 capitals.py로 저장한다.

예제 19-17 capitals.py

```python
def process_cities(filename):
    with open(filename, 'rt') as file:
        for line in file:
            line = line.strip()
            if 'quit' == line.lower():
                return
            country, city = line.split(',')
            city = city.strip()
            country = country.strip()
            print(city.title(), country.title(), sep=',')

if __name__ == '__main__':
    import sys
    process_cities(sys.argv[1])
```

조금 전에 만든 예제 데이터 파일을 테스트해보자.

```
$ python capitals.py cities.csv
Paris,France
Caracas,Venuzuela
Vilnius,Lithuania
```

와우! 잘 동작한다. 그럼 전세계의 수도와 나라를 처리하는 실제 프로그램에 반영해보자. 단, 다음의 데이터 파일(cities2.csv) 테스트가 통과된다면...

예제 19-18 cities2.csv

```
argentina,buenos aires
bolivia,la paz
brazil,brasilia
chile,santiago
colombia,Bogotá
ecuador,quito
falkland islands,stanley
french guiana,cayenne
guyana,georgetown
paraguay,Asunción
peru,lima
suriname,paramaribo
uruguay,montevideo
venezuela,caracas
quit
```

프로그램은 총 15줄의 데이터 파일에서 다음과 같이 5줄의 결과만 출력하고 끝난다.

```
$ python capitals.py cities2.csv
Buenos Aires,Argentina
La Paz,Bolivia
Brazilia,Brazil
Santiago,Chile
Bogotá,Colombia
```

무슨 일이 일어난 걸까? print() 문을 의심되는 곳에 놓을 수도 있지만 디버거를 사용하여 버그를 찾고 capitals.py를 수정해보자.

디버거를 사용하기 위해 pdb 모듈을 임포트한다. 다음과 같이 터미널에 -m pdb를 입력한다.

```
$ python -m pdb capitals.py cities2.csv
> /Users/williamlubanovic/book/capitals.py(1)<module>()
-> def process_cities(filename):
(Pdb)
```

프로그램을 시작하고, 첫 번째 줄에 머무르게 된다. **c**continue를 입력하면 프로그램을 끝까지 실행한다. 정상적으로 끝나거나 에러가 발생한다.

```
(Pdb) c
Buenos Aires,Argentina
La Paz,Bolivia
Brazilia,Brazil
Santiago,Chile
Bogotá,Colombia
The program finished and will be restarted
> /Users/williamlubanovic/book/capitals.py(1)<module>()
-> def process_cities(filename):
```

디버거를 사용하지 않을 때처럼 정상적으로 종료된다. 몇 가지 명령을 사용하여 어디에서 문제가 발생하는지 범위를 좁혀보자. 이 문제는 구문 문제나 에러 메시지를 출력하는 예외가 아닌 **논리적 에러**로 보인다.

sstep를 입력하면 파이썬 코드 줄을 한 단계 앞으로 나아간다. 즉, 다음 줄로 넘어간다. 전체 파이썬 코드(사용자 코드, 표준 라이브러리 코드, 기타 모듈)에서 한 단계 나아갈 수 있다. s는 호출한 함수 내에서도 한 단계 나아간다. **n**next을 입력해도 한 단계 나가지만, 함수 안으로는 들어가지 않는다. 어떤 함수에 있을때 n을 한 번 입력하면 그 함수 전체를 실행한 뒤 프로그램의 다음 줄로 이동한다. 그러므로 어디에서 문제가 발생했는지 확신이 없으면 s를 사용한다. 그리고 특정 함수가 원인이 아니라고 확신하는 경우에는 n을 사용한다. 대부분 자신이 작성한 코드에서 s를 사용하고, 잘 테스트된 라이브러리 코드에서 n을 사용한다. 윈도우의 비주얼 스튜디오에 비유하자면, s는 한 단계씩 코드 실행step into이고, n은 프로시저 단위 실행step over이다. 여기서는 s를 사용하여 프로그램의 시작에서 한 단계씩 나아가고, `process_cities()` 함수로 들어가서 다시 한 단계씩 나아갈 것이다.

```
(Pdb) s
```

```
> /Users/williamlubanovic/book/capitals.py(12)<module>()
```

```
-> if __name__ == '__main__':</pre>
```

```
(Pdb) s

> /Users/williamlubanovic/book/capitals.py(13)<module>()
-> import sys
```

```
(Pdb) s

> /Users/williamlubanovic/book/capitals.py(14)<module>()
-> process_cities(sys.argv[1])
```

```
(Pdb) s

--Call--
> /Users/williamlubanovic/book/capitals.py(1)process_cities()
-> def process_cities(filename):
```

```
(Pdb) s

> /Users/williamlubanovic/book/capitals.py(2)process_cities()
-> with open(filename, 'rt') as file:
```

|list을 입력하면 몇 줄의 코드를 볼 수 있다.

```
(Pdb) l
  1  -> def process_cities(filename):
  2         with open(filename, 'rt') as file:
  3             for line in file:
  4                 line = line.strip()
  5                 if 'quit' in line.lower():
  6                     return
  7                 country, city = line.split(',')
  8                 city = city.strip()
  9                 country = country.strip()
 10                 print(city.title(), country.title(), sep=',')
 11
(Pdb)
```

화살표(->)는 현재 라인을 가리킨다.

버그가 발견되기 바라면서 s와 n을 계속 입력할 수 있지만, 디버거의 주요 기능인 **중단점** breakpoint을 사용하자. 중단점은 표시된 줄에서 실행을 중지한다. `process_cities()` 함수가 모든 입력 줄을 읽기 전에 왜 중단되는지 알고 싶다. 라인 3(`for line in file:`)은 입력 `file`의 모든 라인을 읽기 때문에 문제없어 보인다. 모든 데이터를 읽기 전에 함수가 반환될 수 있는 장소는 라인 6(`return`)이다. 라인 6에 중단점을 설정해보자.

```
(Pdb) b 6

Breakpoint 1 at /Users/williamlubanovic/book/capitals.py:6
```

중단점을 만나거나 모든 입력 라인을 읽을 때까지 프로그램을 계속 실행한다. 그리고 평소처럼 종료한다.

```
(Pdb) c

Buenos Aires,Argentina
La Paz,Bolivia
Brasilia,Brazil
Santiago,Chile
Bogotá,Colombia
> /Users/astin.choi/BookPub/introducing-python-2e/ch19/capitals.py(6)process_cities()
-> return
```

중단점을 설정한 라인 6에서 멈췄다. `Colombia` 다음에 나오는 나라를 읽은 후, 프로그램이 반환되었다는 것을 알 수 있다. 방금 어떤 값을 읽었는지 출력해본다.

```
(Pdb) p line

'ecuador,quito'
```

뭐가 문제인 걸까?

quito? 이럴 수가! 일반 데이터에서 `quit`이 나올지 예상하지 못했다. 이러한 센티널 sentinel (끝 표시) 값의 사용은 잘못된 생각이다. `quit`이 있는 곳까지만 데이터가 처리된다.

이 시점에서 b 명령을 사용하여 모든 중단점을 볼 수 있다.

```
(Pdb) b

Num Type         Disp Enb   Where
1   breakpoint   keep yes   at /Users/williamlubanovic/book/capitals.py:6
        breakpoint already hit 1 time
```

l은 코드 라인, 현재 라인(->), 중단점(B)을 보여준다. 그냥 l만 입력하면 이전 호출의 끝에서 l까지 코드 라인을 나열한다. 그러므로 여기서는 시작 라인을 1로 지정한다.

```
(Pdb) l 1

  1     def process_cities(filename):
  2         with open(filename, 'rt') as file:
  3             for line in file:
  4                 line = line.strip()
  5                 if 'quit' in line.lower():
  6 B->                 return
  7                 country, city = line.split(',')
  8                 city = city.strip()
  9                 country = country.strip()
 10                 print(city.title(), country.title(), sep=',')
 11
```

전체 line이 quit과 일치할 때만 반환하도록 수정한다.

예제 19-19 capitals2.py

```
def process_cities(filename):
    with open(filename, 'rt') as file:
        for line in file:
            line = line.strip()
            if 'quit' == line.lower():
                return
            country, city = line.split(',')
            city = city.strip()
            country = country.strip()
            print(city.title(), country.title(), sep=',')

if __name__ == '__main__':
```

```
import sys
process_cities(sys.argv[1])
```

코드를 다시 실행해보자.

```
$ python capitals2.py cities2.csv

Buenos Aires,Argentina
La Paz,Bolivia
Brasilia,Brazil
Santiago,Chile
Bogotá,Colombia
Quito,Ecuador
Stanley,Falkland Islands
Cayenne,French Guiana
Georgetown,Guyana
Asunción,Paraguay
Lima,Peru
Paramaribo,Suriname
Montevideo,Uruguay
Caracas,Venezuela
```

디버거를 짤막하게 다뤘지만, 디버거의 용도와 자주 사용하는 명령을 충분히 살펴봤다.

테스트를 더 많이 하고, 디버깅을 더 적게 해야 한다는 것을 기억하자.

19.8.4 breakpoint() 사용하기

파이썬 3.7에는 새로운 breakpoint() 함수가 있다. 코드에 이 함수를 추가하면 자동으로 디버깅이 시작되고, 각 위치에서 일시중지된다. 이 함수가 없다면 이전 절에서 본 것처럼 pdb와 같은 디버거를 시작하고 중단점^{breakpoint}를 수동으로 설정한다.

기본 디버거는 pdb지만, 환경 변수 PYTHONBREAKPOINT를 설정하여 변경할 수 있다. 예를 들면, 다음과 같이 웹 기반 원격 디버거 web-pdb(*https://pypi.org/project/web-pdb*)의 사용을 지정할 수 있다.

```
$ export PYTHONBREAKPOINT='web_pdb.set_trace'
```

공식 문서는 조금 지루하지만, 여기(*https://oreil.ly/9Q9MZ*) 저기(*https://oreil.ly/2LJKy*) 좋은 개요가 있다.

19.9 로그 에러 메시지

로깅 메시지를 출력하기 위해 print() 문의 사용으로부터 졸업해야 할 때가 왔다. 로그는 일반적으로 메시지가 축적되는 시스템 파일이다. 이는 타임스탬프나 프로그램을 실행하는 사용자의 이름과 같은 유용한 정보를 로깅한다. 로그는 매일 **돌고**(이름이 바뀌고) 압축된다. 이로써 디스크를 절약하고 로그를 정리한다. 프로그램에서 문제가 생겼다면 그 원인을 파악하기 위해 적절한 로그 파일을 보면 된다. 로그는 특히 예외적인 문제가 발생할 때 유용하게 쓰인다. 프로그램이 죽은 원인이 되는 실제 라인을 보여주고, 그 이유를 알려주기 때문이다.

표준 파이썬 라이브러리 모듈은 logging(*http://bit.ly/py-logging*)이다. 설명 대부분이 필자에게는 다소 혼란스러웠다. 나중에 로깅을 이해하고 나서야 처음엔 복잡해 보일 수도 있다는 것을 깨달았다. logging 모듈은 다음 개념을 포함한다.

- 로그에 저장할 **메시지**message
- 상위 우선 **레벨**level과 그 함수들 debug(), info(), warn(), error(), critical()
- 모듈과 연결되는 하나 이상의 **로거**logger 객체
- 터미널, 파일, 데이터베이스 등으로 메시지를 전달하는 **핸들러**handler
- 결과를 생성하는 **포매터**formatter
- 입력을 기반으로 판단하는 **필터**filter

아주 간단한 로깅 예제를 살펴보자. logging 모듈을 임포트하고 몇몇 함수를 사용한다.

```
>>> import logging
>>> logging.debug("Looks like rain")
>>> logging.info("And hail")
>>> logging.warn("Did I hear thunder?")
WARNING:root:Did I hear thunder?
>>> logging.error("Was that lightning?")
ERROR:root:Was that lightning?
>>> logging.critical("Stop fencing and get inside!")
```

```
CRITICAL:root:Stop fencing and get inside!
```

debug()와 info() 함수는 아무것도 출력하지 않았다. 그리고 다른 함수들은 LEVEL:root:
MESSAGE를 결과로 출력했다. print() 문과 별다른 점이 없어 보인다.

그러나 이 함수들은 유용하다. 특정 메시지message를 찾거나 서버가 다운되기 전에 무슨 일이 일
어났는지 보기 위해 타임스탬프를 비교하는 등의 작업을 하기 위해 로그 파일의 특정 레벨level
값을 검색할 수 있다.

logging 문서를 자세히 읽었다면 기본 우선 레벨은 WARNING이고 위 예제에서 첫 번째 함수
logging.debug()가 호출되자마자 잠긴다는 것을 알 수 있다. basicConfig() 함수를 사용
해서 기본 레벨을 설정할 수 있다. 레벨을 DEBUG로 설정했다면 DEBUG보다 높은 모든 레벨이
출력된다.

```
>>> import logging
>>> logging.basicConfig(level=logging.DEBUG)
>>> logging.debug("It's raining again")
DEBUG:root:It's raining again
>>> logging.info("With hail the size of hailstones")
INFO:root:With hail the size of hailstones
```

우리는 로거 객체를 생성하지 않고 기본 logging 함수를 사용했다. 각 로거에는 이름이 있다.
bunyan이라는 로거 객체를 생성해보자.

```
>>> import logging
>>> logging.basicConfig(level='DEBUG')
>>> logger = logging.getLogger('bunyan')
>>> logger.debug('Timber!')
DEBUG:bunyan:Timber!
```

로거 이름에 마침표(.) 문자가 포함된 경우, 각각의 다른 속성을 지닌 로거 계층 구조의 레벨
을 마침표로 구분한다. 이것은 quark라는 로거가 quark.charmed라는 이름의 로거보다 더 높
다는 것을 의미한다. **루트 로거**는 제일 상단에 있고, 이름은 ''이다.

지금까지 print() 문과 별다른 점 없이, 메시지를 그냥 출력했다. **핸들러**를 사용하여 다른 곳
에 메시지를 직접 출력해보자. 가장 일반적인 방식으로 메시지를 **로그 파일**에 출력한다.

```
>>> import logging
>>> logging.basicConfig(level='DEBUG', filename='blue_ox.log')
>>> logger = logging.getLogger('bunyan')
>>> logger.debug("Where's my axe?")
>>> logger.warn("I need my axe")
>>>
```

더 이상 화면에 메시지가 출력되지 않는다. 대신 blue_ox.log 파일을 살펴본다.

```
DEBUG:bunyan:Where's my axe?
WARNING:bunyan:I need my axe
```

filename 인수로 basicConfig() 함수를 호출하면 파일 핸들러(FileHandler)를 생성하여 로거에 사용할 수 있도록 만들어준다. logging 모듈은 모니터 화면과 파일뿐만 아니라 이메일 과 웹 서버 같은 곳에서도 메시지를 전송하는 핸들러를 제공한다.

마지막으로 로그 메시지의 **포맷**을 바꿀 수 있다. 첫 번째 예제에서 다음과 같은 형식으로 로그 를 출력해보자.

```
WARNING:root:Message...
```

basicConfig() 함수에 포맷 문자열을 입력하면 원하는 포맷으로 바꿀 수 있다.

```
>>> import logging
>>> fmt = '%(asctime)s %(levelname)s %(lineno)s %(message)s'
>>> logging.basicConfig(level='DEBUG', format=fmt)
>>> logger = logging.getLogger('bunyan')
>>> logger.error("Where's my other plaid shirt?")
2020-04-04 23:13:59,899 ERROR 1 Where's my other plaid shirt?
```

로거의 출력 결과를 다시 화면으로 보냈지만 포맷이 바뀌었다. logging 모듈은 fmt 포맷 문 자열의 변수 이름을 인식한다. 위 예제에서 asctime(ISO 8061 문자열의 날짜와 시간), levelname(레벨 이름), lineno(줄 번호), message(메시지)를 사용했다. 이와 같이 다른 내 부 변수들이 존재하며 변수를 직접 만들 수도 있다.

로깅은 여기서 짧게 제공했던 것보다 훨씬 더 많은 기능이 있다. 서로 다른 우선순위와 포맷으로 동시에 두 곳 이상의 장소에서 로깅할 수 있다. 패키지는 많은 유연성을 갖고 있지만 단순화하는 데 비용이 든다.

19.10 코드 최적화

일반적으로 파이썬은 충분히 빠르지만, 아직까지 그렇게 빠르진 않다. 많은 경우에 더 좋은 알고리즘과 자료구조를 사용하여 빠른 속도를 얻을 수 있다. 여기서 몇 가지 트릭을 살펴본다. 경험이 풍부한 프로그래머들도 의외로 잘못된 추측을 한다. 우리는 천을 자르기 전에 치수를 재는 신중한 재단사가 될 필요가 있다. 그리고 타이머가 속도에 대해서도 설명할 것이다.

19.10.1 시간 측정

time 모듈의 time 함수는 부동소수점 숫자의 초로 현재 에폭 시간을 반환한다. 시간을 측정하는 빠른 방법은 현재 시간을 얻은 다음 어떤 작업을 수행하고, 다시 새로운 시간을 얻고 나서, 이 둘의 시간을 빼는 것이다. 다음 예제를 살펴보자.

예제 19-20 time1.py

```
from time import time
t1 = time()
num = 5
num *= 2 print(time() - t1)
```

예제에서는 num에 5를 할당하고 2를 곱하는 데 걸리는 시간을 측정한다. 이것은 실제 벤치마크benchmark가 아닌, 일부 임의의 파이썬 코드를 측정하는 예제일 뿐이다. 예제를 몇 번 실행한 후, 결과가 얼마나 다른지 살펴보자.

```
$ python time1.py
2.1457672119140625e-06
$ python time1.py
2.1457672119140625e-06
$ python time1.py
```

```
2.1457672119140625e-06
$ python time1.py
1.9073486328125e-06
$ python time1.py
3.0994415283203125e-06
```

약 2~3백만 분의 1초가 걸린다. sleep() 함수를 사용해보자. 1초 동안 sleep하면 타이머는 1초보다 시간을 약간 더 측정할 것이다. 다음 코드를 time2.py에 작성한다.

예제 19-21 time2.py

```
from time import time, sleep

t1 = time()
sleep(1.0)
print(time() - t1)
```

정확한 결과를 위해 몇 번 실행해본다.

```
$ python time2.py
1.000797986984253
$ python time2.py
1.0010130405426025
$ python time2.py
1.0010390281677246
```

예상대로 약 1초 걸린다. 그렇지 않다면 타이머나 sleep() 함수 중 하나가 잘못된 것이다.

위와 같이 코드의 실행 시간을 측정하는 것보다 더 간편한 방법이 있다. 표준 timeit 모듈 (*http://bit.ly/py-timeit*)을 사용하면 된다. 테스트 코드를 몇 번 수행하고, 결과를 출력하는 timeit() 함수가 있다. timeit() 함수의 문법은 timeit.timeit(code, number, count)다.

다음 예제 코드는 리턴키를 누르면 더 이상 실행되지 않도록, 그리고 timeit() 내부에서 코드를 실행하도록 코드를 인용 부호로 감쌌다(다음 절에서 함수 이름을 timeit()에 전달하여 시간을 측정하는 방법을 살펴본다). timeit()을 사용하여 이전 예제를 다시 실행하고 시간을 측정해보자.

예제 19-22 timeit1.py

```
from timeit import timeit
print(timeit('num = 5; num *= 2', number=1))
```

몇 번 실행해보자.

```
$ python timeit1.py
2.5600020308047533e-06
$ python timeit1.py
1.9020008039660752e-06
$ python timeit1.py
1.7380007193423808e-06
```

앞의 두 코드 라인의 실행 시간은 약 2백만 분의 1초가 걸린다. timeit 모듈의 repeat() 함수의 repeat 인수를 사용하여 실행할 횟수를 지정할 수 있다. 다음 코드를 timeit2.py로 지장한다.

예제 19-23 timeit2.py

```
from timeit import repeat
print(repeat('num = 5; num *= 2', number=1, repeat=3))
```

무슨 일이 일어나는지 실행해보자.

```
$ python timeit2.py
[1.691998477326706e-06, 4.070025170221925e-07, 2.4700057110749185e-07]
```

첫 번째 실행 결과는 약 2백만분의 1초다. 두 번째와 세 번째 결과는 좀 더 빠르다. 왜 그럴까? 많은 이유가 있다. 먼저, 아주 적은 양의 코드를 테스트했다. 그리고 이 속도의 결과는 컴퓨터가 이러한 인스턴스를 만들고, 파이썬 시스템이 계산을 최적화하는 이외의 다른 요소에 의존한다.

timeit()을 사용하는 것은 측정하려는 코드를 문자열로 감싸는 것이다. 여러 줄의 코드가 있는 경우 어떻게 할까? 삼중 인용부호로 묶인 여러 줄 문자열을 전달할 수 있지만 읽기 어려울 수 있다.

알람에서 못 깰때 사용하는 지연 snooze() 함수를 정의해보자.

먼저 snooze() 함수 자체를 래핑한다. globals=globals() (파이썬이 다시 알람을 찾는 데 도움이 된다)와 number = 1(한 번만 실행하고 기본값은 1000000이기 때문에 인수를 포함한다) 인수를 포함한다.

```
>>> import time
>>> from timeit import timeit
>>>
>>> def snooze():
... time.sleep(1)
...
>>> seconds = timeit('snooze()', globals=globals(), number=1)
>>> print("%.4f" % seconds)
1.0035
```

또는 데커레이터를 사용할 수도 있다.

```
>>> import time
>>>
>>> def snooze():
...     time.sleep(1)
...
>>> def time_decorator(func):
...     def inner(*args, **kwargs):
...         t1 = time.time()
...         result = func(*args, **kwargs)
...         t2 = time.time()
...         print(f"{(t2-t1):.4f}")
...         return result
...     return inner
...
>>> @time_decorator
... def naptime():
...     snooze()
...
>>> naptime()
1.0015
```

또 다른 방법으로 컨텍스트 매니저를 사용한다.

```
>>> import time
>>>
>>> def snooze():
...     time.sleep(1)
...
>>> class TimeContextManager:
...     def __enter__(self):
...         self.t1 = time.time()
...         return self
...     def __exit__(self, type, value, traceback):
...         t2 = time.time()
...         print(f"{(t2-self.t1):.4f}")
...
>>>
>>> with TimeContextManager():
...     snooze()
...
1.0019
```

__exit()__() 메서드는 여기서 사용하지 않는 추가 인수 3개를 취한다. 여기에 *args 인수를 취할 수도 있다.

이번 절에서는 코드 시간 측정을 수행하는 많은 방법을 살펴봤다. 다음 절에서는 다른 알고리즘(프로그램 로직)과 자료구조(저장소 메커니즘)의 효율성을 비교하는 코드를 작성해볼 것이다.

19.10.2 알고리즘과 자료구조

파이썬의 철학Zen of Python (*http://bit.ly/zen-py*)은 어떤 일을 수행하는 데 있어서 바람직하고 명백한 한 가지 방법(되도록이면 한 가지 방법만)이 있어야 한다고 말하고 있다. 불행하게도 그 방법이 명확하지 않아서 다른 대안과 비교할 필요가 있다. 예를 들어 리스트를 생성하기 위해 for 문과 리스트 컴프리헨션 중 어느 것이 더 나은가? 그리고 더 낫다는 것은 무엇을 말하는가? 빠른 것인가? 읽기 쉬운 것인가? 메모리를 적게 차지하는 것인가? 아니면 '파이써닉'한 것인가?

다음 예제에서는 두 가지 방법으로 리스트를 만들어서 속도와 가독성, 파이썬 스타일을 비교해보자. 다음은 time_lists.py다.

```
from timeit import timeit

def make_list_1():
    result = []
    for value in range(1000):
        result.append(value)
    return result

def make_list_2():
    result = [value for value in range(1000)]
    return result

print('make_list_1 takes', timeit(make_list_1, number=1000), 'seconds')
print('make_list_2 takes', timeit(make_list_2, number=1000), 'seconds')
```

각 함수는 리스트에 항목 1,000개를 추가하여, 각 함수를 1,000번 호출한다. `timeit()` 함수의 첫 번째 인수를 문자열이 아닌 함수 이름을 사용하여 호출한다. 코드를 실행해보자.

```
$ python time_lists.py

make_list_1 takes 0.14117428699682932 seconds
make_list_2 takes 0.06174145900149597 seconds
```

append()를 사용하여 리스트에 항목을 추가하는 것보다 리스트 컴프리헨션이 두 배 더 빠르다. 일반적으로 컴프리헨션은 수동적인 구조보다 더 빠르다.

자신만의 아이디어로 코드를 더 빠르게 만들어보자.

19.10.3 Cython, NumPy, C 익스텐션

파이썬 코드를 최적화하는 데 노력했지만 원하는 성능을 얻지 못할 경우를 대비한 옵션 몇 가지가 더 있다.

Cython(*http://cython.org*)은 파이썬과 C 언어의 혼합 버전이다. 일부 성능에 대한 어노테이션annotation과 파이썬 코드를 컴파일된 C 코드로 옮기기 위해 설계됐다. 어노테이션은 일부 변수 타입 선언, 함수 인수, 혹은 함수 반환처럼 아주 작은 부분이다. 이러한 요소와 최적화된 루프는 코드를 몇 천배 더 빠르게 만들어준다. 자세한 사항은 Cython 위키페이지(*https://oreil.ly/MmW_v*)와 예제를 참고한다.

NumPy에 대한 자세한 사항은 부록 C를 참조한다. NumPy는 속도를 위해 C 언어로 작성된 파이썬 `math` 라이브러리다.

파이썬의 많은 부분과 표준 라이브러리는 속도 때문에 C 언어로 작성됐다. 그리고 편의를 위해 파이썬으로 래핑wrapping됐다. 애플리케이션에서 이러한 후킹hooking을 쓸 수 있다. C 언어와 파이썬을 잘 알고 있고, 코드를 더 빠르게 만들고 싶다면 C 익스텐션extension을 작성한다. C 익스텐션의 작성은 어렵지만, 성능 문제를 개선하는 데 도움을 준다.

19.10.4 Pypy

약 20년 전에 자바가 처음 나타났을 때, 관질염이 있는 슈나우저Schnauzer(독일산 애완견)처럼 느렸다. 썬 마이크로시스템즈와 다른 회사에서 자바 인터프리터와 자바 가상 머신Java virtual machine(JVM)의 최적화에 스몰토크Smalltalk와 리습LISP 같은 이전 언어에서 기술을 빌려왔으며 수백만 달러를 투자했다. 마찬가지로 마이크로소프트는 자바의 라이벌인 C# 언어와 .NET 가상머신을 최적 화하는 데 엄청난 노력을 들였다.

파이썬은 아무도 소유하고 있지 않아서 이를 최적화하기 위한 동기가 없었다. 여러분은 아마도 표준 파이썬의 구현체를 사용하고 있을 것이다. 이것을 종종 C 언어로 작성된 CPython이라 부른다(Cython과 다르다).

PHP와 펄, 자바와 마찬가지로 파이썬은 기계 언어machine language로 컴파일되지 않고, 가상 머신에서 해석되는 중간 언어intermediate language(바이트코드bytecode 또는 p-code와 같은 이름의 코드)로 번역된다.

PyPy(*http://pypy.org*)는 자바의 속도를 따라잡기 위해 일부 트릭이 적용된 새로운 파이썬 인터프리터다. PyPy 의 벤치마크 결과(*http://speed.pypy.org*)는 모든 테스트에서 CPython보다 평균 6배 이상 빠르게 나타났다. 일부 테스트 경우 20배 정도 더 빨랐다. PyPy는 파이썬 2와 3에서 작동한다. CPython 대신 PyPy를 내려받아 사용할 수도 있다. PyPy는 지속적으로 개선되고 있으며, 언젠가 CPython을 대체할 것이다. 실제 목적에 맞게 사용할 수 있는지 확인하려면 PyPy의 최신 릴리스 노트를 참고한다.

19.10.5 Numba

Numba(*http://numba.pydata.org*)를 사용하여 파이썬 코드를 기계 코드로 즉석에서 컴파일 하고 속도를 높일 수 있다.

다음과 같이 설치한다.

```
$ pip install numba
```

빗변을 계산하는 일반적인 파이썬 함수를 살펴보자.

```
>>> import math
>>> from timeit import timeit
>>> from numba import jit
>>>
>>> def hypot(a, b):
...     return math.sqrt(a**2 + b**2)
...
>>> timeit('hypot(5, 6)', globals=globals())
0.6349189280000189
>>> timeit('hypot(5, 6)', globals=globals())
0.6348589239999853


Use the @jit decorator to speed up calls after the first:
@jit 데커레이터를 사용하여 속도를 높인다.
>>> @jit
... def hypot_jit(a, b):
...     return math.sqrt(a**2 + b**2)
>>> timeit('hypot_jit(5, 6)', globals=globals())
0.5396156099999985
>>> timeit('hypot_jit(5, 6)', globals=globals())
0.1534771130000081
```

일반적인 파이썬 인터프리터의 오버헤드를 피하기 위해 @jit(nopython=True)를 사용한다.

```
>>> @jit(nopython=True)
... def hypot_jit_nopy(a, b):
...     return math.sqrt(a**2 + b**2)
...
```

```
>>> timeit('hypot_jit_nopy(5, 6)', globals=globals())
0.18343535700000757
>>> timeit('hypot_jit_nopy(5, 6)', globals=globals())
0.15387067300002855
```

Numba는 특히 넘파이 및 기타 수학 패키지에 유용하다.

19.11 소스 컨트롤

그룹에서 코딩을 할 때 어떤 실수를 저지르기까지 코드 변경 사항을 계속 파악해야 한다. 그리고 며칠 동안 그 실수에 대한 작업을 진행한다. 소스 컨트롤 시스템은 이러한 위협으로부터 코드를 보호해준다. 여러 개발자들과 함께 협업해야 한다면 소스 컨트롤 시스템은 필수 항목이다. 이 분야의 많은 상용 및 오픈 소스 패키지가 있다. 파이썬의 오픈 소스 신영에서 가장 인기 있는 시스템은 Mercurial과 Git이다. 이 둘 모두 코드 저장소repository의 여러 복사본을 생성하는 분산 버전 관리 시스템의 예다. Subversion과 같은 이전 시스템에서는 하나의 서버에서 실행된다.

19.11.1 Mercurial

Mercurial(*http://mercurial-scm.org*)은 파이썬으로 작성됐다. 간단한 하위 명령으로 Mercurial 저장소로부터 코드를 내려받고, 파일을 추가하고, 변경 사항을 확인하고, 다른 소스로부터 수정 사항을 병합할 수 있어서 배우기 쉽다. bitbucket(*https://bitbucket.org*)과 다른 사이트(*http://bit.ly/merc-host*)에서 무료 또는 상용 호스팅 서비스를 제공한다.

19.11.2 Git

Git(*http://git-scm.com*)은 원래 리눅스 커널 개발을 위해 작성됐다. 그러나 지금은 오픈 소스를 지배하고 있다. Git은 Mercurial과 비슷하지만, 이들을 비교하는 것은 조금 까다로울 수 있다. GitHub(*http://github.com*)는 수백만 개의 저장소를 가진 가장 큰 git 호스트다. 다른 많은 호스트도 존재한다(*http://bit.ly/githost-scm*).

이 책의 스탠드얼론 프로그램 예제들은 GitHub의 공개 저장소(*https://oreil.ly/U2Rmy*)에서 내려받을 수 있다. 컴퓨터에 git이 설치되어 있다면, 다음 명령으로 예제를 내려받을 수 있다.

```
$ git clone https://github.com/AstinCHOI/introducing-python-2e
```

또한 GitHub 페이지에서 다음 버튼을 눌러서 예제 코드를 내려받을 수 있다.

- 'Clone in Desktop' 버튼을 클릭하여 코드를 내려받는다(GitHub Desktop 설치가 필요함).
- 'Download Zip' 버튼을 클릭하여 압축파일을 내려받는다.

git을 설치하고 싶다면 설치 가이드(*http://bit.ly/git-install*)를 읽어본다. 여기서는 커맨드 라인 버전에 대해 살펴본다. 하지만 GitHub과 같이 부가 서비스를 제공하는 사이트에 관심이 있을 것이고, 일부 경우에는 더 사용하기 쉽다. git은 많은 기능이 있지만, 항상 직관적이지 않다.

git을 실행해보자. 깊게 다루진 않지만, 몇 개의 명령과 출력 결과를 살펴볼 것이다. 새 디렉터리 newdir를 생성하고, 그곳으로 이동한다.

```
$ mkdir newdir
$ cd newdir
```

현재 디렉터리(newdir)에 로컬 git 저장소를 생성한다.

```
$ git init

Initialized empty Git repository in /Users/williamlubanovic/newdir/.git/
```

newdir 디렉터리에 test.py 파일을 생성한다. 파일 내용은 다음과 같다.

예제 19-25 test.py

```
print('Oops')
```

git 저장소에 text.py 파일을 추가한다.

```
$ git add test.py
```

git 상태를 살펴본다.

```
$ git status

On branch master
Initial commit
Changes to be committed:
    (use "git rm --cached <file>..." to unstage)

        new file: test.py
```

test.py는 로컬 저장소의 일부지만, 변경 사항이 아직 커밋되지 않았다. 파일을 커밋해보자.

```
$ git commit -m "simple print program"

[master (root-commit) 52d60d7] my first commit 1 file changed, 1 insertion(+)
create mode 100644 test.py
```

-m "simple print program"은 **커밋 메시지**다. 이것을 빠뜨리면 git은 에디터로 이동해서 메시지 입력을 요구한다. 이것은 해당 파일에 대한 git 변경 기록의 일부가 된다. 현재 상태는 다음과 같다.

```
$ git status

On branch master
nothing to commit, working directory clean
```

좋았어, 현재의 모든 변경 사항이 커밋됐다. 이것은 원본 손실 걱정 없이 변경 사항을 적용할 수 있다는 것을 의미한다. Oops를 Ops!로 바꿔서 test.py 파일에 저장해보자.

예제 19-26 test.py (수정됨)

```
print('Ops!')
```

git 상태를 살펴보자.

```
$ git status

On branch master
Changes not staged for commit:
    (use "git add <file>..." to update what will be committed)
    (use "git checkout -- <file>..." to discard changes in working directory)

        modified: test.py

no changes added to commit (use "git add" and/or "git commit -a")
```

git diff를 입력하여 마지막 커밋 이후 변경 사항을 살펴보자.

```
$ git diff

diff --git a/test.py b/test.py index 76b8c39..62782b2 100644 --- a/test.py
+++ b/test.py
@@ -1 +1 @@
-print('Oops')
+print('Ops!')
```

변경 사항을 커밋하면 git은 다음 메시지를 출력한다.

```
$ git commit -m "change the print string"

On branch master
Changes not staged for commit:
    modified: test.py

no changes added to commit
```

"Changes not staged for commit" 문구는 파일을 추가해야 한다는 것을 의미한다. 대충 통역을 하자면, "이 봐 git, 여길 봐"라고 말하고 있다.

```
$ git add test.py
```

또한 현재 디렉터리의 모든 변경 사항을 추가하기 위해 git add .를 입력할 수 있다. 이 명령은 실제 여러 파일을 편집하여 모든 변경 사항을 추가할 때 편리하다. 이제 변경 사항을 커밋할 수 있다.

```
$ git commit -m "my first change"

  [master e1e11ec] my first change
    1 file changed, 1 insertion(&plus;), 1 deletion(-)
```

git log를 사용하여 test.py의 모든 커밋 기록을 최신순으로 볼 수 있다.

```
$ git log test.py

commit e1e11ecf802ae1a78debe6193c552dcd15ca160a
Author: William Lubanovic <bill@madscheme.com>
Date: Tue Apr 4 23:34:59 2020 -0500

        change the print string

commit 52d60d76594a62299f6fd561b2446c8b1227cfe1
Author: William Lubanovic <bill@madscheme.com>
Date: Tue Apr 4 23:26:14 2020 -0500

        simple print program
```

19.12 프로그램 배포

파이썬 파일은 디렉터리에 설치될 수 있으며 파이썬 인터프리터로 프로그램을 실행할 수 있다.

파이썬 인터프리터가 zip 파일로 압축된 파이썬 코드를 실행할 수 있다는 것은 잘 알려져 있지 않다. pex(*https://pex.readthedocs.io*) 파일로 알려진 특수 zip 파일도 사용할 수 있다.

19.13 이 책의 소스 코드

이 책의 모든 소스 코드는 git 저장소(*https://oreil.ly/FbFAE*)를 방문하여 내려받을 수 있다. 또한 한빛미디어 웹 페이지에서 zip 포맷으로 내려받을 수도 있다. 만일 git이 있다면 `git clone https://github.com/AstinCHOI/introducing-python-2e` 명령을 사용하여 컴퓨터에 git 저장소를 만들어도 된다.

19.14 더 배우기

이번 절에서는 도움이 될 만한 파이썬 자료를 추천할 것이다.

19.14.1 책

다음은 추천할 만한 파이썬의 도서 목록이다. 파이썬 2와 3의 입문에서 고급까지 다양한 범위를 다룬다.

- 『Head First Python』(한빛미디어, 2017)
- 『파이썬 완벽 가이드』(인사이트, 2012)
- 『Python Cookbook』(인피니티북스, 2014)
- 『고성능 파이썬』(한빛미디어, 2016)
- 『Powerful Python』(프레스, 2017)
- 『파이썬 라이브러리를 활용한 데이터 분석』(한빛미디어, 2013)
- 『전문가를 위한 파이썬』(한빛미디어, 2016)
- 『파이썬을 여행하는 히치하이커를 위한 안내서』(인사이트, 2017)
- 『파이썬 코딩의 기술』(한빛미디어, 2016)
- 『파이썬 인 프랙티스』(위키북스, 2013)

그 외 더 많은 책이 있다(*https://wiki.python.org/moin/PythonBooks*).

19.14.2 웹사이트

유용한 몇몇 튜토리얼 사이트를 소개한다.

- **Python for You and Me**: *https://pymbook.readthedocs.io*
- **Real Python**: *http://realpython.com*
- **Learn Python the Hard Way**: *http://learnpythonthehardway.org/book*
- **Dive into Python 3**: *https://oreil.ly/UJcGM*
- **Mouse Vs. Python**: *http://www.blog.pythonlibrary.org*

파이써닉 세계에 관심이 있다면 다음 뉴스 사이트를 확인한다.

- **comp.lang.python**: *http://bit.ly/comp-lang-python*
- **comp.lang.python.announce**: *http://bit.ly/comp-lang-py-announce*
- **r/python subreddit**: *http://www.reddit.com/r/python*
- **Planet Python**: *http://planet.python.org/*

마지막으로 파이썬 패키지 및 검색 사이트를 추천한다.

- **The Python Package Index**: *https://pypi.python.org/pypi*
- **Awesome Python**: *https://awesome-python.com*
- **Stack Overflow Python questions**: *https://oreil.ly/S1vEL*
- **ActiveState Python recipes**: *http://code.activestate.com/recipes/langs/python*
- **Python packages trending on GitHub**: *https://github.com/trending?l=python*

19.14.3 그룹

컴퓨팅 커뮤니티는 다양한 성격(열정적인, 논쟁적인, 더딘, 개성 있는 등)을 가지고 있다. 파이썬 커뮤니티는 서민적이고 친근하다. meetup(*http://python.meetup.com*)과 지역 사용자 그룹(*https://wiki.python.org/moin/LocalUserGroups*)에서 지역 기반의 파이썬 그룹을 찾을 수 있다. 그리고 공통 관심사를 기반으로 여러 그룹이 존재한다. 예를 들어 PyLadies(*http://www.pyladies.com*)는 파이썬과 오픈 소스에 관심이 있는 여성을 위한 네트워킹을 지원한다.

19.14.4 콘퍼런스

콘퍼런스(*http://www.pycon.org*)와 워크숍(*https://www.python.org/community/workshops*)은 전 세계에서 열린다. 가장 큰 행사는 북미(*https://us.pycon.org*)와 유럽(*https://europython.eu/en*)에서 매년 개최된다. 한국에서 열리는 파이콘(*https://www.pycon.kr/*)도 있다.

19.14.5 파이썬 구인구직

다음 사이트에서 파이썬 일자리를 검색할 수 있다.

- **Indeed**: *https://www.indeed.com*
- **Stack Overflow**: *https://stackoverflow.com/jobs*
- **ZipRecruiter**: *https://www.ziprecruiter.com/candidate/suggested-jobs*
- **Simply Hired**: *https://www.simplyhired.com*
- **CareerBuilder**: *https://www.careerbuilder.com*
- **Google**: *https://www.google.com/search?q=jobs*
- **LinkedIn**: *https://www.linkedin.com/jobs/search*

구직 방법은 사이트에 Python을 입력하고 또 다른 입력 박스에 구직하고자하는 위치를 입력한다. 시애틀 지역 링크(*https://seattle.craigslist.org/search/jjj*)와 같은 Craigslist라는 현지 사이트가 있다. 지역 링크의 seattle에서 sfbay(샌프란시스코 베이 지역), boston(보스턴), nyc(뉴욕 시티) 등으로 변경하여 해당 영역을 검색할 수 있다. 원격 근무를 원하는 경우 다음 사이트를 참조한다.

- **Indeed**: *https://oreil.ly/pFQwb*
- **Google**: *https://oreil.ly/LI529*
- **LinkedIn**: *https://oreil.ly/nhV6s*
- **Stack Overflow**: *https://oreil.ly/R23Tx*
- **Remote Python**: *https://oreil.ly/bPW1I*
- **We Work Remotely**: *https://oreil.ly/9c3sC*
- **ZipRecruiter**: *https://oreil.ly/ohwAY*

- **Glassdoor**: *https://oreil.ly/tK5f5*

- **Remotely Awesome Jobs**: *https://oreil.ly/MkMeg*

- **Working Nomads**: *https://oreil.ly/uHVE3*

- **GitHub**: *https://oreil.ly/smmrZ*

19.15 다음 장에서는

아직 끝난게 아니다. 다음 세 장에서는 파이썬 아트, 비즈니스, 과학에 대해 살펴볼 것이다. 파이썬에 숨어 있는 보석(패키지)이 많다. 부록에서 여러 가지 패키지를 소개한다. 지금 당장 사용하지 않더라도, 언젠가 반드시 사용하게 될 것이다.

마지막에는 파이썬 설치에 대한 세부 정보를 제공하고, 연습문제 정답을 제공한다. 그리고 필요할 때 참고할 수 있는 커닝페이퍼를 제공할 것이다.

19.16 연습문제

오늘은 파이써니스타에게 연습문제는 없다.

CHAPTER 20

파이 아트

글쎄.. 예술은 예술이다. 그렇지 않은가? 물은 여전히 물이다! 동쪽은 동쪽이고, 서쪽은 서쪽이다. 크랜베리를 사과소스처럼 끓인다면 대황보다는 자두맛에 더 가까울 것이다.   – 그루초 막스(희극 배우)

이 장과 다음 두 장에서 파이썬을 사용하여 인간의 노력으로 일궈낸 영역인 예술, 비즈니스, 과학을 탐험할 것이다. 이 분야에 관심이 있다면 영감을 얻어서 새로운 것을 시도해볼 수 있다.

20.1 2D 그래픽

모든 컴퓨터 언어는 어느 정도 컴퓨터 그래픽에 적용되고 있다. 이 장에 있는 대형 플랫폼 대부분은 성능을 위해 C 또는 C++ 언어로 작성되어 있지만, 생산성을 위해 파이썬 라이브러리가 추가됐다. 몇 가지 2D 이미지 라이브러리를 살펴보자.

20.1.1 표준 라이브러리

몇 안 되는 그래픽 관련 모듈이 표준 라이브러리에 포함된다.

- `imghdr`

이 모듈은 몇몇 이미지 파일의 파일 형식을 검출한다.

- colorsys

이 모듈은 여러 가지 시스템(RGB, YIQ, HSV, HLS) 사이의 색상을 변환한다.

오라일리의 로고 파일(oreilly.png)을 내려받은 후, 다음 코드를 실행한다.

```
>>> import imghdr
>>> imghdr.what('oreilly.png')
'png'
```

또 다른 표준 라이브러리는 turtle(*https://oreil.ly/b9vEz*)이 있다. '거북이 그래픽^{Turtle} graphics'으로 교육용 프로그래밍 언어의 일부로 개발된 컴퓨터 그래픽이다. 다음 명령으로 데모를 실행할 수 있다.

```
$ python -m turtledemo
```

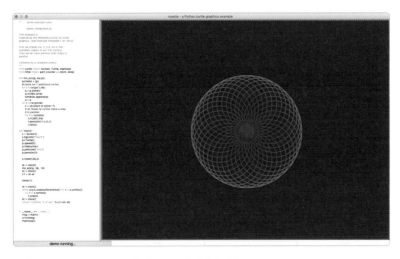

그림 20-1 turtledemo의 로제트(Rosette) 이미지 예제

파이썬에서 수준 높은 그래픽 작업을 하기 위해서는 서드파티 패키지를 사용해야 한다. 무엇이 있는지 살펴보자.

20.1.2 PIL과 Pillow

표준 라이브러리가 아닌데도 불구하고 몇 년 동안 PIL^{Python Image Library}(*http://bit.ly/py-image*)은 가장 잘 알려진 2D 이미지 프로세싱 라이브러리다. PIL은 `pip`와 같은 인스톨러보다 먼저 만들어졌고, Pillow(*http://pillow.readthe docs.org*)라는 우호적인 포크^{fork}를 만들었다. Pillow의 이미지 코드는 PIL과 호환되며, 문서화도 잘 되어 있다. Pillow에 대해 알아보자.

설치는 간단하다. 다음 명령을 입력한다.

```
$ pip install Pillow
```

`libjpeg`, `libfreetype`, `zlib`와 같은 운영체제 패키지가 이미 설치되어 있다면 이들이 감지되어 Pillow에서 사용된다. 자세한 사항은 설치 페이지(*http://bit.ly/pillow-install*)를 참고한다.

이미지 파일을 열어보자.

```
>>> from PIL import Image
>>> img = Image.open('oreilly.png')
>>> img.format
'PNG'
>>> img.size
(154, 141)
>>> img.mode
'RGB'
```

Pillow 패키지인데도 불구하고 이전의 PIL과 호환되도록 PIL 모듈로 임포트했다.

Image 객체의 show() 메서드를 사용하여 화면에 이미지를 표시한다.

```
>>> img.show()
```

[그림 20-2]에 나타낸 이미지는 또 다른 창에서 열린다(macOS에서 실행하여 프리뷰^{preview} 애플리케이션이 사용되었다. 이미지가 나타나는 창은 다를 수 있다).

그림 20-2 파이썬 라이브러리를 통해서 열린 이미지

메모리에 있는 이미지를 크롭^{crop}하고(자르고), 결과를 img2 객체에 저장한 뒤, 화면에 표시해 보자. 이미지는 항상 수평값(x)과 수직값(y)으로 계산된다. 이미지의 한쪽 모서리를 **원점**으로 하고, x와 y 에 0이 할당된다. 이 라이브러리에서의 원점(0, 0)은 이미지의 왼쪽 상단에 있다. x는 오른쪽으로 증가하고, y는 아래쪽으로 증가한다. crop() 메서드의 값으로 왼쪽 x(55), 위쪽 y(70), 오른쪽 x(85), 아래쪽 y(100)를 준다. 순서대로 튜플에 넣어보자.

```
>>> crop = (55, 70, 85, 100)
>>> img2 = img.crop(crop)
>>> img2.show()
```

결과는 [그림 20-3]과 같다.

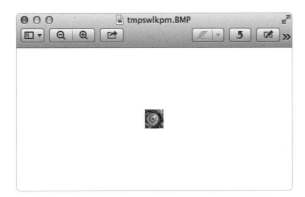

그림 20-3 자른 이미지

save() 메서드로 이미지 파일을 저장한다. 이 메서드는 파일 이름과 유형(선택)을 인수로 취한다. 파일 이름에 확장자를 붙이면 라이브러리는 그 유형을 판단하여 저장한다. 또한 명시적으로 유형을 입력할 수 있다. 다음 코드를 입력해 자른 이미지를 GIF 파일로 저장해보자.

```
>>> img2.save('cropped.gif', 'GIF')
>>> img3 = Image.open('cropped.gif')
>>> img3.format
'GIF'
>>> img3.size (30, 30)
```

오라일리의 작은 마스코드를 '개선'해보자. 먼저 다음 이미지를 내려받는다.

그림 20-4 오라일리의 작은 마스코트

마스코트를 꾸미기 위해 다음 콧수염 이미지를 내려받는다.

그림 20-5 콧수염

위 두 이미지를 불러와서 반투명한 콧수염을 마스코트에 입힌다.

예제 20-1 ch20_critter.py

```
from PIL import Image
```

```
critter = Image.open('ch20_critter.png')
stache = Image.open('ch20_stache.png')
stache.putalpha(100)
img = Image.new('RGBA', critter.size, (255, 255, 255, 0)) img.paste(critter, (0, 0))
img.paste(stache, (45, 90), mask=stache)
img.show()
```

[그림 20-6]은 오라일리 마스코트의 변신을 보여준다.

그림 20-6 우리의 새로운 신사 마스코트

20.1.3 ImageMagick

ImageMagick(*http://www.imagemagick.org*)은 2D 비트맵 이미지를 변환, 수정, 표현하는 프로그램 집합이다. ImageMagick은 20년이 넘었다. 파이썬 라이브러리 여러 개가 ImageMagick C 라이브러리에 연결됐다. 파이썬 3을 지원하는 최신 라이브러리는 wand(*http://docs.wand-py.org*)다. 다음 명령을 입력하여 설치한다.

```
$ pip install Wand
```

Pillow에서 할 수 있는 일을 wand에서도 할 수 있다.

```
>>> from wand.image import Image
>>> from wand.display import display
>>>
>>> img = Image(filename='oreilly.png')
>>> img.size (154, 141)
```

```
>>> img.format
'PNG'
```

Pillow처럼, 아래와 같이 이미지를 화면에 표시한다.

```
>>> display(img)
```

wand는 회전, 크기 조정, 텍스트와 선 그리기, 포맷 변환, 그리고 Pillow에서 할 수 있는 기타 기능들이 포함되어 있다. 두 라이브러리는 API와 문서화가 잘 되어 있다.

20.2 3D 그래픽

일부 기본 파이썬 패키지는 다음을 포함한다.

- **VPython**: *https://vpython.org*
  예제(*https://oreil.ly/J42t0*)를 브라우저에서 실행할 수 있다.

- **pi3d**: *https://pi3d.github.io*
  라즈베리 파이, 윈도우, 리눅스, 안드로이드에서 실행할 수 있다.

- **Open3D**: *http://www.open3d.org/docs*
  모든 기능을 갖춘 3D 라이브러리다.

20.3 3D 애니메이션

거의 모든 현대 영화의 긴 엔딩 크레딧을 보면, 특수효과 및 애니메이션을 담당하는 많은 사람을 볼 수 있다. 월트 디즈니 애니메이션, ILM, Weta, 드림웍스Dreamworks, 픽사Pixar 등 대형 스튜디오에서 파이썬 경력자를 채용한다. 관심 있다면 웹사이트에 'python animation jobs'를 검색한다.

다음은 파이썬의 3D 패키지다.

- **Panda3D**: *http://www.panda3d.org*

  오픈 소스며 상용으로도 자유롭게 사용할 수 있다. 웹사이트(*http://bit.ly/dl-panda*)에서 Panda3D를 내려받을 수 있다.

- **VPython**: *https://vpython.org*

  많은 예제를 제공한다(*https://oreil.ly/J42t0*).

- **Blender**: *http://www.blender.org*

  Blender는 3D 애니메이션 및 게임 제작자를 위한 자유 오픈 소스 소프트웨어다. 웹사이트(*http://www.blender.org/download*)에서 Python3 자체 번들과 함께 Blender를 내려받을 수 있다.

- **Maya**: *https://oreil.ly/PhWn-*

  상용 3D 애니메이션 및 그래픽 시스템이다. 현재(이 책을 번역하는 시점) 파이썬 2.7 버전의 번들을 제공한다. 채드 버넌^{Chad Vernon}의 마야 아티스트를 위한 무료 파이썬 스크립팅^{Python Scripting for Maya Artists}(*http://bit.ly/py-maya*)을 내려받을 수 있다. 웹에서 파이썬과 Maya를 검색하면 영상을 포함한 많은 무료 및 유료 자료를 찾을 수 있다.

- **Houdini**: *https://www.sidefx.com*

  Houdini는 상용버전이다. 하지만 Apprentice라는 무료 버전을 내려받을 수 있다. 다른 애니메이션 패키지처럼 파이썬 바인딩(*https://oreil.ly/L4C7r*)을 제공한다.

20.4 GUI

GUI^{graphical user interface}에는 '그래픽' 단어가 포함되어 있지만, '사용자 인터페이스' 단어에 더 중점을 두고 있다. 사용자 인터페이스는 현재 데이터, 입력 메서드, 메뉴, 버튼의 위젯과 모든 프레임의 창을 의미한다.

GUI 프로그래밍 위키페이지(*http://bit.ly/gui-program*)와 FAQ(*http://bit.ly/gui-faq*)에는 많은 파이썬 GUI 툴이 나열되어 있다. 표준 라이브러리에 내장된 단 하나의 패키지를 살펴보자. TkInter(*https://wiki.python.org/moin/TkInter*)은 평범하지만 네이티브처럼 보이는 창과 위젯을 생산하는 모든 플랫폼에서 작동한다.

다음은 작은 Tkinter 프로그램이다. 방울눈의 마스코트를 창에 나타내보자.

```
>>> import tkinter
>>> from PIL import Image, ImageTk
```

```
>>>
>>> main = tkinter.Tk()
>>> img = Image.open('oreilly.png')
>>> tkimg = ImageTk.PhotoImage(img)
>>> tkinter.Label(main, image=tkimg).pack()
>>> main.mainloop()
```

PIL/Pillow에서 일부 모듈을 사용했다. [그림 20-7]과 같이 오라일리 로고가 나타난다.

그림 20-7 Tkinter 라이브러리로 이미지 보여주기

창을 닫기 위해서는 닫기 버튼을 누르거나 파이썬 인터프리터를 종료한다.

Tkinter에 관한 자세한 내용은 tkinter 위키페이지(*https://wiki.python.org/moin/TkInter*)를 참조한다. 이제 표준 라이브러리에 없는 GUI를 살펴보자.

- **Qt**: *http://qt-project.org*
  노르웨이의 Trolltech 사에서 20년 전에 만든 Qt는 프로페셔널 GUI와 애플리케이션 툴킷을 제공한다. Qt는 Google Earth와 Maya, Skype 같은 애플리케이션을 만드는 데 사용됐다. 또한 리눅스 데스크톱의 KDE도 Qt를 기반으로 만들어졌다. Qt를 위한 파이썬의 두 메인 라이브러리는 PySide[1](LGPL 라이선스)와 PyQt[2](GPL 또는 상용 라이선스)가 있다. 이 둘의 차이점은 웹 문서[3]를 참고하길 바란다. PyPI[4] 또는 Qt[5]에서 PySide를 내려받고, 튜토리얼[6]을 읽어보자. PyQt는 웹 페이지[7]에서 내려받을 수 있다.

---

1 *http://qt-project.org/wiki/PySide*

2 *http://bit.ly/pyqt-info*

3 *http://bit.ly/qt-diff*

4 *https://pypi.python.org/pypi/PySide*

5 *http://qt-project.org/wiki/Get-PySide*

6 *http://qt-project.org/wiki/PySide_Tutorials*

7 *http://bit.ly/qt-dl*

- **GTK+**: *http://www.gtk.org*

  GTK+는 Qt의 경쟁사다. GIMP와 리눅스의 Gnome 데스크톱을 포함하여 많은 애플리케이션을 만드는 데 GTK+가 사용됐다. 파이썬 바인딩은 PyGTK(*http://www.pygtk.org*)다. PyGTK 사이트(*http://bit.ly/pygtk-dl*)에 방문하여 코드를 내려받고, 문서(*http://bit.ly/py-gtk-docs*)를 참고한다.

- **WxPython**: *http://www.wxpython.org*

  파이썬 바인딩은 WxWidgets(*http://www.wxwidgets.org*)다. WxPython은 또 다른 무거운 패키지며, 웹사이트(*http://wxpython.org/download.php*)에서 자유롭게 내려받을 수 있다.

- **Kivy**: *http://kivy.org*

  Kivy는 멀티미디어 사용자 인터페이스 구축을 위한 자유 모던 라이브러리다. 데스크톱(윈도우, OS X, 리눅스)과 모바일(안드로이드, iOS) 플랫폼을 지원한다. 멀티 터치 지원을 포함한다. Kivy 웹사이트(*http://kivy.org/#download*)에서 모든 플랫폼에 대한 라이브러리를 내려받을 수 있다. Kivy는 애플리케이션 개발을 위한 튜토리얼(*http://bit.ly/kivy-intro*)을 제공한다.

- **PySimpleGUI**: *https://pysimplegui.readthedocs.io*

  네이티브 또는 웹 기반의 GUI를 작성할 수 있도록 라이브러리의 인터페이스를 제공한다. PySimpleGUI는 이 절에서 언급한 다른 GUI 도구(Tk, Kivy, Qt)를 위한 래퍼wrapper다.

- **웹**

  Qt 같은 프레임워크는 네이티브 컴포넌트를 사용하지만, 일부 다른 프레임워크는 웹을 사용한 다. 결국 웹은 보편적인 GUI며, 변경 가능한 벡터 그래픽Scalable Vector Graphics(SVG)과 텍스트(HTML) 그리고 현재 멀티미디어(HTML5)도 지니게 됐다. 프런트엔드(브라우저 기반)와 백엔드(웹 서버 기반)의 조합으로 웹 애플리케이션을 구축할 수 있다. 씬thin 클라이언트는 대부분의 작업을 백엔드에서 수행하도록 한다. 프런트엔드가 더 우위에 있다면, 그것은 **씩**thick 또는 **팻**fat 또는 **리치**rich 클라이언트라고 부른다. 리치 클라이언트가 입에 더 착 달라붙는다. 일반적으로 두 클라이언트는 RESTful API, AJAX, JSON으로 통신한다.

20.5 플롯, 그래프, 시각화

파이썬은 플롯, 그래프, 데이터 시각화를 위한 솔루션을 이끌어가고 있다. 특히 22장에서 다루는 과학 분야에서 인기가 많다. 공식 파이썬 위키(*https://oreil.ly/Wdter*)와 파이썬 그래프 갤러리Python Graph Gallery(*https://python-graph-gallery.com*)에서는 문서와 유용한 예제를 제공한다.

가장 인기 있는 도구를 살펴본다. 다음 장에서는 이 중 일부를 다시 볼 것이다(지도를 만드는데 사용한다).

20.5.1 matplotlib

다음 명령으로 matplotlib(*http://matplotlib.org*) 2D 플로팅 라이브러리를 설치할 수 있다.

```
$ pip install matplotlib
```

갤러리(*http://matplotlib.org/gallery.html*)는 matplotlib 예제를 보여준다. 오라일리의 마스코트를 사용하여 코드를 작성해보자. 결과는 [그림 20-8]과 같다.

```
import matplotlib.pyplot as plot
import matplotlib.image as image

img = image.imread('oreilly.png')
plot.imshow(img)
plot.show()
```

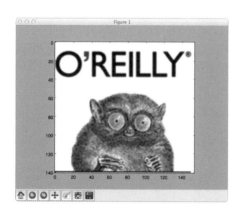

그림 20-8 matplotlib 라이브러리에서 나타난 이미지

matplotlib의 진정한 강점은 플롯plot(그래프)을 그리는 것이다. 정수 20개가 있는 리스트 두개를 생성한다. 한 리스트는 1에서 20까지 1씩 증가하고, 다른 한 리스트는 첫 번째 리스트와비슷하지만 약간의 차이를 둔다.

```python
import matplotlib.pyplot as plt
from random import randint

linear = list(range(1, 21))
wiggly = list(num + randint(-1, 1) for num in linear)

fig, plots = plt.subplots(nrows=1, ncols=3)

ticks = list(range(0, 21, 5))
for plot in plots:
    plot.set_xticks(ticks)
    plot.set_yticks(ticks)

plots[0].scatter(linear, wiggly)
plots[1].plot(linear, wiggly)
plots[2].plot(linear, wiggly, 'o-')

plt.show()
```

위 코드를 실행하면 [그림 20-9]와 같은 플롯을 출력한다(randint()를 호출하기 때문에 결과는 다를 수 있다).

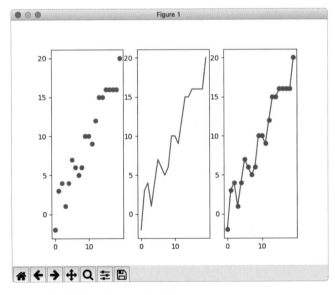

그림 20-9 기본 맷플롯립 산포도 및 선 플롯

위 예제는 산포도 플롯, 선 플롯, 데이터 표식이 있는 선 플롯을 보여준다. 모든 스타일과 색상은 맷플롯립 기본값을 사용했다. 임의로도 지정이 가능하다. 자세한 내용은 맷플롯립 사이트(*https://matplotlib.org*) 또는 파이썬 맷플롯립 플로팅^{Python Plotting With Matplotlib}(*https://oreil.ly/T_xdT*)와 같은 가이드를 참고한다.

22장에서 맷플롯립을 더 볼 수 있다. matplotlib는 NumPy, 기타 과학 애플리케이션과 찰떡궁합이다.

20.5.2 Seaborn

Seaborn(*https://seaborn.pydata.org*)은 맷플롯립을 기반으로하고 판다스와 연결된 데이터 시각화 라이브러리다(그림 20-10). 다음과 같이 설치한다.

```
$ pip install seaborn
```

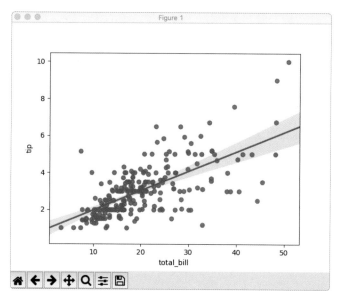

그림 20-10 기본 Seaborn의 산포도 플롯과 선형 회귀

[예제 20-3] 코드는 Seaborn 예제(*https://oreil.ly/eBFGi*)를 기반으로 한다. 식당 팁에 대한 테스트 데이터에 접근하고 선형 회귀선이 있는 팁과 총 청구금액을 표시한다.

예제 20-3 ch20_seaborn.py

```
import seaborn as sns
import matplotlib.pyplot as plt

tips = sns.load_dataset("tips")
sns.regplot(x="total_bill", y="tip", data=tips);

plt.show()
```

> **NOTE_** 표준 파이썬 인터프리터를 사용하여 [예제 20-3]을 실행하는 경우 두 번째 줄의 `import matplotlib.pyplot as plt`와 마지막 줄 `plt.show()`이 필요하다. 이들이 없다면 그래프는 표시되지 않는다. 주피터를 사용하는 경우 맷플롯립이 내장되어 있으므로 이들을 입력할 필요 없다. 예제 코드를 볼 때 이 부분에 주의한다.

Seaborn은 맷플롯립과 마찬가지로 데이터 처리 및 표시를 위한 다양한 옵션을 제공한다.

20.5.3 Bokeh

이전 웹 환경에서 개발자들은 서버에서 그래픽을 생성하고, 웹 브라우저에서 접근할 수 있는 URL을 클라이언트에 제공했다. 최근에는 자바스크립트의 성능이 향상되면서 D3와 같은 도구를 사용하여 클라이언트 쪽에서 그래픽을 생성한다. 20.4절에서 프런트엔드/백엔드 구조에 대해 잠깐 언급했다. Bokeh(*http://bokeh.pydata.org*)라는 새로운 도구는 파이썬(큰 데이터 집합과 편리성)과 자바스크립트(상호 작용성interactivity과 낮은 그래픽 레이턴시latency)의 장점을 결합했다. Bokeh는 큰 데이터 집합의 빠른 시각화를 강조한다.

bokeh에 필요한 도구들(넘파이NumPy, 판다스Pandas, 레디스Redis)이 설치되어 있다면 다음 명령을 입력하여 bokeh를 설치한다.

```
$ pip install bokeh
```

22장에서 넘파이와 판다스 대해서 살펴본다.

또는 Bokeh 웹사이트(*https://oreil.ly/1Fy-L*)에서 한 번에 모두 설치할 수 있다. 맷플롯립은 서버에서 동작하지만, Bokeh는 주로 브라우저에서 실행하여 클라이언트 측의 최신 기술을 적용할 수 있다는 장점이 있다. 갤러리(*https://oreil.ly/DWN-d*)에 있는 아무 이미지를 클릭하여 상호작용하는 라이브 플롯과 코드를 살펴보자.

20.6 게임

파이썬은 게임 분야에서도 좋은 개발 플랫폼이다. 책 2권을 소개한다.

- 『Invent Your Own Computer Games with Python』(No Starch Press, 2019): *http://inventwithpython.com*)
- 『The Python Game Book』(docuwiki book) (*http://thepythongamebook.com*)

파이썬 위키에서 게임에 대한 링크 페이지(*https://wiki.python.org/moin/PythonGames*)를 제공한다.

가장 잘 알려진 파이썬 게임 플랫폼은 pygame(*http://pygame.org*)일 것이다. pygame 웹사이트(*http://pygame.org/download.shtml*)에서 운영체제에 맞는 설치 파일을 내려받을 수 있다. 그리고 코드와 함께 상세한 설명을 제공하는 '침팬지 때리기pummel the chimp' 게임(*https://oreil.ly/l-swp*)을 참고한다.

20.7 소리와 음악

세리프를 찾았다.
그러나 그것은 클로드 드뷔시(프랑스 작곡가)에겐 맞지 않았다.   – 익명자

소리와 음악은 어떨까? 고양이가 징글벨을 부르면 어떨까? 책에서 소리를 표현하기는 어렵다.

소리와 음악을 위한 파이썬 패키지에 대한 최신 링크는 다음과 같다.

- 표준 라이브러리 오디오 모듈: *http://docs.python.org/3/library/mm.html*)
- 서드파티 오디오 도구: *https://wiki.python.org/moin/Audio*)
- 수십 가지의 서드파티 음악 애플리케이션(*https://wiki.python.org/moin/PythonInMusic*)(그래픽, CLI 플레이어, 컨버터, 노테이션, 분석, 플레이리스트, MIDI 등)

마지막으로 온라인 음악 소스는 어디에서 구할까? 이 책에서 인터넷 아카이브에 접근하는 예제 코드를 살펴봤다. 오디오 아카이브에 대한 링크는 다음과 같다.

- 오디오 레코딩(*https://archive.org/details/audio*)(> 5백만)
- 라이브 뮤직(*https://archive.org/details/etree*)(> 200,000)
- Live Grateful Dead shows(*https://archive.org/details/GratefulDead*)(> 13,000)

20.8 다음 장에서는

파이썬이 비즈니스에 어떻게 활용되는지 살펴본다.

20.9 연습문제

20.1 matplotlib을 설치한 다음 (x, y) 쌍의 산포도 플롯을 그려보자. (0, 0), (3, 5), (6, 2), (9, 8), (14, 10)

20.2 선 플롯을 그려보자.

20.3 데이터 표식(점)이 있는 선 플롯을 그려보자.

CHAPTER 21

파이 비즈니스

> '비즈니스!' 유령이 손을 다시 비틀며 외쳤다. '인류는 내 비즈니스였어...'   – 찰스 디킨스(소설가)

비즈니스맨은 정장과 넥타이를 입고 있다. 그는 본격적으로 일을 시작하기 전에 상의를 의자에 던지고, 넥타이를 풀고, 소매를 걷어 올리고, 커피를 따라 마신다. 한편 비즈니스 우먼은 이미 일을 끝마친 상태다. 라떼 한잔과 함께...

이전 장에서 실제 업무에 쓰이는 데이터베이스, 웹, 시스템, 네트워크의 모든 기술을 살펴봤다. 파이썬의 생산성은 기업(*http://bit.ly/py-enterprise*)과 스타트업(*http://bit.ly/py-startups*)에서 더 많은 인기를 얻고 있다.

기업들은 오랫동안 호환되지 않는 파일 형식, 불가사의한 네트워크 프로토콜, 특정 언어에 종속적인 구조, 확실한 정보가 들어 있는 문서의 부족과 같은 기존 시스템 문제와 싸워왔다. 그러나 기업들은 다음과 같은 기술을 적용하여 더 싸고, 빠르고, 지속적인 애플리케이션을 만들 수 있다.

- 파이썬과 같은 동적 언어
- 범용적인 GUI를 갖춘 웹
- 언어에 의존하지 않는 서비스 인터페이스와 같은 RESTful API
- 관계형 및 NoSQL 데이터베이스
- '빅데이터'와 분석
- 배포와 비용 절감을 위한 클라우드

21.1 MS 오피스

회사 문서에서는 마이크로소프트 오피스 애플리케이션과 파일 포맷에 크게 의존한다. 비록 관련 라이브러리가 잘 알려져 있지 않고, 문서화도 잘 되어 있지 않지만, 그중 일부는 업무에 도움을 줄 수 있다. 여기서는 마이크로소프트 오피스 문서를 처리하는 라이브러리를 소개한다.

- docx: *https://pypi.python.org/pypi/docx*
  마이크로소프트 오피스 워드 2007.docx 파일을 생성하고, 읽고, 쓸 수 있다.

- python-excel: *http://www.python-excel.org*
  PDF 튜토리얼[1]()을 통해 xlrd, xlwt, xlutils 모듈을 설명한다. 또한 엑셀은 CSV^Comma-Separated Value 파일을 읽고 쓸 수 있다(16장 참조).

- oletools: *http://bit.ly/oletools*
  오피스 포맷으로 데이터를 추출할 수 있다.

OpenOffice[2]는 오피스를 대체하는 오픈 소스다. 리눅스, 유닉스, 윈도우, macOS에서 실행되고, 오피스 파일 포맷을 읽고 쓸 수 있다. 그리고 파이썬 3에서 이용 가능하다. PyUNO 라이브러리[3]와 함께 파이썬에서 OpenOffice[4]를 프로그래밍할 수 있다.

OpenOffice는 썬 마이크로시스템즈가 소유하고 있었다. 오라클이 썬을 인수할 때 어떤 사람들은 OpenOffice의 향후 사용 가능성에 대해 우려했다. 그 결과 LibreOffice[5]로 분사했다. DocumentHacker[6]는 LibreOffice와 파이썬 UNO 라이브러리의 사용법을 설명한다.

OpenOffice와 LibreOffice는 마이크로소프트 파일 포맷을 리버스 엔지니어링해야 했다(이는 쉽지 않은 일이다). Universal Office Converter 모듈(*http://dag.wiee.rs/home-made/unoconv*)은 OpenOffice 혹은 LibreOffice의 UNO 라이브러리에 의존한다. 이 모듈을 사용하여 문서, 스프레드시트, 그래픽, 프레젠테이션 등 많은 파일 포맷을 변환할 수 있다.

정체불명의 파일이 있다면 python-magic 모듈(*https://github.com/ahupp/python-magic*)로 특정 바이트 시퀀스를 분석하여 포맷을 추측할 수 있다.

----

1 *http://bit.ly/py-excel*
2 *http://openoffice.org*
3 *https://oreil.ly/FASNB*
4 *https://oreil.ly/mLiCr*
5 *https://www.libreoffice.org*
6 *http://bit.ly/docu-hacker*

pod^{python open document} 라이브러리(*http://appyframework.org/pod.html*)는 파이썬 코드 템플릿을 제공하여 동적 문서를 생성할수 있게 해준다.

어도비의 PDF는 마이크로소프트 포맷은 아니지만 매우 일반적으로 쓰인다. ReportLab (*http://www.reportlab.com/opensource*)은 파이썬 기반의 PDF 제너레이터의 오픈 소스와 상용 버전을 제공한다. PDF를 편집하고 싶다면 스택오버플로우의 질문(*http://bit.ly/add-text-pdf*)을 참고한다.

21.2 비즈니스 업무

파이썬에는 많은 모듈이 존재한다. PyPI22에 방문하여 검색창에 원하는 내용을 입력해본다. 대부분 모듈은 다양한 서비스의 공개 API에 대한 인터페이스다. 비즈니스 업무에 관련된 다음의 일부 예제를 참고한다.

- Fedex[7] 또는 UPS[8]를 통한 배송
- stamps.com 우편 API[9]
- 파이썬 비즈니스 인텔리전스Python for Business Intelligence 슬라이드[10]
- Cubes[11]는 OLAPOnline Analytical Processing 웹 서버와 데이터 브라우저다.
- OpenERP[12]는 파이썬과 자바스크립트로 작성된 대규모의 ERPEnterprise Resource Planning 시스템이다. 수천 개의 부가 모듈이 있다.

---

7 *https://github.com/gtaylor/python-fedex*

8 *https:// github.com/openlabs/PyUPS*

9 *https://github.com/jzempel/stamps*

10 *http://bit.ly/py-biz*

11 *http://cubes.databrewery.org*

12 *https://www.openerp.com/*

21.3 비즈니스 데이터 처리

기업들은 데이터에 대한 특별한 애착을 갖고 있다. 슬프게도 이들 중 많은 기업이 데이터를 어렵게 만들어서 잘 활용하지 못하고 있다.

스프레드시트는 좋은 발명품이었다. 시간이 지남에 따라 기업들은 스프레드시트에 중독됐다. 많은 비프로그래머는 매크로를 사용하여 프로그래밍하는 것처럼 느꼈다. 그리고 점점 늘어나는 데이터를 유지하기 위해 노력하고 있다. 이전 버전의 엑셀은 65,536행으로 제한되었고, 심지어 새로운 버전도 100만행 정도의 제한이 있다. 조직이 성장하여 데이터가 한 컴퓨터의 제한행보다 커지게 되면 약 100명 이상의 인원을 거느리게 된다. 새로운 구조와 중재 및 커뮤니케이션이 필요하게 된다.

대규모의 데이터 프로그램은 한 데스크톱의 데이터 크기에 국한되지 않는다. 오히려 쏟아지는 데이터를 모아서 비즈니스 결과를 도출한다. 관계형 데이터베이스는 백만 행의 데이터를 처리해도 끄떡없지만, 한 번에 엄청난 양의 쓰기와 갱신 작업이 일어난다. 일반 텍스트나 이진 파일은 크기가 수 기가바이트 증가할 수 있지만, 한 번에 많은 양의 데이터를 처리해야 할 경우 충분한 메모리 공간이 필요하다. 기존 데스크톱 소프트웨어는 이러한 문제를 고려하여 설계되지 않았다. 구글과 아마존 같은 기업이 대규모의 데이터를 처리하는 솔루션을 개발했다. 넷플릭스 (`http://bit.ly/py-netflix`)는 아마존 AWS 클라우드를 구축한 모범 사례 기업이다. 파이썬을 사용하여 RESTful API, 보안, 배포, 데이터베이스를 모두 결합했다.

21.3.1 데이터 추출, 변형, 불러오기

데이터 빙산 아래에는 데이터를 먼저 얻기 위한 모든 작업을 포함한다. 기업의 경우 일반적인 용어는 추출Extract, 변형Transform, 로드Load, 또는 **ETL**이다. **데이터 먼징**data munging이나 **데이터 랭글링**data wrangling 같은 동의어는 적절한 비유를 사용했겠지만, 이해하기 힘들법한 인상을 준다. 현재 이것은 해결된 엔지니어링 문제로 보이지만, 대부분은 기술이 아닌 예술로 남아 있다. 이 부분은 12장에서 조금 살펴봤다. 이번 장은 개발자 대부분과 연관된 일이 많기 때문에 **데이터 과학**에 관한 내용은 22장에서 더 광범위하게 살펴본다.

오즈의 마법사를 봤다면, 아마 (원숭이가 날아다니는 부분을 제외하고) 마지막 부분을 기억할 것이다. 착한 마녀는 도로시에게 그녀의 루비 슬리퍼 힐을 3번 찍으면 언제든지 캔자스의 집으로 갈 수 있다고 말했다. 필자는 젊었을 때 '이제야, 그걸 말하다니...'라고 생각했었다. 심지어 이러한 팁을 도로시가 좀 더 일찍 알았더라면 영화가 좀 더 일찍 끝났을 거라고 생각했다.

그러나 여기서는 영화를 말하고 있는 게 아니라 비즈니스를 말하고 있다. 작업을 짧게 만드는 것은 좋은 일이다. 그래서 지금 이러한 팁을 여기에서 공유하고자 한다. 업무를 처리하는 데 있어서 일상적인 데이터 작업에 필요한 대부분의 도구는 이미 살펴봤다. 딕셔너리, 객체, 수천 개의 표준 및 서드파티 라이브러리, 구글에서 검색하면 나오는 전문 커뮤니티와 같은 고수준^{high-level}의 자료구조가 이에 해당한다.

기업에서 컴퓨터 프로그래머로 일하고 있다면, 여러분의 작업 흐름에는 항상 다음 과정을 포함한다.

1. 어떤 파일 포맷 또는 데이터베이스로부터 데이터를 추출한다.
2. 불필요한 데이터를 제거하고, 정리한다.
3. 날짜, 시간, 문자셋과 같은 요소를 알맞게 변환한다.
4. 데이터로 실제 작업을 처리한다.
5. 데이터를 파일 또는 데이터베이스에 저장한다.
6. 첫 번째 과정을 다시 반복한다.

스프레드시트를 데이터베이스로 옮기는 예제가 있다. 스프레드시트를 CSV 포맷으로 저장하고, 8장에서 배운 파이썬 라이브러리를 사용한다. 혹은 이진 스프레드시트 포맷을 바로 읽을 수 있는 모듈을 검색해도 된다. 구글 검색에서 'Working Excel files in Python'(*http://www.python-excel.org*)으로 검색할 수 있다. 검색한 패키지를 `pip`로 설치하고, 파이썬 데이터베이스 드라이버를 지정한다. SQLAlchemy와 저수준 데이터베이스 드라이버는 16장에서 언급했다. 이제 코드를 입력하면 파이썬의 자료구조와 라이브러리가 우리의 시간을 절약해줄 것이다.

먼저 예제 코드를 작성한다. 그리고 다시 라이브러리를 이용하여 코드를 작성한다. CSV 파일을 읽어서 특정 값에 대한 열의 수를 집계하고, 그 결과를 출력한다. SQL로 작성한다면 `SELECT, JOIN, GROUP BY`를 사용할 수 있다.

먼저 `zoo.csv` 파일의 열^{column}은 동물(`animal`), 동물에 물린 부상자 수(`bites`), 부상자가 꿰맨 바늘의 수(`stitches`), TV에 이 사실이 알려지지 않도록 부상자에게 보상한 금액(`hush`)으로 구성되어 있다.

```
animal,bites,stitches,hush
bear,1,35,300
marmoset,1,2,250
bear,2,42,500
elk,1,30,100
weasel,4,7,50
duck,2,0,10
```

가장 비용이 많이 드는 동물은 무엇일까? 동물별로 비용이 얼마나 드는지 살펴보자(bites와 stitches는 사용하지 않는다). 16.3.1절에서 배운 csv 모듈을 사용한다. 그리고 11.3.2절에서 소개한 Counter()를 사용한다. 다음 코드를 zoo_counts.py로 저장한다.

```python
import csv
from collections import Counter

counts = Counter()
with open('zoo.csv', 'rt') as fin:
    cin = csv.reader(fin)
    for num, row in enumerate(cin):
        if num > 0:
            counts[row[0]] += int(row[-1])
for animal, hush in counts.items():
    print("%10s %10s" % (animal, hush))
```

하! 범인은 곰bear이었다. 이제 부상자 수를 세어보자.

이번에는 Bubbles(*http://bubbles.databrewery.org*)라는 툴킷을 사용하여 데이터를 처리한다. 다음 명령으로 Bubbles를 설치한다.

```
$ pip install bubbles
```

Bubbles는 SQLAlchemy를 요구한다. SQLAlchemy가 없다면 pip install sqlalchemy를 실행한다. 문서(*http://bit.ly/py-bubbles*)에 있는 예제 코드를 적용하여 다음과 같이 입력한다(bubbles1.py).

```python
import bubbles

p = bubbles.Pipeline()
```

```
p.source(bubbles.data_object('csv_source', 'zoo.csv', infer_fields=True))
p.aggregate('animal', 'hush')
p.pretty_print()
```

코드를 실행해보자.

```
$ python bubbles1.py
2020-04-15 23:41:33,465 DEBUG calling aggregate(rows)
2020-04-15 23:41:33,465 INFO called aggregate(rows)
2020-04-15 23:41:33,465 DEBUG calling pretty_print(records)
+---------+--------+------------+
|animal   |hush_sum|record_count|
+---------+--------+------------+
|marmoset |    250 |          1 |
|weasel   |     50 |          1 |
|bear     |    800 |          2 |
|duck     |     10 |          1 |
|elk      |    100 |          1 |
+---------+--------+------------+
2020-04-15 23:41:33,465 INFO called pretty_print(records)
```

문서를 읽었다면, 디버그 라인을 제거하고, 테이블 포맷을 바꿀 수 있다.

두 예제를 보자. bubbles 예제에서 하나의 함수(aggregate)를 사용하여 CSV 파일을 수동으로 읽어서 계산하는 작업을 대체했다. 필요에 따라 데이터 툴킷은 많은 양의 일을 덜어준다.

좀 더 현실적인 예제에서 zoo 파일은 bare와 같은 철자 오류, 숫자의 콤마 등을 포함하여 수천 줄의 행이 있을 것이다(위험하다!). 파이썬 코드로 실제 데이터 문제를 푸는 좋은 책을 소개한다.

- 『Data Crunching: Solve Everyday Problems Using Java, Python, and More』(Pragmatic Bookshelf, 2005)[13]
- 『파이썬 프로그래밍으로 지루한 작업 자동화하기』(스포트라잇북, 2019)

데이터 정리 도구는 많은 시간을 절약해준다. 파이썬에는 이러한 도구가 많다. 또 다른 예로 PETL(*http://petl.readthedocs.org*)은 행과 열을 추출하여 이름을 변경한다. 이 사이트에는 많은 모듈과 제품이 나열되어 있다. 22장에서는 Pandas, NumPy, IPython 같은 일부 유

---

13 *http://bit.ly/data_crunching*

용한 데이터 도구를 소개한다. 이 도구들은 현재 과학자에게 아주 잘 알려져 있으며, 금융 및 데이터 개발자에게 인기를 얻고 있다. 2012 Pydata 콘퍼런스에서 AppData(*http://bit.ly/py-big-data*)는 위 세 가지 도구와 기타 파이썬 도구가 매일 15테라바이트를 어떻게 처리하는지에 대해 논의했다. 파이썬을 우습게보지 말자. 파이썬은 실제 매우 큰 데이터 로드를 처리할 수 있다.

또한, 17.7절에 설명한 데이터 직렬화 및 유효성 검사 도구를 다시 참조할 수 있다.

21.3.2 데이터 검증

데이터 작업을 할 때 보통 아래의 내용을 확인한다.

- 정수, 부동소수점 수, 문자열과 같은 데이터 타입
- 값 범위
- 전화번호 또는 이메일과 같은 올바른 값
- 중복된 데이터
- 누락된 데이터

다음은 웹 요청과 응답을 처리할 때 일반적으로 사용된다. 특정 데이터 타입에 유용한 파이썬 패키지는 아래와 같다.

- `validate_email`: *https://pypi.org/project/validate_email*
- `phonenumber`: *https://pypi.org/project/phonenumbers*

일반적으로 사용하는 도구는 다음과 같다.

- `validators`: *https://validators.readthedocs.io*
- `pydantic`(파이썬 3.6 이상, 타입 힌트 사용): *https://pydantic-docs.helpmanual.io*
- `marshmallow`(직렬화와 역직렬화): *https://marshmallow.readthedocs.io/en/3.0*
- `cerberus`: *http://docs.python-cerberus.org/en/stable*
- 기타 도구들: *https://libraries.io/search?keywords=validation&languages=Python*

21.3.3 기타 데이터 정보

데이터를 다른 곳에서 얻어 와야 할 때가 있다. 일부 기업과 정부에서 데이터를 제공해준다.

- **data.gov**: *https://www.data.gov*
  수천 개의 데이터셋과 도구가 있는 곳이다. 이 API(*https://www.data.gov/ developers/apis*)는 파이썬 데이터 관리 시스템인 CKAN(*http://ckan.org*)으로 작성됐다.

- **Opening government with Python**: *http://sunlightfoundation.com*
  비디오(*https://www.youtube.com/watch?v=FTwjUL6Gq4A*)와 슬라이드(*https://docs.google.com/ presentation/d/1mVSLkIfUedJdezMrBP_8T4IzVC_InYBrsVEu33YhGkM/edit#slide=id.p*)를 참고한다.

- **python-sunlight**: *http://bit.ly/py-sun*
  Sunlight API(*http://sunlightfoundation.com/api*)에 접근할 수 있는 라이브러리다.

- **froide**: *https://froide.readthedocs.io*
  자유로운 정보 요청을 관리하기 위한 Django 기반의 플랫폼이다.

- **30 places to find open data on the Web**: *http://blog.visual.ly/data-sources*
  몇 가지 편리한 링크를 제공한다.

21.4 오픈 소스 파이썬 비즈니스 패키지

- **Odoo**: *https://www.odoo.com*)
  광범위한 ERP 플랫폼

- **Tryton**: *http://www.tryton.org*
  광범위한 비즈니스 플랫폼

- **Oscar**: *http://oscarcommerce.com*
  장고 전자 상거래 프레임워크

- **Grid Studio**: *https://gridstudio.io*
  로컬 또는 클라우드에서 실행되는 파이썬 기반 스프레드 시트

21.5 금융과 파이썬

최근 금융 산업에서는 파이썬에 큰 관심을 보이기 시작했다. 아래 목록뿐만 아니라 22장의 소프트웨어를 적용하는 금융 시장 **분석가**quant는 금융 도구의 새로운 세대를 만들고 있다.

- **Quantitative economics**: *http://quant-econ.net*
  경제 모델링을 위한 도구다. 많은 수학 정보와 파이썬 코드를 제공한다.

- 『**파이썬을 활용한 금융분석**』(한빛미디어, 2016): *http://www.yes24.com/Product/Goods/27727661*
  파이썬의 기초부터 금융공학, 수학, 정량 분석, 시스템 구현까지 다룬다.

- **Quantopian**: *https://www.quantopian.com*
  과거 주식 데이터를 바탕으로 파이썬 코드를 작성하고 실행하면 바로 그 결과를 그래프로 제공하는 대화식 웹 사이트다.

- **PyAlgoTrade**: *http://gbeced.github.io/pyalgotrade*
  주식의 백테스팅backtesting을 위한 도구다. 컴퓨터에서 실행한다.

- **Quandl**: *http://www.quandl.com*
  수백 만의 금융 데이터셋을 검색할 때 이용한다.

- **Ultra-finance**: *https://code.google.com/p/ultra-finance*
  실시간 주식 정보 수집 라이브러리다.

21.6 데이터 보안

기업에서 보안은 매우 중요하다. 파이썬 보안과 관련된 몇 가지 팁을 살펴보자.

- 17.1.2절에서는 파이썬 기반 언어의 패킷 포렌식을 위한 도구인 scapy를 설명했다. scapy는 몇 가지 주요 네트워크 공격을 설명하기 위해 사용된다.

- Python Security 웹사이트(*http://www.pythonsecurity.org*)는 보안에 대한 몇몇 파이썬 모듈과 커닝페이퍼를 제공한다.

- 『해커의 언어 치명적 파이썬: 해커, 포렌식 분석가, 침투 테스터, 보안 전문가를 위한 쿡북』(BJ 퍼블릭, 2013)[14]은 파이썬과 컴퓨터 보안에 대해 광범위하게 다룬다.

....

14 *http://www.yes24.com/Product/Goods/8433461*

21.7 지도

많은 기업에서 지도를 사용하고 있다. 파이썬은 지도를 만드는 데 아주 적합한 언어다. 이번 절에서는 지도에 대해 좀 더 많은 시간을 투자해볼 것이다.

웹 초기에 필자는 제록스의 실험적인 지도 제작 웹사이트를 방문했었다. 구글 맵과 같은 큰 사이트가 세상에 등장했을 때 사람들에게 큰 충격을 주었다. '내가 먼저 지도 사이트를 생각했었더라면, 수백만 달러는 벌었을 텐데'라는 생각을 가끔 한다). 매핑 및 위치 기반 서비스는 지금 어디에나 존재한다. 그리고 모바일 서비스에 특히 유용하다.

여기서 사용되는 대부분의 용어는 매핑, 지도제작, GIS^Geographic Information System, GPS^Global Positioning System, 지리 분석 등이다. Geospatial Python 블로그(*http://bit.ly/geospatial-py*)에서는 GDAL/OGR, GEOS, PROJ.4(projections) 같은 '800 파운드 고릴라' 시스템의 이미지와 '원숭이'로 표현되는 서라운딩 시스템을 다룬다. 이것들 중 대부분은 파이썬 인터페이스를 제공한다. 그중 아주 간단한 포맷을 살펴보자.

21.7.1 포맷

매핑에는 다양한 포맷이 있다. 벡터^vector(라인), 래스터^raster(이미지), 메타데이터^metadata(단어) 및 다양한 조합이 있다.

지리 시스템의 선구자인 ESRI^Environmental Systems Research Institute는 **shapefile** 포맷을 20년 전에 발명했다. **shapefile**은 최소 아래 파일을 포함한 여러 개의 파일로 구성된다.

- **.shp**
  shape(벡터) 정보

- **.shx**
  shape 인덱스

- **.dbf**
  속성 데이터베이스

다음 예제를 위해 **shapefile**을 살펴보자. Natural Earth 1:110m Cultural Vectors 페이지(*http://bit.ly/cultural-vectors*)를 방문한다. 'Admin 1 – States, Provinces' 아래

에서 초록색 download states and provinces 박스를 클릭하여 zip 파일(*https://oreil.ly/7BR2o*)을 내려받는다. zip 파일의 압축을 풀면 다음과 같은 파일이 보인다.

```
ne_110m_admin_1_states_provinces_shp.README.html ne_110m_admin_1_states_provinces_shp.
sbn ne_110m_admin_1_states_provinces_shp.VERSION.txt ne_110m_admin_1_states_provinces_
shp.sbx
ne_110m_admin_1_states_provinces_shp.dbf
ne_110m_admin_1_states_provinces_shp.shp
ne_110m_admin_1_states_provinces_shp.prj
ne_110m_admin_1_states_provinces_shp.shx
```

예제에서는 이 파일들을 사용한다.

21.7.2 shapefile로 지도 그리기

이번 절에서는 지도 파일을 읽고 표시하는 단순한 예제를 살펴본다. 실행 결과에 버그가 있어서 다음 절에 소개하는 고급 지도 패키지를 참조한다. shapefile을 읽기 위해 다음과 같이 라이브러리를 설치한다.

```
$ pip install pyshp
```

map1.py에 프로그램을 작성해보자. Geospatial Python 블로그(*http://bit.ly/raster-shape*)의 코드를 수정했다.

```python
def display_shapefile(name, iwidth=500, iheight=500):
    import shapefile
    from PIL import Image, ImageDraw
    r = shapefile.Reader(name)
    mleft, mbottom, mright, mtop = r.bbox
    # map units
    mwidth = mright - mleft
    mheight = mtop - mbottom
    # scale map units to image units
    hscale = iwidth/mwidth
    vscale = iheight/mheight
    img = Image.new("RGB", (iwidth, iheight), "white")
```

```
        draw = ImageDraw.Draw(img)
        for shape in r.shapes():
            pixels = [
                (int(iwidth - ((mright - x) * hscale)), int((mtop - y) * vscale))
                for x, y in shape.points]
            if shape.shapeType == shapefile.POLYGON:
                draw.polygon(pixels, outline='black')
            elif shape.shapeType == shapefile.POLYLINE:
                draw.line(pixels, fill='black')
        img.show()

    if __name__ == '__main__':
        import sys
        display_shapefile(sys.argv[1], 700, 700)
```

이 코드는 **shapefile**을 읽은 후 모양shape을 반복해서 그린다. 여기서는 두 가지 모양의 유형을 사용했다. 시작점과 끝점을 연결하는 다각형polygon과 그렇지 않은 폴리라인polyline이 있다. **pyshp** 문서, 블로그 글과 필자의 생각을 기반으로 위 코드를 작성했다. 코드가 내부적으로 어떻게 작동하는지는 잘 모른다. 일단 먼저 시작한 다음 어떤 문제가 발생하면 해결해야 하는 경우도 있다.

코드를 실행해보자. 인수는 확장자가 없는 **shapefile** 파일의 기본 이름이다.

```
$ python map1.py ne_110m_admin_1_states_provinces_shp
```

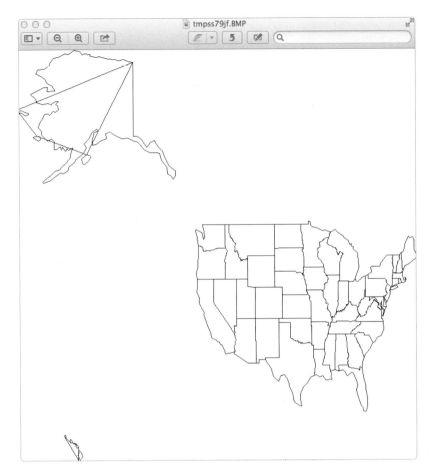

그림 21-1 지도 예제

미국과 비슷하게 지도를 그렸지만...

- 알래스카와 하와이의 지도가 이상하다. 이것은 **버그**다.

- 지도가 찌그러져서 **투사**projection가 필요하다.

- 그림이 깔끔하지 않다. 더 나은 **스타일** 컨트롤이 필요하다.

첫 번째 문제는 필자의 로직 어딘가에 있다. 무엇을 해야 할까? 19장에서는 디버깅을 포함한 개발 팁에 대해 다루었다. 그러나 다른 대안을 고려할 수도 있다. 이 문제를 해결할 때까지 몇 가지 테스트 코드를 작성하거나, 다른 매핑 라이브러리를 사용할 수 있다. 어쩌면 더 높은 수준에서 필자의 3가지 문제를 모두 해결할 수도 있다(비뚤어진 라인, 찌그러진 모양, 원시 스타일).

필자가 아는 순수 지도를 그리는 저수준의 파이썬 패키지는 없다. 그러나 더 좋은 패키지들이 있다.

21.7.3 Geopandas

Geopandas(*http://geopandas.org*)는 `matplotlib`, `pandas` 및 기타 파이썬 라이브러리를 지형 공간 데이터 플랫폼에 통합한다.

```
$ pip install geopandas
```

설치는 위와 같이 쉽지만, 다른 많은 의존 패키지들을 설치한다.

- 넘파이
- 판다스 (0.23.4 버전 이상)
- shapely (GEOS 인터페이스)
- fiona (GDAL 인터페이스)
- pyproj (PROJ 인터페이스)
- six

Geopandas는 shapefile(이전 섹션의 파일 포함)을 읽을 수 있으며, 두 가지 지도 양식을 포함한다(국가/대륙 개요 및 국가의 수도). [예제 21-1]은 두 가지를 사용하는 간단한 예제 코드다.

예제 21-1 geopandas.py

```python
import geopandas
import matplotlib.pyplot as plt

world_file = geopandas.datasets.get_path('naturalearth_lowres')
world = geopandas.read_file(world_file)
cities_file = geopandas.datasets.get_path('naturalearth_cities')
cities = geopandas.read_file(cities_file)
base = world.plot(color='orchid') cities.plot(ax=base, color='black', markersize=2)
plt.show()
```

위 코드를 실행하면 [그림 21-2]가 표시된다.

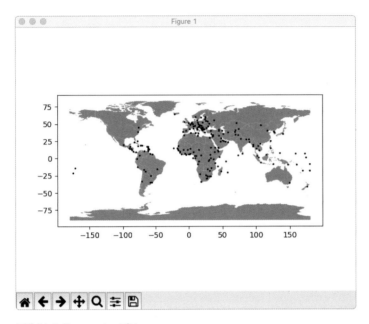

그림 21-2 Geopandas 지도

Geopandas는 지도 데이터 관리 및 표시를 위한 최고의 조합이다. 또한 다음 절에서 다양한 지도 라이브러리를 소개한다.

21.7.4 기타 지도 패키지

아래에 파이썬 지도 소프트웨어에 대한 링크가 있다. 대부분은 **pip**로 완전히 설치할 수 없지만, 일부는 콘다^{conda}(과학 소프트웨어에 유용한 대체 파이썬 패키지 설치 프로그램)로 설치할 수 있다.

- **pyshp**: *https://pypi.org/project/pyshp*
  21.7.2절에서 본 순수한 파이썬 shapefile 라이브러리

- **kartograph**: *http://kartograph.org*
  서버나 클라이언트에서 shapefile을 SVG로 렌더링한다.

- shapely: *https://shapely.readthedocs.io*
  '어떤 도시의 건물이 50년 동안의 홍수 범위 내에 있는가?'와 같은 기하학적 문제를 추측할 수 있다.

- basemap: *http://matplotlib.org/basemap*
  맷플롯립을 기반으로 지도와 데이터 오버레이를 그린다. 불행하게도 basemap은 앞으로 지원되지 않을 예정이다deprecated. 대신 cartopy를 사용한다.

- cartopy: *https://scitools.org.uk/cartopy/docs/latest*
  basemap을 잇는 패키지며, geopandas가 하는 일부의 작업을 한다.

- folium: *https://python-visualization.github.io/folium*
  geopandas와 leaflet.js를 사용한다.

- plotly: *https://plot.ly/python/maps*
  지도 기능이 포함된 다른 플로팅 패키지다.

- dash: *https://dash.plot.ly*
  Plotly, 플라스크, 자바 스크립트를 사용하여 지도를 포함한 대화형 시각화 도구를 생성한다.

- fiona: *https://github.com/Toblerity/Fiona*
  shapefile 및 기타 백터 형식을 처리하는 ORG 라이브러리를 래핑했다.

- **Open Street Map**: *https://oreil.ly/BJeha*
  방대한 OpenStreetMap(*https://www.openstreetmap.org*) 세계지도에 접근한다.

- mapnik: *http://mapnik.org*
  벡터(라인)와 래스터(이미지) 지도를 위한 파이썬 바인딩과 C++ 라이브러리

- **Vincent**: *http://vincent.readthedocs.org*
  자바스크립트 시각화 도구인 Vega로 변환한다. 튜토리얼 'Mapping Data in Python with Pandas and Vincent'(*https://oreil.ly/0TbTC*)를 참고한다.

- **Python for ArcGIS**: *http://bit.ly/py-arcgis*
  상용 ArcGIS 제품에 대한 파이썬 리소스 링크

- **Using geospatial data with python**: *http://bit.ly/geos-py*
  비디오 프레젠테이션

- **So you'd like to make a map using Python**: *http://bit.ly/pythonmap*
  판다스, 맷플롯립, shapely, 기타 파이썬 모듈을 사용하여 지도를 생성한다.

- 『Python Geospatial Development』(Packt, 2010): *http://bit.ly/py-geo-dev*

  mapnik과 기타 도구 예제가 있는 책

- 『Learning Geospatial Analysis with Python』(Packt, 2019): *http://bit.ly/learn-geo-py*

  지리 공간 알고리즘으로 포맷과 라이브러리를 리뷰하는 책

- geomancer: *https://github.com/thinkingmachines/geomancer*

  거리를 계산하는 지리 공간 엔지니어링 라이브러리

지도에 관심이 있다면 이러한 패키지를 하나씩 설치해보고 무엇을 할 수 있는지 확인해보자. 또는 소프트웨어를 설치하지 않고 원격 웹 서비스 API에 연결할 수도 있다. 18장에서는 웹 서버에 연결하여 JSON 응답을 디코딩하는 방법을 배웠다.

21.7.5 애플리케이션과 데이터

지금까지 지도 그리는 방법에 대해 이야기했다. 그러나 지도 데이터로 더 많은 일을 할 수 있다. **지오코딩**geocoding은 주소와 지리적 좌표geographic coordinate를 서로 변환해준다. 많은 지오코딩 API(*https://oreil.ly/Zqw0W*)(지오코딩 API 비교 사이트(*http://bit.ly/free-geo-api*) 참조)와 파이썬 라이브러리를 제공한다.

- geopy: *https://code.google.com/p/geopy*

- pygeocoder: *https://pypi.python.org/pypi/pygeocoder*

- **googlemaps**: *http://py-googlemaps.sourceforge.net*

구글 API 키를 얻기 위해 구글에 가입하면 여행 경로와 지역 검색 같은 기타 서비스에 접근할 수 있다.

다음은 지도 데이터에 대한 링크다.

- 미국 통계국의 지도 파일: *http://www.census.gov/geo/maps-data/*
- 지역 및 인구 지도 데이터: *http://www.census.gov/geo/maps-data/data/tiger.html*
- 전 세계 자료: *http://wiki.openstreetmap.org/wiki/Potential_Datasources*
- 3가지 스케일(1:10m, 1:50m, 1:110m)의 벡터 및 래스터 맵 데이터: *http://www.naturalearthdata.com/*

그리고 Data Science Toolkit(*http://www.datasciencetoolkit.org*)은 국경과 통계에 대

한 좌표의 양방향 지오코딩을 제공한다. 또한 가상 머신에서 모든 데이터와 소프트웨어를 내려받아서 독립적으로 실행할 수 있다.

21.8 다음 장에서는

과학 분야에 활용되는 파이썬 사례를 살펴본다.

21.9 연습문제

21.1 geopandas를 설치하고 예제를 실행해보자.

21.2 색상 및 마커 크기 같은 것들을 수정해보자.

CHAPTER 22

파이 과학

그녀의 통치 기간에

땅과 바다가 축복이 됐다.

그리고 지금 모든 사람은

과학의 신선한 승리에서 강한 의지를 보인다.

– 제임스 매킨타이어James McIntyre (시인), 「Queen's Jubilee Ode, 1887」

지난 몇 년 동안 파이썬은 과학자들에게 매우 큰 인기를 얻고 있다. 이번 장에서 다루는 소프트웨어를 보면 왜 인기가 많은지 알게 될 것이다. 과학자거나 과학도라면 MATLAB, R, 자바, C, C++ 같은 언어를 도구로 사용할 것이다. 이번 장에서는 파이썬으로 과학적인 분석과 출판을 위한 플랫폼을 만드는 방법에 대해 살펴본다.

22.1 수학 및 통계 표준 라이브러리

먼저 표준 라이브러리를 간단하게 살펴보자. 그리고 이전에 무시하고 넘어간 일부 모듈과 기능에 대해 다룬다.

22.1.1 math 함수

파이썬은 표준 math(*https://oreil.ly/01SHP*) 모듈에서 다양한 수학 함수를 제공한다. import math를 입력하여 함수에 접근할 수 있다.

수학 함수에는 pi와 e 같은 상수도 포함한다.

```
>>> import math
>>> math.pi
>>> 3.141592653589793
>>> math.e
2.718281828459045
```

모듈의 대부분은 함수다. 몇 가지 유용한 함수를 살펴보자.

fabs() 함수는 인수의 절댓값을 반환한다.

```
>>> math.fabs(98.6)
98.6
>>> math.fabs(-271.1)
271.1
```

floor() 함수는 내림, ceil() 함수는 올림하여 정수를 반환한다.

```
>>> math.floor(98.6)
98
>>> math.floor(-271.1)
-272
>>> math.ceil(98.6)
99
>>> math.ceil(-271.1)
-271
```

factorial() 함수를 사용하여 팩토리얼(n!)을 계산한다.

```
>>> math.factorial(0)
1
>>> math.factorial(1)
1
```

```
>>> math.factorial(2)
2
>>> math.factorial(3)
6
>>> math.factorial(10)
3628800
```

log() 함수로 밑base이 e인 인수의 로그를 구한다.

```
>>> math.log(1.0)
0.0
>>> math.log(math.e)
1.0
```

로그의 밑을 다르게 하고 싶으면 두 번째 인수를 입력하면 된다.

```
>>> math.log(8, 2)
3.0
```

pow() 함수는 수를 거듭제곱한다.

```
>>> math.pow(2, 3)
8.0
```

파이썬은 또한 같은 일을 수행하는 지수 연산자 **를 제공한다. 이 연산자는 밑과 거듭제곱의 수가 둘 다 정수인 경우 자동으로 부동소수점 숫자로 변환되지 않는다.

```
>>> 2**3
8
>>> 2.0**3
8.0
```

sqrt() 함수는 제곱근을 계산한다.

```
>>> math.sqrt(100.0)
10.0
```

다음과 같이 제곱근을 계산하면 안 된다.

```
>>> math.sqrt(-100.0)
Traceback (most recent call last):
    File "<stdin>", line 1, in <module>
    ValueError: math domain error
```

여기서는 sin(), cos(), tan(), asin(), acos(), atan(), atan2() 함수와 같은 일반적인 삼각함수를 모두 제공한다. 피타고라스의 정리를 기억하는가? hypot() 함수를 사용하여 두 직각변으로 빗변의 길이를 구할 수 있다.

```
>>> x = 3.0
>>> y = 4.0
>>> math.hypot(x, y)
5.0
```

위 함수를 신뢰할 수 없다면 직접 계산해보자.

```
>>> math.sqrt(x*x + y*y)
5.0
>>> math.sqrt(x**2 + y**2)
5.0
```

다음 함수는 각도의 좌표를 변환한다.

```
>>> math.radians(180.0)
3.141592653589793
>>> math.degrees(math.pi)
180.0
```

22.1.2 복소수 계산

파이썬은 복소수complex number를 지원한다. 복소수에는 실수real number부와 허수imaginary부가 있다.

```
>>> # 실수
... 5
5
>>> # 허수
... 8j
8j
>>> # 허수
... 3 + 2j
(3+2j)
```

허수 i는(아래에서 1j) -1의 제곱근으로 정의되어 있어서 다음과 같이 실행할 수 있다.

```
>>> 1j * 1j
(-1+0j)
>>> (7 + 1j) * 1j
(-1+7j)
```

몇몇 복잡한 수학 함수는 cmath(*https://oreil.ly/1EZQ0*) 모듈에 있다.

22.1.3 정확한 부동소수점 계산하기: decimal

컴퓨터의 부동소수점 숫자는 학교에서 배웠던 실수와 상당히 다르다.

```
>>> x = 10.0 / 3.0
>>> x 3.3333333333333335
```

마지막의 5는 뭘까? 모두 3이어야 하는 데 말이다. 컴퓨터 CPU 레지스터에 비트가 너무 많아 2의 거듭제곱이 아닌 수를 정확하게 표현할 수 없어서 위와 같은 일이 일어났다. decimal 모듈(*https://oreil.ly/o-bmR*)을 사용하면 유효한 수준의 숫자로 표현할 수 있다. 특히 이것은 돈과 관련된 계산에 중요하다. 미국 통화는 1센트(1/100달러)보다 낮게 떨어지지 않는다. 만약 돈을 달러와 센트로 계산하고 싶다면 센트 단위까지 정확하게 계산해야 한다. 19.99와 0.06 같은 부동소수점 값을 통해 달러와 센트를 표현하고자 한다면, 위 예제처럼 돈을 정확하게 계산할 수 없다. 이 문제를 어떻게 해결할 수 있을까? decimal 모듈로 쉽게 해결할 수 있다.

```
>>> from decimal import Decimal
>>> price = Decimal('19.99')
>>> tax = Decimal('0.06')
>>> total = price + (price * tax)
>>> total
Decimal('21.1894')
```

원래 숫자를 보존하기 위해 문자열 값으로 price와 tax를 생성했다. total은 센트보다 작은 단위로 계산되지만, 결과에 가장 가까운 센트 단위를 얻기 위해 다음과 같이 입력한다.

```
>>> penny = Decimal('0.01')
>>> total.quantize(penny)
Decimal('21.19')
```

부동소수점 숫자와 반올림으로 같은 결과를 얻을 수 있지만, 항상 그렇지는 않다. 또한 센트에 100을 곱해서 정수로 쓸 수 있지만, 그 역시 위험하다.

22.1.4 유리수 계산하기: fractions

표준 파이썬 fractions 모듈(*https://oreil.ly/l286g*)을 분수를 계산할 수 있다. 1/3과 2/3를 곱해보자.

```
>>> from fractions import Fraction
>>> Fraction(1, 3) * Fraction(2, 3)
Fraction(2, 9)
```

부동소수점의 인수는 정확하지 않아서 Fraction 안에 Decimal을 사용한다.

```
>>> Fraction(1.0/3.0)
Fraction(6004799503160661, 18014398509481984)
>>> Fraction(Decimal('1.0')/Decimal('3.0'))
Fraction(3333333333333333333333333333, 10000000000000000000000000000)
```

두 수의 최대공약수greatest common divisor를 얻기 위해서 gcd() 함수를 사용한다.

```
>>> import fractions
>>> fractions.gcd(24, 16)
8
```

22.1.5 설정된 시퀀스 사용하기: array

파이썬의 리스트는 배열보다는 연결 리스트linked list에 더 가깝다. 같은 유형의 1차원 시퀀스를 사용하는 경우, array 타입(*https://oreil.ly/VejPU*)을 사용하면 된다. 배열은 리스트보다 적은 공간을 사용하고, 많은 리스트 메서드를 지원한다. array(typecode, initializer)로 하나의 배열을 생성한다. typecode는 int, float와 같은 데이터 타입이다. 그리고 선택 인수 initializer는 초깃값이며, 리스트, 문자열, 또는 순회 가능한iterable 객체를 지정한다.

필자는 실무에서 이 패키지를 사용한 적이 없다. 이것은 이미지 데이터와 같은 작업을 처리하는 데 유용한 저수준의 자료구조다. 특히 숫자 계산을 위해 2차원 이상의 배열을 사용하고자 하는 경우, 곧 보게될 넘파이를 사용하는 것이 훨씬 더 좋다.

22.1.6 간단한 통계 처리하기: statistics

파이썬 3.4부터 statistics가 표준 모듈이 됐다. 이것은 평균mean, 중간값median, 최빈값mode, 표준편차standard deviation, 분산variance 등 일반적인 함수를 제공한다. 입력 인수는 리스트와 튜플 또는 숫자 타입의 이터레이터와 같은 시퀀스다. 또한 mode 함수에 문자열을 입력할 수 있다. 이번 장에서 등장하는 사이파이, 판다스와 같은 패키지는 더 많은 통계 함수를 제공한다.

22.1.7 행렬 곱하기

파이썬 3.5에서는 @ 문자에 기능이 됐다. @ 문자는 데커레이터로 사용될 뿐만 아니라 행렬 곱(*https://oreil.ly/fakoD*)에도 사용된다. 만약 파이썬 3.5 이전 버전을 사용한다면 넘파이를 사용해야 한다.

22.2 과학과 파이썬

이 부록의 나머지 부분은 과학과 수학을 위한 서드파티 파이썬 패키지를 다루고 있다. 패키지를 하나씩 따로 설치할 수 있지만, 과학을 위한 파이썬 배포판으로 한 번에 모두 내려받을 수 있다. 주요 선택 사항은 다음과 같다.

- **아나콘다**: *https://www.anaconda.com*
  파이썬 2와 3을 지원하는 광범위한 기능을 제공하는 자유 패키지다. 기존 시스템의 파이썬을 덮어쓰지 않는다.

- **Enthought Canopy**: *https://assets.enthought.com/downloads*
  이 패키지는 무료와 상용 버전으로 이용 가능하다.

- **Python(x,y)**: *https://python-xy.github.io*
  윈도우 운영체제만 지원한다.

- **Pyzo**: *http://www.pyzo.org*
  아나콘다의 도구 일부와 다른 도구 기반의 패키지다.

아나콘다를 설치하는 것을 추천한다. 용량은 매우 크지만, 이 책에서 소개하는 대부분의 서드파티 라이브러리가 들어있다. 이 책의 나머지 예제에서는 필요한 패키지를 개별적으로 설치했거나 아나콘다를 설치했다고 가정한다.

22.3 넘파이

과학자들 사이에서 파이썬이 인기 있는 가장 주요한 원인 중 하나가 바로 넘파이(*http://www.numpy.org*)다. 파이썬 같은 동적 언어는 C 같은 컴파일된 언어와 자바와 같은 다른 인터프리터 언어보다 느리다. 넘파이는 포트란^{FORTRAN}과 같은 과학적인 언어와 유사한 빠른 다차원 숫자 배열을 제공하기 위해 작성됐다. 파이썬의 개발 편의성과 C의 속도를 얻을 수 있다. 과학을 위한 파이썬 배포판을 내려받았다면 이미 넘파이가 설치되어 있다. 그렇지 않은 경우 넘파이 다운로드 페이지(*https://oreil.ly/HcZZi*)의 지시사항을 따른다.

넘파이를 시작하려면 핵심 자료구조를 이해해야 한다. 다차원 배열을 ndarray(N차원 배열) 혹은 그냥 array라고 한다. 파이썬의 리스트나 튜플과 달리, 각 요소는 동일한 타입이어야 한다. 넘파이는 배열의 차원 수를 **랭크**rank로 나타낸다. 1차원 배열은 한 행과 같고, 2차원 배열은 행과 열로 이루어진 테이블과 같고, 3차원 배열은 루빅 큐브와 같다. 차원의 길이가 같을 필요는 없다.

> **NOTE_** 넘파이 배열은 표준 파이썬의 배열과 다르다. 이 책의 나머지에서 배열이라고 부르는 것은 넘파이 배열이다.

그런데 왜 배열이 필요할까?

- 과학적인 데이터는 종종 큰 데이터 시퀀스로 구성되어 있다.
- 데이터의 과학적인 계산은 행렬 연산matrix math과 회귀regression, 시뮬레이션simulation 등 한번에 많은 데이터를 처리하는 기술을 사용한다.
- 넘파이는 표준 파이썬 리스트나 튜플 보다 훨씬 더 빨리 배열을 처리한다.

넘파이 배열을 생성하는 여러 가지 방법이 있다.

22.3.1 배열 만들기(1): array()

리스트와 튜플로부터 배열을 만들 수 있다.

```
>>> b = np.array( [2, 4, 6, 8] )
>>> b
array([2, 4, 6, 8])
```

`ndim` 속성은 랭크를 반환한다.

```
>>> b.ndim
1
```

`size` 속성은 배열에 있는 값의 총 개수를 반환한다.

```
>>> b.size
4
```

shape 속성은 각 랭크에 있는 값의 개수를 반환한다.

```
>>> b.shape (4,)
```

22.3.2 배열 만들기(2): arange()

넘파이의 arange() 메서드는 파이썬의 표준 range()와 비슷하다. 하나의 num 정수 인수로 arange()를 호출하면 0에서 num - 1까지 ndarray를 반환한다.

```
>>> import numpy as np
>>> a = np.arange(10)
>>> a
array([0, 1, 2, 3, 4, 5, 6, 7, 8, 9])
>>> a.ndim
1
>>> a.shape (10,)
>>> a.size 10
```

두 인수를 취하면, 첫 번째 인수에서 두 번째 인수 -1까지의 배열을 생성한다.

```
>>> a = np.arange(7, 11)
>>> a
array([ 7, 8, 9, 10])
```

그리고 세 번째 인수로 스텝step 크기를 지정할 수 있다.

```
>>> a = np.arange(7, 11, 2)
>>> a
array([7, 9])
```

정수뿐만 아니라 부동소수점 숫자도 사용할 수 있다.

```
>>> f = np.arange(2.0, 9.8, 0.3)
>>> f
array([ 2. , 2.3, 2.6, 2.9, 3.2, 3.5, 3.8, 4.1, 4.4, 4.7, 5. ,
5.3, 5.6, 5.9, 6.2, 6.5, 6.8, 7.1, 7.4, 7.7, 8. , 8.3, 8.6, 8.9, 9.2, 9.5, 9.8])
```

마지막으로 dtype 인수는 arange에서 생성할 배열 타입을 지정한다.

```
>>> g = np.arange(10, 4, -1.5, dtype=np.float)
>>> g
array([ 10. , 8.5, 7. , 5.5])
```

22.3.3 배열 만들기(3): zeros(), ones(), random()

zeros() 메서드는 모든 값이 0인 배열을 반환한다. 튜플을 인수로 입력하여 원하는 모양의 배열을 만들 수 있다. 1차원 배열을 생성해보자.

```
>>> a = np.zeros((3,))
>>> a
array([ 0., 0., 0.])
>>> a.ndim
1
>>> a.shape (3,)
>>> a.size
3
```

2차원 배열(랭크 2)을 생성해보자.

```
>>> b = np.zeros((2, 4))
>>> b
array([[ 0., 0., 0., 0.],
[ 0., 0., 0., 0.]])
>>> b.ndim
2
>>> b.shape
(2, 4)
>>> b.size
8
```

같은 값으로 배열을 채우는 또 다른 메서드는 ones()다.

```
>>> import numpy as np
>>> k = np.ones((3, 5))
```

```
>>> k
array([[ 1., 1., 1., 1., 1.],
[ 1., 1., 1., 1., 1.], [ 1., 1., 1., 1., 1.]])
```

마지막으로 0.0과 0.1 사이의 임의의 값을 채워서 배열을 생성할 수 있다.

```
>>> m = np.random.random((3, 5))
>>> m
array([[ 1.92415699e-01, 4.43131404e-01, 7.99226773e-01,
1.14301942e-01, 2.85383430e-04],
[ 6.53705749e-01, 7.48034559e-01, 4.49463241e-01,
4.87906915e-01, 9.34341118e-01],
[ 9.47575562e-01, 2.21152583e-01, 2.49031209e-01,
3.46190961e-01, 8.94842676e-01]])
```

22.3.4 배열 모양 바꾸기: reshape()

지금까지 배열은 리스트나 튜플과 달라 보이지 않았다. 한 가지 차이점은 reshape() 메서드를 사용하여 배열의 모양을 바꾸는 것과 같은 트릭을 사용할 수 있다는 것이다.

```
>>> a = np.arange(10)
>>> a
array([0, 1, 2, 3, 4, 5, 6, 7, 8, 9])
>>> a = a.reshape(2, 5)
>>> a
array([[0, 1, 2, 3, 4],
[5, 6, 7, 8, 9]])
>>> a.ndim
2
>>> a.shape
(2, 5)
>>> a.size
10
```

같은 배열을 다른 방법으로 모양을 바꿀 수 있다.

```
>>> a = a.reshape(5, 2)
>>> a
```

```
array([[0, 1],
       [2, 3],
       [4, 5],
       [6, 7],
       [8, 9]])
>>> a.ndim
2
>>> a.shape
(5, 2)
>>> a.size
10
```

튜플값을 할당하여 배열의 모양을 바꿀 수 있다.

```
>>> a.shape = (2, 5)
>>> a
array([[0, 1, 2, 3, 4],
       [5, 6, 7, 8, 9]])
```

배열의 모양을 바꾸는 데 제한이 있다. 배열의 랭크 크기의 곱($2 * 5 = 10$)이 총 배열의 개수
(여기서는 10)와 같아야 한다.

```
>>> a = a.reshape(3, 4)
Traceback (most recent call last):
    File "<stdin>", line 1, in <module>
ValueError: total size of new array must be unchanged
```

22.3.5 항목 얻기: [ ]

1차원 배열은 리스트처럼 작동한다.

```
>>> a = np.arange(10)
>>> a[7]
7
>>> a[-1]
9
```

다른 모양의 배열인 경우, 콤마로 구분된 인덱스를 사용한다.

```
>>> a.shape = (2, 5)
>>> a
array([[0, 1, 2, 3, 4],
       [5, 6, 7, 8, 9]])
>>> a[1,2]
7
```

이것은 별도의 대괄호 안에 인덱싱되어 있는 2차원의 파이썬 리스트와는 다르다.

```
>>> l = [ [0, 1, 2, 3, 4], [5, 6, 7, 8, 9] ]
>>> l
[[0, 1, 2, 3, 4], [5, 6, 7, 8, 9]]
>>> l[1,2]
Traceback (most recent call last):
  File "<stdin>", line 1, in <module>
TypeError: list indices must be integers, not tuple
>>> l[1][2]
7
```

마지막 한 가지 더! 슬라이스는 대괄호([]) 안에서만 작동한다. 먼저 테스트 배열을 만들어 보자.

```
>>> a = np.arange(10)
>>> a = a.reshape(2, 5)
>>> a
array([[0, 1, 2, 3, 4],
[5, 6, 7, 8, 9]])
```

슬라이스를 사용하여 첫 번째 행의 오프셋 2에서 끝까지의 배열을 얻어 보자.

```
>>> a[0, 2:]
array([2, 3, 4])
```

마지막 행의 오프셋 3에서 끝까지의 배열을 얻어 보자.

```
>>> a[-1, :3]
array([5, 6, 7])
```

또한 슬라이스로 한 항목 이상의 값을 할당할 수 있다. 다음 예제는 모든 행의 열(오프셋) 2와 3에 값 1000을 할당한다.

```
>>> a[:, 2:4] = 1000
>>> a
array([[   0,    1, 1000, 1000,    4],
       [   5,    6, 1000, 1000,    9]])
```

22.3.6 배열 연산

이전 절에서 배열을 생성하여 그 모양을 바꿨다. 이번 절에서는 배열의 곱을 살펴본다. 넘파이는 곱셈 연산자(*)를 재정의하여 한 번에 모든 넘파이 배열의 모든 값을 곱해준다.

```
>>> from numpy import *
>>> a = arange(4)
>>> a
array([0, 1, 2, 3])
>>> a *= 3
>>> a
array([0, 3, 6, 9])
```

보통 파이썬 리스트에서 각 배열의 항목을 곱하려면 다음과 같이 반복문이나 리스트 컴프리헨션을 사용한다.

```
>>> plain_list = list(range(4))
>>> plain_list
[0, 1, 2, 3]
>>> plain_list = [num * 3 for num in plain_list]
>>> plain_list
[0, 3, 6, 9]
```

또한 이러한 동시 연산은 더하기, 빼기, 곱하기, 넘파이 라이브러리의 다른 함수에 적용된다.

예를 들어 zeros()와 +를 사용하여 배열의 모든 항목을 어떤 숫자로 초기화할 수 있다.

```
>>> from numpy import *
>>> a = zeros((2, 5)) + 17.0
>>> a
array([[ 17., 17., 17., 17., 17.],
 [ 17., 17., 17., 17., 17.]])
```

22.3.7 선형 대수

넘파이는 선형 대수linear algebra를 위한 많은 함수를 제공한다. 예를 들어 다음과 같은 선형 방정식을 시스템에 정의해보자.

```
4x + 5y = 20
 x + 2y = 13
```

x와 y를 어떻게 구할까? 먼저 두 배열을 생성한다.

- 계수coefficient (x와 y에 대한 승수)

- 독립 변수dependent variable (방정식의 오른쪽)

```
>>> import numpy as np
>>> coefficients = np.array([ [4, 5], [1, 2] ])
>>> dependents = np.array( [20, 13] )
```

이제 linalg 모듈의 slove ( ) 함수를 사용해보자.

```
>>> answers = np.linalg.solve(coefficients, dependents)
>>> answers
array([ -8.33333333, 10.66666667])
```

x는 약 -8.3이고, y는 약 10.6이다. 이 결과를 방정식에 대입해보자.

```
>>> 4 * answers[0] + 5 * answers[1]
20.0
```

```
>>> 1 * answers[0] + 2 * answers[1]
13.0
```

다음 방법은 어떠한가? 위와 같은 불편함을 피하기 위해 dot로 방정식 결과가 맞는지 검토를 요청할 수 있다.

```
>>> product = np.dot(coefficients, answers)
>>> product
array([ 20., 13.])
```

방정식의 결과가 올바르면 product 배열의 값은 독립 변수의 값에 가까워야 한다. 배열의 근접 여부를 확인하기 위해 allclose() 함수를 사용할 수 있다(부동소수점의 반올림 때문에 정확히 같지 않을 수도 있다).

```
>>> np.allclose(product, dependents)
True
```

또한 넘파이는 다항식polynomial, 푸리에 변환Fourier transform, 통계statistics, 몇몇 확률 분포probability distribution에 대한 모듈을 제공한다.

22.4 사이파이

사이파이SciPy (*http://www.scipy.org*)는 넘파이 위에서 작성된 수학 및 통계 함수를 제공하는 라이브러리다. 사이파이 릴리즈(*https://oreil.ly/Yv7G-*)는 넘파이, 사이파이, 판다스, 기타 라이브러리를 포함한다. 사이파이는 아래 작업 외에도 많은 모듈을 포함한다.

- 최적화
- 통계
- 보간interpolation
- 선형 회귀linear regression
- 통합

- 이미지처리

- 신호처리

파이썬과 넘파이, 사이파이는 상용 MATLAB(*https://oreil.ly/j0PMO*) 혹은 오픈 소스 R(*http://www.r-project.org*)과 같은 다른 과학 컴퓨팅 도구의 일부 기능을 똑같이 처리할 수 있다.

22.5 사이킷

이전 절과 같은 소프트웨어 패턴으로 사이킷^{SciKit}(*https://scikits.appspot.com*)은 사이킷 위에 쓰인 과학 패키지 그룹이다. 사이킷런^{SciKit-Learn}(*https://scikit-learn.org*)은 모델링, 분류, 클러스터링, 다양한 알고리즘을 지원하는 미신리닝 패키지를 제공한다.

22.6 판다스

최근에는 데이터 과학이라는 분야가 일반적으로 통용되고 있다. 필자가 본 일부 정의는 '맥에서 처리한 통계' 혹은 '샌프란시스코에서 처리한 통계'를 포함한다. 그러나 이 장에서 다룬 넘파이, 사이파이, 판다스와 같은 도구는 점점 인기를 얻고 있는 데이터 과학 툴킷의 구성요소다(맥과 샌프란시스코는 그냥 붙인 단어다).

판다스^{pandas}(*http://pandas.pydata.org*)는 상호적인 데이터 분석을 위한 패키지다. 특히 스프레드시트와 관계형 데이터 베이스의 데이터 처리 능력과 넘파이의 행렬 연산을 결합한 실무 데이터 조작에 유용하다. 『파이썬 라이브러리를 활용한 데이터 분석: 영화 평점, 이름 통계, 선거 데이터 등 실사례 사용』(한빛미디어, 2019)(*http://www.yes24.com/Product/Goods/75447619*)은 넘파이, IPython, 판다스와 함께 데이터 랭글링^{wrangling}을 한다.

넘파이는 전통적인 과학 컴퓨팅을 지향한다. 이는 단일 유형(일반적으로 부동소수점 사용)의 다차원 데이터 집합을 처리한다. 판다스는 그룹에서 여러 데이터를 처리하는 데이터베이스 에디터에 더 가깝다. 일부 언어에서 이러한 그룹을 레코드^{record} 또는 스트럭처^{structure}라고 부른다. 판다스는 데이터프레임^{DataFrame}이라는 기본 자료구조를 정의한다. 이것은 이름과 유형의 열로 정렬된 컬렉션이다. 데이터프레임은 데이터베이스의 테이블, 파이썬의 네임드 튜플, 중첩된 딕셔너리와 일부 유사한 점이 있다. 데이터프레임의 목적은 과학뿐만 아니라 실무에서 부딪히는 데이터 유형 의 처리를 단순화하는 것이다. 원래 판다스는 스프레드시트의 재무 데이터를 조작할 수 있도 록 설계됐다.

실무에서는 누락된 값, 이상한 포맷, 여기저기 흩어진 데이터와 같이 지저분한 데이터로 구성되어 있는 경우가 있다. 판다스는 이를 위한 ETL^{Extraction Transformation Loading} 도구다. 파일을 쪼개거나, 합치거나, 확장하거나, 채우거나, 변환하거나, 모양을 고치거나, 슬라이스하거나, 불러 오기 및 저장을 할 수 있다. 부록에서 언급한 넘파이, 사이파이, iPython 도구를 통합하여 통계 를 처리하거나, 데이터를 모델에 맞추거나, 플롯을 그리거나, 자료를 게시하는 등의 작업을 수행할 수 있다.

대부분의 과학자는 난해한 컴퓨터 언어 또는 애플리케이션의 전문가가 되기 위한 몇 개월의 시간 소비 없이 자신의 일을 수행하고 싶어한다. 파이썬으로 빠른 생산성을 얻을 수 있어서 과학자들이 파이썬을 선택한다.

22.7 파이썬과 과학 분야

앞서 과학 분야에서 사용할 수 있는 파이썬 도구를 살펴봤다. 특정 과학 분야를 대상으로 한 소프트웨어와 문서는 어떤가? 다음 링크는 특정 문제를 처리하기 위한 라이브러리들이다.

일반

- Python computations in science and engineering: *http://bit.ly/py-comp-sci*
- A crash course in Python for scientists: *http://bit.ly/pyforsci*

물리학

- Computational physics: *http://bit.ly/comp-phys-py*
- Astropy: *https://www.astropy.org*
- SunPy(태양 데이터 분석): *https://sunpy.org*
- MetPy(기상 데이터 분석): *https://unidata.github.io/MetPy*
- Py-ART(날씨 레이더): *https://arm-doe.github.io/pyart*

- Community Intercomparison Suite(대기 과학): *http://www.cistools.net*

- Freud: *https://freud.readthedocs.io*

- Platon(궤적 분석): *https://platon.readthedocs.io*

- PSI4(양자 화학): *http://psicode.org*

- OpenQuake Engine: *https://github.com/gem/oq-engine*

- yt(체적 데이터 분석): *https://yt-project.org*

생물학 및 의학

- Biopython: *https://biopython.org*

- Python for biologists: *http://pythonforbiologists.com*

- Introduction to Applied Bioinformatics: *http://readiab.org*

- Neuroimaging in Python: *http://nipy.org*

- MNE(신경 생리학 데이터 시각화): *https://www.martinos.org/mne*

- PyMedPhys: *https://pymedphys.com*

- Nengo(신경 시뮬레이터): *https://www.nengo.ai*

다음은 파이썬과 과학 데이터에 대한 국제 콘퍼런스다.

- PyData: *http://pydata.org*

- SciPy: *http://conference.scipy.org*

- EuroSciPy: *https://www.euroscipy.org*

22.8 다음 장에서는

드디어 광활한 파이썬의 우주 끝에 도달했다. 다음장부터는 부록이다.

22.9 연습문제

22.1 판다스를 설치해보자. [예제 16-1]에서 csv 파일을 가져온다. 그리고 [예제 16-2] 프로그램을 실행하여 판다스를 사용하며 테스트하라.

하드웨어와 소프트웨어

우리가 흔히 보는 것들은 매우 직관적이다. 자연적으로 만들어진 것도 있고, 일상에서 보는 바퀴나 피자 같이 인간이 만든 발명품도 있다.

컴퓨터는 이해하기 어려운 발명품 중 하나다. 컴퓨터에 무언가를 입력했을 때 컴퓨터는 어떻게 사용자가 원하는 동작을 할까? 텔레비전은 공중에 보이지 않은 일부 파동을 어떻게 소리와 영상으로 변환할까?

필자가 프로그램을 처음 배울 때 기본적인 질문조차 대답하기 어려웠다. 예를 들어 어떤 책들은 도서관을 하드디스크, 책꽂이를 메모리에 비유해서 설명한다. 메모리에서 무언가를 읽는 행위를 책꽂이에서 책을 가져오는 것으로 비유한다. 그렇다면 메모리가 지워지는 것을 의미하는 것일까? 그렇지 않다. 책꽂이에 있는 그 책의 사본을 가져온다는 의미에 더 가깝다.

이 부록에서는 프로그래밍에 익숙하지 않은 독자를 위해 컴퓨터 하드웨어 및 소프트웨어 기초에 대해 간단하게 설명할 것이다. 필자는 이러한 기초들을 최대한 자세히 설명하려고 노력했지만, 독자의 궁금증이 완벽하게 해결되지 않을 수도 있다.

A.1 하드웨어

A.1.1 원시 컴퓨터

원시인 오그^{Og}와 토그^{Thog}는 사냥을 마치고 돌아오면 돌을 쌓아 올린다. 이러한 행위는 한 쪽이 다른 쪽보다 사냥에 더 많이 성공했다는 걸 과시하는 것 외에 다른 용도는 없다.

훗날 토그의 자손은 사냥할 때마다 여전히 돌을 쌓아 올리지만, 오그의 자손은 주판을 사용해 사냥한 메머드를 계산한다. 그러나 이런 단순한 도구를 넘어 컴퓨터 개념으로 도달하기 위해서는 상상력과 기술이 필요했다. 첫 번째로 필요한 기술은 전기다.

A.1.2 전기

벤 프랭클린은 전기는 유체^{fluid}가 많은 곳(**양**^{positive})에서 유체가 적은 곳(**음**^{negative})으로 보이지 않는 유체의 흐름이라고 생각했다. 그가 옳았지만 용어를 반대로 사용했다. 전자^{electron}는 음에서 양으로 흐르지만, 전자는 훨씬 나중에 발견되어 용어를 변경하기엔 너무 늦었다. 따라서 전자는 한 방향으로 흐르고, 전류는 다른 방향으로 흐른다는 것을 기억해야 한다.

우리는 정전기, 번개와 같은 자연 속 전기현상에 대해 잘 알고 있다. 전기 회로를 만들기 위해 전산으로 전자를 넣는 방법을 발명한 후, 컴퓨터를 만드는 데 한 걸음 더 다가설 수 있었다.

필자는 전선의 전류가 선로 주위에 전자가 돌면서 발생하는 것이라고 생각했었다. 실제로는 상당히 다르다. 전자는 한 원자에서 다른 원자로 점프한다. 이들은 튜브의 볼베어링(또는 버블티 빨대 안의 타피오카 펄)과 약간 비슷하다. 한쪽 끝에서 볼을 밀면 다른 쪽 끝에서 볼이 밀릴 때까지 옆에 있는 볼을 밀어낸다. 평균적으로 전자가 느리게 이동하지만(전선 안의 **표류 속도**^{drift} ^{speed}는 시간당 약 3인치에 불과하다), 거의 동시적 충돌로 생성된 전자기파$^{electromagetic\ wave}$가 매우 빠르게 전파된다(도체에 따라 광속 50~99% 차이가 있다).

A.1.3 발명

컴퓨터를 발명하기 위해 여전히 필요한 게 있다.

- 어떤 것을 기억하는 방법
- 기억한 것으로 일하는 방법

메모리의 한 개념은 **스위치**switch였다. 스위치는 어떤 것이 켜져 있거나 꺼져 있고, 다른 상태로 넘어갈 때까지 그대로 유지된다. 전기 스위치는 회로를 열거나 닫아 전자를 흐르게 하거나 차단할 수 있다. 우리는 스위치를 사용하여 조명 및 기타 전기 장치를 제어한다. 여기서 필요한 건 전기로 스위치 자체를 제어하는 방법이다.

초창기 컴퓨터와 텔레비전은 이러한 목적으로 진공관vacuum tube을 사용했지만, 크기가 커서 종종 타버리곤 했다. 현대 컴퓨터를 이끈 단일 핵심 발명은 **트랜지스터**transistor다. 더 작고 효율적이며 신뢰성이 있다. 마지막으로 중요한 단계는 트랜지스터를 훨씬 더 작게 만들어 **직접 회로**integrated circuit에 연결하는 것이다. 시간이 지날수록 컴퓨터는 점점 작아지면서 빨라지고, 가격은 더 저렴해졌다. 신호는 컴퓨터 구성 요소가 서로 가까이 있을 때 더 빠르게 이동한다.

그러나 이러한 구성 요소를 컴퓨터에 넣을 수 있는 크기에는 한계가 있다. 전자의 활발함은 저항을 만나 열을 발생시킨다. 10년 전에 이러한 하한에 도달하여 컴퓨터 제조 업체는 동일한 보드에 칩 여러 개를 배치하여 컴퓨터의 성능을 높였다. 이것은 분산 컴퓨팅에 대한 수요를 증가시켰다.

이러한 세부 사항과 관계없이 이러한 발명으로 우리는 **컴퓨터**, 즉 어떤 것을 기억할 수 있는 기계를 만들 수 있었다.

A.1.4 컴퓨터

실제 컴퓨터에는 복잡한 기능이 많다. 여기서는 중요한 부분에만 집중할 것이다. 메인 보드에는 CPU, 메모리, 외부 장치용 플러그, 이들을 연결하는 전선이 있다.

A.1.5 CPU

중앙 처리 장치central processing unit (CPU) 또는 칩chip은 실제 '계산'을 수행한다.

- 덧셈과 같은 수학 작업
- 값 비교

A.1.6 메모리와 캐시

랜덤 액세스 메모리random access memory (RAM)는 기억을 담당한다. RAM은 빠르지만 일시적이다 (전원이 꺼지면 데이터가 손실된다).

CPU는 메모리보다 훨씬 더 빠르므로, 컴퓨터 설계자는 캐시와 CPU와 주 메모리 사이에 더 작고 빠른 메모리를 추가한다. CPU가 메모리에서 일부 바이트를 읽으려고 하면, 먼저 가장 가까운 캐시(**L1** 캐시level 1 cache), 다음 캐시(**L2** 캐시level 2 cache), 마지막으로 기본 RAM을 읽으려고 시도한다.

A.1.7 스토리지

주 메모리는 데이터를 읽기 때문에 **비휘발성**nonvolatile 스토리지가 필요하다. 이러한 장치는 메모리보다 더 저렴하고 많은 데이터를 보유하지만 속도는 훨씬 느리다.

데이터를 저장하는 전통적인 방법은 이동식 읽기/쓰기 헤드가 있는 **자기 디스크**magnetic disk, **하드 드라이브**hard drive, **하드 디스크 드라이브**hard disk drive (HDD)가 있다.

솔리드 스테이트 드라이브solid state drive (SSD)라는 하이브리드 기술은 RAM과 같은 반도체로 만들지만, 자기 디스크와 같은 비휘발성이다. 가격과 속도는 메모리와 하드 디스크의 중간에 있다.

A.1.8 입력

컴퓨터는 데이터를 어떻게 가져오는가? 키보드, 마우스, 터치 스크린 등으로 데이터를 입력할 수 있다.

A.1.9 출력

디스플레이와 프린터로 컴퓨터 출력을 본다.

A.1.10 상대적 접근 시간

이러한 구성 요소 중 하나에서 데이터를 가져오는 데 걸리는 시간은 크게 다르다. 예를 들면 소프트웨어는 메모리에서 실행되고 데이터에 접근한다. 그리고 디스크와 같은 비휘발성 장치에 데이터를 안전하게 저장해야 한다. 문제는 디스크 속도가 수천 배 느리다. 심지어 네트워크는 더 느리다. 개발자는 속도와 비용 사이에서 최상의 균형을 이루기 위해 많은 시간을 소비한다.

데이비드 옙슨David Jeppesen은 「Computer Latency at a Human Scale」(*https://oreil.ly/G36qD*)에서 컴퓨터 구성요소를 비교한다. 필자는 이 글의 숫자와 다른 자료를 바탕으로 [표 A-1]을 만들었다. 첫 번째 행에서 비율ratio과 상대적 시간relative time (CPU = 1초), 상대적 거리 relative distance (CPU = 1인치)는 특정 시간보다 우리에게 조금 더 친숙하다.

표 A-1 상대적 접근 시간

구성 요소	시간	비율	상대적 시간	상대적 거리
CPU	0.4나노초	1	1초	1인치
L1 캐시	0.9나노초	2	2초	2인치
L2 캐시	2.8나노초	7	7초	7인치
L3 캐시	28나노초	70	1분	6피트
램	100나노초	250	4분	20피트
SSD	100마이크로초	250,000	3일	4마일
자기 디스크	10밀리초	25,000,000	9개월	400마일
인터넷 (샌프란시스코 → 뉴욕)	65밀리초	162,500,000	5년	2,500마일

실제 CPU 명령이 1초가 아닌 나노초 미만인 것이 좋다. 그러나 자기 디스크에 접근하는 데 걸리는 시간이 9개월이나 걸린다. 디스크 및 네트워크 시간이 CPU와 램보다 훨씬 느려서 메모리에서 최대한 많은 작업을 수행하는 것이 좋다. CPU 자체는 램보다 훨씬 빨라서 데이터를 연속적으로 유지하는 것이 합리적이므로 CPU에 더 빠른(그러나 더 작은) 캐시로 바이트를 처리할 수 있다.

A.2 소프트웨어

앞에서 실명한 하드웨어가 주어졌을 때, 이들을 어떻게 제어할 것인가? 먼저, CPU에 수행할 작업을 알려주는 명령어와 데이터(명령에 대한 입출력)가 있다. 저장된 프로그램이 있는 컴퓨터는 모든 것을 데이터로 취급해 설계가 간단했다. 그러나 명령과 데이터를 어떻게 표현할까? 한 곳에 저장하고 다른 곳에서 처리하는 것은 무엇인가? 원시인 오그의 후손들이 궁금했던 부분이다.

A.2.1 비트

두 값 중 하나를 유지하는 스위치 개념으로 돌아가보자. 스위치는 '켬/끔', '고전압/저전압', '양수/음수'일 수 있다. 설정 후 값을 잃어버리지 않으며 나중에 값을 묻는 사람에게 어떤 가치를 제공해준다. 직접 회로를 통해 작은 스위치 수십 억 개를 작은 칩에 통합하고 연결할 수 있다. 스위치에 값이 두 개만 있으면 **비트**bit 또는 2진수를 나타내는 데 사용할 수 있다. 이것은 0과 1, 예/아니오, 참/거짓 등 우리가 원하는 것으로 취급할 수 있다.

그러나 비트가 0과 1 외의 값을 사용하기에 너무 작다. 비트로 더 큰 값을 나타내려면 어떻게 해야 할까?

그 대답은 손가락에 있다. 일상에서 우리는 10자리(0~9)만 사용하지만, 숫자 **자리 표기법**positional notation으로 숫자를 9보다 크게 만든다. 숫자 38에 1을 더하면 일의 자리에 9가 되고, 전체 값은 39가 된다. 여기서 또 1을 더하면 일의 자리 9는 0으로 바뀌고 1을 왼쪽으로 옮겨 3에 더한다. 전체 값은 40이 된다. 가장 오른쪽에 있는 숫자는 '1열'에 있고, 그다음 왼쪽에 있는 숫자는 '10열'...과 같은 형식으로 진행된다. 숫자 세 자리를 사용하면 000에서 999 사이의 숫자, 1000(10 * 10 * 10)개의 숫자를 나타낼 수 있다. 비트와 함께 숫자 자리 표기법을 사용하여 더 큰 컬렉션을 만들 수 있다. 바이트는 8개의 비트를 가지며 2^8(256)개의 가능한 비트 조합이 있다. 즉, 바이트를 사용하면 정수 0~255까지 저장할 수 있다(숫자 자리 표기법에서 0을 사용한다). 바이트는 행에서 8비트처럼 보이며, 각 비트의 값은 0(끔 또는 거짓) 또는 1(켬 또는 참)이다. 가장 오른쪽에 있는 비트가 최하위 비트이며, 가장 왼쪽에 있는 비트가 최상위 비트다.

A.2.2 기계 언어

컴퓨터 CPU는 비트 패턴(**명령 코드**opcode라고도 함)의 **명령어 셋**instruction set으로 설계됐다. 각 명령 코드는 특정 위치에서 값을 입력하고 다른 위치로 값을 출력하여 특정 기능을 수행한다. CPU에는 이러한 명령 코드와 값을 저장하기 위한 레지스터라는 특수한 내부 장소가 있다.

바이트로만 작동하고 A, B, C, D라는 4개의 바이트 크기 레지스터가 있는 단순화된 컴퓨터를 사용해보자.

- 명령 코드는 레지스터 A에 저장한다.
- 명령은 레지스터 B, C에서 바이트 입력을 가져온다.
- 명령은 바이트 결과를 레지스터 D에 저장한다.

2바이트를 넘는 숫자를 추가한다면 바이트 결과가 **오버플로**overflow될 수 있지만, 여기서는 어떤 일이 발생하는지 보여주기 위해서 이를 무시한다.

- 레지스터 A에는 두 개의 정수를 더하기 위한 명령 코드가 포함되어 있다($00000001_{(2)}$ => $1_{(10)}$).
- 레지스터 B는 10진수는 5가 있다($00000101_{(2)}$).
- 레지스터 C는 10진수는 3이 있다($00000011_{(2)}$).

CPU는 명령이 레지스터 A에 도착했는지 확인한다. 이 명령은 레지스터 B와 C에서 값을 읽고 바이트를 추가할 수 있는 내부 하드웨어 회로로 전달하여 해당 명령을 디코딩하고 실행한다. 완료되면 레지스터 D에 10진수 값 $8(00001000_{(2)})$이 표시된다.

CPU는 이런 식으로 레지스터를 사용하여 추가 및 기타 수학 함수를 수행한다. 명령 코드를 디코딩하고 CPU 내의 특정 회로로 제어를 지시한다. "B 값이 C 값보다 큰가?"와 같은 것을 비교할 수도 있다. 또한 메모리에서 CPU로 값을 가져오고 CPU에서 메모리로 값을 저장한다.

컴퓨터는 프로그램(기계 언어의 명령어 및 데이터)을 메모리에 저장하고 CPU와 주고받는 명령어 및 데이터를 처리한다.

A.2.3 어셈블러

사람이 기계어로 프로그래밍하기란 어렵다. 모든 비트를 완벽하게 지정해야 하므로 시간이 많이 걸린다. 따라서 개발자는 **어셈블리 언어**assembly language 또는 **어셈블러**assembler라는 약간 더 읽기 쉬운 언어 수준을 생각해냈다. 이 언어는 CPU 설계에 따라 다르며 변수 이름과 같은 것을 사용하여 명령의 흐름과 데이터를 정의할 수 있다.

A.2.4 고수준 언어

어셈블러는 사람이 이해하기 힘든 언어 수준이다. 그래서 개발자는 사용하기 쉬운 **고수준 언어** higher-level language를 설계했다. 이러한 언어는 **컴파일러**compiler라는 프로그램에 의해 어셈블러로 번역되거나 **인터프리터**interpreter에 의해 직접 실행된다. 이러한 언어 중 가장 오래된 것은 포트란 FORTRAN, 리스프LISP, C 언어가 있다. 설계와 의도된 용도는 크게 다르지만 컴퓨터 아키텍처에서 모두 비슷하다. 현업에서는 아래와 같이 별개의 소프트웨어의 '스택'으로 보는 경향이 있다.

- **메인프레임**: IBM, 코볼COBOL, 포트란 등
- **마이크로소프트**: 윈도우, ASP, C#, SQL Server
- **JVM**: 자바, 스칼라Scala, 그루비Groovy
- **오픈 소스**: 리눅스, 컴퓨터 언어(파이썬, PHP, 펄, C, C++, 고 언어), 데이터베이스(MySQL, PostgreSQL), 웹(아파치, 엔진엑스)

개발자는 언어와 도구를 사용하여 이러한 세계들 중 한 곳만 파고드는 경향이 있다. TCP/IP 및 웹과 같은 일부 기술은 스택간 상호 통신을 허용한다.

A.2.5 운영체제

운영체제의 혁신은 이전 기술의 혁신을 기반으로 만들어졌다. 일반적으로 우리는 하위 수준의 작동 방식을 알거나 신경 쓰지 않는다. 도구는 더 많은 도구를 빌드하며, 이를 당연한 것으로 생각한다.

주 운영체제는 다음과 같다.

- **윈도우(마이크로소프트)**: 상업용으로 많은 버전이 있다.
- **macOS(애플)**: 상업용
- **리눅스**: 오픈 소스
- **유닉스**: 리눅스를 대체하는 많은 상업용 버전이 있다.

운영체제에는 다음의 도구가 포함된다.

- **커널**kernel: 스케줄링 및 프로그램, 입출력 제어
- **장치 드라이버**: 커널이 RAM, 디스크 및 기타 장치에 접근할 때 사용
- **라이브러리**: 개발자가 사용할 소스 및 바이너리 파일
- **애플리케이션**: 스탠드얼론 프로그램

동일한 컴퓨터 하드웨어는 하나 이상의 운영체제를 지원할 수 있지만, 한 번에 하나씩만 지원한다. 운영체제가 시작되는 과정을 부팅booting[1]이라고 한다. **재부팅**rebooting하면 운영체제가 다시 시작된다. 재부팅이라는 용어는 영화 마케팅에서도 사용된다(이전에 실패한 시도를 다시 도전하는 것을 재부팅이라고 한다). 두 운영체제를 나란히 설치하여 컴퓨터를 이중 부팅할 수 있지만, 한 번에 하나만 실행할 수 있다. '**베어 메탈**bare metal'은 운영체제를 실행하는 단일 컴퓨터를 의미한다. 다음 절에는 베어 메탈에서 향상된 기술을 설명한다.

A.2.6 가상 머신

운영체제는 일종의 큰 프로그램이다. 개발자는 외부 시스템을 호스트host 시스템에서 **가상 시스템**(게스트 프로그램)으로 실행하는 방법을 개발했다. 예를 들면 컴퓨터에서 윈도우 운영체제를 실행한다. 그리고 두 번째 컴퓨터를 따로 사거나 이중 부팅 할 필요 없이 동시에 리눅스 가상 머신을 실행할 수 있다.

A.2.7 컨테이너

요즘 대세는 컨테이너container다. 컨테이너는 동일한 커널을 공유하여 여러 운영체제를 동시에 실행하는 방법이다. 이 아이디어는 도커docker (*https://www.docker.com*)에 의해 널리 알려졌으며, 일부 잘 알려지지 않은 리눅스 커널 기능을 바탕으로 유용한 관리 기능을 추가했다. 도커는 선적 컨테이너(운송에 혁명을 일으켰고, 돈을 절약했다)에 비유했으며, 이는 개발자에게 명확하고 매력적으로 다가갔다.

---

1 부팅은 부트스트랩(bootstrap)의 줄임말로, 부츠를 신은 발이 물속에 빠지려고 할 때 자신의 부츠 끈(bootstrap)을 잡아 올려 발을 꺼내는 행동에서 유래됐다.

구글 및 기타 클라우드 제공 업체는 수년간 리눅스에 기본 커널 지원을 자동으로 추가하고 데이터 센터에서 컨테이너를 사용했다. 컨테이너는 가상 머신보다 적은 자원을 사용하므로 각 실제 컴퓨터 공간에 더 많은 프로그램을 패키징할 수 있다.

A.2.8 분산 컴퓨팅과 네트워크

기업에서 컴퓨터를 처음 사용하기 시작했을 때 프린터 등과 같은 외부 장치와 연결할 방법이 필요했다. 노벨Novell과 같은 독점적인 네트워킹 소프트웨어가 사용되었지만, 인터넷이 90년대 중후반에 등장하면서 TCP/IP로 대체됐다. 마이크로소프트는 **BSD**Berkeley Software Distribution라는 자유 유닉스 변형에서 TCP/IP 스택을 가져왔다.[2]

인터넷 붐의 효과 중 하나는 서버, 웹, 채팅, 이메일 서비스를 모두 실행하는 기계와 소프트웨어에 대한 수요였다. 이전 스타일의 sysadmin(시스템 관리)은 모든 하드웨어와 소프트웨어를 수동으로 설치하고 관리하는 것이었다. 머지않아 모든 게 자동화가 필요하다는 것이 분명해졌다. 2006년 마이크로소프트의 빌 베이커Bill Baker는 서버 관리를 '애완동물 vs 가축'에 비유하며, 이것은 이후 IT 업계의 밈meme이 됐다.

표 **A-2** 애완동물 vs 가축

애완동물	가축
개별적으로 이름 부여	자동으로 번호 부여
맞춤형 관리	표준화
병원	교체

'sysadmin'의 후임자인 **데브옵스**DevOps는 서비스를 해치지 않고 빠른 변경을 지원하는 개발development과 운영operation이 혼합된 용어다. 클라우드 서비스는 매우 크고 복잡하며, 아마존과 구글과 같은 대기업조차도 때때로 서비스가 중단되기도 한다.

---

2 일부 마이크로소프트 파일에는 여전히 'University of California'(캘리포니아 대학)의 저작권 표시가 있다.

A.2.9 클라우드

개발자는 많은 기술을 사용해 수년간 컴퓨터 **클러스터**cluster를 구축해왔다. 초기 개념 중 하나는 로컬 네트워크로 연결된 동일한 상용 컴퓨터(Sun과 HP와 같은 워크스테이션 대신 Dell 또는 이와 비슷한 컴퓨터)인 **베오울프 클러스터**beowulf cluster였다.

클라우드 컴퓨팅이라는 용어는 데이터 센터의 컴퓨터를 사용해 컴퓨팅 작업을 수행하고 데이터를 저장하는 것을 의미한다. 클라우드 컴퓨팅은 이러한 백엔드 자원을 소유한 회사만이 아니라 CPU 시간, 디스크 저장 용량 등에 따라 요금이 부과되는 모든 사람에게 제공된다. 아마존 웹 서비스를 가장 많이 사용하고 있으며 애저와 구글 클라우드 역시 많은 사람이 사용하고 있다. 클라우드는 뒤에서 베어 메탈, 가상 머신 및 컨테이너 등의 기술을 모두 사용한다. 모든 자원은 애완동물이 아닌 가축으로 취급한다.

A.2.10 쿠버네티스

구글, 아마존, 페이스북과 같이 많은 데이터 센터에서 거대한 컴퓨터 클러스터를 관리해야 하는 회사는 시스템을 확장할 수 있도록 솔루션을 빌려오거나 직접 구축한다.

- **배포**deployment

  새로운 컴퓨팅 하드웨어 및 소프트웨어를 어떻게 사용할 수 있는가? 고장이 나면 어떻게 교체하는가?

- **구성**configuration

  시스템은 어떻게 운영되어야 하는가? 다른 컴퓨터의 이름과 주소 및 암호, 보안과 같은 설정 구성이 필요하다.

- **오케스트레이션**orchestration

  모든 컴퓨터 및 가상 머신, 컨테이너를 어떻게 관리하는가? 트래픽 변경에 맞게 확장 또는 축소할 수 있는가?

- **서비스 디스커버리**service discovery

  컴퓨터 자원이 무엇을 하고 어디에 있는지 어떻게 알 수 있는가?

위와 같은 서비스를 구축하기 위해 도커 및 기타 솔루션들이 경쟁했다. 그러나 지난 몇 년 동안 쿠버네티스Kubernetes(*http://kubernetes.io*)가 경쟁에서 승리한 것처럼 보인다.

구글은 'Borg and Omega'라는 코드 이름으로 큰 내부 관리 프레임워크를 개발했다. 직원들은 이러한 보석 같은 프레임워크를 오픈소스화한다는 아이디어를 제안했다. 그리고 경영진은 이를 고려한 후, 오픈소스화하기로 결정했다. 2015년에 구글이 쿠버네티스 버전 1.0을 출시한 이후로 쿠버네티스의 생태계와 영향력은 더욱 커졌다.

APPENDIX B

파이썬 3 설치

이 책에 쓰인 예제들은 파이썬 3.8에서 실행해보고 테스트했다. 안정화 버전 3.8이 나올 때쯤에 이 책을 번역하고 있었다. 파이썬 공식 사이트의 What's New(*https://docs.python.org/3/whatsnew*)에서 각 버전의 추가된 기능을 확인할 수 있다. 파이썬 설치 방법에는 여러 가지가 있다. 이번 장에서 소개할 방법은 다음과 같다.

- 파이썬 홈페이지(*https://python.org/*)에 방문해서 운영체제에 맞는 파이썬을 내려받은 후, 터미널에서 pip와 virtualenv를 설치한다.
- 과학에 관련된 작업을 수행한다면 많은 과학 패키지와 함께 파이썬을 번들로 제공하는 아나콘다 Anaconda를 사용한다. 패키지 설치 프로그램은 pip 대신 conda를 사용하는 것이 좋다.

윈도우에는 파이썬이 없다. macOS, 리눅스, 유닉스는 오래된 파이썬 버전을 사용한다. 그래서 대부분 사용자는 파이썬 3을 직접 설치해야 한다.

B.1 파이썬 버전 확인

터미널 창에 python -V를 입력해 파이썬 버전을 확인한다.

```
$ python -V
Python 3.8.2
```

운영체제에 따라 파이썬이 없거나 찾을 수 없다면 `'command not found'`와 같은 에러 메시지가 나타난다. 파이썬 2가 설치되어 있다면 시스템 전체 또는 `virtualenv`에 파이썬 3을 설치할 수 있다(19.3.2절 또는 부록 B.4 참조). 이 부록에서는 파이썬 3을 시스템 전체에 적용하는 설치 방법을 보여준다.

B.2 표준 파이썬 설치하기

웹 브라우저에서 파이썬 다운로드 페이지(`https://www.python.org/downloads/`)를 클릭하면 사용자의 운영체제에 맞는 다운로드 페이지로 안내한다. 그렇지 않다면 사용자가 직접 접속하면 된다.

- **macOS**: `https://www.python.org/downloads/mac-osx`
- **윈도우**: `https://www.python.org/downloads/windows`
- **리눅스/유닉스용 파이썬 소스**: `https://www.python.org/downloads/source`

[그림 B-1]과 유사한 페이지가 나타날 것이다.

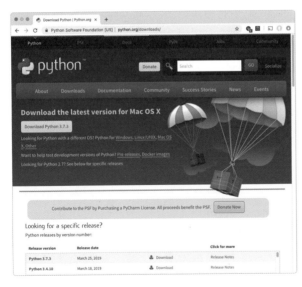

그림 B-1 다운로드 페이지

노란색 [Download Python 3.x.x] 버튼을 누르고 사용자의 운영체제에 해당하는 파이썬 버전을 내려받는다. 해당 파이썬 버전에 대해 조금 더 자세히 알고 싶다면, 두 번째 표의 첫 번째 열에서 [python x.x.x]를 클릭하면 [그림 B-2]와 같은 페이지로 이동한다.

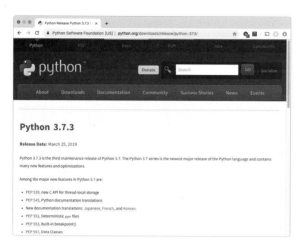

그림 B-2 다운로드 세부사항 페이지

실제 다운로드 링크 정보를 확인하고 싶다면 [그림 B-3]처럼 스크롤을 아래로 내리면 된다.

그림 B-3 다운로드 페이지 하단

B.2.1 macOS

[macOS 64-bit installer]를 클릭하여 **.pkg** 파일을 내려받는다. 다운로드가 끝나고 아이콘을 더블 클릭하면 다음과 같은 화면이 보인다.

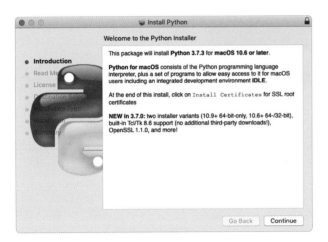

그림 B-4 맥 설치 다이얼로그 창 1

계속 **[continue]** 버튼을 클릭하면 다른 다이얼로그 창이 이어진다.

설치가 완료되면 [그림 B-5]와 같은 다이얼로그 창이 표시된다.

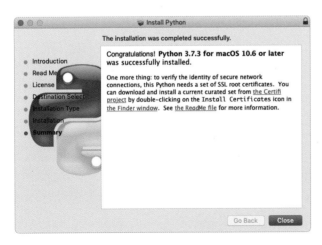

그림 B-5 맥 설치 다이얼로그 9

파이썬 3의 실행파일은 /usr/local/bin/python3에 있으며 기존 시스템의 파이썬 2는 그대로 둔다.

B.2.2 윈도우

윈도우에는 파이썬이 포함되어 있진 않지만, 최근에는 설치가 더 쉬워졌다. 2019년 5월 업데이트의 윈도우 10(*https://oreil.ly/G8Abf*)에는 python.exe 및 python3.exe 파일이 포함되어 있다. 이들은 파이썬 인터프리터가 아니라, 마이크로소프트 스토어의 새로운 파이썬 3.8 페이지(*https://www.microsoft.com/ko-kr/p/python-38/9mssztt1n39l*)로 연결된다. 이 링크를 사용하여 다른 윈도우 소프트웨어를 설치하는 것과 같은 방식으로 파이썬을 설치할 수 있다.

또는 공식 파이썬 사이트(*https://www.python.org/downloads/*)에서 파이썬을 내려받아 설치할 수 있다.

- **Windows x86 MSI installer(32비트)**: *http://bit.ly/win-x86*
- **Windows x86-64 MSI installer(64비트)**: *http://bit.ly/win-x86-64*

윈도우가 32비트인지, 64비트인지 확인하는 방법은 다음과 같다.

- [시작] 버튼을 클릭한다.
- [컴퓨터] 아이콘을 마우스 오른쪽 버튼으로 누른다.
- [속성]을 클릭해 몇 비트 운영체제인지 확인한다.

해당 비트의 인스톨러(.msi 파일)를 클릭한다. 파일 다운로드를 완료한 다음 더블 클릭하고 지침에 따라 설치하면 된다.

B.2.3 리눅스/유닉스

리눅스와 유닉스 사용자는 다음과 같이 압축된 소스 포맷을 선택한다.

- **XZ compressed source tarball**: *http://bit.ly/xz-tarball*
- **Gzipped source tarball**: *http://bit.ly/gzip-tarball*

둘 중 하나를 내려받는다. tar xJ (.xz 파일) 또는 tar xz (.tgz파일)로 압축을 풀고, 셸 스크립트를 실행한다.

B.3 pip 패키지 매니저 설치하기

표준 파이썬 설치 외에도 파이썬 개발에는 pip와 virtualenv라는 두 가지 도구가 필요하다.

pip는 외부(비표준) 패키지를 설치하는 가장 일반적인 방법이다. 이런 유용한 외부 패키지는 파이썬의 일부가 아니라 사용자가 직접 설치해야 하는 번거로움이 있다. pip는 파이썬 3.4 릴리즈부터 표준이 됐다. 파이썬 3이 있지만 파이썬 2의 pip만 있다면 리눅스 또는 macOS에서 파이썬 3 버전의 pip를 설치하는 방법은 다음과 같다.

```
$ curl -O http://python-distribute.org/distribute_setup.py
$ sudo python3 distribute_setup.py
$ curl -O https://raw.github.com/pypa/pip/master/contrib/get-pip.py
$ sudo python3 get-pip.py
```

그러면 파이썬 3이 설치된 bin 디렉터리에 pip-3.3이 설치된다. 그런 다음 pip-3.3을 사용하여 파이썬 3 외부 패키지를 설치할 수 있다.

B.4 virtualenv 설치하기

pip와 함께 자주 사용되는 virtualenv 프로그램은 기존 시스템의 파이썬 패키지와의 간섭을 막기 위해 지정된 디렉터리(폴더)에 파이썬 패키지를 설치한다. 기존의 설치를 변경할 권한이 없는 경우에도 원하는 파이썬 버전과 패키지를 설치하여 사용할 수 있다.

다음은 pip와 virtualenv에 대한 유용한 링크다.

- A non-magical introduction to Pip and Virtualenv for Python beginners: *http://bit.ly/jm-pip-vlenv*
- The hitchhiker's guide to packaging: pip: *http://bit.ly/hhgp-pip*

B.5 기타 패키지 솔루션

앞에서 살펴봤듯이 파이썬 패키징 기술은 다양하며 모든 문제에 대해 잘 동작하지 않는다. PyPA^{Python Packaging Authority}(*https://www.pypa.io*)는 파이썬 패키징을 단순화하려는 자원 그룹(공식 파이썬 개발 핵심 그룹에 속하지 않는다)이다. 이 그룹은 Python Packaging User's Guide(파이썬 패키징 사용자 안내서)(*https://packaging.python.org*)를 작성하여 문제와 해결책에 대해서 설명한다.

가장 인기 있는 도구는 `pip`와 `virtualenv`이며 책 전체에서 이들을 사용했다. 이걸로 부족하거나 새로운 시도를 좋아한다면 아래의 대안을 살펴본다.

- pipenv(*https://pipenv.readthedocs.io*)는 pip와 virtualenv를 결합하고, 더 많은 기능을 제공한다. 이에 대한 일부 비판(*https://oreil.ly/NQ3pH*)과 토론(*https://oreil.ly/psWa-*)을 참조한다.
- poetry(*https://poetry.eustace.io/*)는 pipenv의 일부 문제를 해결하는 라이벌 도구다.

그러나 과학적이고 데이터가 많은 애플리케이션에서 가장 두드러진 패키징 대안은 콘다^{conda}다. 다음에 설명할 아나콘다 파이썬 배포판의 일부 또는 전체를 얻을 수 있다(B.6.1절 참조)

B.6 아나콘다 설치하기

아나콘다(*https://docs.anaconda.com/anaconda*)는 과학에 중점을 둔 올인원 배포판이다. 최신 버전 아나콘다 3은 파이썬 3.7 및 표준 라이브러리와 데이터 과학을 위한 R 언어가 포함되어 있다. 다른 외부 라이브러리로 `beautifulsoup4`, `flask`, `ipython`, `matplotlib`, `nose`, `numpy`, `pandas`, `pillow`, `pip`, `scipy`, `tables`, `zmq` 등이 포함되어 있다. 또한 다음 섹션에서 다루는 콘다라는 크로스 플랫폼 설치 프로그램이 있다.

파이썬 3 버전의 아나콘다 3을 설치하기 위해서 다운로드 페이지(*https://www.anaconda.com/distribution*)로 이동한다. 플랫폼에 맞는 링크를 클릭한다.

- macOS의 설치 프로그램은 모든 파일을 홈 디렉토리의 anaconda 디렉토리에 설치한다.
- 윈도우의 경우 .exe 파일을 내려받은 후 설치한다.
- 리눅스의 경우 32비트 또는 64비트 버전을 선택한다. 파일(셸 스크립트)을 내려받은 후 실행한다.

아나콘다는 홈 디렉터리의 anaconda 디렉터리에 모든 파일을 설치한다. 이는 컴퓨터에 존재하는 다른 파이썬 버전에 영향을 주지 않는다는 것을 의미한다. 그리고 설치하는 데 특수 권한(admin 또는 root의 이름)이 필요 없다는 것을 의미한다.

아나콘다는 이제 1,500개가 넘는 오픈 소스 패키지를 포함한다. 아나콘다 문서(*https://docs.anaconda.com/anaconda/packages/pkg-docs*) 페이지를 방문하여 플랫폼과 파이썬 버전에 대한 링크를 클릭해보자.

아나콘다 3을 설치한 후 conda list 명령을 입력하여 설치된 외부 패키지를 확인할 수 있다.

B.6.1 아나콘다 패키지 매니저 콘다 설치하기

아나콘다 개발자들은 콘다(*https://docs.conda.io*)를 작성하여 그들이 본 pip와 다른 도구의 문제를 해결하고 있다. pip는 파이썬 패키지 관리자지만, conda는 어떤 소프트웨어와 언어가 같이 동작한다. 또한 콘다는 virtualenv와 같이 서로 다른 아나콘다에 영향을 주지 않는다.

아나콘다 배포판을 설치했다면 이미 콘다 프로그램이 있다. 콘다 프로그램이 없다면, miniconda 페이지(*https://docs.conda.io/en/latest/miniconda.html*)에서 파이썬 3의 콘다를 구할 수 있다. 아나콘다와 마찬 가지로 내려받은 파일의 이름이 Miniconda3으로 시작하면 파이썬 3 버전이다. 파일 이름이 그냥 Miniconda라면 파이썬 2 버전이다.

콘다는 pip와 함께 동작한다. 콘다는 공개 패키지 저장소(*https://anaconda.org/anaconda/repo*)가 있지만, conda search와 같은 명령어는 PyPi 저장소(*http://pypi.python.org*)를 검색한다. pip에 설치 문제가 있다면 콘다는 좋은 대안이 될 수 있다.

완전히 다른 것: Async

앞에서 살펴본 부록은 초보자를 위한 것이지만, 이번 부록은 중급자를 위한 것이다.

파이썬은 대부분의 프로그래밍 언어와 마찬가지로 **동기식**synchronous이다. 즉, 한 번에 한 줄씩 위에서 아래로 코드를 선형으로 실행한다. 함수를 호출하면 파이썬은 해당 코드로 들어간다. 그리고 함수 호출자는 함수에서 결괏값을 얻을 때까지 기다렸다가 그다음 줄의 코드를 재개한다.

CPU는 한 번에 하나의 작업만 수행할 수 있으므로 완벽하게 동기적으로 실행된다. 그러나 프로그램이 실제로 코드를 실행하지 않고 파일이나 네트워크 서비스에서 데이터를 종종 기다리는 경우가 있다. 이는 브라우저에서 사이트가 불러올 때까지 계속 로딩 중이라는 화면을 보는 것과 같다. 이러한 '바쁜 대기busy waiting'를 피할 수 있다면 프로그램의 로딩시간을 단축시킬 수 있다. 이를 **처리량**throughput 향상이라고도 한다.

15장 동시성에서 스레드, 프로세스 또는 gevent나 twisted와 같은 외부 솔루션을 선택하여 처리량을 향상시킬 수 있음을 확인했다. 그러나 이제는 파이썬과 외부 솔루션에 내장된 **비동기식**asynchronous 처리의 인기가 점점 늘어나고 있다. 이것은 일반적인 동기식 파이썬 코드와 공존하지만 손쉽게 바로 사용할 순 없다. 비동기식 코드를 작성하면서 주의해야 할 점에 대해서 살펴보자.

C.1 코루틴과 이벤트 루프

파이썬 3.4에서 asyncio라는 표준 **비동기** 모듈을 추가했다. 그런 다음 파이썬 3.5에서 async와 await 키워드를 추가했다. 이들은 몇 가지 새로운 개념을 구현한다.

- **코루틴**coroutines은 다양한 지점에서 일시 중지되는 함수다.
- **이벤트 루프**event loop는 코루틴을 예약하고 실행한다.

이것은 우리가 익숙했던 일반적인 동기식 코드와 비슷한 비동기식 코드를 작성하게 한다. 다른 방법으로 접근하려면 15장, 17장, C.3절에 요약된 방법 중 하나를 사용해야 한다.

일반적인 멀티태스킹은 운영체제가 여러 프로세스에 작업을 수행하는 것이다. 운영체제는 어떤 프로세스가 CPU를 많이 차지하는지, 언제 I/O를 개방할 것인지 등의 작업을 공정하게 처리될 수 있도록 한다. 그러나 이벤트 루프는 코루틴이 언제 시작하고 중지될 수 있는지 표시되는 협동적인 멀티태스킹을 제공한다. 단일 스레드에서 실행되므로 15.3.3절에서 언급한 잠재적인 문제가 없다.

```
>>> import asyncio
>>>
>>> async def wicked():
...     print("Surrender,")
...     await asyncio.sleep(2)
...     print("Dorothy!")
...
>>> asyncio.run(wicked())
Surrender,
Dorothy!
```

첫 번째 단어가 출력된 후, 2초 기다렸다가 다음 단어가 출력된다. 19장에서 본 timeit 모듈을 사용해서 실행 시간을 측정해보자.

```
>>> from timeit import timeit
>>> timeit("asyncio.run(wicked())", globals=globals(), number=1)
Surrender,
Dorothy!
2.005701574998966
```

asyncio.sleep(2) 호출 자체는 코루틴으로, API 호출처럼 시간이 많이 걸리는 곳에 사용한다. asyncio.run(wicked())는 동기식 파이썬 코드(여기서 프로그램의 최상위 레벨)로 코루틴을 실행하는 방법이다. 동기식과 비동기의 차이점에서 비동기식은 wicked() 호출자가 실행될 때, time.sleep()에서 2초 동안 블록되지 않는 것이다.

코루틴을 실행하는 세 번째 방법은 작업을 생성하고 기다리는 것이다. 다음 예제는 이전 예제를 두 메서드로 나누어서 실행한다.

```
>>> import asyncio
>>>
>>> async def say(phrase, seconds):
...     print(phrase)
...   await asyncio.sleep(seconds)
...
>>> async def wicked():
... task_1 = asyncio.create_task(say("Surrender,", 2))
... task_2 = asyncio.create_task(say("Dorothy!", 0))
... await task_1
... await task_2
...
>>> asyncio.run(wicked())
Surrender,
Dorothy!
```

위 코드를 실행하면 결과를 출력하는 두 줄 코드 사이에 지연이 없다. 모두 별도의 작업이기 때문이다. Surrender를 출력하고 2초 후에 task_1이 2초 동안 중지되었지만 task_2에는 영향을 미치지 않는다. await는 제너레이터의 yield와 비슷하지만, 값을 반환하지 않고 필요한 경우 이벤트 루프가 일시 정지할 수 있는 지점을 표시한다.

공식 문서(*https://oreil.ly/Cf_hd*)에는 더 많은 내용이 있다. 동기식 코드와 비동기식 코드는 동일한 프로그램에 공존할 수 있다. def 앞에 async를 입력하고 비동기 함수가 호출되기 전에 await를 입력한다.

- asyncio를 사용하는 외부 패키지 목록: *https://oreil.ly/Vj0yD*
- asyncio 웹 크롤러 코드: *https://oreil.ly/n4FVx*

C.2 asyncio 대안

asyncio는 표준 파이썬 패키지나. asyncio와 await를 사용하지 않고 비동기를 구현할 수 있다. 코루틴과 이벤트 루프는 독립적이다. asyncio의 설계는 때때로 비판받고 있어서 (*https://oreil.ly/n4FVx*) 다른 외부 패키지의 대안이 생겨나게 되었다.

- **curio**: *https://curio.readthedocs.io*
- **trio**: *https://trio.readthedocs.io*

trio와 asks(*https://asks.readthedocs.io*)(요청 API를 모델로한 비동기 웹 프레임워크)를 사용해보자. [예제 C-1]은 스택오버플로의 한 질문(*https://oreil.ly/CbINS*)에서 수정된 trio 및 asks를 사용한 동시적인 웹 크롤링 예제를 보여준다. 먼저 pip로 trio와 asks를 설치한다.

예제 C-1 trio_asks_sites.py

```
import time

import asks
import trio

asks.init("trio")

urls = [
'https://boredomtherapy.com/bad-taxidermy/', 'http://www.badtaxidermy.com/',
'https://crappytaxidermy.com/', 'https://www.ranker.com/list/bad-taxidermy-pictures/
ashley-reign',
]

async def get_one(url, t1):
    r = await asks.get(url)
    t2 = time.time()
    print(f"{(t2-t1):.04}\t{len(r.content)}\t{url}")

async def get_sites(sites):
    t1 = time.time()
    async with trio.open_nursery() as nursery:
        for url in sites:
            nursery.start_soon(get_one, url, t1)
```

```
if __name__ == "__main__":
    print("seconds\tbytes\turl")
    trio.run(get_sites, urls)
```

필자가 얻은 결과는 다음과 같다.

```
$ python trio_asks_sites.py
seconds bytes url
0.1287 5735 https://boredomtherapy.com/bad-taxidermy/
0.2134 146082 https://www.ranker.com/list/bad-taxidermy-pictures/ashley-reign
0.215 11029 http://www.badtaxidermy.com/
0.3813 52385 https://crappytaxidermy.com/
```

trio가 asyncio.run()을 사용하지 않고, 자체 trio.open_nursery()를 사용했다. trio가 어떻게 동작하는지 궁금하다면 블로그(*https://oreil.ly/yp1-r*)와 스택오버플로 글(*https://oreil.ly/P21Ra*)을 읽어본다.

AnyIO(*https://anyio.readthedocs.io/en/latest*)라는 새로운 패키지는 asyncio, curio, trio에 대한 단일 인터페이스를 제공한다.

앞으로 표준 파이썬 라이브러리와 외부 라이브러리 모두 더 비동기적인 접근 방식을 기대할 수 있다.

C.3 asyncio vs ...

이 책에서 동시성에 대한 많은 기술을 살펴봤다. 비동기는 이와 어떻게 비교될 수 있을까?

- **프로세스**

  싱글 머신 또는 멀티 머신의 모든 CPU 코어를 사용하려는 경우 좋은 방법이다. 그러나 프로세스는 무겁고 시작하는 데 시간이 걸리며 프로세스 간 통신을 위해서 직렬화serialization가 필요하다.

- **스레드**

  스레드는 프로세스에 대한 '경량' 대안으로 설계되었다. 각 스레드는 메모리를 효율적으로 사용한다. 코루틴은 스레드보다 훨씬 가볍다. 수천 개의 스레드만 지원하는 시스템에서 수십만 개의 코루틴을 작성할 수 있다.

- **그린 스레드**

    gevent와 같은 그린 스레드는 잘 실행된다. 동기식 코드처럼 보이지만 소켓 라이브러리와 같은 monkey-patching 표준 파이썬 함수가 필요하다.

- **콜백**

    twisted와 같은 라이브러리는 콜백callback에 의존한다. 콜백은 특정 이벤트가 발생할 때 호출되는 함수다. 이것은 GUI와 자바스크립트를 다루는 개발자에게 친숙하다.

- **큐**

    데이터나 프로세스에 여러 시스템을 사용하는 경우 큰 규모의 솔루션으로 사용된다.

C.4 비동기 프레임워크와 서버

파이썬에서 비동기에 대한 기술의 추가는 최근에 이루어졌다. 개발자가 플라스크와 같은 비동기 버전의 프레임워크를 만드는데 시간이 걸릴 것이다.

ASGI(*https://asgi.readthedocs.io*) 표준은 WSGI의 비동기 버전이며 여기(*https://oreil.ly/BnEXT*)에 자세히 설명되어 있다.

다음은 일부 ASGI 웹 서버들이다.

- **hypercorn**: *https://pgjones.gitlab.io/hypercorn*
- **sanic**: *https://sanic.readthedocs.io*
- **uvicorn**: *https://www.uvicorn.org*

비동기식 웹 프레임워크는 다음과 같다.

- **aiohttp**(클라이언트와 서버): *https://aiohttp.readthedocs.io*
- **api_hour**: *https://pythonhosted.org/api_hour*
- **asks**(requests와 같은 모듈): *https://asks.readthedocs.io*
- **blacksheep**: *https://github.com/RobertoPrevato/BlackSheep*
- **bocadillo**: *https://github.com/bocadilloproject/bocadillo*
- **channels**: *https://channels.readthedocs.io*

- **fastapi**(타입 어노테이션 사용): *https://fastapi.tiangolo.com*

- **muffin**: *https://muffin.readthedocs.io*

- **quart**: *https://gitlab.com/pgjones/quart*

- **responder**: *https://python-responder.org*

- **sanic**: *https://sanic.readthedocs.io*

- **starlette**: *https://www.starlette.io*

- **tornado**: *https://www.tornadoweb.org*

- **vibora**: *https://vibora.io*

비동기 데이터베이스 인터페이스 모듈은 다음과 같다.

- **aiomysql**: *https://aiomysql.readthedocs.io*

- **aioredis**: *https://aioredis.readthedocs.io*

- **asyncpg**: *https://github.com/magicstack/asyncpg*

APPENDIX D

연습문제 정답

D.1 파이(Py) 맛보기

1.2 다음은 맥에서 파이썬을 실행한 결과다.

```
$ python
Python 3.8.0 (default, Jan 24 2020, 22:35:56)
[Clang 11.0.0 (clang-1100.0.33.17)] on darwin
Type "help", "copyright", "credits" or "license" for more information.
>>>
```

1.3

```
>>> 8 * 9
72
```

1.4

```
>>> 47
47
```

1.5

```
>>> print(47)
47
```

D.2 데이터: 타입, 값, 변수, 이름

2.1

```
>>> prince = 99
>>> print(prince)
99
>>>
```

2.2

```
>>> type(5)
<class 'int'>
```

2.3

```
>>> type(2.0)
<class 'float'>
```

2.4

```
>>> type(5 + 2.0)
<class 'float'>
```

D.3 숫자

3.1

```
>>> 60 * 60
3600
```

3.2

```
>>> seconds_per_hour = 60 * 60
>>> seconds_per_hour
3600
```

3.3

```
>>> seconds_per_hour * 24
86400
```

3.4

```
>>> seconds_per_day = seconds_per_hour * 24
>>> seconds_per_day
86400
```

3.5

```
>>> seconds_per_day / seconds_per_hour
24.0
```

3.6

```
>>> seconds_per_day // seconds_per_hour
24
```

D.4 선택하기: if

4.1 변수 secret에 7을 할당했는가? 아마 많은 사람이 그랬을 것이다. 숫자 7에는 끌리는 무언가가 있다.

```
secret = 7
guess = 5
if guess < secret:
    print('too low')
elif guess > secret:
    print('too high')
else:
    print('just right')
```

코드를 실행하면 다음과 같은 결과가 나온다.

```
too low
```

4.2

```
>>> small = False
>>> green = True
>>> if small:
...     if green:
...         print("pea")
...     else:
...         print("cherry")
... else:
...     if green:
...         print("watermelon")
...     else:
...         print("pumpkin")
...
watermelon
```

D.5 텍스트 문자열

5.1 m 앞에 스페이스를 꼭 넣는다.

```
>>> song = """When an eel grabs your arm,
... And it causes great harm,
... That's - a moray!"""
>>> song = song.replace(" m", " M")
>>> print(song)
When an eel grabs your arm,
And it causes great harm,
That's - a Moray!
```

5.2

```
>>> questions = [
```

```
...     "We don't serve strings around here. Are you a string?",
...     "What is said on Father's Day in the forest?",
...     "What makes the sound 'Sis! Boom! Bah!'?"
... ]
>>> answers = [
...     "An exploding sheep.",
...     "No, I'm a frayed knot.",
...     "'Pop!' goes the weasel."
... ]
```

문제를 해결하는 여러 가지 방법이 있다. 튜플 샌드위치(튜플의 튜플)를 페어링하고(짝짓고),
튜플 언패킹으로 문제를 해결해보자.

```
questions = [
    "We don't serve strings around here. Are you a string?",
    "What is said on Father's Day in the forest?",
    "What makes the sound 'Sis! Boom! Bah!'?"
    ]
answers = [
    "An exploding sheep.",
    "No, I'm a frayed knot.",
    "'Pop!' goes the weasel."
    ]

q_a = ( (0, 1), (1,2), (2, 0) )
for q, a in q_a:
    print("Q:", questions[q])
    print("A:", answers[a])
    print()
```

[결과]

```
$ python qanda.py
Q: We don't serve strings around here. Are you a string?
A: No, I'm a frayed knot.

Q: What is said on Father's Day in the forest?
A: 'Pop!' goes the weasel.

Q: What makes the sound 'Sis! Boom! Bah!'?
A: An exploding sheep.
```

5.3

```
>>> poem = '''
... My kitty cat likes %s,
... My kitty cat likes %s,
... My kitty cat fell on his %s
... And now thinks he's a %s.
... '''
>>> args = ('roast beef', 'ham', 'head', 'clam')
>>> print(poem % args)

My kitty cat likes roast beef,
My kitty cat likes ham,
My kitty cat fell on his head
And now thinks he's a clam.
```

5.4

```
>>> letter = '''
... Dear {salutation} {name}, ...
... Thank you for your letter. We are sorry that our {product}
... {verbed} in your {room}. Please note that it should never
... be used in a {room}, especially near any {animals}. ...
... Send us your receipt and {amount} for shipping and handling.
... We will send you another {product} that, in our tests,
... is {percent}% less likely to have {verbed}.
...
... Thank you for your support.
...
... Sincerely,
... {spokesman}
... {job_title}
... '''
```

5.5

```
>>> print (
...     letter.format(salutation='Ambassador',
...         name='Nibbler',
...         product='pudding',
...         verbed='evaporated',
...         room='gazebo',
```

```
...            animals='octothorpes',
...            amount='$1.99',
...            percent=88,
...            spokesman='Shirley Iugeste',
...            job_title='I Hate This Job')
...        )

Dear Ambassador Nibbler,

Thank you for your letter. We are sorry that our pudding evaporated in. your gazebo.
Please note that it should never be used in a gazebo, especially near any octothorpes.

Send us your receipt and $1.99 for shipping and handling. We will send. you another
pudding that, in our tests,
is 88% less likely to have evaporated.
Thank you for your support.

Sincerely,
Shirley Iugeste
I Hate This Job
```

5.6

예제 **D-1** mcnames1.py

```python
names = ["duck", "gourd", "spitz"]
for name in names:
    cap_name = name.capitalize()
    print("%sy Mc%sface" % (cap_name, cap_name))
```

[결과]

```
Ducky McDuckface
Gourdy McGourdface
Spitzy McSpitzface
```

5.7

예제 **D-2** mcnames2.py

```python
names = ["duck", "gourd", "spitz"]
for name in names:
```

```
    cap_name = name.capitalize()
    print("{}y Mc{}face".format(cap_name, cap_name))
```

5.8

예제 D-3 mcnames3.py

```
names = ["duck", "gourd", "spitz"]
for name in names:
    cap_name = name.capitalize()
    print(f"{cap_name}y Mc{cap_name}face")
```


D.6 반복문: while과 for 문

6.1

```
>>> for value in [3, 2, 1, 0]:
... print(value)
...
3
2
1
0
```

6.2

```
guess_me = 7
number = 1
while True:
if number < guess_me:
    print('too low')
elif number == guess_me:
    print('found it!')
    break
elif number > guess_me:
    print('oops')
    break
number += 1
```

이 코드를 실행하면 다음과 같은 결과가 나온다.

```
too low
too low
too low
too low
too low
too low
found it!
```

elif start > guess_me: 라인을 else 문으로 간단하게 쓸 수 있다. start가 guess_me보다 작거나 같지 않다면 start가 반드시 크기 때문이다.

6.3

```
>>> guess_me = 5
>>> for number in range(10):
...     if number < guess_me:
...         print("too low")
...     elif number == guess_me:
...         print("found it!")
...         break
...     else:
...         print("oops")
...         break
...
too low
too low
too low
too low
too low
found it!
```

D.7 튜플과 리스트

7.1 출생년도가 1980년이면 다음과 같이 입력한다.

```
>>> years_list = [1980, 1981, 1982, 1983, 1984, 1985]
```

7.2 1980년도에 태어났으므로 오프셋 3은 다음과 같다.

```
>>> years_list[3]
1983
```

7.3 리스트의 마지막 년도를 지정할 때는 오프셋 -1을 사용한다. 또한 오프셋 5를 직접 지정해도 된다. 리스트에 여섯 항목이 있으므로 '항목 크기 -1'을 적용하면 5가 된다. '항목 크기 -1'은 어떤 크기에도 적용할 수 있어서 유연하다.

```
>>> years_list[-1]
1985
```

7.4

```
>>> things = ["mozzarella", "cinderella", "salmonella"]
>>> things
['mozzarella', 'cinderella', 'salmonella']
```

7.5 다음은 단어의 첫 글자를 대문자로 출력하지만, 리스트는 변경하지 않는다.

```
>>> things[1].capitalize()
'Cinderella'
>>> things
['mozzarella', 'cinderella', 'salmonella']
```

리스트를 변경하고 싶다면, 리스트 요소에 값을 할당해야 한다.

```
>>> things[1] = things[1].capitalize()
>>> things
['mozzarella', 'Cinderella', 'salmonella']
```

7.6 things 리스트의 치즈 요소를 모두 대문자로 바꿔서 출력해보자.

```
>>> things[0] = things[0].upper()
>>> things
['MOZZARELLA', 'Cinderella', 'salmonella']
```

7.7 값으로 해당 요소를 제거한다.

```
>>> things.remove("salmonella")
>>> things
['MOZZARELLA', 'Cinderella']
```

또한 리스트의 마지막 요소에 있으므로 다음과 같이 제거할 수 있다.

```
>>> del things[-1]
```

다음과 같이 오프셋을 지정하여 제거할 수도 있다.

```
>>> del things[2]
```

7.8

```
>>> surprise = ['Groucho', 'Chico', 'Harpo']
>>> surprise
['Groucho', 'Chico', 'Harpo']
```

7.9

```
>>> surprise[-1] = surprise[-1].lower()
>>> surprise[-1] = surprise[-1][::-1]
>>> surprise[-1].capitalize()
'Oprah'
```

7.10

```
>>> even = [number for number in range(10) if number % 2 == 0]
>>> even
[0, 2, 4, 6, 8]
```

7.11

```
start1 = ["fee", "fie", "foe"]
rhymes = [
    ("flop", "get a mop"),
```

```
        ("fope", "turn the rope"),
        ("fa", "get your ma"),
        ("fudge", "call the judge"),
        ("fat", "pet the cat"),
        ("fog", "pet the dog"),
        ("fun", "say we're done"),
        ]
    start2 = "Someone better"
    start1_caps = " ".join([word.capitalize() + "!" for word in start1])
    for first, second in rhymes:
        print(f"{start1_caps} {first.capitalize()}!")
        print(f"{start2} {second}.")
```

[결과]

```
Fee! Fie! Foe! Flop!
Someone better get a mop.
Fee! Fie! Foe! Fope!
Someone better turn the rope.
Fee! Fie! Foe! Fa!
Someone better get your ma.
Fee! Fie! Foe! Fudge!
Someone better call the judge.
Fee! Fie! Foe! Fat!
Someone better pet the cat.
Fee! Fie! Foe! Fog!
Someone better walk the dog.
Fee! Fie! Foe! Fun!
Someone better say we're done.
```

D.8 딕셔너리와 셋

8.1

```
>>> e2f = {'dog': 'chien', 'cat': 'chat', 'walrus': 'morse'}
>>> e2f
{'cat': 'chat', 'walrus': 'morse', 'dog': 'chien'}
```

8.2

```
>>> e2f['walrus']
'morse'
```

8.3

```
>>> f2e = {}
>>> for english, french in e2f.items():
...         f2e[french] = english
>>> f2e
{'morse': 'walrus', 'chien': 'dog', 'chat': 'cat'}
```

8.4

```
>>> f2e['chien']
'dog'
```

8.5

```
>>> set(e2f.keys())
{'cat', 'walrus', 'dog'}
```

8.6

```
This is a hard one, so don't feel bad if you peeked here first.
>>> life = {
...     'animals': {
...         'cats': [
...             'Henri', 'Grumpy', 'Lucy'
...             ],
...         'octopi': {},
...     'emus': {}
...         },
...     'plants': {},
...     'other': {}
...     }
>>>
```

8.7

```
>>> print(life.keys())
dict_keys(['animals', 'other', 'plants'])
```

딕셔너리에 keys() 메서드가 있다.

```
>>> print(list(life.keys()))
['animals', 'other', 'plants']
```

가독성을 위해 스페이스를 사용한다.

```
>>> print ( list ( life.keys() ) )
['animals', 'other', 'plants']
```

8.8

```
>>> print(life['animals'].keys())
dict_keys(['cats', 'octopi', 'emus'])
```

8.9

```
>>> print(life['animals']['cats'])
['Henri', 'Grumpy', 'Lucy']
```

8.10

```
>>> squares = {key: key*key for key in range(10)}
>>> squares
{0: 0, 1: 1, 2: 4, 3: 9, 4: 16, 5: 25, 6: 36, 7: 49, 8: 64, 9: 81}
```

8.11

```
>>> odd = {number for number in range(10) if number % 2 == 1}
>>> odd
{1, 3, 5, 7, 9}
```

8.12

```
>>> for thing in ('Got %s' % number for number in range(10)):
...         print(thing)
...
Got 0
Got 1
Got 2
Got 3
Got 4
Got 5
Got 6
Got 7
Got 8
Got 9
```

8.13

```
>>> keys = ('optimist', 'pessimist', 'troll')
>>> values = ('The glass is half full',
... 'The glass is half empty',
... 'How did you get a glass?')
>>> dict(zip(keys, values))
{'optimist': 'The glass is half full',
'pessimist': 'The glass is half empty',
'troll': 'How did you get a glass?'}
```

8.14

```
>>> titles = ['Creature of Habit',
...     'Crewel Fate',
...     'Sharks On a Plane']
>>> plots = ['A nun turns into a monster',
...     'A haunted yarn shop',
...     'Check your exits']
>>> movies = dict(zip(titles, plots))
>>> movies
{'Creature of Habit': 'A nun turns into a monster', 'Crewel Fate': 'A haunted yarn
shop',
'Sharks On a Plane': 'Check your exits'}
>>>
```

D.9 함수

9.1

```
>>> def good():
...         return ['Harry', 'Ron', 'Hermione']
...
>>> good()
['Harry', 'Ron', 'Hermione']
```

9.2

```
>>> def get_odds():
... for number in range(1, 10, 2): ... yield number
...
>>> count = 1
>>> for number in get_odds():
...     if count == 3:
...         print("The third odd number is", number)
...         break
...     count += 1
...
The third odd number is 5
```

9.3

```
>>> def test(func):
...     def new_func(*args, **kwargs):
...         print('start')
...         result = func(*args, **kwargs)
...         print('end')
...         return result
...     return new_func
...
>>>
>>> @test
... def greeting():
...     print("Greetings, Earthling")
...
>>> greeting()
start
Greetings, Earthling
end
```

9.4

```
>>> class OopsException(Exception):
...     pass
...
>>> raise OopsException()
Traceback (most recent call last):
    File "<stdin>", line 1, in <module>
__main__.OopsException
>>>
>>> try:
...     raise OopsException
... except OopsException:
...     print('Caught an oops')
...
Caught an oops
```

D.10 객체와 클래스

10.1

```
>>> class Thing:
... pass
...
>>> print(Thing)
<class '__main__.Thing'>
>>> example = Thing()
>>> print(example)
<__main__.Thing object at 0x1006f3fd0>
```

10.2

```
>>> class Thing2:
...     letters = 'abc'
...
>>> print(Thing2.letters)
abc
```

10.3

```
>>> class Thing3:
...     def __init__(self):
...         self.letters = 'xyz'
...
```

letters 속성은 Thing3 클래스로부터 생성된 객체에 해당한다. Thing3 클래스에는 해당하지 않는다.

```
>>> print(Thing3.letters)
Traceback (most recent call last):
  File "<stdin>", line 1, in <module>
AttributeError: type object 'Thing3' has no attribute 'letters'
>>> something = Thing3()
>>> print(something.letters)
xyz
```

10.4

```
>>> class Element:
...     def __init__(self, name, symbol, number):
...         self.name = name
...         self.symbol = symbol
...         self.number = number
...
>>> hydrogen = Element('Hydrogen', 'H', 1)
```

10.5

먼저 딕셔너리를 만든다.

```
>>> el_dict = {'name': 'Hydrogen', 'symbol': 'H', 'number': 1}
```

다음 코드를 입력한다.

```
>>> hydrogen = Element(el_dict['name'], el_dict['symbol'], el_dict['number'])
```

결과를 확인해보자.

```
>>> hydrogen.name
'Hydrogen'
```

또한 딕셔너리의 키 이름과 클래스의 __init__ 인자가 일치하므로 딕셔너리로부터 직접 객체를 초기화할 수 있다(9.3.3절 참조).

```
>>> hydrogen = Element(**el_dict)
>>> hydrogen.name
'Hydrogen'
```

10.6

```
>>> class Element:
...     def __init__(self, name, symbol, number):
...         self.name = name
...         self.symbol = symbol
...         self.number = number
...     def dump(self):
...         print('name=%s, symbol=%s, number=%s' % (self.name, self.symbol, self.
number))
...
>>> hydrogen = Element(**el_dict)
>>> hydrogen.dump()
name=Hydrogen, symbol=H, number=1
```

10.7

```
>>> print(hydrogen)
<__main__.Element object at 0x1006f5310>
>>> class Element:
...     def __init__(self, name, symbol, number):
...         self.name = name
...         self.symbol = symbol
...         self.number = number
...     def __str__(self):
...         return('name=%s, symbol=%s, number=%s' % (self.name, self.symbol, self.
number))
...
```

```
>>> hydrogen = Element(**el_dict)
>>> hydrogen.dump()
name=Hydrogen, symbol=H, number=1
```

__str__()은 파이썬의 매직 메서드다. print 함수는 객체의 __str__() 메서드를 호출하여 그 문자열을 출력한다. 만약 __str__() 메서드가 없다면 부모 Object 클래스로부터 기본 메서드를 호출하여 <__main__.Element object at 0x1006f5310>과 같은 문자열을 반환한다.

10.8

```
>>> class Element:
...     def __init__(self, name, symbol, number):
...         self.__name = name
...         self.__symbol = symbol
...         self.__number = number
...     @property
...     def name(self):
...         return self.__name
...     @property
...     def symbol(self):
...         return self.__symbol
...     @property
...     def number(self):
...         return self.__number
...
>>> hydrogen = Element('Hydrogen', 'H', 1)
>>> hydrogen.name
'Hydrogen'
>>> hydrogen.symbol
'H'
>>> hydrogen.number
1
```

10.9

```
>> class Bear:
...     def eats(self):
...         return 'berries'
...
>>> class Rabbit:
```

```
...         def eats(self):
...             return 'clover'
...
>>> class Octothorpe:
...         def eats(self):
...             return 'campers'
...
>>> b = Bear()
>>> r = Rabbit()
>>> o = Octothorpe()
>>> print(b.eats())
berries
>>> print(r.eats())
clover
>>> print(o.eats())
campers
```

10.10

```
>>> class Laser:
...         def does(self):
...             return 'disintegrate'
...
>>> class Claw:
...         def does(self):
...             return 'crush'
...
>>> class SmartPhone:
...         def does(self):
...             return 'ring'
...
>>> class Robot:
...         def __init__(self):
...             self.laser = Laser()
...             self.claw = Claw()
...             self.smartphone = SmartPhone()
...         def does(self):
...             return '''I have many attachments:
... My laser, to %s.
... My claw, to %s.
... My smartphone, to %s.''' % (
...         self.laser.does(),
...         self.claw.does(),
```

```
...        self.smartphone.does() )
...
...
>>> robbie = Robot()
>>> print( robbie.does() )
I have many attachments:
My laser, to disintegrate.
My claw, to crush.
My smartphone, to ring.
```

D.11 모듈과 패키지

11.1

나음은 zoo.py 파일이다.

```
def hours():
    print('Open 9-5 daily')
```

이제 인터프리터에 임포트하고 함수를 호출한다.

```
>>> import zoo
>>> zoo.hours()
Open 9-5 daily
```

11.2

```
>>> import zoo as menagerie
>>> menagerie.hours()
Open 9-5 daily
```

11.3

```
>>> from zoo import hours
>>> hours()
Open 9-5 daily
```

11.4

```
>>> from zoo import hours as info
>>> info()
Open 9-5 daily
```

11.5

```
>>> plain = {'a': 1, 'b': 2, 'c': 3}
>>> plain
{'a': 1, 'c': 3, 'b': 2}
```

11.6

```
>>> from collections import OrderedDict
>>> fancy = OrderedDict([('a', 1), ('b', 2), ('c', 3)])
>>> fancy
OrderedDict([('a', 1), ('b', 2), ('c', 3)])
```

11.7

```
>>> from collections import defaultdict
>>> dict_of_lists = defaultdict(list)
>>> dict_of_lists['a'].append('something for a')
>>> dict_of_lists['a']
['something for a']
```

D.12 데이터 길들이기

12.1

```
>>> import unicodedata
>>> mystery = '\U0001f4a9' >>> mystery
'┌'
>>> unicodedata.name(mystery) 'PILE OF POO'
```

헉, 이런게 있다니... 이거 말고 또 뭐가 있을까?

12.2

```
>>> pop_bytes = mystery.encode('utf-8')
>>> pop_bytes
b'\xf0\x9f\x92\xa9'
```

12.3

```
>>> pop_string = pop_bytes.decode('utf-8')
>>> pop_string
'💩'
>>> pop_string == mystery
True
```

12.4

```
>>> mammoth = '''
... We have seen thee, queen of cheese,
... Lying quietly at your ease,
... Gently fanned by evening breeze,
... Thy fair form no flies dare seize.
...
... All gaily dressed soon you'll go
... To the great Provincial show,
... To be admired by many a beau
... In the city of Toronto.
...
... Cows numerous as a swarm of bees,
... Or as the leaves upon the trees,
... It did require to make thee please,
... And stand unrivalled, queen of cheese.
...
... May you not receive a scar as
... We have heard that Mr. Harris
... Intends to send you off as far as
... The great world's show at Paris.
...
... Of the youth beware of these,
... For some of them might rudely squeeze
... And bite your cheek, then songs or glees
... We could not sing, oh! queen of cheese.
...
```

```
...   We'rt thou suspended from balloon,
...   You'd cast a shade even at noon,
...   Folks would think it was the moon
...   About to fall and crush them soon.
...   '''
```

12.5

패턴에 대한 pat 변수를 정의한 후, c로 시작하는 단어를 찾는다.

```
>>> import re
>>> pat = r'\bc\w*'
>>> re.findall(pat, mammoth)
['cheese', 'city', 'cheese', 'cheek', 'could', 'cheese', 'cast', 'crush']
```

\b는 단어와 비단어 사이의 경계의 시작을 의미한다. 단어의 시작이나 끝을 지정하기 위해 \b를 사용한다. 우리가 찾는 리터럴 c는 단어의 첫 글자다. \w는 문자, 숫자, 언더바를 포함한다. *는 0회 이상 반복되는 단어 문자를 의미한다. 이들을 결합하여 단독으로 나오는 'c'를 포함한 c로 시작하는 단어를 찾는다. 만일 인용 부호 앞에 등장하는 r을 입력하지 않으면, 파이썬은 \b를 백스페이스로 인식하여 예상한 검색 결과가 미궁 속으로 빠져들게 된다.

```
>>> pat = '\bc\w*'
>>> re.findall(pat, mammoth)
[]
```

12.6

```
>>> pat = r'\bc\w{3}\b'
>>> re.findall(pat, mammoth)
['city', 'cast']
```

단어의 끝을 가리키기 위해 마지막에 \b를 사용했다. 마지막 \b를 빼면 c로 시작하는 네 글자 이상의 모든 단어에 대해 처음 네 글자가 검색된다.

```
>>> pat = r'\bc\w{3}'
>>> re.findall(pat, mammoth)
['chee', 'city', 'chee', 'chee', 'coul', 'chee', 'cast', 'crus']
```

12.7

이 문제는 조금 까다롭다. r로 끝나는 단어에 대한 올바른 결과를 얻을 수 있다.

```
>>> pat = r'\b\w*r\b'
>>> re.findall(pat, mammoth)
['your', 'fair', 'Or', 'scar', 'Mr', 'far', 'For', 'your', 'or']
```

그런데 l로 끝나는 단어의 바른 결과는 얻기 힘들다.

```
>>> pat = r'\b\w*l\b'
>>> re.findall(pat, mammoth)
['All', 'll', 'Provincial', 'fall']
```

왜 ll이 여기에 있을까? \w 패턴은 아스키코드의 작은따옴표를 제외한 문자, 숫자, 언더바만 매칭한다. 그 결과 you'll로부터 마지막 ll을 찾았다. 문자 집합을 매칭하기 위해 작은따옴표를 추가해 이 문제를 해결할 수 있다. 먼저 첫 시도의 실패를 살펴본다.

```
>>> pat = r'\b[\w']*l\b'
File "<stdin>", line 1
  pat = r'\b[\w']*l\b'
             ^
SyntaxError: invalid syntax
```

파이썬은 에러가 발생한 부근을 가리킨다. 자세히 살펴보면 같은 작은따옴표에 둘러싸인 패턴 문자열이 잘못되었다는 것을 알 수 있다. 이 문제를 해결하려면 백슬래시를 붙여서 이스케이프 문자를 만든다.

```
>>> pat = r'\b[\w\']*l\b'
>>> re.findall(pat, mammoth)
['All', "you'll", 'Provincial', 'fall']
```

또 다른 방법은 패턴 문자열을 큰따옴표로 둘러싸는 것이다.

```
>>> pat = r"\b[\w']*l\b"
>>> re.findall(pat, mammoth)
['All', "you'll", 'Provincial', 'fall']
```

12.8

단어의 경계로 시작하고, 단어의 수에 상관없이 연속으로 모음이 세 번 나오는 패턴을 입력하고, 비모음 문자를 단어의 끝에 놓는다.

```
>>> pat = r'\b\w*[aeiou]{3}[^aeiou]\w*\b'
>>> re.findall(pat, mammoth)
['queen', 'quietly', 'beau\nIn', 'queen', 'squeeze', 'queen']
```

'beau\nIn' 문자열을 제외하고, 올바르게 동작하는 것처럼 보인다. 우리는 여러 줄의 mammoth 문자열을 한 줄인 것처럼 검색했다. [^aeiou]는 \n(텍스트 라인의 끝을 표시하는 라인 피드^line feed^)을 포함한 모든 비모음 문자와 매칭한다. 그리고 한 가지 더 무시해야 할 것이 있다. \s는 \n을 포함한 모든 공백 문자와 매칭한다.

```
>>> pat = r'\b\w*[aeiou]{3}[^aeiou\s]\w*\b'
>>> re.findall(pat, mammoth)
['queen', 'quietly', 'queen', 'squeeze', 'queen']
```

이번에는 **beau**를 찾지 못했다. 패턴을 한 번 더 수정해야 한다. 세 번 연속으로 나오는 모음 이후에 비모음을 매칭한다(비모음이 안 나와도 됨). 이전 패턴에서는 항상 하나의 비모음을 매칭했다.

```
>>> pat = r'\b\w*[aeiou]{3}[^aeiou\s]*\w*\b'
>>> re.findall(pat, mammoth)
['queen', 'quietly', 'beau', 'queen', 'squeeze', 'queen']
```

정규표현식으로 많은 것을 할 수는 있지만, 정확한 결과를 찾기 위해서는 매우 까다로운 작업이 동반된다.

12.9

```
>>> import binascii
>>> hex_str = '47494638396101000100800000000000ffffff21f9' + \
... '0401000000002c00000000010001000020144003b'
>>> gif = binascii.unhexlify(hex_str)
>>> len(gif)
42
```

12.10

```
>>> gif[:6] == b'GIF89a'
True
```

유니코드 문자 문자열이 아닌 바이트 문자열을 정의하기 위해 b를 썼다. 바이트와 바이트는 비교할 수 있지만, 바이트와 문자열은 비교할 수 없다.

```
>>> gif[:6] == 'GIF89a'
False
>>> type(gif)
<class 'bytes'>
>>> type('GIF89a')
<class 'str'>
>>> type(b'GIF89a')
<class 'bytes'>
```

12.11

```
>>> import struct
>>> width, height = struct.unpack('<HH', gif[6:10])
>>> width, height
(1, 1)
```

D.13 날짜와 시간

13.1

```
>>> from datetime import date
>>> now = date.today()
>>> now_str = now.isoformat()
>>> with open('today', 'wt') as output:
...     print(now_str, file=output)
>>>
```

필자가 실행하고 얻은 결과는 다음과 같다(today.txt).

```
2020-07-11
```

print 대신 output.write(now_str)을 사용할 수 있다. print는 마지막 줄바꿈을 추가해
준다.

13.2

```
>>> with open('today.txt', 'rt') as input:
...     today_string = input.read()
...
>>> today_string
'2020-07-11\n'
```

13.3

```
>>> fmt = '%Y-%m-%d\n'
>>> datetime.strptime(today_string, fmt)
datetime.datetime(2020, 7, 11, 0, 0)
```

파일의 마지막에 줄바꿈이 있다면 포맷 문자열에 넣어준다.

13.4

생일이 1985년 12월 12일이라고 하자.

```
>>> my_day = date(1985, 12, 12)
>>> my_day
datetime.date(1985, 12, 12)
```

13.5

```
>>> my_day.weekday()
3
>>> my_day.isoweekday()
4
```

weekday()에서는 0이 월요일이고, 6이 일요일이다. isoweekday()에서는 1이 월요일이고, 7
이 일요일이다. 그러므로 목요일에 태어났다.

13.6

```
>>> from datetime import timedelta
>>> party_day = my_day + timedelta(days=10000)
>>> party_day
datetime.date(2009, 12, 30)
```

이 날이 지났다면 태어난 날의 10,000일 기념일을 놓친 것이다.

D.14 파일과 디렉터리

14.1

ohmy라는 현재 디렉터리에 동물의 이름을 딴 세 개의 파일이 있다면 결과는 다음과 같다.

```
>>> import os
>>> os.listdir('.')
['bears', 'lions', 'tigers']
```

14.2

상위 디렉터리에 현재의 ohmy 디렉터리와 두 파일이 있다면 결과는 다음과 같다.

```
>>> import os
>>> os.listdir('..')
['ohmy', 'paws', 'whiskers']
```

14.3

```
>>> test1 = 'This is a test of the emergency text system'
>>> len(test1)
43
```

open(), write(), close() 함수를 사용하여 파일을 작성한다.

```
>>> outfile = open('test.txt', 'wt')
>>> outfile.write(test1)
```

```
43
>>> outfile.close()
```

with 문을 사용하면 close() 함수가 필요 없다(파이썬이 파일을 알아서 닫아준다).

```
>>> with open('test.txt', 'wt') as outfile:
...     outfile.write(test1)
...
43
```

14.4

```
>>> with open('test.txt', 'rt') as infile:
...     test2 = infile.read()
...
>>> len(test2)
43
>>> test1 == test2
True
```

D.15 프로세스와 동시성

15.1

다음 코드를 multi_times.py 파일로 저장한다.

```
import multiprocessing

def now(seconds):
    from datetime import datetime
    from time import sleep
    sleep(seconds)
    print('wait', seconds, 'seconds, time is', datetime.utcnow())

if __name__ == '__main__':
    import random
    for n in range(3):
```

```
        seconds = random.random()
        proc = multiprocessing.Process(target=now, args=(seconds,))
        proc.start()
```

```
$ python multi_times.py
wait 0.10720361113059229 seconds, time is 2020-07-11 00:19:23.951594
wait 0.5825144002370065 seconds, time is 2020-07-11 00:19:24.425047
wait 0.6647690569029477 seconds, time is 2020-07-11 00:19:24.509995
```

D.16 파일과 데이터베이스

16.1

```
>>> text = '''author,book
... J R R Tolkien,The Hobbit
... Lynne Truss,"Eats, Shoots & Leaves"
... '''
>>> with open('test.csv', 'wt') as outfile:
...     outfile.write(text)
...
73
```

16.2

```
>>> with open('books.csv', 'wt') as infile:
...     books = csv.DictReader(infile)
...     for book in books:
...         print(book)
...
{'book': 'The Hobbit', 'author': 'J R R Tolkien'}
{'book': 'Eats, Shoots & Leaves', 'author': 'Lynne Truss'}
```

16.3

```
>>> text = '''title,author,year
... The Weirdstone of Brisingamen,Alan Garner,1960
... Perdido Street Station,China Miéville,2000
```

```
... Thud!,Terry Pratchett,2005
... The Spellman Files,Lisa Lutz,2007
... Small Gods,Terry Pratchett,1992
... '''
>>> with open('books2.csv', 'wt') as outfile:
...     outfile.write(text)
...
201
```

16.4

```
>>> import sqlite3
>>> db = sqlite3.connect('books.db')
>>> curs = db.cursor()
>>> curs.execute('''create table book (title text, author text, year int)''')
<sqlite3.Cursor object at 0x1006e3b90>
>>> db.commit()
```

16.5

```
>>> import csv
>>> import sqlite3
>>> ins_str = 'insert into book values(?, ?, ?)'
>>> with open('books.csv', 'rt') as infile:
...     books = csv.DictReader(infile)
...     for book in books:
...         curs.execute(ins_str, (book['title'], book['author'], book['year']))
...
<sqlite3.Cursor object at 0x1007b21f0>
<sqlite3.Cursor object at 0x1007b21f0>
<sqlite3.Cursor object at 0x1007b21f0>
<sqlite3.Cursor object at 0x1007b21f0>
<sqlite3.Cursor object at 0x1007b21f0>
>>> db.commit()
```

16.6

```
>>> sql = 'select title from book order by title asc'
>>> for row in db.execute(sql):
... print(row)
...
```

```
('Perdido Street Station',)
('Small Gods',)
('The Spellman Files',)
('The Weirdstone of Brisingamen',)
('Thud!',)
```

튜플(괄호와 콤마)이 아닌 **title** 값만 출력하고 싶다면 다음과 같이 한다.

```
>>> for row in db.execute(sql):
...     print(row[0])
...
Perdido Street Station
Small Gods
The Spellman Files
The Weirdstone of Brisingamen
Thud!
```

title에서 **'The'**를 제외하고 싶다면 약간의 SQL 문을 추가하면 된다.

```
>>> sql = '''select title from book order by
... case when (title like "The %")
... then substr(title, 5)
... else title end'''
>>> for row in db.execute(sql):
...     print(row[0])
Perdido Street Station
Small Gods
The Spellman Files
Thud!
The Weirdstone of Brisingamen
```

16.7

```
>>> for row in db.execute('select * from book order by year'):
...     print(row)
...
('The Weirdstone of Brisingamen', 'Alan Garner', 1960)
('Small Gods', 'Terry Pratchett', 1992)
('Perdido Street Station', 'China Miéville', 2000)
('Thud!', 'Terry Pratchett', 2005)
('The Spellman Files', 'Lisa Lutz', 2007)
```

콤마와 스페이스로 구분하여 각 행의 필드를 출력한다.

```
>>> for row in db.execute('select * from book order by year'):
...     print(*row, sep=', ')
...
The Weirdstone of Brisingamen, Alan Garner, 1960
Small Gods, Terry Pratchett, 1992
Perdido Street Station, China Miéville, 2000
Thud!, Terry Pratchett, 2005
The Spellman Files, Lisa Lutz, 2007
```

16.8

```
>>> import sqlalchemy
>>> conn = sqlalchemy.create_engine('sqlite:///books.db')
>>> sql = 'select title from book order by title asc'
>>> rows = conn.execute(sql)
>>> for row in rows:
...     print(row)
...
('Perdido Street Station',)
('Small Gods',)
('The Spellman Files',)
('The Weirdstone of Brisingamen',)
('Thud!',)
```

16.9

```
>>> import redis
>>> conn = redis.Redis()
>>> conn.delete('test')
1
>>> conn.hmset('test', {'count': 1, 'name': 'Fester Bestertester'})
True
>>> conn.hgetall('test')
{b'name': b'Fester Bestertester', b'count': b'1'}
```

16.10

```
>>> conn.hincrby('test', 'count', 3)
4
```

```
>>> conn.hget('test', 'count')
b'4'
```

D.17 네트워크

17.1

서버는 다음과 같이 작성할 수 있다(udp_time_server.py).

```
from datetime import datetime
import socket

address = ('localhost', 6789)
max_size - 4096

print('Starting the server at', datetime.now())
print('Waiting for a client to call.')
server = socket.socket(socket.AF_INET, socket.SOCK_DGRAM)
server.bind(address)
while True:
    data, client_addr = server.recvfrom(max_size)
    if data == b'time':
        now = str(datetime.utcnow())
        data = now.encode('utf-8')
        server.sendto(data, client_addr)
        print('Server sent', data)
server.close()
```

클라이언트는 다음과 같이 작성할 수 있다(udp_time_client.py).

```
import socket
from datetime import datetime
from time import sleep

address = ('localhost', 6789)
max_size = 4096

print('Starting the client at', datetime.now())
```

718   처음 시작하는 파이썬(2판)

```
    client = socket.socket(socket.AF_INET, socket.SOCK_DGRAM)
    while True:
        sleep(5)
        client.sendto(b'time', address)
        data, server_addr = client.recvfrom(max_size)
        print('Client read', data)
    client.close()
```

클라이언트의 while 문 처음에 sleep(5)를 넣어서 데이터 교환 속도를 조금 줄였다. 한 창에서 서버를 실행한다.

```
$ python udp_time_server.py
Starting the server at 2015#08#03 23:45:29.756863
Waiting for a client to call.
```

다른 창에서 클라이언트를 실행한다.

```
$ python udp_time_client.py
Starting the client at 2015#08#03 23:45:51.544082
```

5초 후 두 창에서 결과가 출력되기 시작한다. 서버의 첫 세 줄의 출력 결과는 다음과 같다.

```
Server sent b'2015#08#03 14:45:56.550662'
Server sent b'2015#08#03 14:46:01.551575'
Server sent b'2015#08#03 14:46:06.553106'
```

클라이언트의 첫 세 줄의 출력 결과는 다음과 같다.

```
Client read b'2015#08#03 14:45:56.550662'
Client read b'2015#08#03 14:46:01.551575'
Client read b'2015#08#03 14:46:06.553106'
```

이 두 프로그램은 계속 실행된다. 그러므로 수동으로 프로그램을 종료한다.

17.2

다음은 zmq_time_server.py다.

```
import zmq
from datetime import datetime

host = '127.0.0.1'
port = 6789
context = zmq.Context()
server = context.socket(zmq.REP) server.bind("tcp://%s:%s" % (host, port))
print('Server started at', datetime.utcnow())
while True:
# 클라이언트의 다음 요청을 기다린다
message = server.recv()
    if message == b'time':
        now = datetime.utcnow()
        reply = str(now)
        server.send(bytes(reply, 'utf-8'))
        print('Server sent', reply)
```

다음은 `zmq_time_client.py`다.

```
import zmq
from datetime import datetime
from time import sleep

host = '127.0.0.1'
port = 6789
context = zmq.Context()
client = context.socket(zmq.REQ)
client.connect("tcp://%s:%s" % (host, port))
print('Client started at', datetime.utcnow())
while True:
    sleep(5)
    request = b'time'
    client.send(request)
    reply = client.recv()
    print("Client received %s" % reply)
```

일반 소켓에서는 서버를 먼저 실행했다. ZeroMQ에서는 클라이언트를 서보보다 먼저 실행해
도 된다.

```
$ python zmq_time_server.py
Server started at 2015#08#03 15:05:13.230395
```

```
$ python zmq_time_client.py
Client started at 2015#08#03 15:05:51.484727
```

15초 후 서버에 몇 줄의 출력 결과가 나타난다.

```
Server sent 2015#08#03 15:05:56.586477
Server sent 2015#08#03 15:06:01.590042
Server sent 2015#08#03 15:06:06.592460
```

다음은 클라이언트의 출력 결과다.

```
Client received b'2015#08#03 15:05:56.586477'
Client received b'2015#08#03 15:06:01.590042'
Client received b'2015#08#03 15:06:06.592460'
```

17.3

다음은 서버의 xmlrpc_time_server.py다.

```
from xmlrpc.server import SimpleXMLRPCServer

def now():
    from datetime import
    datetime data = str(datetime.utcnow())
    print('Server sent', data)
    return data

server = SimpleXMLRPCServer(("localhost", 6789))
server.register_function(now, "now")
server.serve_forever()
```

다음은 클라이언트의 xmlrpc_time_client.py다.

```
import xmlrpc.client
from time import sleep

proxy = xmlrpc.client.ServerProxy("http://localhost:6789/")
while True:
    sleep(5)
```

```
    data = proxy.now()
    print('Client received', data)
```

서버를 실행한다.

```
$ python xmlrpc_time_server.py
```

클라이언트를 실행한다.

```
$ python xmlrpc_time_client.py
```

15초 후 서버의 처음 세 줄의 출력 결과는 다음과 같다.

```
Server sent 2015#08#03 15:23:26.288038
127.0.0.1 # # [04/Aug/2015 00:23:26] "POST / HTTP/1.1" 200 # Server sent 2015#08#03
15:23:31.291164
127.0.0.1 # # [04/Aug/2015 00:23:31] "POST / HTTP/1.1" 200 # Server sent 2015#08#03
15:23:36.296216
127.0.0.1 # # [04/Aug/2015 00:23:36] "POST / HTTP/1.1" 200 #
```

클라이언트의 처음 세 줄의 출력 결과는 다음과 같다.

```
Client received 2015#08#03 15:23:26.288038
Client received 2015#08#03 15:23:31.291164
Client received 2015#08#03 15:23:36.296216
```

17.4

redis_choc_supply.py는 초콜릿을 무한 제공한다.

```
import redis
import random
from time import sleep

conn = redis.Redis()
varieties = ['truffle', 'cherry', 'caramel', 'nougat']
conveyor = 'chocolates'
while True:
```

```
    seconds = random.random()
    sleep(seconds)
    piece = random.choice(varieties)
    conn.rpush(conveyor, piece)
```

redis_lucy.py는 다음과 같다.

```
import redis
from datetime import datetime
from time import sleep

conn = redis.Redis()
timeout = 10
conveyor = 'chocolates'
while True:
    sleep(0.5)
    msg = conn.blpop(conveyor, timeout)
    remaining = conn.llen(conveyor)
    if msg:
        piece = msg[1]
        print('Lucy got a', piece, 'at', datetime.utcnow(), ', only', remaining,
'left')
```

어느 것을 먼저 실행해도 상관없다. 루시는 각 초콜릿을 포장하는 데 0.5초가 걸리고, 대체로 0.5초마다 초콜릿이 생산되고 있어서 레이스가 유지되기 때문이다. 컨베이어 벨트가 더 일찍 시작될수록 루시는 더 힘들어할 것이다.

```
$ python redis_choc_supply.py &
```

```
$ python redis_lucy.py
  Lucy got a b'caramel' at 2015#08#03 16:18:33.843340 , only 35 left
  Lucy got a b'truffle' at 2015#08#03 16:18:34.347762 , only 34 left
  Lucy got a b'cherry' at 2015#08#03 16:18:34.853028 , only 33 left
  Lucy got a b'cherry' at 2015#08#03 16:18:35.356861 , only 33 left
  Lucy got a b'cherry' at 2015#08#03 16:18:35.857898 , only 33 left
  Lucy got a b'nougat' at 2015#08#03 16:18:36.358850 , only 32 left
  Lucy got a b'caramel' at 2015#08#03 16:18:36.862163 , only 32 left
  Lucy got a b'truffle' at 2015#08#03 16:18:37.364161 , only 31 left
  Lucy got a b'truffle' at 2015#08#03 16:18:37.868232 , only 32 left
  Lucy got a b'nougat' at 2015#08#03 16:18:38.372496 , only 33 left
```

```
Lucy got a b'truffle' at 2015#08#03 16:18:38.874415 , only 33 left
Lucy got a b'caramel' at 2015#08#03 16:18:39.379508 , only 33 left
```

불쌍한 루시..

17.5

다음은 poem_pub.py 서버다. 시에서 각 단어를 꺼낸 후 모음으로 시작하는 단어는 vowels 토
픽으로, 다섯 글자 단어는 five 토픽으로 발행한다. 두 토픽 모두에 해당하거나, 전혀 해당하
지 않는 단어도 있다.

```python
import string
import zmq

host = '127.0.0.1'
port = 6789
ctx - zmq.Context()
pub = ctx.socket(zmq.PUB)
pub.bind('tcp://%s:%s' % (host, port))

with open('mammoth.txt', 'rt') as poem:
    words = poem.read()
for word in words.split():
    word = word.strip(string.punctuation)
    data = word.encode('utf-8')
    if word.startswith(('a','e','i','o','u','A','e','i','o','u')):
        pub.send_multipart([b'vowels', data])
    if len(word) == 5:
        pub.send_multipart([b'five', data])
```

poem_sub.py 클라이언트는 vowels와 five 토픽을 구독하고, 토픽과 단어를 출력한다.

```python
import string
import zmq
host = '127.0.0.1'
port = 6789
ctx = zmq.Context()
sub = ctx.socket(zmq.SUB)
sub.connect('tcp://%s:%s' % (host, port))
sub.setsockopt(zmq.SUBSCRIBE, b'vowels')
sub.setsockopt(zmq.SUBSCRIBE, b'five')
```

```
while True:
    topic, word = sub.recv_multipart()
    print(topic, word)
```

이들을 실행하면 거의 작동한다. 코드는 정상적으로 보이지만, 아무 일도 일어나지 않는다. ZeroMQ 문서(*http://zguide.zeromq.org/page:all*)에서 **슬로 조이너**slow joiner 문제를 알아야 한다. 클라이언트를 먼저 실행했더라도, 서버가 시작되면 클라이언트에 즉시 데이터를 푸시한다. 그리고 클라이언트는 서버에 연결하는 데 조금 시간이 걸린다. 발행자는 일정한 데이터 스트림을 발행하고, 구독자는 발행하는 데이터 스트림에 갑자기 뛰어들지 않는다면 아무런 문제가 없다. 하지만 이 경우 데이터 스트림이 너무 짧아서 속구에 맞은 방망이처럼 구독자가 눈 깜빡할 사이에 데이터 스트림이 흘러간다.

이 문제를 해결하기 가장 쉬운 방법은 발행자가 bind()를 호출한 후, 메시지를 보내기 전에 1초 동안 sleep하는 것이다. 다음은 poem_pub_sleep.py 버전이다.

```
import string
import zmq
from time import sleep

host = '127.0.0.1'
port = 6789
ctx = zmq.Context()
pub = ctx.socket(zmq.PUB)
pub.bind('tcp://%s:%s' % (host, port))

sleep(1)

with open('mammoth.txt', 'rt') as poem:
    words = poem.read()
for word in words.split():
    word = word.strip(string.punctuation)
    data = word.encode('utf-8')
    if word.startswith(('a','e','i','o','u','A','e','i','o','u')):
        print('vowels', data)
        pub.send_multipart([b'vowels', data])
    if len(word) == 5:
        print('five', data)
        pub.send_multipart([b'five', data])
```

구독자를 실행한 후, 발행자를 실행한다.

```
$ python poem_sub.py
```

```
$ python poem_pub_sleep.py
```

이제 구독자는 두 토픽을 붙잡을 시간이 있다. 다음은 일부 출력 결과다.

```
b'five'
b'queen'
b'vowels'
b'of'
b'five'
b'Lying'
b'vowels'
b'at'
b'vowels'
b'ease'
b'vowels'
b'evening'
b'five'
b'flies'
b'five'
b'seize'
b'vowels'
b'All'
b'five'
b'gaily'
b'five'
b'great'
b'vowels'
b'admired'
```

발행자에 sleep()를 추가하지 않았다면, REQ와 REP 소켓을 사용하여 발행자와 구독자 프로그램을 동기화한다. GitHub에서 publisher.py와 subscriber.py 예제(*http://bit.ly/ pyzmq-gh*)를 참고한다.

D.18 웹

18.2

다음은 flask1.py 파일이다.

```
from flask import Flask

app = Flask(__name__)

app.run(port=5000, debug=True)
```

Flask 엔진을 시작한다.

```
$ python flask1.py
 * Running on http://127.0.0.1:5000/
 * Restarting with reloader
```

18.3

다음은 flask2.py 파일이다.

```
from flask import Flask

app = Flask(__name__)

@app.route('/')
def home():
    return "It's alive!"

app.run(debug=True)
```

서버를 실행한다.

```
$ python flask2.py
 * Running on http://127.0.0.1:5000/
 * Restarting with reloader
```

브라우저를 통해 홈페이지에 접근하거나, 커맨드 라인에서 curl, wget, telnet 같은 HTTP

프로그램을 사용한다.

```
$ curl http://localhost:5000/
It's alive!
```

18.4

templates 디렉터리를 만들고, 위 내용을 home.html 파일로 저장한다. Flask 서버가 이전 연습문제를 실행하고 있다면 새로 저장한 내용을 감지하여 서버를 다시 시작할 것이다.

18.5

다음은 flask3.py 파일이다.

```
from flask import Flask, request, render_template

app = Flask(__name__)

@app.route('/')
def home():
    thing = request.values.get('thing')
    height = request.values.get('height')
    color = request.values.get('color')
    return render_template('home.html',
        thing=thing, height=height, color=color)

app.run(debug=True)
```

웹 클라이언트에서 다음 주소로 접근한다.

```
http://localhost:5000/?thing=Octothorpe&height=7&color=green
```

다음과 같은 결과를 볼 수 있다.

```
I'm of course referring to Octothorpe, which is 7 feet tall and green.
```

D.20 파이 아트

20.3

20.1, 20.2, 20.3에 대한 정답 코드는 다음과 같다.

```
import matplotlib.pyplot as plt

x = (0, 3, 6, 9, 14)
y = (0, 5, 2, 8, 10)
fig, plots = plt.subplots(nrows=1, ncols=3)

plots[0].scatter(x, y)
plots[1].plot(x, y)
plots[2].plot(x, y, 'o-')

plt.show()
```

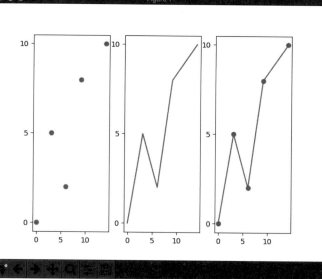

그림 D-1 선 플롯

커닝페이퍼

필자는 커닝페이퍼를 자주 참조한다. 여기서는 필요할 때 참조할 만한 자료들을 제공한다.

E.1 연산자 우선순위

이 표는 파이썬 3 연산자 우선순위에 대한 공식 문서의 리믹스 버전이다. 표 상단에 있을수록 우선순위가 높다.

연산자	설명 및 예시
[v1, ...],{v1, ...},{k1:v1, ...},(...)	리스트/셋/딕셔너리/제너레이터 생성 혹은 컴프리헨션, 괄호에 쌓인 표현식
seq[n], seq[n:m], func(args...), obj.attr	인덱스, 슬라이스, 함수 호출, 속성 참조
**	지수
+n, -n, ~n	양수, 음수, 비트 연산 not
*, /, //, %	곱하기, 나누기(부동소수점), 나누기(정수), 나머지
+, -	더하기, 빼기
<<, >>	왼쪽 시프트, 오른쪽 시프트(비트 연산)
&	and(비트 연산)
¦	or(비트 연산)

연산자	설명 및 예시
in,not in,is,is not,<,<=,>,>=,!=,==	멤버십과 균등 테스트
not x	불리언 not(논리 연산)
and	불리언 and
or	불리언 or
if ... else	조건식
lambda	람다

E.2 문자열 메서드

파이썬은 몇몇 유용한 정의와 함께 문자열 메서드(모든 **str** 객체에서 사용될 수 있는)와 **string** 모듈을 제공한다. 예제를 위해 다음 테스트 변수를 사용한다.

```
>>> s = "OH, my paws and whiskers!"
>>> t = "I'm late!"
```

E.2.1 대소 문자 변경

```
>>> s.capitalize()
'Oh, my paws and whiskers!'
>>> s.lower()
'oh, my paws and whiskers!'
>>> s.swapcase()
'oh, MY PAWS AND WHISKERS!'
>>> s.title()
'Oh, My Paws And Whiskers!'
>>> s.upper()
'OH, MY PAWS AND WHISKERS!'
```

E.2.2 검색

```
>>> s.count('w')
2
>>> s.find('w')
9
>>> s.index('w')
9
>>> s.rfind('w')
16
>>> s.rindex('w')
16
>>> s.startswith('OH')
True
```

E.2.3 수정

```
>>> ''.join(s)
'OH, my paws and whiskers!'
>>> ' '.join(s)
'O H ,   m y   p a w s   a n d   w h i s k e r s !'
>>> ' '.join((s, t))
"OH, my paws and whiskers! I'm late!"
>>> s.lstrip('HO')
', my paws and whiskers!'
>>> s.replace('H', 'MG')
'OMG, my paws and whiskers!'
>>> s.rsplit()
['OH,', 'my', 'paws', 'and', 'whiskers!']
>>> s.rsplit(' ', 1)
['OH, my paws and', 'whiskers!']
>>> s.split()
['OH,', 'my', 'paws', 'and', 'whiskers!']
>>> s.split(' ')
['OH,', 'my', 'paws', 'and', 'whiskers!']
>>> s.splitlines()
['OH, my paws and whiskers!']
>>> s.strip()
'OH, my paws and whiskers!'
>>> s.strip('s!')
'OH, my paws and whisker'
```

E.2.4 정렬

```
>>> s.center(30)
'  OH, my paws and whiskers!  '
>>> s.expandtabs()
'OH, my paws and whiskers!'
>>> s.ljust(30)
'OH, my paws and whiskers!    '
>>> s.rjust(30)
'     OH, my paws and whiskers!'
```

E.2.5 문자열 타입

```
>>> s.isalnum()
False
>>> s.isalpha()
False
>>> s.isprintable()
True
>>> s.istitle()
False
>>> s.isupper()
False
>>> s.isdecimal()
False
>>> s.isnumeric()
False
```

E.3 문자열 모듈 속성

다음은 string 모듈에서 상수로 사용되는 클래스 속성이다.

속성	예시
ascii_letters	'abcdefghijklmnopqrstuvwxyzABCDEFGHIJKLMNOPQRSTUVWXYZ'
ascii_lowercase	'abcdefghijklmnopqrstuvwxyz'
ascii_uppercase	'ABCDEFGHIJKLMNOPQRSTUVWXYZ'
Digits	'0123456789'
Hexdigits	'0123456789abcdefABCDEF'
Octdigits	'01234567'
Punctuation	'''!"#$%&\'()*+,-./:;<=>?@[\]^_\{¦}~'
printable	digits + ascii_letters + punctuation + whitespace
whitespace	' \t\n\r\x0b\x0c'

E.4 코다

이 책을 끝까지 완독한 독자 여러분의 성실함에 감사를 표한다. 마지막으로 필자가 키우는 고양이 두 마리 사진을 첨부한다. 여러분이 체스터를 필요로 한다면 그는 낮잠을 자고 있을 것이다. 체스터는 잠꾸러기다. 하지만, 범생이 루시는 어떠한 질문이든 여러분의 질문에 대답할 것이다.

그림 E-1 체스터

그림 E-2 루시

INDEX

INDEX

INDEX

INDEX

INDEX